Ibram X. Kendi

Gebrandmarkt

Schriftenreihe Band 10223

Ibram X. Kendi

Gebrandmarkt

Die wahre Geschichte des Rassismus in Amerika

Aus dem Amerikanischen übersetzt von Susanne Röckel und Heike Schlatterer

bpb: Bundeszentrale für politische Bildung

Ibram X. Kendi ist Professor für Geschichte und Internationale Beziehungen an der American University in Washington, D.C. und Gründungsdirektor des Antiracist Research and Policy Center.

Die Originalausgabe des Buches ist 2016 unter dem Titel „Stamped from the Beginning. The Definite History of Racist Ideas in America" im Verlag Nation Books, New York, erschienen.

Der Prolog und die Teile I bis III wurden von Susanne Röckel, die Teile IV und V sowie Epilog und Dank von Heike Schlatterer übersetzt.

Bonn 2018
Sonderausgabe für die Bundeszentrale für politische Bildung
Adenauerallee 86, 53113 Bonn

Umschlaggestaltung: Naumilkat – Agentur für Kommunikation und Design, Düsseldorf
Umschlagfoto: © Gordon Parks / Getty Images

Satz: Fotosatz Amann, Memmingen
Druck und Bindung: Druckerei C.H. Beck, Nördlingen

ISBN 978-3-7425-0223-0

www.bpb.de

To the lives they said don't matter

Inhalt

Teil IV

W. E. B. DU BOIS

Teil V

ANGELA DAVIS

Prolog

Jeder Historiker schreibt zu einem bestimmten geschichtlichen Zeitpunkt und ist von dessen Auswirkungen betroffen. Mein Zeitpunkt, der Zeitpunkt dieses Buches, fällt mit den Tötungen unbewaffneter Menschen durch Polizeibeamte zusammen, die man in den Medien zum Teil in Echtzeit miterleben konnte, und mit der plötzlich zunehmenden Bedeutung der Bewegung #BlackLivesMatter im Verlauf von Amerikas stürmischsten Nächten. Irgendwie schaffte ich es, dieses Buch zu schreiben, während Trayvon Martin und Rekia Boyd und Michael Brown und Freddie Gray und die Charleston 9 und Sandra Bland litten und starben; ihr Leiden und ihr Tod sind das Resultat der amerikanischen Geschichte und der rassistischen Ideen in den Köpfen der Menschen, genau wie dieses Buch der Geschichte rassistischer Ideen das Resultat dieser Todesfälle ist.

Zwischen 2010 und 2012 war nach staatlichen Statistiken die Wahrscheinlichkeit, von der Polizei getötet zu werden, in der Gruppe der jungen schwarzen Männer *einundzwanzigmal* höher als in der Gruppe der jungen weißen Männer. Das noch viel zu wenig dokumentierte und zu wenig analysierte ethnisch bedingte Missverhältnis bei den verschiedenen Gruppen der weiblichen Opfer tödlicher Polizeigewalt könnte sogar noch größer sein. Staatliche Daten zeigen, dass die durchschnittliche Finanzkraft weißer Haushalte die durchschnittliche Finanzkraft schwarzer Haushalte sage und schreibe um das *Dreizehnfache* übersteigt; und die Wahrscheinlichkeit eines Gefängnisaufenthalts ist bei Schwarzen *fünfmal* höher als bei Weißen.[1]

Doch diese Statistiken sind kaum überraschend. Die meisten Amerikaner sind sich wahrscheinlich dieser ethnischen Ungleichheiten bei Polizeimorden, bei den Vermögensverhältnissen und den Gefängnisaufenthalten – in fast jedem Bereich der Gesellschaft der Vereinigten Staaten – bewusst. Unter ethnischer Ungleichheit verstehe ich, dass ethnische Gruppen statistisch nicht gemäß ihrem Anteil an der Bevölkerung repräsentiert sind. Wenn Schwarze 13,2 Prozent der US-Bevölkerung ausmachen, dann sollten etwa 13 Prozent der Amerikaner, die von der Polizei getötet werden, und etwa 13 Prozent der Amerikaner, die im Gefängnis sitzen, Schwarze sein, und sie sollten über etwa 13 Prozent der privaten Finanzkraft des Landes verfügen. Aber heute sind die Vereinigten Staaten weit entfernt von ethnischer Gleichheit. Afroamerikaner besitzen 2,7 Prozent des nationalen Vermögens und machen 40 Prozent der inhaftierten Bevölkerung aus. Das sind ethnische Unterschiede, und ethnische Unterschiede sind älter als die Vereinigten Staaten.[2]

2016 feierten die USA ihren 240. Geburtstag. Doch sogar schon bevor Thomas Jefferson und die anderen Gründerväter die Unabhängigkeit erklärten, stritten sich Amerikaner heftig über ethnische Ungleichheit, über die Ursachen ihrer Existenz und ihres Fortbestehens und über die Gründe dafür, dass weiße Amerikaner als Gruppe statistisch gesehen erfolgreicher waren als schwarze Amerikaner. Historisch gesehen hat es in dieser hitzigen Debatte drei Seiten gegeben. Eine Gruppe, nennen wir sie *Segregationisten* oder Anhänger der Rassentrennung, hat die Schwarzen selbst für die ethnische Ungleichheit verantwortlich gemacht. Eine zweite Gruppe, nennen wir sie *Anti-Rassisten,* verwies auf ethnische Diskriminierung. Eine dritte Gruppe, nennen wir sie *Assimilationisten*, hat versucht, Argumente für beide Seiten zu finden. Diese Gruppe sagte, dass die Schwarzen selbst *und* die ethnische Diskriminierung schuld seien an der bestehenden Ungleichheit. In der aktuellen Debatte über die Polizeimorde waren alle drei Seiten vertreten. Die *Segregationisten* haben das rücksichtslose kriminelle Verhalten der Schwarzen angeprangert, die von den Polizisten getötet wurden. Michael Brown war ein monströser, bedrohlicher Dieb; deshalb hatte Darren Wilson allen Grund, ihn zu fürchten und zu töten. Die Anti-Rassisten gaben dem rücksichtslos rassistischen Verhalten der Polizei die Schuld. Das Leben dieses dunkelhäutigen Achtzehnjährigen hatte für Darren Wilson keine Bedeutung. Die *Assimilationisten* haben versucht, beiden Seiten recht zu geben. Sowohl Wilson wie auch Brown verhielten sich wie verantwortungslose Kriminelle.

Diese drei Argumentationsansätze, die man in den letzten Jahren hören konnte, werden sich in meinem Buch ständig wiederholen. Fast sechs Jahrhunderte lang mussten antirassistische Ideen gegen *zwei* Hauptströmungen rassistischer Vorstellungen kämpfen: segregationistische und assimilationistische. Die Geschichte rassistischer Ideen, die Sie hier lesen, ist die Geschichte dieser drei verschiedenen Stimmen – der Segregationisten, der Assimilationisten und der Anti-Rassisten –, die auf ihre je eigene Weise ethnische Ungleichheit zu erklären versuchten und Gründe dafür ins Feld führten, warum Weiße immer auf der Gewinnerseite blieben und Schwarze immer verloren.

Der Titel *Gebrandmarkt* stammt aus einer Rede, die ein Abgeordneter aus Mississippi, Jefferson Davis, am 12. April 1860 vor dem amerikanischen Senat hielt. Bald darauf sollte Davis Präsident der Südstaaten sein. In seiner Rede erhob er Einspruch gegen ein Gesetz zur Finanzierung von Bildung für Schwarze in Washington, D. C. «Diese Regierung wurde nicht von Negern und nicht für Neger geschaffen», sondern «von weißen Männern für weiße Männer», belehrte er seine Kollegen. Das Gesetz gründe auf der falschen Vorstellung von rassischer Gleichstellung, erklärte er. Die «Ungleichheit der weißen und der schwarzen Rasse» sei «ein Brandmal von Geburt an».[3]

Es überrascht kaum, dass Jefferson Davis schwarze Menschen als biologisch verschieden und weißen Menschen unterlegen ansah – und schwarze Haut als einen hässlichen Stempel auf der schönen weißen Fläche «normaler» menschlicher Haut – und dieser schwarze Stempel war das Zeichen der immerwährenden Minderwertigkeit des Negers. Es fällt nicht schwer, diese Art segregationistischen Denkens als offensichtlich rassistisches Denken zu bestimmen – und zu verurteilen. Und doch gab es viele prominente Amerikaner mit sehr guten Absichten, die assimilationistisch dachten und mit diesem Denken ebenfalls rassistischen Überzeugungen über die Minderwertigkeit von Schwarzen den Weg bereiteten. Wir erinnern uns gern an den glorreichen Kampf der Assimilationisten gegen ethnische Diskriminierung, aber wir scheuen davor zurück, davon zu reden, dass sie auf sehr wenig glorreiche Art das angeblich minderwertige schwarze Verhalten für ethnische Ungleichheit verantwortlich machten. Sie akzeptierten die biologische ethnische Gleichheit und verwiesen gleichzeitig auf die Umwelt – das heiße Klima, Diskriminierung, Kultur und Armut – als Ursachen des minderwertigen schwarzen Verhaltens. Wenn man sie nach einer Lösung fragt, sind sie der Meinung, dass der hässliche schwarze Stempel ausradiert werden und minderwertiges schwarzes Verhalten unter günstigen Bedingungen durchaus zu Höherem entwickelt werden kann. Daher propagieren Assimilationisten die Übernahme von weißen kulturellen Merkmalen und/oder körperlichen Idealen durch Schwarze. In seiner wegweisenden Arbeit über die Beziehung zwischen Schwarzen und Weißen, die nach der einhelligen Meinung fast aller Forscher ein starker Impuls für die Bürgerrechtsbewegung gewesen ist, schreibt der schwedische Ökonom und Nobelpreisträger Gunnar Myrdal 1944: «Es ist für die amerikanischen Neger als Individuen und als Gruppe von Vorteil, sich der amerikanischen Kultur zu assimilieren und jene Wesenszüge anzunehmen, die von den dominanten weißen Amerikanern hochgeschätzt werden.» In seinem Buch *An American Dilemma* erklärt er, dass «die amerikanische Negerkultur in praktisch all ihren Abweichungen ... als eine verzerrte Entwicklung oder ein pathologischer Daseinszustand der allgemeinen amerikanischen Kultur» anzusehen sei.[4]

Doch es gibt und es gab immer auch eine anhaltende Strömung von antirassistischem Denken in diesem Land, das jene assimilationistischen und segregationistischen Strömungen infrage stellte und für die Wahrheit hoffen ließ. Anti-Rassisten sagen schon lange, dass ethnische Diskriminierung den Anfängen Amerikas aufgestempelt war, was erklärt, warum ethnische Ungleichheit seit damals besteht. Anders als Segregationisten und Assimilationisten erkennen Anti-Rassisten an, dass die unterschiedliche Beschaffenheit von Haut, Haar, Verhaltensweisen und kulturellen Eigenheiten von Schwarzen und Weißen sich auf dem gleichen Niveau befindet und sie gleich sind in ihrer Verschiedenheit. Wie die legendäre schwarze lesbische Dichterin Audre Lorde 1980 in einer Rede sagte: «Wir haben keine Modelle dafür, wie wir über unsere menschlichen Unterschiede hinaus als Gleiche miteinander in Verbindung treten.»[5]

Rassistische Ideen waren nie einfach oder klar oder vorhersagbar, sie haben ihre Geschichte. Sie sind für Generationen von Amerikanern das Natürlichste und Nächstliegende gewesen, sie wurden zum Common Sense. Die schlichte Logik rassistischer Ideen hat Millionen Menschen über Jahrzehnte hinweg manipuliert und die Wahrnehmung der komplexeren Realität immer wieder verhindert. Und deshalb konnte diese Geschichte nicht als einfache Story geschrieben werden, in der von Hollywood vertrauten Art eines Zweikampfs zwischen dem offensichtlich Guten und dem offensichtlich Bösen, bei dem das Gute am Ende triumphiert. Von Anfang an ist es ein dreiseitiger Kampf gewesen, ein Kampf von antirassistischen Ideen, denen zwei Arten von rassistischem Gedankengut gegenüberstehen, mit Bösem und Gutem, das am Ende scheitert und triumphiert. Sowohl segregationistische wie assimilationistische Ideen wurden in attraktive Argumente verpackt, damit sie gut aussahen, und dann wurde dafür gesorgt, dass antirassistische Ideen so verpackt wurden, dass sie böse aussahen. Und indem sie ihre Ideen hinter einer Menge Herzensgüte versteckten, haben Segregationisten und Assimilationisten ihrem rassistischen Publikum gegenüber ihre wahren Ziele und Gedanken nur selten eingestanden. Warum sollten sie das auch tun? Rassisten, die sich zu ihrem Rassismus bekennen, würden sich ins eigene Fleisch schneiden. Es ist immer klüger und entlastender gewesen, das Gegenteil zu behaupten. Die wenigsten Kriminellen räumen ein, dass sie Verbrechen gegen die Menschlichkeit begangen haben. Und die schlauesten und mächtigsten schwarzenfeindlichen Kriminellen haben ihre verbrecherischen Aktivitäten legalisiert; sie sind mit der Behauptung durchgekommen, ihre Verbrechen – Sklavenhandel und Sklaverei, Diskriminierung und Mord – stünden außerhalb von Recht und Strafe. Genauso sind die schlauesten und mächtigsten rassistischen Ideologen mit der Behauptung durchgekommen, ihre Gedanken hätten mit Rassismus nichts zu tun. Eigentlich waren es Assimilationisten, die den Begriff «Rassismus» in den 1940er-Jahren zuerst benutzten, definierten und populär machten. Doch sie dachten nicht daran, ihre eigenen assimilationistischen Ideen des minderwertigen *Verhaltens* von Schwarzen als rassistisch zu definieren. Für diese Assimilationisten waren nur segregationistische Ideen der *biologischen* Minderwertigkeit von Schwarzen rassistisch. Doch auch Segregationisten wollten nie als «Rassisten» bezeichnet werden. Sie behaupteten, nur Gottes Wort zu verkünden, sich an den Gesetzen der Natur zu orientieren, der wissenschaftlichen Wahrheit zu folgen oder dem guten alten gesunden Menschenverstand.[6]

All diese dem eigenen Interesse dienenden Bemühungen mächtiger Gruppen und Parteien, ihre rassistische Rhetorik als nichtrassistisch zu verkaufen, führten dazu, dass Amerikaner in dieser Frage tief gespalten sind und nicht wissen, was rassistische Ideen eigentlich sind. Sie führten dazu, dass Amerikaner, die glauben, dass an schwarzen Menschen irgendetwas nicht stimmt, bestreiten, Rassisten zu sein. Aber wenn man sagt, an einer Gruppe von Menschen stimmt etwas nicht, sagt man, dass diese Gruppe von Menschen Mängel aufweist und also weniger wert ist. Diese Glaubenssätze sind logisch miteinander verbunden, ob das die Amerikaner wahrhaben wollen oder nicht, ob sie es eingestehen wollen oder nicht. Eine umfassende Geschichte rassistischer Ideen muss sich mit permanenter Manipulation und Verwirrung auseinandersetzen, muss klare Unterscheidungen treffen zwischen denjenigen, die rassistische Ideen befürworten, und denjenigen, die das nicht tun. Meine Definition einer rassistischen Idee ist einfach: Es ist jegliche Vorstellung, die eine bestimmte ethnische Gruppe als einer anderen ethnischen Gruppe unterlegen oder überlegen betrachtet. Ich definiere schwarzenfeindliche rassistische Ideen – den Gegenstand dieses Buches – als Vorstellungen und Gedanken jeder Art, nach denen schwarze Menschen oder eine Gruppe schwarzer Menschen in irgendeiner Weise geringerwertig sind als eine andere ethnische Gruppe von Menschen.

Wie die anderen bestimmbaren Ethnien sind Schwarze in Wahrheit eine Ansammlung von Gruppen, die sich durch Geschlecht, ökonomische Schicht, Volkszugehörigkeit, Sexualität, Kultur, Hautfarbe, Beruf und Nationalität unterscheiden – neben einer Reihe anderer Merkmale, auch bezüglich biethnischer Menschen, die man als schwarz oder nichtschwarz bezeichnen kann. Jede einzelne identifizierbare Gruppe von Schwarzen ist dem unterworfen, was die Kritikerin des strukturellen Rassismus, Kimberlé Crenshaw, «Intersektionalität» genannt hat – dem Vorurteil, das aus der Verknüpfung von rassistischen Ideen und anderen Formen mehr oder weniger fanatischer Borniertheit wie Sexismus, Klassismus, Ethnozentrismus und Homophobie stammt. Zum Beispiel sind sowohl die sexistische Auffassung, wonach eine «richtige» Frau nur schwach sein kann, als auch die rassistische Vorstellung, wonach schwarze Frauen keine «richtigen» Frauen sind, bei der Entstehung des sexistisch-rassistischen Bildes der starken schwarzen Frau beteiligt, die weniger wert ist als die schwache weiße Frau, das Musterbild der Weiblichkeit. Anders gesagt: Frauen als Gruppe dumm zu nennen ist Sexismus. Schwarze als Gruppe dumm zu nennen ist Rassismus. *Schwarze* Frauen als Gruppe dumm zu nennen ist sexistischer Rassismus. Solche Verknüpfungen haben auch zu rassistischen Vorstellungen über Schichten und Klassen geführt (was eine Abwertung armer *Schwarzer* und *schwarzer* Eliten bedeutet), zu rassistischen Ideen über *schwarze* Lesben, Schwule, Bisexuelle und Transsexuelle und zu der ebenfalls rassistischen Vorstellung einer Hierarchie der *schwarzen* ethnischen Gruppen, um nur einige zu nennen. Umfassende Geschichtswerke über rassistisches Gedankengut haben sich bisher meist nur mit dem Rassismus gegen Schwarze im Allgemeinen beschäftigt und die intersektionellen Vorstellungen vernachlässigt, die sich auf spezifische schwarze Gruppen richteten – oder auf schwarze Orte, wie etwa schwarze Wohngegenden oder Nachbarschaften, schwarze Schulen, schwarze Geschäftsfelder oder schwarze Kirchen. *Gebrandmarkt* beschäftigt sich mit beidem – dem Allgemeinen wie auch den spezifischen Formen assimilationistischer und segregationistischer Ideen.[7]

Gebrandmarkt erzählt die gesamte Geschichte rassistischer Ideen, von ihren Ursprüngen im Europa des 15. Jahrhunderts, über die Kolonialzeit, als die ersten britischen Siedler rassistische Vorstellungen nach Amerika brachten, bis zum 21. Jahrhundert und den aktuellen Debatten über die Ereignisse, die auf unseren Straßen stattfinden. Fünf hauptsächliche Persönlichkeiten werden uns als Reiseführer dienen, wenn wir die Landschaft der rassistischen Ideen in fünf Epochen der US-amerikanischen Geschichte erforschen. Im ersten Jahrhundert Amerikas waren rassistische theologische Vorstellungen wesentlich notwendig, um die Sklaverei im Land zu sanktionieren und sie für christliche Religionsgemeinschaften annehmbar werden zu lassen. Diese Ideen kommen in den Reden des größten Predigers und Intellektuellen des frühen Amerika zum Ausdruck, des frommen Cotton Mather (1663–1728) aus Boston, unserem ersten Reiseführer. Cotton Mather war Namensvetter und Enkel zweier intellektueller Wegbereiter Neuenglands, John Cotton und Richard Mather, puritanische Prediger, die dazu beitrugen, dass zweihundert Jahre alte rassistische Vorstellungen aus Europa den Atlantik überquerten. Um die amerikanische Sklaverei zu untermauern und um Gleichgesinnte zu gewinnen, predigte Cotton Mather die rassische Ungleichheit der Körper, während er beharrlich behauptete, dass die dunklen Seelen versklavter Afrikaner weiß werden würden, wenn sie sich zum Christentum bekehrten. Seine Schriften und Predigten wurden in den Kolonien viel gelesen, aber auch in Europa rezipiert, wo die Vorläufer der wissenschaftlichen Revolution – und dann der Aufklärung – Freiheit, Zivilisation, Vernunft und Schönheit zu einer rassischen und weißen Angelegenheit machten. Während der Amerikanischen Revolution und danach, in den Jahren, in denen die amerikanische Sklaverei in ungeheuren Ausmaßen florierte, waren auch Politiker und nichtgeistliche Intellektuelle an der hitzigen Debatte beteiligt, die sie rechtfertigte. Zu diesen Rechtfertigern gehörte einer der mächtigsten Politiker und Intellektuellen der neuen Vereinigten Staaten – unser zweiter Reiseführer, der sklavereifeindliche Anti-Abolitionist Thomas Jefferson (1743–1826).

Jefferson starb, als im 19. Jahrhundert die Bewegung für Emanzipation und Bürgerrechte geboren wurde, eine Bewegung, die zum Teil von dem leidenschaftlichen Aktivisten und Herausgeber der Zeitschrift *The Liberator* William Lloyd Garrison (1805–1879) initiiert wurde, Reiseführer Nummer drei. Auch Garrisons leidenschaftliche sklavereifeindliche Ideen, die die Amerikaner der Sache der Abolition und der Bürgerrechte für Schwarze gewogen machten, waren zum großen Teil nicht antirassistisch. Er popularisierte den assimilationistischen Gedanken, dass die Sklaverei – oder ganz allgemein die ethnische Diskriminierung – die Schwarzen zu «Tieren» gemacht habe, dass die Unterdrückung ihre Kultur, ihre Psychologie, ihr Verhalten minderwertig habe werden lassen. Man kann sagen, dass Unterdrücker schwarze Menschen behandelten, als wären sie Barbaren. Doch es ist rassistisch zu sagen, dass die Unterdrücker schwarze Menschen tatsächlich in Barbaren verwandelt hätten. Der erste große, gut ausgebildete schwarze Gelehrte W. E. B. Du Bois (1868–1963), unser vierter Reiseführer, übernahm Garrisons rasstische Gedanken zunächst. Aber er stand auch in der vordersten Front der antirassistischen Ideen und kritisierte den Aufstieg von *Jim Crow* im späten 19. Jahrhundert. Während seiner langen sagenumwobenen Karriere bis ins 20. Jahrhundert hinein verwandelte sich Du Bois' Doppelbewusstsein, in dem anfangs sowohl rassistische als auch antirassistische Gedanken vorkamen, wunderbarerweise in ein einziges antirassistisches Bewusstsein. Doch im Laufe dieses Prozesses schwand auch sein Einfluss. In den 1950er- und 1960er-Jahren wurden rassistische Argumente wieder so einflussreich, dass im Gegenzug immer mehr Amerikaner die Bürgerrechtsbewegung unterstützten. Später erstarkten Bürgerrechtsbewegung und Black Power; doch gleichzeitig wurden schwarze alleinerziehende Mütter als *Welfare Queens* und schwarze Männer, die Widerstand leisteten, als gewalttätige Kriminelle diffamiert, und all das führte nach den Fortschritten der Sechzigerjahre zu einem atemberaubenden rassistischen Backlash, was auch die gerichtliche Verfolgung antirassistischer Aktivisten mit sich brachte. Zu diesen gehörte eine junge Philosophin der University of California in Los Angeles: Angela Davis (* 1943). Nachdem sie 1972 von allen Vorwürfen freigesprochen wurde, verbrachte sie die nächsten vier Jahrzehnte damit, sich denjenigen rassistischen Unterdrückern entgegenzustellen, die gelernt hatten, ihre Absichten zu verschleiern, und diejenigen anzuprangern, die Märchen vom Ende des Rassismus verbreiteten, während sie parteiübergreifend die Verschärfung der Verbrechensbekämpfung propagierten und sich für die Privatisierung der Gefängnisse einsetzten, was zu massenhafter Inhaftierung, Gewaltakten und Morden an Schwarzen durch Polizei und Gefängnispersonal führte. Angela Davis wird unsere fünfte und letzte Reiseführerin sein.

Diese wichtigen fünf Persönlichkeiten – Cotton Mather, Thomas Jefferson, William Lloyd Garrison, W. E. B. Du Bois und Angela Davis – waren wohl die konsequentesten prominenten und provokanten Theoretiker der ethnischen Problematik ihrer jeweiligen Zeit. Sie schrieben und sprachen und hielten Vorlesungen über ethnische Vorstellungen und Ideen (wenn auch nicht nur darüber), die so faszinierend wie originell, einflussreich und/oder widersprüchlich waren. Doch *Gebrandmarkt* besteht nicht nur aus den Biografien dieser Menschen. Ihre komplexen Lebensläufe und einflussreichen Gedanken bilden den Hintergrund der wichtigsten Debatten zwischen Assimilationisten und Segregationisten oder zwischen Rassisten und Anti-Rassisten und somit den Zugang zu diesen Diskussionen und Polemiken, zu dieser verzweigten und vielschichtigen Geschichte.

Gebrandmarkt ist nicht nur die Geschichte des offenen Rassismus, der immer unverhohlener zutage tritt; noch ist es die Geschichte des ethnischen Fortschritts oder die Geschichte von Unwissenheit und Hass. *Gebrandmarkt* schreibt die Geschichte ethnischer Ideen um, indem es die Unvollkommenheit von drei allgemein anerkannten geschichtlichen Narrativen deutlich macht. Rassistische Absichten – nicht rassistische Politik – wurden nach den 1960er-Jahren verschleiert. Doch die alte und die neue rassistische Politik blieb so offensichtlich wie eh und je, und wir können die Auswirkungen dieser Politik erkennen, wenn wir ethnische Ungleichheiten in allen möglichen Bereichen ausmachen, von den Vermögensverhältnissen bis zur Gesundheitspolitik im 21. Jahrhundert. Das heißt nicht, dass antirassistische Reformer bei der Bloßstellung und Auflösung rassistischer politischer Strategien über viele Jahre keine Fortschritte gemacht hätten. Doch auch rassistische Reformer haben Fortschritte gemacht. Die Ächtung der Sklaverei 1865 führte in ethnischer Hinsicht zu Fortschritten, während die Rassentrennung mit den Jim-Crow-Gesetzen im späten 19. Jahrhundert einen Fortschritt der rassistischen Politik zur Folge hatte. Die Ächtung der Rassentrennung 1964 bewirkte wiederum einen ethnischen Fortschritt, bevor die Legalisierung von vordergründig unbeabsichtigter Diskriminierung wieder einen Fortschritt rassistischer Politik im späten 20. Jahrhundert evozierte.

Um die komplexe Geschichte rassistischer Ideen vollständig zu erklären, musste *Gebrandmarkt* dieses widerspruchsvolle Auf und Ab dokumentieren. Treibende Kräfte der Geschichte der rassistischen Ideen in Amerika sind nicht Hass und Unwissenheit. Treibende Kraft der Geschichte der rassistischen Ideen in Amerika ist die rassistische Politik. Diese Tatsache wird deutlich, wenn wir die Ursachen erkunden – nicht die Aufnahme und Konsumption der rassistischen Ideen, sondern deren Produktion. Was bewog den US-Senator John C. Calhoun aus South Carolina 1837 dazu, in rassistischer Manier von der Sklaverei als «positivem Gut» zu sprechen, obwohl er die qualvollen Schrecknisse der Sklaverei kannte? Was bewog den gefeierten Zeitungsmann Henry W. Grady aus Atlanta 1885 dazu, den rassistischen Grundsatz *separate but equal* («getrennt, aber gleich») zu verkünden, obwohl er wusste, dass die Gemeinden des Südens kaum getrennt oder gleich waren? Was bewog die Intellektuellen großer Think Tanks nach der Wahl Barack Obamas 2008 zum Präsidenten der USA dazu, die rassistische Idee einer postethnischen Gesellschaft zu produzieren, obwohl sie all die Studien kannten, die die anhaltende Diskriminierung dokumentierten? Nicht immer entstammten rassistische Ideen dem brodelnden Kessel von Hass und Unwissenheit. Immer wieder brachten intellektuell brillante und mächtige Männer und Frauen rassistische Ideen in Umlauf, um die rassistische Politik ihrer Zeit zu rechtfertigen, um die Verantwortung der ethnisch bedingten Ungleichheiten ihrer Zeit von dieser Politik weg auf die Schwarzen zu lenken.

Man erzählte mir das volkstümliche Märchen über den Rassismus: Dass unwissende und hasserfüllte Menschen rassistische Ideen hervorgebracht hätten und dass diese rassistischen Menschen auch die rassistische Politik einführten. Aber als ich die Motive erkannte, die hinter der Fabrikation der einflussreichsten rassistischen Vorstellungen Amerikas standen, wurde mir klar, dass dieses Märchen zwar einleuchtend, aber der historischen Beweislage nicht gewachsen war. Unwissenheit/Hass → rassistische Ideen → Diskriminierung: diese kausale Verknüpfung ist weitgehend ahistorisch. Die umgekehrte Logik kommt der Wahrheit näher: Ethnische Diskriminierung führte zu rassistischen Ideen, die Unwissenheit und Hass mit sich brachten. Ethnische Diskriminierung → rassistische Ideen → Unwissenheit/Hass: Das ist die kausale Verknüpfung, die der Geschichte der ethnischen Beziehungen in Amerika zugrunde liegt.

Gewöhnlich wurden die Entscheidungen der mächtigsten Amerikaner bei der Einführung, Verteidigung oder Tolerierung diskriminierender politischer Strategien, die Auswirkungen auf das Leben von Millionen von Schwarzen hatten, *nicht* von ihren eigenen rassistischen Ideen diktiert. Ethnisch diskriminierende politische Strategien resultieren vielmehr aus dem Zusammenspiel ständig wechselnder Interessen im Bereich von Wirtschaft, Politik und Kultur. Karrieristische Politiker haben diskriminierende Praktiken – nicht rassistische Ideen – zu ihrem eigenen Vorteil eingeführt und verteidigt. Profitgierige Kapitalisten haben diskriminierende Praktiken – nicht rassistische Ideen – zu ihrem eigenen ökonomischen Vorteil eingeführt und verteidigt. Leute aus der Kultur, Theologen, Künstler, Wissenschaftler, Journalisten haben zu ihrem eigenen Vorteil, im Interesse ihrer Karriere oder ihrer kulturellen Ansichten diskriminierende Praktiken – nicht rassistische Ideen – eingeführt und verteidigt.

Wenn wir auf unsere Geschichte zurückblicken, fragen wir uns oft, warum so viele Amerikaner keinen Einspruch erhoben gegen den Handel mit Sklaven, die Sklaverei, die Rassentrennung und heute die massenhafte Inhaftierung schwarzer Menschen. Schuld daran sind, wieder einmal, rassistische Ideen. Die hauptsächliche Funktion rassistischer Ideen in der amerikanischen Geschichte ist die Unterdrückung des Widerstands gegen ethnische Diskriminierung und die daraus folgende ethnische Ungleichheit. Die Nutznießer von Sklaverei, Segregation und Masseninhaftierung haben rassistische Vorstellungen produziert, wonach es sich für schwarze Menschen gehört oder wonach sie es verdienen, versklavt zu werden, nicht dort zu wohnen, wo Weiße wohnen, oder in einer Gefängniszelle zu vegetieren. Die Konsumenten dieser rassistischen Ideen wurden dazu gebracht zu glauben, dass etwas mit schwarzen Menschen nicht stimmt – nicht etwa dazu, eine Politik anzuzweifeln, die Schwarze versklavt, unterdrückt und einsperrt.

Rassistische Ideen haben sich uns tief eingeprägt. Es fällt uns schwer wahrzunehmen, dass ethnische Diskriminierung die einzige Ursache ethnischer Ungleichheit in diesem Land und in der ganzen Welt ist. Ich rede nicht ohne Grund von *uns*. Als ich dieses Buch zu schreiben begann – mit kummervollem Herzen, wenn ich an Trayvon Martin und Rekia Boyd dachte –, hatte ich selbst, wie ich gestehe, nicht wenige rassistische Ideen im Kopf. Ja, obwohl ich Spezialist für afroamerikanische Geschichte bin und mein ganzes Leben lang an egalitären Orten unterrichtet wurde, hatte ich rassistische Vorstellungen von schwarzer Minderwertigkeit, bevor ich mich an die Recherchen für dieses Buch machte. Rassistische Ideen sind Ideen. Jeder kann sie fabrizieren, sie sich zu eigen machen oder über sie nachdenken, wie die gemischtethnische Liste von Menschen zeigt, die zur Entstehung dieses Buches beitrugen. Jeder – Weiße, Latinos, Schwarze, Asiaten, Indianer – kann der Idee Ausdruck geben, dass schwarze Menschen minderwertig sind, dass etwas mit schwarzen Menschen nicht stimmt. Jeder kann sowohl rassistischen wie antirassistischen Vorstellungen anhängen, kann glauben, dass gewisse Dinge mit Schwarzen nicht stimmen, während sie in anderen Dingen den Weißen gleich sind. Von rassistischen Ideen beeinflusst, war mir nicht vollständig klar, dass das Einzige, was mit schwarzen Menschen nicht stimmt, unser Glaube ist, dass etwas mit ihnen nicht stimme. Es war mir nicht vollständig klar, dass das Einzige, was an weißen Menschen besonders ist, ihr Glaube ist, dass etwas an weißen Menschen besonders sei.

Ich sage nicht, dass alle Individuen, die zufällig als Schwarze identifizierbar sind (oder als Weiße oder als Latinos oder als Asiaten oder als amerikanische Ureinwohner), in jeder Hinsicht gleich seien wie die Individuen anderer Bevölkerungsgruppen. Ich sage, dass an schwarzen Menschen *als Gruppe* nichts falsch ist, genauso wenig wie an den Angehörigen jeder anderen ethnischen Gruppe. Das sind die Maximen antirassistischen Denkens: an schwarzen Menschen ist nichts falsch, und alle ethnischen Gruppen sind gleich. Es gibt faule, unverständige und gefährliche Individuen afrikanischer Herkunft, und es gibt faule, unverständige und gefährliche Individuen europäischer Herkunft. Es gibt fleißige, verständige und ungefährliche Individuen europäischer Herkunft, und es gibt fleißige, verständige und ungefährliche Individuen afrikanischer Herkunft. Aber keine ethnische Gruppe hat je das Monopol auf irgendeinen menschlichen Charakterzug und irgendeine genetische Prägung gehabt – heute nicht und zu keinem Zeitpunkt. Abgesehen von unserer verschiedenartigen Haut und unseren unterschiedlichen Haarfarben und -formen kann kein Arzt der Welt einen Unterschied zwischen unseren Körpern, unseren Gehirnen oder dem Blut feststellen, das in unseren Adern kreist. Alle Kulturen, mit all ihren verhaltensmäßigen Unterschieden, befinden sich auf derselben Stufe. Die Geschichte der Unterdrückung des schwarzen Amerika hat bewirkt, dass Schwarze heute weniger Chancen haben als Weiße – aber deswegen sind die Schwarzen selbst nicht weniger wert.

Wenn man wirklich anerkennt, dass die ethnischen Gruppen gleich sind, merkt man auch, dass ethnische Ungleichheiten auf ethnische Diskriminierung zurückzuführen sein müssen. Da ich mich dieser antirassistischen Idee der Gleichheit der Gruppen verpflichtet fühlte, konnte ich Selbstkritik üben und diejenigen rassistischen Ideen entdecken und anschließend ablegen, die ich selbst im Laufe meines Lebens verinnerlicht hatte – und zwar in dem Maß, in dem ich die rassistischen Ideen aufdeckte und zugänglich machte, die andere im Laufe der Geschichte Amerikas entwickelt hatten. Ich weiß, dass mich Leser, die wirklich für ethnische Gleichheit eintreten, auf dieser Reise des Befragens und Ablegens unserer rassistischen Ideen begleiten werden. Doch wenn es etwas gibt, was ich während meiner Forschungen gelernt habe, dann das: dass die hauptsächlichen Produzenten und Verteidiger von rassistischen Ideen uns *nicht* begleiten werden. Keine Logik, keine Tatsache, kein Geschichtsbuch kann sie ändern, weil Logik und Tatsachen und Wissenschaft wenig zu tun haben mit dem, was überhaupt erst zum Lautwerden dieser rassistischen Ideen geführt hat. *Gebrandmarkt* handelt von diesen bornierten, abgefeimten, mitreißenden Produzenten rassistischer Ideen. Aber es ist kein Buch für sie.

Mein empfänglicher Geist wurde befreit durch das Schreiben dieser Geschichte. Und ich hoffe, dass auch andere empfängliche Geister durch das Lesen dieser Geschichte befreit werden können.

Teil I

COTTON MATHER

Kapitel 1

Menschliche Rangordnung

Sie überstanden frostklirrende Winter, ertrugen schwere Krankheiten und lernten, mit den wehrhaften Indianern zurechtzukommen. Aber nichts war so zerstörerisch für die Siedler wie der Große Sturm von 1635. Am 16. August 1635 toste der Hurrikan die Atlantikküste entlang, streifte Jamestown und wechselte in den Osten von Long Island hinüber. Das Auge des Orkans blickte nach Providence und indem der Sturm sich weiter landeinwärts bewegte, entwurzelte er Tausende von Bäumen, als wären es Grashalme. In der sieben Jahre alten Massachusetts Bay Colony zerschmetterte er die englischen Häuser, die auf einmal winzig wirkten, bevor er den Atlantik erreichte und riesige Wellen an die Küsten Neuenglands schleuderte, die alles zerstörten, was nicht niet- und nagelfest war.

Große Schiffe aus England mit Siedlern und Vorräten an Bord waren die wehrlosen Opfer. Ein Schiff, die *James*, ankerte vor der Küste von New Hampshire, weil die Matrosen das Ende des Hurrikans abwarten wollten. Plötzlich durchtrennte eine mächtige Welle die Ankertaue wie ein unsichtbares Messer. Die Matrosen durchschnitten verzweifelt das dritte Tau und setzten Segel, um weiter hinauszusegeln, wo das Meer weniger aufgewühlt war. Doch der Hurrikan zerfetzte das neue Segel in «morsche Lumpen», wie der angesehene puritanische Geistliche Richard Mather in sein Tagebuch notiert. Mit den Lumpen, die im Ozean verschwanden, sank auch die Hoffnung.

Vom Sturmwind getrieben, steuerte das Schiff auf einen gewaltigen Felsen zu. Alles schien verloren zu sein. Richard Mather und die anderen Passagiere riefen Gott um Hilfe an. Und «unverzüglich, mit seiner guten Hand» leitete Gott das Schiff um den riesigen Felsen herum, wie Mather später bekundete. Das Meer beruhigte sich. Die Matrosen hissten eilig neue Segel. Der Herr ließ «eine frische Bö» blasen, wodurch es dem Kapitän gelang, der Gefahrenzone zu entkommen. Die übel zugerichtete *James* lief am 17. August 1635 in Boston ein. Alle einhundert Passagiere führten ihr Überleben auf das Einwirken Gottes zurück. Für Richard Mather war die Rettung mit dem Auftrag verbunden, «rechtschaffen vor dem Herrn zu sein, solange wir leben».[1]

Als puritanischer Geistlicher hatte Richard Mather fünfzehn Jahre Verfolgung in England rechtschaffen durchlitten, bevor er sich auf die gefährliche Reise über den Atlantik machte, um in Neuengland ein neues Leben zu beginnen. Dort sollte er seinen berühmten geistlichen Freund John Cotton wiedersehen, der im englischen Boston ebenfalls zwanzig Jahre Verfolgung ausgestanden hatte. 1630 hatte Cotton vor Hunderten von Puritanern, die in Neuengland Gemeinden gegründet hatten, seine Abschiedspredigt gehalten und sie dafür gepriesen, dass sie die prophetische Gottesvision erfüllten. Als Dissidenten der anglikanischen Staatskirche glaubten die Puritaner, unter allen Menschen von Gott auserwählt zu sein, sie hielten sich für eine besondere Gruppe überlegener Menschen, und Neuengland, ihr Israel, sollte ihr gelobtes Land werden.[2]

Kaum eine Woche nach dem Wüten des Großen Sturms wurde Richard Mather Pfarrer der North Church in Dorchester, nahe der berühmten North Church des neuen Boston, wo John Cotton als Geistlicher wirkte. Mather und Cotton hatten eine heilige Mission: Sie wollten das *neue* England schaffen, dem neuen Leben Ausdruck verleihen und es verteidigen. Dazu nutzten sie ihre Federn nicht weniger als ihre Kanzeln, und ihre Macht nicht weniger als ihre Federn und Kanzeln. In Erfüllung ihrer Mission schrieben sie die ersten Bücher für Erwachsene und Kinder, die es in den Kolonien zu lesen gab. Vermutlich war es Mather, der die Wahl von Henry Dunster als Leiter des ersten Colleges im kolonialen Amerika initiierte: 1640 wurde diese Hochschule, die spätere Harvard University, gegründet. Und Cotton hatte nichts dagegen, dass Dunster den Lehrplan seiner Anstalt der Universität von Cambridge nachbildete und sie damit einem ideologischen Trend verpflichtete. Auch die Gründer der acht weiteren kolonialen Colleges, die in dieser Zeit entstanden – William & Mary (1693), Yale (1701), die University of Pennsylvania (1740), Princeton (1746), Columbia (1754), Brown (1764), Rutgers (1766) und Dartmouth (1769) –, betrachteten die altgriechische und altrömische Literatur als Hort universeller Wahrheiten, die memoriert werden mussten und außerhalb jeglicher Kritik standen. Im Zentrum der altgriechischen Bibliothek des alten und des neuen England stand der auferstandene Aristoteles, der im Mittelalter von einigen christlichen Gruppen als Feind des Glaubens betrachtet worden war.[3]

Beim Studium der aristotelischen Philosophie lernten die jungen Puritaner die logischen Grundlagen für die Konstruktion der menschlichen Rangordnung kennen, und sie begannen zu glauben, dass einige Menschengruppen höherwertig seien als andere. Für Aristoteles waren die Griechen allen Nichtgriechen überlegen. Die Puritaner glaubten, sie seien den Indianern, den Afrikanern und selbst den Anglikanern überlegen – das heißt allen Nichtpuritanern. Aristoteles, der von 384 bis 322 vor unserer Zeit lebte, dachte sich eine Klimatheorie aus, um die Überlegenheit der Griechen zu rechtfertigen. Er sagte, dass Völker, die in extrem heißen oder extrem kalten Breiten lebten, intellektuell, physisch und moralisch minderwertig seien, außerdem seien sie hässlich und unfähig, ein freies und selbstbestimmtes Dasein zu führen. Aristoteles sprach von Afrikanern als «verbrannten Gesichtern» – die ursprüngliche griechische Bedeutung von «äthiopisch» – und sah die «hässlichen» Extreme von heller oder dunkler Haut als Auswirkungen von extrem kaltem oder heißem Klima an. Das alles lag allerdings im Interesse der Normalisierung der griechischen Praxis, Sklaven zu halten, und der griechischen Herrschaft über den westlichen Mittelmeerraum. Für Aristoteles waren die Griechen durch ihr ideales mittleres Klima die schönsten und begabtesten Menschen und die überlegenen Herrscher und Sklavenhalter der Welt. Es sei ein «allgemeines Naturgesetz», schreibt er im ersten Buch der *Politik*, dass «gleich von Anbeginn des Daseins … die Elemente auseinander [treten], die einen auf die gehorchende, die anderen auf die gebietende Seite». Herren und Sklaven entsprachen Griechen und Barbaren; auf der einen Seite ist «das Vermögen geistiger Voraussicht vorhanden», auf der anderen Seite besteht «die Fähigkeit zu bloß körperlicher Verrichtung der empfangenen Befehle». Die «Barbaren [haben] überhaupt von Natur knechtischere Charaktere als die Hellenen» und seien daher zum Gehorchen geboren.[4]

Nach Christi Geburt oder dem Beginn unserer Zeit rechtfertigten die Römer die von ihnen praktizierte Form der Sklaverei mit Aristoteles' Klimatheorie, und bald begann das junge Christentum, weitere Argumente dazu beizutragen. Für die frühchristlichen Theologen – die die Puritaner neben Aristoteles studierten – bestimmte Gott die menschliche Rangordnung. Der heilige Paulus führte im ersten Jahrhundert eine dreigliedrige Rangordnung ein: der himmlische Herr an der Spitze, der weltliche Herr in der Mitte, der Knecht oder Sklave unten. «Wer als Freier berufen ist, der ist ein Knecht Christi», schreibt er in Korinther 1,7. In Epheser 6 heißt es: «Ihr Knechte, seid gehorsam euren leiblichen Herren mit Furcht und Zittern, in Einfalt eures Herzens, als Christo.» Und in einer wesentlichen Mahnung in Galater 4,28 egalisierte Paulus die Seelen von Herren und Knechten als «allzumal *einer* in Christo Jesu».

Alles in allem gab es ethnische und religiöse Vorurteile in der Alten Welt. Aber es gab keine Konstruktion von *Rassen* – einer weißen europäischen oder einer schwarzen afrikanischen Rasse zum Beispiel – und daher gab es auch keine rassistischen Vorstellungen. Doch die entscheidenden Fundamente für diese Vorstellungen wurden gelegt. Und genauso findet man die Fundamente für egalitäres und antirassistisches Denken in der griechisch-römischen Antike, und die erste Kritik an der Sklaverei. «Die Gottheit gab allen Menschen Freiheit und die Natur schuf niemanden als Sklaven», schreibt Alkidamas, Aristoteles' Rivale in Athen. Als Herodot, der herausragende Historiker des antiken Griechenland, den Nil hinauffuhr, beschrieb er die Nubier als sehr schöne und starke Menschen. Lactantius, ein Berater Konstantins I., des ersten christlichen römischen Kaisers, verkündete zu Beginn des 4. Jahrhunderts: «Gott, der die Menschen erschafft und mit Geist begabt, wünschte, dass sie alle gerecht seien, das heißt, gleich.» Der afrikanische Kirchenvater Augustinus, der im Jahr 430 starb, schreibt, dass jeder Mensch, wie sonderbar er uns auch in seiner körperlichen Gestalt, seiner Farbe oder seinen Äußerungen erscheinen mag, ohne Zweifel von dem ersten Menschen abstamme, der von Gott selbst erschaffen wurde. Doch solche egalitären Gedanken blieben weitgehend unbemerkt neben Aristoteles und Paulus, die den Lehrplan von Harvard dominierten, und die Gemeindevorsteher Neuenglands, die die Sklaverei und die ethnische Rangordnung zu rechtfertigen hatten, lasen diese Texte nicht.[5]

Als John Cotton 1636 die erste Verfassung Neuenglands formulierte, *Moses His Judicials*, legalisierte er nicht nur die Versklavung von Gefangenen in gerechten Kriegen sondern auch «von den Fremden, die sich willig selbst verkaufen oder uns verkauft werden». Auch in diesem Punkt imitierte das neue das alte England. Cotton reproduzierte die Politik seiner britischen Standesgenossen nah und fern. 1636 gab es in Barbados eine offizielle Bekanntmachung, wonach «Neger und Indianer, die hierherkommen, um verkauft zu werden, lebenslang in Knechtschaft bleiben sollen, es sei denn, ein anderslautender Vertrag ist vorher geschlossen worden».[6]

Der Pequot-Krieg, die erste große bewaffnete Auseinandersetzung zwischen den neuenglischen Kolonisten und den Ureinwohnern der von ihnen besetzten Gebiete, brach 1637 aus. Kapitän William Pierce brachte einige gefangene Ureinwohner gewaltsam auf die *Desire*, das erste Sklavenschiff, das das britische Nordamerika verließ. Es segelte auf die Karibikinsel Isla de Providencia, wo «Neger» Berichten zufolge als «ständige Diener» gehalten wurden. John Winthrop, der Gouverneur von Massachusetts, bekundet die historische Rückkehr von Kapitän Pierce 1638 in Boston und fügt hinzu, das Schiff habe «Salz, Baumwolle, Tabak und Neger» geladen.

Die erste Generation der Puritaner fand Gründe für die Versklavung dieser «Neger», die ihren christlichen Überzeugungen nicht widersprachen. Die entsetzlichen Albträume von Verfolgung und Gewalt waren nicht die einzigen Halluzinationen, die sie in ihre neue Heimat mitnahmen. Von den Passagieren der ersten Schiffe, die 1607 in Virginia landeten, über die Emigranten, die den Großen Sturm von 1635 überlebten, bis zu den Kapitänen und Finanziers der ersten Sklavenschiffe – nicht wenige britische Siedler des kolonialen Amerika brachten puritanische, biblische, wissenschaftliche und aristotelische Begründungen von Sklaverei und einer ethnischen Rangordnung innerhalb der Menschheit mit über den großen Teich. Aus Westeuropa und den neuen Siedlungen in Lateinamerika stammte die Überzeugung einiger Puritaner, dass die vielen afrikanischen Ethnien nur ein einziges minderwertiges Volk seien. Sie brachten rassistische Ideen mit – rassistische Ideen, die der amerikanischen Sklaverei vorausgingen, weil das Bedürfnis, die afrikanische Sklaverei zu rechtfertigen, dem kolonialen Amerika vorausging.

Nach der Eroberung von Teilen Nordafrikas, Portugals und Spaniens im 7. Jahrhundert durch arabische Muslime lieferten sich Christen und Muslime jahrhundertelang Schlachten, bei denen es um die Vorherrschaft im Mittelmeerraum ging. In dieser Zeit befanden sich die westafrikanischen Reiche Ghana (700–1200), Mali (1200–1500) und Songhai (1350–1600) an den Knotenpunkten der lukrativen Handelsrouten für Gold und Salz. Ein ertragreicher Trans-Sahara-Handel entstand, durch den Europäer über muslimische Mittelsmänner westafrikanische Güter erhielten.

Ghana, Mali und Songhai waren große, mächtige und hochentwickelte Reiche, die anderen Reichen der damaligen Welt in nichts nachstanden. In Timbuktu und Djenné blühte die Gelehrsamkeit; aus ganz Westafrika kamen junge Männer, um dort zu studieren. Das Songhaireich war das größte. Mali dürfte das glanzvollste gewesen sein. Der bedeutendste Globetrotter des 14. Jahrhunderts, der von Nordafrika nach Osteuropa und Ostasien reiste, besuchte Mali im Jahr 1352: «Es herrscht vollkommene Sicherheit in diesem Land», notierte der Marokkaner Ibn Battuta in seinem Reisetagebuch. «Weder der Reisende noch der Einheimische muss Angst haben vor Räubern oder anderen bösen Gesellen.»[7]

Ibn Battuta war ein Sonderling – ein verhasster Außenseiter – unter den islamischen Intellektuellen im marokkanischen Fez. Kaum ein Forscher hatte je seine Heimat verlassen, und Battutas Reiseberichte bedrohten die selbstzufriedenen Überzeugungen seiner Kollegen über den Charakter von Ausländern und Fremden. Keiner von Battutas Widersachern war einflussreicher als der Tunesier Ibn Khaldun, der überragende Geist der muslimischen Welt seiner Zeit, der zum Zeitpunkt von Battutas Rückkehr aus Mali in Fez eintraf. In den offiziellen Ämtern der großen Dynastien werde gemunkelt, dass Ibn Battuta ein Lügner sei, schreibt Khaldun 1377 in den *Muqaddima*, seinen herausragenden Betrachtungen zur Geschichte der vormodernen Welt. In diesem Werk zeichnet Khaldun ein ganz anderes Bild der Länder südlich der Sahara: «Von den meisten der Schwarzen [...] wird [...] berichtet, dass sie in Höhlen und Dickichten leben, Kräuter essen, dass sie wild sind, keinen Umgang miteinander pflegen und sich gegenseitig essen», notiert der Aristotelesschüler und fügt hinzu: «So verhält es sich auch mit den Slawen.» Khaldun argumentierte mit dem Klima, um die islamische Versklavung der afrikanischen Subsaharavölker und der osteuropäischen Slawen zu rechtfertigen – Gruppen, die offensichtlich nur eines gemein hatten: Sie lebten in weiter Ferne. Die Menschen in den «extremen Klimazonen im Süden und Norden» seien «über die Religion in Unkenntnis, es mangelt ihnen an Wissenschaft, und ihre Verhältnisse insgesamt stehen denen des Viehs näher als denen der Menschen». Doch ihr minderwertiges Leben sei weder beständig noch erblich bedingt: «Wir finden zuweilen unter den Schwarzen, den Bewohnern des Südens, die sich in der gemäßigten vierten oder der siebten Klimazone, welche zur weißen Hautfarbe hin tendiert, niedergelassen haben, dass die Farbe ihrer Nachkommenschaft im Laufe der Zeit allmählich weiß wird.» Dunkelhäutige Menschen hätten also die Fähigkeit der *körperlichen* Assimilation an ein kälteres Klima. Später stellten sich kulturelle Assimilationisten vor, dass kulturell unterlegene Afrikaner, in das richtige europäische Umfeld verpflanzt, die europäische Kultur annehmen könnten und sollten. Doch zuerst kam die Idee von physischen Assimilationisten wie Khaldun, der davon sprach, dass körperlich geringerwertige Afrikaner, in das richtige, kältere Umfeld verpflanzt, die europäische Physis annehmen könnten oder sollten: weiße Haut und glattes Haar.[8]

Ibn Khaldun hatte nicht die Absicht, Afrikaner einfach als unterlegene Menschen abzuqualifizieren. Er hatte die Absicht, alle fremd aussehenden afrikanischen und slawischen Völker herabzusetzen, die die Muslime als Sklaven kauften und verkauften. Er stärkte damit die geistigen Fundamente der rassistischen Gedankenwelt. Zu Beginn des 15. Jahrhunderts war Khaldun einer der Geburtshelfer von assimilationistischen Ideen, vom rassistischen Begriff der umweltgeprägten Unterlegenheit der Afrikaner. Die Sklavenhalter brauchten diese Klimatheorie zur Rechtfertigung der Versklavung von Slawen nur noch auf die Afrikaner zu übertragen, und schon war die Grundlage für die rassistische Haltung gegenüber dunkelhäutigen Menschen geschaffen.

Es gab bereits eine die Sklaverei begründende Theorie, die sich auf Schwarze konzentrierte, eine Theorie, die sich irgendwie aus der Genesis herleitete, wo stand, «dass die Schwarzen Nachkommen von Ham, dem Sohn Noahs, seien und dass sie durch die schwarze Farbe herausgehoben wurden aufgrund des Fluches seines Vaters, der auf ihm lag und dessen Wirkung sich sowohl in seiner Farbe zeigte als auch darin, dass Gott seinen Nachkommen Sklaverei auferlegte», wie Khaldun erklärt. Die Abstammungslinie dieser Theorie von Noahs Verfluchung geht weit zurück, über den großen persischen Gelehrten Tabari (838–923) bis auf islamische und hebräische Quellen. Gott habe das afrikanische Volk durch seinen Fluch ständig mit hässlicher Schwärze und Sklaventum bestraft, argumentierten die Fluchverfechter. Als strenger Klimatheoretiker konnte Khaldun die Verfluchung des Ham nicht akzeptieren, für ihn blieb es eine «nicht belegte Geschichte».[9]

Obwohl die Fluchtheorie offensichtlich auf der Idee der schwarzen Unterlegenheit basierte, war im Mittelalter ihre Stunde noch nicht gekommen. Muslimische und christliche Sklavenhalter glaubten nicht an den Fluch, dafür versklavten sie einfach zu viele nichtschwarze Abkömmlinge von Sem und Japheth, Hams vom Fluch verschont gebliebenen Brüdern. Doch die mittelalterlichen Fluchtheoretiker legten die Fundamente für segregationistische Ideen und für die rassistische Auffassung der genetischen Unterlegenheit von Schwarzen. Der Übergang zu einer Sklaverei, deren Opfer nur noch Schwarze waren, deutete sich erst an, und Ham verschwand in der Versenkung. Als die entmachtete Fluchtheorie wieder erstarkte, war erneut von ihm die Rede, und erst dann entstanden eigentlich rassistische Ideen.[10]

Kapitel 2

Ursprünge rassistischer Ideen

Richard Mather und John Cotton erbten von den englischen Denkern ihrer Zeit die *alte* rassistische Vorstellung, nach der die Versklavung von Afrikanern natürlich, normal und gottgewollt sei. Dieser Gedanke war fast zweihundert Jahre alt, als die Puritaner ihn in den 1730er-Jahren dazu nutzten, die neuenglische Sklaverei zu legalisieren und festzuschreiben; in Virginia hatte dasselbe schon über zehn Jahre früher begonnen. 1415 hatten Prinz Heinrich und seine Brüder ihren Vater, König Johann I. von Portugal, davon überzeugt, dass es nötig sei, den wichtigsten muslimischen Handelsstützpunkt im westlichen Mittelmeer zu erobern: Ceuta, an der nordöstlichen Spitze Marokkos. Die Brüder waren neidisch auf den muslimischen Reichtum, und sie versuchten, die islamischen Zwischenhändler auszuschalten, um selbst jene Quelle im Süden zu finden, die ihnen in unbeschränktem Maß Gold und schwarze Gefangene liefern konnte.

Nach der Schlacht um Ceuta war Prinz Heinrich, genannt Heinrich der Seefahrer, fasziniert von den detaillierten Erzählungen der maurischen Gefangenen, die ihm die Handelsrouten durch die Sahara in das zerfallende Reich von Mali beschrieben. Er beschloss, «die Länder auf dem Seeweg zu suchen», und bis zu seinem Tod 1460 initiierte er immer wieder Entdeckungsfahrten an die afrikanische Westküste, wobei er seine Stellung als Großmeister des portugiesischen Christusordens (dem Nachfolger des Ordens der Tempelritter) nutzte, um Risikokapital aufzubringen und loyale Mannschaften für seine Expeditionen zusammenzustellen.

1452 beauftragte Heinrichs Neffe, König Alfons V., den Historiker Gomes Eanes de Azurara, eine Biografie des Lebens seines «geliebten Onkels» und seiner Bemühungen um den Sklavenhandel zu verfassen. Azurara war ein gelehrter Mann und gehorsamer Feldherr in Heinrichs Christusorden. Sein impliziter Auftrag bei der Dokumentation und Verherrlichung von Heinrichs Leben lautete, die finanziellen Erwägungen seines Herrn zu verschleiern; das führte dazu, dass Heinrich sich ausschließlich dem Handel mit afrikanischen Sklaven zu widmen schien. 1453 beendete Azurara die erste Rechtfertigung des afrikanischen Sklavenhandels, das erste europäische Buch über Afrikaner in der modernen Zeit. Die *Crónica do descobrimento e conquista da Guiné* ist der Auftakt der überlieferten Geschichte der antischwarzen rassistischen Ideen. Azuraras Aufzeichnungen waren also nicht Ursache der rassistischen Politik Heinrichs des Seefahrers in Bezug auf den afrikanischen Sklavenhandel, sondern deren Produkt.[1]

Wie Azurara es beschrieb, machten die Portugiesen Geschichte, indem sie als erste Europäer den Atlantik und die Gewässer jenseits des westafrikanischen Kap Bojador befuhren, mit dem Auftrag, versklavte Afrikaner nach Europa zurückzubringen. Die sechs Karavellen mit 240 Gefangenen an Bord landeten am 6. August 1444 in Lagos im südlichen Portugal. Heinrich machte aus der Sklavenauktion ein Spektakel. Er wollte zeigen, dass die Portugiesen von nun an zur europäischen Liga der ernstzunehmenden Händler mit afrikanischen Sklaven gehörten. Eine Zeit lang hatten Genueser, Katalanen und Seefahrer aus Valencia wiederholt die Kanarischen Inseln überfallen oder sich von marokkanischen Händlern afrikanische Sklaven verschafft. Azurara bedachte jedoch die Portugiesen mit besonderem Lob. Er behauptete, ihre afrikanischen Sklavenexpeditionen seien Missionsreisen. Heinrichs Konkurrenten konnten diese Lüge nicht so effektiv einsetzen, wie er es tat, wahrscheinlich weil sie noch immer mit so vielen osteuropäischen Sklaven handelten.[2]

Doch der Markt war dabei, sich zu verändern. Als die Portugiesen ihre Seeroute ausweiteten und ein neues Sklavenexportgebiet erreichten, begann die Bedeutung des alten zu schwinden. In der Zeit Ibn Khalduns waren die meisten Gefangenen, die in Westeuropa verkauft wurden, Osteuropäer gewesen, die von türkischen Angreifern in Ländern rund um das Schwarze Meer geraubt worden waren. So viele dieser Gefangenen waren Slawen, dass der ethnische Begriff in den meisten westeuropäischen Sprachen den Ursprung des Wortes «Sklave» bezeichnete. Um die Mitte des 15. Jahrhunderts hatten sich slawische Städte in Festungen verwandelt, die stark genug waren, um Angreifer abzuhalten, was bewirkte, dass die Zahl der Slawen auf dem westeuropäischen Sklavenmarkt sank, während ungefähr gleichzeitig die Zahl der Afrikaner stieg. So wandelte sich in Westeuropa das Bild des gewöhnlichen Sklaven, der nun kein Weißer mehr war, sondern ein schwarzer Mann oder eine schwarze Frau.[3]

Laut Azuraras Chronik verließen die Gefangenen 1444 das Schiff und marschierten zu einem offenen Gelände in der Nähe der Stadt. Prinz Heinrich überwachte die Sklavenauktion persönlich. Strahlend saß er auf seinem Pferd. Einige der Gefangenen waren «hinreichend weiß, schön anzusehen und mit schönen Körpern», während andere «wie Mulatten» aussahen, berichtet Azurara. Wieder andere waren «so schwarz wie Äthiopier und so hässlich», als wären sie Bewohner der Hölle. Zu den Gefangenen gehörten Menschen mit den zahlreichen Hauttönen der Tuareg wie auch sehr dunkelhäutige Menschen, die die Tuareg wahrscheinlich selbst als Sklaven hielten. Obwohl sie zu verschiedenen Völkern gehörten und unterschiedliche Hautfarben hatten, sah Azurara sie als ein einziges Volk – ein minderwertiges Volk.[4]

Azurara legt Wert darauf, seine Leser daran zu erinnern, dass ein «Hauptverdienst» Prinz Heinrichs darin bestand, umgehend vierundsechzig der wertvollsten Gefangenen zu ergreifen, denn «er dachte mit großer Freude an die Rettung jener Seelen, die zuvor verloren waren». Wenn er sich diese biblische Rechtfertigung für die Versklavung der Afrikaner auf die Fahne schrieb, erschienen die Gefangenen als Barbaren, die nicht nur der religiösen, sondern auch der zivilisatorischen Rettung bedurften. «Sie lebten wie Vieh, ohne die Gebräuche vernunftbegabter Menschen», schreibt er. Zudem «kennen sie weder Brot noch Wein, und sie waren nicht mit Kleidung bedeckt und hatten auch keine festen Häuser … sie lebten nur in tierischer Trägheit dahin». In Portugal war ihr Schicksal «ganz das Gegenteil ihres früheren Zustands». Azurara sah ihre versklavte Existenz in seinem Land als eine wesentliche Verbesserung ihres freien Lebens in Afrika.[5]

Seine Chronik behandelte den Zeitraum zwischen 1434 und 1447. In diesen Jahren kamen nach seiner Schätzung 927 afrikanische Sklaven nach Portugal, «und die Mehrzahl von ihnen wurde auf den Pfad der Erlösung gebracht». Er vergisst zu erwähnen, dass Heinrich das königliche Fünftel (*quinto*), also etwa 185 dieser Gefangenen erhielt und mit ihnen sein riesiges Vermögen noch größer machte. Doch das gehörte selbstverständlich nicht zu seiner Mission. Dafür, dass Azurara seine Leser, mehrere Päpste und das alphabetisierte Europa davon überzeugte, dass das Portugal Heinrichs des Seefahrers mitnichten des Geldes wegen mit Sklaven handelte, erhielt er den schönen Titel eines königlichen Hauptchronisten und außerdem zwei weitere sehr lukrative Kommandeursposten im Christusorden. Azuraras Auftraggeber genossen die Erträge aus dem Sklavenhandel. 1466 bemerkte ein tschechischer Reisender, dass der König von Portugal mit dem Verkauf seiner Gefangenen an Ausländer mehr Gewinn erzielte «als mit allen Steuern, die er im gesamten Königreich erhob».[6]

Azurara brachte das Manuskript der *Crónica do descobrimento e conquista da Guiné* am königlichen Hof in Umlauf, aber auch unter Gelehrten, Investoren und Kapitänen, die es lasen und in ganz Portugal und Spanien verbreiteten. Er starb 1474 in Lissabon, doch seine Gedanken über die Sklaverei blieben lebendig, während der Sklavenhandel expandierte. Um 1490 waren portugiesische Entdecker weiter in den Süden vorgedrungen. Sie segelten an der westafrikanischen Küste entlang und hatten das Kap der Guten Hoffnung umrundet, um in den Indischen Ozean vorzustoßen. In ihren wachsenden Netzwerken aus Häfen, Agenten, Schiffen, Mannschaften, Finanziers und Händlern zirkulierten die rassistischen Ideen aus Azuraras Chronik, und bald erreichten sie Länder und Gebiete, in denen der Text selbst nie erschienen war. Die Portugiesen wurden die erste Quelle des Wissens über das unbekannte Afrika und die afrikanischen Völker für die frühen Sklavenhändler und Sklavenbesitzer in Spanien, Holland, Frankreich und England. Als der aus Mähren stammende Drucker Valentim Fernandes 1506 in Lissabon eine Kurzfassung von Azuraras Buch veröffentlichte, hatten afrikanische Sklaven – und rassistische Ideen – schon Süd- und Nordamerika erreicht.[7]

1481 begannen die Portugiesen eine große Festung zu bauen, São Jorge da Mina, bekannt als Elmina oder «die Mine», als Teil eines großen Plans zur Gewinnung von Gold aus Ghana. Zu gegebener Zeit wurde dieses europäische Bauwerk, das erste, von dem wir wissen, dass es südlich der Sahara errichtet wurde, der größte westafrikanische Stützpunkt für den Sklavenhandel, das Zentrum der portugiesischen Operationen in Westafrika. Ein genuesischer Entdecker, kaum dreißig Jahre alt, könnte die Errichtung der Burg Elmina mit angesehen haben. Christoph Kolumbus, der gerade erst die Tochter eines genuesischen Protegés von Prinz Heinrich geehelicht hatte, wünschte, selbst Geschichte zu schreiben – aber nicht in Afrika. Stattdessen richtete er den Blick nach Ostasien, der Quelle von Gewürzen für Europa. Nachdem das portugiesische Königtum sich geweigert hatte, seine tollkühne Expedition in den Westen zu sponsern, griff ihm Königin Isabella von Spanien, eine Großnichte Heinrichs des Seefahrers, unter die Arme. So erreichten die drei kleinen Schiffe des Genuesen 1492, nach neunundsechzig Tagen auf See, die Küsten, von deren Existenz die Europäer nichts wussten: zuerst die glitzernden Bahamas und am nächsten Abend Kuba.[8]

Gleich nach Kolumbus' Ankunft begannen spanische Kolonisten, die einheimischen amerikanischen Völker herabzuwürdigen und zu versklaven. Sie nannten sie *negros da terra* (Schwarze des Landes) und übertrugen damit ihre rassistischen Vorstellungen von Afrikanern auf die Ureinwohner des amerikanischen Kontinents. In den darauffolgenden Jahren nutzten sie mit der Bibel in der Hand die Macht ihrer Waffen und veranstalteten ein beispielloses Massaker. Tausende von Ureinwohnern starben, als sie sich gegen ihre Versklavung zur Wehr setzten. Noch mehr starben an europäischen Seuchen, an den Lebensbedingungen, unter denen sie Zwangsarbeit auf den Feldern verrichten mussten, und auf Todesmärschen bei der Suche und beim Abbau von Gold. Tausende von Ureinwohnern wurden von spanischen Siedlern, die auf der Suche nach Reichtum in die Kolonien strömten, von ihrem Land vertrieben. Der spanische Kaufmann Pedro de las Casas siedelte sich 1502 auf Hispaniola an, im gleichen Jahr, in dem die ersten versklavten Afrikaner von Bord eines portugiesischen Sklavenschiffes gingen. Sein achtzehnjähriger Sohn Bartolomé war bei ihm, der eine außerordentliche Rolle beim Fortgang der Sklaverei in der Neuen Welt spielen sollte.[9]

1510 hatte Bartolomé de Las Casas Land und Gefangene erworben, und er war zum ersten Priester Amerikas geweiht worden. Stolz hieß er 1511 die Dominikaner auf Hispaniola willkommen. Die Mönche fanden die Sklaverei der Taíno abscheulich, und zu Las Casas' Verblüffung schlugen sie abolitionistische Wege ein. Sie lehnten die spanische (von den Portugiesen übernommene) Lehre ab, nach der das Volk der Taíno durch die Christianisierung von der Sklaverei profitierte. König Ferdinand rief die Dominikaner prompt zurück, doch ihre Predigten gegen die Sklaverei ließen Las Casas nicht mehr los. 1515 segelte er nach Spanien, wo er sich lebenslang für die leidenden amerikanischen Ureinwohner einsetzte. Ein womöglich noch wichtigeres Ziel seiner Kampagne war allerdings die Lösung des Problems der extremen Knappheit an Arbeitern in den Kolonien. In einer seiner ersten schriftlichen Appelle 1516 schlug er vor, afrikanische Sklaven einzuführen, um die immer weniger zur Verfügung stehenden indianischen Arbeiter zu ersetzen. Zwei Jahre später wiederholte er diesen Vorschlag. Schon 1510 hatte Alonso de Zuazo, ein an der Universität von Salamanca ausgebildeter Anwalt, eine ähnliche Empfehlung ausgesprochen. «Die allgemeine Erlaubnis sollte gegeben werden, Neger dort hinzubringen, ein [Volk], welches kräftig genug ist für die Arbeit, im Gegensatz zu den so schwachen Einheimischen, welche einzig zu anspruchslosen Tätigkeiten herangezogen werden können», schreibt Zuazo. Auch einige indigene Völker hatten die neuen rassistischen

Ideen übernommen und stimmten dem Import afrikanischer Sklaven eifrig zu. Eine Gruppe Ureinwohner in Mexiko klagte, dass die «schwierige und mühsame Arbeit» bei der Zuckerrohrernte «nur für Schwarze und nicht für die mageren und schwachen Indios» geeignet sei. Las Casas und Co. brachten Zwillinge zur Welt – rassistische Zwillinge, die einige Ureinwohner Amerikas und Afrikas bereitwillig akzeptierten: den Mythos des körperlich starken, tierhaften Afrikaners und den Mythos des körperlich schwachen Indios, der bei der Anstrengung der harten Feldarbeit dahinsiecht und schnell stirbt.[10]

Obwohl Las Casas' Ideen zunächst ignoriert wurden, erwiesen sich seine Schriften bald als ein nützliches Werkzeug für Spaniens wachsendes Imperium und seine Investition in amerikanische Sklaverei. Bischof Sebastián Ramirez de Fuenleal berichtet 1531, dass «die gesamte Bevölkerung … von Espanola, San Juan und auch Kuba verlangt, dass sie Neger bekommen, um Gold abzubauen» und zur Arbeit auf den Feldern. Las Casas' Wirken führte 1542 zur historisch bedeutsamen Verabschiedung der «Neuen Gesetze für Indien zur guten Behandlung und Erhaltung der Indios». In diesem denkwürdigen Jahr beendete er auch seinen Klassiker, den *Kurzgefassten Bericht von der Verwüstung der westindischen Länder*, den er an Prinz Philipp II. schickte, und brachte eine dritte Denkschrift heraus, die empfahl, dass afrikanische Sklaven die Indios ersetzten.

Irgendwann danach las Las Casas das Buch von Gomes Eanes de Azurara. Je mehr er las, desto weniger gelang es ihm, den afrikanischen Sklavenhandel mit den Lehren Jesu Christi in Einklang zu bringen. In der *Geschichte Westindiens* (1561), veröffentlicht fünf Jahre vor seinem Tod, bedauert Las Casas seinen eigenen «Ratschlag an den König», versklavte Afrikaner einzuführen. Azuraras Schrift beweist ihm, dass der Sklavenhandel ein «wahrer Schrecken» sei, und er beklagt Azuraras Versuch, den Sklavenhandel «mit der Gnade und Güte Gottes zu vermengen». Nun versuchte er, die Tür zur afrikanischen Sklaverei zu schließen, die er selbst den zahlreichen spanischen Sklavenhaltern geöffnet hatte. Es gelang ihm nicht. In seinen letzten Tagen diskreditierte man diesen mächtigen Reformer als radikalen Extremisten – wie alle Anti-Rassisten, die nach ihm kamen. Nach seinem Tod wurde er in Spanien verteufelt und seine Werke wurden praktisch mit einem Verbot belegt. Die protestantischen Rivalen des katholischen Spanien publizierten seinen verheerenden *Kurzgefassten Bericht von der Verwüstung der westindischen*

Länder in mehreren Auflagen – auf Niederländisch (1578), Französisch (1578), Englisch (1583) und Deutsch (1599) –, weil sie zeigen wollten, dass das spanische Kaiserreich korrupt und moralisch verdorben sei, und danach strebten, Spanien als europäische Supermacht zu verdrängen.[11]

Trotz des Aufstiegs von Spanien behielt Portugal die unbestrittene Vormachtstellung im afrikanischen Sklavenhandel. Und Gomes Eanes de Azuraras rassistische Ideen behielten das unbestrittene Vorrecht, den Sklavenhandel in Europa zu rechtfertigen und zu verteidigen, bis ein anderer Mann, ein Afrikaner, erschien und sein Erbe antrat. Um 1510 begleitete Al-Hasan Ibn Muhammad al-Wazzan al-Fasi, ein gebildeter Marokkaner, seinen Onkel auf einer diplomatischen Reise in das Songhaireich. Acht Jahre später wurde er auf einer weiteren diplomatischen Reise im Mittelmeer gefangen genommen und zum Sklaven gemacht. Seine Herren stellten den klugen Vierundzwanzigjährigen in Italien dem gelehrten Papst Leo X. vor. Vor seinem Tod 1521 schenkte der Papst dem jungen Mann die Freiheit, bekehrte ihn zum Christentum, gab ihm den Namen Johannes Leo und gab ihm wahrscheinlich den Auftrag, einen umfassenden Bericht über Afrika zu schreiben. Wir kennen ihn unter dem Namen Leo Africanus. Er befriedigte die Neugier der Italiener 1526 mit der ersten wissenschaftlichen Studie über Afrika in Europa, *Della descrittione dell'Africa*.

Leo Africanus untersucht die Herkunft des Wortes Afrika und gibt einen Überblick über die afrikanische Geografie, seine Sprachen, Kulturen, Religionen und Krankheiten. Sein Resümee: «Es gibt keine Nation unter dem Himmel, welche der Wollust geneigter ist.» Afrikaner «führen ein Leben von tierischer Art, bar jeglicher Vernunft, jeglicher kluger Geschicklichkeit und Künste», schreibt er. Sie «betragen sich, als hätten sie stets im Wald gelebt, unter wilden Tieren».

Den Balken im eigenen Auge ignorierte er keineswegs. Wie «schreibe ich selbst so greulich über Afrika», fragt er sich, «wenn ich doch fühle, dass ich [Afrika] meine Geburt schulde» – und seine Bildung? Er betrachtete sich selbst als «Geschichtsschreiber», dessen Auftrag lautete, «die einfache Wahrheit überall» kundzutun. Es machte ihm aber nichts aus, dass Afrikaner herabgewürdigt wurden. Er glaubte, die Afrikaner wahrheitsgemäß beschrieben zu haben.[12]

Durch die *Descrittione dell'Africa* etablierte er sich als erster bekannter afrikanischer Rassist der Welt, der erste berühmte afrikanische Produzent rassistischer Ideen (wie Azurara der erste berühmte europäische Produzent rassistischer Ideen gewesen war). Jeder Mensch kann rassistische Ideen über die afrikanische Minderwertigkeit konsumieren oder produzieren – jeder Europäer, jeder Asiate, jeder Ureinwohner Süd- und Nordamerikas, jeder Latino und jeder Afrikaner. Leo Africanus' Herkunft schützte ihn nicht davor, an die afrikanische Unterlegenheit und die europäische Überlegenheit zu glauben, und sie hielt ihn nicht davon ab, andere von dieser einfachen rassistischen «Wahrheit» überzeugen zu wollen.

Leo Africanus hat die fünfzehn afrikanischen Länder, die er angeblich kennenlernte, womöglich nie gesehen. Vielleicht paraphrasierte er nur die Aufzeichnungen portugiesischer Reisender. Doch die Zuverlässigkeit der Informationen spielte keine Rolle. Nachdem der Autor das Manuskript 1526 fertiggestellt hatte und es 1550 auf Italienisch publiziert und 1556 ins Französische und Lateinische übertragen worden war, nahmen es Leser in ganz Westeuropa in sich auf und verbanden Afrikaner von da an mit gesteigerter Sexualität, mit Tieren und fehlenden Verstandeskräften. Wir wissen nicht, was mit Leo, dem Afrikaner, weiter geschah, dem Autor des meistgelesenen und einflussreichsten Buches über Afrika – neben dem von Azurara – in den Jahren um 1500. Doch er gab zahllosen Europäern das Gefühl, ihn – oder vielmehr Afrika – zu kennen.

Ungefähr zu der Zeit, in der Leo Africanus' Schrift sich in Europa verbreitete und in der Richard Mathers Eltern geboren wurden, begannen die Briten, gierig nach großen Gewinnen und der Vergrößerung ihres Reichs, danach zu streben, die portugiesische Monopolstellung im afrikanischen Sklavenhandel zu brechen. 1554 kehrte eine von John Lok, Vorfahr des Philosophen John Locke, geleitete Expedition nach «Guinea» in den englischen Heimathafen zurück. Lok und seine Landsleute Robert Gainish und William Towerson hatten 450 Pfund Gold, 250 Elfenbeinstoßzähne und fünf männliche afrikanische Sklaven an Bord. Diese drei Engländer galten fortan unter neugierigen britischen Geistern als die neuen Gewährsleute für Afrika und afrikanische Menschen. Ihre Ansichten schienen ebenso von den Portugiesen und Franzosen wie von ihren eigenen Beobachtungen geprägt zu sein. Mit einem Vokabular, das dem von Leo Africanus oder Azurara ähnelte, bezeichnete Gainish Afrikaner als «Volk von tierischer Lebensart, ohne einen Gott, ohne Gesetz, Religion oder allgemeines Vermögen». Die fünf «Tiere», die er mit seiner Schiffsbesatzung nach England brachte, lernten alle Englisch und wurden nach Afrika zurückgeschickt, um englischen Kaufleuten als Dolmetscher zu dienen.[13]

In dem Maß, in dem sich der englische Kontakt mit Afrikanern intensivierte, wurde auch der Wunsch laut, die frappierenden Farbunterschiede zu erklären. Autoren wie Gainish erklärten die dunkle Haut von Afrikanern und die helle Haut der Europäer mit der populären Klimatheorie. Sie schien sinnvoll zu sein, wenn man Europa, die Mittelmeerländer und Afrika betrachtete. Doch wie stand es mit dem Rest der Welt? Während der letzten Dekaden des 16. Jahrhunderts übernahm ein neues Genre der englischen Literatur die Klimatheorie. Neue unterhaltsame Schriftsteller belieferten Anglikaner und Puritaner wie Richard Mather und John Cotton und die Häuser weiterer zukünftiger Oberhäupter des kolonialen Amerika mit Geschichten aus aller Welt. Und diese Geschichten waren ebenso rassistisch wie überaus erstaunlich.

Kapitel 3

Ankunft in Amerika

Die Entdecker schrieben über ihre Abenteuer, und ihre Geschichten faszinierten Europa. Diese neue Reiseliteratur war für den europäischen Leser an seinem Kamin ein Fenster in weit entfernte Länder, in denen sonderbar aussehende Leute Kulturen bildeten, die fremd und exotisch wirkten. Doch die literarischen Einblicke in afrikanische Länder waren gewöhnlich gefärbt von den Interessen der Finanziers der Expeditionen, die meist nur ihren Gewinn durch Kolonisierung und Sklavenhandel im Auge hatten. Selbst die Gedanken eines einsamen Abolitionisten, des Franzosen Jean Bodin, versanken im Sumpf von Geschichten, die zwei gleichzeitige Entdeckungen miteinander verknüpften: die der Westafrikaner und die der großen schwanzlosen Affen, die in Westafrika wie Menschen auf zwei Beinen herumliefen. Die Hitze Afrikas habe die hypersexualisierten Afrikaner hervorgebracht, räsonierte Bodin 1576, und «geschlechtliche Beziehungen zwischen Menschen und Tieren … lassen in Afrika immer noch Ungeheuer entstehen.» Die Klimatheorie, nach der die heiße afrikanische Sonne Menschen in unzivilisierte Lasttiere verwandelte, war noch immer die vorherrschende unter allen rassistischen Meinungen. Aber nicht mehr lange.[1]

Für den englischen Reiseschriftsteller George Best fiel die Klimatheorie in sich zusammen, als er auf einer Reise in die Arktis 1577 entdeckte, dass die Inuit im nordöstlichen Kanada dunkler waren als die Bewohner des wärmeren Südens. In einem Bericht über die Expedition, geschrieben 1578, griff Best als Erklärung für die «äthiopische Schwärze» auf eine alternative Theorie zurück: die der biblischen Verfluchung, die kurz zuvor auch von einem Dominikaner in Peru und einer Handvoll französischer Intellektueller vertreten worden war. Sie war für Sklavenbesitzer attraktiver. Laut Bests skurriler Interpretation der Genesis befiehlt Noah seinen weißen und «englischen» Söhnen, sich des sexuellen Verkehrs mit ihren Frauen in der Arche zu enthalten, und verkündet ihnen dann, dass das erste Kind, das nach der Sintflut geboren wird, die Erde besitzen werde. Als der bösartige, tyrannische und sexuell überaktive Ham sich dem Verbot widersetzt und den Beischlaf in der Arche vollzieht, verfügt Gott, dass Hams Nachfahren «ganz schwarz und abscheulich» werden sollen, auf dass sie, nach Best, «für die ganze Welt immerdar ein Spiegel des Ungehorsams wären».[2]

Die erste große Debatte zwischen Rassisten erregte in England öffentliches Interesse. Dieser Streit über den Grund der Minderwertigkeit von Schwarzen – Fluch oder Klima, Natur oder Ernährung – sollte noch jahrzehntelang toben und schließlich auch die nach Amerika reisenden Siedler beeinflussen. Die Fluchtheoretiker waren die ersten bekannten Segregationisten. Sie glaubten, dass Schwarze von Natur aus und auf immer unterlegen und nicht in der Lage seien, Weiße zu werden. Die Klimatheoretiker waren die ersten bekannten Assimilationisten. Sie glaubten, Schwarze hätten sich, bedingt durch die Strahlung der heißen Sonne, zu einer zeitweiligen Unterlegenheit zurückentwickelt, seien aber dazu befähigt, weiß zu werden, wenn sie in eine kühlere Klimazone kämen.

George Best erstellte seine Fluchtheorie 1578 in der Epoche zwischen Heinrich VII. und dem Aufstieg Oliver Cromwells, einer Zeit widersprüchlicher und hitziger Leidenschaften infolge der vielfältigen überseeischen Abenteuer und deren Wirkungen auf die herrschenden Mächte im eigenen Land. Der Historiker Winthrop Jordan spricht von den «Entdeckungsreisen in Übersee» und den «Entdeckungsreisen im Inneren». Die Ausdehnung des Handels in anderen Ländern, die zunehmend kommerzialisierte Wirtschaft in der Heimat, die astronomischen Gewinne, die aufregenden Abenteuergeschichten und der Klassenkampf, all das erschütterte die soziale Ordnung im elisabethanischen England – eine Ordnung, die von der aufstrebenden Gemeinschaft der streng moralischen, unbedingten Gehorsam fordernden, frommen Puritaner gründlich hinterfragt wurde.

Für George Best waren Afrikaner «soziale Spiegel» (nach Jordan) für die gesteigerte Sexualität, die Gier und den Mangel an Disziplin – Hervorbringungen des Teufels –, die er in England vorfand, von denen er aber nicht sprechen konnte. Negatives Verhalten bei den weit entfernten Afrikanern als typisch anzusehen, erlaubte es Autoren wie ihm, das negative Verhalten von Weißen, das sie bei intensiven Prüfungen ihrer selbst und ihrer Nation entdeckten, als untypisch und wesensfremd zu qualifizieren.

Wahrscheinlich gab es niemanden in England, der die Reisegeschichten begieriger las und sammelte, als Richard Hakluyt. 1589 publizierte er seine Sammlung unter dem Titel *The Principall Navigations, Voyages, and Discoveries of the English Nation.* Durch die Veröffentlichung dieser monumentalen Anthologie spornte Hakluyt Entdecker, Kaufleute und Missionare dazu an, ihre außergewöhnliche Bestimmung zu erfüllen: Sie sollten die Welt zivilisieren und christianisieren, sollten Kapital aus ihr schlagen und sie beherrschen.[3]

Auch die Puritaner glaubten an die Zivilisierung und Christianisierung der Welt, doch sie gingen ein wenig anders an die Sache heran als die meisten Entdecker und deren Finanziers. Für die Letzteren ging es um materiellen Gewinn und politische Macht. Für die puritanischen Prediger ging es darum, die Welt in Ordnung zu bringen. Ein Eckpfeiler des britischen Puritanismus im späten 16. Jahrhundert war der in Cambridge lehrende William Perkins. «Auch wenn der Knecht im Glauben und im Inwendigen der Seele gleichgestellt ist seinem Herrn, so steht der Herr im Äußeren doch über dem Knecht», erklärt er in seinem 1590 veröffentlichten Text *Ordering a Familie.* Perkins ging auf Paulus zurück und wurde einer der ersten bedeutenden englischen Theoretiker – oder assimilationistischen Theologen, um genau zu sein –, indem er die ausbeuterische Beziehung zwischen Herrn und Knecht oder Herrn und Sklaven als liebevolle Familienbeziehung verbrämte. So reproduzierte er Azuraras Rechtfertigung der portugiesischen Sklavenhändler, die die afrikanischen Tiermenschen nur deshalb zu sich nahmen, um sie auf ihre eigene Höhe zu erheben. Noch viele künftige Generationen assimilationistischer Sklavenhalter zwischen dem Neuengland Richard Mathers und Hispaniola sollten diese verbrämende Maskerade der brutalen ausbeuterischen Sklaverei als liebevolle Familienangelegenheit clever für sich nutzen. Perkins' Familienmodell führten auch puritanische Leitfiguren wie John Cotton und Richard Mather im Mund, um wenig später die Sklaverei in Massachusetts zu sanktionieren. Und Perkins' Behauptung der gleichen Seelen und ungleichen Körper führte die puritanischen Prediger dazu, dass sie sich um die afrikanischen Seelen kümmerten, ohne die Versklavung ihrer Körper infrage zu stellen.[4]

Richard Mather wurde 1596 im Nordosten Englands geboren, in einer Zeit, als William Perkins den größten Einfluss ausübte. Nach Perkins' Tod 1602 folgte ihm Paul Baynes auf seinem Lehrstuhl in Cambridge. Richard Mather studierte Baynes' Schriften, wahrscheinlich konnte er seine berühmteste Abhandlung *Commentary on Ephesians* auswendig zitieren. Im Kommentar zu diesem Text sagt Baynes, die Sklaverei sei zum Teil ein Fluch wegen begangener Sünden und zum Teil das Resultat des «Standes», das heißt barbarischer Sitten. «Mohren» seien «sklavisch», schreibt er, und Sklaven sollten fröhlichen Gehorsam üben. Herren sollten ihre Überlegenheit durch Freundlichkeit und ein «aufrichtiges weißes Herz» beweisen.[5]

Als Richard Mather erwachsen wurde, etablierte sich Richard Hakluyt gerade als größter Förderer der überseeischen Kolonisation. Er umgab sich mit einer Vielzahl von Reiseschriftstellern, Übersetzern, Entdeckern, Kaufleuten, Erfindern, Kolonisten – mit jedem, der bei der Kolonisierung der Welt eine Rolle spielen könnte – und begann sie zu betreuen und zu schulen. 1597 ermunterte er John Pory, der gerade seine letzten Prüfungen in Cambridge abgelegt hatte, einen Text zu übersetzen, der ihm wohl schon lange am Herzen lag. Pory übersetzte 1600 unter dem Titel *Geographical Histories of Africa* die *Descrittione dell'Africa* von Leo Africanus ins Englische. Die englischen Leser nahmen deren Ideen so schnell in sich auf, wie andere Europäer es vor ihnen getan hatten, und sie waren genauso beeindruckt. In einer langen Einleitung argumentiert Pory, dass die Klimatheorie die geographischen Farbunterschiede nicht erklären könne. Sie müssten «erblich bedingt» sein. Afrikaner seien «Abkömmlinge Hams, des verfluchten Sohns Noahs».[6]

Doch wie immer die Reiseschriftsteller und Übersetzer der Zeit den Stempel der Schwärze zu erklären suchten, ob durch Klima oder durch Fluch, sie hatten ein größeres gemeinsames Ziel, und sie erreichten es: Sie leiteten das britische Zeitalter der Abenteuer ein. Und bald folgten ihnen die Dramatiker. Da die Alphabetisierungsquote niedrig war, ließ sich die Fantasie der Engländer viel eher durch Bühnenstücke als durch Reiseschilderungen beflügeln. Um die Jahrhundertwende geleitete ein geachteter Londoner Dramatiker aus Stratford-upon-Avon sein Publikum zurück in die alte Welt und an alle möglichen Orte des modernen Europa, von Schottland (*Macbeth*) nach Dänemark (*Hamlet*) und zu minderwertigen Schwarzen und überlegenen Weißen in Italien (*Othello, der Mohr von Venedig*). Die ethnischen Strategien von William Shakespeares *Othello* waren für das englische Publikum keine Überraschung, als das Stück 1604 Premiere hatte. Im späten 16. Jahrhundert waren englische Dramatiker schon daran gewöhnt, schwarze Figuren zu fabrizieren, die als Agenten des Satans auf Erden agierten. Shakespeares erste schwarze Figur, der böse, lüsterne Aaron in *Titus Andronicus*, kam 1594 erstmals auf die Bühne. In Spanien ließen Dramatiker häufig Schwarze als grausame Dummköpfe auftreten, es gab ein eigenes Genre dafür, genannt *comedias de negros*.[7]

Shakespeares Othello ist ein christlicher Mohr, Feldherr in venezianischen Diensten, eine Figur, die inspiriert ist von der 1565 erschienenen italienischen Erzählung *Gli Hecatommithi* und möglicherweise auch von Leo Africanus, dem christlichen Mohr in Italien, der seine schwarze Hautfarbe hasste. Othellos vertrauter Fähnrich nimmt Othello die Heirat mit der Venezianerin Desdemona übel. «Weil ich vermute, dass der üpp'ge Mohr/ Mir ins Gehege kam», erklärt er. Desdemonas Vater gegenüber charakterisiert er Othello als einen «alten schwarzen Schafbock» und «Teufel», der «Eur weißes Lämmchen» ungestraft «bespringt». Jago intrigiert gegen Othello und bringt ihn dazu zu glauben, seine Frau betrüge ihn. «Ihr Name, einst so hell/ Wie Dianas Antlitz, ist nun wüst und schwarz/ Wie mein Gesicht», sagt Othello, bevor er Desdemona erwürgt. Auf dem Höhepunkt des Stücks merkt er, dass seine Frau unschuldig ist und vertraut sich Emilia an, Desdemonas Zofe. «So mehr Engel sie,/ Und du so schwärzrer Teufel!», ruft sie aus. Etwas später nimmt sich Othello das Leben.[8]

Die theaterliebende Königin Elisabeth sah *Othello* nicht, obwohl sie einige von Shakespeares früheren Stücken kannte. Sie starb 1603. Als die Pest von 1604 abflaute, traf ihr Nachfolger, Jakob I., in London ein und begann die Krönungsfeierlichkeiten zu planen. Jakob und seine Frau, Königin Anne von Dänemark, sahen *Othello*. Doch Jakob beauftragte Shakespeares Konkurrenten Ben Jonson, ein fesselndes internationales Maskenspiel zu schreiben, das bei seiner Krönung aufgeführt werden sollte, als Signal für das Ende der Isolationspolitik Elisabeths. Leo Africanus' Reiseerzählungen und *Othello* hatten das Interesse der neuen Königin an Afrika entfacht. Ihr zu Gefallen schrieb Jonson *The Masque of Blackness*.

Die Premiere fand am 7. Januar 1605 im großen Saal des glanzvollen Londoner Whitehall Palace statt, am schneebedeckten Themseufer. Es war die teuerste je in London aufgeführte Theaterproduktion. Die fabelhaften Kostüme und erregenden Tänze, die berauschende Musik und die großen Chöre, die exotischen Kulissen und ein luxuriöses Bankett verursachten ungläubiges Staunen bei allen Besuchern. Das Stück erzählt, inspiriert von der Klimatheorie, die Geschichte von zwölf hässlichen afrikanischen Prinzessinnen, Töchtern des Flussgottes Niger, die erfahren, dass sie sich in Schönheiten verwandeln können, wenn sie nach «Britannien» reisen, wo die Sonne «Tag und Nacht herniederscheint» und die Kraft hat, «einen Äthiopier weiß zu machen und eine Leiche zum Leben zu erwecken». Königin Anne höchstselbst sowie elf Hofdamen spielten die afrikanischen Prinzessinnen mit geschwärzten Gesichtern und führten damit den Gebrauch von schwarzer Farbe auf königlichen Bühnen ein.[9]

The Masque of Blackness repräsentierte die imperiale Vision von Jakob I., Prinz Karl, Richard Hakluyt und vielen mächtigen englischen Investoren, Kaufleuten, Missionaren und Entdeckern. Zudem half das Stück bei der Erneuerung der britischen Hoffnung auf Expansion nach Amerika. Jakob gründete 1606 die London Company, eine Aktiengesellschaft, mit Blick nach Nordamerika – ein Auge hatte er auf Virginia gerichtet, das andere auf Neuengland. Die neuenglischen Unternehmungen waren zwar vom Pech verfolgt, doch in Virginia lief es besser. Kapitän John Smith, ein Protegé von Richard Hakluyt, gehörte zu den Befehlshabern der Expedition von etwa hundertfünfzig Freiwilligen auf drei Schiffen, die am 26. April 1607 in die Chesapeake Bay einliefen. Trotz aller Widrigkeiten – und dank der Unterstützung der Powhatan-Indianer – überlebte die erste englische Siedlung in Nordamerika. Nach beendeter Mission kehrte John Smith im Oktober 1609 als Held in seine Heimat zurück.[10]

Bei der Kolonisierung von Virginia (und später Neuengland) gab es schon feste Vorstellungen von unterschiedlichen Rassen. Das Wort «Rasse» tauchte 1481 erstmals in einem Gedicht mit dem Titel «Die Jagd» des Franzosen Jacques de Brézé auf. Es bezog sich auf Jagdhunde. Als der Begriff im nächsten Jahrhundert auch auf Menschen angewendet wurde, benutzte man ihn vornehmlich, um Afrikaner zu bestimmen, zu unterscheiden und sie tierähnlich aussehen zu lassen. Bis 1606 stand der Begriff in keinem Wörterbuch. Erst dann erklärte der französische Diplomat Jean Nicot in einem Lexikoneintrag: «Rasse … heißt Abstammung», und «es heißt, dass ein Mensch, ein Pferd, ein Hund oder ein anderes Tier von guter oder schlechter Rasse ist». Dank dieser biegsamen Definition in Westeuropa konnten die Engländer die multiethnischen Ureinwohner Amerikas und die multiethnischen Afrikaner in einen Topf werfen und sie zu derselben «rassischen» Gruppe zählen. Auf die Dauer wirkte Nicots Konzept wie ein Gift, das abhängig machte – nicht weniger als das Gift der von ihm in Frankreich eingeführten Tabakpflanze.[11]

Kapitän John Smith kehrte nie nach Jamestown zurück. Den Rest seines Lebens verbrachte er als bedeutendster literarischer Schützling von Richard Hakluyt, der die britische Auswanderung nach Amerika vorantrieb. Tausende überquerten den Atlantik, nachdem sie Smiths romantische Reiseschilderungen gelesen hatten, zu denen die Geschichte von der Rettung seines Lebens durch Pocahontas gehörte, die 1624 erschien. Pocahontas, eine «zivilisierte Wilde», war zu diesem Zeitpunkt schon zum Christentum übergetreten, hatte einen Engländer geheiratet und London besucht. Das gefiel den Engländern. Schwarze kamen bei Smith nicht so gut weg. Doch die Siedler lasen seine weltgewandten – oder besser, rassistischen – Darstellungen und machten sie sich zu eigen. In seinem letzten Buch, erschienen im Jahr seines Todes 1631, erklärt Smith den «unerfahrenen» neuenglischen Plantagenbesitzern, die versklavten Afrikaner seien «so faul und so teuflisch wie sonst keiner in der Welt». Offenbar glaubte Smith, dass das Wissen darum den Plantagenbesitzern nützlich sei, da er wahrscheinlich wusste, dass es nur noch eine Frage der Zeit war, bis afrikanische Sklaven auch nach Neuengland gebracht wurden.[12]

Doch Smiths Ansichten waren nur der zweite Aufguss von Ideen, die er in England aufgeschnappt hatte, zwischen der *Masque of Blackness*, der Gründung von Virginia und der Gründung von Neuengland – Ideen, die englische Intellektuelle wahrscheinlich von spanischen Sklavenhaltern und portugiesischen Sklavenhändlern übernommen hatten. «Menschen mit flachen und niedrigen Nasenlöchern sind so geil wie Affen», erklärt der Geistliche Edward Topsell 1607 in seiner *Historie of Foure-Footed Beastes*. Jakob I. stellte in seiner 1597 erschienenen *Daemonologie* die gängige Verbindung zwischen Affen und Teufeln her. In einem seiner letzten Stücke, *Der Sturm* (1611), spielte Shakespeare mit diesen Assoziationen von Affe, Teufel und Afrikaner, die in der Figur des Caliban zusammenliefen, dem triebgesteuerten Bastard eines Dämons und einer afrikanischen Hexe. 1614 schreibt Englands erster Arbeiterdichter John Taylor, dass «schwarze Nationen» den «schwarzen Teufel» anbeteten. 1615 sagt der Geistliche Thomas Cooper in einer Rede vor Siedlern aus Irland und Virginia, dass der Weiße Sem, einer von Noahs drei Söhnen, «der Herr über … die verfluchte Rasse von Cham [Ham]» in Afrika sein werde. Auch George Sandys, der in Virginia als Politiker Karriere machen sollte, sprach von der Fluchtheorie, um Schwarze zu diskreditieren. 1620 schreibt der zukünftige Politiker Thomas Peyton, dass Kain oder «der Mensch des Südens» ein «schwarzer missgebildeter Elf» sei und dass «der Weiße des Nordens Gott selbst gleich» sei. Fünf Jahre später veröffentlichte der Kirchenmann Samuel Purchas das gewaltige vierbändige Werk *Hakluytus Posthumus*, bestehend aus Reisemanuskripten, die ihm sein Mentor Richard Hakluyt hinterlassen hatte. Purchas ging hart ins Gericht mit den «schmutzigen Sodomiten, Schlafmützen, Ignoranten, den tierischen Anhängern Hams … welchen auf immer die schwarze Dunkelheit bestimmt» sei. Das waren die Ideen über Menschen aus Afrika, die in England und den englischen Kolonien kursierten, zu der Zeit, als Afrikaner auf Sklavenschiffen nach Großbritannien verfrachtet wurden.[13]

1619 trat Richard Mather nicht weit vom zukünftigen Zentrum des britischen Sklavenhandels, dem Hafen von Liverpool, sein geistliches Amt an. In jenen Tagen war der englische Handel mit Sklaven noch kaum entwickelt und es gab kaum Afrikaner in England. Doch das sollte sich bald ändern. Die Schiffe der Sklavenhändler drangen immer tiefer in das Herz Westafrikas vor, besonders nachdem die Marokkaner, mit englischen Gewehren bewaffnet, das Songhaireich 1591 zerschlagen hatten. Die englischen Handelsschiffe segelten auch weit ins Landesinnere von Virginia, in ständiger Konkurrenz mit den Spaniern und Portugiesen und den Vertretern der aufstrebenden holländischen und französischen Weltreiche.[14]

Das erste Sklavenschiff, von dem wir wissen, dass es, mit Afrikanern beladen, an der Küste des kolonialen Amerika landete, war ursprünglich nicht für die englischen Siedlungen bestimmt. Das spanische Schiff *San Juan Bautista* verließ Angola im Juli 1619 mit dreihundertfünfzig Gefangenen an Bord, und sein Bestimmungsort war vermutlich Vera Cruz, in Mexiko. Lateinamerikanische Sklavenhalter hatten rassistische Ideen dazu genutzt, um die Versklavung von einer Viertelmillion Afrikaner, die sie zu dieser Zeit besaßen, zu rechtfertigen. Wahrscheinlich wurde das spanische Schiff im Golf von Mexiko von zwei Piratenschiffen angegriffen, die sechzig Gefangene mitnahmen und in östliche Richtung flohen. Wochen später, im August 1619, verkauften die Piraten zwanzig ihrer angolanischen Gefangenen in Jamestown an George Yeardley, den Gouverneur von Virginia, der etwa 400 Hektar Land besaß.[15]

John Pory, Leo Africanus' Übersetzer ins Englische, war Yeardleys Cousin, und er wagte 1619 die Überfahrt nach Jamestown, wo er wenig später Yeardleys Sekretär wurde. Am 30. Juli 1619 berief Yeardley das Auftakttreffen aller gewählten Politiker im kolonialen Amerika ein, zu denen auch Thomas Jeffersons Urgroßvater gehörte. Die versammelten Gesetzgeber ernannten John Pory zu ihrem Sprecher. So wurde der englische Übersetzer, ein Anhänger der Klimatheorie, das erste Oberhaupt der amerikanischen Legislative.[16]

John Pory setzte den Preis für Amerikas erste für den Verkauf bestimmte Anbaufrucht, den Tabak, fest, und erkannte den Bedarf an Arbeitskräften auf den Tabakfeldern. Als also die für die Sklaverei bestimmten Angolaner im August landeten, kamen sie zur rechten Zeit. Es gibt keinen Grund zu glauben, dass George Yeardley und die anderen frühen amerikanischen Sklavenhalter ihr Verhalten den Afrikanern gegenüber anders rechtfertigten als es die englischen Intellektuellen – und die lateinamerikanischen Sklavenhalter – getan hatten: Auch für sie waren diese Gefangenen von Anfang an als rassisch andersartig gebrandmarkt, ihnen selbst unterlegen und noch weniger wert in der menschlichen Rangordnung als die beliebteren weißen Arbeitskräfte, mit denen sie Verträge auf Zeit geschlossen hatten. In der Volkszählung von Virginia 1625 finden sich keine Angaben über das Alter oder das Ankunftsdatum der meisten Afrikaner. Ebenso wenig finden sich Angaben über freigelassene Sklaven – obwohl einige von ihnen schon sechs Jahre in Virginia lebten. Afrikaner erschienen neben den weißen Landarbeitern in einer gesonderten Kategorie. Als Yeardley 1627 starb, hinterließ er seinen Erben seine «ganze bewegliche Habe, Knechte, Neger, Vieh und alle anderen Sachen». «Neger» standen noch unter den anderen Frauen und Männern der Dienerschaft, was die ökonomische Rangordnung widerspiegelt. Diese Hierarchie wurde auch in der ersten Rechtsentscheidung in Virginia deutlich, die sich ausdrücklich auf die «rassische» Zugehörigkeit berief. 1630 ließ das Gericht einen weißen Mann «gründlich auspeitschen im Angesicht von Negern & anderen, weil er sich selbst und die Ehre Gottes besudelte und der Christenheit Schande machte, indem er mit einer Negerin den Beischlaf vollzog». Das Gericht stellte die schmutzige schwarze Frau gegen die reine weiße Frau, mit der er so viel Beischlaf haben konnte, wie er wollte, ohne sich zu «besudeln». Das war der erste Fall von geschlechtlichem Rassismus in Amerika: Der Körper einer schwarzen Frau war unsauber und konnte bei Berührung einen weißen Mann verunreinigen.[17]

Während er in den Zwanzigerjahren des 17. Jahrhunderts als Pfarrer in Toxteth wirkte, sah Richard Mather kein einziges auslaufendes Sklavenschiff. Liverpool wurde erst in den 1740er-Jahren Englands Hauptstützpunkt für Sklavenschiffe, nach London und Bristol. Erst ab 1620 weiteten die britischen Sklavenhändler langsam ihre Aktivitäten aus. Die Position der Puritaner wurde in dieser Zeit immer schwächer. Der Tod Jakobs I. und die Krönung seines Sohnes Karl I. im Jahr 1625 löste einen regelrechten Sturm der Verfolgung aus. William Ames, ein Schüler von William Perkins, der im Exil in Holland lebte, stählte Richard Mather, John Cotton und zahllose weitere Puritaner durch seine Schrift *The Marrow of Sacred Divinity*. Sie war 1627 vom Lateinischen ins Englische übersetzt worden und handelte von der von Gott geheiligten seelischen Gleichheit «zwischen einem freien Mann und einem Knecht»; von der heiligen «Unterwerfung» und dem Gehorsam, den die «Untergebenen» ihren «Oberen» schuldeten; und von der göttlichen Heiligkeit «unserer Blutsverwandten», denen «wir mehr Liebe schenken als Fremden». Diese Prinzipien wurden in den späten 1620er- und 1630er-Jahren zum Maßstab für die Puritaner aus Mathers Generation, die im Gebiet der Massachusetts Bay siedelten. Nach diesem Maßstab bewerteten sie die amerikanischen Ureinwohner und die afrikanischen Fremden, und so sorgten sie in ihrem Paradies der Toleranz von Anfang an für Intoleranz.[18]

Von 1642 an bekämpften sich anglikanische Monarchisten und antiroyalistische Parlamentarier im Englischen Bürgerkrieg. Während die neuenglischen Puritaner sich auf der Seite der Parlamentarier sahen, beteten die Royalisten Virginias für Karl I., der jedoch 1649 hingerichtet wurde. Drei Jahre später musste Virginia sich der Autorität des neuen englischen Parlaments unterwerfen.

Die ökonomische Hierarchie, die sich in Virginia etabliert hatte, ähnelte der von William Ames vorgezeichneten Hackordnung der Puritaner in Neuengland – trotz der Verschiedenheiten der jeweiligen politischen und religiösen Ausrichtung. Große Plantagenbesitzer, Geistliche und Kaufleute standen an der Spitze – Männer wie John Mottrom aus dem Northern Neck der Chesapeake Bay, der seine Macht dazu nutzte, fruchtbares Land zu kaufen, Handel zu treiben, Arbeitskräfte zu erwerben und vom Gesetz her freie Menschen – wie Elizabeth Key – als Sklaven zu halten.[19]

Elizabeth Key war die Tochter einer unbekannten Afrikanerin, die ein Verhältnis mit Thomas Key gehabt hatte, einem Plantagenbesitzer und Ratsmitglied aus Newport News. Vor seinem Tod hatte er bestimmt, dass seine biethnische Tochter im Alter von fünfzehn Jahren die Freiheit erhalten solle. Doch die Männer, die nach Keys Tod über sie bestimmten, weigerten sich, dem nachzukommen. Elizabeth wurde Christin und bekam ein Kind von William Greenstead, einem englischen Domestiken, der auf Mottrom Plantage lebte und sich selbst die Grundzüge des Rechts beigebracht hatte. Nach Mottroms Tod 1655 verklagten Key und Greenstead die Plantage. Sie gewannen den Prozess und Elizabeth und ihr Kind wurden freigelassen.

Die virginischen Plantagenbesitzer verfolgten diesen Fall fast so aufmerksam wie die Wendungen des Englischen Bürgerkriegs. Es wurde ihnen klar, dass die englischen Gesetze, nach denen Christen nicht versklavt werden durften und nach denen der juristische Status des Vaters den Status des Kindes bestimmte, all ihre rassistischen Theorien aufhob, die die Versklavung von schwarzen und biethnischen Menschen untermauerten: die Fluchtheorie, die Klimatheorie, die Theorie, dass Afrikaner Tiere seien, und alle anderen. Elizabeth Key hatte das inoffizielle Fundament der afrikanischen Sklaverei in Virginia erschüttert.[20]

Für die Plantagenbesitzer hätte es für den Key-Prozess keinen ungünstigeren Zeitpunkt geben können. In den Sechzigerjahren des 17. Jahrhunderts war der Bedarf an Arbeitskräften gestiegen. Es waren noch mehr Einheimische aus ihren Dörfern verdrängt worden, während die Farmen immer mehr Land für sich beanspruchten. Die Grundbesitzer suchten zunehmend nach afrikanischen Arbeitern für die Feldbestellung, da ihre Sterberate niedriger war und sie, anders als die europäischen Vertragsknechte, ohne zeitliche Beschränkung auf den Farmen arbeiten konnten. Gleichzeitig war der blutige Bürgerkrieg, der so viele Menschen von England nach Amerika getrieben hatte, zum Stillstand gekommen, und neue Aufstiegsmöglichkeiten in England verlangsamten den Zufluss von Arbeitskräften, die sich über eine gewisse Zahl von Jahren freiwillig in Schuldknechtschaft begaben. Die weißen Dienstleute, die es immer noch gab, verbündeten sich mit den versklavten Afrikanern, um Flucht und Aufstand zu planen, denn vermutlich ähnelten sich die Geschichten ihrer Gefangenschaft: Auch Weiße wurden an den westlichen Küsten Afrikas oder in Europa unter Vorspiegelung falscher Tatsachen auf Schiffe gelockt und an weit entfernte Orte verfrachtet.[21]

Die Plantagenbesitzer reagierten auf den steigenden Arbeitskräftebedarf und die Einheit ihrer schwarzen und weißen Untergebenen, indem sie mehr Afrikaner erwarben und versuchten, Weiße und Schwarze voneinander zu trennen. Im ersten offiziellen Bestätigungstext der Sklaverei in Virginia setzten die Gesetzgeber 1660 (und in noch strengerer Form 1661) fest, dass jeglicher Weiße, der «in Gemeinschaft mit irgendeinem Neger» davonläuft, für die Zeit «der Abwesenheit besagten Negers» zu büßen habe, in einigen Fällen lebenslang. 1662 verschlossen Virginias Gesetzgeber das Schlupfloch, das zur Freilassung von Elizabeth Key geführt hatte, indem sie die Frage, «ob ein von einem Engländer mit einer Negerfrau gezeugtes Kind Sklave sein sollte oder frei», zweifelsfrei entschieden: Sie erklärten, dass «alle in diesem Land geborenen Kinder» denselben rechtlichen Status hätten wie ihre leibliche Mutter. Sie beugten das englische Recht und setzten sich über den römischen Grundsatz *partus sequitur ventrem* hinweg, der besagte, dass das Kind einer Sklavin der Mutter gehört, nicht dem Vater oder dem Herrn der Sklavin.[22]

Mit diesem Gesetz konnten die weißen Sklavenhalter nun aus der Beziehung mit einer «Negerfrau» finanzielle Gewinne erzielen. Doch sie wollten auch verhindern, dass sich weiße Frauen mit «Negern» einließen (da deren biethnische Kinder frei gewesen wären). 1664 erklärten die Gesetzgeber von

Maryland, es sei eine «Schande für unsere Nation», wenn «englische Frauen Negersklaven heirateten». Ende des Jahrhunderts gab es schwere Strafen für weiße Frauen, die Beziehungen mit nichtweißen Männern unterhielten.[23]

So gaben sich heterosexuelle weiße Männer durch rassistische Gesetze das Anrecht auf sexuelle Beziehungen mit Frauen jeglicher Hautfarbe. Und dann befestigte ihre rassistische Literatur diese sexuellen Privilegien. *The Isle of Pines* (Die Insel der Fruchtbarkeit), eine bizarre Short Story, 1668 veröffentlicht und geschrieben von dem einstigen englischen Parlamentarier Henry Neville, erzählt eine unheilvolle Begebenheit. Die Geschichte beginnt nicht ohne Grund 1589, in dem Jahr, in dem die erste Ausgabe von Richard Hakluyts *Principal Navigations* erschien. Als Schiffbrüchiger im Indischen Ozean findet sich George Pines auf einer unbewohnten Insel wieder. Bei ihm sind ein vierzehnjähriges englisches Mädchen, eine walisische Magd, eine weitere Magd, die zwar weiß, aber von unbestimmter Herkunft ist, und eine «Negersklavin». «Der stetige Müßiggang und der Reichtum an allen Dingen» ruft in Pines den Wunsch nach dem «Genusse dieser Frauen» hervor. Er überredet die beiden Mägde, mit ihm zu schlafen, und stellt dann fest, dass auch das englische Mädchen «sehr gern das tat, was wir taten». Auch die «Negerin» wollte «sehnlichst ihren Anteil», weshalb sie sich nachts an den schlafenden Helden heranschleicht und ihn mit ihren groben Zärtlichkeiten überfällt.[24]

In *The Isle of Pines* findet sich das erste Beispiel des Typus der hypersexualisierten afrikanischen Frau in der englischen Literatur. Solche Charaktere dienten sowohl der Entlastung weißer Vergewaltiger wie auch der Kaschierung ihres Interesses an den angeblich tier- und triebhaften Frauen. Und während immer mehr Sklavenschiffe nach Amerika kamen, gab es auch immer mehr Texte, die schwarze Frauen in ähnlicher Weise darstellten. Amerikanische Sklavenhalter hielten bis weit ins 18. Jahrhundert hinein afrikanische Frauen öffentlich als Prostituierte (später geschah das nur noch im privaten Rahmen). In einem Briefwechsel von 1736 über den untrennbar mit Sex verbundenen Dienst «afrikanischer Ladys» gab man alleinstehenden weißen Männern in der *South-Carolina Gazette* den Rat, «auf den nächsten Transport von der Küste von Guinea zu warten», denn «jene afrikanischen Ladys sind von kräftiger, robuster Konstitution, nicht leicht zu erschöpfen und fähig, den Männern nachts wie auch am Tage zu dienen». Auf ihren Inseln der Fruchtbarkeit im kolonialen Amerika stellten weiße Männer afrikanische Frauen weiterhin als sexuell aggressiv dar, wodurch sie die Verantwortung für ihre eigenen sexuellen Wünsche auf die Frauen übertrugen.

Von den fast einhundert Berichten über Vergewaltigung oder versuchte

Vergewaltigung in einundzwanzig Zeitungen in neun amerikanischen Kolonien zwischen 1728 und 1776 befasst sich kein einziger mit der Vergewaltigung einer schwarzen Frau. Vergewaltigungen schwarzer Frauen durch Männer jeglicher Hautfarbe und Herkunft waren keine Nachricht wert. Wie im Fall von vergewaltigten Prostituierten waren auch schwarze Frauen durch die rassistisch begründete Präsumtion ihrer Hypersexualität ihrer Glaubwürdigkeit beraubt. Für schwarze Männer galt Ähnliches. In der kolonialen Epoche gab es keinen einzigen Artikel, der vom Freispruch eines der Vergewaltigung verdächtigten schwarzen Mannes berichtete. Ein Drittel der Weißen, die in den Berichten über Vergewaltigung vorkamen, wurden in mindestens einem Fall freigesprochen. Überdies «stellten die Zeitungsberichte über Vergewaltigungen die weißen Beschuldigten als individuelle Täter dar, während die schwarzen Beschuldigten als typische Repräsentanten ihrer ethnischen Gruppe galten», wie die Historikerin Sharon Block schreibt.[25]

Im Inneren der Amerikaner vollzog sich bereits jener für die Entstehung von Rassismus unentbehrliche intellektuelle Akt der *Individualisierung* weißer Verwerflichkeit und der *Generalisierung* schwarzer Verwerflichkeit. Verwerfliches Verhalten irgendeines schwarzen Menschen wurde zum Beweis für das, was mit Schwarzen insgesamt nicht stimmte, während verwerfliches Verhalten irgendeines weißen Menschen nur bewies, dass etwas mit diesem Individuum nicht stimmte.

Von schwarzen Frauen hieß es, dass sie weiße Männer aggressiv sexuell verfolgten, und von schwarzen Männern hieß es, dass sie weiße Frauen aggressiv sexuell verfolgten. Der rassistische Mythos postulierte, dass keine dieser beiden Gruppen daran etwas ändern könne. Von Natur aus sehnten sie sich nach dem/der überlegenen Weißen. Schwarze Frauen besäßen «eine heißblütige und lüsterne Veranlagung, weshalb sie keine Bedenken haben, sich gegen sehr geringes Entgelt den Europäern hinzugeben, so groß ist ihre Vorliebe für weiße Männer», träumte William Smith, der Autor von *New Voyage to Guinea*, erschienen 1744. Und die ganze Lüsternheit schwarzer Männer und Frauen sei auf ihre relativ großen Genitalien zurückzuführen, lautete die Theorie. Bereits 1482 hatte der italienische Kartograf Jayme Bertrand den Herrscher Malis, Mansa Musa, fast nackt und mit übergroßen Genitalien auf seinem Thron sitzend gezeichnet.[26]

Ein paar weiße Männer waren ehrlich genug, um offen über die Anziehung zu sprechen, die schwarze Frauen auf sie ausübten. Gewöhnlich rechtfertigten sie ihre Gefühle mit assimilationistischen Ideen. Der Royalist Richard Ligon, der das parlamentarische England als Exilant verlassen hatte und nach Barbados gegangen war, bewunderte bei einem Essen die «schwarze Mätresse» des Gouverneurs der Kolonie. Barbados war um 1600 reicher als alle anderen britischen Kolonien zusammen. Zuckerrohr wurde noch in unmittelbarer Nähe der Häuser angebaut, und die Bewohner aßen Lebensmittel aus Neuengland, statt eigenes Getreide anzubauen. Für Ligon besaß die schwarze Mätresse «die größte Schönheit und Würde, die ich je in einer Frau versammelt sah». Sie sei sogar schöner gewesen als Königin Anne von Dänemark, schreibt er. Nach dem Essen überreichte er ihr ein Geschenk. Sie nahm es «mit dem liebreizendsten Lächeln» entgegen. Ligon fand es unmöglich zu sagen, was weißer gewesen sei, ihre Zähne oder «das Weiß ihrer Augen».

Aus solchen und ähnlichen kleinen Begebenheiten setzt sich Ligons *A True and Exact Historie of the Island of Barbadoes* zusammen, erschienen 1657, dem Jahr der Urteilsverkündung im Fall von Elizabeth Key. In einer anderen Geschichte des Buches verrät ein unterwürfiger Sklave namens Sambo seine Gefährten, die einen Aufstand planen, und weigert sich, die dafür versprochene Belohnung anzunehmen. Eine weitere Episode erzählt von einem grausamen Herrn, dem Ligon Sambos Wunsch unterbreitet, «ein Christenmensch zu werden». Das englische Gesetz verbietet uns, «einen Christen zum Sklaven zu machen», entgegnet der Herr. «Meine Bitte war eine andere», sagt Ligon, «denn ich begehrte, aus einem Sklaven einen Christen zu machen.» Wenn Sambo Christ werde, könne er kein Sklave mehr sein, erwidert der Herr, und es werde ein solcher «Bruch» entstehen, dass «alle Plantagenbesitzer der Insel» empört wären. Ligon klagt, dass Sambo der Kirche fernbleiben müsse. Doch gleichzeitig präsentiert er den Sklavenhaltern eine neue Theorie, mit der sie ihr Geschäft verteidigen können: Schwarze seien von Natur aus unterwürfig, und Sklaven könnten und sollten Christen werden. Bis jetzt hatten die Plantagenbesitzer die Bekehrung von Sklaven gefürchtet, weil sie glaubten, als Christen müssten sie freigelassen werden – Elizabeth Keys erfolgreicher Prozess zeigte, dass die Gesetze diesen Glauben stützten. Ligon dreht diese Vorstellung um; er meint, man könne «aus einem Christen einen Sklaven» und «aus einem Sklaven einen Christen» machen. Es brauchte noch eine gewisse Zeit, doch schließlich führte diese Idee dazu, den religiösen Ausweg zu versperren, den Key offengelegt hatte. Ligon stellte das biblische Gesetz der Bekehrung der Ungläubigen über das britische Gesetz, das die Versklavung von Christen unterband. Er verbreitete die Vorstellung der Taufe afrikanischer Sklaven durch die fügsame Leitfigur seines Sambo, und

Plantagenbesitzer und Intellektuelle begriffen bald dessen Bedeutung: Der unterwürfige, geständnisfreudige Sambo wünschte, Christ zu werden, und man sollte ihm seinen Wunsch gewähren. Ligons Empfehlung, den Sklaven als Lohn für seine Unterwürfigkeit zu christianisieren, tauchte in einer Zeit bedeutsamer intellektueller Erneuerung auf. Es gab zahlreiche neue Theorien – und ebenso viele Rechtfertigungen für die Sklaverei.

Am 28. November 1660 versammelten sich zwölf Männer in London und gründeten eine Gesellschaft, die unter dem Namen Royal Society bekannt wurde. Die europäische wissenschaftliche Revolution hatte England erreicht. Die Italiener gründeten 1603 die Accademia dei Lincei, die Franzosen 1635 die Académie française, die Deutschen 1652 die Leopoldina. Karl II. unterstützte die Royal Society mit einer Royal Charter, nachdem 1660 die antipuritanische Monarchie wiederhergestellt war. Zu den ersten Präsidenten der Royal Society gehörte einer der prominentesten jungen Gelehrten Englands, Autor von *The Sceptical Chymist* (Der skeptische Chemiker, 1661) und Vater der englischen Chemie, Robert Boyle. 1665 ermunterte Boyle seine europäischen Kollegen, mehr «Naturgeschichten» fremder Länder und Völker herauszugeben; Richard Ligons *Historie of Barbadoes* sollte als ihr rassistisches Vorbild dienen.[27]

Im Jahr zuvor war Boyle selbst mit *Of the Nature of Whiteness and Blackness* in den Ring der ethnischen Debatte gestiegen. Er wies sowohl die Fluch- wie die Klimatheorie zurück und zimmerte sich eine eigene grundlegende antirassistische Idee zusammen: Der «Sitz» der menschlichen Pigmentierung «scheint einzig die dünne *Epidermes*, oder äußere Haut, zu sein», schreibt er. Doch diese antirassistische Vorstellung der auf die Haut beschränkten Farbe hielt Boyle nicht davon ab, unterschiedliche Farben je anders zu beurteilen. Schwarze Haut sei eine «hässliche» Deformation des normalen Weiß. Die Physik des Lichts zeige, dass Weiß «die bedeutendste Farbe» sei. Er behauptete, seine persönlichen «Meinungen» missachtet zu haben und «klar und treu» die Wahrheit zu präsentieren, wie es die Prinzipien der Royal Society verlangten. Wie Boyle und die Royal Society die Erneuerung und Verbreitung rassistischer Ideen voranbrachten, so förderten sie auch Objektivität in all ihren Schriften.[28]

Zwischen Genf und Boston lasen Intellektuelle – unter ihnen auch Richard Mathers jüngster Sohn Increase Mather – Boyles Werk und spendeten ihm reichlich Lob. 1664 schrieb ein unauffälliger, aus einer Bauernfamilie stammender zweiundzwanzigjähriger Student in Cambridge lange Sätze daraus ab. In den nächsten vierzig Jahren entwickelte sich Isaac Newton zu einem der einflussreichsten Wissenschaftler aller Zeiten, und er unternahm es, Boyles Farbgesetz zu untermauern, nach dem Weiß das normale und natürliche Licht sei. 1704 publizierte Newton eines der berühmtesten Werke der Neuzeit, seine *Optik*. In seiner Abhandlung «Neue Theorie über Licht und Farben» schreibt er bereits 1671, dass Weiß «von einer … ungeordneten Mischung [von Strahlen aller Farben] erzeugt» werde. In Newtons Farbkreis bestand das «Zentrum» aus dem «Weiß erster Ordnung»; alle anderen Farben waren nach ihrer Distanz zum Weiß positioniert. In einem der Gründungsbücher der aufkommenden europäischen Renaissance imaginierte Newton das «ganz reine», das «vollkommene» Weiß.[29]

Robert Boyle konnte die *Optik* nicht mehr lesen. Er starb 1691 nach einem langen und einflussreichen Leben, in dem er nicht nur die Chemie begründete, das weiße Licht zum Standard erhob und die Royal Society stärkte, sondern auch Isaac Newton, den Mather-Clan und viele Intellektuelle auf beiden Seiten des Atlantiks inspirierte. 1660 gehörte er zum ersten Council for Foreign Plantations, das mit der Royal Society den Auftrag hatte, bei der Verwaltung des riesigen Reiches zu helfen, das Karl II. geerbt hatte.

1661 appellierte Boyles Gremium erstmalig offiziell an Pflanzer in Barbados, Maryland und Virginia, versklavte Afrikaner zu christianisieren. «Dieses Werk» werde die Macht der Herren nicht «schmälern noch beschränken oder beeinträchtigen», heißt es weiter in dem Text. Die Aufforderung wurde mit jedem Jahr lauter, während die Plantagenwirtschaft in der gesamten westlichen Hemisphäre immer mehr Raum einnahm, eine wachsende Menge mächtiger britischer Geistlicher nach der Unterwerfung der afrikanischen Seelen rief und die Plantagenbesitzer die Unterwerfung ihrer Körper aber fortsetzten. Missionare bemühten sich, das Reich Gottes zu vergrößern, während die Plantagenbesitzer sich bemühten, Profit zu machen. Die christliche Sklaverei schien nicht mehr aufzuhalten zu sein. Doch die versklavten Afrikaner sperrten sich. Die überwältigende Mehrheit von Afrikanern im frühen Amerika weigerte sich standhaft, die Religion ihrer Herren anzunehmen. Und auch die Herren sperrten sich. Die Sklavenbesitzer mochten die Predigten nicht, die man ihnen hielt. Die jährliche Ernte war ihnen wichtiger als die Rettung von Seelen. Doch das konnten sie natürlich nicht laut sagen, da sie den Zorn der Priester fürchteten. Charakteristischerweise rechtfertigten sie ihre geringe Begeisterung mit der Behauptung, die Afrikaner seien zu barbarisch, als dass man sie überhaupt bekehren könne.

Neben der rassistischen Debatte, die sich um die Ursache der schwarzen Hautfarbe gedreht hatte, gab es nun einen neuen rassistischen Streit um die Fähigkeit der Schwarzen, Christen zu werden. Der segregationistische Glaube, dass afrikanische Sklaven nicht getauft werden sollten oder konnten, war so weit verbreitet, und es war ein solches Tabu, ihm zu widersprechen – wie Richard Ligon in Barbados feststellte –, dass so gut wie kein Sklavenbesitzer des 17. Jahrhunderts einen wesentlichen Text zu seiner Verteidigung verfassen musste. Doch die Assimilationisten glaubten trotzdem, dass minderwertige afrikanische Sklaven, die ihre angeblich animalistischen Religionen praktizierten, dazu fähig seien, auf die Ebene des Christentums emporgehoben zu werden. In den 1760er-Jahren kam eine missionarische Bewegung auf, die Sklavenhaltern und Sklaven ihre heilige Pflicht nahebrachte. Richard Mathers Enkelsohn verbrachte sein späteres Leben damit, diese Bewegung in den Kirchen Neuenglands zu verbreiten. Doch der alte Mather lebte nicht lange genug, um zu erfahren, was daraus wurde.

Kapitel 4

Seelen retten, nicht Körper

Als Karl II. 1660 die englische Monarchie wiederherstellte, erneuerte er auch die religiöse Verfolgung der Puritaner. Etwa zweitausend puritanische Geistliche wurden während der Großen Vertreibung gezwungen, die Kirche von England zu verlassen. Richard Mather in Neuengland war inzwischen halb taub und blind auf einem Auge. Doch er stand der Krone noch so feindselig gegenüber wie als junger Mann, und er führte die neuenglischen Nonkonformisten mit dem gleichen Geschick wie in den bisherigen dreißig Jahren. Sein theologischer Mitstreiter John Cotton war 1652 gestorben. Auch seine erste Frau war gestorben, und Mather hatte Cottons Witwe Sarah Hankredge Story Cotton geheiratet. Sein jüngster Sohn Increase heiratete Sarahs Tochter – nun seine Schwiegertochter – Maria Cotton, wodurch die Familienbande zwischen den Mathers und den Cottons weiter gestärkt wurden. Wie um den dritten Knoten dieser Verbindung zu knüpfen, nannten Increase und Sarah ihren ersten Sohn, der am 12. Februar 1663 zur Welt kam, Cotton Mather.

Nach der Geburt des Enkels lebte Richard Mather noch sechs Jahre. Increase ehrte posthum seinen Vater, indem er dessen Biografie schrieb, in der er Richard Mathers schicksalhafte Rettung vor dem Großen Sturm 1635 beschrieb – eine Geschichte, die der ganzen Familie so bedeutungsvoll erschien wie ein biblischer Text. Increase Mather wurde 1664 zum Oberhaupt von John Cottons berühmter North Church in Boston. Den zehn Kindern, die er im Laufe der Jahre bekommen sollte, brachte er bei, dass sie alle wie ihr Großvater im Licht der göttlichen Vorsehung stünden. Vor allem Cotton Mather gegenüber äußerte er diesen Gedanken einer außergewöhnlichen Sendung. Cotton sah seinen Vater später als Prophet. In ihm, dem Sohn, sollte sich das Beste der Cottons und der Mathers vereinen, und tatsächlich steht es für viele Amerikaner bis heute fest, dass er alle anderen Familienmitglieder in den Schatten stellte. Am Ende des Jahrhunderts klang den Kolonisten die afrikanische Sklaverei so natürlich in den Ohren wie der Name Cotton Mather, und kaum ein Intellektueller hatte für diese geistige Allianz besser gesorgt als Cotton Mather selbst. Allerdings war er nicht der einzige Stammvater der Idee der Sklaverei. Er war beeinflusst von den Büchern seiner Zeitgenossen. Und kaum ein Text war für die Entwicklung seiner rassistischen Gedanken wichtiger als Richard Baxters *A Christian Directory*.

Richard Baxter wirkte als Geistlicher im englischen Kidderminster. In seiner berühmten Schrift (1664–1665) forderte er die Sklavenbesitzer jenseits des Meeres dazu auf, ihrer Christenpflicht zu genügen, indem sie Sklaven zu Christen machten. Sie sollten es als ihre «Hauptaufgabe» betrachten, «Sklaven zu kaufen und zu nutzen, sie für Christus zu gewinnen und ihre Seelen zu retten». Ihr Seelenheil sollte «bei Weitem den größeren Wert besitzen als ihr Dienst». Baxter stand an der Spitze der Missionsbewegung, doch er war nicht der Einzige, der die Afrikaner bekehren wollte. Schon 1657 brachte der Dissenter George Fox die gerade von ihm gegründete Religious Society of Friends – später Quäker genannt – dazu, Sklaven zu bekehren. Da sie kirchliche Hierarchien ablehnten und predigten, dass jedermann Zugang zum «inneren Licht Gottes» habe, schienen die Quäker dazu prädestiniert zu sein, eines Tages zu Abolitionisten und Anti-Rassisten zu werden.[1]

In dem Versuch, seinen christlichen Glauben – oder den christlichen Glauben seines Landes – mit der Sklaverei in Übereinstimmung zu bringen, redete Baxter einer Art von wohltätiger Sklaverei das Wort, die den Afrikanern helfen könne. Diese assimilationistischen Ideen der Christianisierung und Zivilisierung afrikanischer Sklaven waren besonders gefährlich, weil sie den Gedanken förderten, dass die Sklaverei gerecht sei und man ihr keinen Widerstand entgegensetzen dürfe. Und so stärkte Baxter, der «Nonkonformist», bei seinen puritanischen Lesern die meisten (wiewohl gewiss nicht alle) rassistischen Strategien Karls II. zur Ausdehnung seines Imperiums der Sklavenhalter. Menschen, die «ihren Daseinsgrund oder ihre Freiheit eingebüßt haben», dürften zu Sklaven gemacht werden, schreibt Baxter. Doch «als Piraten die Meere zu befahren und arme Neger zu fangen … gehört zu den schlimmsten Formen der Räuberei auf Erden». Sklavenbesitzer, die Neger kauften «und wie Vieh verwendeten … und ihre Seelen vernachlässigten, sollten eher fleischgewordene Teufel genannt werden als Christen». Naiverweise glaubte Baxter, es gebe im Handel mit den Afrikanern eine große Zahl von «freiwilligen Sklaven». Sein Text suggeriert die Existenz einer Welt, in der gütige Herren dienstwillige Sklaven kaufen, um ihre Seelen zu retten. Seine

Welt war ein paradiesischer Traum, der die Leser lange nach Gomes Eanes de Azurara beschäftigte. Den Sklavenbesitzern selbst erschien allerdings diese Traumwelt als eine Bedrohung. Sie hatten immer noch Angst davor, Afrikaner zur Taufe zu überreden, weil christliche Sklaven wie Elizabeth Key ihre Freilassung gerichtlich einklagen konnten.[2]

Die Kolonien beeilten sich, die Forderungen von Missionaren wie Richard Baxter zu legalisieren und die von christlichen Sklaven ausgestoßenen Schreie nach Freiheit zu ersticken. 1667 dekretierte Virginia, dass «der Empfang der Taufe den Status der Unfreiheit eines Individuums nicht verändert». Ähnliche Gesetze wurden 1664 in New York und 1671 in Maryland erlassen. «Mögen mehr Herren sich befleißigen», schreiben die virginischen Gesetzgeber, ihren Sklaven «das Christentum zu bringen». Denn es wurde von ihnen erwartet, dass sie sich um die widerspenstigen Seelen ihrer menschlichen Besitztümer kümmerten. Doch was war mit deren widerspenstigen Körpern? 1667 bevollmächtigte das englische Parlament Sklavenbesitzer, die «wilde, barbarische und rohe Natur» der versklavten Afrikaner «mit strenger Härte» zu bezwingen. Und 1669 gewährte der Leibarzt von Lord Anthony Ashley Cooper, einer der mit der Regierung der Provinz Carolina beauftragten Lord Proprietors, in seinem Verfassungsentwurf für beide Carolinas den Besitzern der ältesten Plantagen «absolute Macht und Autorität» über ihre Sklaven.[3]

Als John Locke 1667 nach London zog, um Lord Coopers Leibarzt zu werden, hatte er dem britischen Kolonialpolitiker viel mehr zu bieten als seine medizinische Kompetenz. Nach seiner Dozententätigkeit in Oxford hatte er Robert Boyles Vorlesungen gehört, und am Ende standen mehr Reisebücher als philosophische Texte in seiner riesigen privaten Bibliothek. Lord Cooper beauftragte Locke mit dem Entwurf der Verfassung der Carolinas; auch sollte er den Proprietors (und bald dem Council of Trade and Plantations und dem Board of Trade and Plantations) als Sekretär dienen. Es gab nicht viele englische Landsleute, die gelehrter – und weniger mitfühlend – waren als Locke, wenn es um den englischen Kolonialismus und die Sklaverei ging. «Du sollst beim Missgeschick von anderen nichts fühlen», rät Locke 1670 einem Freund.[4]

Neben all seinen kolonialen und medizinischen Pflichten hatte Locke im Juli 1671 die erste Fassung seines unvergänglichen philosophischen Werks *An Essay Concerning Humane Understanding* (*Versuch über den menschlichen Verstand*) geschrieben. In den nächsten zwei Jahrzehnten überarbeitete und erweiterte er die Abhandlung, deren glorreiches Erscheinen in vier Bänden 1689 gefeiert wurde. Im gleichen Jahr publizierte Locke auch seine *Two Treatises of Government (Zwei Abhandlungen über die Regierung)*, in denen er die Monarchie angriff und eine Regierung «mit Zustimmung der Regierten» verlangte. Er unterschied darin zwischen zeitweiligen «Dienern» und «Sklaven»; die Sklaverei war ihm «nichts … als ein fortgesetzter Kriegszustand zwischen einem rechtmäßigen Eroberer und einem Gefangenen». Wie Richard Baxter zur Verteidigung der Sklaverei in seiner freien christlichen Gesellschaft den «freiwilligen Sklaven» erfunden hatte, stellte John Locke nun seine Theorie des «gerechten Krieges» auf, um die Sklaverei in seiner freien Zivilgesellschaft zu rechtfertigen.

In jeder Gesellschaft sei die Seele eine «Tabula rasa», lautet ein berühmter Satz Lockes aus dem *Essay Concerning Humane Understanding*. Wenn Menschen ohne angeborene Intelligenz zur Welt kommen, kann es keine natürliche geistige Rangordnung geben. Doch bei Lockes egalitärer Idee gab es eine Einschränkung. Wie Boyle und Newton das perfekte Licht weiß dargestellt hatten, so stellte sich auch Locke den makellosen Geist eher weiß vor. Er benutzt den Begriff «weißes Blatt Papier» viel öfter als etwa das «unbeschriebene Blatt» oder die «Tabula rasa», um den noch vorurteilsfreien Geist des kindlichen Verstandes zu beschreiben.[5]

Im *Essay Concerning Humane Understanding* ging Locke auch auf den Ursprung der Arten ein. Er kolportierte ein verbreitetes Gerücht, nach dem westafrikanische Frauen von Affen Kinder bekommen hätten und bestärkte so das Bild der hypersexualisierten Afrikanerin in der englischsprachigen Welt. Lockes Frage danach, welcher Gattung eine solche Mischung zwischen Affe und Mensch angehöre, spiegelte eine neue rassistische Debatte, die die meisten Kombattanten nicht öffentlich führen wollten. Assimilationisten argumentierten monogenetisch: Alle Menschen stammten von dem einen, von Gott erschaffenen Menschenpaar im europäischen Garten Eden ab. Die Segregationisten dachten ketzerischerweise polygenetisch: Es gebe multiple Ursprünge einer multiplen menschlichen Spezies.

Seit dem ersten Blick der Europäer 1492 auf die amerikanischen Ureinwohner – einem in der Bibel nicht erwähnten Volksstamm –, waren Zweifel an der biblischen Geschichte von der Erschaffung des ersten Menschenpaars laut geworden. Es gab die Meinung, dass die Indianer von «einem anderen Adam» abstammten. Ende des 16. Jahrhunderts hatten europäische Gelehrte die Afrikaner in die Liste der Gattungen aufgenommen, die sich von dem anderen Adam herleiteten. 1616 sagte der italienische Freidenker Lucilio

Vanini, dass – wie auch Locke später glaubte – Äthiopier und Affen von gleicher Abstammung seien, die sie von den Europäern unterschied. Doch niemand behandelte diese Frage mit so apodiktischer Bestimmtheit wie der französische Theologe Isaac La Peyrère in seinem Buch *Prae-Adamitae* von 1655. Der Text, 1656 ins Englische übersetzt, beschäftigt sich mit den Menschen vor Adam und wurde in Paris öffentlich verbrannt und in ganz Europa mit dem Bann belegt. (Locke hatte sich allerdings ein Exemplar gesichert). Christen warfen La Peyrère ins Gefängnis und verbrannten Vanini als Ketzer auf dem Scheiterhaufen, weil beide die christliche monogenetische Geschichte von Adam und Eva angezweifelt hatten. Doch sie konnten nicht verhindern, dass es immer mehr Leute gab, die den polygenetischen Ursprung der Menschheit plausibel fanden.

Um die Versklavung von Schwarzen zu rechtfertigen, gaben auch die Plantagenbesitzer von Barbados der polygenetischen Theorie den Vorzug vor der Theorie der Verfluchung Hams. So berichtet es der Augenzeuge Morgan Godwyn in einem Pamphlet von 1680, das rassistische Plantagenbesitzer kritisiert, weil sie «jene beiden Wörter, Neger und Sklave» als Synonyme gebrauchten, während der «Weiße» der «allgemeine Name der Europäer» sei. Der Anglikaner Godwyn reiste mit missionarischem Eifer in den Siebzigerjahren des 17. Jahrhunderts von Virginia nach Barbados. Er stand in vorderster Front seiner Glaubensgemeinschaft bei der Taufe afrikanischer Sklaven, wobei er in die Fußstapfen eines Quäkers namens William Edmundson trat.[6]

1675 tobte ein Krieg in Neuengland, der verheerendere Folgen hatte als der Große Sturm von 1635. Dreitausend amerikanische Ureinwohner und sechshundert Siedler fanden den Tod, und zahlreiche Städte und blühende landwirtschaftliche Betriebe wurden während des King Philip's War zerstört. Mitten in diesem Gemetzel traf William Edmundson, der die Gemeinschaft der Quäker in Irland gegründet hatte, in Rhode Island ein. Nach seinem gescheiterten Versuch der Bekehrung afrikanischer Sklaven auf Barbados war er verunsichert. Als er auch in Rhode Island scheiterte, begann er zu verstehen, dass die Sklaverei seiner Mission im Weg stand, und das teilte er in einem Brief von 1676 auch seinen Quäkerbrüdern mit, die Sklaven hielten. Edmundson hatte eine assimilationistische Anschauung entwickelt, um Afrikaner von ihren «angenommenen schmutzigen und unreinen Praktiken abzuhalten» und ihren Lebenswandel zu verbessern. Der Verzicht der Quäker auf menschlichen Besitz sollte «allen bekannt gemacht werden».

Abolitionistische Ideen hatten auch zehn Jahre später unter den Gründern der Mennoniten- und Quäkergemeinden von Germantown in Philadelphia Konjunktur. Edmundsons Assimilationismus spielte bei diesen Leuten keine Rolle. Die Mennoniten waren eine Täuferbewegung, die während der Reformationszeit in der Schweiz entstand und sich später auch in Deutschland und den Niederlanden verbreitete. Im 16. und frühen 17. Jahrhundert wurde die Sekte gnadenlos verfolgt und unterdrückt. Als viele ihrer Mitglieder nach Nordamerika auswanderten, wollten sie jegliche Unterjochung endgültig hinter sich lassen.

Am 18. April 1688 brachten sie eine Petition gegen die Sklaverei in Umlauf. «Es heißt, dass wir alle Menschen so behandeln sollen, wie wir von ihnen behandelt werden möchten, ohne Unterschied des Alters, der Herkunft oder der Farbe», heißt es darin. In Europa würden viele wegen ihrer Religion unterdrückt, «und hier sind jene wegen ihrer schwarzen Farbe unterdrückt». In beiden Fällen sei das nicht recht. Als Verfolger übertrumpfe Amerika noch Holland und Deutschland. Afrikaner hätten «das Recht, für ihre Freiheit zu kämpfen».

Die *Germantown Petition Against Slavery* war 1688 die erste antirassistische Schrift unter europäischen Siedlern im kolonialen Amerika. Von da an stand die Goldene Regel im Zentrum der Argumentation der weißen Anti-Rassisten. Anti-Rassisten jeglicher Herkunft – ob sie aus Altruismus oder aus klugem Eigeninteresse handelten – erkannten, dass der Erhalt der ethnischen Rangordnung immer auch den Erhalt der Rangordnung von Geschlechtern, Klassen, Altersgruppen und Religionen bedeutete. Sie begriffen, dass alle Arten menschlicher Hierarchien leicht zu Unfreiheit und Unterdrückung führen.

Doch die mächtigen Quäker von Philadelphia, die selbst Sklaven hielten, sorgten aus ökonomischem Eigeninteresse dafür, dass die Petition von Germantown unter den Tisch fiel. Auch William Edmundson hatte zehn Jahre zuvor für die Verbreitung von Argumenten gegen die Sklaverei büßen müssen. Die Quäker in ganz Neuengland hatten dafür gesorgt, dass er ihre Versammlungen nicht mehr besuchen durfte. Der betagte Gründer der amerikanischen Baptistenkirche, Roger Williams aus Rhode Island, nannte Edmundson «nichts als ein Bündel Unverstand». Nicht viele Neuengländer lasen Edmundsons Brief an die Sklaven haltenden Quäker, und noch weniger erkannten seine Bedeutung. Der Fokus der allgemeinen Aufmerksamkeit lag auf dem King Philip's War.[7]

Anfang August 1676 betete Increase Mather – der Theologe, dessen Vater inzwischen gestorben war – von Sonnaufgang bis Sonnenuntergang inbrünstig darum, dass König Philip oder Metacomet, der Anführer der Indianer, den Tod fanden. Seit etwas über einem Jahr hatte sich der Konflikt verschärft und die Puritaner hatten Häuser und Dutzende von Soldaten verloren. Weniger als eine Woche nach Mathers Gebetskampagne fiel Metacomet, und damit war der Krieg so gut wie beendet. Der erst dreizehnjährige Cotton Mather trennte Metacomets Kiefer von seinem Schädel. Dann stellten die Puritaner die Überreste des Königs in Plymouth zur Schau.[8]

Weiter südlich, in Virginia, versuchte Gouverneur George Berkeley, einen völlig anderen Krieg mit den benachbarten Indianervölkern zu vermeiden – zum Teil deshalb, weil er seinen profitablen Pelzhandel nicht in Gefahr bringen wollte. Der neunundzwanzigjährige Plantagenbesitzer Nathaniel Bacon hatte andere Pläne. Die um 1660 verabschiedeten Rassengesetze hatten wenig zur Verminderung der Klassenkonflikte beigetragen. Im April 1676 mobilisierte Bacon ein Freiwilligenheer aus weißen Arbeitern, um ihren Ärger von den elitären Weißen auf die Susquehannocks umzulenken. Bacons Plan ging auf. «Seit ich bei den Freiwilligen bin, wollen die Leute ernstlich gegen die Indianer ziehen», schreibt Bacon triumphierend an Berkeley. Dieser bezichtigte ihn des Verrats; die bewaffneten landlosen Weißen – die er nur «Gesindel» nennt – machten ihm mehr Sorgen als die Susquehannocks und die Occaneechees in seiner nächsten Nachbarschaft. Doch Bacon ließ sich nicht so leicht aufhalten. Im Sommer war aus dem Grenzkonflikt mit den Indianern ein Bürgerkrieg geworden – manche Historiker sprechen von einem Klassenkrieg –, bei dem Bacon mit seinen Unterstützern gegen Berkeley rebellierte. Berkeley hatte seinerseits Söldner angeheuert.

Im September 1676 hatte der aufsässige Bacon «alle Diener und Sklaven für frei erklärt». Für den kleinen Kreis der reichen Weißen, dem sich Gouverneur Berkeley zugehörig fühlte, war der Zusammenschluss von armen Weißen und versklavten Schwarzen ein Vorgeschmack der Apokalypse. An der Spitze eines Trupps von fünfhundert Mann brannte Bacon Jamestown nieder und zwang Berkeley zu fliehen. Als Bacon im Oktober an der Ruhr starb, brach seine Rebellion zusammen. Indem er den Weißen Begnadigung und den Schwarzen die Freilassung versprach, brachte Berkeley die meisten Angehörigen von Bacons Armee dazu, ihre Waffen niederzulegen. Der Rest der Rebellen wurde in den folgenden Jahren unbarmherzig gejagt und zur Strecke gebracht.

Die reichen Plantagenbesitzer lernten aus Bacons Feldzug, dass arme Weiße immer von versklavten Schwarzen getrennt gehalten werden mussten. Sie teilten und herrschten, indem sie mehr Privilegien für Weiße schufen. 1680 begnadigten die Gesetzgeber nur die weißen Rebellen; jeder Sklave, der die Hand «gegen irgendeinen Christen» erhoben hatte (Christen waren nun gleichbedeutend mit Weißen), wurde mit dreißig Peitschenhieben bestraft. Allen Weißen stand nun die absolute Macht zu, jeglichen afrikanischen Menschen zu misshandeln. Zu Beginn des 18. Jahrhunderts hatte jedes County in Virginia eine aus landlosen Weißen bestehende Miliz, die «im Fall eines plötzlichen Aufstands von Indianern oder Negern» bereit war einzugreifen. Die armen Weißen waren aufgestiegen und besaßen nun als bewaffnete Verteidiger der Plantagenbesitzer einen bescheidenen Rang in der Sklavengesellschaft. So entstand die bittere Animosität zwischen ihnen und den versklavten Schwarzen.[9]

Cotton Mather besuchte das College, als er Metacomets Kiefer vom Schädel trennte und von Bacons Rebellion erfuhr. 1674 hatte Increase Mather den Charles River überquert, um die Immatrikulation seines elfjährigen Sohns als jüngsten Studenten in der Geschichte Harvards zu erwirken. In Neuengland war er bereits als intellektuelles Wunderkind bekannt, für die Puritaner galt er als von Gott auserwählt. Er sprach fließend Latein, las fünfzehn Kapitel der Bibel pro Tag und war so fromm, wie ein Junge nur sein konnte.[10]

Klein und schmächtig betrat Cotton Mather den Campus und wirkte doch schon wie ein selbstgerechter Politiker, der ein korruptes Parlament betritt. Ein Dutzend Fünfzehn- bis Achtzehnjährige drohten, die stolze Tugendhaftigkeit des Elfjährigen zu brechen, bis Increase Mather sich über ihre Schikanen beschwerte. Daraufhin hörten die Teenager zwar auf, Cotton zu sündhaften Taten anzuspornen, doch die Sünde hörte nicht auf, seinen Geist zu verwirren. Die Sünde war wie ein Schatten, den er nicht abschütteln konnte. Kleinste Begebenheiten konnten Furcht und Zittern bei ihm auslösen. Eines Tages hatte er Zahnweh. «Habe ich mit meinem Zahn nicht gesündigt?», fragte er sich wie getrieben. «Wie? Durch sündiges, schamlos ausschweifendes Essen. Und durch böse Reden.» Er hatte angefangen zu stottern, und die unablässige Gewissenserforschung, die Last, den Erwartungen entsprechen zu müssen, die sich mit seinen beiden Namen verbanden, verschlimmerte seinen Zustand womöglich. Für den jugendlichen zukünftigen Pfarrer bedeuteten die ständigen seelischen Anfechtungen, denen er nicht gewachsen war, dass er zur Feder griff, um sich zu artikulieren.[11]

So unsicher er sich beim Sprechen zeigte, so selbstsicher, brillant und kunstvoll erwies sich Cotton Mather als Schriftsteller. Sein Vater erlaubte ihm, viele wichtige Dokumente für Kirche und Regierung zu verfassen. Zwischen seinem dreizehnten und zweiunddreißigsten Lebensjahr schrieb Cotton dann siebentausend Seiten Predigten in seine Notizbücher, bei Weitem mehr Predigttexte als jeder andere amerikanische Puritaner. Und das Tagebuch, das er zwischen 1681 und 1725 führte, ist das ausführlichste, das wir von einem amerikanischen Puritaner kennen.[12]

Cotton Mather war stets von seinem besorgten, doch wohlwollenden Vater gefördert worden. Früher oder später würde Cotton die Kraft dazu finden, den mächtigen Fels zu umrunden und im offenen Wasser zu segeln – frei zu sein. Unablässig versuchte der Jugendliche, sich sein Stottern abzugewöhnen, indem er Psalmen sang und langsam sprach, und am Ende seiner Zeit in Harvard hatte er gelernt, seine Schwäche zu beherrschen. Er fühlte sich tatsächlich befreit.

1678 reiste Cotton Mather zur akademischen Abschlussfeier. Urian Oakes, der Präsident von Harvard, rief ihn auf, um ihm seinen Master zu verleihen. «Was für ein Name!», sagte Oakes lächelnd, als der Student bei ihm war. «Aber nein, ich sollte sagen: Was für Namen!»[13]

Der fünfzehnjährige Akademiker Cotton Mather wuchs in eine britische Welt hinein, die immer komplexere rassistische Ideen entwickelte, um die afrikanische Sklaverei zu rechtfertigen. Die Theorien englischer Wissenschaftler und Kolonisten schienen auswechselbar zu sein. Um 1677 entwarf der Ökonom William Petty, Mitglied der Royal Society, eine hierarchische «Skala» der Menschheit, in der er den «Guineanegern» die unterste Stufe zuwies. Mitteleuropäer, schrieb er, unterschieden sich von Afrikanern «durch ihre natürlichen Sitten und die Eigenschaften ihres Geistes». 1679 genehmigte die britische Handelskammer die brutalen rassistischen Sklavengesetze, die die Investitionen von Kaufleuten und Pflanzern sicherten, und rechtfertigte ihr Handeln dann mit einer rassistischen Idee: Afrikaner seien «ein tierisches Volk».[14]

1683 gründeten Increase und Cotton Mather den ersten offiziellen Zusammenschluss von Intellektuellen, die Boston Philosophical Society. Ihr Vorbild war die London Royal Society, doch sie bestand nur vier Jahre. Die Mathers publizierten auch nie eine Zeitschrift nach dem Muster der *Philosophical Transactions* der Royal Society oder dem *Journal des sçavans* in Paris. Das waren die Organe der europäischen wissenschaftlichen Revolution, und neue Ideen über die «Rasse» gehörten zu dieser Revolution. Der französische Arzt und Reiseschriftsteller François Bernier, ein Freund John Lockes, publizierte in der Pariser Zeitschrift 1684 anonym eine «neue Aufteilung der Erde».[15]

Durch diese Schrift wurde Bernier der erste populäre Verfechter der Klassifizierung aller Menschen nach ihrer «Rasse», die er nach phänotypischen Merkmalen festlegte. Für Bernier gab es «vier oder fünf Spezies oder Rassen von Menschen, die sich so stark voneinander unterscheiden, dass dies als gerechte Grundlage einer neuen Aufteilung der Welt dienen kann». Als Monogenetiker glaubte er, dass «alle Menschen von einem einzigen Individuum abstammten». Er unterschied vier Rassen: Die erste, zu der die Europäer gehörten, umschloss die ursprünglichen Menschen; dann gab es die Afrikaner, die Ostasiaten und die «recht greulichen» Menschen des nördlichen Finnland, «die Lappen». Anders als zukünftige Taxonomen gruppierte Bernier auch die Völker Nordafrikas, des Mittleren Ostens, Indiens, beider Amerikas und Südostasiens mit den Europäern in die «erste Rasse» ein.

Dass Europäer – außer den Lappen – zur «ersten Rasse» gehörten, war schon für das westliche Denken charakteristisch, als die allerersten rassistischen Ideen auftauchten. Es gehörte zum begrifflichen Kern der Klimatheorie: Afrikaner, geschwärzt von der Sonne, konnten ihre ursprüngliche weiße Haut zurückgewinnen, wenn sie im kühleren Europa lebten. Der französische Autor betrachtete die «erste Rasse» als «Maßstab, mit dem die anderen gemessen werden», wie es der Historiker Siep Stuurman später ausdrückte. Bernier verschleierte und normalisierte, selektierte und standardisierte weiße Menschen – und er erotisierte afrikanische Frauen. «Diese kirschroten Lippen, diese Elfenbeinzähne, diese großen, lebhaften Augen … dieser Busen und alles Übrige», schreibt Bernier entzückt. «Ich wage zu sagen, dass es kein angenehmeres Schauspiel auf Erden gibt.»

Es war ein subtiler Widerspruch: die Herabsetzung von Schwarzen in ihrer Gesamtheit als «Rasse», während ihre Sexualität in den Himmel gehoben wurde. Dieser Widerspruch gehört auch heute noch zu einem großen Teil des antischwarzen Rassismus. Bernier schätzte Rationalität hoch ein und benutzte sie als Maßstab der Überlegenheit, ungeachtet der körperlichen Gegebenheiten. Ihre angeblich ausgeprägtere Körperlichkeit verband Afrikaner mit den Tieren. Für Bernier gab es zwei menschliche Seelen: Eine ist ererbt, gefühlvoll, nicht rational und tierhaft; die andere gottgegeben, geistig und rational. «Diejenigen, welche über die Verstandeskräfte verfügen … [sollten] über diejenigen herrschen, welchen nur rohe Kräfte eigen sind», schlussfolgert der Franzose, «genauso wie die Seele über den Körper und der Mensch über die Tiere herrscht.»[16]

Es ist nicht klar, ob Cotton Mather Berniers Schrift von der «neuen Aufteilung der Erde» las. Neben seinem Vater gehörte er unter den englischsprachigen Bewohnern Neuenglands zu denjenigen, die wahrscheinlich ein wenig Französisch konnten und das *Journal des sçavans* lasen. In den Jahren nach seinem akademischen Abschluss baute er eine der umfangreichsten Bibliotheken in Neuengland auf. Doch die späten 1670er- und 1680er-Jahre waren eine heikle Zeit für Neuenglands Eliten. Bei all den äußeren Aufregungen gelang es nur unter großen Schwierigkeiten, so viel Ruhe zu bewahren, dass man sich dem müßigen Lesen hingeben konnte.

1676 war der englische Kolonialverwalter Edward Randolph nach Neuengland gereist und hatte die Verheerungen gesehen, die der King Philip's War angerichtet hatte. Randolph befürwortete strenge Kontrolle durch die Krone und unterrichtete Karl II. von Neuenglands Verwundbarkeit. Die Zeit sei gekommen, sagte er, die Autonomie von Massachusetts, die in der Charta von 1629 festgeschrieben worden war, zu widerrufen und die Siedlung den Kolonisten aus der Hand zu nehmen. In den darauffolgenden Jahren – während Cotton Mather das College beendete und sich auf die geistliche Laufbahn vorbereitete – reiste Randolph immer wieder zwischen England und Nordamerika hin und her, und bei jeder Reise kamen neue Gerüchte über den Widerruf der Charta auf. Man debattierte darüber, ob man sich unterwerfen, einen Kompromiss suchen oder sich dem König entgegenstellen sollte. Einige Neuengländer dachten voller Zorn daran, dass sie künftig die Herrschaft über ihr Gebiet verlieren sollten. «Gott verhüte, dass ich das Erbe meiner Väter hergebe!», rief Increase trotzig bei einer Bürgerversammlung im Januar 1684.

Ein Jahr, nachdem Cotton Mather neben seinem Vater als Pfarrer der North Church in Boston zu amtieren begann, kam Randolph mit dem königlichen Widerruf der Charta aus England zurück. Er setzte Sir Edmund Andros als königlichen Gouverneur ein. Der größte Teil Neuenglands unterwarf sich mutlos und verzweifelt am 14. Mai 1686 dem königlichen Gebot. Doch nicht Increase Mather, der neue Präsident von Harvard. Im Mai 1688 sprach er in England mit dem Nachfolger von Karl II., Jakob II., und der König bot Katholiken und protestantischen Dissidenten religiöse Freiheit an. Doch wenig später, während der Glorious Revolution, wurde Jakob II. von Wilhelm von Oranien abgesetzt, der mit Jakobs Tochter Maria den Thron bestieg. Die Neuengländer blieben bei alldem nicht untätig. 1689 bliesen sie zum Aufstand.

Kapitel 5

Jagd auf Schwarze

Am Abend des 17. April 1689 fand im Haus des sechsundzwanzigjährigen Cotton Mather vermutlich eine Versammlung statt. Eine Gruppe vermögender Kaufleute und Geistlicher konspirierten, um den Kapitän des königlichen Kriegsschiffes, das im Hafen von Boston vor Anker lag, gefangen zu nehmen, bekannte Royalisten festzusetzen und so die royalistischen Truppen um Fort Hill zum Aufgeben zu zwingen. Sie hofften, den Aufstand kontrollieren und begrenzen zu können und Blutvergießen zu vermeiden, und warteten auf Instruktionen aus England, wo Increase Mather Gespräche mit dem neuen Königspaar führte, um sie von seinem Standpunkt zu überzeugen. Sie wollten keine Revolution. Sie wollten nur ihre königlich zugesicherte lokale Macht zurückgewinnen. Doch «wenn das Volk des Landes durch nicht einzudämmende Gewaltakte» auf eine Revolution drängte, würden sie, wie Cotton Mather erklärte, zur Befriedung der «unbeherrschten Bewegung» ihre *Declaration of Gentleman and Merchants* vorlegen.

Am nächsten Morgen nahmen die Verschwörer wie geplant den Kapitän des Kriegsschiffes fest. Die Nachricht von seiner Gefangennahme führte sofort zu Aufständen in ganz Boston, wie die Verschwörer befürchtet hatten. Eine aufgebrachte Menge von Arbeitern versammelte sich vor dem Rathaus im Stadtzentrum, «wütend und tobend», gierig nach Royalistenblut und Unabhängigkeit. Mather eilte zum Rathaus. Mittags verlas er wahrscheinlich auf dem Balkon die *Declaration of Gentleman and Merchants* vor den Aufständischen. Seine ruhige, sichere Predigerstimme «beschwichtigte die Leidenschaft des Pöbels», sollte es später in der Familiengeschichte heißen. Vor Einbruch der Nacht waren Sir Edmund Andros, Edward Randolph und andere bekannte Royalisten in Gewahrsam genommen worden, und die puritanischen Kaufleute und Prediger herrschten wieder über Neuengland.[1]

Doch in den nächsten Wochen blieb das Volk widerspenstig. Cotton Mather predigte bei einer im Mai einberufenen Versammlung, bei der das Verlangen nach Unabhängigkeit und die Wiedererlangung der alten Charta laut wurde. Er sah in diesen Forderungen nicht den Wunsch nach Demokratie, er sah nur den damit verbundenen schrecklichen Tumult. «Ich bin alt genug, um nach *Frieden* zu rufen! Und das tue ich, im Namen Gottes», rief er den Leuten zu. Am nächsten Tag stimmten die Repräsentanten der Bürger dafür, zu der alten Charta zurückzukehren und den früheren Gouverneur Simon Bradstreet wieder einzusetzen. Der Frieden, das heißt die alte soziale Ordnung, in der das Volk sich den Geistlichen und Kaufleuten zu unterwerfen hatte, wie Mather es sich gewünscht hatte, kam nicht zurück. Fast jedermann wusste, dass Bradstreet nur inoffiziell regieren konnte, da er vom König nicht unterstützt wurde. Als der König Andros, Randolph und andere Royalisten im Juli 1689 zurückbeorderte, beruhigte das die Gemüter nicht. «Überall Chaos und Verwirrung», schreibt ein Neuengländer, und ein anderer berichtet: «Jedermann ist Gouverneur.»[2]

Die *Declaration of Gentleman and Merchants*, die höchstwahrscheinlich von Mather selbst verfasst wurde, ähnelt einem anderen Pamphlet, das ein Jahrhundert später von einem weiteren prominenten Intellektuellen niedergeschrieben wurde. In sechs Artikeln (von zwölf) erklärt der Autor: «Das Volk von *Neuengland* besteht gänzlich aus *Sklaven*, und der einzige Unterschied zwischen ihnen und den Sklaven ist, dass sie nicht gekauft und verkauft wurden.» Bei der Einigung der Neuengländer versuchte Mather, den Widerstand der gewöhnlichen Bürger gegen die lokalen Eliten auf die britischen Herren umzulenken. Und wirklich sah er – wenn man nach seinen anderen 1689 publizierten Schriften urteilt – mehr Unterschiede zwischen Puritanern und Sklaven als zwischen den ortsansässigen Neuengländern und ihren britischen Herren. In seiner Predigtsammlung *Small Offers Toward the Service of the Tabernacle in the Wilderness* (Kleine Opfer für den Dienst am Tabernakel in der Wildnis) spricht Mather erstmals von seinen rassistischen Ansichten. Er nennt die puritanischen Kolonisten «the English Israel», das auserwählte Volk. Sie müssten allen Sklaven und Kindern, den «Untergebenen», fromme Unterweisungen zuteilwerden lassen. Doch die Herren kämen ihrer Pflicht nicht nach, sich um afrikanische Seelen zu kümmern, «die so weiß und gut sind wie jene der anderen Nationen, jedoch zerstört, weil das Wissen ihnen mangelt». Cotton Mather hielt sich an Richard Baxters theologisches Rassenkonzept. Die Seelen der Afrikaner glichen den Seelen der Puritaner: Sie waren *weiß* und gut.[3]

Mather schrieb, dass alle Menschen eine weiße Seele besäßen, während John Locke im gleichen Jahr den unbefleckten Geist für *weiß* erklärte. Robert Boyle und Isaac Newton hatten das Licht als weiß bekannt gemacht. Michelangelo hatte sowohl den Stammvater Adam wie Gott selbst in der Sixtinischen Kapelle als Weiße dargestellt. Und für all diese weißen Männer symbolisierte Weiß Schönheit – ein Tropus, der in einem der ersten populären Romane von einer Engländerin aufgegriffen wurde.

Aphra Behns *Oroonoko oder der königliche Sklave* war der erste englische Roman, in dem wiederholt Begriffe wie «weiße Männer», «Weiße» und «Neger» vorkamen. Die Geschichte spielt in der niederländischen Kolonie Surinam in Südamerika, und es geht um die Versklavung und den Widerstand einer jungen Engländerin und ihres Ehemannes Oroonoko, der ein afrikanischer Prinz ist. Er ist «von so vollkommener Gestalt, wie man es sich nur vorstellen kann», und sieht eher europäisch als afrikanisch aus: «Seine Nase war gerade und römisch, nicht afrikanisch und flach.» Und: «In seiner Natur war nichts Barbarisches, sondern er benahm sich in allen Dingen so, als sei er an einem europäischen Hof erzogen worden.» Behn schildert Oroonoko als einen heldenmütigen «edlen Wilden», der den Europäern in seiner Ahnungslosigkeit, seiner Unschuld, seiner Harmlosigkeit und seiner Fähigkeit, von ihnen zu lernen, überlegen ist. Und nach echt assimilationistischer Art beharrt eine der Figuren darauf: «Ich habe festgestellt, dass es ein großer Fehler ist, darüber zu lachen, wenn jemand sagt: ‹Neger können die Farbe wechseln›, denn ich habe sie schon ebenso häufig erröten und blass werden sehen, und dies genauso augenfällig, wie ich es bei den schönsten Weißen beobachtet habe.»[4]

Richard Baxter unterstützte die Londoner Edition einer anderen Schrift von Cotton Mather, seinem ersten Werk von der Länge eines Buches, das nach der Veröffentlichung 1689 zum Bestseller wurde: *Memorable Providences, Relating to Witchcrafts and Possessions* (Denkwürdige Ratschlüsse bezüglich Hexerei und Besessenheit). Baxter war hocherfreut, denn es war ihm bewusst, dass er auf den jungen Mather, der «sich als ein so großer Meister beim Aufbau von Gottes Werk» erwiesen hatte, einigen Einfluss ausgeübt hatte. Mathers Schrift, die sich mit den Anzeichen für Hexerei beschäftigte, sprach von seinem Kreuzzug gegen die Feinde weißer Seelen. Er konnte nicht aufhören, vom Teufel und von Hexen zu predigen. Vielleicht löste die Unruhe der Bürger nach der Rebellion von 1689 erst Cotton Mathers wahre Obsession aus. Denn der Aufstand hatte nicht nur den allgemeinen Zorn gegen den weit entfernten englischen König angefacht, sondern auch gegen die puritanischen Herrscher von Mathers Format. Vielleicht versuchte Mather ganz bewusst, diesen Zorn von den intellektuellen Führern abzulenken auf unsichtbare Dämonen. Regelmäßig predigte er, dass jeder, der sein englisches Israel infrage stellte, vom Teufel gelenkt sein müsse. Lange bevor egalitäre Rebellen in Amerika als Extremisten, Kriminelle, Außenseiter, Kommunisten oder Terroristen abgewertet wurden, bezeichneten Mather und seine frommen Freunde solche Leute als Teufel und Hexen.[5]

«Wie oft ist ein armer Tropf zur Hexerei gelockt worden?», fragt sich Mather 1691. Sein Vater Increase Mather predigte bei mehreren Gelegenheiten 1693 über Teufel, nachdem er mit der neuen Charta von Massachusetts aus England zurückgekehrt war. Samuel Parris, Pfarrer in Salem, hielt endlose Predigten über die Teufel in den Seelen seiner Gemeindemitglieder. Und an einem düsteren Tag im Februar 1692 beobachtete Parris voller Sorge seine neunjährige Tochter und seine elfjährige Nichte, die unter konvulsivischen Zuckungen fast zu ersticken schienen. Ihr Zustand wurde täglich schlimmer – und gleichermaßen der des Geistlichen. Denn ihm dämmerte, dass die Mädchen verhext worden waren.[6]

Während in Salem und seinen Nachbarorten Gebete in den Himmel stiegen wie Drachen, begann die Hexenjagd. Die Zahl der Betroffenen und Beschuldigten stieg im Laufe der nächsten Monate ständig an, die öffentliche Erregung wurde immer größer, und die allgemeine Aufmerksamkeit wendete sich nicht mehr den politischen, sondern den religiösen Angelegenheiten zu. Und in fast jedem Fall wurde der Teufel, der Jagd auf die unschuldigen weißen Puritaner machte, als schwarz beschrieben. Ein puritanischer Ankläger spricht vom Satan als von einem «kleinen schwarzen bärtigen Mann»; ein anderer behauptet, «ein schwarzes Ding von beträchtlicher Größe» gesehen zu haben. Ein «schwarzes Ding» hüpfte auch einem Mann ins Fenster. «Der Körper war wie der eines Affen», fügt der Beobachter hinzu. «Die Füße wie die eines Hahns, doch das Angesicht eher wie das eines Menschen». Da der Teufel das Verbrechen repräsentierte und da Verbrecher in Neuengland als Werkzeuge des Teufels galten, assoziierten die Hexenjäger von Salem ein schwarzes Gesicht mit Verbrechen – eine Zuordnung, die sich bis heute gehalten hat.[7]

Cotton Mathers Freunde waren bestallte Richter, wie der Kaufmann John

Richards, der gerade Mathers Hochzeitszeremonie geleitet hatte. In einem Brief an Richards vom 31. Mai 1692 äußerte sich Mather als Befürworter der Todesstrafe. Richards Gericht ließ am 10. Juni Bridget Bishop hinrichten, die erste von über zwanzig angeklagten Hexen, die sterben mussten.[8]

Die Angeklagten im Norden – in Adover, Massachusetts –, gestanden, dass der Schwarze Teufel sie dazu gezwungen habe, ihre Taufe zu widerrufen und ihre Unterschrift in sein Buch zu setzen. Sie ritten auf Besen zu Versammlungen, wo fünfhundert Hexen zusammengekommen seien, um die Zerstörung Neuenglands zu planen. Als er davon hörte, deckte Cotton Mather einen «höllischen Plan der Verhexung und Verheerung unseres Landes» auf. Mather wagte sich zum ersten Mal nach Salem, um am 19. August 1692 die Hinrichtungen mitzuerleben. Er sah, wie George Burroughs getötet wurde, der mutmaßliche General der Hexenarmee des Schwarzen Teufels in Neuengland. Burroughs hatte in seinen Predigten die religiös-egalitären Ideen der Täufer an der nördlichen Grenze propagiert, und diese hatten in Germantown das Aufkommen des Anti-Rassismus gefördert. Mather beobachtete, wie Burroughs an der Hinrichtungsstätte seine Unschuld beteuerte und «eine sehr große Zahl» von Zuschauern zu Tränen rührte, als er das Vaterunser rezitierte – etwas, wozu Hexer nach Meinung der Richter nicht in der Lage waren.[9]

«Der schwarze Mann stand da und diktierte es ihm!», schrie Burroughs Ankläger, der vergeblich versuchte, die Menge zu beschwichtigen. Mather hörte die tickende Zeitbombe dieser Zuschauer, es klang wie das Lärmen der renitenten Masse beim Aufstand von 1689. Nachdem Burroughs gehängt worden war, versuchte Mather den Zorn der Menge zu besänftigen, indem er die politischen Maßnahmen der herrschenden Klasse, zu der er selbst gehörte, mit den göttlichen Gesetzen in eins setzte. Erinnert euch daran, predigte er, dass der Teufel sich selbst oft in einen Engel des Lichts verwandelt. Mather glaubte offenbar an die Macht religiöser (und ethnischer) Wandlungen, von Schwarzen Teufeln in weiße Engel, mit guten oder bösen Absichten.

Die Jagd auf Hexen flaute bald ab. Doch selbst nachdem sich die Offiziellen von Massachusetts entschuldigt hatten, ihre einstigen Überzeugungen überdachten und zu Beginn des neuen Jahrhunderts Wiedergutmachungen veranlassten, hörte Mather nie auf, die Hexenprozesse von Salem zu verteidigen, da er ebenso wenig aufhörte, die religiösen, sozialen, sexuellen und ethnischen Rangordnungen zu verteidigen, die von diesen Prozessen bestätigt wurden. Diese Rangordnungen kamen elitären Menschen wie ihm selbst und allen anderen zugute, die sich – wie er unablässig predigte – im Einklang mit Gottes Gesetz befanden. Er selbst sah und präsentierte sich als der Verteidiger des göttlichen Gesetzes, der das Recht hatte, jeglichen Nichtpuritaner, Afrikaner, Indianer, jeden armen Mann und jede arme Frau, die das Gesetz dadurch infrage stellten, dass sie den Regeln der Unterwerfung nicht folgten, an den Pranger zu stellen.[10]

Einige Zeit nach den Hexenprozessen gründete eine Gruppe afrikanischer Sklaven – vielleicht um ihre schwarzen Gesichter vor der Anklage der Teufelei und Kriminalität zu bewahren – in Boston eine «Religiöse Gesellschaft der Neger». Es war eine der ersten bekannten Organisationen von Afrikanern im kolonialen Amerika. 1693 setzte Cotton Mather die Regeln der Gesellschaft auf, denen die feierliche Verpflichtung vorangestellt war: «Wir, die elenden Kinder von *Adam* und *Noah* … beschließen freiwillig … dass wir die *Diener* jenes Glorreichen Herrn werden wollen.» Zwei der Regeln Mathers waren aufschlussreich: Die Mitglieder der Gesellschaft sollten von jemandem beraten werden, der «weise und von englischer Abstammung» war, und sie sollten denjenigen, die «ihren Herren entlaufen» waren, keinerlei Schutz gewähren. Bei ihren wöchentlichen Treffen gab es wahrscheinlich einige Mitglieder, die froh waren zu hören, dass Mather ihre Seelen zu weißen Seelen machen würde. Andere wiesen diese rassistischen Ideen wahrscheinlich zurück und nutzten die Gesellschaft, um die Anwesenden gegen die Sklaverei zu mobilisieren. Die Vereinigung hielt sich nicht lange. Nur wenige Afrikaner wollten zu dieser Zeit Christen werden (das sollte sich in den nächsten Jahrzehnten ändern). Und nicht viele Herren waren gewillt, ihre Gefangenen Christen werden zu lassen; denn in Massachusetts mussten getaufte Sklaven nach wie vor freigelassen werden.[11]

Während der sozialen Unruhen der Neunzigerjahre des 17. Jahrhunderts beschäftigte sich Mather wie besessen mit der Aufrechterhaltung der sozialen Hierarchien, indem er die Niedriggestellten – ob es sich um Frauen, Kinder, versklavte Afrikaner oder Arme handelte – davon überzeugte, dass Gott und die Natur sie an ihren Platz gestellten hätten. In *A Good Master Well Served* (1696) spricht er davon, dass die Natur eine «eheliche Gesellschaft» zwischen Mann und Frau geschaffen habe, eine «Elterngesellschaft» zwischen Eltern und Kind, und «zuunterst von allem» eine «herrscherliche Gesellschaft» zwischen Herrn und Knecht. Die Gesellschaft verlöre ihre Stabilität, wenn Kinder, Frauen und Dienstleute beiderlei Geschlechts sich weigerten, ihren natürlichen Platz einzunehmen. Mather verglich egalitäre Verweigerer mit jenem althergebrachten, anmaßenden Teufel, der sich an die Stelle des allmächtigen Gottes setzen wollte. Dieser Gedanke wurde zu Mathers ewiger

Rechtfertigung sozialer Rangordnung: der anmaßende Niedriggestellte glich Satan; die hehre Elite glich Gott.

«Ihr werdet besser ernährt & besser gekleidet & bei Weitem besser geführt, als wenn ihr euch selbst gehörtet», teilt Mather in *A Good Master Well Served* versklavten Afrikanern mit. Seine ständig wiederholte Behauptung, dass urbane amerikanische Sklaverei besser sei als barbarische afrikanische Freiheit, unterschied sich kaum von Gomes Eanes de Azuraras Urteil, dass es Afrikaner als Sklaven in Portugal besser hätten als in ihren Dörfern in Afrika. Macht euch nicht gemein mit dem Bösen und «macht euch nicht unendlich viel schwärzer, als ihr es schon seid», warnt Mather. Wenn ihr gehorcht, werden eure Seelen reingewaschen: «weiß im Blut des Lammes». Wenn ihr keine ordentlichen Knechte und Mägde seid, dann werdet ihr auf immer bluten «unter den unerträglichen Hieben und Wunden» des Teufels, eures «Aufsehers». Mit einem Wort, für Mather hatten versklavte Afrikaner nur zwei Optionen: rechtschaffenes assimiliertes Weißsein und Gottesknechtschaft beziehungsweise Unterordnung unter die Vertreter des christlichen Gottes – oder segregiertes verbrecherisches Schwarzsein und Teufelsknechtschaft beziehungsweise Unterordnung unter die Vertreter des Teufels.[12]

Mathers Schriften über die Sklaverei verbreiteten sich überall in den Kolonien und übten auf Sklavenbesitzer von Boston bis Virginia ihren Einfluss aus. Im 18. Jahrhundert hatte er mehr Bücher publiziert als jeder andere Amerikaner, und sein Heimatort Boston war zum florierenden intellektuellen Zentrum des kolonialen Amerika geworden. Boston lag jetzt an der Peripherie einer florierenden Sklavengesellschaft, deren Mittelpunkt die ans Meer grenzenden Gebiete von Maryland, Virginia und das nordöstliche Carolina bildeten. Das moderate Klima des mittleren Atlantik, das fruchtbare Land und die leicht erreichbaren Transportwege bildeten ideale Bedingungen für den Anbau von Tabak, der in großem Maßstab geerntet wurde. Durch die enorme Nachfrage in Europa schossen die Tabakexporte dieser Region in die Höhe: von 10 000 Kilogramm im Jahr 1619 erhöhten sie sich bis zum Jahr 1700 auf fast 18 Millionen. Die Importe von Gefangenen (und von rassistischen Ideen) hielten mit dieser Entwicklung Schritt. In den Achtzigerjahren des 17. Jahrhunderts arbeiteten schon mehr versklavte Afrikaner als weißes Dienstpersonal auf den Farmen und Plantagen. 1698 beendete die Krone das Monopol der Royal African Company und öffnete den Sklavenhandel. Wie im Fieber wollte jetzt jeder Investor afrikanische Sklaven kaufen.[13]

Doch der wirtschaftliche Boom änderte nichts an den religiösen Überzeugungen. Trotz Mathers Argumenten schreckten die Plantagenbesitzer immer noch davor zurück, ihre Sklaven zum Christentum zu bekehren. Eine Dame fragte: «Ist es möglich, dass meine Sklaven in den Himmel kommen, und muss ich ihnen dort begegnen?» Ein Plantagenbesitzer klagte, dass christliche Kenntnisse «ein Mittel wären, um den Sklaven … begabter zu machen für böse Ränke». Cotton Mathers Gegenstück in Virginia, der schottische Priester James Blair, versuchte, den Plantagenbesitzern klarzumachen, dass das Christentum die Bereitschaft zur Unterwerfung fördere. Dass der neununddreißigjähre Blair 1689 in das höchste religiöse Amt von Virginia berufen wurde, zeigte das neue Interesse des Königspaares Wilhelm und Maria an der bevölkerungsreichsten Kolonie des Empire. Blair gründete 1693 mit Erträgen aus Sklavenarbeit das College of William & Mary, das zweite College der Kolonien.[14]

1699 stellte Blair im Abgeordnetenhaus, dem Virginia House of Burgesses, einen «Vorschlag zur Stärkung der christlichen Erziehung von Indianern, Negern und Mulattenkindern» vor. Die Abgeordneten antworteten unrichtigerweise, dass «die in diesem Land geborenen Neger im Allgemeinen getauft und im christlichen Glauben aufgezogen» würden. Was die importierten Afrikaner betraf, verkündeten sie, dass «die Abscheulichkeit und Rohheit ihres Verhaltens, die Vielfalt und Fremdheit ihrer Sprachen und die Schwachheit und Seichtheit ihres Verstandes es unmöglich machten, sie erfolgreich zu bekehren». Bei den viel anspruchsvolleren kommerziellen Aufgaben fiel es den Plantagenbesitzern allerdings nicht schwer, die sprachlichen Hindernisse zu überwinden, und wenn sie sie in ihre Arbeit einwiesen, hatten sie keine Probleme mit den angeblich so verstandesschwachen Afrikanern. Und erst recht nicht, wenn sie ihnen Einblick gaben in die komplexen rassistischen Sklavenhaltertheorien, in die Einzelheiten von Tabakproduktion und das Management ihrer Plantagen.[15]

Dem in Oxford ausgebildeten königlichen Beauftragten von Maryland, Thomas Bray, ging es nicht viel besser als Blair, als er 1700 bei seiner Rundreise durch Maryland die Bekehrung von Schwarzen propagierte. Als er 1701 entmutigt nach London zurückkehrte, initiierte er die Gründung der Society for the Propagation of the Gospel in Foreign Parts (Gesellschaft zur Verbreitung des Evangeliums in fremden Erdteilen), kurz SPG. Wilhelm III. war sehr angetan, und eine Schar illustrer Priester der Church of England schrieben sich als Gründungsmitglieder ein. Es war der erste systematische Versuch der Kirche, ihre Ansichten in den Kolonien zu verbreiten. Cotton Mather trat der SPG nicht bei, da er Anglikanern prinzipiell misstraute. Doch obwohl er die Gesellschaft sarkastisch verunglimpfte, fühlte er sich ihren anglikanischen Missionaren – wie auch den Missionaren der Quäker – stets verbunden, sobald sie versuchten, widerwillige Sklavenbesitzer dazu zu bringen, widerwillige Afrikaner zu christianisieren. Die Überzeugungsarbeit unter Plantagenbesitzern erwies sich als äußerst schwierig. Doch die Christianisierung der Sklaven war immerhin einfacher als das, was Mathers Freund 1700 von den weißen Herren verlangte.[16]

Kapitel 6

Die große Erweckung

Im neuen Jahrhundert gab es die erste große öffentliche Debatte über die Sklaverei im kolonialen Amerika. Der neuenglische Geschäftsmann John Saffin weigerte sich, seinen schwarzen Schuldknecht namens Adam freizulassen, nachdem Adam die vertraglich vereinbarte Zeit seines Frondienstes von sieben Jahren bei ihm abgeleistet hatte. Als der Bostoner Richter Samuel Sewall von Saffins Entscheidung erfuhr, Adam zukünftig als Sklaven für sich arbeiten zu lassen, war er wütend. Sewall war allseits bekannt als einer der ersten Richter im Hexenprozess von Salem, der eine öffentliche Entschuldigung ausgesprochen hatte, und nun wagte er einen weiteren mutigen Schritt, als er am 24. Juni 1700 *The Selling of Joseph* veröffentlichte. «Ursprünglich und natürlicherweise gibt es keine solche Sache wie die Sklaverei», schreibt Sewall in seinem Text. Er spricht sich energisch gegen populäre Argumente für die Sklaverei aus, etwa die Fluchttheorie oder die Ansicht, dass die «gute» Absicht der Christianisierung das «böse» Mittel der Sklaverei rechtfertige, ebenso wie gegen John Lockes Theorie des gerechten Krieges. Doch obwohl er die Sklaverei ablehnte, stand er auf dem schwankenden Grund einer anderen Art des Rassismus. Die Neuengländer sollten sowohl die Sklaverei wie die afrikanischen Menschen loswerden, sagte er. Denn Afrikaner würden «von ihrer Freiheit selten guten Gebrauch machen». Sie könnten niemals «mit uns leben und zu ordentlichen Familien zusammenwachsen».[1]

Samuel Sewall konnte man nicht so einfach beiseitewischen wie jene machtlosen Täufer, die einst in Germantown gepredigt hatten. Als enger Freund Cotton Mathers war Sewall vom König von England empfangen worden und hatte als Richter am obersten Gericht von Boston gewirkt. 1717 stand er kurz davor, das höchste Richteramt der Puritaner zu übernehmen. Als Sewall von der Sklaverei als einer schlechten Sache sprach, setzte er auf den offenen Geist vieler Menschen. Doch der Sklaverei befürwortende Rassismus ist immer eine Sache von engstirnigen und bornierten Geistern gewesen. Statt Offenheit schlugen dem sechsundvierzigjährigen Juristen «Stirnrunzeln und harte Worte» entgegen.

Vor allem John Saffin regte sich über Sewalls Angriff auf seine Geschäfte auf. Er war selbst Richter und weigerte sich, seinen guten Ruf dadurch zu zerstören, dass er für Adams Freilassung eintrat. 1701 war er fünfundsiebzig Jahre alt, gestählt in den Grabenkämpfen des frühen amerikanischen Kapitalismus, der seine Einstellung zur Macht geprägt hatte. «Freundschaft & Freigiebigkeit sind Fremde in dieser Welt», lautete eine seiner Überzeugungen. «Zins und Profit sind die Prinzipien, die alle leiten.» Es war nicht möglich, Saffin anzugreifen, ihn «Menschendieb» zu nennen (wie Sewall es getan hatte) und damit auch noch ungestraft davonzukommen.[2]

1701 gab John Saffin seine Rechtfertigung *A Brief and Candid Answer to a Late Printed Sheet, Entitled, The Selling of Joseph* (Kurze und aufrichtige Antwort auf eine kürzlich gedruckte Schrift, betitelt Der Verkauf von Joseph) in Druck. «Gott hat verschiedene Ordnungen und Stufen der Menschen in die Welt gesetzt», erklärte er darin. Ganz gleich, was Sewall meinte, es sei nichts «Böses», Afrikaner «aus ihrem heidnischen Land zu holen» und zu bekehren. In der Literaturgeschichte ist Saffin als einer der wichtigsten Lyriker des 17. Jahrhunderts bekannt. Sein Pamphlet endet in Versen über «des Negers Natur»: «Feig und grausam ist des Schwarzen Rasse, Tief wurzelt dieser Schelm im Hasse.»[3]

Samuel Sewall gewann die Schlacht – 1703 wurde Adam nach einem langen und erbitterten Prozess freigelassen – und verlor den Krieg. Amerika wurde weder die Sklaverei noch die schwarzen Menschen los. In der Zeitungsdebatte, die im Zuge des Sewall-Saffin-Disputs entbrannte, fanden die Bürger Bostons Saffins segregationistische Ideen offenbar überzeugender als die seines Widersachers. Doch die letzte Salve in seinem verlorenen Krieg schoss Sewall ab. Auf die Frage der London Athenian Society, ob der Sklavenhandel nicht «dem großen Gesetz der Christenheit» widerspreche, verfasste er 1705 ein vierzehnseitiges Pamphlet. Er schrieb, dass die sogenannten gerechten Kriege gegen Afrikaner in Wahrheit von europäischen Sklavenhändlern angezettelt wurden, die auf diese Weise die Nachfrage nach Gefangenen steigerten.[4]

Unterdessen wuchs die versklavte Bevölkerung immer weiter an, was zunächst Angst vor Revolten auslöste und dann 1705 an der ganzen Atlantikküste mit neuen rassistischen Bestimmungen zur Verhinderung von Aufständen und zur Sicherung von Eigentum endete. Die Behörden von Massachusetts verboten interethnische Beziehungen, begannen, auf importierte

Gefangene Zölle zu erheben und stellten bei der nächsten Reform der Steuergesetze – gegen Samuel Sewalls Einwände – Indianer und «Neger» mit Pferden und Schweinen auf eine Stufe. In Virginia wurden weiße Bürger, die selbst keine Sklaven hatten, zu Sklavenpatrouillen gezwungen; sie mussten Sklaven kontrollieren und zu Disziplin anhalten, und sie mussten potenzielle Fluchtrouten überwachen. Die virginischen Parlamentarier sprachen Schwarzen die Fähigkeit ab, Ämter innezuhaben. Immer wieder führten sie die Rechte «christlicher weißer Knechte» an; indem sie Weißsein und Christlichsein in eins setzten, befestigten sie die Verbindung zwischen reichen weißen Sklavenhaltern und armen Weißen, die keine Sklaven besaßen. Zur Besiegelung ihrer Einheit (und ethnischen Loyalität) beschlagnahmten die weißen virginischen Gesetzgeber Eigentum von Sklaven und verkauften es: «Der Gewinn daraus soll den Armen besagter Gemeinde zukommen». Wie viele Male hat man diese Geschichte im Laufe der amerikanischen Geschichte schon gehört? Das Eigentum von Schwarzen wurde legal oder illegal konfisziert – das daraus folgende Elend von Schwarzen der schwarzen Minderwertigkeit zur Last gelegt – und bei Protest die Diskriminierung abgestritten. 1705 wurde in Virginia gesetzlich verfügt, dass Plantagenbesitzer weißem Dienstpersonal, das nach den vereinbarten Jahren der Schuldknechtschaft freigelassen wurde, fünfzig Morgen Land überschreiben mussten. Der daraus entspringende weiße Wohlstand wurde der Überlegenheit der Weißen zugeschrieben.[5]

Am 1. März 1706 stellte Cotton Mather Gott die Frage, ob dieser ihn mit «guten Dienern» segnen werde, wenn er «eine Abhandlung über das Christentum unserer *Neger* und anderer *Sklaven*» schreibe. Mather hoffte, dass ein Pamphlet über dieses Thema zu einer Veränderung der Einstellung von Sklavenhaltern führen würde, die sich immer noch weigerten, ihre Gefangenen zu taufen. Inzwischen war er unbestritten Amerikas tonangebender Geistlicher und Intellektueller. Gerade erst hatte er seine Geschichte Neuenglands publiziert, die Verherrlichung von Amerikas außergewöhnlichen Errungenschaften, *Magnalia Christi Americana*, die als die größte literarische Leistung des ersten neuenglischen Jahrhunderts angesehen wurde.[6]

Mather publizierte *The Negro Christianized* im Juni 1706. Die «göttliche Vorsehung» schicke Afrikaner in die Sklaverei ins christliche Amerika, damit sie von ihren Herren Kenntnis von der «ruhmreichen Heilsbotschaft Christi» erhielten. Sie «sind *Menschen*, keine *Tiere*», betont Mather im Gegensatz zu den Segregationisten. «Allerdings ist ihre Dummheit entmutigend.» Afrikaner zu belehren, «scheint keine geringere Aufgabe zu sein, als sie zu waschen». «Doch je größer ihre Dummheit, desto größer muss unser Eifer sein», erklärt er weiter. Nein, die Taufe führe nicht automatisch zur Freiheit. Das «Gesetz der Christenheit … erlaubt die Sklaverei». Zur Untermauerung seiner Ansicht zitiert er neben den Schriften anderer puritanischer Theologen auch Paulus.[7]

Am 13. Dezember 1706 glaubte Mather ernstlich, Gott hätte ihn für das Schreiben von *The Negro Christianized* belohnt. Die Mitglieder seiner Kirche – «ohne dass ich ihnen solches aufgetragen hätte» – gaben vierzig oder fünfzig Pfund für «einen recht angenehmen Sklaven» aus, wie er freudig in seinem Tagebuch vermerkt. Die Kirchen Neuenglands machten ihren Pfarrern regelmäßig Gefangene zum Geschenk. Mather nannte sein «Kind» Onesimus, nach dem Adoptivsohn des heiligen Paulus, einem bekehrten ausgerissenen Sklaven, und er bewachte Onesimus mit rassistischen Argusaugen, da er ihn ständig verdächtigte, Diebereien zu begehen.[8]

Mathers Ansichten über die christliche Sklaverei waren in Neuengland weiter verbreitet als die Ideen Samuel Sewalls oder John Saffins. Doch Sewalls Gedanken fanden sich immer wieder in den Schriften seiner Zeitgenossen. 1706 drängte John Campbell in der ersten eigenständigen Abhandlung, die in seinem *Boston News-Letter* erschien, der zweiten Zeitung des kolonialen Amerika, auf den Import von mehr weißen Schuldknechten, um die Abhängigkeit der Kolonie von den afrikanischen Sklaven zu reduzieren, die «sehr dem Stehlen, Lügen und der Heimtücke verfallen» seien. Die amerikanischen Leser der frühen kolonialen Zeitungen lernten zwei Dinge über schwarze Menschen: Man konnte sie kaufen wie Vieh, und sie waren gefährliche Kriminelle mit teuflischen Instinkten.

Seit der Ankunft des ersten Sklavenschiffes um 1619 hatten sich Afrikaner auf illegale Weise gegen die legale Sklaverei gewehrt. Daher waren sie von Anfang an als Kriminelle gebrandmarkt worden. Bei allen mutmaßlichen oder tatsächlichen Sklavenaufständen – von fünfzig berichteten die Zeitungen während der kolonialen Ära – wurden die widerständigen Afrikaner fast immer als gewalttätige Verbrecher dargestellt, nicht als Menschen, die auf die übliche Brutalität der Sklavenhalter reagierten oder die Verwirklichung des grundsätzlichsten menschlichen Anliegens forderten: der Freiheit.[9]

Als am 7. April 1712 die Sonne den Himmel in Brand setzte, ließen etwa dreißig versklavte Afrikaner und zwei Indianer ein Gebäude in New York in Flammen aufgehen und lauerten den «Christen» auf, die das Feuer löschen wollten, wie es hieß. Neun «Christen» wurden getötet, fünf oder sechs schwer verletzt. Die Freiheitskämpfer flohen in die nahe gelegenen Wälder. Furcht und Rachegelüste schwelten in der ganzen Stadt. Innerhalb von vierundzwanzig Stunden endeten sechs Rebellen durch Suizid (da sie glaubten, im Tod nach Afrika heimkehren zu können); der Rest wurde von Soldaten gejagt, gestellt und dann öffentlich hingerichtet – die meisten wurden bei lebendigem Leib verbrannt. Der koloniale Gouverneur von New York, Robert Hunter, der die Jagd, die Prozesse und die Hinrichtungen überwachte, war Mitglied von Thomas Brays Society for the Propagation of the Gospel in Foreign Parts, wie auch der Royal Society. Für ihn war der Sklavenaufstand «ein barbarischer Anschlag». Egal, was afrikanische Menschen taten, sie waren Barbaren, Tiere oder vertierte Menschen. Schrien sie nicht nach Freiheit, dann zeigte ihr Gehorsam, dass sie die natürlichen Eigenschaften von Lasteseln besaßen. Leisteten sie der Versklavung Widerstand, ohne Gewalt anzuwenden, galten sie als brutal. Töteten sie für ihre Freiheit, waren sie barbarische Mörder.

Ihre «Barbarei» führte zu schärferen Sklavengesetzen, ähnlich den 1705 verabschiedeten Gesetzen in Virginia. In New York durften Schwarze keinen eigenen Besitz mehr haben. Die einst «freien Neger der Kolonie» wurden zu einem «faulen und trägen Volk» herabgewürdigt, das der Öffentlichkeit zur Last fiel.[10]

Trotz des unablässigen afrikanischen Widerstands und trotz der zunehmenden Anti-Sklaverei-Rhetorik der Quäker ging es den britischen Sklavenhändlern immer noch recht gut, und sie bereiteten sich auf weitere Expansion vor. 1713 erhielt England den *Asiento*, das Privileg, an alle spanisch-amerikanischen Kolonien Sklaven liefern zu dürfen, wodurch das Land bald zur größten Sklavenhändlernation des 18. Jahrhunderts aufstieg, im Gefolge von Frankreich, Holland und den Pionieren in Portugal. Neuengland war für den Handel mit europäischen und karibischen Waren der wichtigste Zugang zu den Kolonien geworden. Die Schiffe, die von den Kolonien aus starteten – meist von Boston oder Newport, Rhode Island –, hatten die Lebensmittel an Bord, die Plantagenbesitzer, Aufseher und Arbeiter in der britisch beherrschten Karibik ernährten. Auf dem Rückweg nahmen sie Zucker, Rum, Sklaven und Molasse mit, zum Gebrauch im bedeutendsten Industriezweig Neuenglands vor der Amerikanischen Revolution – zur Produktion von alkoholischen Getränken in gewerblichen Großbetrieben.[11]

Boston war als einer der wichtigsten Häfen der Kolonien anfällig für Seuchen. Am 21. April 1721 segelte die HMS *Seahorse* aus Barbados in den Bostoner Hafen. Einen Monat später schreibt Cotton Mather in sein Tagebuch: «Das schmerzliche Verhängnis der Pocken hat nun die Stadt erreicht.» Eintausend Bostoner, fast zehn Prozent der städtischen Bevölkerung, flohen aufs Land, um dem Urteil des Allmächtigen zu entkommen.[12]

Fünfzehn Jahre zuvor hatte Mather von Onesimus wissen wollen, was alle Bostoner Sklavenhalter von den Neuzugängen in ihrer Dienerschaft wissen wollten: Hast du die Pocken gehabt? «Ja und nein», antwortete Onesimus. Er erklärte, wie man ihm in Afrika, bevor er gefangen genommen und versklavt worden war, eine winzige Menge Eiter aus der Wunde eines Pockenopfers mit einem Dorn in die Haut gekratzt hatte, gemäß einer jahrhundertealten Praxis, die zur Immunität der Gesunden der Seuche gegenüber geführt hatte. Diese Form der Inokulation – eine Vorform der modernen Impfung – war eine innovative Praxis, die den Tod ungezählter Menschen in Westafrika und auf den verseuchten Sklavenschiffen während der Überfahrt auf dem Atlantik verhindert hatte. Rassistische europäische Wissenschaftler weigerten sich zunächst anzuerkennen, dass afrikanische Ärzte zu solchen Erfolgen hatten kommen können. Tatsächlich sollte es noch etliche Jahrzehnte dauern und noch viele Leben kosten, bevor der britische Arzt Edward Jenner, der sogenannte Vater der Immunologie, die Wirksamkeit der Inokulation bestätigte.

Doch Cotton Mather wurde zu einem frühen Anhänger dieser Methode, als er 1714 eine Abhandlung über die Inokulation in den *Philosophical Transactions* der Royal Society las. Er befragte daraufhin mehrere Afrikaner in der Gegend von Boston, um sicher zu sein. Als er weitere Inokulationsgeschichten von ihnen hörte, gab ihm das einen kleinen Einblick in die intellektuelle Kultur Westafrikas. Es fiel ihm schwer, sie zu begreifen; stattdessen klagte er darüber, wie «gebrochen und tölpelhaft sie davon erzählen».[13]

Am 6. Juni 1721 verfasste Mather in aller Ruhe eine «Adresse an die Ärzte von Boston», in der er mit allem Respekt darum bat, dass sie die Inokulation in Betracht ziehen mögen. Wenn irgendjemand glaubwürdig genug war, um in unheilvollen Zeiten etwas so Neuartiges vorzuschlagen, dann war es Cotton Mather, der erste in Amerika geborene Fellow der London Royal Society, deren Vorsitz noch immer Isaac Newton innehatte. Mather hatte seit den 1690er-Jahren fünfzehn bis zwanzig Bücher und Pamphlete pro Jahr herausgebracht, und die riesige Gesamtzahl an Publikationen von 388 war mehr, als der Rest seiner gesamten Generation in der neuenglischen Geistlichkeit zusammenbrachte.[14]

Der einzige Arzt, der auf Mather reagierte, war Zabadiel Boylston, der Großonkel von Präsident John Adams. Als Boylston am 15. Juli 1721 die erfolgreiche Inokulation seines sechsjährigen Sohnes und zweier afrikanischer Sklaven verkündete, waren die anderen Ärzte in der Region und die Ratsmitglieder der Stadt zutiefst erschrocken. Es ergab für sie keinerlei Sinn, dass Menschen sich selbst mit einer Krankheit infizierten, um sich vor dieser Krankheit zu schützen. Der einzige Arzt in Boston, der eine medizinische Prüfung abgelegt hatte und um den Erhalt seiner professionellen Legitimität bangte, entfachte in der Stadt die Flammen der Furcht. Dr. William Douglass braute eine Verschwörungstheorie zusammen, nach der die Afrikaner heimlich beschlossen hatten, ihre Herren zu töten, indem sie sie dazu brachten, sich inokulieren zu lassen. «Es gibt auf Erden keine heimtückischere und verlogenere menschliche Rasse» als die Afrikaner, schmähte Douglass.[15]

Inokulationsgegner wie er fanden freundliche Aufnahme bei einer der ersten unabhängigen Zeitungen der Kolonie, dem *New England Courant*, 1721 gegründet von dem vierundzwanzigjährigen James Franklin. Dessen fünfzehnjähriger Bruder Ben arbeitete als Schriftsetzer für die Zeitung. Weil er das Gefühl hatte, der *Courant* lasse es am nötigen Respekt ihm gegenüber fehlen, verlangte Cotton Mather wie ein müder Collegeprofessor intellektuellen Gehorsam. Doch die Leser ignorierten ihn und sein Einfluss verringerte sich. Die Abneigung der Bostoner gegen Mather und Boylston ließ erst wieder nach, als die Epidemie, der letztlich 842 Menschen zum Opfer fielen, Anfang 1722 endete.[16]

Im Verlauf des Jahres 1722 wurde Ben Franklin klar, dass ihm die Tätigkeit als Schriftsetzer bei der Zeitung seines Bruders zu wenig war. Er begann, anonyme Briefe mit fesselnder gesellschaftlicher Thematik zu verfassen, die er unter der Tür der Druckerei seines Bruders durchschob, der sie prompt im *Courant* druckte. Ben unterzeichnete die Briefe mit dem Namen Silence Dogood, was bewies, dass er von Mathers 1710 erschienener Abhandlung *Bonifacius, or Essays to Do Good* inspiriert war, in der es um die Aufrechterhaltung der sozialen Ordnung durch Nächstenliebe ging. Das Buch habe sein Denken gewandelt und lebenslang seine Handlungsweise beeinflusst, berichtete Benjamin Franklin später Mathers Sohn. Nachdem sechzehn populäre Briefe veröffentlicht worden waren, enthüllte Ben seinem neidischen und dominanten Bruder die wahre Identität von Silence Dogood. Daraufhin wurden Bens Briefe von James zensiert. 1723 dachte der ehrgeizige Ben nur noch daran, wie er seinem Bruder entkommen könne.[17]

Bevor er nach Philadelphia floh, wurde er in ein Haus in der Ship Street gerufen. Er klopfte nervös. Ein Diener erschien und führte ihn in das Arbeitszimmer. Dort erblickte Ben wahrscheinlich die größte Bibliothek in ganz Nordamerika. Cotton Mather vergab Ben den Zwist der Worte, den es zwischen ihnen gegeben hatte, wie ein Vater seinem unfolgsamen Kind vergeben würde. Niemand weiß, was der sechzigjährige Mather und der siebzehnjährige Franklin sonst noch besprachen.

Vielleicht registrierte Ben Cotton Mathers melancholische Stimmung. Mathers geliebter Vater, zu diesem Zeitpunkt vierundachtzig, war krank. Als Increase Mather am 23. August 1723 in den Armen seines ältesten Sohnes starb, war das der Höhepunkt einiger schwerer Jahre für Cotton Mather, in denen er Ehestreitigkeiten, finanzielle Probleme sowie Meinungsverschiedenheiten mit anglikanischen Priestern überstanden hatte, bei der Kandidatur für die Präsidentschaft von Harvard zweimal übergangen worden war und vor Kurzem die Nachricht erhalten hatte, dass Isaac Newtons Royal Society seine Schriften nicht mehr publizieren werde. Trotz all seiner Erfolge sorgte sich Mather allmählich um sein geistiges Erbe.

Angesichts der Geschehnisse in den Kolonien in den 1720er-Jahren hätte er um sein Erbe als Missionar nicht fürchten müssen. Leidenschaftlicher als jeder andere Amerikaner seit dem letzten Drittel des 17. Jahrhunderts hatte Mather an die Sklavenhalter appelliert, ihre afrikanischen Sklaven zu taufen, und die afrikanischen Sklaven dazu aufgerufen, die Religionen ihrer Vorväter aufzugeben. Langsam und sorgfältig hatte er sich vorangekämpft und in all den Jahren immer mehr Erfolge erzielt. Gleichgesinnte anglikanische Missionare wie James Blair, Thomas Bray und die Vertreter seiner Society for the Propagation of the Gospel in Foreign Parts hatten seine Anschauungen propagiert. Ob er sich dessen bewusst war oder nicht und ob er die anglikanischen Missionare als gleichrangig anerkannte oder nicht – Mathers Gebete wurden in seinen letzten Jahren immer umfassender erhört.

Edmund Gibson, der angesehene anglikanische Bischof von London, wollte jeglichen verbliebenen Zweifel bezüglich der Frage, ob Christen christliche Sklaven halten durften oder nicht, unter den Plantagenbesitzern eliminieren. In zwei Briefen nach Virginia lobte und beglaubigte er 1727 die gesetzliche Bestimmung von 1667, die getauften Gefangenen die Freiheit verwehrte. Die Bekehrung werde die Sklaven «zum größten Eifer, zu höchster Treue» anspornen, schreibt er – ein Gedanke, den Mather jahrelang immer wieder betont hatte. Die britische Krone und die Berater Sir Robert Walpoles, des ersten Premierministers Großbritanniens, stießen ins gleiche Horn. Die Vertreter der religiösen, politischen und ökonomischen Macht in England vereinigten sich nun, um Missionare und Plantagenbesitzer von der Pflicht loszusprechen, die Bekehrten freizulassen, wodurch sie Missionierungsbewegungen stärkten und viele Rufe nach Freilassung von Sklaven erstickten.[18]

Immer mehr Sklavenbesitzer begannen sich ihrem Argument zu öffnen, dass christlicher Gehorsam die gewaltsame Unterwerfung afrikanischer Menschen ersetzen könne. Die Geistlichen konzentrierten sich jedenfalls auf den Gehorsam und schwiegen zu der ausgeübten Gewalt. 1724 veröffentlichte der anglikanische Kleriker Reverend Hugh Jones, der auch Professor am College of William & Mary war, seinen höchst einflussreichen Text *The Present State of Virginia*. Das Christentum, schreibt Jones, «ermutigt und verpflichtet» Afrikaner dazu, «demütigere und bessere Knechte zu werden». Allerdings sollten sie das Lesen und Schreiben nicht lernen. «Von Natur aus» seien sie «für harte körperliche Arbeit geeignet». In seiner erstaunlich populären Predigtsammlung von 1722 erklärte James Blair, dass die Goldene Regel – der ethische Grundsatz, andere so zu behandeln, wie man selbst von ihnen behandelt werden will – keineswegs Gleichheit zwischen «Überlegenen und Unterlegenen» bedeute. Ordnung verlange Hierarchie. Hierarchie verlange Verantwortung. Herren, so predigte Blair, sollten ihre Sklaven taufen und sie freundlich behandeln.[19]

Die Sklavenhalter reagierten bis zur ersten großen Erweckungsbewegung *(First Great Awakening)*, die in den Dreißigerjahren des 18. Jahrhunderts alle britischen Kolonien in Amerika erfasste und von dem in Connecticut geborenen Jonathan Edwards angeführt wurde, mit immer mehr Zustimmung auf diese Ideen. Jonathans Vater Timothy Edwards hatte in Harvard bei Increase Mather studiert, und er kannte und verehrte dessen Sohn Cotton Mather. Während Edwards' erstem Studienjahr 1718 hatte Cotton Mather eine große Spende von dem walisischen Kaufmann Elihu Yale erhalten, der daraufhin zum Namensgeber von Amerikas drittem College geworden war.

Erweckungserlebnisse in Edwards' Kirche in Northampton, Massachusetts, brachten das First Great Awakening 1733 auf Touren. In den Predigten zur Erweckung der Seelen sprachen leidenschaftliche bibeltreue Christen wie Edwards von der Gleichheit (der Seelen) aller Menschen und ihrer Fähigkeit zu Bekehrung und Umkehr. «Ich bin Gottes Diener, wie sie meine Diener sind, und vor Gott bin ich viel geringer als sie vor mir», erklärt Edwards 1741 in Bezug auf seine Sklaven. Doch die die Sklaverei befürwortende Erweckungsbewegung erreicht Hugh Bryans Plantage in South Carolina nicht. In Bryan erweckte der religiöse Furor gegenteilige Ideen. 1740 veröffentlichte er «allerlei feurige Prophezeiungen von der Zerstörung von Charlestown und der

Freilassung von Negern aus der Knechtschaft». Seine betenden Knechte und Mägde hörten auf mit ihrer Plackerei. Er hörte von einer Frau, die «am Meeresufer ein geistliches Lied sang» – wie so viele andere, unbekannt gebliebene antirassistische christliche Frauen und Männer, die die Sklaverei ablehnten und in jenen Jahren zu singen begannen. Doch die Behörden von South Carolina erteilten Bryan einen scharfen Verweis. Sie wünschten, dass bibelfeste Christen sich für ein rassistisches Christentum engagierten und Gehorsam forderten, nicht Freiheit.[20]

Hugh Bryan war in der ersten Zeit des Great Awakening eine Ausnahme. Cotton Mather erlebte diese Zeit nicht mehr mit. Am 13. Februar 1728 feierte er, im Bett liegend, seinen fünfundsechzigsten Geburtstag. Am nächsten Tag rief er den neuen Pastor seiner Gemeinde, Joshua Gee, um mit ihm zu beten. Das gemeinsame Gebet erleichterte ihn. «Nun habe ich hier nichts mehr zu tun», sagte er zu Gee. Stunden später war Cotton Mather tot.[21]

«Er war vielleicht die größte Zierde seines Landes und der größte Gelehrte, den es je hervorbrachte», so preist ihn das *New-England Weekly Journal* am 19. Februar 1728, dem Tag seines Begräbnisses. Das Loblied war dem Enkel von John Cotton und Richard Mather angemessen. Cotton Mather hatte tatsächlich seine Großväter übertroffen. Diese Geistesgrößen waren in einer intellektuellen Welt erzogen worden, in der man darüber debattierte, ob die afrikanische Hitze oder Hams Verfluchung die hässlichen, affenartigen afrikanischen Tiere hervorgebracht hatten, und in der man sicher war, dass ihnen die Sklaverei zugutekam. Wenn Cotton Mathers Großväter in England die rassistische Idee in sich aufnahmen, dass Afrikaner versklavt werden können und sollen, so war Cotton Mather der Wegbereiter der rassistischen Idee, dass das Christentum die versklavten Afrikaner gleichzeitig unterjocht und erhebt. Er war sich mit den Befürwortern und Verbreitern rassistischer Ideen in anderen Kolonialreichen der europäischen Mutterstaaten einig, rechtfertigte die Verbreitung von Kolonialismus und Sklaverei und erhob sie zur Norm. Die Botschaft dieser rassistischen Pioniere lautete in Kurzform, dass die Europäer die westliche Welt zu unterwerfen und damit ihre beherrschende Stellung als Maßstab menschlicher Größe zu befestigen hätten. Als Mather 1728 starb, hatten die Fellows der Royal Society diesen weißen Herrschaftsanspruch auf die ganze Menschheit ausgedehnt. Christentum, Vernunft, Zivilisation, Reichtum, Güte, Seele, Schönheit, Licht, Adam, Jesus, Gott und Freiheit – all das gehörte nach ihrer Definition zum Herrschaftsbereich weißer Menschen aus Europa. Die einzige Frage war, ob die unbedeutenden afrikanischen Menschen, die auf der sozialen Stufenleiter ganz unten standen, die Fähigkeit besaßen, sich der Größe dieses Musterbilds anzupassen. Als Amerikas erster großer Assimilationist predigte Cotton Mather, dass Afrikaner in ihren Seelen weiß werden könnten.

1729 schrieb Samuel Mather voller Ehrfurcht die Biografie seines verstorbenen Vaters, wie Cotton Mather die seines Vaters und wie Increase Mather die seines Vaters Richard geschrieben hatte. «Als er noch auf Erden wandelte», schreibt Samuel über Cotton Mather, «ließ er vielen Menschen, die nie davon erfuhren, seine Gunst zukommen, indem er ihnen geheime Segenswünsche übermittelte.» So segnete er auch den schwarzen Mann, indem er inbrünstig betete: «*Herr, wasche diese arme Seele; mache sie weiß, reinige sie durch deinen GEIST.*»[22]

Teil II

THOMAS JEFFERSON

Kapitel 7

Aufklärung

Nichts brachte ihn aus der Fassung. Er trug müde Maultiere. Er ging weiter, wenn seine Gefährten die Kraft verließ. Er erschlug Raubtiere mit derselben Ruhe, mit der er nachts auf Bäumen schlief. Peter Jefferson hatte 1747 keine leichte Aufgabe: Er überwachte ein Gebiet, das von weißen Siedlern nie zuvor erblickt worden war, um die Grenzlinie zwischen Virginia und North Carolina über den gefährlichen Höhenzug der Blue Ridge Mountains zu verlängern. Er war damit beauftragt worden, dafür zu sorgen, dass der westlichste Punkt des kolonialen Amerika nicht wie die Blue Mountains in Jamaica zu einer Zufluchtsstätte für entlaufene Sklaven wurde.[1]

Im Laufe der Zeit wurden Peter Jeffersons erstaunliches Durchhaltevermögen, seine Kraft und seine Tapferkeit zu fast mythischen Qualitäten in der Überlieferung seiner Familie. Unter den Ersten, die die Geschichten über ihn hörten, war der vierjährige Thomas, der überglücklich war, als sein Vater Ende 1747 endlich wieder nach Hause kam. Thomas war Peters ältester Sohn, geboren am 13. April im denkwürdigen Jahr 1743. James Blair, Cotton Mathers missionarischer Bruder im Geiste, der in Virginia wirkte, starb sechzehn Tage nach Thomas' Geburt und markierte damit das Ende einer Epoche, in der fast ausschließlich Theologen die Debatte über «Rassen» in Amerika bestimmten. In diesem Jahr begann eine neue intellektuelle Ära. «Aufgeklärte» Denker begannen, den rassistischen Diskurs überall in den Kolonien zu säkularisieren und zu verbreiten, wodurch sie dazu beitrugen, dass sich zukünftige Gegner der Sklaverei, Anti-Abolitionisten und antiroyalistische Revolutionäre in Thomas Jeffersons Generation herausbildeten. Und Cotton Mathers größter säkularer Schüler führte sie an.

«Die erste schwere Arbeit der Einwurzelung neuer Kolonien ist nun wohl beendet», bemerkt Benjamin Franklin 1743, «und in jeder Provinz leben viele in bequemen Umständen und haben müßige Stunden, in welchen sie sich den schönen Künsten widmen und ihren Wissensstand erweitern können.» Mit siebenunddreißig lebte Franklin ein Leben, das allerdings durchaus bequem zu nennen war. Seit seiner Flucht aus Boston hatte er in Philadelphia mit Druckereien, Almanachen und Zeitungen ein Imperium aufgebaut. Auf Männer wie ihn, die sich der Muße hingaben, während ihr Kapital für sie arbeitete, traf die erwähnte Feststellung von den schönen Künsten und der Erweiterung des Wissens auch zweifellos zu. Franklin gründete 1743 in Philadelphia nach dem Vorbild der Londoner Royal Society die American Philosophical Society (APS). Sie wurde bald die wichtigste offizielle Gelehrtenvereinigung seit Mathers Boston Society von 1680. Franklins Baby starb zwar schon im Kindesalter, wurde aber 1767 wiederbelebt mit der Verpflichtung, «allen philosophischen Experimenten» Raum zu geben, «welche zur Aufklärung der Natur der Dinge beitragen».[2]

Die wissenschaftliche Revolution im 17. Jahrhundert hatte zu einer großen intellektuellen Bewegung geführt, die das 18. Jahrhundert bestimmen sollte. Säkulares Wissen und Vorstellungen vom universellen Fortschritt der Menschheit waren im christlichen Europa lange mit Argwohn betrachtet worden. Das änderte sich mit dem Aufkommen eines Zeitalters, das in verschiedenen Ländern verschiedene Namen trug, doch dasselbe bezeichnete: in Frankreich sprach man vom *Siècle des Lumières*, in Deutschland von *Aufklärung*, in Italien vom *Illuminismo* und in Großbritannien und Amerika von *Enlightenment*.

Für die Intellektuellen der Aufklärung hatte die Metapher des Lichts meist eine doppelte Bedeutung. Die Europäer hatten nach tausend Jahren religiöser Verfinsterung Gelehrsamkeit und Wissen wiederentdeckt, und ihr helles europäisches Signalfeuer der Erkenntnis strahlte mitten in einer «dunklen» Welt, die noch nicht berührt war von Licht. Das Licht wurde so zu einer Metapher für europäisches Wesen und damit Weißsein – eine Vorstellung, die Benjamin Franklin und seine philosophische Gesellschaft begierig aufnahmen und in die Kolonien importierten. Weiße Kolonisten, so behauptet Franklin in seinen 1751 erschienen *Observations Concerning the Increase of Mankind* (Bemerkungen über das Anwachsen der Menschheit), «werfen ein helleres Licht auf diese Seite unseres Globus». Wir sollten die unökonomische Sklaverei verbieten und die schwarzen Menschen aussperren, lautete sein Vorschlag. «Aber vielleicht», schreibt er nachdenklich, «bin ich voreingenommen bezüglich der Hautfarbe meines Landes, da diese Art von Voreingenommenheit der Menschheit eigentümlich ist». Aufklärerische Ideen legitimierten die tiefsitzende rassistische «Voreingenommenheit», nämlich die Vorstellung von der Zusammengehörigkeit von Licht und Weißsein und Vernunft auf der einen Seite und von Dunkelheit und Schwarzsein und Unwissenheit auf der anderen.[3]

Diese Gegensätze der Aufklärung tauchten passenderweise zu einer Zeit auf, in der der westeuropäische dreiseitige transatlantische Handel florierte. Im Großen und Ganzen funktionierte er so: Großbritannien, Frankreich und das koloniale Amerika rüsteten Schiffe aus und stellten Güter her. Die Schiffe segelten nach Westafrika, und die Händler tauschten ihre Waren mit Gewinn gegen menschliches Handelsgut. Textilien waren im Afrika des 18. Jahrhunderts die begehrtesten Waren – aus demselben Grund wie in Europa: Fast jeder Mann und jede Frau in Afrika (wie in Europa) trug Kleider, und fast jeder Mann und jede Frau in Afrika (wie in Europa) wünschte sich bessere Kleider. Nur die ärmsten Afrikaner hatten nicht genug Stoff, um ihren Oberkörper zu bedecken, doch diese Minderheit besetzte die europäische Fantasie. Es war die Ironie des Zeitalters: Die Sklavenhändler wussten, dass Textilien auf beiden Kontinenten die begehrteste Ware war, doch gleichzeitig produzierten einige von ihnen die rassistische Vorstellung, dass Afrikaner nackt herumliefen wie Tiere. Sie mussten wissen, dass ihre Geschichten nicht stimmten. Aber sie fuhren fort, sie zu erzählen, um ihren lukrativen Handel mit Menschen zu rechtfertigen.[4]

Die Sklavenschiffe fuhren von Afrika nach Süd- und Nordamerika, wo die Händler wiederum mit Gewinn die gerade erst versklavten Afrikaner gegen Rohstoffe eintauschten, die von den seit Langem versklavten Afrikanern hergestellt oder geerntet worden waren. Dann kehrten Schiffe und Händler nach Hause zurück, und der Prozess begann von Neuem. So wurde ein «dreifacher Anreiz» für den europäischen Handel (und dreifache Ausbeutung afrikanischer Menschen) geschaffen. Praktisch alle Manufaktur- und Handelsstädte an den Küsten der westlichen Welt standen während des 18. Jahrhunderts in Verbindung mit dem transatlantischen Handel und konnten sich auf diese Weise bereichern. In dem Maße, in dem der Sklavenhandel im wichtigsten britischen Hafen Liverpool – dem ehemaligen Amtsbezirk Richard Mathers – wuchs und florierte, explodierten die Profite. Der wichtigste amerikanische Hafen für den Sklavenhandel war Newport, Rhode

Island, und man kann noch heute sehen, wie groß die Vermögen waren, die auf diese Weise gemacht wurden, wenn man die Herrenhäuser im historischen Hafenviertel der Stadt besichtigt.

Malachy Postlethwayt, berühmter Experte für Handel und Kommerz, billigte 1745 den Sklavenhandel der Royal African Company und definierte das britische Empire als «einen prachtvollen Überbau für den amerikanischen Handel und die amerikanische Schiffsmacht auf afrikanischem Fundament». Doch ein weiteres, viel wichtigeres Fundament lag noch unter diesem: Das waren die Menschen, die rassistische Ideen hervorbrachten und damit sicherstellten, dass jener prachtvolle Überbau von potenziellen Widersachern nicht angezweifelt wurde. Aufgeklärte Intellektuelle brachten die rassistische Idee hervor, dass die wachsenden sozioökonomischen Ungleichheiten zwischen England und Senegambia, Europa und Afrika, Sklavenhaltern und Sklaven der Wille Gottes oder der Natur oder das Produkt von Erziehung seien. Rassistische Ideen verschleierten die Diskriminierung, rationalisierten die ethnischen Missverhältnisse, definierten die Sklaven als Widersacher der Sklavenhalter, als problematische Menschen. Antirassistische Ideen kamen in den Wörterbüchern des rassistischen Denkens der Aufklärung kaum vor.[5]

Carl von Linné, der Stammvater der schwedischen Aufklärung, folgte François Bernier, der erstmals 1684 die Erde nach den «verschiedenen Arten oder Rassen der Menschen, welche sie bewohnen», eingeteilt hatte, und setzte sich an die Spitze derer, die die Menschheit im Dienst des neuen intellektuellen und kommerziellen Zeitalters in eine Rassenhierarchie aufteilten. In seiner *Systema Naturae*, deren erste Auflage 1735 erschien, platzierte er den Menschen an die Spitze des Tierreichs, da er «noch immer die herrlichsten Vorzüge» habe, «wenn wir ihn gleich als einen bloß natürlichen Menschen betrachten». In späteren Auflagen unterteilte er die Ordnung *Homo* in *Homo sapiens (Mensch), Homo troglodytes* (Affe) und so weiter und unterteilte ferner die Spezies *Homo sapiens* in vier Varietäten. An oberster Stelle seines menschlichen Reichs regiert *H. sapiens europaeus*, den er als klug, erfindungsreich, mit Kleidern bedeckt und von Gesetzen gelenkt vorstellt. Es folgen *H. sapiens americanus* und *H. sapiens asiaticus.* Auf der tiefsten Stufe der Hierarchie steht *H. sapiens afer*, eine träge, faule, listige, langsame und sorglose Menschenart, der er überdies nachsagt, sie werde von Launen gelenkt und ihre Haut sei fettig. Die weiblichen Exemplare hätten wülstige Genitalien und langgestreckte Brüste.[6]

Linné schuf eine Rangordnung innerhalb des Tierreichs und eine Rangordnung innerhalb des Menschenreichs, und diese menschliche Hierarchie basierte auf der Vorstellung von Rasse. Seine «aufgeklärten» Zeitgenossen waren dabei, ebenfalls menschliche Hierarchien zu schaffen; im Reich Europa setzten sie Iren, Juden, Rom, Süd- und Osteuropäer auf die unterste Stufe. Sklavenhalter und Sklavenhändler schufen ähnliche ethnische Hierarchien im Reich Afrika. Versklavte Afrikaner in Nordamerika kamen hauptsächlich aus sieben kulturell und geopolitisch unterschiedenen Regionen: Angola (26 Prozent), Senegambia (20 Prozent), Nigeria (17 Prozent), Sierra Leone (11 Prozent), Ghana (11 Prozent), Elfenbeinküste (6 Prozent) und Benin (3 Prozent). Da die Hierarchien gewöhnlich nach jenen Abstammungsgruppen ausgerichtet waren, die angeblich die besten Sklaven hervorbrachten oder die den Europäern am ähnlichsten waren, gab es bei den verschiedenen Sklavenhaltern mit unterschiedlichen Bedürfnissen und unterschiedlichen Kulturen auch unterschiedliche Rangordnungen. Im Allgemeinen galten Angolaner als die wertlosesten Afrikaner, da sie auf dem Sklavenmarkt – wegen ihrer größeren Anzahl – die geringsten Preise erzielten. Linné klassifizierte die Khoikhoi Südafrikas und Namibias als «Hottentotten», eine eigene Menschenart namens *Homo monstrosis monorchidei.* Seit dem späten 17. Jahrhundert wurden die Khoisan-Völker als *missing link* zwischen Menschen und Affen betrachtet.[7]

Die Aufstellung von Hierarchien schwarzer ethnischer Gruppen innerhalb der afrikanischen Welt kann «ethnischer Rassismus» genannt werden, denn es handelt sich um eine Überschneidung von ethnozentristischen und rassistischen Ideen, während es sich bei der allgemeinen Gegenüberstellung von Europäern und Afrikanern um einfachen Rassismus handelte. Am Ende wurde in beiden Fällen eine ethnische Gruppe von Schwarzen als geringerwertig eingestuft. Der Maßstab für die Bewertung der Gruppen innerhalb der afrikanischen Rangordnungen basierte auf europäischen kulturellen Werten und Eigenschaften, und die Aufstellung von Hierarchien geschah im Dienst eines politischen Projekts: der Sklaverei. Senegambier waren mehr wert als Angolaner, weil sie angeblich die besseren Sklaven waren und weil ihre Eigenschaften angeblich dem europäischen Charakter mehr ähnelten. Die importierten Afrikaner erkannten die Hierarchien der afrikanischen Völker zweifellos genauso schnell, wie die importierten weißen Frondiener die umgreifendere «rassische» Hierarchie erkannten. Überall, wo Senegambier sich selbst als den Angolanern überlegen darstellten, um kleine Privilegien zu rechtfertigen, die man ihnen gewährte, vertraten sie ethnisch-rassistische Ideen, genau wie jene Weißen, die sich rassistischer Ideen bedienten, um ihre weißen Privilegien zu rechtfertigen. Überall, wo ein schwarzes Individuum oder eine schwarze Gruppe weiße Menschen als Wertmaßstab benutzte, um ein anderes schwarzes Individuum oder eine schwarze Gruppe als minderwertig darzustellen, war dies ein weiterer Fall von Rassismus. Linné und Konsorten schufen eine einzige umfassende Hierarchie von Rassen und ethnischen Gruppen innerhalb dieser Rassen. Die gesamte Leiter und alle ihre Stufen – von den Griechen oder Briten an der Spitze bis hinab zu den untersten Angolanern und Hottentotten – alles zeugte von ethnischem Rassismus. Einige «höherstehende» Afrikaner waren mit der ethnozentristischen Stufenleiter der Afrikaner einverstanden, lehnten jedoch die rassistische Rangordnung ab, nach der sie Weißen gegenüber minderwertig waren. Sie wiesen das rassistische Huhn zurück und genossen seine rassistischen Eier.[8]

Jede zum Verkauf bestimmte afrikanische ethnische Gruppe war eine Handelsware, und die Sklavenhändler bestimmten den geringeren oder höheren Wert dieser ethnischen Handelsware nach den Gesetzen von Angebot und Nachfrage. Linné dachte keineswegs daran, versklavten Völkern ethnischen Rassismus einzubläuen, um sie zu spalten und damit für ihre Herren besser beherrschbar zu machen. Doch wo immer ethnischer Rassismus zur Zersplitterung natürlicher Verbündeter auf amerikanischen Plantagen führte – wie er auch zur Trennung natürlicher Verbündeter unter den amerikanischen Armen führte –, war es den Sklavenhaltern nur recht. Sie waren willens, jegliches intellektuelle und sonstige Mittel zu nutzen, um den Widerstand der Sklaven zu unterdrücken und die Rendite ihrer Investitionen zu gewährleisten.

Frankreichs aufgeklärter Guru Voltaire nutzte Linnés rassistische Stufenleiter in einem 1763 erschienenen Supplement seines siebenbändigen *Essay sur l'histoire générale* (Essay über die Weltgeschichte). Auch für ihn gab es eine ewige natürliche Ordnung der Arten. Er fragt: «Wurden die Blumen, Früchte, Bäume und Tiere, mit denen die Natur das Gesicht der Erde überzieht, von ihr zuerst nur an einem einzigen Ort gepflanzt, damit sie sich später über die übrige Erde ausbreiten?» Nein, erklärt er kühn. Jede Gegend der Welt habe ihre eigenen Charakteristika. «Die Negerrasse ist eine Menschenart, die sich von der unseren so unterscheidet wie die Rasse der Spaniels von der der Windhunde. … Wenn ihr Verstand sich im Wesen nicht von dem unseren unterscheidet, so ist er doch höchst mangelhaft.» Afrikanische Menschen seien wie Tiere, fügt er hinzu, sie lebten nur, um «körperliche Bedürfnisse» zu befriedigen. Doch seien sie ein «kriegerisches, zähes und grausames Volk» mit «überlegenen» Soldaten.[9]

Mit der Publikation des *Essai sur l'histoire générale* war Voltaire der erste prominente Autor, der in diesem Jahrhundert mutig genug war, sich öffentlich auf die Seite der polygenetischen Abstammung des Menschen zu schlagen. Die Theorie der getrennt geschaffenen Rassen stand im Gegensatz zur assimilationistischen Idee der Monogenese, das heißt der Idee, dass alle Menschen von den Weißen Adam und Eva abstammen. Voltaire war im 18. Jahrhundert der bekannteste Befürworter des segregationistischen Gedankens. Er vertrat die Idee, dass die «Rassen» fundamental unterschiedlich seien, dass ihre Trennung voneinander unveränderlich sei und dass die minderwertige schwarze Rasse nicht die Fähigkeit der Anpassung besitze, nicht der Norm entspreche und nie zivilisiert und weiß werden könne. So öffnete die Wendung der Aufklärung zum säkularen Denken die Tür für die Entstehung eher segregationistischer Ideen. Und segregationistische Ideen von bleibender schwarzer Unterlegenheit gefielen den Sklavenhaltern, weil sie ihre Rechtfertigung der ewigen Versklavung schwarzer Menschen unterstützte.

Voltaires Gegner war der Naturforscher Georges Louis Leclerc, der den Namen Buffon annahm. Graf Buffon war durch seine enzyklopädische *Histoire naturelle (Allgemeine Historie der Natur nach allen ihren besonderen Theilen abgehandelt)*, die ab 1749 über fünfundfünfzig Jahre hinweg in fünfundvierzig Bänden erschien, der Anführer des gemäßigten Mainstream der französischen Aufklärung. Fast jeder europäische Intellektuelle las sie. Und während Voltaire das segregationistische Denken befürwortete, blieb Buffon assimilationistischen Ideen verhaftet.

Der Streit zwischen Voltaires Menschheit mit multipler Abstammung und Buffons monogenetischer Menschheit war ein Aspekt der großen Kluft unter den Gelehrten in der Epoche der Aufklärung. Ihr geliebter Sir Isaac Newton sah die Welt der Natur als eine komplexe Maschine, die nach «Naturgesetzen» funktionierte. Voltaire betrachtete ganz in seinem Sinn die natürliche Welt – zu der die «Rassen» gehörten – als unverrückbar; nicht einmal Gottes Wille konnte sie verändern. Buffon hingegen blickte auf eine stets im Wandel begriffene Welt. Buffon und Voltaire stimmten in einer Sache überein: Sie waren beide gegen die Sklaverei. Tatsächlich produzierten die meisten führenden Intellektuellen der Aufklärung sowohl rassistische wie auch abolitionistische Ideen.[10]

Buffon definierte im vierten Band seiner «Naturgeschichte» eine «Gattung» oder Spezies als konstante Folge von Individuen, die sich gleichen und miteinander fortpflanzen. Und da verschiedene «Rassen» sich miteinander fortpflanzen konnten, mussten sie auch zu ein und derselben Spezies gehören. Er reagierte damit auf die frühesten segregationistischen Abwertungen von gemischtethnischen Menschen. Die Verfechter der Polygenese stellten die reproduktive Fähigkeit gemischtethnischer Menschen infrage oder wiesen sie zurück, um ihre These, dass «rassische» Gruppen unterschiedlichen Gattungen angehörten, nicht zurücknehmen zu müssen. Wenn Schwarze und Weiße als verschiedene Spezies angesehen wurden, dann mussten ihre Nachkommen unfruchtbar sein. So entstand das Wort *Mulatte*, das sich von *Muli* herleitet, weil ein Muli die unfruchtbare Kreuzung von Pferd und Esel ist. Im 18. Jahrhundert war die Wendung «schwarz wie der Teufel» nicht weniger populär als das Diktum: «Gott schuf den weißen Mann, der Teufel den Mulatten».[11]

Buffon unterschied sechs «Rassen» oder Varietäten einer einzigen menschlichen Gattung (die Khoi des südlichen Afrika stellte er mit den Affen auf eine Stufe). Afrikaner platzierte er zwischen den Extremen von Barbarei und Zivilisation. «Die Neger … sind groß, dick und wohlgewachsen, aber dumm und einfältig», schreibt er. Und zur weiteren Differenzierung stellt er klar: «Die Neger von der Guineischen Küste sind sehr brauchbar für die Feld- und eine jede andere schwere Arbeit. Die Senegal-Neger haben nicht soviele körperliche Stärke, sind aber zu häuslichen Geschäften besser zu gebrauchen.» Als Klimatheoretiker und Monogenetiker glaubte Buffon nicht, dass diese Eigenschaften in Stein gemeißelt seien. Wenn Afrikaner nach Europa importiert würden, würde sich ihre Farbe allmählich verändern und sie könnten womöglich wieder weiß werden wie die Einwohner Europas. Dort, in Europa, «findet man … den allerschönsten Stamm des Menschengeschlechts». Da klang Buffon nicht anders als der Gründervater der modernen europäischen Kunstgeschichte, Johann Joachim Winckelmann, der in seiner klassischen *Geschichte der Kunst des Alterthums*, erschienen 1764, schreibt: «Da nun die weiße Farbe diejenige ist, welche die meisten Lichtstrahlen zurückschickt, folglich sich empfindlicher macht, so wird auch ein schöner Körper desto schöner sein, je weißer er ist.» Das waren die «aufgeklärten» ethnischen Ideen, die Benjamin Franklins American Philosophical Society und der junge Thomas Jefferson in sich aufnahmen und am Vorabend der Amerikanischen Revolution nach Amerika importierten.[12]

Peter Jefferson erwarb etwa zweitausend Morgen Land im Albemarle County in Virginia und saß für sein County weiterhin als Abgeordneter im House of Burgesses. Seine Tabakplantage befand sich in Shadwell, etwa fünf Meilen östlich des gegenwärtigen Zentrums von Charlottesville. Das Anwesen der Jeffersons war ein beliebter Zwischenstopp für die in der Nähe siedelnden Cherokees und Catawbas, wenn sie, wie es nicht selten vorkam, in diplomatischer Mission nach Williamsburg reisten. Der junge Jefferson «erhielt Eindrücke von Zuneigung und Teilnahme für sie, die niemals getilgt wurden», wie er sich Jahre später erinnert.[13]

Während Thomas sich in seiner Jugend an den Anblick vornehmer indianischer Besucher gewöhnte, sah er auch täglich afrikanische Menschen als Dienstboten im Haus, die all seine persönlichen Wünsche erfüllten, genau wie die Arbeiter auf dem Feld für das Gedeihen des Tabaks sorgten. 1745 brachte jemand den zweijährigen Thomas aus dem großen Haus in Shadwell hinaus, und er wurde zu einer Frau auf einem Pferd hinaufgehoben, die ihn auf ein Sattelkissen setzte. Die Frau war eine Sklavin, sie ritt mit dem Kind zur Plantage eines Verwandten. Das war Thomas Jeffersons früheste Erinnerung. Er assoziierte Sklaverei mit Annehmlichkeit. Die Sklavin hatte die Aufgabe, sich um ihn zu kümmern. Er fühlte sich auf seinem weichen Sattel wohl und sicher, und die Frau erschien ihm, wie er später schreibt, «sanft und freundlich».[14]

Als er Jahre später mit afrikanischen Jungen spielte, erfuhr Thomas mehr über die Sklaverei. Er erinnert sich an Grausamkeiten gegen Schwächere und erklärt sie sich so: «Der Vater oder die Mutter tobt, das Kind schaut zu und merkt sich die Zornesgebärde, setzt im Kreise jüngerer Sklaven dieselbe Miene auf, lässt seinen schlimmsten Gemütsbewegungen freien Lauf und kann, indem es so großgezogen, erzogen und täglich in Tyrannei eingeübt wird, schließlich nicht anders, als durch diese abscheulichen Eigentümlichkeiten geprägt zu werden.»[15]

In seinem Vaterhaus sah niemand um ihn herum irgendetwas Schlechtes an der Tyrannei. Die Sklaverei war so normal wie es heute Gefängnisse sind. Nur wenige konnten sich eine geordnete Welt ohne Sklaven vorstellen. Peter Jefferson besaß in den 1750er-Jahren fast sechzig Gefangene, was ihn zum zweitgrößten Sklavenhalter im Albemarle County machte. Peter predigte seinen Kindern, wie wichtig es sei, sich einzig auf sich selbst zu verlassen – der Widerspruch fiel ihm nicht auf. Auf diese Eigenschaft führte er seinen Erfolg zurück.

Religion spielte für Peter Jefferson keine große Rolle, und das vermittelte er auch seinem Sohn. Als die erste Erweckungsbewegung Virginia erreichte, blieb die Shadwell-Plantage von ihren Wirkungen unberührt. Peter verbot Samuel Davies, der das Great Awakening fast im Alleingang nach Virginia gebracht hatte, vor seinen Kindern und seinen Sklaven zu predigen. Wahrscheinlich glaubte er – wie viele Sklavenhalter dieser Zeit –, «dass die Christianisierung die Neger stolz und frech macht und sie zu Vorstellungen über Gleichheit mit weißen Leuten verführt», wie Davies 1757 in seiner berühmtesten Predigt ausführt. Es gab jedoch genug amerikanische Plantagenbesitzer, die durchaus angetan waren von Davies' Meinung, dass «einige Herren sein sollten und andere Knechte», obwohl sie immer noch zögerten, ihre Sklaven taufen zu lassen. Die Missionare, die im Sinne Cotton Mathers predigten, stimmten mit Davies darin überein, dass «*ein guter Christ* immer *ein guter Knecht* sein wird». Doch nicht wenige Plantagenbesitzer ließen ihre Sklaven immer noch «in heidnischer Finsternis verharren», weil sie fürchteten, dass die Taufe sie zum Widerstand reize, wie es der Schwede Peter Kalm beobachtete, der in den späten Vierzigerjahren des 18. Jahrhunderts das Land bereiste. Zwanzig Jahre später ärgerte sich der reizbare virginische Farmer Landon Cartor über die «teuflischen» Schwarzen, und er fügt hinzu: «Wer etwas anderes aus ihnen macht als Sklaven, wird die Teufel freilassen.»[16]

Nicht alle Missionare in der Mitte des 18. Jahrhunderts, die sich in ihren Predigten über den christlichen Gehorsam ausließen, befürworteten auch die Sklaverei. 1742 wurde der aus New Jersey stammende Verkäufer John Woolman gebeten, eine Kaufurkunde für eine namenlose afrikanische Frau zu verfassen. Er begann, die ganze Sache infrage zu stellen, und begab sich wenig später auf eine legendär gewordene Missionsreise zur Verbreitung von Quäkertum und sklavereifeindlichen Parolen. Nach seiner ersten Reise 1746 in den Süden, wo er das ganze Ausmaß des grauenvollen Leids der Sklaven sah, notierte er *Some Considerations on the Keeping of Negroes* (Einige Überlegungen zum Halten von Negern).[17]

«Wir sind in einer hohen Stellung und genießen mehr Vergünstigungen als sie», schreibt er. Gott habe die weißen Christen mit «vornehmen Gaben» ausgestattet. Doch durch Sanktionierung der Sklaverei «missbraucht Amerika seine Gaben». Woolman pflanzte seinen bahnbrechenden abolitionistischen Baum in dieselbe rassistische Erde, die theologische Befürworter der Sklaverei wie Cotton Mather – die von der gottgewollten Sklaverei sprachen – schon beackert hatten. Ihre gegenteiligen Ansichten über Sklaverei verschleierten allerdings die Tatsache, dass sie sich in ihrem politischen Rassismus einig waren. Schwarze Menschen sollten in keinem Fall über sich selbst bestimmen. Mathers die Sklaverei befürwortenden theologischen Abhandlungen handelten von der heiligen Pflicht der Herren, für die niedrige «Rasse» der natürlichen Mägde und Knechte zu sorgen. In Woolmans sklavereifeindlicher Abhandlung war von den göttlichen «Vergünstigungen» der Christen zu lesen, die dazu angehalten seien, die niedrigen Sklaven zu taufen, zu befreien und sich um sie zu kümmern. Doch ob man sie in ewiger Knechtschaft halten oder sie irgendwann freilassen sollte – in jedem Fall behandelte man die versklavten Afrikaner wie abhängige Kinder, deren Schicksal entweder von ihren weißen Besitzern oder von Abolitionisten abhing.[18]

John Woolman wartete ab, bevor er seine Abhandlung in Philadelphia veröffentlichte. Er wusste, wie es war, wenn Quäker über Sklaverei stritten, Abolitionisten Versammlungen sprengten und ausgeschlossen wurden. Sein Amt in der Gemeinschaft der Quäker war ihm nicht weniger wichtig als die Stellungnahme gegen die Sklaverei. 1752, als der Abolitionist Anthony Benezet als Presseredakteur in das Philadelphia Yearly Meeting, die wichtigste Quäker-Körperschaft, eintrat, wusste Woolman, dass die Zeit gekommen war, seine inzwischen acht Jahre alte Abhandlung zu publizieren. Anfang 1752 zeigte Benjamin Franklins *Pennsylvania Gazette* die bevorstehende Veröffentlichung von *Some Considerations on the Keeping of Negroes* an.

Gegen Ende dieses Jahres sprachen sich einige Quäker, aufgerüttelt von Benezet und Woolman und den Widersprüchen der christlichen Sklavenhaltung, so eindringlich wie nie zuvor gegen die Sklaverei aus. Benezet hatte Woolmans Text ediert, und er tat alles für den öffentlichen Erfolg des scheuen Autors. Aus beiden Reformern wurde ein dynamisches Duo sklavereifeindlicher Aktivisten. Im September 1754 verabschiedete das Philadelphia Yearly Meeting die Publikation der *Epistle of Caution and Advice Concerning the Buying and Keeping of Slaves* (Sendschreiben mit Rat und Ermunterung bezüglich des Erwerbs und des Haltens von Sklaven). Dieser Text ist Ausdruck eines Kompromisses mit den sklavereifeindlichen Reformern: Es wurde Quäkern nahgelegt, keine Sklaven mehr zu kaufen. Am sechsundsechzigsten Jahrestag der Germantown Petition beschworen die Autoren erneut die Goldene Regel, nach der man andere nicht anders behandeln soll, als man selbst behandelt werden will. Benezet war der Urheber des Sendschreibens, Woolman arbeitete mit. Hunderte von Exemplaren des Texts wurden zu den vierteljährlichen Treffen im Delaware Valley geschickt. Die Eingangstür des amerikanischen Quäkertums hatte sich offiziell der sklavereifeindlichen Bewegung geöffnet. Doch die Quäker-Herren warfen sehr rasch die Türen ihrer einzelnen Zimmer zu. Siebzig Prozent weigerten sich, ihre Sklaven freizulassen. Woolman erfuhr aus erster Hand von ihrem beharrlichen Widerstand, als er sich 1757 auf eine Reise nach Maryland, Virginia und North Carolina begab.[19]

Die Verteidiger der Sklaverei hatten viele rassistische Ideen in petto: Schwarze seien ein zurückgebliebenes Volk, sie lebten in Amerika besser als in Afrika – auch der Fluch über Ham tauchte wieder auf. Woolman war «besorgt», wenn er die «innere Blindheit» der Anhänger der Sklaverei sah. Doch unbeirrbar wies er ihre Einwände in seiner ruhigen, teilnahmsvollen Art zurück. In Gottes Auge sei niemand niedrig oder unterlegen, betonte er immer wieder. Und sie hätten die Afrikaner keineswegs zu ihrem eigenen Besten nach Amerika gebracht – wie sich durch den beständigen Missbrauch, der mit den Sklaven getrieben werde, durch ihre Abgezehrtheit infolge übermäßiger Arbeit, ihren Hunger und die Lumpen, die sie trügen, zeige.[20]

1760 reiste Woolman nach Rhode Island, wo sich die Anwesen von einigen der wohlhabendsten Sklavenhändler des kolonialen Amerika befanden. Ihr «mildes Auftreten» und ihre «oberflächliche Freundschaft» brachten ihn fast von seinem Kurs ab. Auf der Rückfahrt nach New Jersey kämpfte er – wie einige Jahre früher, als er aus den Südstaaten heimkehrte – mit schweren Gedanken. Immer, wenn er in den letzten Jahren seine Stimme erhoben hatte gegen die angebliche afrikanische Minderwertigkeit, hatte er auch gegen sich selbst gestritten. Er musste darüber nachdenken, ob sich weiße Menschen tatsächlich in einer «höheren Stellung» befanden. 1762 schrieb er eine neue Fassung der *Considerations on Keeping Negroes*.[21]

Im zweiten Teil der Abhandlung heißt es nun, dass «wir uns aus Liebe zu dem, was recht und billig ist», gegen die Sklaverei wenden müssten. Woolman ließ die notwendigen «Vergünstigungen» der überlegenen «Rasse» fallen, obwohl er deren religiöse Überlegenheit nicht antastete. Sein Anti-Rassismus kam deutlich zum Ausdruck. «Wenn man Menschen den schmachvollen Namen SKLAVE gibt, sie in hässliche Kleider steckt, sie schwere knechtische Arbeit verrichten lässt ... dann verfestigt sich in einer Nation allmählich der Glaube, dass diese Menschen ihrer Natur nach unter uns stünden», stellt er fest. Weiße sollten die Sklaverei nicht «mit der schwarzen Farbe verbinden und Freiheit nicht mit der weißen», denn «wo falsche Gedanken sich unserem Geist eingewoben haben, können wir sie nur schwer wieder loswerden.» In Angelegenheiten von Recht und Gerechtigkeit sei «die Farbe eines Menschen nicht von Belang».[22]

Woolman war mit seinem Anti-Rassismus seiner Zeit voraus, genauso wie mit seinen leidenschaftlichen Predigten gegen Armut, Grausamkeit gegenüber Tieren, Zwangsrekrutierungen und Krieg. Doch in den 1750er- und

1760er-Jahren kam er mit seinen sklavereifeindlichen Ideen der Amerikanischen Revolution gerade recht, denn das neue politische Aufbegehren zwang Freiheitskämpfer aus Thomas Jeffersons Generation dazu, sich mit der Sklaverei intensiv auseinanderzusetzen.[23]

Die Heilmittel von Dr. Thomas Walker zeitigten keine Wirkung, und als sein Patient, Thomas Jeffersons neunundvierzigjähriger Vater, am 17. August 1757 starb, konnten es all diejenigen, die die Familiengeschichten über Peter Jeffersons unglaubliche Zähigkeit gehört hatten, kaum fassen. Der vierzehnjährige Thomas musste sich nun um sich selbst kümmern. Nach dem patriarchalischen Credo Virginias war er als ältester männlicher Nachkomme Kopf des gesamten Haushalts. Doch allem Anschein nach kam die siebenunddreißigjährige Jane Randolph Jefferson auch ohne die führende Hand ihres Sohnes zurecht, und sie brauchte auch Dr. Walker nicht, den Verwalter des Anwesens. Mit fester Hand beaufsichtigte sie acht Kinder, sechsundsechzig Sklaven und über viertausend Morgen Grund. Jane Jefferson war gesellig, sie liebte den Luxus und führte das Haushaltsbuch der Plantage mit größter Sorgfalt – Eigenschaften, die sie an Thomas weitergab.[24]

1760 schrieb sich Thomas Jefferson im College William & Mary ein, wo er sich tief in das Denken der Aufklärung versenkte – und in ihre gegen die Sklaverei gerichteten Gedanken. Er studierte bei dem erst kürzlich aufgenommenen sechsundzwanzigjährigen William Small aus Schottland, einem aufgeklärten Intellektuellen, der lehrte, dass nicht Religion, sondern Vernunft alle menschlichen Angelegenheiten regeln sollte – was Jeffersons eigene Gedanken über die Regierung inspirierte. Er las auch Buffons *Naturgeschichte* und studierte Francis Bacon, John Locke und Isaac Newton, ein Trio, das er später als «die drei größten Männer, die die Welt je hervorbrachte», bezeichnete.

Nachdem er 1762 seine Examina abgelegt hatte, bildete er sich bei George Wythe, Virginias führendem Juristen, bekannt für seine hohe fachliche Qualität und seinen luxuriösen Lebensstil, zum Anwalt aus. 1767, mit vierundzwanzig Jahren, bekam er seine Zulassung und geriet alsbald in politische Stürme, da er wie sein Vater als Vertreter des Albemarle County im House of Burgesses saß. Die virginischen Abgeordneten protestierten gegen die neuesten von England verhängten Steuern, worauf Virginias königlicher Gouverneur am 17. Mai 1769 das House of Burgesses auflöste. Jefferson war gerade einmal zehn Tage Abgeordneter gewesen.[25]

Auch nach dem Verlust seines Sitzes nahm er aktiv an den wachsenden Feindseligkeiten gegen England und die Sklaverei teil. Als Anwalt vertrat er den siebenundzwanzigjährigen flüchtigen Sklaven Samuel Howell, der auf Freilassung klagte. Das virginische Gesetz sah dreißig Jahre Dienstbarkeit für biethnische Kinder der ersten Generation freier Eltern vor, «um jene abscheuliche Vermischung von weißen Männern oder Frauen mit Negern oder Mulatten zu verhindern». Howell war ein Kind der zweiten Generation, und Jefferson sagte vor Gericht, es sei bösartig, ihn mit Sklaverei zu bestrafen, denn «nach dem Gesetz der Natur sind alle Menschen frei geboren». Wythe, der gegnerische Anwalt, stand auf, um sein Plädoyer zu halten. Der Richter befahl Wythe, sich wieder zu setzen, und fällte sofort das Urteil gegen Jefferson. Das Recht in den Kolonien war immer noch unerschütterlich für Sklaverei, und die Rassengesetze blieben unerschütterlich segregationistsch. Doch dann kehrte ein Bostoner Richtergremium ganz plötzlich den ideologischen Trend um.[26]

Kapitel 8

Schwarze zum Vorzeigen

Während Thomas Jefferson im Oktober 1772 den Bau seiner Plantage bei Charlottesville überwachte, sah etwas weiter nördlich eine neunzehnjährige Sklavin ängstlich zu den achtzehn Herren auf, die als «die angesehensten Herren von Boston» galten. Sie waren angewiesen worden, darüber zu urteilen, ob die junge Frau tatsächlich Autorin der berühmten Dichtungen war, deren vielschichtige griechische und lateinische Bilder und Metaphern die Leser in Erstaunen versetzten. Sie sah in bekannte Gesichter: Da waren der Gouverneur von Massachusetts, Thomas Hutchinson, der zukünftige Gouverneur James Bowdoin, ein Mann, der über eine riesige Menge von Sklaven verfügte, John Hancock und Cotton Mathers Sohn Samuel. Phillis Wheatley, die Dichterin, deren Fall vor Samuel Mather und den anderen Bostoner Herren verhandelt wurde, gilt heute als die Erste in der Ahnenreihe berühmter afroamerikanischer Autorinnen und Autoren poetischer Texte.[1]

Ihre Geschichte beginnt ungewöhnlich. 1761 besuchte Susanna Wheatley, Ehefrau des Schneiders und Finanziers John Wheatley, das neueste Lagerhaus für Sklaven im Südwesten Bostons, nicht weit vom ehemaligen Wohnort Cotton Mathers entfernt. Kapitän Peter Gwinn war eben auf der *Phillis* im Hafen eingelaufen, mit fünfundsiebzig Gefangenen aus Senegambia an Bord. Susanna Wheatley war auf der Suche nach einer Hausdienerin und ließ ihren Blick über «ein paar robuste, gesunde Frauen» schweifen, als sie ein kränkliches nacktes kleines Mädchen entdeckte, das in einen schmutzigen Teppich gehüllt war. Der siebenjährigen Gefangenen fehlten vorn einige Milchzähne, was Wheatley wahrscheinlich an ihr eigenes siebenjähriges Mädchen erinnerte, das gestorben war. Neun Jahre betrauerte sie nun schon den tragischen Tod ihrer Tochter Sarah.[2]

Lange bevor es das berühmteste schwarze Vorzeigeobjekt der westlichen Welt wurde, war das kleine afrikanische Mädchen höchstwahrscheinlich in der Absicht erworben worden, dem amerikanischen Ehepaar Susanna und John als lebendiges Andenken an Sarah Wheatley zu dienen. Welcher Name auch immer ihr von ihren Wolof-Verwandten in Afrika verliehen worden war – er war untergegangen im Gerassel grauer Ketten, im Wirbeln blutigen Seewassers, im flüchtigen Gekritzel von Geschichte. Die Wheatleys nannten sie nach dem Sklavenschiff, das sie zu ihnen gebracht hatte. Von Anfang an hatte Phillis Wheatley den «Platz eines Kindes», wie ein früher Biograf es ausdrückt, «im Haus und im Herzen» der Wheatleys. In diesem Haus bekam sie Unterricht in mehreren Fächern, denn Phillis sei «nie als Sklavin betrachtet worden», erklärt Hannah Mather Crocker, Cotton Mathers Enkelin.[3]

Etwa vier Jahre nach ihrer Ankunft notierte die elfjährige Phillis ihr erstes Gedicht in Englisch. Es war eine Hommage in vier Versen an die 1764 (an den Pocken) verstorbene siebzehnjährige Tochter der vornehmen puritanischen Familie Thacher. Phillis schrieb das Gedicht, nachdem sie das Ehepaar Wheatley über den tragischen Tod von Sarah Thacher hatte klagen hören.

Mit zwölf Jahren las Phillis fließend lateinische und griechische Klassiker, englische Literatur und die Bibel. Im Dezember 1767 wurde ihr erstes Gedicht, «On Messrs. Hussey and Coffin», im *Newport Mercury* publiziert. Ein Sturm vor der Küste Bostons hatte zwei lokale Kaufleute um ein Haar Schiffbruch erleiden lassen. Einer von ihnen oder beide zusammen waren bei den Wheatleys zu Gast gewesen, und Phillis hatte aufmerksam zugehört, als sie von ihrem knappen Entkommen erzählten, und die Geschichte in ihren Versen verarbeitet.

1769 komponierte die Fünfzehnjährige «To the University of Cambridge», ein Gedicht, das ihre Sehnsucht danach ausdrückte, im ganz von Weißen und von Männern beherrschten Harvard studieren zu können. Sie hatte die assimilationistischen Ideen schon verinnerlicht, die ihr von den Wheatleys beigebracht worden waren, und schreibt zum Beispiel: «Es ist, als hätt' ich eben erst/ Das schwarze Land, der dunklen Irre Nacht verlassen». Assimilationisten brachten die rassistische Idee des dunklen, unaufgeklärten Afrika hervor, und sie ließen Phillis Wheatley und andere Schwarze glauben, dass das Licht Amerikas ein großes Geschenk sei. Im nächsten Jahr schrieb Wheatley das Gedicht «On Being Brought from Africa to America», in dem sie ihre Assimilation verherrlicht und die segregationistische Fluchttheorie attackiert.

«Die schwarze Rasse, die uns eigen,
Sieht mancher voller Spott und Hohn:
‹Die Teufelsfarb' ist nicht zu bleichen!›

Doch seht den schwarzen Kain, den Adamsohn,
Christ, Neger, zwar, doch wird er steigen
Als Engel auf zu Gottes Thron.»[4]

1771 begann Phillis Wheatley, ihre Arbeiten zu einer Sammlung zusammenzustellen, die auch eine Reihe von inspirierenden Gedichten über die wachsenden Spannungen zwischen England und dem kolonialen Amerika in den 1760er-Jahren enthielt. Diese Texte sollten sie berühmt machen. Die Wheatleys nahmen an, dass künftige Verlage und Käufer einen Beweis von Phillis' Autorschaft brauchten. Deshalb rief John Wheatley 1772 die erwähnten Bostoner Honoratioren zusammen.

Da sie kaum glauben konnten, dass ein schwarzes Sklavenmädchen Griechisch und Latein verstand, forderten die achtzehn Herren sie wahrscheinlich auf, die klassischen Anspielungen in ihren Gedichten zu erläutern. Was immer ihre Fragen waren – Wheatley machte auf das skeptische Tribunal der Männer einen blendenden Eindruck, und sie unterzeichneten die folgende assimilationistische Beglaubigung: «Wir, die Unterzeichneten, versichern vor der ganzen Welt, dass die auf den folgenden Seiten angeführten Gedichte (wie wir aufrichtig glauben) wahrhaft geschrieben wurden von dem Negermädchen Phillis, das vor erst wenigen Jahren als unkultivierte Barbarin aus Afrika zu uns gebracht wurde.»[5]

Die Wheatleys waren begeistert. Doch selbst unter Vorlage dieses illustren Zeugnisses war kein amerikanischer Verleger willens, seine Geschäfte mit Sklavenhaltern zu riskieren, indem er die mittlerweile berühmten Gedichte publizierte. Diese Texte gehörten zu den wichtigsten der im Entstehen begriffenen abolitionistischen Literatur der Revolutionszeit. Phillis Wheatley hatte vor den Bostoner Assimilationisten bezeugt, wozu schwarze Menschen fähig waren. Doch anders als die Verleger hatten diese Herren nicht viel zu verlieren. Ihren Namen unter dieses Dokument zu setzen, bedeutete für sie kein großes Risiko.

Phillis Wheatley war nicht die Erste unter den sogenannten «unkultivierten Barbaren», die geprüft, für würdig befunden und herausgestellt wurde. Während im 18. Jahrhundert überall der Wettbewerb um Aufklärung im Gang war, ging es vielen Assimilationisten um menschliche Experimente: Sie wollten «Barbaren» zivilisieren, das heißt, ihnen die «überlegene» Lebensart der Europäer beibringen, um damit den Segregationisten – und gelegentlich auch den Sklavenbesitzern – zu beweisen, dass sie falsch lagen. Als guttrainierte exotische Geschöpfe im rassistischen Zirkus konnten schwarze Menschen ihre schwarze Fähigkeit zum Weißsein beweisen, konnten bestätigen, dass sie der Gleichstellung würdig waren und zu anderem dienten als einem Sklavenleben. Sie konnten zeigen, dass sie tauglich waren für die Freiheit – irgendwann. Wenige arbeiteten so eifrig daran, diesen Beweis zu erbringen – und genug Geld für das Experiment aufzubringen – wie John Montagu, Zweiter Herzog von Montagu, aus England.

Zu Beginn des 18. Jahrhunderts experimentierte der Herzog mit dem jüngsten Sohn der ersten freigelassenen Schwarzen in Jamaica, um herauszufinden, ob seine Verstandeskräfte an die gleichaltriger Weißer heranreichten. Er schickte Francis Williams an eine englische Akademie und an die Universität von Cambridge, wo sich zeigte, dass die intellektuellen Leistungen des jungen Mannes denen von gleichaltrigen weißen Studenten mit ähnlicher Ausbildung gleichkamen.

Irgendwann zwischen 1738 und 1740 kehrte Williams nach Hause zurück. Wahrscheinlich trug er eine weiße gekräuselte Perücke über seinem schwarzen Haar und seinem assimilierten Kopf. Er eröffnete eine höhere Schule für die Kinder von Sklavenhaltern und verfasste liebedienerische lateinische Oden auf jeden kolonialen Gouverneur von Jamaica. Sein bezeichnendes Huldigungsgedicht an Gouverneur George Haldane erschien 1758 und lautete: «Wenn dunkel auch der Strom, auf dem die Huld'gung fließt/ Die Haut ist's nicht, vom Herzen kommt, was man hier liest.»[6]

Der gefeierte schottische Philosoph David Hume erfuhr von dem in Cambridge ausgebildeten Francis Williams. Doch weder Williams noch die neueste Mode in England, sich schwarze Jungen als Diener zu halten, noch Buffons Klimatheorie konnten ihn von der Meinung abbringen, dass es eine natürliche menschliche Rangordnung gebe und dass Schwarze zum Weißsein nicht fähig seien. Hume erklärte seine segregationistische Position voller Emphase. 1753 überarbeitete er seine populäre Kritik der Klimatheorie, «Of Natural Characters», und ergänzte den Text durch die berüchtigtste Fußnote in der Geschichte der rassistischen Ideen:

«Ich bin geneigt zu glauben, dass Neger und alle anderen Arten von Menschen (denn es gibt vier oder fünf verschiedene Arten), den Weißen von Natur aus unterlegen sind. Nie gab es eine zivilisierte Nation von anderer Hautfarbe als der weißen, noch auch irgendeinen anderen als weißen einzelnen Menschen von hervorragender Größe, sei es in Taten oder im Denken. Noch die gröbsten und barbarischsten Weißen … haben etwas Vornehmes an sich … Solch ein einförmiger und ständig vorhandener Unterschied hätte in so vielen Ländern und Zeitaltern nicht vorkommen können, wenn die Natur nicht eine ursprüngliche Unterscheidung zwischen diesen Menschenrassen gemacht hätte … In Jamaica ist indessen von einem Neger die Rede als von einem talentierten und gelehrten Mann; doch es steht zu vermuten, dass man ihn für geringfügige Leistungen bewundert, wie einen Papagei, der wenige schlichte Worte hervorbringt.»[7]

Hume wandte sich vehement gegen die Sklaverei, doch wie viele andere Abolitionisten der Aufklärungszeit sah er das segregationistische Denken nie als einen Gegensatz zu seiner sklavereifeindlichen Haltung an. Theoretiker, die die Sklaverei befürworteten, ignorierten Humes politischen Standpunkt und betrachteten ihn als Vorbild. Seine Fußnote wurde ihre «Inter-Nationalhymne».[8]

Ähnliche erzieherische Experimente mit jungen schwarzen Männern wurden auch in Amerika durchgeführt, und obwohl einige Segregationisten allmählich assimilationistische Ideen akzeptierten und sich sogar gegen die Sklaverei aussprachen, gab es nur wenige weiße Amerikaner, die das rassistische Denken als Ganzes zurückwiesen. Bei einem Besuch in der Heimat nach seinem fast zwanzigjährigen Aufenthalt in Europa sah Benjamin Franklin 1763 ein paar Vorzeigeschwarze in einer Schule in Philadelphia, die von Thomas Brays Mitstreitern geführt wurde. Die Schule war 1731 nach dem inzwischen verstorbenen Organisator der Society for the Propagation of the Gospel in Foreign Parts benannt worden. Als Franklin die Schüler testete, gewann er «eine höhere Meinung von den natürlichen Fähigkeiten der schwarzen Rasse». Einige Schwarze könnten «unsere Sprache und unsere Sitten» annehmen, räumt er ein. Doch zu größeren Zugeständnissen konnte er sich nicht durchringen, wahrscheinlich weil ihm klar war, wie wichtig die Aufrechterhaltung der rassistischen Vorurteile für die Fortsetzung der Sklaverei war. Sieben Jahre später, als er bei der englischen Krone als Fürsprecher der strengen Sklavengesetze von Georgia auftrat, argumentiert Franklin, dass «die Mehrheit» der Sklaven «von verschwörerischer Sinnesart» seien, «finster, verdrießlich, boshaft, rachsüchtig und grausam im höchsten Maße».[9]

Für Rassisten wie Franklin stellte es sich als schwierig heraus zu glauben, dass viele Schwarzen dazu in der Lage seien, so zu werden wie Francis Williams oder Phillis Wheatley. Die wenigen Erlesenen galten ihnen als «außerordentliche Neger». So bezeichnete Joseph Jekyll in seiner 1805 begonnenen

Biografie den populären afrobritischen Schriftsteller und Günstling des Herzogs von Montagu Ignatius Sancho. Die «außerordentlichen Neger» setzten sich nach Meinung der gewöhnlichen Rassisten über die Naturgesetze hinweg, die die schwarze Minderwertigkeit festschrieben. Die Mehrheit sei den Weißen immer noch unterlegen, sagten sie. Dieses Denken erlaubte es ihnen, ihre Vorstellungen aufrechtzuerhalten, obwohl es um sie herum immer wieder einzelne Afrikaner gab, die ihnen das Gegenteil bewiesen. Die Strategie, nach der man außerordentlich fähige oder talentierte Schwarze herausstellte, um die Meinung von Rassisten zu ändern, war daher von vornherein zum Scheitern verurteilt. Doch es gab immer neue Versuche, die Gegner auf diese Weise zu überreden und zu überzeugen.[10]

Nachdem der Herzog von Montagu 1749 gestorben war, ersetzte ihn Selina Hastings, bekannt als Gräfin von Huntington, als Schirmherrin schwarzer Vorzeigeobjekte in der englischsprachigen Welt. Wäre sie ein Mann gewesen, hätte Cotton Mather diese methodistische Pionierin geliebt, die die Schriften christlicher Schwarzer als Zeugnis der schwarzen Befähigung zur Bekehrung zu verbreiten half. Zwei Jahre vor ihrem Tod finanzierte sie Olaudah Equianos Bericht – er trug den passenden Titel *Interesting Narrative* – über seine Kindheit in Nigeria, seine Gefangennahme und Versklavung und seine Erziehung und Emanzipation 1789. Bei ihrem ersten und vielleicht verdienstvollsten Feldzug ging es um die erste Sklavenerzählung dieser Art von Ukawsaw Gronniosaw (James Albert), die 1772 gedruckt wurde. Die Gräfin bewunderte Gronniosaws assimilationistische Handlung: Je mehr er sich dem Sklaventum fügte, die überlegene europäische Kultur und das Christsein verherrlichte und seine nichtswürdige heidnische westafrikanische Herkunft geringschätzte, desto glücklicher und frommer war er auch. Da die Freiheit weiß gefärbt worden war, glaubte Gronniosaw, dass er seinen nigerianischen Traditionen abschwören und weiß werden musste, um wirklich frei zu sein.[11]

Der oberste Richter Großbritanniens, Lord Mansfield, tat noch mehr als der Herzog von Montagu und Selina Hastings und sprach einem entlaufenen virginischen Sklaven, James Somerset, die Freiheit zu, womit er tatsächlich Gronniosaws wegweisende Erzählung und Wheatleys Bostoner Tribunal von 1772 in den Schatten stellte. Niemand könne in England versklavt werden, lautete Mansfields Urteil. Das englische Anti-Sklaverei-Gesetz hatte für ihn den Vorrang vor den Sklavengesetzen der Kolonien. Da befürchtet wurde, dass Mansfields Urteil eines Tages auch in Amerika Anwendung finden könnte, führte der Fall Somerset dazu, dass die Befürworter der Sklaverei ihre Kräfte sammelten – andererseits nahm aber auch die transatlantische abolitionistische Bewegung Fahrt auf. Im Februar 1773 veröffentlichte der an der Universität von Pennsylvania lehrende führende amerikanische Mediziner Benjamin Rush in Philadelphia anonym ein scharfes Pamphlet gegen die Sklaverei. Sein Text nutzte Phillis Wheatleys Werk für die Sache der Abolitionisten in Amerika.

Er lobte Wheatleys «einzigartiges Genie» (allerdings ohne ihren Namen zu nennen). Alle Laster und Mängel schwarzer Menschen, von Faulheit über Hinterlist und Tücke bis zur Neigung zum Diebstahl, seien «die Sprösslinge der Sklaverei», schrieb Rush. Tatsächlich waren jene unbegründeten, schwarzen Menschen zugeschriebenen Laster und Mängel die Sprösslinge des ungereimten rassistischen Denkens. Waren Gefangene wirklich fauler, tückischer und räuberischer als diejenigen, die sie in Dienst nahmen? Es waren Letztere, die andere Menschen dazu zwangen, für sie zu arbeiten, sie tückisch auspeitschten, wenn sie es nicht in ausreichendem Maße taten, und sich die Früchte ihrer Plackerei aneigneten. Doch jedenfalls war Rush der erste Aktivist, der die persuasive, wiewohl rassistische Theorie auf den Markt brachte, nach der die Sklaverei die Ursache der Unterlegenheit schwarzer Menschen sei. Ob gutwillig oder nicht – jede Idee, die suggeriert, dass schwarze Menschen als Gruppe minderwertig seien, dass etwas mit schwarzen Menschen nicht stimme, ist eine rassistische Idee. Sklaverei bedeutete die Tötung, Folterung, Vergewaltigung und Ausbeutung von Menschen, bedeutete, dass Familien auseinandergerissen wurden, dass man Menschen Lebenszeit raubte und sie sozioökonomisch verwahrlosen ließ. Die Beschränkungen der Sklaverei brachten schwarze Menschen hervor, die intellektuell, psychologisch, kulturell und verhaltensmäßig anders waren – nicht minderwertig.

Benjamin Rush zerriss in seinem Pamphlet die Fluchtheorie in der Luft und polemisierte gegen amerikanische Theologen von Cotton Mather bis Samuel Davies, die ein ganzes Jahrhundert lang gewirkt hatten. «Ein christlicher Sklave ist ein Widerspruch in sich», argumentiert er und verlangt, «dass Amerika die Sklaverei beendet!» Rushs Worte, die in New York, Boston, London und Paris nachgedruckt wurden und weite Verbreitung fanden, stärkten die Kräfte, die 1774 die Pennsylvania Abolition Society gründeten, die erste bekannte Anti-Sklaverei-Vereinigung von Nichtafrikanern in Nordamerika.[12]

Um einen Verlag für ihre *Poems on Various Subjects* zu finden, musste Phillis Wheatley im Sommer 1773 nach London reisen, wo man sie wie einen exotischen Rockstar begrüßte und herumreichte. Es gelang ihr, sich die Unterstützung der Gräfin von Huntington zu sichern. Zum Dank widmete Wheatley ihrer Gönnerin das Buch – das erste Buch einer Afroamerikanerin und das zweite einer amerikanischen Autorin. Die Publikation ihrer Gedichte im September 1773, ein Jahr, nachdem die Sklaverei in England verboten worden war, und wenige Monate, nachdem Rushs abolitionistisches Pamphlet England erreichte, löste in London ein gesellschaftliches Erdbeben aus. Die Londoner verurteilten die amerikanische Sklaverei, und die amerikanischen Sklavenhalter setzten sich gegen die Londoner zur Wehr. Und dann wehrten sich Abolitionisten auf beiden Seiten des Atlantiks nur umso stärker gegen die Herrschaft der Sklavenhalter in den Kolonien. Im Dezember 1773 setzte sich das Erdbeben mit der Boston Tea Party fort, dann folgten die Strafmaßnahmen Englands und der patriotische Widerstand gegen die britische Herrschaft in den Kolonien begann. Als die Amerikanische Revolution am Horizont auftauchte, kritisierten britische Kommentatoren die Heuchelei der Bostoner, die Wheatleys Genialität priesen und gleichzeitig nichts dabei fanden, dass sie als Sklavin arbeitete, scharf. Bald darauf wurde die Dichterin freigelassen.[13]

Auch George Washington pries die talentierte Phillis Wheatley. Und in Frankreich fielen die *Poems on Various Subjects* Voltaire in die Hände. Daraufhin erklärte er reumütig: Diese Gedichte bewiesen, dass Schwarze zu lyrischen Texten fähig seien – obwohl er wenige Jahre zuvor noch nicht entscheiden konnte, ob Schwarze Abkömmlinge von Affen waren oder Affen Abkömmlinge von Schwarzen. Und doch schafften es weder Wheatley noch Benjamin Rush, noch irgendein anderer Abolitionist der Aufklärung, die Einstellung der Sklavereibefürworter und Segregationisten zu erschüttern. Solange es die Sklaverei gab, würde es rassistische Ideen zu ihrer Rechtfertigung geben. Und es gab nichts, was Wheatley und Rush und ihre Mitstreiter tun konnten, um die Hervorbringung rassistischer Ideen zu unterbinden – außer die Sklaverei zu beenden.

Im September 1773 startete der in Philadelphia lebende Richard Nisbet, der eine Plantage in der Karibik unterhielt, einen Angriff auf Benjamin Rush. Dieser gehe «mit einem einzigen Negermädchen und ihren paar albernen Gedichten» hausieren, schreibt er, «um zu beweisen, dass die Schwarzen uns verstandesmäßig nicht unterlegen» seien. Am 15. November 1773 wurde im *Pennsylvania Packet* eine kurze satirische Abhandlung abgedruckt, die eine umgeschriebene Passage aus der Bibel als Beweis dafür enthielt, dass Gott die Afrikaner für die Sklaverei vorgesehen habe. Einige Wochen später erschien das Pamphlet *Personal Slavery Established.* Gegen Rush (und Nisbet karikierend) griff der anonyme Autor auf David Humes Fußnote zurück und erfand die «fünf Klassen» von «Afrikanern»: «1. Neger, 2. Orang-Utans, 3. Menschenaffen, 4. Paviane, 5. Kapuzineraffen und Meerkatzen.»[14]

Thomas Jefferson verbrachte 1773 viel Zeit außerhalb des Gerichtssaals, weil er den Bau seiner Plantage Monticello zu überwachen hatte. Doch im Geist war er wie viele reiche Männer in den Kolonien unablässig mit dem Bau einer neuen Nation beschäftigt. Sie hatten mit britischen Schulden, Steuern und Handelsgesetzen innerhalb des Empire zu kämpfen. Tatsächlich hatten sie viel zu gewinnen, wenn sie unabhängig würden, und viel zu verlieren, wenn sie sich den Briten beugten. In politischer Hinsicht mussten sie all diese britischen Abolitionisten fürchten, die sich der amerikanischen Sklaverei widersetzten, Phillis Wheatley hochleben ließen und die entlaufenen Sklaven aus Virginia freisprachen. Doch in finanzieller Hinsicht gierten sie schon nach all den nichtbritischen Märkten für ihre Waren und nach all den nichtbritischen Gütern, die sie konsumieren konnten – wie den weltberühmten Zucker, den die französischen Sklavenhalter von Afrikanern im heutigen Haiti anbauen ließen. Die aufständischen virginischen Abgeordneten trafen sich 1774 in Williamsburg.

Einer der standhaftesten unter ihnen verfasste eine flammende Streitschrift für die Freiheit: *A Summary View of the Rights of British America.* Könne es irgendeinen vernünftigen Grund dafür geben, schreibt er darin, warum 160 000 britische Stimmbürger die Gesetze für 4 Millionen gleichgestellte Amerikaner machten? Seine Majestät, der König, habe «unseren großen Wunsch», das Halten von Sklaven und den Handel mit Sklaven abzuschaffen, nicht erfüllt, und damit «die Rechte der menschlichen Natur» missachtet, die «tief verletzt» sei «durch diese niederträchtige Gepflogenheit». Einige Politiker wandten sich verächtlich ab, als sie Thomas Jeffersons rhetorischen Schuss vor den Bug der Sklaverei lasen. Doch «etlichen Bewunderern des Autors» gefiel sein cleverer Schachzug: Er hatte England die Verantwortung für die amerikanische Sklaverei zugeschoben. Die *Summary View* wurde im ganzen Land verbreitet und sorgte für Jeffersons nationale Anerkennung.[15]

Die Engländer (und einige Amerikaner) bezweifelten sofort die Glaubwürdigkeit eines Sklavenhalters, der ein Manifest für die Freiheit verfasste. Niemand konnte allerdings die Glaubwürdigkeit von Phillis Wheatley bezweifeln, die 1774 geschrieben hatte: «Gott hat in jede menschliche Brust ein Prinzip gepflanzt, das wir die Liebe zur Freiheit nennen»; und niemand bezweifelte die Aufrichtigkeit der Connecticut Blacks, die einige Jahre später erklären sollten: «Wir erkennen durch eigenes Nachdenken, dass wir mit den gleichen Fähigkeiten begabt sind wie unsere Herren, und nichts führt uns dazu zu glauben, dass unsere Pflicht, ihnen zu dienen, größer wäre als die ihre, uns zu Diensten zu sein.» Überall im revolutionären Amerika widersetzten sich afrikanische Menschen der rassistischen Übereinkunft, nach der sie dafür vorgesehen waren, Sklaven zu sein.[16]

Edward Long beobachtete die größer werdende Welle des Abolitionismus und Anti-Rassismus von seiner riesigen Zuckerplantage in Jamaica aus. Es wurde ihm klar, dass die Welt dringend eine neue rassische Rechtfertigung zur Rettung der Sklaverei brauchte. Daher hauchte er 1774 der Theorie der Polygenese neues Leben ein, indem er seine umfangreiche *History of Jamaica* auf den Markt brachte. Warum sei es immer noch so schwer einzusehen, dass schwarze Menschen «eine andere Gattung» bildeten, fragte er. Beim Affen sehe man «in seiner Gestalt viel mehr Ähnlichkeit zur Negerrasse als bei der Letzteren Ähnlichkeit zum weißen Mann». Und wie Schwarze von Leidenschaft zu Weißen ergriffen würden, so seien Affen oft «in Leidenschaft für die Negerfrau entbrannt», meint Long, nicht weit von dem entfernt, was John Locke einst behauptet hatte.

Ein ganzes Kapitel widmet Long der Diskreditierung des Jamaicaners Francis Williams – mit der «mir zukommenden Unvoreingenommenheit». Williams' Talente seien das Ergebnis der «nördlichen Luft» Europas, schreibt er. Dann stellt er unter Hinzuziehung von Humes Fußnote diese Talente infrage. Er klagt ihn an, «mit arroganter Geringschätzung» auf seine «schwarzen Genossen» herabzublicken – als hätte Long selbst diese Geringschätzung nicht geteilt. Laut Long bezeichnete Williams sich selbst «als *weißen* Mann, der in einer *schwarzen* Haut lebt». Long behauptete auch, dass Williams bei vielen Gelegenheiten gesagt habe: «Zeige mir einen *Neger*, und ich zeige dir einen *Dieb*.»[17]

Etwas später im selben Jahr ergänzte Lord Kames, ein schottischer Richter und Philosoph und einer der Vordenker der schottischen Aufklärung, Longs *History* durch seine eigenen *Sketches of the History of Man*. Dieser niederschmetternde Text attackierte das assimilationistische Denken und lehnte die Theorie der Monogenese, nach der alle «Rassen» zu einer einzigen menschlichen Gattung gehören, radikal ab. Kames Buch war kraftvoller als das von Long. 1774 gab es nur wenige Philosophen der westlichen Welt, die über ein so reiches intellektuelles Wissen verfügten wie Lord Kames. Er paraphrasiert Voltaire – einen weiteren Befürworter der Polygenese – und erklärt: «Es gibt verschiedene Arten von Menschen, genauso wie es Hunderassen gibt; der Unterschied zwischen einer Dogge und einem Spaniel ist nicht größer als der zwischen einem weißen Mann und einem Neger.» Verschiedene Klimata hätten die unterschiedlichen Gattungen hervorgebracht, doch die Farben seien nicht austauschbar. Ohne auf Adam und Eva einzugehen, lag für Kames die Ursache der multiplen Schöpfung im Turmbau zu Babel.[18]

Die zeitgenössischen Polygenetiker liebten Kames' *Sketches*. Die christlichen Monogenetiker waren etwas irritiert über seine blasphemischen Äußerungen. Doch das Konzept der unterschiedlichen Schöpfungsgeschichten und unterschiedlichen Menschengattungen leuchtete im späten 18. Jahrhundert immer mehr Lesern ein, die versuchten, ethnische Unterschiede zu erklären. Wie sollte man sonst die augenfälligen Ungleichheiten von Hautfarbe, Kultur und Wohlstand und den unterschiedlichen Grad der Freiheit erklären, den man jeweils genoss?

Hätte jemand Lord Kames erzählt, dass ein Doktorand aus Deutschland, sechsundfünfzig Jahre jünger als er, den ersten Angriff gegen seine Theorie führen würde, hätte der alte Jurist wahrscheinlich gelacht. Er war für seinen Humor bekannt. Anders als Lord Kames hatte der ehrgeizige junge Johann Friedrich Blumenbach weniger Vorurteile, als er sein *Handbuch der Naturgeschichte* (Erstauflage 1779/80) verfasste. Für ihn bewirkt nicht das Klima, sondern der «Einfluss des Himmelsstrichs, der Nahrung und bei den Menschen und Tieren auch der Lebensart» die Ausprägung der verschiedenen Varietäten einer Gattung. Blumenbach folgt Linné bei der Unterteilung der einzigen Gattung des Menschengeschlechts in fünf «Rassen». «Von diesen fünf Haupt-Rassen muss nach allen physiologischen Gründen die caucasische als die sogenannte Stamm- oder Mittelrasse angenommen werden». Diese aber ist «von mehr oder weniger weißer Farbe und roten Wangen … und der nach den europäischen Begriffen von Schönheit musterhaftesten Schädel- und Gesichtsform.»[19]

Während der Amerikanischen Revolution war die Debatte über den Ursprung der Menschen in Europa explodiert. Als Blumenbachs Unterstützer gegen Long und Lord Kames erwies sich kein anderer als der große Immanuel Kant, der bald durch seine *Kritik der reinen Vernunft* Berühmtheit erlangen sollte. Kant ging von der «Büffonschen Regel» aus und erklärte, dass alle Menschen zwar «zu einer und derselben Naturgattung gehören», jedoch in Gestalt von vier hauptsächlichen «Racen» vorkämen. Man könne nicht hoffen, «jetzt irgendwo auf der Welt die ursprüngliche menschliche Gestalt unverändert anzutreffen»; doch «der Erdstrich vom 31stn bis zum 52sten Grade der Breite der alten Welt … wird mit Recht für denjenigen gehalten … wo der Mensch … am wenigsten von seiner Urbildung abgewichen sein müsste», d. h. der von Kant angenommenen «Stammgattung» am nächsten komme. Europa war für ihn die Wiege der Menschheit, und «das Geschlecht der Weißen» zeichnet sich durch «die vollkommene Mischung der Säfte» vor jedem anderen «Menschenschlag» aus. Der Vornehmheit und Stärke der Weißen steht vor allem der «Neger» gegenüber, der durch ungünstige klimatische und körperliche Voraussetzungen «faul, weichlich und tändelnd» sei.[20]

Amerikanische Intellektuelle verfolgten diese Debatte zwischen Mono- und Polygenetikern nicht anders, als Schüler eine Debatte ihrer Lehrer verfolgen würden. Und weil sie eine rassistische Debatte verfolgten, taten die rassistischen Argumente ihre Wirkung. Die amerikanischen Sklavenhalter und säkularen Intellektuellen standen in den meisten Fällen auf der Seite von Lord Kames und den anderen Polygenetikern. Die Abolitionisten und Theologen fanden Kant und andere Monogenetiker sympathischer. Doch all diese amerikanischen Polygenetiker und Monogenetiker sprachen mit *einer* Stimme, wenn es darum ging, antienglische Gefühle zu schüren und ihre eigenen Grausamkeiten gegen versklavte Afrikaner zu verharmlosen oder zu verschweigen.

Ein einziger Mann, Samuel Johnson, stellte die Amerikaner wegen ihrer Heuchelei an den Pranger. Johnson ist vermutlich die berühmteste literarische Stimme in der Geschichte Englands. Wenn er sich bei öffentlichen Debatten zu Wort meldete, war ihm sowohl in seiner Heimat wie in Amerika die Aufmerksamkeit aller Intellektuellen sicher. George Washington, Thomas Jefferson und Benjamin Franklin bewunderten seine Schriften. Doch Johnsons Bewunderung für die amerikanischen Autoren hielt sich in Grenzen. Er verabscheute den Hass der Amerikaner auf Autoritäten, ihre Gier nach Geld, ihre Abhängigkeit von der Sklaverei und die Art, wie sie den christlichen Glauben lehrten, um Schwarze fügsam zu machen. «Ich bin durchaus willens, die ganze Menschheit zu lieben, außer einem Amerikaner», sagte er einmal.

Benjamin Franklin hatte Jahre auf der anderen Seite des Atlantiks verbracht, um am englischen Hof für die Lockerung der Kolonialpolitik zu werben. Ihm zufolge versklavte England die Amerikaner; immer wieder sprach er davon, dass England amerikanische Weiße wie Schwarze behandle. Samuel Johnson widersprach dieser Analogie vehement. Als Franklin nach dem Ausbruch des Amerikanischen Unabhängigkeitskrieges 1775 nach Amerika zurücksegelte, publizierte Johnson das Pamphlet *Taxation No Tyranny*. Er verteidigte die staatlichen Zwangsmaßnahmen, schrieb, dass Amerikaner den Briten unterlegen seien, und befürwortete die Bewaffnung versklavter Afrikaner. «Wie kommt es», fragte er, «dass wir die lautesten Schreie nach Freiheit von den Sklaventreibern hören?» Jemand in den Kolonien musste dem großen Samuel Johnson eine offizielle Antwort geben. Dieser Jemand war Thomas Jefferson.[21]

Kapitel 9

Gleich *geschaffen*

Am 7. Juni 1776 beschlossen die Delegierten des Zweiten Kontinentalkongresses in Philadelphia, ein Schriftstück aufzusetzen, in dem die amerikanische Unabhängigkeit erklärt wurde. Die Aufgabe fiel einem dreiunddreißigjährigen Delegierten zu, der bisher nicht auf sich aufmerksam gemacht hatte, sich jedoch bei der Erfüllung der Aufgabe als williger und talentierter Autor erwies. Die älteren und vornehmeren Delegierten hatten das Gefühl, Wichtigeres zu tun zu haben: Sie mussten Erklärungen für den Konvent abfassen, einzelstaatliche Verfassungen schreiben und den Krieg planen.[1]

Jahrelang hatten europäische Intellektuelle wie der Franzose Buffon oder der Engländer Samuel Johnson die Amerikaner mit allem, was ihren Charakter, ihr Land, ihre Tiere und ihr Volk betraf, als von Natur aus allem Europäischen unterlegen dargestellt. Thomas Jefferson war damit nicht einverstanden. In der Präambel der Unabhängigkeitserklärung paraphrasierte er die Verfassung von Virginia und legte unauslöschlich fest, «dass alle Menschen gleich geschaffen sind».[2]

Wir wissen nicht mit Sicherheit, ob Jefferson mit «allen Menschen» auch seine Sklavenarbeiter und -arbeiterinnen meinte. Legte er die Betonung nur auf die Gleichheit weißer Amerikaner und Engländer? An einer späteren Stelle des Textes bezichtigt er die Engländer, «Erhebungen gegen uns in unserem Heimatland veranlasst» zu haben, womit er Aufstände von Afrikanern meinte. Schrieb Jefferson «gleich *geschaffen*» mit einem Wink in Richtung der aufgeheizten Debatte zwischen Vertretern von Monogenese und Polygenese? Selbst wenn er wirklich glaubte, dass alle Menschengruppen «gleich geschaffen» seien, hing er doch nie der antirassistischen Überzeugung an, dass alle Menschengruppen gleich *sind*. Doch sein Diktum war dennoch revolutionär; es trug sogar dazu bei, dass Vermont und Massachusetts die Sklaverei abschafften. Um die Theorie der Polygenese und die Sklaverei aufrechtzuerhalten, fügten die Südstaaten, die Sklaverei betrieben, den Satz «Alle *freien* Menschen sind gleich erschaffen worden» in ihre Verfassung ein.[3]

In Jeffersons Text heißt es weiter, dass «alle Menschen … von ihrem Schöpfer mit gewissen unveräußerlichen Rechten ausgestattet sind; dass dazu Leben, Freiheit und das Streben nach Glück gehören». Als Besitzer von fast zweihundert Menschen, die zu befreien er offenbar nicht vorhatte, verfasste Jefferson die vielgepriesene amerikanische Freiheitsphilosophie. Was bedeutete es für ihn, die Freiheit ein «unveräußerliches Recht» zu nennen, wenn er Menschen als Sklaven hielt? Es ist nicht schwer, sich vorzustellen, was amerikanische Ureinwohner, versklavte Afrikaner und weiße Fronknechte und -mägde darunter verstanden, als sie 1776 Freiheit verlangten. Aber was ist mit Jefferson und anderen Sklavenhaltern, deren Reichtum und Macht von diesem Land und von den Sklaven abhingen? Wünschten sie sich uneingeschränkte Freiheit, um weiterhin zu versklaven und auszubeuten? Betrachteten sie Einbußen ihrer Macht als Einbußen ihrer Freiheit? Für diese reichen Männer war Freiheit nicht das Vermögen, zwischen mehreren Alternativen zu entscheiden; Freiheit war die Macht, Entscheidungsmöglichkeiten bereitzustellen. England gab die Entscheidungsmöglichkeiten vor, mit denen sich die amerikanischen Eliten zu arrangieren hatten; genau wie die Plantagenbesitzer die Entscheidungsmöglichkeiten vorgaben, mit denen die abhängigen Arbeiter und Arbeiterinnen sich abzufinden hatten. Nur die eigene Macht gab Jefferson und anderen reichen weißen Kolonisten Freiheit von England. Für Jefferson kam Macht vor Freiheit. In Wahrheit schafft Macht Freiheit, nicht andersherum – wie man es den Machtlosen einredet.

Zu einer selbstverständlichen «Wahrheit» gehört es für Jefferson daher, «dass … es das Recht des Volkes ist, [die Regierung] zu ändern oder abzuschaffen und eine neue Regierung einzusetzen … und ihre Gewalten in der Form zu organisieren, wie es zur Gewährleistung ihrer Sicherheit und ihres Glücks geboten scheint». Während Jefferson auf seinem bequemen Windsor-Stuhl saß und diesen mitreißenden Aufruf zu revolutionärem Handeln verfasste, nahmen auch Tausende von Afrikanern ihre Angelegenheiten in die eigenen Hände, indem sie von ihren Plantagen davonliefen, an der Grenze ihre eigenen Regierungen einsetzten oder mit den Engländern in den Kampf zogen – alles «zur Gewährleistung ihrer Sicherheit und ihres Glücks». In South Carolina gab es einen dreiseitigen Konflikt mit nicht weniger als 20 000 Afrikanern, die ihre Interessen geltend machten. Schätzungsweise zwei Drittel aller versklavten Afrikaner in Georgia flohen von ihren Plantagen. Nach Jeffersons eigenen Berechnungen verlor Virginia sogar 30 000 Sklaven in einem einzigen Jahr. Selbstverständlich konnten die rassistischen Plantagenbesitzer nicht zugeben, dass schwarze Menschen, die ihnen entlaufen waren, dazu in der Lage waren, ihre eigene Sicherheit und ihr Glück zu gewährleisten – um frei zu sein. Die Plantagenbesitzer South Carolinas warfen englischen Soldaten vor, Schwarze zu «stehlen» oder sie dazu zu überreden zu «desertieren».[4]

Thomas Jefferson gab tatsächlich nur seiner eigenen Gruppe reicher weißer männlicher Revolutionäre die Erlaubnis, für ihre Freiheit zu kämpfen. In der Unabhängigkeitserklärung kriminalisierte er entlaufene Sklaven und brachte die Stimme der Frauen zum Verstummen. Der Bostoner Delegierte John Adams schrieb seiner Frau Abigail einen Brief nach Hause, in dem er sich über ihre Bemühungen um die Rechte von Frauen lustig macht. Im Kongress hatte Adams gehört, dass weiße «Kinder und Handwerksburschen ungehorsam» seien, weil sie von «unserem Kampf um Unabhängigkeit» gehört hätten. «Indianer beleidigen ihre Beschützer und Neger erlauben sich Frechheiten gegenüber ihren Herren». Und nun erzählte sie ihm auch noch von der «Unzufriedenheit» der Frauen![5]

Nach der Rechtfertigung der Unabhängigkeit zählt Jefferson in seiner Erklärung die lange Liste «wiederholten Unrechts und wiederholter Übergriffe» der britischen Monopolisten auf, wie etwa das «Abschneiden unseres Handels von allen Teilen der Welt». Die mangelnde Gelegenheit für amerikanische Kaufleute und Plantagenbesitzer, mit Kaufleuten und Plantagenbesitzern außerhalb des britischen Empire Geschäfte zu machen, war ihrer Freiheit in die Quere gekommen, afrikanische Menschen zu kaufen und zu verkaufen, von und an jedermann, billigere oder bessere Waren von nichtenglischen Händlern und Erzeugern zu erwerben, ihre von Sklaven erarbeiteten landwirtschaftlichen und sonstigen Produkte außerhalb des Empire zu verkaufen und der Abhängigkeit von britischen Kaufleuten und Banken zu entkommen. Jefferson und seine um diese Freiheit kämpfende Klasse hoffnungsvoller Nutznießer des internationalen Freihandels gewannen 1776 einen mächtigen Verbündeten. Der schottische Philosoph Adam Smith verurteilte Englands Handelsgesetze wegen der Einschränkung des «freien» Marktes in seinem sofort zum Bestseller aufsteigenden Buch *Der Wohlstand der Nationen*. Für diesen Gründervater der kapitalistischen Ökonomie stammte der Reichtum aus dem produktiven Vermögen einer Nation – ein Vermögen, über das afrikanische Nationen nicht verfügten. «Das ganze Innere Afrikas und alle Länder, die weiter nördlich vom Schwarzen und Kaspischen Meer liegen … waren wohl von jeher in dem unzivilisierten und unentwickelten

Zustand, in dem wir sie heute noch vorfinden», behauptet er. Indessen lobt er die Amerikaner, deren «politische Verfassung … für die Erschließung und die wirtschaftliche Entwicklung dieses Landes weitaus günstiger gewesen [ist] als die entsprechenden Einrichtungen in irgendeiner Ansiedlung der anderen … Nationen», und er sagt den britischen Kolonien den baldigen Aufschwung zu einem großen Reich voraus. Die Gründerväter strahlten, als sie Smiths Prophezeiung lasen. Jefferson nannte *Der Wohlstand der Nationen* später «das beste Buch [über politische Ökonomie], das es gibt».[6]

Jefferson behielt sich die schlimmsten Vorwürfe gegen das Unrecht des Königs für das Ende seiner Erklärung vor. Als gewiefter Anwalt und Wortschmied kontert er Samuel Johnsons Anklage der amerikanischen Heuchelei. Die englische Krone, schreibt Jefferson, die die Amerikaner davon abgehalten habe, die Sklaverei abzuschaffen, befreie nun versklavte Amerikaner und versorge sie mit Waffen, um die britische Sklavenherrschaft über die Amerikaner aufrechtzuerhalten; «auf diese Weise bezahlen sie alte Verbrechen, die gegen die FREIHEIT eines Volkes begangen wurden, mit Verbrechen, die [der König] sie gegen das LEBEN eines anderen begehen lässt.»[7]

Der Priester Samuel Hopkins aus Rhode Island, ein Puritaner, der gegen die Sklaverei war, hätte diese Passage von Jefferson lächerlich gefunden. Gerade erst hatte er dem Kongress seine Schrift *A Dialogue Concerning the Slavery of the Africans* übergeben. Die sogenannte Versklavung der Amerikaner durch die Briten wiege «leichter als eine Feder», verglichen mit der Versklavung der Afrikaner durch die Amerikaner, schreibt Hopkins darin. Sein mitreißendes antirassistisches Pamphlet hatte eine fast stärkere Wirkung als die Forderung der Quäker 1776, alle Freunde sollten ihre Sklaven freilassen oder die Verbannung auf sich nehmen. «Unsere Erziehung hat uns mit starken Vorurteilen gegen sie erfüllt», bekennt Hopkins, «und uns dazu geführt, sie nicht als unsere Brüder oder in irgendeiner Weise auf einer Stufe mit uns zu betrachten; sondern als recht eigentlich eine andere Gattung von Tieren, einzig dazu gemacht, uns und unseren Kindern zu dienen.» Hopkins wurde zum ersten wichtigen christlichen Führer außerhalb der Religiösen Gesellschaft der Freunde, der sich vehement gegen die Sklaverei aussprach, doch 1776 fand er nur wenige, die ihm folgten. Andere Prediger waren anderer Ansicht – wie auch die Delegierten, die die Unabhängigkeitserklärung unterzeichneten. Niemand sollte ihnen sagen, dass ihre revolutionären Bekundungen voller Widersprüche waren. Nichts konnte patriotische amerikanische Sklavenhalter von ihren Hetzreden über die angebliche britische Sklaverei und von ihrem auf tatsächlicher Versklavung afrikanischer Menschen basierenden Lebenswandel abbringen. Widersprüche hin oder her. Sie nahmen sie nicht wahr, weil sie gefangen waren in ihren politischen und ökonomischen Eigeninteressen.[8]

Am 2. Juli 1776 wurde beschlossen, die Unabhängigkeit zu erklären. Daraufhin machten sich die Delegierten an Jeffersons Entwurf zu schaffen, stutzten, feilten, glätteten wie Friseure einen Haarschopf. Jedesmal, wenn sie etwas änderten, sank der überaus sensible Jefferson tiefer in seinen Sitz. Dem neben ihm sitzenden Benjamin Franklin gelang es nicht, ihn aufzuheitern. Die Delegierten kürzten Jeffersons lange Passage über die englischen Heuchler. Offensichtlich missfiel den Delegierten aus South Carolina und Georgia auch Jeffersons Charakterisierung der Sklaverei als eines «grausamen Krieges gegen die menschliche Natur»; diese Wortwahl bedrohte das Fundament ihrer riesigen Anwesen. Am 4. Juli 1776 lag die revidierte Unabhängigkeitserklärung vor.[9]

In den nächsten fünf Jahren flammten überall Kämpfe auf. Doch es gelang den Briten nicht, die Revolte zu unterdrücken. Am 5. Januar 1781 erreichten die Rotröcke in einem letzten verzweifelten Versuch die Außenbezirke von Richmond. Die Soldaten jagten den Gouverneur von Virginia, als wäre er ein entlaufener Sklave. Dieser Gouverneur, Thomas Jefferson, besaß etwa 16 000 Morgen Grund, und er beschloss, seine Familie auf ererbtem Land neunzig Meilen südwestlich von Monticello zu verstecken. Dort, in seinem Versteck, fand er auch endlich die Zeit, um auf die dreiundzwanzig Fragen zu antworten, die der französische Diplomat François Barbé-Marbois den dreizehn amerikanischen Gouverneuren im Jahr 1780 geschickt hatte.

Der Franzose fragte nach Geschichte, Regierungsform, Bodenschätzen, geografischen und demografischen Gegebenheiten jeder einzelnen Kolonie. Nur wenige Gouverneure schickten eine Antwort, und keine Antwort war so umfassend wie die von Jefferson. Gerade erst war er der American Philosophical Society in Philadelphia beigetreten, er hatte Tausende von Büchern für seine Bibliothek in Monticello gesammelt und genoss es, sich gelehrten Arbeiten zu widmen. Seine Antworten betitelte er *Notes on the State of Virginia* (*Betrachtungen über den Staat Virginia*). Er schrieb für französische Diplomaten und Intellektuelle, aber auch für seine Freunde in Amerika, und Ende 1781 schickte er Barbé-Marbois sein Manuskript.

Eine Publikation war nicht geplant, und so konnte Jefferson in diesem Text ganz unverblümt seine Ansichten über schwarze Menschen ausdrücken, insbesondere über potenziell in Freiheit lebende schwarze Menschen. Eine Eingliederung der (befreiten) Schwarzen komme nicht infrage, erklärt er darin. «Tief verwurzelte Vorurteile bei den Weißen, zehntausend Erinnerungen der Schwarzen an die ihnen zugefügten Verletzungen; neue Provokationen, die wirklichen, naturgeschaffenen Unterschiede und viele andere Umstände würden uns aufteilen in Parteien und Erschütterungen verursachen, die wahrscheinlich nie enden würden, es sei denn, die eine oder die andere Rasse wäre ausgelöscht.» Dieses gedankliche Kuddelmuddel war typisch Jefferson; es ging gegen die Sklaverei, aber auch gegen den Abolitionismus – mit einer segregationistischen Dosis naturbedingter Unterschiede und einer antirassistischen Dosis Eingeständnis von weißen Vorurteilen und Diskriminierung.[10]

George Washington, General im Unabhängigkeitskrieg, hatte eine andere Meinung über diese Vorurteile. Als man ihn 1785 bat, einer Petitionskampagne gegen die Sklaverei beizutreten, sagte er, die Zeit dafür sei noch nicht gekommen. «Es wäre gefährlich, einen Frontalangriff auf ein Vorurteil zu starten, das im Abnehmen begriffen ist», riet er. Ein Vorurteil, das im Abnehmen begriffen ist – 1785? Wie immer General Washington zu dieser Ansicht kam – hier verkündete der Mann, der bald Präsident der Vereinigten Staaten werden sollte, den angeblichen Fortschritt mit einem Paukenschlag, der die leidenschaftlichen Argumente der Anti-Rassisten übertönte.[11]

Thomas Jefferson schlug in den *Betrachtungen über den Staat Virginia* tatsächlich einen Frontalangriff auf die Sklaverei vor, einen Plan, für den er sich lebenslang einsetzen sollte: Schulunterricht für Schwarze, Emanzipation und Zurückverfrachtung von Afrikanern nach Afrika. Der Sklavenhalter von Monticello zählte jene «in der Natur festgelegten Unterschiede» auf, von denen er glaubte, dass sie die Ursache für die Unmöglichkeit der Eingliederung freier Schwarzer in die neuen Nation seien. Weiße seien von «überlegener Schönheit», schreibt er, da Schwarze selbst «ihnen den Vorzug geben, so einheitlich wie der Orang-Utan schwarze Frauen den eigenen Weibchen vorzieht». Er paraphrasiert in solchen Passagen Edward Long (und John Locke), und doch war es paradox, dass diese Meinung einem Mann aus der Feder floss, der vielleicht sogar selbst schon eine schwarze Frau vorgezogen hatte.[12]

Das Gedächtnis der Schwarzen sei dem der Weißen ebenbürtig, fährt er fort, «im Vernunftdenken sind sie» jedoch «weit unterlegen». Dann verschleiert er seine rassistischen Ideen durch wissenschaftlich-neutrales Gebaren: «Es wäre unfair, zum Zwecke dieser Untersuchung bis nach Afrika zurückzugehen. Wir wollen sie hier betrachten, auf einer Ebene mit den Weißen, wo die Fakten, nach denen man sich ein Urteil bildet, nicht zweifelhafter Natur sind.» Doch auch «auf einer Ebene mit den Weißen» betrachtet, konnte er «noch nie … feststellen, dass ein Schwarzer einen Gedanken äußerte, welcher über dem Niveau einer einfachen Erzählung lag», und nie hat er «auch nur eine elementare Spur von Malerei oder Bildhauerei gesehen». Auch in der Dichtung versagen die Schwarzen: «Die Religion hat in der Tat eine Phillis Wheatley hervorgebracht, doch konnte sie keinen Poeten erschaffen.»[13]

Mit den *Betrachtungen über den Staat Virginia* stieg Thomas Jefferson zur neuen amerikanischen Autorität auf dem Gebiet der schwarzen intellektuellen Unterlegenheit auf. Seinen außerordentlichen Rang sollte ihm in den nächsten fünfzig Jahren niemand streitig machen. Mit keinem Wort erwähnte Jefferson die zahllosen versklavten Afrikaner und Afrikanerinnen, die sich zu höchst intelligenten Schmieden, Schustern, Maurern, Küfern, Zimmerleuten, Ingenieuren, Kunsthandwerkern, Musikern und Musikerinnen, Bauern und Bäuerinnen, Hebammen, Ärzten und Ärztinnen, Verwaltungsfachleuten, Hausmeistern, Köchinnen und zwei- und dreisprachigen Dolmetschern und Dolmetscherinnen ausbildeten – all diejenigen schwarzen Menschen, die aus Jeffersons Plantage in Virginia und vielen anderen Farmen ähnlicher Art nahezu autarke ländliche Wirtschaftsbetriebe machten. Jefferson musste seine eigene Werbung um qualifizierte entlaufene Sklaven ignorieren, er musste so tun, als ob er nicht wüsste, wie viele andere Plantagenbesitzer sich die Rückkehr ihrer wertvollen sachkundigen Gefangenen wünschten, die «bemerkenswert klug und vernünftig» seien und «höchst erfindungsreich bei jeglicher Arbeit». Man fragt sich, ob Jefferson seinen eigenen Worten glaubte. War er wirklich der Meinung, schwarze Menschen seien als Sklaven klug und als Freie dumm?[14]

Die *Betrachtungen über den Staat Virginia* waren voller weiterer widersprüchlicher Ideen über schwarze Menschen. «Sie sind zumindest genauso tapfer und noch abenteuerlustiger» als Weiße, heißt es da. «Aber dies rührt vielleicht von einem Mangel an Vorausschau her, der sie daran hindert, eine Gefahr zu sehen, bevor sie gegenwärtig ist.» Schwarze fühlten Liebe stärker und Schmerzen weniger stark, sagt er, und «im Allgemeinen scheint ihr Dasein mehr an Sinnesempfindungen als an Reflexion zu partizipieren.» Dem müsse «ihr Hang zugeschrieben werden zu schlafen, wenn sie ohne Ablenkungen sind oder während der Arbeitszeit ohne Beschäftigung. Ein Tier, dessen Körper ruht und welches nicht nachdenkt, muss den selbstverständlichen Hang zum Schlafen haben.» Doch nur eine Seite vorher behauptet er: «Sie scheinen weniger Schlaf zu benötigen. Nach der schweren Arbeit des Tages wird ein Schwarzer durch das geringste Amüsement dazu gebracht, bis Mitternacht oder noch länger aufzubleiben.» In Jeffersons lebhafter Fantasie *wünschten* sich die faulen Schwarzen, mehr als Weiße zu schlafen, doch als körperliche Wundertiere *benötigten* sie weniger Schlaf.[15]

Während er versklavte Afrikaner unverdrossen als noch geringerwertig als römische Sklaven bezeichnet, protestiert er im Fall der amerikanischen Ureinwohner gegen die «ungleiche» Gegenüberstellung. Zwischen Schwarzen und Weißen gebe es tiefe Unterschiede, doch Indianer und Weiße näherten sich an. Im Gespräch mit François-Jean de Chastellux, der im Unabhängigkeitskrieg als Verbindungsmann zwischen französischen und amerikanischen Truppen diente, äußert Jefferson, Indianer seien «in Körper und Geist dem weißen Manne gleich». Das galt keineswegs für den «schwarzen Mann in seinem gegenwärtigen Stand». Allerdings: «Es wäre gefährlich darauf zu bestehen, dass er, über einige Generationen hinweg gleichartig kultiviert, ihm nicht gleich werden könnte». Doch besteht er in den *Betrachtungen* nicht darauf, dass Schwarze «gegenüber den Weißen sowohl in körperlicher als auch in geistiger Hinsicht minderwertig sind» und bleiben? Jefferson schien es immer dann an Eindeutigkeit zu mangeln, wenn es um ethnische Konzepte ging. All seine Äußerungen sind immer wieder ein deutlicher Ausdruck seiner assimilationistischen Vorstellungen.

Der Grund dafür, dass die amerikanischen Ureinwohner weniger Kinder hatten als Weiße, sei «nicht in einem Unterschied der Natur, sondern der Lebensumstände» zu suchen, behauptet er im gleichen Text. Für schwarze Menschen sei das Gegenteil wahr. Sie seien, «ob ursprünglich eine andere Rasse oder durch Zeit und Umstände verschieden gebildet, den Weißen an körperlichen und geistigen Gaben unterlegen». Der ehrgeizige Politiker – vielleicht aus Furcht vor Entfremdung von potenziellen Freunden, vielleicht ehrlich unsicher, hin- und hergerissen zwischen der aufklärerischen sklavereifeindlichen Position und der amerikanischen Befürwortung der Sklaverei –, ergriff im Konflikt zwischen Polygenetikern und Monogenetikern, zwischen Segregationisten und Assimilationisten, zwischen Sklaverei und Freiheit nicht Partei. Doch er ergriff die Partei des Rassismus.[16]

1782 gab es keinen Plan zur Publikation der *Betrachtungen über den Staat Virginia*. Mit der Rückkehr zum gewohnten Leben hatte Jefferson alle Hände voll zu tun. Dieses Leben war von seinen dreizehn Jahren im Staatsdienst geprägt, von den Monaten, in denen ihn die Engländer gejagt hatten. Der Krieg hatte seine Vergangenheit erschüttert. Der Tod von Martha Jefferson am 6. September dieses Jahres erschütterte seine Zukunft. Er hatte geplant, sich vom öffentlichen Leben zurückzuziehen und als Plantagenbesitzer und Gelehrter an der Seite seiner Frau in Monticello alt zu werden. Über Nacht wurde dieser Zufluchtsort zum Gefängnis, da ihn die quälenden Erinnerungen dort nicht mehr losließen. Er musste einen Ausweg finden. Seine Freunde im Kongress halfen ihm.[17]

Am 6. August 1784 traf Jefferson in Paris ein. Er war auf diplomatischer Mission, freute sich jedoch auf die neuen Perspektiven in Kunst und Theater, Mode und Handel, die sich ihm in der französischen Hauptstadt boten. In derselben Woche, in der er mit dem französischen Außenminister Gespräche führte, schickte er die Anweisung nach Monticello, die Produktion zu steigern. Er sah voraus, dass seine eigenen Sklaven und die der ganzen Nation in nächster Zukunft damit beauftragt würden, so viel Tabak zu produzieren, dass die französischen Kaufleute den englischen Kreditgebern ihre Schulden bezahlen konnten. Gleichzeitig sagte er den Abolitionisten: «Niemand wünscht sich sehnlicher [als ich] die Abschaffung der Sklaverei.» Jefferson verabscheute die Sklaverei fast so sehr, wie er fürchtete, die amerikanische Freiheit an die britischen Banken zu verlieren – oder seinen verwöhnten Lebensstil in Monticello aufgeben zu müssen. Er liebte und hasste sowohl die Freiheit wie die Sklaverei, und zwischen diese nicht miteinander vereinbaren Begriffe setzte er nie einen eindeutigen Trennungsstrich.[18]

Sein offizieller Job war die Wirtschaftsdiplomatie, sein Hobby die Wissenschaft. In Paris tat er sich mit Benjamin Franklin zusammen, der ebenfalls vorübergehend dort wohnte, und gemeinsam verteidigten sie ihr Amerika gegen die französischen Attacken auf das geringgeschätzte Land. Jefferson hatte seine noch immer nicht veröffentlichten *Betrachtungen über den Staat Virginia* und «ein ungewöhnliches großes Pantherfell» in seinem Gepäck. 1785 ließ er in Paris zweihundert englische Exemplare der *Betrachtungen* drucken, die er an französische Intellektuelle, an Benjamin Franklin, an John Adams, James Madison und James Monroe schickte. 1786 ließ ein unaufrichtiger Drucker ohne Jeffersons Erlaubnis eine französische Übersetzung anfertigen. Im Sommer 1787 sorgte Jefferson dafür, dass in London eine von ihm autorisierte englische Fassung erschien. Danach waren die *Betrachtungen über den Staat Virginia* bis weit ins 19. Jahrhundert hinein das meistgelesene nichtfiktionale Werk der amerikanischen Literatur.

Graf Constantin Volney, in Frankreich als Verfasser einer Herodot-Biografie bekannt, schrieb an den letzten Seiten seiner *Reise nach Syrien und*

Ägpyten, als ihm die *Betrachtungen* in die Hände fielen, worauf er sich mit deren Autor anfreundete. Als Volney zum ersten Mal die ägyptischen Pyramiden und die Große Sphinx gesehen hatte, war ihm aufgefallen, dass «dieser Kopf … in allen seinen Zügen negernartig ist», und er erinnerte sich an Herodot, den ersten Historiker des antiken Griechenland, der die «schwärzliche Haut und krausen Haare» der Ägypter beschreibt. Volney zieht in der *Reise nach Syrien und Ägypten* die Verbindung zur Gegenwart. «Welch ein weites Feld zum Nachdenken öffnet sich», schreibt er, «wenn man sich vorstellt, dass diese schwärzliche Menschengattung, heutzutage unsere Sklaven und der Gegenstand unserer Verachtung, die nämliche ist, der wir unsere Künste, unsere Wissenschaften und selbst den Gebrauch der Sprache verdanken», und wie sehr müsse es einen nachdenklich stimmen, dass ein Volk, das sich als größter Freund von Freiheit und Menschlichkeit ausgibt, «die barbarischste aller Sklavereien» einführte! Amerikanischen Rassisten galt Volney als ein ignoranter Verehrer schwarzer Menschen, als er 1796 die Vereinigten Staaten besuchte. Jefferson sah das anders. Er lud Volney samt seinen antirassistischen Ideen und seiner Geschichte des schwarzen alten Ägypten nach Monticello ein. Wie konnte Jefferson – der die intellektuelle Unterlegenheit von Schwarzen behauptete – Volney als Autorität auf diesem Gebiet anerkennen? Offensichtlich kamen seinen internalisierten Vorurteilen immer wieder wissenschaftliche Wahrheiten in die Quere.[19]

Im Februar 1787 besuchte Jefferson Südfrankreich und Norditalien. «Sollte ich in Paris sterben, werde ich Sie bitten, mich hierherzuschicken», schrieb er voller Bewunderung für die herrliche Landschaft bei Aix-en-Provence. Bei seiner Rückkehr nach Paris las er vielleicht den Jahresvortrag der American Philosophical Society (APS), den der in Princeton lehrende Theologe Samuel Stanhope Smith gehalten hatte. Dieser gelehrte Vortrag war in der jungen Nation mit größtem Ansehen verbunden, und die Zuhörer waren allesamt Mitglieder der APS. Ihre Namen sind ein Who is Who amerikanischer Macht: Ben Franklin aus Pennsylvania, Alexander Hamilton aus New York, Thomas Jefferson selbst, James Madison und George Washington. Smiths Vortrag war im Großen und Ganzen eine erste große Erwiderung auf Jeffersons *Betrachtungen* im eigenen Land.[20]

Smith hatte sich eine Zeit lang mit der assimilationistischen Klimatheorie beschäftigt. Er könnte sie bei Buffon kennengelernt haben oder bei der Antrittsrede von James Bowdoin vor der neugegründeten American Academy of Arts and Sciences am 4. Mai 1780 in Boston. Bowdoin war Gründer und erster Präsident der Academy, zudem einer der führenden intellektuellen

Köpfe von Massachusetts, daher musste seine Ansprache vor den ersten Politikern und Intellektuellen der Nation auch in Smiths New Jersey zirkulieren. Wenn die «natürlichen Fähigkeiten» von Europäern und Afrikanern nicht gleich seien, «wie es wahrscheinlich der Fall ist», erklärte Bowdoin, dann wissen wir auch den Grund dafür: das Klima. Heißes Klima zerstöre Geist und Körper. Im gemäßigten Klima von Nordamerika und Europa sei die Menschheit zu «größeren Anstrengungen von Geist und Körper» in der Lage. Smith könnte aber auch durch Texte von John Morgan, dem Gründer der medizinischen Fakultät der Universität von Pennsylvania, von der Klimatheorie erfahren haben. Morgan hatte der APS 1784 zwei zweijährige Kinder präsentiert, die durch ihre «scheckige» Haut bewiesen, dass Schwarze weiß werden konnten. «Wir kennen wenige Neger von so angenehmer Gestalt», merkte Morgan damals an.[21]

Samuel Stanhope Smith betitelte seinen Vortrag von 1787 «An Essay on the Causes of the Variety of Complexion and Figure in the Human Species» (Abhandlung über die Gründe der Vielfältigkeit von Haut und Gestalt in der menschlichen Gattung). Er beschrieb zwei Ursachen der menschlichen Verschiedenheit: das Klima und die gesellschaftlichen Bedingungen. Heißes Wetter verursache Unordnung – zum Beispiel krauses Haar, das «am weitesten entfernt» sei «von den gewöhnlichen Gesetzen der Natur». Kaltes Wetter hingegen verursache einen «gegenteiligen Effekt» und kuriere diese und andere Missstände.

Neben einem anderen Klima könne eine Veränderung des gesellschaftlichen Zustands den Stempel der Schwärze löschen, fährt Smith fort. Man sehe sich nur die Haussklaven an. Durch ihre Nähe zu den Weißen würden sie allmählich «die angenehmen und regelmäßigen Züge» der zivilisierten Gesellschaft erwerben: helle Haut, glattes Haar, dünne Lippen. «Europäer und Amerikaner sind die schönsten Menschen der Welt, hauptsächlich deshalb, weil der Zustand ihrer Gesellschaft der vortrefflichste ist.» Am Ende stellt der Assimilationist Smith klar, dass er mit Lord Kames und den Polygenetikern nichts zu tun hat: «Alle Familien der Erde» stammten von «einem einzigen Paar, Adam und Eva», ab.[22]

Die europäischen Gesichtszüge waren für Smith der Maßstab, wenn er Schwarze mit heller Haut und dünnen Lippen höher schätzte als Schwarze mit dunkler Haut und vollen Lippen. Auch unterschied er zwischen «gutem Haar» – je glatter und länger, desto besser – und «schlechtem Haar» – je krauser und kürzer, desto schlechter. Menschen biethnischer Abstammung standen für ihn auf einer höheren Stufe als Afrikaner.

In Sklaverei und Freiheit genossen Menschen biethnischer Abstammung oft einen höheren sozialen Status (nicht wenige biethnische Kinder von Plantagenbesitzern wurden freigelassen) als Menschen mit rein afrikanischen Vorfahren; auch hatten sie weniger unter Diskriminierung zu leiden. Biethnische Menschen mussten weniger im Haushalt schuften, obwohl sie von den Plantagenbesitzern oft eingehender überwacht wurden als die afrikanischen Sklaven – was äußerst aufreibend sein konnte und in vielen Fällen zu sexuellen Misshandlungen führte. Trotz ihres höheren Status wurden diese Menschen von ihren Herren nicht weniger terrorisiert, und es gab einige antirassistische biethnische Menschen, die sich mit Afrikanern gegen die weiße Gewalt verbündeten. Andere dachten nicht anders als weiße Rassisten; sie diskriminierten dunkelhäutige Schwarze und rechtfertigten deren Unterjochung und ihren eigenen Status mit ihrem eigenen höheren Wert. Im späten 18. Jahrhundert schlossen biethnische Menschen in Charleston, South Carolina, Dunkelhäutige aus ihrem geschäftlichen Netzwerk aus, der Brown Fellowship Society. Daraufhin wurde in dieser Stadt die Society of Free Dark Men gegründet.[23]

Im Protokoll dankte die American Philosophical Society Samuel Stanhope Smith für seinen «geistreichen und gelehrten Vortrag». Nachdem er noch einmal die Position der Klimatheoretiker dargelegt hatte – offenbar die dominierende Variante rassistischen Denkens in den damaligen nördlichen Elite-Kreisen –, fügte Smith seinem gedruckten Pamphlet einen langen Nachtrag an, in dem er Lord Kames und die Polygenetiker attackierte. Die verschiedenen Rassen seien keineswegs einem einzigen Klima angepasst und könnten ihre Gestalt ändern. «Die Goten und Mongolen und die Afrikaner haben sich ungemein veredelt, wenn sie jene Gebiete verließen, an die sie angeblich von Natur aus besonders gut angepasst waren», argumentiert Smith. Und dann bestätigt er eilig, dass der Sklavenhandel – die Ursache von Dutzenden Millionen Toten – die Lage der Afrikaner substanziell verbessert habe.[24]

Samuel Stanhope Smith gehörte zu jenen bedeutenden Intellektuellen der American Academy of Arts and Sciences in Boston und der American Philosophical Society in Philadelphia, die die Polygenese ablehnten und die Klimatheorie in Amerika wieder aufwärmten. Seine gelehrte Verteidigung der Bibel wurde bald gedruckt: in Philadelphia, London und in Edinburgh, der schottischen Heimat von Lord Kames. Als Smith 1795 zum Präsidenten der Princeton University aufstieg, genoss er höchstes Ansehen unter den Gelehrten der Welt.

Von Paris aus verfolgte Jefferson gespannt die Debatte im Verfassungskonvent, ohne sie allerdings tiefgreifend beeinflussen zu können. Der Konvent war am 25. Mai 1787 in Philadelphia zusammengetreten, Monate nach dem Vortrag von Samuel Stanhope Smith, den einige der Abgeordneten gehört hatten. Jeffersons eindrucksvolle Unabhängigkeitserklärung hatte Jahre gewaltsamer Kämpfe gegen die Briten zur Folge gehabt – und dann hatte sich ein schwacher und machtloser Staatenbund gebildet. Angesichts der leeren Staatskasse und der unzuverlässigen Handelspolitik, dem Mangel an internationalem Respekt und der Furcht vor dem Auseinanderbrechen der Gemeinschaft waren die amerikanischen Spitzenpolitiker wieder zusammengetreten, um das weitere Vorgehen zu beraten. Wenn man diese Delegierten gefragt hätte – einige von ihnen gehörten der APS an –, hätte sich vermutlich gezeigt, dass ihnen zum Thema Rasse und Sklaverei in diesem Jahr nur Smiths Vortrag im Gedächtnis geblieben war.

Tatsächlich bezogen diese Männer die Sklaverei nicht in ihre Gespräche ein. Die Argumente gegen die Sklaverei wurden nicht gehört, als man sich über die Feinheiten der letztgültigen freiheitlichen Verfassung der Menschheit einigte. Doch es dauerte nur wenige Wochen, bis das Thema sich wieder in die Wortmeldungen einschlich. Und einmal gestellt, konnte man die Frage der Sklaverei nicht mehr vom Tisch wischen.

Die konstitutionelle Debatte drehte sich um das Problem der staatlichen Repräsentation in der bundesstaatlichen Gesetzgebung. An einem glühendheißen Tag, dem 11. Juni 1787, erhob sich John Rutledge, der Delegierte von South Carolina, in der Independence Hall. Wieder einmal setzte sich der ehemalige Gouverneur und zukünftige Oberste Bundesrichter für eine auf der Steuererhebung basierende Repräsentation ein (da Sklavenhalterstaaten überproportional hohe Steuern zahlten und dadurch das Monopol auf die politische Macht erhalten würden). Rutledge wurde unterstützt von seinem Kollegen aus South Carolina, Major Pierce Butler, der 1793 fünfhundert Menschen besaß. James Wilson aus Pennsylvania, ein weiterer zukünftiger Oberster Bundesrichter, sah Rutledges Antrag voraus und hatte einen Plan (den Rutledge womöglich kannte):

Er bot eine Alternative an: «Repräsentation im Verhältnis zur gesamten Zahl weißer & anderer freier Bürger & Bewohner … und zu drei Fünfteln aller anderen nicht auf diese Weise definierten Personen, ausgenommen nicht steuerpflichtige Indianer». Der einzige Delegierte, der bei der darauffolgenden Debatte dem «Kompromiss» der drei Fünftel widersprach, war der aus Massachusetts stammende Abolitionist und zukünftige Vizepräsident

Elbridge Gerry. «Schwarze sind Eigentum und werden [im Süden] benutzt … wie Pferde und Vieh [im Norden]», stammelte er wütend. Warum sollten die Repräsentanten also «im Süden vermehrt werden auf der Grundlage der Anzahl von Sklaven [statt auf der Grundlage] von Pferden und Ochsen im Norden?»

Dann sah sich Gerry um. Die Antwort war allgemeines Schweigen. Niemand schien darauf vorbereitet zu sein, die Frage zu beantworten, die nicht zu beantworten war. Es folgte die Abstimmung mit dem Ergebnis 9:2 für die Drei-Fünftel-Klausel. Massachusetts sah sich blockiert und enthielt sich der Stimme. Nur New Jersey und Delaware votierten gegen Wilsons «Kompromiss».[25]

Die Rechnung, drei Fünftel der versklavten Schwarzen für Steuerzwecke und für die Sitzzuteilung im Repräsentantenhaus mitzuzählen und sie gleichzeitig zahlenmäßig allen anderen (weißen) Personen gleichzusetzen, passte zur Ideologie der Rassisten auf beiden Seiten des Ganges im Parlamentsgebäude. Assimilationisten und Segregationisten führten gleichermaßen – wenn auch mit unterschiedlichen Prämissen und Folgerungen – die sowohl menschliche wie untermenschliche Natur schwarzer Menschen ins Feld. Die Assimilationisten erklärten hitzig, dass die unter den Weißen und unter den Menschen stehenden Schwarzen eines Tages zu ganzen Teilen, fünf Fünfteln, Weiße werden könnten. Für die Segregationisten waren die drei Fünftel eine mathematische Formel für die angeborene und unveränderbare schwarze Unterlegenheit. Bei den Ursachen und der Frage der Unveränderlichkeit gab es zwar keine Übereinstimmung, doch die Unterlegenheit schwarzer Menschen war unstrittig – und so wurde die Macht der Sklavenhalter und der rassistischen Ideen im Gründungsdokument der Nation verankert.

Die Delegierten des Konvents von Philadelphia eliminierten die Worte «Sklave» und «Sklaverei» aus der Verfassung, die sie am 17. September 1787 unterzeichneten. Sie verschleierten damit ihre rassistischen Strategien, die kaum mit der Behauptung übereinstimmten, «das Glück der Freiheit uns selbst und unseren Nachkommen bewahren» zu wollen. Für die Delegierten brachte die Sklaverei Freiheit. Und weitere Artikel der US-Verfassung, etwa die Ermächtigung der Bundestruppen zur Unterdrückung von Sklavenaufständen und die Auslieferung entlaufener Sklaven wie Verbrecher, stellten die Fortsetzung der Sklaverei sicher. Die Sprache glich der der Nordwest-Verordnung, die ein Jahr zuvor beschlossen worden war. Dieses Gesetz verbot die Anwesenheit von Schwarzen, ob Sklaven oder Freien, im Nordwest-Territorium nördlich des Ohio River. Nach einer erbitterten Debatte führten die Delegierten in Philadelphia Bestimmungen ein, nach denen der Sklavenhandel in zwanzig Jahren abgeschafft sein sollte – ein kleiner Triumph, denn nur Georgia und North Carolina ließen im Sommer 1787 noch den Import von Sklaven zu.[26]

Am 15. Juli 1787 trafen die achtjährige Polly Jefferson und die vierzehnjährige Sally Hemings bei Jefferson in Paris ein. Sally Hemings war 1773 als kleines Kind nach Monticello gekommen, als Hinterlassenschaft von Martha Jeffersons Vater John Wayles, der mit seiner biethnischen Sklavin Elizabeth Hemings sechs Kinder gezeugt hatte. Sally war die Jüngste. 1787 war sie Berichten zufolge «sehr hübsch, [mit] langem glattem Haar, das ihr auf den Rücken fiel». Anstelle einer «alten Amme» begleitete sie Polly nach Paris.[27]

Während seine Kollegen die amerikanische Verfassung ausarbeiteten, begann Jefferson eine sexuelle Beziehung mit Sally Hemings. Unterdessen lernte ihr älterer Bruder James in Paris das Handwerk eines Kochs, um Jeffersons kulinarische Wünsche zu befriedigen. Das Mädchen wurde mehr oder weniger gezwungen, den Anträgen eines sexuell aggressiven vierundvierzigjährigen Mannes nachzugeben (Jefferson bedrängte zur selben Zeit auch eine verheiratete Französin). Er stellte Sally Hemings nach, während er die Publikation der *Betrachtungen* in London organisierte. Seine früheren Meinungen über Schwarze nahm er nicht zurück und änderte auch nichts an der Passage, in der er behauptet, Weiße seien schönere Menschen als Schwarze.[28]

Schon immer hatte Jefferson gegen interethnische Beziehungen zwischen weißen Frauen und schwarzen oder biethnischen Männern gewettert. Vor seiner Reise nach Paris hatte er sich – erfolglos – dafür eingesetzt, dass weiße Frauen in Virginia, wenn sie das Kind eines schwarzen oder biethnischen Mannes zur Welt brachten, verbannt (statt lediglich mit einer Geldstrafe belegt) werden sollten. Selbst nachdem dieses Projekt fehlgeschlagen war, er seine Beziehung zu Sally Hemings begonnen hatte und diese so lange anhielt, dass er genug Zeit gehabt hätte, über seine eigene Heuchelei nachzudenken, hörte Jefferson nicht damit auf, öffentlich seinen Standpunkt zu verkünden: «Die Vermischung mit der anderen Farbe erzeugt Entwürdigung und Schande und kein Liebhaber dieses Landes, kein Liebhaber der Vortrefflichkeit der menschlichen Natur kann dazu gutgläubig seine Einwilligung geben», schreibt er 1814, nachdem er bereits etliche biethnische Kinder gezeugt hat. Wie so viele Männer, die sich öffentlich gegen die «Vermischung» aussprachen und die Körper schwarzer oder biethnischer Frauen herabsetzten, versteckte Jefferson seine wahren Ansichten. Nie verließen sie die private Sphäre seiner Gedanken und seines Schlafzimmers.[29]

1789 beobachtete Jefferson aus nächster Nähe die antimonarchistischen Unruhen in Paris am Vorabend der Französischen Revolution. Er beriet seinen Freund, den Marquis de Lafayette, bei der Formulierung der Menschen- und Bürgerrechte, die im August verabschiedet wurden, mehrere Wochen vor seiner Abreise. Doch während er bei den Vorbereitungen zur Französischen Revolution assistierte und der Amerikanischen Revolution den letzten Schliff gab, musste er sich mit dem Aufstand der sechzehnjährigen Sally Hemings auseinandersetzen. Sie war schwanger mit seinem Kind, weigerte sich, weiterhin als Sklavin zu schuften, und hatte vor, französische Offizielle zu bitten, ihre Freilassung zu befördern. Jefferson tat, was er tun musste: «Er versprach ihr außerordentliche Privilegien und schwor feierlich, dass ihr Kind freigelassen werde.» So berichtete es Sally später ihrem Sohn Madison. «Nach diesem Versprechen, auf das sie sich verließ, kehrte sie mit ihm nach Virginia zurück», schreibt Madison. Sally Hemings brachte mindestens fünf und möglicherweise sogar sieben Kinder von Jefferson zur Welt. Seine Vaterschaft wurde durch DNA-Tests und Dokumente bestätigt, die bewiesen, dass sie neun Monate vor der Geburt der jeweiligen Kinder mit ihm zusammen war. Einige der Kinder starben früh, aber Jefferson hielt Wort und gab den anderen Kindern die Freiheit, als sie erwachsen wurden.[30]

Nach einer kurzen Periode der Unschlüssigkeit wurde Jefferson Secretary of State – ein Amt, das mehr Aufgaben umfasste als das eines heutigen Außenministers – in George Washingtons erstem Kabinett. Am 22. März 1790 trat er sein Amt an und fühlte sich bald unbehaglich in der Umgebung all der aristokratischen, antirepublikanischen Kabinettskollegen, die Amerikas erster politischer Partei angehörten, den Föderalisten. Vizepräsident John Adams stellte die Wirksamkeit von «gleichen Rechten» infrage. Finanzminister Alexander Hamilton wünschte sich still und leise die Monarchie zurück; er wollte die Kontrolle der Wirtschaft den großen Finanziers übergeben und sprach sich für enge ökonomische Beziehungen mit England aus (die für Jefferson einer Abhängigkeit gleichkamen). Jefferson fand Trost darin, die Französische Revolution zu verfolgen. Das heißt – bis sie sich in Haiti bemerkbar machte.

1790 sahen die Sklavenhalter von Haiti die Erklärung der Menschenrechte (Artikel 1: «Die Menschen werden frei und gleich an Rechten geboren und bleiben es») als Ermutigung an, ihre Unabhängigkeit voranzutreiben und im Interesse ihres eigenen Reichtums die Handelsbeziehungen mit anderen

Nationen zu erweitern. Fast 30 000 freie und wohlhabende biethnische Aktivisten (etwas weniger als die weiße Bevölkerung) begannen, ihre Bürgerrechte einzufordern. Fast eine halbe Million versklavter Afrikaner, die in der profitabelsten europäischen Kolonie etwa die Hälfte der weltweit produzierten Menge an Zucker und Kaffee herstellten, hörten diese eigenartigen Schreie nach Rechten und Freiheit in der freien Bevölkerung der Insel. Am 22. August 1791 rebellierten afrikanische Sklaven, angefeuert und beseelt von dem Voodoopriester Dutty Boukman. Sie waren nun die vierte Partei im Bürgerkrieg zwischen weißen Royalisten, weißen Unabhängigkeitskämpfern und freien biethnischen Aktivisten.[31]

Kein Sklavenhalter – und auch nicht Thomas Jefferson – wollte, dass die afrikanischen Sklaven diesen Krieg gewannen. Wenn die schwarzen Freiheitskämpfer ihre Unabhängigkeit erklären und auf dem ertragreichsten Boden des amerikanischen Kontinents ihren Sieg feiern sollten, dann würde *ihre* Nation in der ganzen Hemisphäre künftig für die Freiheit stehen – nicht Jeffersons Vereinigte Staaten. Überall würden versklavte Menschen sich von diesem Land inspirieren lassen und für ihre Freiheit kämpfen, und die Rassisten aller Spielarten müssten ihrem Siegeszug ohnmächtig zusehen.

Kapitel 10

Verbesserung durch Selbstverbesserung

Während befreite Haitianer Krieg führten gegen die Franzosen, die die Sklaverei wieder einführen wollten, schrieb ein berühmter freier schwarzer Mann in Maryland einen Brief an Thomas Jefferson. Die Großmutter des Mannes, Mary Welsh, war in den 1680er-Jahren als Zwangsarbeiterin nach Maryland gekommen. Nach Beendigung ihrer Indentur erwarb sie ein wenig Land und zwei schwarze Sklaven, ließ sie frei und heiratete einen von ihnen, der Bannaka hieß. Diese interethnische Familie verstieß gegen die hartnäckige Forderung weißer Männer, dass weiße Frauen keine schwarzen Männer heiraten sollten. Die biethnische Tochter Mary heiratete einen Sklaven namens Robert. Mary und Robert bekamen 1731 einen Sohn, der frei war. Sie nannten ihn Benjamin. Als Benjamin älter wurde, «steckte er seine Nase am liebsten in Bücher», wie es in einem Bericht über ihn heißt. Freundliche weiße Nachbarn liehen ihm ständig Bücher aus. Die Erträge der Tabakproduktion auf seiner ererbten Farm – er war als Landwirt so gut wie in allen anderen Tätigkeiten, mit denen er sich beschäftigte – erlaubten es Benjamin Banneker, sich Zeit zu nehmen, um zu lesen, zu denken und zu schreiben.[1]

Nur wenige Schwarze hatten in Bannekers Zeit die Muße, solche Dinge zu tun. Sobald sie die Fesseln der Sklaverei abschüttelten, erfuhren sie die Fesseln der allgemeinen Diskriminierung. Die amerikanischen Nordstaaten schafften in der Revolutionszeit zwar allmählich die Sklavenarbeit ab, doch sie taten fast nichts, um – stufenweise oder auf einmal – die Rassendiskriminierung und die Verbreitung rassistischer Ideen zu unterbinden. Vorschläge ihrer ehemaligen Herren, wie man Gehorsam und Fügsamkeit afrikanischer Menschen garantieren konnte, fanden sich in weit größerer Zahl als abolitionistische Texte auf dem Markt. Diskriminierende Maßnahmen gehörten scheinbar untrennbar zur emanzipatorischen Gesetzgebung.[2]

Die Debatten über die Zukunft der Sklaverei und die Wesenszüge von

Sklaven, die sowohl im Kongress wie unter prominenten Intellektuellen geführt wurden, trugen nur zur Intensivierung des rassistischen Klimas und der Diskriminierung bei, unter denen freie Schwarze wie Banneker zu leiden hatten. Benjamin Franklin war der Vorsitzende der Pennsylvania Abolition Society geworden; in seinen letzten Tagen versuchte er das größte politische Paradox der Welt zu lösen: Amerikas Freiheit und die Sklaverei. Anfang 1790 schleppte sich der Vierundachtzigjährige ans Rednerpult des Kongresses, um eine «Mahnrede» zu halten, wie es ein Beobachter ausdrückte. Das Christentum und «das politische Bekenntnis der Amerikaner» verlangten die Abschaffung dieser «Ungereimtheit im Land der Freiheit», sagte er. Er räumte ein, dass Schwarze allzu oft «unter das allgemeine Niveau der menschlichen Gattung» fielen, doch er beschwor seine Kollegen, «die ganze Macht auszuschöpfen», mit der man sie bekleidet hatte, um die Sklaverei zu beenden.

Franklins Rede und eine Flut von Bittschriften der Quäker, die die Gleichberechtigung der Schwarzen verlangten, führte im ersten US-Kongress zu einer erbitterten Redeschlacht über die Sklaverei. Sie setzte sich noch Monate nach Franklins Tod am 17. April 1790 fort. Schwarze seien «träge, sorglos und der Arbeit gegenüber feindlich eingestellt»; ihre Emanzipation könne nur dazu führen, dass sie «entweder hungern oder rauben», lautete das Argument eines Abgeordneten, der die Interessen der Südstaatenpflanzer verteidigte. Ein anderer beharrte darauf, dass Schwarze «eine noch niedrigere Rasse» seien als Indianer. Ein Abgeordneter der Nordstaaten erkannte, dass Südstaatler einer allgemeinen Gleichberechtigung ohne Bürgerkrieg nie zustimmen würden. Mitten in ihrem Streit über Sklaverei einigten sich die Abgeordneten allerdings am 26. März 1790 auf das erste Einbürgerungsgesetz, das die Staatsbürgerschaft nur «freien weißen Personen … guten Charakters» zubilligte.[3]

Die Debatte an prominenter Stelle blieb andernorts in den jungen Vereinigten Staaten nicht unbemerkt. Assimilationisten traten gegen Segregationisten auf und betonten die *Fähigkeit* der Schwarzen zur Gleichberechtigung, wenn sie nicht unter der Knute der Sklaverei zu leben hätten. Der aus Pennsylvania gebürtige Abolitionist Charles Crawford kritisierte David Hume, zitierte Samuel Stanhope Smith und beschwor eine lange Reihe schwarzer Vorzeigeobjekte von Sancho zu Phillis Wheatley herauf, um zu zeigen, dass «uns der Neger in jeder Hinsicht gleicht». 1791 wies der Quäker Moses Brown auf die schwarzen Vorzeigeobjekte seiner Schule in Providence und sagte, es seien «Männer, jeglicher Verbesserung fähig, wie wir selbst, wenn sie die gleichen Vorteile genießen». Benjamin Rush, nach Franklins Tod vermutlich der führende Abolitionist der Nation, führte ebenfalls erwachsene Vorzeigeobjekte vor: James Derham, Arzt aus New Orleans, und Thomas Fuller aus Maryland, der den Spitznamen «der Negerrechner» trug. Der Legende nach brauchte Fuller nur ein paar Minuten, um die Zahl der Sekunden zu errechnen, die ein Mann im Alter von siebzig Jahren, siebzehn Tagen und zwölf Stunden gelebt hatte. Doch diese bemerkenswerten Beispiele bemerkenswerter schwarzer Erwachsener und Kinder hatten kaum eine Wirkung auf die öffentliche Meinung, die auf der Sklaverei beharrte. Die Sklavenhalter selbst kannten die Befähigung der Schwarzen zur Freiheit wahrscheinlich besser als alle anderen. Doch für sie waren die Fähigkeiten der Schwarzen nur wichtig, insoweit sie ihnen Geld brachten.[4]

Als wahrscheinlich bemerkenswertestes schwarzes Vorzeigeobjekt stand Benjamin Banneker mitten in der Debatte zwischen assimilationistischen Abolitionisten und segregationistischen Sklavenhaltern – genau wie Thomas Jefferson, der beiden Seiten zustimmte und widersprach. Anfang 1791, Monate, bevor er an Jefferson schrieb, hatte Banneker bei der Vermessung der neuen nationalen Hauptstadt, Washington, D. C., mitgeholfen.

Seinen Brief beginnt er damit, dass er «frei und vergnügt» bekennt, «von afrikanischer Rasse» zu sein. Wenn Jefferson eine natürliche Empfänglichkeit besitze, wenn er schwarzen Menschen gegenüber freundlich gesinnt und willens sei, ihre Lage zu verbessern – so fährt er fort –, dann «weiß ich schon jetzt, dass Sie jede Gelegenheit nutzen werden, die große Zahl von absurden und falschen Ideen und Meinungen [über Schwarze] auszumerzen». Jefferson und seine Sklaven haltenden Landsleute, die «durch Betrug und Gewalt eine so große Zahl meiner Brüder» in Gewahrsam hielten, sich aber gegen die Unterdrückung durch die Briten empörten, seien wandelnde Widersprüche. Am Ende des Briefes empfahl er Jefferson seinen mitgeschickten, bis jetzt unveröffentlichten wissenschaftlichen Almanach, den er «mit eigener Hand» verfasst habe. Bannekers streng antirassistisches Schreiben war für den führenden Verbreiter rassistischer Ideen im jungen Amerika ein Affront.[5]

Fast zwei Wochen später, am 30. August 1791, schickte Jefferson Banneker seine Standardantwort auf antirassistische und sklavereifeindliche Briefe. Niemand wünsche mehr als er selbst das Ende von Vorurteil und Sklaverei herbei, sagt er und berichtet Banneker, dass er den Almanach an Monsieur de Condorcet weitergeleitet habe, den Sekretär der Pariser Akademie der Wissenschaften, denn «Ihre Farbe hat das Recht auf Anerkennung gegen die Zweifel, die gegen sie geäußert wurden». Den Widerspruch benannte er wohlweislich nicht. Aber was konnte er sagen? In seinem Brief an Condorcet nannte er Banneker einen «sehr respektablen Mathematiker». In den *Betrachtungen* hatte er behauptet, dass schwarze Menschen «nicht über die Ebene einfachen Erzählens» hinaus denken könnten. Veränderte Banneker Jeffersons Ansicht? Ja und nein. Jefferson stellte Banneker als einen außergewöhnlichen Neger dar. «Ich würde mich freuen, dieses Exemplar geistiger Vortrefflichkeit weiterer Verbreitung zuführen zu können», schreibt er an Condorcet.[6]

Vom Standpunkt der Sklaven aus entwickelte sich das beste Beispiel geistiger Vortrefflichkeit in Haiti. Jefferson erfuhr vom Aufstand der Schwarzen am 8. September 1791. In zwei Monaten hatte ein Heer von 100 000 Freiheitskämpfern über 4000 Sklavenhalter getötet, fast 200 Plantagen verwüstet und die Kontrolle über die gesamte Nordprovinz in die Hand bekommen. Wie der Historiker C. L. R. James in den 1930er-Jahren erklärte, «suchten sie ihr Heil in der Beseitigung dessen, was nach ihrer Erfahrung die Ursache allen Übels war, und wenn sie viel zerstörten, dann darum, weil sie viel gelitten hatten».[7]

Was Jefferson und alle anderen Sklavenhalter lange befürchtet hatten, war nun eingetreten. Die Reaktion des Kongresses war die Verabschiedung des Fugitive Slave Act von 1793, der die Exekutive der Nordstaaten zur Rückgabe entlaufener Sklaven an ihre Besitzer im Süden zwang und all diejenigen kriminalisierte, die die Entlaufenen aufnahmen. Für Thomas Jefferson war die Haitianische Revolution nicht mit der Amerikanischen und der Französischen Revolution vergleichbar. «Nie hatte das menschliche Gefühl mit einer so schweren Tragödie zu tun», schreibt er im Juli 1793. Für ihn bedeutete der Aufstand der Sklaven gegen ihre Herren eine tiefere Verletzung des «menschlichen Gefühls» als der Tod von Millionen afrikanischer Menschen auf amerikanischen Plantagen. Bald sollte er General Toussaint L'Ouverture und andere haitianische Führer als «Kannibalen der schrecklichen Republik» bezeichnen.[8]

In diesem Jahr näherte sich die Unruhe der Haitianer seinem eigenen Wohnort. Ende Juli trafen ein oder zwei Schiffe mit verzweifelten Herren und Sklaven aus Haiti in Philadelphia ein. Eine Woche später starben die ersten Bürger der Stadt. Am 20. August 1793 bemerkte Benjamin Rush die Anzeichen einer Ansteckung durch Gelbfieber. Doch noch hatte sich die Krankheit nicht zu einer Epidemie ausgeweitet, sodass Rush im Spätsommer noch Zeit genug für andere Dinge hatte. Vermutlich schickte er Briefe an Abolitionisten im ganzen Land. Im nächsten Jahr hieß er in Philadelphia zweiundzwanzig Delegierte von abolitionistischen Gesellschaften überall in den Vereinigten Staaten willkommen; sie strömten zu einem Kongress «zur Förderung der Abschaffung der Sklaverei und zur Verbesserung des Zustands der afrikanischen Rasse» – kurz American Convention genannt –, der in der Stadt abgehalten wurde. In den darauffolgenden Jahren trat die Convention regelmäßig zusammen, später dann dreißig Jahre lang nur noch sporadisch. Es ging den Delegierten um die allmähliche Emanzipation, Gesetze gegen die Entführung von Schwarzen und um Bürgerrechte für entflohene Sklaven.

Als die Zahl der freien Schwarzen in den Neunzigerjahren des 18. Jahrhunderts immer höher wurde, während die Zahl der versklavten Schwarzen im Norden zurückging, verlagerte sich der ethnische Diskurs von den Problemen der Sklaverei zu den Lebensbedingungen und Fähigkeiten freier Schwarzer. Die Delegierten der American Convention glaubten, dass das Vorankommen des Abolitionismus davon abhing, wie schwarze Menschen ihre Freiheit nutzten. Immer wieder verfasste und verbreitete die Convention Ratgeberschriften für freie Schwarze. Die Abolitionisten spornten ihr Publikum dazu an, regelmäßig den Gottesdienst zu besuchen, englische Literatur zu erwerben, rechnen zu lernen, ein Gewerbe auszuüben, keine schlechten Taten zu begehen, sich von einem Staatsbeamten trauen zu lassen und in der Ehe treu zu sein, bei Streitfällen nicht vor Gericht zu ziehen, kostspielige Vergnügen zu meiden, sich lärmender und ordnungswidriger Verhaltenswesen zu enthalten, die Grenzen von Höflichkeit und Anstand nie zu verlassen und immer fleißig, nüchtern und anspruchslos zu sein. Wenn sich schwarze Menschen vortrefflich benahmen – lautete das Argument der Abolitionisten –, würden sie den Rechtfertigungen für Sklaverei den Boden entziehen und beweisen, dass die Vorstellung ihrer Minderwertigkeit falsch war.[9]

Diese Strategie, die «Verbesserung durch Selbstverbesserung» genannt werden kann, gründete auf der Idee, dass weiße Menschen von ihren rassistischen Ideen abgebracht werden konnten, wenn sie sahen, dass Schwarze ein lobenswertes Verhalten an den Tag legten. Und wenn das geschah, würden Schwarze ihrem niedrigen Rang in der amerikanischen Gesellschaft allmählich entkommen. Das ganze Gewicht der ethnischen Beziehungen wurde einfach den schwarzen Amerikanern aufgebürdet. Positives schwarzes Verhalten unterminierte nach Meinung der abolitionistischen Politiker rassistische Ideen und negatives schwarzes Verhalten bestärkte es.

Das Konzept der «Verbesserung durch Selbstverbesserung» wurde von der abolitionistischen American Convention in Philadelphia nicht neu konzipiert. Man erkannte es schon hinter der Begeisterung, mit der man Phillis Wheatley und Francis Williams und andere außergewöhnliche schwarze Menschen als Vorzeigeobjekte herumreichte. Die Delegierten der American Convention hoben nur die Messlatte an und verlangten von *jedem* freien Schwarzen, als ein schwarzes Vorzeigeobjekt zu fungieren. Bei jeder Gelegenheit, öffentlich und privat, paukten die Abolitionisten diese Theorie afrikanischen Männern, Frauen und Kindern ein, die ab den 1790er-Jahren freigelassen wurden.

Doch diese Strategie der Unterminierung rassistischer Ideen gründete in Wahrheit ebenfalls auf einer rassistischen Vorstellung: Danach war «negatives» schwarzes Verhalten ganz oder teilweise verantwortlich für das Vorhandensein und das Weiterbestehen des Rassismus. Dieser Glaube bedeutete, dass man die Vorstellung von schwarzer Unterlegenheit mindestens zum Teil anerkannte. Und die Vorstellung von schwarzer Unterlegenheit bedeutet Rassismus.

Von Anfang an war die «Verbesserung durch Selbstverbesserung» nicht nur rassistisch, sondern auch eine unmöglich zu verwirklichende Idee. Freie Schwarze konnten nicht ständig positive Charaktermerkmale an den Tag legen – aus demselben Grund, aus dem arme Immigranten und reiche Plantagenbesitzer das nicht tun konnten: Sie alle waren Menschen und hatten menschliche Fehler und Schwächen. Die Theorie der Verbesserung durch Selbstverbesserung legte überdies nah, dass rassistische Ideen der Vernunft entsprangen und durch vernünftige Überlegungen beseitigt werden könnten. Doch nicht der gesunde Menschenverstand ließ rassistische Ideen entstehen, sondern der weit verbreitete politische Wunsch, ethnische Ungleichheit zu rechtfertigen. Die «Verbesserung durch Selbstverbesserung» konnte auch den landläufigen Glauben an den außerordentlichen Neger nicht erschüttern, der das assimilationistische und abolitionistische Denken in Amerika ein Jahrhundert lang dominiert hatte. Schwarze, die sich auf der sozialen Stufenleiter nach oben gekämpft hatten, wurden regelmäßig als einzigartig und als verschieden von gewöhnlichen, minderwertigen schwarzen Menschen ausgesondert.

Und doch schien die Strategie der Verbesserung durch Selbstverbesserung in den 1790er-Jahren aus der Perspektive von sowohl weißen wie schwarzen Abolitionisten zu funktionieren. Menschen, die empfänglich waren für rassistische Ideen, änderten tatsächlich gelegentlich ihren Standpunkt, wenn sie auf Schwarze trafen, die anders waren als das Klischee von Schwarzen (und dann änderten sie ihren Standpunkt erneut, wenn sie auf jemanden trafen, der dem Klischee wieder entsprach). Und Schwarze, die sich nach oben kämpften, sollten immer wieder sowohl Neid wie Bewunderung erzeugen. «Wenn du gut angezogen warst, haben sie dich beleidigt, und wenn du in Lumpen daherkamst, wurdest du beschimpft», klagt Anfang 1800 ein Schwarzer aus Rhode Island in seinen Erinnerungen. Es war die grausame Unlogik des Rassismus. Wenn schwarze Menschen dabei waren aufzusteigen, wurden sie von den Rassisten entweder gewaltsam niedergehalten oder als außergewöhnlich ignoriert. Wenn schwarze Menschen am Boden lagen, behaupteten die Rassisten, das sei der Platz, der ihnen von Natur aus zukäme, und leugneten die Rolle, die sie selbst bei ihrem Abstieg gespielt hatten.[10]

Die Strategie der Verbesserung durch Selbstverbesserung brachte weder segregationistische Sklavenhalter noch assimilationistische Abolitionisten von ihren rassistischen Ansichten ab. Nicht einmal im Fall von Benjamin Rush, dem bekanntesten Abolitionisten, war das anders. Ende August 1793 warb er trotz zahlloser Gelbfieberfälle, die er zu behandeln hatte, mit rassistischen Ideen um Unterstützung. Im September veröffentlichte er in Philadelphia eine Anzeige im *American Daily Advertiser*, in der er schwarzen Menschen verkündete, sie seien gegen Gelbfieber immun – eine Folgerung, die seinem Glauben an ihre tierähnliche, körperlich überlegene Konstitution entsprang. Nicht wenige schwarze Krankenschwestern hatten immens zu leiden, bevor Rush seinen groben Irrtum einsah. Insgesamt starben bis November dieses Jahres 5000 Menschen. Erst dann kehrten die Bundesbeamten in die Stadt zurück.[11]

Thomas Jefferson nutzte die Zeit, die er nicht in Philadelphia verbrachte, während die Seuche dort wütete, und beschäftigte sich mit wissenschaftlichen Neuerungen. Sein Kummer über die monarchistischen Neigungen und riskanten Spekulationen von Finanzminister Alexander Hamilton hatte ihn fortgetrieben. «Täglich stehen wir uns im Kabinett wie zwei Kampfhähne gegenüber», klagte er. An einem seiner letzten Tage im Amt des Secretary of State erhielt er einen Patentantrag von Eli Whitney, der aus Massachusetts stammte, in Yale studiert hatte und in Georgia sein Glück machen wollte. Whitney hatte die hochwertige Egreniermaschine erfunden, eine Textilmaschine, die Baumwollfasern von Samen trennt (die sogenannte Cotton Gin). Jefferson wusste von der steigenden Nachfrage nach amerikanischer Baumwolle im Ausland, und er kannte den kostspieligen, arbeitsintensiven Prozess des manuellen Herauszupfens der Samen und Samenkapseln. Die Einführung der Dampfmaschine in England und der Wasserkraft im Nordosten der Vereinigten Staaten sorgte dafür, dass die Kosten für die Herstellung von Baumwollgarn und damit der Produktion von Stoffen drastisch gesenkt werden konnten. Er solle ihm ein Modell der Maschine schicken, dann werde er «sofort» das Patent dafür erhalten, schrieb der Minister an Whitney. Als dieser 1794 das Patent erhielt, befand Jefferson sich bereits im Ruhestand.[12]

Die neue Textilmaschine half «King Cotton» auf den Thron: Der Wert der Anbauflächen im Süden schoss in die Höhe, Reis und Tabak fielen weit hinter der attraktiven Baumwolle zurück. King Cotton verlangte ständig mehr, um seine Herrschaft zu befestigen: mehr versklavte Afrikaner, mehr Land, mehr Gewalt und mehr Rassismus. Die jährliche Baumwollproduktion explodierte: 3000 Ballen im Jahr 1790 steigerten sich bis 1810 zu 178 000 Ballen und 4 Millionen Ballen am Vorabend des Bürgerkriegs. Baumwolle wurde zum führenden Exportartikel Amerikas, dessen Dollarwert alle anderen Exportgüter überstieg und dafür sorgte, dass sich die amerikanischen Banken von den englischen emanzipieren konnten. Das Fabriksystem im Norden expandierte, die Industrielle Revolution in den Vereinigten Staaten bekam einen entscheidenden Schub. Mehr als irgendein anderes Handelsgut sorgte die Baumwolle dafür, dass die amerikanischen Sklavenhalter wirtschaftlich von England unabhäng wurden, doch den afrikanischen Menschen in der amerikanischen Sklaverei brachte die Baumwolle noch größere Unfreiheit als zuvor. Die Politik der Verbesserung durch Selbstverbesserung hatte gegen den Aufstieg von König Baumwolle keine Chance.[13]

1796, bevor die Cotton Gin überall eingesetzt wurde und zur Steigerung der Produktion und der Nachfrage nach afrikanischen Sklaven führte, glaubte Benjamin Rush, er habe das ultimative abolitionistische Heilmittel gefunden. Der gute Mann war davon überzeugt, Sklaven von ihrer abnormen Schwärze befreien zu können. Die beiden Präsidentschaftskandidaten – Thomas Jefferson und der amtierende Vizepräsident John Adams – genossen die diesjährige Sommersonne nicht weniger als der «weiße schwarze Mann» Henry Moss, der an einer Amerikanern bisher unbekannten Krankheit litt, der Vitiligo oder Weißfleckenkrankheit. Sie ist die Ursache für den Verlust der Hautfarbe und lässt eine dunkle Haut weiß werden. Moss stellte seinen zweiundvierzigjährigen, weiß gewordenen Körper in den Schenken von Philadelphia und vor Mitgliedern der American Philosophical Society zur Schau. Lange bevor die weißen Entertainer der Minstrel Shows mit schwarz gefärbten Gesichtern ihre Zuschauer begeisterten, fesselten Schwarze mit weißen Gesichtern die amerikanischen Anhänger der Theorie, dass sich schwarze Haut in weiße verwandeln könne, und überzeugten auch viele Skeptiker. Moss wurde «den Lesern von Zeitungen und anderen Periodika fast so vertraut wie John Adams, Thomas Jefferson oder Madison», berichtet ein Beobachter. Wie John «die Primel» Boby, der seinen weiß gewordenen Körper zeitgleich in Großbritannien zur Schau stellte, galt Moss einigen Zuschauern als Monstrosität; doch für andere – wie Benjamin Rush – lag in ihm die Zukunft des Fortschritts der «Rassen». Nach 1796 verliert die Geschichte Henry Moss aus den Augen, bis er 1803 von dem in Providence ansässigen Moses Brown sorgfältig untersucht und in seiner Veröffentlichung darüber als «Beweis für die Gleichheit der menschlichen Natur» bezeichnet wird. 1814 taucht Moss im *New England Journal of Medicine and Surgery* auf, wo er als ein schwarzer Mann beschrieben wird, «dessen Haut seine natürliche Färbung fast gänzlich verloren hat, um makellos weiß» zu werden.[14]

Präsident George Washington, Samuel Stanhope Smith, Benjamin Rush und andere Honoratioren besichtigten Moss im Sommer 1796. «Diejenigen Teile, welche von Stoff bedeckt sind und schwitzen, schreiten am schnellsten zur Weißheit voran, das Gesicht am langsamsten», notiert Rush. «Seine Haut war genau wie die eines weißen Mannes. Reiben beschleunigte den Prozess nicht. Die schwarze Haut fiel nicht ab, sondern veränderte ihre Farbe.» Thomas Jefferson sah Moss offenbar nicht. Tatsächlich besaß *er* einige «weiße Neger», die er in den *Betrachtungen über den Staat von Virginia* als «Anomalie der Natur» bezeichnet. Sie «stammten von Eltern ab, die sich nicht mit Weißen vermischt haben», schreibt er – wobei er wohl die Entlastung seiner Standesgenossen im Sinn hatte und seinen heuchlerischen Standpunkt gegen interethnischen Sex bekräftigen wollte. Er wusste wahrscheinlich, dass das Wort «Albino» vom lateinischen *albus* stammt und ein Tier, eine Pflanze, einen Menschen bezeichnet, dem die Pigmentierung fehlt. «Sie haben eine blasse, leichenartige weiße Farbe ohne Beimischung von Rot oder farbigen Flecken», schreibt er, und «ihr Haar ist ebenso weiß, kurz, grob und geringelt wie bei Negern.» Kein Wunder, dass Jefferson körperliche Assimilationisten nie ins Visier nahm. Er wollte nicht einmal die Veränderung der Hautfarbe von Schwarz nach Weiß einräumen.[15]

Zu seiner Bestürzung nahmen andere amerikanische Intellektuelle die weiß gewordenen Schwarzen sehr ernst. Am 4. Februar 1797 teilte Benjamin

Rush, Vizepräsident der APS, Jefferson mit, dass er an einer Rede arbeite, «in der ich zu beweisen versuche, dass die schwarze Farbe ... des Negers das Ergebnis einer Krankheit der Haut» sei. Rush hielt die Rede auf einer Sondersitzung der APS am 14. Juli 1797. Er lobte die «elegante und geistreiche Abhandlung» seines ebenfalls assimilationistisch gesinnten Kollegen Samuel Stanhope Smith, die dieser zehn Jahre zuvor verfasst hatte. In der Streitfrage, wie man schwarze Menschen wieder weiß machen könne, stimmte er allerdings nicht mit Smith überein. Er wies die Klimatheorie zurück und erklärte, dass alle Afrikaner an Aussatz litten. Diese Krankheit erkläre, warum sie alle eine so hässliche schwarze Haut hätten. Und je weißer ihre Haut werde, desto gesünder würden sie insgesamt.[16]

Der Aussatz werde durch schlechte Nahrung verursacht, führt er weiter aus, dazu komme der schädliche Einfluss «größerer Hitze, barbarischer Sitten und des Gallenfiebers». Die Nebenwirkungen der Hautkrankheit seien: die körperliche Überlegenheit der Schwarzen, ihre «wolligen Köpfe», ihre Faulheit, ihre übermäßige Wollust und ihre Unempfindlichkeit gegen Schmerz. «Chirurgische Operationen ertragen sie weit besser als weiße Menschen», zitiert Rush einen Arzt, der außerdem gesagt haben sollte: «Ich habe die Beine vieler Neger amputiert, die den Oberschenkel selbst für mich gehalten haben.»

Benjamin Rush präsentierte sich als Freund der Neger von Philadelphia, einen egalitären und abolitionistischen Denker. Am Ende seines Vortrags betont er: «All die Behauptungen der Überlegenheit von Weißen über Schwarze wegen ihrer Farbe sind einzig Ignoranz und Grausamkeit geschuldet ... Wenn die Farbe der Neger auf eine Krankheit zurückgeführt werden kann, sollte uns das nicht dazu verleiten, uns zu Tyrannen über sie aufzuwerfen, sondern ihnen im Gegenteil in verdoppeltem Maße unsere menschliche Fürsorge zukommen zu lassen.» Rush war Optimist, was die Fähigkeiten der Schwarzen, die Zukunft und die zukünftigen Heilmittel anging: Die Natur hatte ja schon damit begonnen, schwarze Menschen zu heilen. Der berühmte Assimilationist erwähnt auch Henry Moss und seine glorreiche Wandlung von schwarz in «eine natürliche weiße Fleischfarbe». Die «Wolle» des «Negers», berichtet er voller Befriedigung, «habe sich bereits in Haar umgewandelt».[17]

Benjamin Rushs Aussatztheorie und Samuel Stanhope Smiths Klimatheorie waren unter nördlichen Assimilationisten und Abolitionisten so beliebt, wie Thomas Jefferson unbeliebt war. 1796 hatte Jefferson die Präsidentschaftswahl gegen Adams verloren, doch 1800 kandidierte er erneut. Funktionäre der Föderalisten und Journalisten versuchten die Wähler von seinem Atheismus und seinen gegen die Schwarzen gerichteten Ansichten zu überzeugen und zitierten zum Beweis aus den *Betrachtungen über den Staat Virginia*, wie sie es schon bei den vorangegangenen Wahlen getan hatten. «Sie haben den Schwarzen den Rang verweigert, den Gott ihnen auf der Stufenleiter des Seins zuwies!», schrieb ein föderalistischer Pamphletist. Einige von Jeffersons Verteidigern während seiner Wahlkampagne wurden unter Zugrundelegung des Gesetzes gegen Volksverhetzung von 1798 von der Regierung Adams ins Gefängnis geworfen – unter anderen James Callender. Als Jefferson 1800 die Wahl gewann, wurde Callender begnadigt, verlangte aber weitergehende Vergünstigungen als Dank für seine Dienste. Der Präsident lehnte ab. Aus Wut darüber enthüllte Callender Jeffersons Geheimnis.[18]

Am 1. September 1802 erfuhren die Leser des *Recorder* in Richmond von der Verbindung zwischen Präsident Thomas Jefferson und Sally Hemings. «Von dieser losen Weibsperson Sally hat unser Präsident mehrere Kinder», schreibt Callender. Die Beziehung habe in Frankreich begonnen, «als er dort nach Kräften bemüht war, die afrikanische Rasse herabzusetzen». (Ironischerweise setzt auch Callender die «afrikanische Rasse» herab. Das Wort *wench*, das er für Sally Hemings benutzt, bedeutete oft eine promiskuitive Frau mit der Konnotation einer männerverfolgenden afrikanischen Frau.)[19]

Wenn Callender glaubte, dass seine Artikel Jeffersons politischen Erfolg zunichte machen könnten, dann irrte er sich. Viele männliche weiße Wähler waren keineswegs überrascht von seiner Enthüllungsstory, weder in Virginia noch irgendwo anders im Land. Wenn er etwas erreichte, dann höchstens, dass diese Leute sich über ihn ärgerten, da sie ihre eigenen geheimen Affären mit schwarzen Frauen hatten – oder sie vergewaltigten –, und es entsprach nicht ihren Wünschen, dass diese Dinge bekannt wurden. Bei den Halbzeitwahlen 1802 stärkten die weißen männlichen Wähler Jeffersons Partei im Kongress den Rücken, und 1804 unterstützten sie seine Wiederwahl mit überwältigender Mehrheit.

Als seine Tochter Patsy zu ihm kam, um ihm Callenders Artikel zu zeigen, lachte der Präsident. Mit keinem Wort äußerte er sich über die Glaubwürdigkeit des Textes. John Adams nannte das in einem privaten Gespräch einen «Schandfleck auf seinem Charakter» und die «natürliche und fast unvermeidliche Konsequenz dieser schändlichen Verseuchung des menschlichen Charakters, der Sklaverei der Neger.» Jefferson mag seine Beziehung mit Sally Hemings für sich damit gerechtfertigt haben, dass schließlich jeder tat oder zu tun versuchte, was er tat. Von den Halbwüchsigen, die afrikanische

Mädchen entjungferten, über die Verheirateten, die nach einer günstigen Gelegenheit zu schnellem Sex Ausschau hielten, bis zu den alleinstehenden oder verwitweten Männern, die langjährige Affären unterhielten – sexuelle Beziehungen mit weiblichen Sklaven, oft mit Gewalt gemischt, schienen «natürlich» zu sein, und dass die eigenen Kinder als Sklaven schufteten, war im Sklaven haltenden Amerika Normalität.

Selbst Jeffersons einstiger Juraprofessor, sein «frühester und bester Freund», war mit einer schwarzen Frau liiert. Der Witwer George Wythe hatte in Williamsburg eine Zeit lang mit dem jungen biethnischen Michael Brown und einer schwarzen «Haushälterin» zusammengelebt, Lydia Broadnax. In seinem Testament verfügte er, dass Lydia Broadnax sein Haus erben sollte, und er bat Jefferson, Michael Browns Erziehung in die Hand zu nehmen. Vielleicht aus Ärger über diese Verfügung, die ihm vorzeitig zu Ohren gekommen war, beschloss George Sweeney, Wythes weißer Großneffe, die unliebsamen Konkurrenten aus dem Weg zu räumen. 1806 versuchte er wahrscheinlich, sowohl Wythe wie auch Broadnax und Michael Brown durch Gift zu töten. Nur Lydia Broadnax überlebte den Anschlag. Während seiner zweiten Amtszeit als Präsident ging Jefferson mit keinem Wort auf den Wythe-Skandal ein und versuchte, so viel «imaginative Distanz» (wie ein Biograf es nannte) dazu zu wahren wie nur möglich.[20]

Bei sexuellen Beziehungen zwischen Herren und weiblichen Sklaven wurden schwarze und biethnische Frauen zwar als Menschen anerkannt, doch gleichzeitig wurde ihre Menschlichkeit auf ihre Sexualität reduziert. In der christlichen Welt galt Sexualität als tierischer Wesenszug des Menschen. Das ikonische Bild der schwarzen Frau zu dieser Zeit war das *Portrait d'une négresse* der französischen Malerin Marie-Guillemine Benoist, das 1800 erstmals im Pariser Salon ausgestellt wurde. Eine afrikanische Frau mit einem Tuch um den Kopf und freiliegender Brust schaut den Betrachter direkt an. Der weiße Stoff auf Kopf und Unterkörper bildet einen lebhaften Kontrast zur Schwärze ihrer Haut. Das Porträt gilt als erstes Gemälde einer schwarzen Frau von der Hand einer Europäerin.[21]

Es kann kaum überraschen, dass Jeffersons Karriere Callenders skandalöse Enthüllung überlebte. Während seiner Präsidentschaft begriffen viele Amerikaner, dass die Sklaverei (und ihre sexuellen Implikationen) ein unveränderlicher Bestandteil ihres Lebens und ihrer wirtschaftlichen Verhältnisse war. Die Nation, die Jefferson in seiner Antrittsrede 1801 die «schönste Hoffnung der Welt» und die «stärkste Regierung auf Erden» genannt hatte, zog das Ende der Sklaverei keineswegs hoffnungsvoll in Erwägung. Die Slogans der Anti-Sklaverei-Bewegung, die zuerst die Petitionäre von Germantown im Mund geführt hatten, erreichten während der Amerikanischen Revolution ein Crescendo, brachen dann aber wieder ab. Und die Abolitionisten, die übrig blieben, wie Benjamin Rush und Konsorten, dachten sich die Politik der Verbesserung durch Selbstverbesserung aus und hatten nicht weniger Anhänger als John Woolman und Samuel Hopkins eine Generation früher. König Baumwolle war auf dem Vormarsch. Und die Sklaven haltenden Produzenten rassistischer Ideen hatten Legionen von Amerikanern davon überzeugt, dass die Sklaverei ein notwendiges Übel sei, um Schulden zu bezahlen und den Staat aufzubauen. Außerdem war sie besser als die entsetzliche Barbarei, die man nach ihren Worten zu gewärtigen hatte, wenn Schwarze die Freiheit genossen.[22]

Es waren vor allem die Revolution auf Haiti und die Sklavenaufstände, die sie auf dem amerikanischen Kontinent auslöste, die die Befürchtungen der weißen Amerikaner vor einem «Rassenkrieg» und – noch beunruhigender – einem potenziellen schwarzen Sieg vervielfachten. Kongressabgeordnete der Südstaaten und Zeitungsredakteure taten, was sie konnten, um abweichende Meinungen totzuschweigen und die weißen Ängste zu schüren, indem sie behaupteten, dass die öffentliche Debatte über die Sklaverei und die Gegenwart von freien Schwarzen Sklaven zum Aufstand anstacheln würden. Und es gab mehr freie Schwarze als je zuvor – eine Folge der Fluchtwelle in der Vorkriegs- und Kriegszeit und der Freilassungen nach der Revolution. Die Zahl der freien Schwarzen in der Bevölkerung Virginias zum Beispiel stieg von 1800 im Jahr 1782 auf 12 766 im Jahr 1790 und weiter auf 30 570 im Jahr 1810.[23]

Ein weiterer Faktor war die sehr rasche Zunahme und Verbreitung der Baumwollproduktion. Napoleons Niederlage auf Saint-Domingue – das freie schwarze Haiti erklärte 1804 seine Unabhängigkeit – führte zu der Notwendigkeit, das französische Weltreich neu zu ordnen. Unterhalt und Verteidigung der überseeischen Kolonien waren zu kostspielig und konfliktreich geworden. Das riesige Louisiana Territory in Nordamerika passte nicht in das neue verschlankte und stärkere bonapartistische Reich. «Ich verzichte auf Louisiana», sagte Napoleon am 11. April 1803. Am 30. April kaufte die Regierung Jefferson Frankreich das Gebiet für 15 Millionen Dollar (das heißt zu drei Cents pro Acre) ab. Jefferson erfuhr am Vorabend des Unabhängigkeitstages davon. «Das Gebiet ist größer als die gesamten Vereinigten Staaten», schrieb er voller Freude.

In den nächsten Jahrzehnten ließen die Sklavenhalter ihre Gefangenen in die neuen westlichen Territorien einrücken und unter ihrem grausamen Regiment neue Baumwoll- und Zuckerfelder anlegen. Die Erträge wurden in die Fabriken der Nordstaaten und nach England geschickt, was die Industrielle Revolution vorantrieb. Die Pflanzer des Südens und die Investoren des Nordens wurden reich. Wo so viel Geld zu machen war, wurden antirassistische Ideen und gegen die Sklaverei gerichtete Texte beiseite gefegt, so wie man im täglichen Leben antirassistische und gegen die Sklaverei eingestellte Afrikaner mit der Peitsche aus dem Weg räumte.[24]

Das neue Aufleben der Sklaverei und die neuen reichhaltigen Erträge daraus zehrten die Anti-Sklaverei-Bewegung während Jeffersons Präsidentschaft in den frühen 1800er-Jahren aus. Assimilationistische Ideen, besonders die Monogenese, verloren ebenfalls an Attraktivität. Theologen wie Samuel Stanhope Smith, Präsident der Princeton University, der prominenteste Rassentheoretiker der Vereinigten Staaten in dieser Zeit, stellten sich angesichts des Verlusts ihrer kulturellen Macht zunehmend gegen Jefferson, dessen Missachtung religiöser Autorität sie anprangerten. Jefferson stellte das christliche Dogma infrage, dass alle Menschen von Adam und Eva abstammten; dazu gab es viele Verfechter der Theorie von separat erschaffenen Menschengattungen, die Smith auf die Nerven gingen wie störendes Hundegebell.[25]

Der englische Arzt Charles White, Verfasser einer bekannten Abhandlung über Geburtshilfe, trat 1799 in die Debatte über die Menschengattungen ein. Anders als der schottische Lord Kames umging White die Religion und wandte eine neue Methode an, um die Existenz separater «Rassen» zu beweisen: die vergleichende Anatomie. Er wollte die Schlussfolgerungen seines *Account on the Regular Gradation in Man* (Beschreibung der regelmäßigen Stufenfolge des Menschen) nicht «so ausgelegt wissen, dass daraus die geringste Beihilfe zu der verderblichen Praxis der Versklavung der Menschheit» entstehe. Sein einziges Ziel sei «die Erkundung der Wahrheit». White bestritt Buffons legendären Befund, nach dem die verschiedenen «Rassen», da sie sich untereinander fruchtbar vermehren konnten, zu einer einzigen menschlichen Gattung gehörten. Tatsächlich gebe es, laut White, Orang-Utans, die «Negerjungen, Mädchen und sogar Frauen fortgeschleppt» hätten, um sie zum Zwecke «gewalttätiger Leidenschaft» zu versklaven. Auf der natürlichen Stufenleiter nähmen Europäer den höchsten und Afrikaner den niedrigsten Platz ein; Letztere stünden «der tierischen Schöpfung näher als irgendeine andere Menschengattung». Schwarze seien auf solchen Gebieten überlegen, auf denen auch Affen mehr leisteten – beim Sehen, Hören, Riechen, beim Erinnern von Dingen und beim Kauen von Nahrung. «Der *Penis* eines Afrikaners ist größer als der eines Europäers», teilt White seinen Lesern mit. Die meisten anatomischen Museen in Europa konservierten schwarze Penisse und, wie er bemerkt, «auch ich habe einen solchen in meiner Sammlung».[26]

Die Wissenschaft war in den Tagen Voltaires noch zu sehr der Religion verhaftet gewesen, als dass die Diskussion über separate Menschengattungen sich hätte popularisieren können. Zu viel Freiheit und revolutionäre Rhetorik verbrämten die Worte von Edward Long und Lord Kames. In der Zeit, in der Charles Whites Text erschien, nahm die Debatte Fahrt auf. 1808 rügte der New Yorker Arzt John Augustine Smith, ein Schüler Whites, Samuel Stanhope Smith als wissenschaftlichen Stümper, der besser bei seinem Priesteramt geblieben wäre. «Ich halte es für meine Pflicht, Ihnen alle relevanten Fakten zu unterbreiten», erklärte John Augustine Smith in einem Vortrag. Das wichtigste Faktum war, dass die «anatomische Struktur» des Europäers der der anderen «Rassen» überlegen sei. Als unterschiedliche Spezies befänden sich Schwarze und Weiße an den «gegenüberliegenden äußersten Enden der Stufenleiter». Dieser Vortrag zum Thema Polygenese war der Beginn von Smiths akademischer Karriere: Er wurde Herausgeber des *Medical and Physiological Journal*, zehnter Präsident des William & Mary College und Präsident des New Yorker Ärztecollege.[27]

Mehr als die durchschlagenden Argumente von Lord Kames, Charles White und John Augustine Smith war es wahrscheinlich der allgemeine Vormarsch der Sklaverei, der langjährige intellektuelle Anhänger der Monogenese zu einem Meinungsumschwung bewog. Angesichts seiner ins Wanken geratenden christlichen Welt setzte sich Samuel Stanhope Smith ein letztes Mal für die Theologie, für Assimilationisten und für Monogenese ein. 1810 brachte er eine «erweiterte und verbesserte» zweite Auflage seines *Essay on the Causes of Variety of Complexion and Figure in the Human Species* heraus, das sich auf «den Beweis der Tatsachen» stütze. In den vorangegangenen zwanzig Jahren hatte er seine Position nicht geändert: Ethnische Unterschiede seien Auswirkungen von Klima und dem Zustand der Gesellschaft. In der neuen Version des Textes stellte er seine Behauptung höchstens mit mehr Nachdruck dar. Und im Klima-Kapitel führt er eine «weitere Tatsache» an: die Haut von Henry Moss, die weiß geworden war, und sein neues «feines, glattes Haar», das die «wollige Substanz» ersetzt hatte. In einem schonungslosen Anhang antwortet Smith auf die Kritik an der ersten Auflage seiner Abhandlung und die von Charles White, Thomas Jefferson und John Augustine Smith ins Feld geführte Polygenese. «Lasst die Ungläubigen sich nur zeigen, wie sie wirklich sind», schäumt er am Ende. «Wenn sie den Kampf suchen, so wollen wir nur wie Ajax darum beten, dass wir den Feind im hellen Tageslicht zu sehen bekommen.»[28]

1810 gab Thomas Jefferson Samuel Stanhope Smith keine offizielle Antwort. Er weigerte sich überhaupt, zum Kämpfen ins helle Tageslicht hinauszutreten, denn er hatte sich bereits aus dem öffentlichen Leben zurückgezogen.

Kapitel 11

Dicke Hintern

Weniger als dreißig Jahre zuvor war Thomas Jefferson begierig darauf gewesen, von Monticello wegzugehen und die Trauer um den Tod seiner Frau hinter sich zu lassen. Nach seinem Aufenthalt in Frankreich, drei Jahren als Secretary of State, vier Jahren als Vizepräsident und acht Jahren als Präsident der Vereinigten Staaten wollte er nun auf sein Anwesen in Virginia zurück. «Kein Gefangener, von seinen Ketten befreit, wird sich fühlen wie ich, wenn ich die Fesseln der Macht abschüttle», schreibt er am 4. März 1809, wenige Tage vor dem Ende seiner Präsidentschaft, an einen französischen Geschäftsmann.

Nach Jahren des Zwangsaufenthalts im lärmenden Washington sehnte er sich nach Rückzug und Stille, um ungestört zu lesen, zu schreiben und zu denken. «Doch die Ungeheuerlichkeiten der Zeiten, in denen ich lebe», sagte er, «haben mich dazu gezwungen, meinen Teil zu übernehmen, um ihnen Widerstand zu leisten.» Keine ausländische Ungeheuerlichkeit war größer als die Kriege, die an der Wende zum 19. Jahrhundert zwischen Frankreich und England tobten. Jefferson hielt die Vereinigten Staaten neutral und wollte nichts vom Kriegsbeil wissen, doch die Neutralitätsverletzungen auf hoher See konnte er nicht ignorieren. Daher schlug er 1807 ein generelles Embargo des US-Handels mit Frankreich und England vor, und der Kongress stimmte zu. Doch dann widerrief der Kongress das kontroverse Embargo am 1. März 1809, während der letzten Tage von Jeffersons Präsidentschaft. Jeffersons Neutralitätsdoktrin verzögerte das Unvermeidliche. Drei Jahre nach seinem letzten Tag im Amt traten die Vereinigten Staaten im Krieg von 1812 England entgegen.[1]

Im Krieg zwischen Monogenese und Polygenese blieb Jefferson in den Jahren zwischen 1797 und 1815 als Vorsitzender der American Philosophical Society neutral. Während seiner Präsidentschaftskampagnen konterte er auch nur selten einen föderalistischen Angriff auf seine *Betrachtungen über den Staat Virginia.* 1804 bot ihm der Drucker William Duane bei einer Neuauflage des Buches die Gelegenheit zu einer Antwort. Jefferson scheute davor zurück. Er hatte keine Zeit. Doch als er 1809 Washington verließ, plante er, die *Betrachtungen* zu überarbeiten und zu erweitern.[2]

Einige Wochen vor dem Ende seiner Amtszeit dankte er dem Abolitionisten und Wissenschaftler Henri Grégoire für die Zusendung seines Buches *An Enquiry Concerning the Intellectual and Moral Faculties, and Literature of Negroes* (Abhandlung über die geistigen und sittlichen Fähigkeiten und die Literatur der Neger) am 25. Februar. Grégoire hatte auf Reisen «Beweise» für die Existenz ruhmvoller schwarzer Nationen gesammelt, mit denen er widerlegte, «was Jefferson uns sagt, dass es nie eine zivilisierte Nation von Negern gab», schreibt er. «Wir geben nicht vor, den Negern einen gleichrangigen Platz [mit Weißen] geben zu können», führt er in assimilationistischer Manier aus, doch will er denjenigen widersprechen, die behaupten, «dass die Neger nicht dazu in der Lage seien, Teilhaber am Schatz des menschlichen Wissens zu werden».[3]

Nach Jahren, in denen er sich für die amerikanische Sklaverei immer nur entschuldigte, hatte Jefferson nun vermutlich ein gutes Gefühl, als er Henri Grégoire antwortete. Er befand sich gegenüber dem berühmten Abolitionisten in einer besseren Position. Drei Jahre zuvor, in seiner Jahresrede vor dem Kongress, hatte er die durch den Sklavenhandel verursachten «Verletzungen der Menschenrechte» verurteilt und die Abgeordneten bestürmt, ihn abzuschaffen. 1807 folgte der Kongress seiner Forderung, nach einer kontroversen Debatte über die Frage der Bestrafung illegaler Sklavenhändler. Es wurde beschlossen, dass der Slave Trade Act auf sie angewendet werden sollte, doch tat man nichts, um die Durchsetzung des Gesetzes zu gewährleisten.

Das Gesetz zur Abschaffung des Sklavenhandels war ein leeres und hauptsächlich symbolisches Gesetz. Es trug nicht dazu bei, den internationalen Sklavenhandel zu begrenzen, und erleichterte die nationalen Geschäfte mit Afrikanern. Die Verletzungen der Menschenrechte setzten sich fort: Kinder wurden ihren Eltern entrissen, und die Sklavenschiffe fuhren nun in amerikanischen Gewässern von Virginia nach New Orleans, was so viele Tage in Anspruch nahm, wie die transatlantische Überfahrt einst gedauert hatte. Jefferson und gleichgesinnte Plantagenbesitzer der nördlichen Südstaaten begannen, vorsätzlich Gefangene «aufzuziehen», um dem Bedarf an Arbeitern im Süden nachzukommen. «Ich betrachte eine Frau, die alle zwei Jahre ein Kind bringt, als gewinnträchtiger als den besten Mann auf der Farm», erklärte Jefferson einmal einem Freund. Ein Jahr nach der Verabschiedung des Slave Trade Act urteilte ein Gericht in South Carolina, dass versklavte Frauen keinen gesetzlichen Anspruch auf ihre Kinder hätten. Sie stünden «mit anderen Tieren auf gleichem Fuß».[4]

Die Beendigung des internationalen Sklavenhandels war in Wahrheit ein Segen für die größten amerikanischen Sklavenbesitzer, da dies die Nachfrage und den Wert ihrer Gefangenen steigerte. Und so stimmten die größten Sklavenhalter und die Verfechter der allmählichen Emanzipation mit gleicher Freude der gesetzlichen Beendigung des Sklavenhandels am 1. Januar 1808 zu. Jedidiah Morse, einem Geistlichen aus Massachusetts, erschien das wie ein Sieg. Er sprach für die meisten religiösen Assimilationisten des Nordens, als er erklärte, dass die Afrikaner, da das Christentum nun endlich «die heidnische und mohammedanische Finsternis» ihres Kontinents erhelle, «nicht mehr in fremde Länder verfrachtet werden» müssten. Auch er glaubte, dass die Sklaverei schrittweise abgeschafft werden könnte.[5]

Thomas Jefferson muss darauf vertraut haben, dass auch sein Briefpartner wusste, dass er den Slave Trade Act unterstützt hatte, als er 1809 Henri Grégoire seine Standardantwort gab: «Niemand wünscht sich ehrlicher als ich», schreibt er, dass die biologische Gleichheit der Rassen endlich bewiesen werde. «In dieser Hinsicht gewinnen [schwarze Menschen] täglich an Ansehen bei den Nationen … und hoffnungsvolle Fortschritte werden gemacht zur Wiederherstellung der Gleichrangigkeit mit den anderen Farben der menschlichen Familie.»[6]

Tatsächlich verloren schwarze Menschen allerdings täglich an Ansehen bei den europäischen Nationen. Nicht lange nach dem Briefwechsel von Grégoire und Jefferson tauchte in London ein aufsehenerregendes Flugblatt auf, das eine halbnackte schwarze Frau zeigte. Ihr überdimensionaler Hintern ist auf einer Seite entblößt, die nicht sichtbare Seite verschwindet unter einem Tierfell. Sie trägt ein Tuch um die Stirn gebunden und hält einen langen Stab in der Hand. Weiße Schwarze, schwarze Vorzeigeobjekte und «bekehrte Hottentotten» auf ihrem angeblichen Weg zwischen primitivem Urzustand und Zivilisation verloren mit jedem Jahr, das verging, an Attraktivität. Doch nun ließen sich die Londoner von Sarah Baartman fesseln – vielmehr von ihrem riesigen Hintern und ihren Genitalien.

Baartmans Volk der Khoikhoi aus dem südlichen Afrika galt über ein Jahrhundert lang als das der niedrigsten Afrikaner, den Tieren am nächsten stehend. Baartmans Hintern war im Vergleich zu dem anderer Khoi-Frauen, schwarzer Frauen auf dem gesamten Kontinent oder auf der anderen Seite des Atlantiks, auf Jeffersons Plantage, außergewöhnlich groß. Und doch wurde er als normal und als echt afrikanisch präsentiert. Im eleganten Londoner West End wurde Sarah Baartman als *Hottentot Venus* zur Schau gestellt, und es entstand das rassistische Klischee der schwarzen Frau mit großem Hintern. Der Polygenetiker Charles White hatte Ähnliches bewirkt, als er schwarze Männer mit großen Genitalien in Verbindung brachte.

Im Juli 1810 wurde Sarah Baartman von dem pensionierten Kolonialoffizier Alexander Dunlop und ihrem südafrikanischen Brotgeber Hendrik Cesars nach London gebracht. Nach Dunlops Tod im Jahr 1814 brachte Henry Taylor die sechsunddreißig- oder siebenunddreißigjährige Afrikanerin nach Paris, wo sie erneut ausgestellt wurde. Die Zeitungen bejubelten ihre Ankunft. Sie trat im prachtvollen Palais-Royal auf, dem Zentrum des lasterhaften Pariser Nachtlebens, wo sich Prostituierte mit kleinen Handwerkern trafen, Restaurants und Spielhöllen blühten, kleinbürgerliche Müßiggänger mit betrunkenen Tänzerinnen tanzten, Bettler mit den Spitzen der Gesellschaft verkehrten. Am 19. November 1814 schlenderten die Pariser in das Vaudeville-Theater gegenüber dem Grand-Palais, um die Premiere des Boulevardstücks *La Vénus Hottentote, ou Haine aux françaises* (Die Hottentotten-Venus oder Hass auf Französinnen) zu sehen. In dem Einakter findet ein junger Franzose seine Freundin nicht exotisch genug. Als sie als Hottentotten-Venus verkleidet erscheint, verliebt er sich in sie. Da sie sich seiner Liebe sicher ist, lässt sie die Verkleidung fallen, worauf der junge Mann seine närrische Vorliebe für die Hottentotten-Venus ablegt und die beiden heiraten. Das Stück enthüllt die europäischen Vorstellungen über schwarze Frauen. Wenn Franzosen sich von der Hottentotten-Venus verführen ließen, waren sie wie Tiere. Wenn sie sich für Französinnen entschieden, handelten sie vernünftig. Während hypersexualisierte schwarze Frauen sexueller Beachtung wert sind, sind asexuelle Französinnen es wert, dass man sie liebt und heiratet.

Im Januar 1815 erwarb der Schausteller Reaux Sarah Baartman von Henry Taylor. Reaux stellte sie, manchmal mit einem Gürtel um den Hals, in Cafés, Restaurants und bei Soiréen der vornehmen Gesellschaft zur Schau – überall, wo es Geld zu verdienen gab. Eines Tages im März 1815 führte er sie ins Muséum national d'histoire naturelle, in dem sich die weltgrößte naturkundliche Sammlung befand, und es gab ein Treffen mit dem bedeutendsten Intellektuellen Europas, dem vergleichenden Anatomen Georges Cuvier.

Als Segregationist, der die Polygenese ablehnte, glaubte Cuvier, dass alle Menschen dem europäischen Garten Eden entstammten. Ein katastrophisches Ereignis vor 5000 Jahren habe das Paradies vernichtet und dazu geführt, dass die Überlebenden nach Asien und Afrika flohen; drei Rassen seien entstanden und hätten begonnen, unveränderliche erbliche Kennzeichen auszubilden. Die weiße Rasse sei von allen die schönste und den anderen überlegen. Die körperlichen Merkmale der Afrikaner ähnelten dem des «Stammes der Affen».

In seinem Laboratorium bat Cuvier Baartman, ihren langen Rock und den Schal abzulegen, den sie trug, um sich vor dem kalten Märzwind zu schützen. Sie weigerte sich. Cuvier war verblüfft, doch er bemühte sich nach Kräften, um in den nächsten drei Tagen ihren Körper samt Bekleidung gründlich abzuzeichnen und zu vermessen.

Ende Dezember 1815 starb Sarah Baartman, vielleicht an Lungenentzündung. Keine schwarze Frau im 19. Jahrhundert erhielt in den Pariser Zeitungen mehr Nachrufe als sie. Cuvier sicherte sich ihren Leichnam und brachte sie in sein Laboratorium. Er streifte die Kleider ab, zersägte ihr Brustbein, entnahm die großen Organe und studierte sie. Er spreizte ihre Beine, studierte ihre Gesäßbacken, schnitt ihre Genitalien heraus und bereitete sie zur Konservierung vor. Nachdem er mit seinen Kollegen diese wissenschaftliche Vergewaltigung beendet hatte, kochten sie den Rest ihres Fleisches aus und arrangierten die Knochen zum Skelett. Ihre Überreste wurden der weltberühmten naturkundlichen Sammlung einverleibt. In Cuviers Bericht heißt es, er habe «niemals einen menschlichen Kopf gesehen, der einem Affen ähnlicher sah», als ihren. Die Khoikhoi aus Südafrika seien mit dem Affen enger verwandt als mit dem Menschen, lautete sein endgültiges Urteil.[7]

Bis 1974 stellten die Pariser Baartmans Skelett, ihre Genitalien und ihr Gehirn im Museum aus. Als Nelson Mandela 1994 Präsident wurde, forderte er, wie andere es vor ihm getan hatten, die Rückführung von Baartmans sterblichen Überresten nach Südafrika. 2002 kam Frankreich dieser Forderung nach. Nach einem Leben und einem Nachleben als Ausstellungsstück fand Sarah Baartman endlich Frieden.[8]

Ihr Schicksal zu Beginn des 19. Jahrhunderts war besonders grausam, doch Cuviers Urteile über schwarze Körper wurden ohne zu zögern von denjenigen übernommen, die nach Beweisen für die schwarze Minderwertigkeit suchten, um ihre Geschäfte beiderseits des Atlantik zu rechtfertigen – Geschäfte, die sich der Körper schwarzer Frauen bedienten.

Auch wenn Thomas Jefferson 1809 in seinem Brief an Henri Grégoire das Gegenteil behauptete: Schwarze gewannen nirgends an Ansehen, auch nicht bei den Choctaws und Chickasaws, die begannen, sie zu kaufen (oder entlaufene Sklaven erneut versklavten). Die indigenen südlichen Sklavenhalter wiesen Vorstellungen weißer Überlegenheit und indianischer Minderwertigkeit zwar zurück, doch Schwarzsein und Sklaverei gehörten für sie zusammen. Afrikanische Sklaven auf Jeffersons Louisiana Territory gewannen auch nicht an Ansehen bei ihren französischen und amerikanischen Herren. Und sie weigerten sich zu warten, bis diese französischen und amerikanischen Herren zu einer besseren Meinung über sie kamen, weil sie wussten, dass sie auf ihre Freiheit ewig warten konnten. Am 8. Januar 1811 kam es zum Kampf mit einem Plantagenbesitzer namens Manuel Andry und seinem Sohn auf einer Zuckerplantage im Gebiet der German Coast. Der Vater wurde verletzt, der Sohn starb. Etwa ein Dutzend Sklaven, die Militäruniformen und Gewehre, Äxte und Messer trugen, begannen unter Trommelklang und mit wehenden Fahnen ihren Marsch von einer Plantage zur anderen. Immer mehr Sklaven stießen zu ihnen, und immer mehr Sklavenhalter verloren ihr Leben. Am Ende beteiligten sich zwischen zweihundert und fünfhundert biethnische und afrikanische Männer und Frauen an dem fünfunddreißig Meilen langen Freiheitsmarsch nach New Orleans. Angeführt von den Aschanti-Kriegern Quamana und Kook, begleitet von den biethnischen Männern Harry Kenner und Charles Deslondes – und inspiriert von der Haitianischen Revolution – entfesselten diese Rebellen den größten Sklavenaufstand in der Geschichte der Vereinigten Staaten.[9]

Am 10. Januar 1811 wurde der dürftig bewaffnete Trupp Befreiter von einer gut bewaffneten Truppe von vierhundert Milizionären und sechzig regulären US-Soldaten geschlagen. Am Ende wurden fast einhundert ehemalige Sklaven getötet oder hingerichtet. Louisiana stellte für die Pflanzer Reparationszahlungen bereit: 300 Dollar (heutiger Wert etwa 4500 Dollar) für jeden getöteten Sklaven. Erst wurden sie geköpft, dann wurden ihre Köpfe entlang der ganzen Strecke von New Orleans zu Andrys Plantage auf Pfähle gespießt, damit alle sie sehen konnten.[10]

In der Hoffnung auf Zusicherung von staatlichem Schutz im Fall zukünftiger Aufstände wählten die Zuckerpflanzer von Louisiana 1812 den Beitritt zur Union. Mit dem Hinzukommen von Louisiana als einem weiteren Sklavenstaat wurde klar, dass die Sklaverei sich immer noch ausbreitete und keineswegs abgenommen hatte, als Jefferson sich in den Ruhestand verabschiedete. Die Zahl der versklavten Afrikaner vergrößerte sich in zwanzig Jahren um 70 Prozent: Bei der ersten staatlichen Zählung von 1790 waren es noch 697 897, 1810 schon 1 191 354, und in den nächsten fünfzig Jahren wurde diese

Zahl verdreifacht. Die Ausweitung der Sklaverei und das Bedürfnis, sie gegen antiamerikanische Abolitionisten in Europa zu verteidigen, führte zu einer der ersten Wellen sklavereifreundlichen Denkens nach der Amerikanischen Revolution. Selbst Bewohner der Nordstaaten oder gebürtige Nordstaatler, die im Süden lebten, ließen sich mitreißen. 1810 veröffentlichte der zukünftige Kongressabgeordnete Charles Jared Ingersoll seine Abhandlung, *Inchiquin, the Jesuit's Letters*, in der er die Verleumdung durch «ehemalige Bewohner der Nordstaaten und Touristen» in Bezug auf die Sklaverei zurückwies. Einige Jahre später versuchte der abolitionistische Romancier Kirke Paulding, seine Nation und das langsame Tempo der Veränderung zu verteidigen. Die Befreiung glücklicher Afrikaner könne eine Gemeinde in Gefahr bringen, Eigentumsrechte unterminieren und die ehemaligen Sklaven «noch elender» machen, als sie einst waren, schrieb er.[11]

Der Föderalist Robert Walsh aus Philadelphia publizierte 1819 *An Appeal from the Judgments of Great Britain Respecting the United States of America* (Dringende Bitte anlässlich der Urteile Großbritanniens bezüglich der Vereinigten Staaten von Amerika). «Ihr Werk wird den ersten Band jeder zukünftigen Geschichte Amerikas bilden», sagt Thomas Jefferson zutreffend voraus. Walsh warf den Briten zwar die Sklaverei vor, sagte aber gleichzeitig, dass die Sklavenbesitzer dadurch an «Empfindsamkeit, Gerechtigkeit und Beharrlichkeit» gewännen. Für die Afrikaner, deren Farbe er als «ein ständiges Memento ihres knechtischen Ursprungs» bezeichnet, sei die Sklaverei «ohne jeden Zweifel gut». Der Sklave sei «befreit von jenen qualvollen Sorgen», die die Engländer gewöhnlich heimsuchten.[12]

Wenn sich Jefferson wirklich die Widerlegung seiner in den *Betrachtungen* geäußerten rassistischen Ideen wünschte, wie er Grégoire gegenüber äußerte, so zeigte er das während seiner Präsidentschaft durch keine einzige politische Handlung, weder in Wort noch in Schrift. 1809 war seine drängendste Sorge, möglichst bald nach Hause zurückkehren zu können, zurück in die behagliche Welt von Monticello und zurück zu Sally Hemings, weg von den politischen Umtrieben in Washington.

Er verließ Washington, eine Woche bevor sein enger Freund und Schützling James Madison am 4. März 1809 als vierter Präsident der Vereinigten Staaten vereidigt wurde. Doch Jeffersons Regentschaft endete nicht mit seiner Abreise. Bis 1841 diente eine Reihe selbsternannter Jefferson-Schüler als US-Präsidenten, mit der einzigen Ausnahme von John Quincy Adams in den späten 1820er-Jahren.[13]

1809 schätzte Jefferson sein Kapital auf 225 000 Dollar (heutiger Wert etwa

3,5 Millionen Dollar). Er besaß etwa 16 000 Morgen Land, eine Fabrik, 200 Sklaven und einen Berg Schulden. Ob für oder gegen die Sklaverei – jedenfalls brauchte er Sklaven, um seine Zahlungsfähigkeit und sein Luxusleben zu sichern. In den ersten Jahren seines Ruhestands beendete er Bau und Einrichtung seines tausend Quadratmeter großen Anwesens, in dessen 33 Zimmern er all die von ihm gesammelten Dinge ausstellen konnte: die konservierten Tiere und die Indianer-Artefakte, die Medaillen und Landkarten, die Porträts und Skulpturen von Jesus, Benjamin Franklin, John Locke, Isaac Newton, Kolumbus und Voltaire und das Bildnis seiner selbst, angefertigt von dem Bostoner Maler Mather Brown, der von Cotton Mather abstammte.[14]

Jefferson freute sich seiner Muße und häufte Berge von Büchern und Zeitschriften an. Er brauchte Monticello nicht zu verlassen und er verließ es nur selten. Er musste eine Plantage verwalten, die sich auf Sklavenarbeit gründete, um seine Schulden bezahlen zu können – oder vielmehr, um sich den Luxus leisten zu können, den er liebte. Die Wissenschaft, nicht die Politik, stand nun im Zentrum seiner Aufmerksamkeit, und in den Jahren um 1810 galt er als Amerikas berühmtester Gelehrter. Unablässig erreichten ihn Bitten um Belehrung und Rat, unablässig arbeitete er an seinen Manuskripten. «Von Sonnenaufgang bis ein oder zwei Uhr und oft vom Abendessen bis in die Nacht schufte ich am Schreibtisch», beklagt er sich in einem Brief an John Adams. Doch seine *Betrachtungen* bleiben unbearbeitet. 1813 hatte er die Lust verloren, seine Ideen neu zu formulieren.[15]

Auch die Lust an der Unterstützung des Kampfes gegen die Sklaverei blieb aus. 1814 bat ihn Edward Coles, der persönliche Sekretär Präsident James Madisons, sich zur Beförderung ihrer Sache öffentlich gegen die Sklaverei einzusetzen. Doch Jefferson zögerte und entschuldigte sich mit seinem hohen Alter. Der Einundsiebzigjährige riet Coles, sich mit der Sklaverei zu versöhnen und die Emanzipation der Schwarzen nur dort zu fördern, wo sie niemandem weh tue.[16] Ironischerweise sollte die risikolose Lösung der Sklavenfrage, die er in den *Betrachtungen* empfohlen und die ihm während seiner Präsidentschaft als Richtschnur gedient hatte, auch von der neuen Generation übernommen werden.

Kolonisation

Im Frühjahr 1800 organisierten zwei Sklaven, Gabriel und Nancy Prosser, in Jeffersons Heimatstaat einen Aufstand. Der vierundzwanzigjährige Gabriel Prosser – fast zwei Meter groß, mit dunkler Haut, durchdringenden Augen und auffälligen Narben – zog die Aufmerksamkeit der Leute auf sich, wo immer er war. Er gewann Anhänger, indem er seine Zuhörer an das haitianische Heer erinnerte, das die Armeen von Spanien, England und Frankreich zur Umkehr gezwungen hatte. Die Prossers hatten vor, mit Hunderten von Mitgefangenen nach Richmond zu marschieren, wo sie sich 4000 unbewachter Flinten bemächtigen wollten. Dann planten sie, Gouverneur James Monroe in Haft zu nehmen und die Stadt zu halten, bis aus den umliegenden Countys Verstärkung eintraf und man über das Ende der Sklaverei und gleiche Rechte verhandeln konnte. Die ihnen zugetanen Methodisten, Quäker und Franzosen sollten nicht getötet werden, während es für rassistische Schwarze keine Gnade geben sollte. Unter den armen Weißen und der indianischen Bevölkerung von Virginias wollte man Verbündete suchen.

Zum geplanten Datum, am Samstag, dem 30. August 1800, fand der Aufstand nicht statt. Zwei arglistige Sklaven, die um die Gunst ihres Herren buhlten, verrieten den geplanten Aufstand, der der größte Sklavenaufstand in der Geschichte Nordamerikas geworden wäre, mit nicht weniger als 50 000 Rebellen aus so weit entfernten Gebieten wie Norfolk, an der Küste Virginias. Als Gouverneur James Monroe nachmittags von der Sache erfuhr, versetzte er die Streitkräfte in Alarmbereitschaft und informierte jeden Kommandeur in Virginia. Im Überflutungsgebiet an der Küste herrschten Wind und Regen. Eine aus ihrer Verankerung gerissene Brücke hielt den Marsch von tausend bewaffneten Aufständischen in die Stadt auf. Das Befreiungsheer löste sich auf, verärgert und durchnässt. Das Heer der Sklavenhalter blieb intakt und drang in den nächsten Wochen tief in das Land vor, um die Drahtzieher der

Rebellion aufzustöbern und festzunehmen. Gabriel Prosser floh nach Norfolk, wo er am 25. September verraten und gefangen genommen wurde. Man brachte ihn nach Richmond, wo er zusammen mit seinen Gefährten gehängt wurde – doch sie blieben offenbar bis zum Schluss rebellisch. «Die Angeklagten haben einen Geist an den Tag gelegt, der das Land des Südens in Blut ertränken wird, wenn er sich weiter verbreitet», sagte ein Augenzeuge.[1]

Ein aufständischer Sklave war etwas Außergewöhnliches – real, aber eigentlich nicht repräsentativ. In den letzten Monaten des Jahres 1800 ließen die Sklavenhalter in der Öffentlichkeit laut das rassistische Mantra des zufriedenen Sklaven erschallen, während sie mehr Waffen, eine bessere Organisation und raffiniertere Gesetze verlangten, um ihre Gefangenen im Zaum zu halten. Am 31. Dezember 1800 wies das virginische Parlament Gouverneur James Monroe heimlich an, sich mit dem demnächst amtierenden Präsidenten Jefferson ins Benehmen zu setzen, weil man außerhalb von Virginia Land finden wollte, wohin man «Personen, die den Frieden der Gesellschaft gefährden», verbringen konnte. Jefferson verlangte am 24. November 1801 klare Ansagen. Er schlug den virginischen Delegierten Kolonien in der Karibik oder in Afrika vor und sagte, es sei unwahrscheinlich, dass man für dieses Projekt Land innerhalb des kontinentalen Amerika ausfindig machen könne.[2]

Die Abgeordneten trafen sich 1802 wiederum heimlich, um dem Präsidenten, ihrem virginischen Landsmann, zu antworten. Die Sklaverei musste weitergehen, und ihr natürliches Nebenprodukt – Widerstand – musste aufhören. Die Abgeordneten nahmen Jefferson also beim Wort und baten ihn, für die freien Schwarzen des Bundesstaates einen Aufenthaltsort im Ausland ausfindig zu machen. Jefferson ging ans Werk und zog über Mittelsmänner Erkundigungen über das westafrikanische Sierra Leone ein, seit 1792 Englands Kolonie für Freigelassene. England wies Jefferson ab, ebenso wie andere europäische Länder. Am 27. Dezember 1804 überbrachte Jefferson Monroe die schlechte Nachricht, versicherte ihm aber, dass er die Sache «mit unablässiger Aufmerksamkeit weiterverfolgen» werde.[3]

Die viriginischen Abgeordneten schworen Geheimhaltung. Niemand sollte von ihren Landnahmeabsichten erfahren; nicht einmal die nachfolgende Abgeordnetengeneration wurde von ihnen in Kenntnis gesetzt. Doch 1816 erfuhr Charles Fenton Mercer, seit 1810 Mitglied des Parlaments, von Jeffersons Plan. Er machte den Briefverkehr zwischen Monroe und Jefferson publik. Jeffersons Grundgedanke, Schwarze ins Ausland zu schicken, leuchtete ihm ein. Er war wie Jefferson ein gegen die Sklaverei eingestellter, antiabolitionistischer Sklavenhalter. Obwohl «Sklaverei von Übel ist», schrieb er später, würde «die Freiheit mehr Schaden als Nutzen bringen».[4]

Mercer wollte die Wirtschaft seiner Region, die auf Agrarbetrieben und Sklavenarbeit basierte, in eine auf freier Arbeit basierende industrielle Ökonomie umwandeln. Er fürchtete die Aufstände der Arbeiter, die in Westeuropa immer häufiger wurden, und vertraute auf das öffentliche Erziehungssystem als Instrument der Beschwichtigung von Weißen mit kleineren und mittleren Einkommen. Doch er erkannte, dass die tiefgreifende ethnische Diskriminierung in Amerika freie Schwarze zu einer permanent rebellischen Arbeiterklasse machen würde, und wollte daher Schwarze aus den Vereinigten Staaten verbannen, bevor es zu spät war.

Die Kolonisation war für Mercer wie ein Geschenk des Himmels. Sie leuchtete auch Robert Finley ein, der von seinem Schwager von der Sache erfuhr, Mercers altem Freund Elias B. Caldwell, Sekretär am Obersten Gerichtshof. Als gegen die Sklaverei eingestellter Geistlicher war Finley sensibel für das Elend der miserabel verdienenden freien Schwarzen, und für ihn schien die Kolonisation die perfekte Lösung für ihre Probleme. Mercer, Finley und die anderen Anhänger dieses Kolonisationsgedankens in ihrem Kreis waren am Ende die ideologischen Kinder eines seltsamen Paars, das vorher nie zueinander gefunden hatte: Thomas Jefferson und Samuel Stanhope Smith. Letzterer befürwortete die Sache vor seinem Tod 1819. Während Smith daran glaubte, dass Schwarze zum Weißsein fähig seien, beharrte Jefferson darauf, dass sie in den Vereinigten Staaten das Weißsein nicht erreichen könnten. Die Ausreise der Schwarzen nach Afrika bot eine Alternative, die beide Männer akzeptieren konnten.[5]

1816 schrieb Finley das Manifest der Kolonisationsbewegung: *Thoughts on the Colonization of Free Blacks*. «Was sollen wir mit den freien Farbigen machen?», begann er sein Pamphlet. Sie sollten Training in «Selbst-Regierung» erhalten und in ihr Heimatland zurückgeschickt werden. Für die Sklaven werde «das Übel der Sklaverei vermindert und letztlich schwinden, während sich die Weißen auf eine freudige Veränderung einstellen» könnten.[6]

Mit dieser literarischen Kanonenkugel rassistischer Ideen im Gepäck reiste Finley Ende November 1816 nach Washington. Er sprach bei Journalisten, Politikern und Präsident James Madison vor, der über Schwarze ähnliche Ansichten hegte wie Jefferson. Für den 21. Dezember 1816 beriefen Finley und seine mächtigen Partner ein organisatorisches Treffen für potenzielle Kolonisten ein. Den Vorsitz der Versammlung übernahm Henry Clay, Abgeordneter aus Kentucky, dessen Laufbahn der von Jefferson ähnelte. Als Sohn eines virginischen Plantagenbesitzers war er zunächst Rechtsanwalt, dann Pflanzer und dann Politiker geworden. Als junger Mann hatte er abolitionistische Ansichten geäußert, seine Einstellung aber mit der Zeit geändert. Er hatte gerade seine zweite Amtszeit als Speaker of the House hinter sich, als er Vorsitzender der Gründungsversammlung der American Colonization Society (ACS) wurde. Der Sklavenbesitzer und Richter am Obersten Gerichtshof Bushrod Washington – George Washingtons Neffe – wurde zum Präsidenten der Gesellschaft gewählt, und zu den Vizepräsidenten gehörten Finley, Clay, General Andrew Jackson und Mercers Kommilitone aus Princeton Richard Rush, der Sohn von Benjamin Rush, der vor seinem Tod 1813 seine Unterstützung des Kolonisationssvorhabens kundgetan hatte.

Beim ersten Treffen der Versammlung trat Finleys sanfter Abolitionismus in den Hintergrund, während die Forderungen der Sklavenhalter lauter wurden. Man werde «die heikle Frage» des Abolitionismus ignorieren und nur die Deportation freier Schwarzer voranbringen, sagte Henry Clay. «Kann es eine edlere Aufgabe geben als diejenige, welche unser Land von einem nutzlosen und schädlichen, wenn nicht gar gefährlichen Teil seiner Bevölkerung zu befreien verspricht und es zugleich unternimmt, einer dunklen Region des Globus die Fertigkeiten des zivilisierten Lebens und die Erlösung aus Unwissen und Barbarei zu bringen?» Die Zeitungen des ganzen Landes druckten seine Worte.

In Philadelphia drängten sich am 15. Januar 1817 mindestens 3000 schwarze Männer in der Afrikanischen Methodistenkirche Mother Bethel, um über die Gründung der ACS zu debattieren. James Forten, langjähriger Unterstützer der Kolonisation, Richard Allen, der Gründer der African Methodist Episcopal Church, und zwei andere schwarze Priester setzten sich für die neue Idee ein – und dachten dabei vor allem an die damit verbundenen missionarischen Möglichkeiten. Als alle geredet hatten, trat Forten auf die Kanzel und ließ abstimmen. Wer ist dafür?, fragte er. Niemand sprach. Keine Hand ging in die Höhe. Nichts. Sind alle dagegen?, fragte er nervös. Ein lautes «Ja» ertönte, das die Mauern der Kirche erbeben ließ.

Diese schwarzen Männer waren voller Zorn in das Gotteshaus gekommen. Auch ihre Frauen, Freundinnen, Schwestern und Mütter waren wahrscheinlich wütend (doch in der reinen Männerversammlung durften sie ihre Wut nicht äußern). Stolz wiesen alle Anwesenden das «unverdiente Stigma» zurück, das Henry Clay «dem Ansehen der freien Farbigen» verliehen hatte. Sie wollten nicht zu den «Wilden in Afrika» gehen, bekräftigten sie und zeigten damit, dass sie einen grundlegenden rassistischen Mythos bereits verinnerlicht hatten. Doch gleichzeitig drückten sie ihre Verbundenheit mit den Sklaven und mit Amerika aus und verlangten Anerkennung ihrer Rolle bei der Entwicklung ihrer Nation. Es sei «das Land unserer Herkunft», ein Land, das «gedüngt» worden sei von ihrem «Blut und Schweiß». «Wir werden uns nie freiwillig von den Sklaven dieses Landes trennen», lautete ihr Beschluss.[7]

Die in Amerika geborenen Söhne Afrikas beurteilten den Kontinent nach den Maßstäben, die sie genau von denjenigen gelernt hatten, die sie als minderwertig bezeichneten und versuchten, sie aus den Vereinigten Staaten zu vertreiben. Afrikaner in Amerika hatten ihr Wissen über Afrika und ihre rassistischen Ideen von weißen Amerikanern übernommen. Und die rassistischen Ideen der weißen Amerikaner waren von einer Menge europäischer Schriftsteller verfasst worden – von George Cuvier, der Sarah Baartman seziert hatte, bis Georg Wilhelm Friedrich Hegel.

Etwa zu der Zeit der Gründung der American Colonization Society zogen die europäischen Nationen ihr Kapital und ihre Waffen allmählich vom Sklavenhandel ab und begannen mit der Kolonisierung Afrikas (und Asiens). Im ganzen 19. Jahrhundert bekämpften englische, französische, deutsche und portugiesische Armeen afrikanische Soldaten und versuchten, Kolonien zu gründen, die Afrikas Bodenschätze und Afrikas Menschen systematischer und effizienter ausbeuten konnten. Diese neue rassistische Bewegung brauchte die entsprechenden rassistischen Ideen, und so kamen Hegels gelehrte Worte über die zurückgebliebenen Afrikaner gerade zur rechten Zeit. Rassistische Ideen schienen immer zur rechten Zeit aufzutauchen, um die hässliche ökonomische und politische Ausbeutung der Afrikaner mit einer ansprechenden Umhüllung zu versehen.

Ironischerweise hatte Hegel 1807 in der *Phänomenologie des Geistes* einen durchaus antirassistischen Gedanken ausgedrückt und jedes übereilte Urteil über das innere Wesen und den Charakter eines Menschen verurteilt. Er revolutionierte die europäische Philosophie und Geschichte des 19. Jahrhunderts in mehr als einer Hinsicht. Die Hegelianer verbreiteten sich an den philosophischen Fakultäten in ganz Europa, und die Philosophen, die von Hegel beeinflusst wurden – unter ihnen Søren Kierkegaard ebenso wie Karl Marx und Friedrich Engels –, lesen sich wie ein Who is Who der europäischen Intellektuellen. Doch vor seinem Tod 1831 verfiel Hegel der rassistischen Gedankenwelt der europäischen Aufklärung. Im Unterschied zu Europäern seien Afrikaner «eine Nation von Kindern» im «ersten Stadium» der menschlichen Entwicklung. In seinen *Vorlesungen über die Philosophie der Geschichte* schreibt er: «Der Neger stellt … den natürlichen Menschen in seiner ganzen Wildheit und Unbändigkeit dar: von aller Ehrfurcht und Sittlichkeit, von dem, was Gefühl heißt, muss man abstrahieren, wenn man ihn richtig auffassen will; es ist nichts an das Menschliche Anklingende in diesem Charakter zu finden.» Seine grundlegende rassistische Idee rechtfertigte die europäische Kolonisierung Afrikas in Hegels Lebenszeit. Er glaubte, dass europäische Kolonisten den Bewohnern Afrikas den Fortschritt bringen würden, genau wie die europäischen Sklavenhalter den Afrikanern auf dem amerikanischen Kontinent den Fortschritt gebracht hätten.[8]

Mit ihrer Entschließung gegen die American Colonization Society hatten sich die Schwarzen von Philadelphia gegen das «Stigma» ausgesprochen, das sie zu Unrecht trugen. Robert Finleys Tod im gleichen Jahr schwächte die ACS. Man versuchte nun, staatliche Gelder zu akquirieren und bemühte sich um die Unterstützung von Sklavenhaltern der Südstaaten. Die Sklavenhalter würden die Kolonisation nie unterstützen, es sei denn, man könnte sie davon überzeugen, dass sie der Aufrechterhaltung der Sklaverei diente. Und die freien Schwarzen würden sich nie zur Kolonisation hergeben, es sei denn, man versprach ihnen die Emanzipation. Keine der beiden Gruppen konnte zufriedengestellt werden.[9]

Doch die Gesellschaft setzte ihren Kurs fort. Was die öffentlichen Gelder anging, startete Charles Fenton Mercer eine neue Offensive, nachdem er als Abgeordneter ins Parlament eingezogen war. Am 13. Januar 1819 brachte er den Entwurf des neuen Slave Trade Act ein, der 100 000 Dollar zur Zurücksendung von «Negern» nach Afrika bereitstellen sollte. James Monroe, der alte virginische Gouverneur, der die Kolonisation befürwortete, verlieh dem Entwurf mit seiner Unterschrift Gesetzeskraft. Nur wenige Wochen vor Gründung der ACS war er zum US-Präsidenten gewählt worden. Gleich darauf entbrannten Debatten darüber, ob das Gesetz es Monroe erlaubte, in Afrika Land zu erwerben. 1821 schickte Monroe den Marineoffizier Robert Stockton als Agenten der Gesellschaft nach Westafrika. Mit einer Pistole in der einen und einer Schreibfeder in der anderen Hand eignete sich Stockton – für angeblich 300 Dollar – in widerrechtlicher Weise von einem lokalen Herrscher, der wahrscheinlich keinen Anspruch auf das Land seines Volkes hatte, einen Streifen der Atlantikküste im Süden von Sierra Leone an. Auf diese Weise ordneten sich die Vereinigten Staaten in die wachsende Reihe von Ländern ein, die Afrika kolonisierten. Bis 1842 bauten amerikanische Siedler in dem Küstenstreifen Befestigungen. Sie gaben ihrer Niederlassung den neuen Namen «Liberia» und nannten ihre Hauptstadt «Monrovia», nach dem US-Präsidenten. Zwischen 1820 und 1830 reisten von über 100 000 Kolonisten nur 154 Schwarze aus den Nordstaaten nach Liberia.[10]

Das 19. Jahrhundert hatte mit einem gescheiterten Sklavenaufstand begonnen, der virginische Sklavenhalter und Präsident Jefferson dennoch dazu brachte, ernsthaft darüber nachzudenken, freigelassene und versklavte Schwarze nach Afrika zurückzuschicken. Die Sklavenaufstände hörten nicht auf, und nichts beschleunigte die Unterstützung der Sklavenhalter für die Kolonisationsbewegung wirkungsvoller als tatsächliche oder potenzielle Revolten von Sklaven.

1818 begann ein einundfünfzigjähriger freier Zimmermann namens Denmark Vesey Tausende von Sklaven in und um Charleston um sich zu sammeln und eine Armee zu bilden – nach einer Schätzung waren es 9000 Mann. Vesey war in seiner Gegend bekannt als Mitbegründer der Emmanuel Church, eine der ersten Kirchen der African Methodist Episcopal Church im Süden. Bevor er 1800 die Freiheit erhielt, war Vesey mit seinem seefahrenden Besitzer über den Atlantik gesegelt. Im Laufe dieser Reisen hatte er die besonderen Fähigkeiten, die Kultur und Menschlichkeit der Afrikaner kennengelernt, was ihn stolz machte. Daneben hatten ihn die Amerikanische, Französische und Haitianische Revolution begeistert. Vesey verbrachte wahrscheinlich einige Zeit damit, seine versklavten schwarzen Gefährten zu unterrichten, zu motivieren und zu ermutigen, und dabei wandte er sich vehement gegen die rassistischen Ideen, die sie verinnerlicht hatten. Wahrscheinlich las er ihnen immer wieder die biblische Geschichte der Befreiung der Israeliten aus der ägyptischen Gefangenschaft vor. Er setzte den Aufstand auf den 14. Juli 1822 fest, den Jahrestag der Französischen Revolution. Der Plan sah vor, dass vertraute Hausdiener führende Repräsentanten von South Carolina im Schlaf ermordeten. Sechs Infanterie- und Kavallerieeinheiten sollten in die Stadt eindringen und alle weißen und schwarzen Widersacher, auf die sie trafen, töten. Brandstifter waren beauftragt worden, die Stadt niederzubrennen. Nur einige Schiffskapitäne sollten am Leben gelassen werden, um die Rebellen nach Haiti oder nach Afrika zu bringen – nicht als Kolonisten, sondern als Einwanderer.

Der Haussklave Peter Prioleau verriet den Plan Ende Mai; als Belohnung erhielt er die Freiheit und wurde später selbst Sklavenhalter. Prioleau hatte nicht den Wunsch, die Sklaverei abzuschaffen, und wahrscheinlich stellte er die ihr zugrunde liegenden rassistischen Ideen auch gar nicht infrage. In vier langen Jahren der Rekrutierung von Tausenden Rebellen hatten Veseys Leute keinen Fehler gemacht; niemand verriet das Vorhaben – was eine immense organisatorische Leistung war –, bis Prioleau den Mund aufmachte. Ende Juni hatten Polizei und Militär von South Carolina Veseys Armee vernichtet, vierunddreißig seiner Soldaten des Landes verwiesen und fünfunddreißig Männer gehängt, unter ihnen Denmark Vesey selbst, der bis zum Ende seinen Überzeugungen treu blieb.[11]

Die riesige Vesey-Verschwörung führte zu Angst und Schrecken in Charleston und darüber hinaus. Den Sklavenhaltern wurde bewusst, dass ein Ende der Sklaverei möglich war, und Schwarze einfach des Landes zu verweisen schien ein gangbarer Weg zu sein, es abzuwenden. Ein Autor dieser Zeit sagte: «Die gesamten Vereinigten Staaten sollten der Colonization Society beitreten.» Ein anderer, der die Kolonisation befürwortete, versprach, alles zu tun, um dem Land zu helfen «seine so unwillkommene Bürde loszuwerden». Doch neue Gesetze zogen die Schlinge um die versklavten Schwarzen noch enger und beruhigten die nackte Angst der Mächtigen. Es wurde verfügt, dass Sklaven nur noch «Negerstoff» tragen sollten, billige, raue Baumwolle, manchmal mit Wolle gemischt. «Zwischen den Weißen und den Negern sollte die Unterscheidung so deutlich wie möglich sein», sagte ein Jurist, «damit Letztere die Überlegenheit der Ersteren zu spüren bekommen.»[12]

Bis 1822 – bis Denmark Vesey auf den Plan trat – hatten Nordstaatler die meisten rassistischen Bücher und Traktate zur Verteidigung der Sklaverei produziert. Autoren wie Charles Jared Ingersoll, James Kirke Paulding und Robert Walsh – alle aus dem Norden – nahmen in den 1810er-Jahren die Sklaverei gegen die britischen Angriffe in Schutz. Am 29. Oktober 1822 veröffentlichte Edwin Clifford Holland, Redakteur der *Charleston Times*, die erste sklavereifreundliche Abhandlung eines Autors aus dem Süden. Afrikanische Sklaven, schrieb der, könnten nie «irgendeine Revolution in Gang setzen», wegen der «allgemeinen Minderwertigkeit ihrer natürlichen Begabungen». Damit versuchte er, seine besorgten Freunde zu beruhigen. Sie könnten allerdings die Gesellschaft spalten, fuhr er fort, und Weiße sollten immer auf der Hut sein. «Lasst uns nie vergessen, dass unsere NEGER … die Anarchisten und der Feind im eigenen Land sind; der allgegenwärtige Feind der zivilisierten Gesellschaft, und die Barbaren, die, WENN SIE KÖNNTEN, die ZERSTÖRER UNSERER RASSE werden würden.» Holland zählte die «fleißigen, nüchternen, hart arbeitenden» und freien biethnischen Menschen nicht zu denjenigen, die er angriff. Im Fall eines Aufstands, würden sie, wie er glaubte, «eine Barriere» bilden «zwischen unserer eigenen Farbe und den Schwarzen», weil sie «eher dazu neigten, sich der Fahne der Weißen zu unterstellen».[13]

Es kann sein, dass Thomas Jefferson Aufstände wie den von Denmark Vesey erwartete, und wahrscheinlich erwartete er ebenfalls das Auftreten grandioser Verräter wie Peter Prioleau. Was er nicht erwartete, war die Missouri-Frage. Einige Wochen, nachdem Charles Fenton Mercer den Slave Trade Act im Parlament eingebracht hatte, der zur ersten amerikanischen Kolonie in Afrika führte, fügte sein New Yorker Kollege James Tallmadge Jr. einem Gesetz zur Aufnahme Missouris in die Union einen Zusatz (*Amendment*) an, der die Aufnahme von afrikanischen Sklaven in den neuen Staat verhindern sollte. Das Tallmadge-Amendment entfachte die schwelende Debatte zu einem Feuer, das zwei Jahre lang brannte und am Ende durch den Missouri-Kompromiss eingedämmt – doch nicht gelöscht – wurde. Der Kompromiss ließ Missouri als Sklavenstaat und Maine als freien Staat zu und verbot die Einführung der Sklaverei im nördlichen Teil des riesigen Louisiana Territory, das Jefferson von Frankreich gekauft hatte.

Thomas Jefferson kümmerte sich anfangs nicht besonders um diese Debatte. Er glaubte, sie werde abflauen und «wie die Wellen eines Sturms unter dem Schiff durchlaufen». Als der Sturm nicht aufhören wollte, stieg seine Unruhe, und bald beschrieb er den Streit als den «unheilvollsten, der je unsere Union bedrohte». 1820 warnte er vor einem Bürgerkrieg, der zu einem Rassenkrieg werden und sich dann zu einem «Ausrottungskrieg gegen den Afrikaner in unserem Land» entwickeln könne.

Die Missouri-Frage hatte ihn alarmiert «wie eine nächtliche Feuerglocke», wie er John Holmes, einem Kongressmitglied aus Massachusetts, am 22. April 1820 berichtete. «Sofort sah ich in ihr die Totenglocke der Union», fährt er fort. Er hält Holmes einen Vortrag über die wesentlichen Punkte der Emanzipation, wie er sie sieht: Keiner wünsche sie mehr als er selbst, aber es gebe noch keinen funktionierenden Plan für die Entschädigung der Besitzer und die Ausreise der Freigelassenen. «So, wie es jetzt steht», sagte er, «haben wir den Wolf bei den Ohren, doch wir können ihn weder halten noch ihn sicher gehen lassen.» Was sollte man tun? «Gerechtigkeit ist ein Maßstab und Selbsterhaltung der andere.»

Jefferson, der berühmteste gegen die Sklaverei eingestellte Anti-Abolitionist des ganzen Landes, sehnte sich nach dem Louisiana Territory, das er 1803 erworben hatte, um es zum Hospital der Republik zu machen, zu dem Ort, wo die Krankheiten der Gründungsstaaten geheilt werden konnten – allen voran die Krankheit der Sklaverei. Versklavte Afrikaner würden sich in dem riesigen Gebiet ausbreiten (wenn man sie nicht nach Afrika schickte). Die «Streuung [afrikanischer Sklaven] auf einer größeren Fläche würde jeden Einzelnen glücklicher machen und proportional dazu das Erreichen der Emanzipation erleichtern, indem man die Last auf eine große Zahl von Köpfen verteilt.» Er träumte, dass das Louisiana Territory die Sklaverei einfach verschluckte. Nach dem Motto: Verbreitet die Sklaven auf einem größeren Gebiet, und sie werden verschwinden.[14]

Er glaubte hartnäckig daran, dass die Freiheit der Schwarzen in den weißen Sälen des Kongresses nicht verhandelt werden sollte und dass die Südstaatler das Problem der Sklaverei in ihrem eigenen Tempo und auf ihre eigene Weise zu lösen hätten. Als junger Mann hatte er in der allmählichen Emanzipation und der Kolonisation die Lösung gesehen. Jetzt wurde seine Politik der kleinen Schritte zur Verschleppungstaktik. In seinen letzten Jahren sagte Jefferson, er habe «über das Thema Emanzipation aufgehört nachzudenken, weil [es] nicht zu meinen derzeitigen Aufgaben gehört.» Sklaverei war für zu viele Sklavenhalter zu lukrativ geworden, als dass sie sich über die Befreiung noch den Kopf zerbrachen.[15]

Die Missouri-Frage nahm Jefferson persönlich. Wenn die Sklaverei nicht weiter nach Westen expandieren konnte, drohten durch die nachlassende Nachfrage für afrikanische Sklaven im heimischen Sklavenhandel möglicherweise Auswirkungen auch auf seinen privaten Finanzhaushalt. Während ihm die zukünftige Lebensgrundlage der Vereinigten Staaten und seine eigene ökonomische Zukunft Sorgen bereiteten, musste er doch auch an die Vergangenheit denken – die der Nation und seine eigene –, und es musste ihm klar werden, dass beide den Punkt erreicht hatten, an dem es kein Zurück mehr gab. Siebenundsiebzigjährig beschloss Jefferson 1821 die Niederschrift «einiger Erinnerungen an Daten und Fakten bezüglich meiner selbst». *The Autobiography of Thomas Jefferson* umfasst weniger als hundert Seiten und endet mit seiner Ernennung zum Secretary of State 1790. In diesem Werk versuchte er wieder einmal, nach lebenslanger Betätigung als Sklavenhalter, seinen Ruf als Gegner der Sklaverei zu bekräftigen. «Nichts in diesem Schicksalsbuch ist mit mehr Gewissheit niedergelegt, als dass diese Menschen frei sein müssen», schreibt er. «Noch immer ist es nicht gewiss, ob die zwei Rassen, gleichermaßen frei, nicht im gleichen Land leben können. Natur, Gepflogenheiten, Anschauungen haben unauslöschliche Trennungslinien zwischen sie gezogen.» Sein Bedürfnis nach Generierung rassistischer Ideen war in vierzig Jahren durch nichts gemindert worden – nicht durch die schwarzen Vorzeigeobjekte, nicht durch die «Verbesserung durch Selbstverbesserung», nicht durch die Briefe der Abolitionisten, nicht durch Sally Hemings, nicht durch schwarze Loyalität und nicht durch schwarzen Widerstand. In seiner Autobiografie von 1821 äußert er dieselben Meinungen wie in den *Betrachtungen über den Staat Virginia* von 1781. Und er unterstützte die Idee der Kolonisation, nach der freigelassene Schwarze auf die gleiche Weise nach Afrika verfrachtet werden sollten, wie versklavte Schwarze nach Amerika verfrachtet worden waren.[16]

In den 1820er-Jahren entwickelte sich die American Colonization Society zur bedeutendsten reformerischen Organisation zur Regelung der ethnischen Beziehungen in den Vereinigten Staaten. Jefferson gehörte zu den Befürwortern der Kolonisation, und rechnerisch denkende Segregationisten sahen sie immer mehr als eine gute Lösung für das Problem des schwarzen Widerstands. Altruistische Assimilationisten glaubten, sie sei eine geeignete Methode, um schwarze Menschen sowohl in Amerika wie in Afrika zu veredeln. 1825 wurde Ralph Gurley, ein achtundzwanzigjähriger Yale-Absolvent, der neue Sekretär der ACS. Er behielt seine Stellung bis zu seinem Tod 1872 und diente gleichzeitig dem Repräsentantenhaus zweimal als Chaplain. Gurley hatte eine Vision: Er glaubte, dass man die Köpfe und Herzen der Amerikaner nur für die Sache der Kolonisation gewinnen könne, wenn man es schaffte, sie mit der protestantischen Bewegung zu verbinden. Das Timing war gut, denn die zweite Große Erweckung war schon im Gang, als er seine Stellung in der ACS antrat.

Die American Bible Society, die American Sunday School Union und die American Tract Society waren zu dieser Zeit alle bereits etabliert, und sie alle nutzten den Buchdruck, um die Nation mit Bibeln, Traktaten, Bildern und Bildkarten zu überschwemmen und eine starke, geeinte nationale Identität mit Jesus als Zentrum zu schaffen. Ein gutes Traktat «sollte unterhaltsam sein», gab die American Tract Society 1824 vor. «Es muss in ihm etwas vorhanden sein, was die Teilnahmslosen zum Lesen verlockt.» Zu diesen Reizen und Lockungen gehörten auch Bilder – obwohl die Bilder heiliger Figuren lange als eine sündige List Satans und der «teuflischen» Katholiken gegolten hatten. Das änderte sich nun. Protestantische Organisationen begannen mit der Massenproduktion, der Massenvermarktung und der Massenverbreitung von Bildern Jesu, der stets als Weißer dargestellt wurde. Für Protestanten sammelten sich alle Ansprüche und Bestrebungen der neuen amerikanischen Identität in ihrem weißen Jesus – eine rassistische Idee, die ihren kulturellen Interessen entsprach. Da die Bilder des weißen Jesus immer öfter zu sehen waren, lag es nahe, dass Schwarze und Weiße – bewusst oder unbewusst – den weißen Gottvater und seinen weißen Sohn mit der Machtvollkommenheit gewöhnlicher Weißer in ihrer Umgebung assoziierten. «Ich glaubte wirklich, mein ehemaliger Herr wäre der allmächtige Gott», erzählte der entlaufene Sklave Henry Brown, «und sein Sohn, mein junger Herr, wäre Jesus Christus.»[17]

Als die erstarkende protestantische Erweckungsbewegung die Begeisterung von Studenten, Professoren, Geistlichen, Kaufleuten und Abgeordneten in Neuengland entfachte, zog auch die American Colonization Society mehr Menschen an sich. Während die Anhänger der Kolonisation aus den Südstaaten sich freigelassener Schwarzer zu entledigen suchten, wollten Nordstaatler alle Schwarzen loswerden, Sklaven und Freie. Die ethnischen Beziehungen in den Nordstaaten hatten sich seit den 1790er-Jahren ständig verschlechtert, trotz aller Bemühungen um Verbesserung durch Selbstverbesserung. Mit jedem Schritt der Verbesserung der Lage der Schwarzen gab es mehr Animositäten, und die entlaufenen Sklaven schürten weitere Feindseligkeiten. Um 1820 erschütterten Rassenunruhen die Städte New York, New Haven, Boston, Cincinnati und Pittsburgh. Als die Spannungen sich intensivierten, gewann die ACS immer mehr Anhänger. Ihre Vertreter erklärten unbeirrt, dass weiße Vorurteile und schwarze Sklaverei ewig andauern würden und dass freigelassene Schwarze die Fähigkeiten nutzen müssten, die sie von den Weißen gelernt hätten, um zurückzukehren und Afrika das Heil zu bringen. 1832 gab es in jedem Nordstaat bereits Beschlüsse und gesetzliche Vorgaben zur Förderung der Kolonisationsidee.[18]

Freie Schwarze blieben in ihrer überwältigenden Mehrheit dagegen. Ihr Widerstand war zum Teil dafür verantwortlich, dass in den 1820er-Jahren im allgemeinen Sprachgebrauch das Wort «Afrikaner» von der Bezeichnung «Neger» abgelöst wurde. Die freien Schwarzen meinten, wenn sie sich selbst als «Afrikaner» bezeichneten, würde das der Absicht, sie nach Afrika zurückzuschicken, Vorschub leisten. Auch ihre eigenen rassistischen Ideen standen hinter dem Wechsel in der Terminologie. Da sie die rassistischen Vorstellungen über den Kontinent übernommen hatten, betrachteten sie Afrika und seine kulturellen Praktiken als rückständig. Einige hellhäutige Schwarze zogen die Bezeichnung «Farbige» vor, um sich von den dunkelhäutigen Negern oder Afrikanern abzuheben.[19]

Für viele zog die Kolonisationsbewegung eine Neuauflage der Idee der Verbesserung durch Selbstverbesserung nach sich. Rassistische freie Schwarze glaubten, dass Schwarze durch diese Strategie den weißen Eliten ihren Wert beweisen könnten. 1828 rief der Bostoner Prediger Hosea Easton am Thanksgiving Day eine Versammlung von Schwarzen aus Rhode Island dazu auf, ihrem «ehrlosen Leben zu entkommen». Nur wenn sie sich durch Selbstverbesserung hocharbeiteten, könnten sie «Respekt von denjenigen verlangen, die sich über euch erheben».[20]

Als Teil der Neuauflage des Konzepts «Verbesserung durch Selbstverbesserung» gründete eine Gruppe freigelassener Schwarzer die erste schwarze Zeitung des Landes, *Freedom's Journal*, mit Hauptsitz in New York. Die zwei Herausgeber waren beide biethnisch: Samuel Cornish, ein presbyterianischer Prediger, und John Russwurm, der dritte Afroamerikaner, der in den Vereinigten Staaten den Collegeabschluss erhalten hatte. Sie sahen es als ihren Auftrag an, die Selbstverbesserung der 500 000 freien Schwarzen der Nordstaaten zu dokumentieren, um Vorurteile abzubauen. «Der weitere Rückgang vorgefasster Meinungen und die Verbesserung der Lage von Tausenden unserer Brüder, die noch gefangen gehalten werden, hängt in großen Teilen von unserem Verhalten ab», heißt es im Leitartikel der ersten Ausgabe vom 16. März 1827. «Es liegt an uns, die Welt durch gleichbleibenden Anstand, durch Fleiß und Mäßigung davon zu überzeugen, dass wir Wohlwollen und Achtung verdienen.»[21]

Die Herausgeber und die schwarze Elite, die sie repräsentierten, beschäftigten sich oft mit dem Verhalten «der niederen Klassen unseres Volkes», das sie für den Abstieg aller verantwortlich machten. Durch soziale Vorurteile bedingter Rassismus zieht sich durch viele Artikel des *Freedom's Journal*; Schwarze mit niedrigem Einkommen werden Schwarzen mit höherem Einkommen gegenübergestellt und Erstere sind stets die Unterlegenen. Nur ein paarmal verteidigten Cornish und Russwurm die armen Schwarzen. Als New York am 4. Juli 1827 die Emanzipation seiner letzten Sklaven bekanntgab, äußerten die großen Zeitungen ihr Missfallen. Freigelassene Afrikaner würden die Liste der Kriminellen, der Elenden und der Stutzer der Stadt noch länger machen, trompetete der *Morning Chronicle*. Cornish und Russwurm tadelten die «vulgäre» Attacke der Zeitung zwar, stimmten jedoch mit der Argumentation zum großen Teil überein. Die Afrikaner, die freigelassen werden sollten, seien «ein verwundetes Volk», schrieben sie, «und wir glauben, dass es einem Zeitungsredakteur nicht ansteht, der Verwundung eine Beleidigung folgen zu lassen».[22]

Cornish und Russwurm entzweiten sich schließlich über der Kolonisationsfrage, und Cornish zog sich zurück. Russwurm beschloss 1829, die American Colonization Society zu unterstützen, wodurch er sein Blatt im antikolonialistisch eingestellten schwarzen Amerika zum Untergang verurteilte. Nachdem er die erste schwarze Zeitung in den Sand gesetzt hatte, reiste er in der Überzeugung, sein Bestes gegeben zu haben, nach Liberia, doch hatte er den Kampf gegen die rassistischen Ideen Amerikas verloren. Er merkte nicht, dass er selbst einen Beitrag dazu geleistet hatte, dass sie sich fortpflanzten. Er hatte das erste afroamerikanische Periodikum dazu benutzt, um die Idee vom sozial bedingten Rassismus zu verbreiten. Er hatte gesagt, dass Schwarze mit niedrigem Einkommen im Vergleich mit Weißen und mit Angehörigen der schwarzen Elite wie ihm selbst eine schlechtere Arbeitsmoral hätten, dass ihre Intelligenz niedriger sei und sie sich moralisch minderwertig verhielten. Arme Schwarze wurden in Bausch und Bogen diskriminiert. Er hatte sein Blatt dazu benutzt, um die versklavende Strategie der Verbesserung durch Selbstverbesserung zu verbreiten, eine Strategie, die freie Schwarze dazu verdammte, sich bei jeder ihrer Handlungen, die weiße Menschen zu sehen bekamen, bange Fragen zu stellen, genau wie ihre versklavten Brüder sich bei jeder Handlung, die ihre Besitzer zu sehen bekamen, bange Fragen stellen mussten.[23]

Die Vertreter der American Colonization Society nahmen den Zorn der meisten freigelassenen Schwarzen praktisch nicht zur Kenntnis, und diese Handlungsweise konnten sie sich leisten. Geldspenden strömten ihnen zu. Das Einkommen der Gesellschaft sprang von 778 Dollar im Jahr 1825 (heutiger Wert etwa 16 000 Dollar) auf 40 000 Dollar ein Jahrzehnt später (heutiger Wert etwa 904 000 Dollar). Staatliche Kolonisationsgesellschaften schossen in fast jedem Staat des Westens und Nordens aus dem Boden. Doch die ACS konnte ihren größten Gründungsheiligen, Thomas Jefferson, nicht an sich ziehen. Der einstige Präsident verfolgte die Entwicklung der Gesellschaft nur von fern. Er misstraute ihr, weil er die Föderalisten und die Presbyterianer, die dahinter standen, nicht ausstehen konnte.[24]

Dennoch kam seine prokolonisatorische Haltung in seinen letzten Lebensjahren nie ins Wanken. Die Gründung einer Siedlung in Afrika «kann den Einheimischen die schönen Kräfte des kultivierten Lebens und die Segnungen von Zivilisation und Wissenschaft bringen», schrieb er am 4. Februar 1824 an den Historiker und zukünftigen Harvard-Präsidenten Jared Sparks. Offenbar sollten die schwarzen Amerikaner den Kontinent unter der Führung jener weißen Amerikaner zivilisieren, die zuvor sie zivilisiert hatten. Das werde sie für «die lange Reihe von Verletzungen» entschädigen, die sie erduldet hatten, fährt Jefferson fort, sodass Amerika sie am Ende doch «vielleicht mehr gut als schlecht gemacht hätte».[25]

1825 musste Jefferson bedingt durch den Ausbruch mehrerer Krankheiten kürzer treten. Er las noch, und vielleicht blätterte er im März in der ersten Ausgabe des *African Repository and Colonial Journal*, das die ACS herausgegeben hatte. Der erste Text darin ist eine Geschichte der ACS, der einen grüßenden Hinweis auf Jefferson enthält und mit der Beschwörung von vierhundert Siedlern in Liberia endet, die dort «in einsamer Schönheit ausharren». In einem weiteren Artikel mit dem Titel «Bemerkungen über die frühe Geschichte der Negerrasse» nimmt ein als T. R. signierender Autor die Polygenetiker aufs Korn, die von schwarzen Menschen als einer separaten Gattung sprächen, dem «Bindeglied zwischen Menschen und Affen», der die Fähigkeit zur Zivilisation fehle. Die Polygenetiker wissen offenbar nicht, schreibt T. R., «dass das Volk, das sie verleumden, für über tausend Jahre … das aufgeklärteste auf dem Erdball» gewesen sei.

T. R. zitiert Jeffersons alten Freund Graf Constantine Volney, jenen französischen Historiker, der vierzig Jahre zuvor gesagt hatte, dass die alten Ägypter von Afrikanern abstammten. Nach mehreren Seiten, auf denen er schwärmerisch beweist, dass die alten Ägypter Afrikaner waren, erklärt T. R., dass Amerika «dem heute barbarischen Afrika durch die Kolonien die Segnungen zurückgeben soll, die … es einst von Afrika erhielt.» Die Zivilisation sei in Afrika vermutlich erschöpft, während sie in Europa floriere, sagt T. R. Doch wie kam es, dass die Begründer der Zivilisation so viel Ignoranz und Barbarei hervorbrachten? Wie konnten sie Kunst und Wissenschaft vergessen? Diese Fragen wurden nicht gestellt und mussten unbeantwortet bleiben. Als Assimilationisten konzentrierten sich Kolonisatoren wie T. R. auf das Argument, dass Afrikaner schließlich früher einmal zivilisiert worden waren und daher wieder zivilisiert werden konnten.[26]

Als die ACS im Frühjahr 1826 die zweite Ausgabe ihres Journals herausbrachte, war Jefferson so krank, dass er sein Haus nicht mehr verlassen konnte. Im Juni lag er nur noch im Bett. Ende dieses Monats wünschte der Schriftsteller Henry Lee IV – Jefferson als Enkel eines Helden aus dem Revolutionskrieg bekannt – ein Treffen mit ihm. Als der Schwerkranke von Lees

Anwesenheit erfuhr, wollte er ihn sehen. Der Halbbruder des zukünftigen Konföderiertengenerals Robert E. Lee war Jeffersons letzter Besucher.

Er musste eine Einladung nach Washington zum fünfzigsten Jubiläum der Unabhängigkeitserklärung absagen. In der Festrede, die er in die Hauptstadt schickte, hieß es: «Das allgemein verbreitete Licht der Wissenschaft hat bereits jedem Blicke die augenscheinliche Wahrheit nahe gerückt, dass die Masse des Menschengeschlechts nicht mit Sätteln auf den Rücken geboren ist, noch einige Auserwählte gestiefelt und gespornt zur Welt kommen, bereit von Gottes Gnaden jene legitim zuzureiten.» Seine letzten öffentlichen Worte – so süß für jeden freien Menschen, so bitter für die Sklaven.[27]

Außer den Kindern von Sally Hemings und dieser selbst gab Jefferson keinem anderen seiner Sklaven in Monticello die Freiheit. Ein Historiker schätzt, dass er im Laufe seines Lebens über sechshundert Sklaven besaß. 1826 gehörten ihm noch etwa zweihundert Menschen, und er hatte etwa 100 000 Dollar (heutiger Wert etwa 2 Millionen Dollar) Schulden – eine so überwältigende Summe, dass er wusste, man würde nach seinem Tod alles – und alle – verkaufen.

Am 2. Juli 1826 rang Jefferson mit dem Tod. Vor Sonnenaufgang erwachte der Dreiundachtzigjährige und winkte seine Haussklaven zu sich. Die schwarzen Gesichter versammelten sich um sein Bett. Sie waren wahrscheinlich das Letzte, was er sah, und er richtete seine letzten Worte an sie. Er war zu seinem Ausgangspunkt zurückgekehrt. In seiner frühesten Kindheit und in seinem letzten hellen Moment ruhte Jefferson in der Geborgenheit der Sklaverei.[28]

Teil III

WILLIAM LLOYD GARRISON

Kapitel 13

Schrittweise Gleichstellung

Es war der Aufmacher des Jahrzehnts: Thomas Jefferson und John Adams sterben am 4. Juli 1726, dem fünfzigsten Jahrestag der Unabhängigkeitserklärung. Keine andere Schlagzeile hatte je so viel Staunen erregt. Viele Menschen sahen darin einen Akt göttlichen Willens, ein unbezweifelbares Zeichen, dass die Vereinigten Staaten das Wohlwollen des allmächtigen Gottes besaßen. Die Zeitungen konnten nicht genug Nachrufe, Briefe, Lobpreisungen, Anekdoten und Histörchen über die beiden Männer drucken, die Benjamin Rush einmal «den Nord- und den Südpol der Amerikanischen Revolution» genannt hatte.[1]

John Adams starb in seinem Haus in Quincy, in angemessenem Abstand von der überfüllten Hafenstadt Boston. Zur Zeit seines Todes war die Stadt auf fast 60 000 Einwohner angewachsen und befand sich mitten in der Industriellen Revolution Neuenglands, die von der Baumwolle der Südstaaten lebte. Die eigenartige Mischung aus unterschiedlichen Lebensanschauungen und religiösen Bekenntnissen, Interessengruppen und Geschäften wirkte verwirrend auf die vielen Besucher der Stadt. Von der abolitionistischen Bewegung der Revolutionszeit war fast nichts mehr übrig. Jeffersons fatalistische Haltung bezüglich der Sklaverei und seine Gewohnheit, den Engländern die Schuld dafür zuzuschieben, war überall im Land zur fest eingewurzelten Denkweise geworden. Es gab zwar noch die von Benjamin Rush im Jahr 1794 begonnenen regelmäßigen Zusammenkünfte abolitionistischer Gesellschaften, doch ihre Schlagkraft war erlahmt. Kleinere Vereinigungen gegen die Sklaverei in den Upper-South-Staaten und im Norden wurden von den Kolonisatoren und ihren rassistischen Ideen geschluckt.[2]

Die Philanthropen Neuenglands spendeten regelmäßig auch für die Kolonisten, und es gelang der American Colonization Society, Amerikas größten nationalen Feiertag für sich zu vereinnahmen. Am 4. Juli 1829 lud sie einen

Neuling dazu ein, die Festtagsrede in der angesehenen Park Street Church in Boston zu halten. Seit er 1826 in die Stadt gekommen war, hatte sich der dreiundzwanzigjährige William Lloyd Garrison einen Ruf als reformerisch gesinnter, frommer und leidenschaftlicher Redakteur erworben, die üblichen Eigenschaften eines aufrechten Verfechters der Kolonisation.

Seine Mutter Frances Maria Lloyd war für seine Frömmigkeit ausschlaggebend gewesen. Sie hatte ihn und seine zwei Geschwister als alleinerziehende Mutter in Newburyport, Massachusetts aufgezogen. Sie waren arm, doch ihr baptistischer Glaube hatte sie in schlimmen Zeiten vor der Verzweiflung gerettet. Er erinnerte sich an die Armut und an ihre mütterlichen Lehren, als wäre es gestern gewesen. Wenn er und sein älterer Bruder mit dem Essen, das sie vom Dienstherr ihrer Mutter oder von der städtischen Suppenküche bekamen, nach Hause zurückkehrten, hatten sie unter den Spötteleien und verächtlichen Zurufen der reicheren Kinder des Viertels gelitten. Doch Frances Maria Lloyd bestärkte sie immer wieder: Wenn sie auch wenig Geld hatten, waren sie als Menschen doch nicht weniger wert als andere.

Sein älterer Bruder war ein schwieriger Junge gewesen, doch William Lloyd war ein vorbildliches Kind, der seiner Mutter nur Freude machen wollte. 1818, als Zwölfjähriger, hatte er eine siebenjährige Ausbildung bei Ephraim W. Allen begonnen, dem vielseitig begabten Chef des *Newburyport Herald*. Wenn er nicht in der Werkstatt stand, um das Druckerhandwerk zu erlernen, oder Briefe an seine Mutter schrieb, die nach Baltimore gezogen war, beschäftigte er sich gewöhnlich damit, sich durch Lesen selbst zu bilden. Er verschlang die Werke Cotton Mathers und die Abhandlungen von Politikern und Geistlichen, die von der besonderen Sendung Neuenglands in der zivilisierten Welt sprachen. Vor allem genoss er die Romane von Walter Scott, deren Helden durch die Kraft ihrer Persönlichkeit und die Bereitschaft, sich für die menschliche Gerechtigkeit zu opfern, die Welt veränderten. Ebenso bewunderte er das Werk der englischen Dichterin Felicia Hemans, das wegen seiner Tugendhaftigkeit gepriesen wurde.

William Lloyd Garrisons Mutter starb, noch bevor seine Lehrzeit 1825 endete. In einem ihrer letzten Briefe an den Sohn, in denen es nicht um religiöse Dinge ging, bat sie ihn, «um deiner armen Mutter willen» die schwarze Frau namens Henny nicht zu vergessen, die sich so gütig um sie kümmerte. «Für die Menschen ist sie eine Sklavin», schreibt Frances an ihren Sohn, «doch durch die Gnade Gottes ist sie eine frei geborene Seele.»

Nach dem Ende seiner Ausbildung zog Garrison, beschlagen in allen Fertigkeiten des Druckerhandwerks, nach Boston und erhielt eine Stelle als Redakteur eines Temperenzlerblattes. Er war persönlich an der Temperenzbewegung interessiert. Sein abtrünniger Vater hatte getrunken, und sein älterer Bruder war ebenfalls dem Alkohol verfallen. Garrison wäre wahrscheinlich eine der bedeutendsten Stimmen der Temperenzbewegung seiner Zeit geworden. Doch ein Jahr vor seiner Rede zum Unabhängigkeitstag vor den Mitgliedern der American Colonization Society begegnete er einem umherziehenden Abolitionisten, der sein Leben änderte.[3]

Die erste Begegnung mit dem Gründer und Redakteur des *Genius of Universal Emancipation*, dem Quäker Benjamin Lundy, fand am 17. März 1828 statt. Garrison saß neben acht hochstehenden Bostoner Geistlichen, die wie er den Worten Lundys lauschten. Sie befanden sich im Empfangsraum von Lundys Pension, die einem baptistischen Bostoner Priester gehörte. Der Quäker war aus Baltimore gekommen, um Geld für seine Zeitung aufzutreiben und um Unterstützung für die Emanzipationsbewegung zu werben. Die Übel der Sklaverei, von denen er an diesem Abend so eindringlich sprach, erschütterten Garrison im tiefsten Inneren. Und sein Aktivistenleben, das sich zweifellos von John Woolman herleitete, beindruckte den jungen Mann nicht weniger. Lundy schien geradewegs einem Walter-Scott-Roman entstiegen zu sein: Er hatte in neunzehn von vierundzwanzig Staaten Reden gehalten, war 12 000 Meilen gereist, hatte sich lange öffentliche Debatten mit Sklavenhaltern geliefert, war in Baltimore für seine Überzeugungen verprügelt worden. Die Behörden hatten versucht, seine Zeitung zu unterdrücken, aber er ließ sich nicht den Mund verbieten und sagte immer wieder, was er glaubte: «Nichts ist nötig … außer dem *Willen.*» Er hatte zu wiederholten Malen seine groben Skizzen von Zügen aneinander gefesselter Sklaven, die durchs Land getrieben wurden, veröffentlicht, ihnen den Titel «Hail Columbia!» gegeben und die aufreizende Forderung darunter gesetzt: «SEHT ES EUCH AN, *immer wieder*!» Während er sprach, saß Garrison aufgeregt auf der Stuhlkante, während die acht Geistlichen sich zurücklehnten. Sie lauschten höflich, aber nur einer von ihnen bot Hilfe an. Für die anderen schien bei der Sache der Emanzipation nichts zu gewinnen und viel zu verlieren zu sein. Sie hatten Angst und glaubten, dass ein entschiedener Vorstoß zur Sklavenbefreiung nur die soziale Ordnung stören würde.

Vor der Begegnung hatte wahrscheinlich auch Garrison – wie die trägen Würdenträger neben ihm – geglaubt, dass man gegen die schändliche Einrichtung der Sklaverei nichts tun könne. Man befürwortete sie nicht, doch man war der Meinung, es sei ein hoffnungsloses Unterfangen, sie abschaffen zu wollen. Als Garrison aber Lundys Rede hörte, änderte sich alles. In dieser Nacht ging Garrison mit dem begeisterten Gedanken ins Bett, für Lundys Ziel arbeiten zu wollen, das lautete: «Schrittweise, doch letztlich absolute Abschaffung der Sklaverei in den Vereinigten Staaten». Bald nach dem Besuch bei Lundy kündigte Garrison bei der Temperenzzeitung und stürzte sich in den Kampf gegen die Sklaverei. Er ahnte nicht, dass dieser Kampf fast vier Jahrzehnte dauern sollte.[4]

Kaum hatte er 1829 angefangen zu reden, wussten die Vertreter der American Colonization Society, dass sie sich den falschen Festredner ausgesucht hatten. «Ich kann unser heuchlerisches Geschwätz über die Rechte des Menschen nicht mehr hören», schrie Garrison, womit er der Menge in der Kirche sichtlich Unbehagen bereitete. Sie sollten «die schrittweise Abschaffung der Sklaverei» verlangen und nicht weiter auf Kolonisation setzen. Es sei eine «erbärmliche Ausrede», wenn man sagte, dass die Befreiung den Sklaven schadete. Wenn die Sklaverei die Schwarzen auf das Niveau von Tieren heruntergebracht hatte, sei es dann zulässig «zu sagen, dass sie deshalb Tiere bleiben müssen»? Freiheit und Erziehung würden die Schwarzen «auf eine angemessene Stufe im Maßstab des Seins heben».[5]

Zehn Tage später besuchte Garrison eine schwarze Baptistenkirche und nahm an der jährlichen Feier der Abschaffung des britischen Sklavenhandels teil. Ein weißer Priester sprach vor der zumeist schwarzen Menge und dozierte, dass die Emanzipation weder klug noch sicher sei, bevor man Schwarze nicht über lange Zeit für die Freiheit herangebildet habe. Aus der Menge erhob sich verächtliches Gemurmel, und ein Vertreter der ACS eilte dem Redner zu Hilfe.

Dieses Gemurmel klang Garrison in den Ohren, als er an diesem Abend nach Hause ging. In der Rede zum Unabhängigkeitstag hatte er die sofortige Emanzipation eine «verwegene Fantasie» genannt. Aber war der Gedanke wirklich so verwegen? Oder war es verwegener, irgendwo in der Mitte zwischen sündiger Sklaverei und rechtschaffener Freiheit stehenzubleiben? «Ich sah, dass ich keinen festen Standpunkt hatte», gestand er. Im August zog er nach Baltimore, um Benjamin Lundys Mitarbeiter zu werden. Er war nun Mitherausgeber des *Genius of Universal Emancipation*.[6]

Im September 1829 rief er in einem Leitartikel des Blattes zur sofortigen Emanzipation der Schwarzen auf. Diese neue Position zeigte nicht nur, dass er seine eigene Meinung von zwei Monaten zuvor geändert hatte, sie war auch extremer als Benjamin Lundys Standpunkt. «Es gibt keine berechtigte Entschuldigung für die Fortführung des Übels [der Sklaverei] um auch nur eine Stunde», schreibt er – nicht einmal die Kolonisation. Diese könne natürlich genutzt werden, um einigen versklavten Afrikanern Erleichterung zu verschaffen, doch als Lösung des Problems Sklaverei sei sie «insgesamt unzureichend».[7]

Ein Anhänger Denmark Veseys stimmte zu und ließ das etwa zwei Monate später auch die Welt wissen, als er seinen *Appeal … to the Colored Citizens of the World* (Aufruf … an die farbigen Bürger der Welt) veröffentlichte. Der Anti-Sklaverei-Aktivist David Walker gehörte zur schwarzen Community Bostons und Garrison war ihm wahrscheinlich schon über den Weg gelaufen. Die Weißen, schreibt Walker wutschäumend in seinem Pamphlet, «schleppen uns in Ketten herum», um sich zu bereichern, und sie glauben fest daran, «dass schwarze Menschen dazu geschaffen wurden, um ihnen für alle Zeit zu dienen». Doch «hat uns unser Schöpfer geschaffen, damit wir Sklaven sind»? «Wenn wir nicht versuchen, die Argumente zu widerlegen, die Mr. Jefferson über uns in die Welt setzte, werden wir sie nur bestärken.» Walker rief die Schwarzen dazu auf, den Rassismus zu widerlegen und Widerstand zu leisten, und er sah mit gutem antirassistischem Blick voraus, dass der Rassismus nur enden würde, wenn es die Sklaverei nicht mehr gab. Er trat für die Selbstmobilisierung schwarzer Sklaven für den zweiten amerikanischen Revolutionskrieg ein.

Kein schwarzer Mensch konnte Walkers mitreißenden *Appeal* ohne innere Bewegung lesen. Und doch verwässerte der Aktivist sein Hauptargument, indem er genau die Menschen, die er zum Widerstand aufrief, herabsetzte. Schwarze seien «die niedrigsten, elendesten und jämmerlichsten Wesen, die seit Anbeginn der Welt lebten», erklärt er. Für diesen entsetzlichen Zustand seien das «unmenschliche System der Sklaverei», das Unwissen der Schwarzen, die Prediger und die Kolonisatoren verantwortlich. Damit wärmte er noch einmal die Theorie auf, nach der die Sklaverei schwarze Menschen ruiniert und heruntergebracht habe. Er wiederholte den populären rassistischen Gegensatz zwischen dem «aufgeklärten Europa» und dem armseligen Afrika, der sowohl von den Verfechtern der schrittweisen Abschaffung der Sklaverei wie von den Kolonisatoren und sogar von den von ihm so leidenschaftlich bekämpften Sklavenhaltern im Mund geführt wurde. Was Walker nicht von seinen Gegnern übernahm, war deren fantasievolle Version von der Zivilisierung Afrikas durch das aufgeklärte Europa. Stattdessen sprach er davon, dass die Europäer die «unwissenden» Vorfahren der amerikanischen Schwarzen in ein «Elend» gestürzt hätten, das «zehntausendmal unerträglicher» gewesen sei als ihr früheres Leben.

In Walkers historisch-rassistischem Gedankengebäude war Afrika der Ort, wo die Gelehrsamkeit der Antike ihren Ausgang genommen hatte. Seitdem sei es jedoch ein Land des «Unwissens» geworden, weil die Afrikaner ihrem Schöpfer untreu geworden waren. Von Gott verflucht, fehle es ihnen an politischer Einigkeit, und dieses Manko habe dazu geführt, dass ihre «natürlichen Feinde» in den Vereinigten Staaten «den Fuß auf ihre Kehle setzen» konnten. David Walker war nicht der erste und gewiss nicht der letzte schwarze Aktivist, der über die politische Uneinigkeit als ein ausschließlich schwarzes Problem klagte – als ob weiße Abolitionisten keine Probleme mit weißen Sklavenhaltern hätten und als ob weiße Menschen politisch einiger wären und deshalb politisch kompetenter und besser dazu befähigt zu regieren! Wenn man das Wahlverhalten untersucht, findet man keinen Hinweis auf ein größeres Maß an schwarzer Uneinigkeit und weißer Einigkeit. In den späten 1820er-Jahren unterstützten schwarze männliche Wähler im Nordosten normalerweise die an Boden verlierenden Föderalisten, während die Sympathie weißer männlicher Wähler sich zwischen den beiden Hauptparteien aufteilte. (Obwohl die Parteien nicht mehr dieselben sind, hat sich das Wahlverhalten bis heute ungefähr erhalten.)

Diese rassistischen Behauptungen trübten Walkers Botschaft etwas – doch im Großen und Ganzen blieb sie antirassistisch. Er definierte und verdammte den rassistischen Nationalsport der Amerikaner: Schwarzen den Zugang zu Ausbildung und Jobs zu verwehren und den daraus resultierenden Zustand von Armut und Elend dann als «natürlich» zu deklarieren. Am Ende seines Textes wendet er sich an Amerika und spricht mit mutiger und großer Geste davon, dass er bereit sei, für die «Wahrheit» zu sterben: «Denn was nützt es zu leben, wenn ich in Wahrheit tot bin?» Gebt uns Freiheit, gebt uns Rechte – oder ihr werdet eines Tages «den Tag verfluchen, an dem ihr geboren wurdet!» Daraufhin zitiert er Teile aus Jeffersons Unabhängigkeitserklärung, ruft die Amerikaner dazu auf, sie aufmerksam zu lesen, und bittet sie, die von England an ihnen begangenen «Missbräuche und Übergriffe» mit denjenigen zu vergleichen, die sie selbst an schwarzen Menschen begingen.[8]

Walkers *Appeal* verbreitete sich rasch und zwang Kommentatoren wie Garrison, auf die darin vorgebrachten Argumente zu antworten. Garrisons prinzipielle Haltung der Gewaltlosigkeit war der Grund dafür, dass er das Pamphlet als eine «höchst unvernünftige Publikation» bezeichnete. Doch Anfang 1830 räumte er ein, dass es «viele wertvolle Wahrheiten und gerechtfertigte Ermahnungen» enthalte. Inzwischen hatte der Süden einen hartnäckigen politischen und juristischen Kampf mit dem Ziel der Unterdrückung des Textes begonnen. Der Gouverneur von North Carolina sagte, der *Appeal* «untergrabe absolut jeglichen Gehorsam unserer Sklaven» – was Walker gern zur Kenntnis nahm. Mitten in der Aufregung (und vielleicht gerade deswegen) um Walkers Text nahm die Polizei von Baltimore Garrison am 17. April 1830 in Gewahrsam. Doch ihm schienen die darauf folgenden sieben Wochen Gefängnis nichts auszumachen. «Es muss ein paar weiße Opfer geben, um der Nation die Augen zu öffnen», erklärte er bei seiner Freilassung im Juni, nachdem ein reicher Abolitionist die Kaution für ihn bezahlt hatte.

David Walker starb Wochen später an Tuberkulose. Doch die Kraft seiner Auflehnung gegen Rassismus und Sklaverei lebte in den Schriften seiner Freunde weiter – außer dem Teil über den gewaltsamen Widerstand. Unter den Freunden befand sich auch die feurige Abolitionistin und Feministin Maria Stewart. «Nicht die Farbe der Haut macht den Mann oder die Frau aus, sondern die Richtschnur in der Seele», sagte Stewart einmal. Bei ihren vier öffentlichen Vorträgen von 1832 und 1833 wandte sie sich als erste in Amerika geborene Frau an eine aus weißen und schwarzen Männern und Frauen gemischte Zuhörerschaft. Außerdem war sie eine Pionierin des schwarzen Feminismus. Einige ihre Kritiker brachten ihre ethnisch gemischte Zuhörerschaft mit sexueller Promiskuität in Verbindung.[9]

Lundy brachte danach, wenn auch in unregelmäßigen Abständen, weiterhin den *Genius* heraus, doch er schlug einen anderen Weg ein als Garrison. Dieser brauchte ein neues Medium, um seine gegen die Sklaverei gerichteten Gedanken zu verbreiten. Er brach zu einer Anti-Sklaverei-Tour in den Norden auf, wo seine Gegner ihn einen «zweiten Walker» nannten und wo er auf «hartnäckigere Vorurteile» als irgendwo sonst stieß. Das war auch Alexis de Tocquevilles Eindruck nach seiner Reise durch die Vereinigten Staaten 1831. In seinem Werk *Über die Demokratie in Amerika* (1835), das sofort zum Klassiker der politischen Wissenschaften avancierte, berichtet er, dass das Rassenvorurteil stärker in denjenigen Staaten auftrete, die die Sklaverei abgeschafft hatten, als in denjenigen, in denen sie noch bestand. Die «Weißen des Nordens [halten sich] um so sorgsamer von den Negern fern, je mehr der Gesetzgeber die gesetzliche Trennung zwischen ihnen verringert», fährt er fort. Er beschreibt den Teufelskreis der rassistischen Ideen, der so beständig ist, dass er durch Überzeugung oder Erziehung kaum zum Verschwinden gebracht werden kann. Damit die Weißen ihre Meinung von der Minderwertigkeit der Schwarzen aufgäben, müssten die «Neger» sich ändern. Doch so lange das Vorurteil andauere, sei eine Änderung unmöglich. Die Vereinigten Staaten hätten zwei Alternativen: Kolonisation oder das Aussterben der Afroamerikaner: Es lasse sich «schwer denken», schreibt der Franzose, «dass die Neger der ihnen drohenden Vernichtung entgehen; sie werden dem Schwert oder dem Elend erliegen» – da die Strategie der Verbesserung durch Selbstverbesserung nach seiner Ansicht nie funktionieren werde. Tocqueville fand, die Kolonisation sei «ein schöner und großer Gedanke», der jedoch in der Praxis kaum durchführbar sei. Es blieb die «Vernichtung».[10]

Garrison stand eine andere Möglichkeit vor Augen, als er sich wieder in Boston niederließ: sofortige Abschaffung der Sklaverei und schrittweise Gleichstellung. Am Samstag, dem 1. Januar 1831 kam die erste Ausgabe von *The Liberator* heraus, das Organ, das der abolitionistischen Bewegung unter weißen Amerikanern einen neuen Anstoß gab. In seinem ersten programmatischen Leitartikel mit dem Titel «To the Public», widerrief Garrison «die weit verbreitete, doch verderbliche Doktrin der *schrittweisen* Abschaffung der Sklaverei voll und ganz».[11]

Für den Rest seines abolitionistischen Lebens gab Garrison bei der Frage der sofortigen Emanzipation nie mehr nach. Er wies alle Vorstellungen einer schrittweisen Abschaffung der Sklaverei – bei der die Gesellschaft und die Sklaven lange auf die irgendwann zu gewährende Emanzipation vorbereitet werden sollten – zurück. Doch er machte auch deutlich, dass er die allmähliche, schrittweise Gleichstellung befürwortete, bei der schwarze Menschen einen Prozess der Zivilisierung durchlaufen sollten, um eines Tages den Weißen ebenbürtig zu sein. Garrison und seine Gruppe von Assimilationisten kämpften entschieden für die schrittweise Gleichstellung und nannten Anti-Rassisten, die sich für sofortige Gleichstellung einsetzten, realitätsfern und verrückt – genau wie die Segregationisten ihn verrückt nannten, weil er die sofortige Aufhebung der Sklaverei forderte.

The Liberator lebte zunächst von schwarzen Abonnenten. Garrison wandte sich in seiner Zeitung und in Reden in New York und Philadelphia an Schwarze. Er forderte freie Schwarze nachdrücklich dazu auf, jegliches Gesetz infrage zu stellen, «das eure Rechte als freie einheimische Bürger beeinträchtigt», und «euch selbst zu respektieren, wenn ihr den Respekt von anderen wünscht». Sie hätten «die Achtung, das Vertrauen und die Gunst der Weißen erworben» und könnten ihr Wohlwollen weiterhin erringen – «proportional zum Anwachsen eures Wissens und zur Verbesserung eurer Sittlichkeit». Garrison rief Schwarze auch dazu auf, Geld zu erwerben, denn «Geld erzeugt Einfluss, und Einfluss Ehrbarkeit».

Für ihn waren Schwarze, laut einem frühen Biografen, umso besser, je «mehr sie sich den Weißen in ihren Gewohnheiten» annäherten. «Er betrachtete sie stets als ein soziales Problem, statt sie einfach als Menschen zu sehen.» Wenn Schwarze als soziales Problem angesehen wurden, schien die Auflösung rassistischer Ideen ganz einfach zu sein. Wenn Schwarze aufstiegen, würde auch die Meinung der Weißen über sie besser werden. Wenn Schwarze aber einfach als Menschen angesehen wurden – eine Anzahl unvollkommener Individuen, genau wie die Anzahl unvollkommener Individuen mit weißer Haut –, dann war das unvollkommene Verhalten von Schwarzen nicht mehr relevant. Das soziale Problem war die Diskriminierung: die Ursache des ethnischen Ungleichgewichts zwischen zwei gleichen Gruppen von Individuen.[12]

Wenn er bei der Bekämpfung des Rassismus immer wieder auf die schwarze Selbstverbesserung zurückkommt, spiegelt Garrison damit die Ansichten der schwarzen Elite-Aktivisten wider, die ihn in ihre Städte einluden und seine Zeitung abonnierten. In vielen Fällen sahen schwarze Aktivisten einander als soziale Probleme, die gelöst werden mussten. «Wenn wir überhaupt erwarten können, dass der Einfluss der Vorurteile abnimmt und man uns respektiert, so wird es der segensreichen Wirkung einer aufgeklärten Erziehung zu verdanken sein», heißt es in der Resolution der Teilnehmer am Zweiten Jahreskongress zur Verbesserung der Lebensbedingungen freier Farbiger 1831 in Philadelphia.[13]

Garrison reagierte mit seinen Schriften auf die ethnischen Ungleichheiten und Diskriminierungen, die er im Norden erlebte, wo Schwarze frei waren. Doch seine Rufe nach «Vermehrung des Wissens» und «sittlicher Vervollkommung» unter den freien Schwarzen waren im Grunde nichts anderes als die «Verbesserung durch Selbstverbesserung», die den Herausgebern der ersten schwarzen Tageszeitung, des *Freedom's Journal,* so am Herzen gelegen hatte. Selbstverständlich hatte die neueste Geschichte keineswegs ein proportionales Anwachsen von schwarzer Selbstverbesserung und weißer Wertschätzung gebracht. Die Existenz von sozial aufsteigenden Schwarzen stoppte weder die Kolonisationsbewegung noch die Verfrachtung afrikanischer Sklaven in die Südwest-Gebiete, noch die Vereinigung von weißen

Bürgern und weißen Sklavenhaltern in der neuen antischwarzen Demokratischen Partei. Als der Sklavenhalter und Kriegsheld Andrew Jackson aus Tennessee 1829 als Held der Demokratie für weiße Männer und für andere als Held der Autokratie zum neuen Präsidenten gewählt wurde, schien sich das Aufkommen und die Reproduktion rassistischer Ideen trotz schwarzer Fortschritte in diesen Jahren sogar noch zu beschleunigen. Als Henry Clay, Senator aus Kentucky, mit Aristokraten, Industriellen, Moralisten und Kolonisatoren 1832 die Whig Party gründete, um Jacksons Demokratischer Partei entgegenzutreten, verbreiteten sich gleichzeitig rassistische Ideen überall in den Vereinigten Staaten.

In den frühen 1830er-Jahren wandten sich die neuen Boulevardblätter von den «guten» Nachrichten ab und druckten mehr auffällige «schlechte» Nachrichten, bei denen die Verbindung von Verbrechen, Schwarzsein und Armut stets Sensationen ergab. Freie Schwarze waren gezwungen worden, in den Baracken, Kellern und Gassen von «Nigger Hill» in Boston, «Little Africa» in Cincinnati oder «Five Points» in New York zu leben, wo strenge Rassentrennung herrschte: «die schlimmste Hölle Amerikas», schrieb ein Besucher. Schwarzes Verhalten – nicht die quälende wirtschaftliche Diskriminierung, die Herabsetzung beim Wohnen – wurde für diese verarmten schwarzen Enklaven verantwortlich gemacht. Bereits 1793 klagte ein weißer Geistlicher, dass «eine Negerhütte» die Grundstückspreise in Salem habe fallen lassen. Ähnliche Klagen und Proteste gab es in New Haven und Indiana, und als Garrison sich in Boston niederließ, hörte man sie ständig. Der Wohn-Teufelskreis hatte sich schon etabliert. Rassistische Strategien schadeten schwarzen Wohngegenden, indem sie rassistischen Ideen Auftrieb gaben, die dazu führten, dass man nicht mehr in der Nähe von Schwarzen leben wollte, was zur Abwertung der von Schwarzen bewohnten Häuser führte, wodurch man noch weniger in schwarzen Wohngegenden leben wollte, weil die Häuser nichts mehr wert waren.[14]

Millionen armer Einwanderer aus Europa, die nach 1830 in die Hafenstädte des Nordens strömten, verstärkten die Wohn-Diskriminierung noch weiter und bedrohten das Privileg freier Schwarzer auf einfache Arbeiten und Handlangerdienste. Einheimische Weiße schärften ihre rhetorischen Waffen, die sie lange eingesetzt hatten, um Schwarze zu demütigen, und beleidigten irische Immigranten, indem sie sie «weiße Nigger» nannten. Einige Iren wandten sich gegen diesen Nativismus. Bei anderen wurde die ökonomische und politische Frustration zur Quelle rassistischer Ideen, die dann zu verstärktem Hass auf schwarze Menschen führten.

In dieser Atmosphäre von tief verwurzeltem Rassismus tauchten die ersten Minstrel-Shows in Amerika auf, die nach und nach eine große Zuhörerschaft unter europäischen Einwanderern, einheimischen Weißen und zuweilen sogar Schwarzen anzogen. 1830 ging Thomas «Daddy» Rice, der gelernt hatte, das afroamerikanische Englisch (das heute «Ebonics» genannt wird) zu imitieren, im Süden auf Tournee. Die Figur, die ihm internationale Bekanntheit einbrachte, gelang ihm immer besser: Jim Crow. Mit geschwärztem Gesicht, in Lumpen und zerrissene Schuhe gekleidet und mit einem zerknautschten Hut auf dem Kopf gab Jim Crow singend und tanzend den kindlich-dummen, munteren schwarzen Tagelöhner. Andere Minstrel-Figuren waren «Old Darky», der gedankenlose, musikalische Kopf einer Sklavenfamilie, und «Mammy», die kräftige, asexuelle, hingebungsvolle Wärterin der Weißen, die mehr war als ein Dienstmädchen. Das biethnische, hübsche, leichtlebige «yaller gal» empfanden weiße Männer als angenehm erregend. «Dandy» oder «Zip Coon» war ein aufstrebender schwarzer Mann aus dem Norden, der weiße Honoratioren nachahmen und lächerlich machen konnte. Typischerweise gab es in den Minstrel-Shows Tanzeinlagen oder akrobatische Darbietungen wie im Varieté sowie parodistische Plantagen-Sketche. In den Jahrzehnten vor dem Bürgerkrieg stieg die *blackface minstrelsy* zur ersten amerikanischen Theaterform auf, aus der später die amerikanische Unterhaltungsindustrie entstand. Die Minstrel-Shows – die auch nach Europa exportiert wurden – gehörten zu den beliebtesten Unterhaltungsformaten in den Vereinigten Staaten, bis sie um 1920 von rassistischen Filmen verdrängt wurden.[15]

Die Idee der weißen Überlegenheit, im Laufe des 19. Jahrhunderts oft auf widersprüchliche Weise infrage gestellt, fand in der *blackface minstrelsy* einen neuen Schutzschild, der ihre Normalität suggerierte. 1835 und 1836 konnten sich diejenigen, die Minstrel-Shows nicht mochten, die «größte natürliche und nationale Sehenswürdigkeit der Welt» anschauen. P. T. Barnum, der mit fünfundzwanzig schon ein Geschäft in den Bankrott geführt hatte, stellte Joice Heth aus, die angeblich hunderteinundsechzig Jahre alt war. Er behauptete, sie sei die einstige Amme von George Washington. Und mit ihrem abgemagerten Körper, ihren gelähmten Armen und Beinen, ihrer runzligen Haut, ihrem zahnlosen Grinsen, ihren krallenartigen Nägeln und halbblinden Augen sah sie ganz so aus. Vor allem durch ihre schwarze Haut schien Heths hohes Alter glaubwürdig zu sein. Der *Evening Star* erzählte seinen Lesern, dass ein so hohes Alter in Afrika nichts Besonderes sei. P. T. Barnum wurde später bekanntlich einer der größten Zirkusveranstalter in der amerikanischen Geschichte, der alle Arten von Freaks ausstellte – unter anderem auch weiß gewordene Schwarze. Physische Assimilationisten sahen sie immer noch mit Vergnügen und erklärten, dass die Änderung der Hautfarbe das Mittel sei, das irgendwann einmal alle Rassenmissstände des Landes kurieren werde.[16]

Außer Minstrel- und Freak-Shows gab es eine Reihe von Romanen und Kinderbüchern, die größeren und kleinen Kindern rassistische Ideen einimpften. John Pendleton Kennedys Buch *Swallow Barn* (1832) etablierte das Genre des Plantagenromans, dessen Personal mehr oder weniger aus den recycelten Mammys und Sambos der Minstrel-Shows bestanden. Die Bostonerin Caroline Gilman, die in South Carolina Sklaven für sich arbeiten ließ, füllte *The Rose Bud*, das erste, 1832 gegründete Kinder-Wochenmagazin der Südstaaten, mit ähnlichen Plantagengeschichten. Die weißen Kinder des Südens konnten, wenn sie Gilman lasen (oder einfach ihre Eltern beobachteten), sich ihren schwarzen Spielkameraden gegenüber als Herren oder, schlimmer, Aufseher, fühlen, sie herumkommandieren, lächerlich machen und quälen. Die Sklavenkinder trösteten sich, indem sie ihre freien Kameraden bei physischen Spielen – beim Laufen, Springen oder Werfen – übertrumpften. «Wir waren stärker und konnten Spiele spielen, und die weißen Kinder konnten das nicht», erinnert sich ein ehemaliger Sklave. Sowohl schwarze wie weiße Kinder definierten sich in der Sklaverei über rassistische Stereotype.[17]

Das war das Amerika, in dem *The Liberator* in den 1830er-Jahren erschien – ein Land, in dem schwarze Menschen zugleich als bedrohliche Angstgestalten, als Quellen für komödiantische Unterhaltung und als Freaks betrachtet wurden. Menschen, die von rassistischen Ideen beeinflusst waren – in Minstrel-Shows, Freak-Shows, in der Literatur, in den Zeitungen, unter Andrew Jacksons Demokraten waren diese Ideen allgegenwärtig –, sahen auf Schwarze herab, weil sie in ihnen ein soziales Problem zu erkennen meinten. Garrison hasste die Shows und die Literatur, und er hasste die Politiker, die solche Vorstellungen verbreiteten. Und doch gehörte auch er zu denjenigen, die schwarze Menschen zu einem sozialen Problem machten.

Ein virginischer Sklave war anderer Meinung als Garrison und glaubte nicht, dass afrikanische Sklaven warten sollten, während weiße Abolitionisten und kultivierte freie Schwarze durch gewaltlose Überzeugungstaktiken das Problem lösten. Dieser Prediger wandte sich gegen die «Verbesserung durch

Selbstverbesserung», und er wandte sich gegen das rassistische Gerede, dass das Verhalten der Schwarzen Teil des Problems sei. Am Abend des 21. August 1831 begannen Nat Turner und fünf seiner Anhänger, die an ihren gottgegebenen Auftrag glaubten, ihren Kampf im Southampton County, Virginia. Turner tötete die Familie seines Herrn, nahm Waffen und Pferde und machte sich zur nächsten Plantage auf den Weg. Vierundzwanzig Stunden später war der Zug auf etwa siebzig Sklaven und Freie angewachsen.

Nach zwei Tagen hatten siebzig schwarze Bewaffnete mindestens fünfundsiebzig Sklavenhalter auf einer zwanzig Meilen langen Schneise der Verwüstung getötet, bevor der Aufstand niedergeschlagen wurde. Panik brach aus, als die Zeitungen überall mit übergroßen Lettern die blutigen Einzelheiten der «Tragödie von Southampton» verkündeten. Bevor er gehängt wurde, erzählte Turner einem lokalen Anwalt namens Thomas Gray, wie ihm seine Theologie der Befreiung zuteil geworden war. «Ich hörte ein lautes Geräusch im Himmel, und gleich darauf erschien mir der Geist und sagte, die Schlange ist losgelassen und Christus hat das Joch abgelegt, das er für die Sünden der Menschen trug, und ich sollte es aufnehmen und gegen die Schlange kämpfen, denn bald käme die Zeit, da die Ersten die Letzten und die Letzten die Ersten sein sollten.»

«Siehst du jetzt, dass du im Irrtum bist?», hatte Gray gefragt. Und Turner erwiderte: «Ist Christus nicht ans Kreuz genagelt worden?»[18]

«Wir sind entsetzt», kommentierte Garrison den Aufstand. Wer würde sich in der «Wut gegen die Rebellen», die Amerika gepackt hatte, noch an die «Übel» der Sklaverei erinnern? Garrison tat es, und er zählte sie unverdrossen auf. Doch die Strategie der Gewalt konnte er nicht billigen. Es war ihm nicht bewusst, dass einige, wenn nicht die meisten Sklavenhalter eher sterben würden, als ihren Leibeigenen die Freiheit zu geben. Doch Garrison blieb seiner Überzeugung unerschütterlich treu: dass zur «Vollendung des großen Werks der nationalen Erlösung» das Mittel der «sittlichen Macht» eingesetzt werden sollte, das heißt der intellektuellen Überzeugung.

Wenn Schwarze nicht gewaltsam Widerstand leisteten, galten sie als von Natur aus unterwürfig. Doch wenn sie kämpften, wurden sie von reaktionären Kommentatoren im Norden und im Süden als barbarische Tiere beschrieben, die man als Sklaven hinter Schloss und Riegel halten müsse. Einige Sklavenhalter suchten auch Trost in den Mythen von der natürlichen schwarzen Fügsamkeit und machten Jagd auf diejenigen, die sie als Agitatoren und Einpeitscher betrachteten: Abolitionisten wie Garrison. In Georgia wurde für die Ergreifung Garrisons zum Zweck einer Anklage vor Gericht sogar eine Belohnung von 5000 Dollar (heute etwa 109 000 Dollar) ausgesetzt. Doch auch diese versprochene Summe konnte Garrison nicht daran hindern, wöchentlich Berichte und Kommentare gegen die Sklaverei im *Liberator* abzudrucken, gerade in der Zeit, als die Debatten über den Nat-Turner-Aufstand hohe Wellen schlugen.

Dank einer Spende der neugegründeten New England Anti-Slavery Society, der ersten nichtschwarzen Organisation, die sich der sofortigen Emanzipation verschrieb, hatte *The Liberator* seinen Umfang vergrößern können. Danach äußerte ein Journalist aus Connecticut verächtlich, Georgia sollte nun auch die Belohnung auf Garrisons Kopf «in entsprechendem Maß» erhöhen. Georgia sollte vielmehr einigen virginischen Abgeordneten Belohnungsprämien geben, lautete Garrisons Antwort. Denn sie «sprachen ernsthaft davon, die Ketten ihrer so *glücklichen* und *hingebungsvollen* Sklaven zu brechen».[19]

Nach Turners Aufstand gab es in Virginia tatsächlich ernsthafte Überlegungen, die Sklaverei zu beenden. Das war jedoch nicht das Resultat der sittlichen Überzeugungsarbeit gewaltloser Abolitionisten, sondern der Angst vor Sklavenaufständen oder dem «schwelenden Vulkan», der sie eines Tages alle töten konnte. Im Winter 1831–1832 erhoben im Untergrund arbeitende Abolitionisten, mächtige Kolonisatoren und hysterische Abgeordnete in Virginia ihre Stimme gegen die Sklaverei. Am Ende verhinderten die antiabolitionistischen Abgeordneten jede einzelne Maßnahme gegen die Sklaverei und es gelang ihnen, eine Sklavengesetzgebung zu verabschieden, die sogar noch grauenhafter war als die bisher bestehende. Sie unterdrückten die Menschen, die sie als unterwürfig bezeichneten, und beschnitten die Schulbildung derer, von denen sie behaupteten, man könne ihnen nichts beibringen. Es ist klar, dass nicht rassistische Ideen diese Sklavengesetze hervorbrachten. Die Interessen der Sklavenhalter brachten sie hervor. Rassistische Ideen wurden erzeugt, um diesen Interessen entgegenzukommen.[20]

William Lloyd Garrison erkannte das nicht. Doch er erkannte, dass es nicht allein die Interessen der Sklavenhalter waren, die der Emanzipation im Weg standen. Am 1. Juni 1832 konnte man seine Gedanken zu diesem Thema in seinem ersten und einzigen Buch lesen. «Mit deinem eigenen Mund will ich dich verfluchen», schreibt er und spickt seinen Text mit Zitaten von Befürwortern der Kolonisation, um zu beweisen, dass sie Befürworter der Sklaverei sind, Feinde der «sofortigen Abolition», die sich den «gänzlichen Ausschluss der Schwarzen» zum Ziel gesetzt hätten und «die Möglichkeit des Emporkommens der Schwarzen in diesem Land» leugneten. Am Ende standen sechsundsiebzig Seiten mit Aufrufen gegen die Kolonisation von «farbigen Menschen». Das Buch mit dem Titel *Thoughts on African Colonization* war ein umfassender Angriff auf jene Gruppen, die inzwischen zu den mächtigsten rassenreformerischen Organisationen des Landes geworden waren. Mit Garrisons Buch in der Hand erklärten die Abolitionisten der American Colonization Society den Krieg. Es war ein Angriff, von dem sie sich nie mehr erholte.[21]

Sie war 1832 nicht nur mit diesem Angriff konfrontiert. Als Repräsentant südlicher Sklavenhalter, die die Kolonisation ablehnten, publizierte Thomas Roderick Dew, Professor am William & Mary College, keine dreißig Tage nach dem Erscheinen von Garrisons *Thoughts* seine *Review of the Debate in the Virginia Legislature of 1831 and 1832* (Kritische Betrachtung der Debatte von 1831 und 1832 im virginischen Parlament). Dew war das Kind eines virginischen Plantagenbesitzers und zutiefst von Adam Smiths *Wohlstand der Nationen* beeinflusst. «Die Plantagen im Süden» sollten von afrikanischen Sklaven bewirtschaftet werden, die «der starken südlichen Sonne widerstehen» könnten und «die Erschöpfung, die Anbau und Pflege von Reis, Baumwolle, Tabak und Zuckerrohr mit sich bringen, besser ertragen als weiße Arbeiter». Deshalb wäre «die Verbannung von einem Sechstel unserer Bevölkerung … ein selbstmörderischer Akt». Thomas Roderick Dew – nein, William Lloyd Garrison schrieb diese eifernden Sätze in *Thoughts on African Colonization*. Dew stimmte ihm aber in seinem Buch zu. Diese beiden, Gegner und Befürworter der Sklaverei, waren sich über noch mehr Dinge einig. Wie Garrison betrachtete auch Dew die Kolonisation als eine schlechte und nicht praktikable Idee. Schwarze Menschen, «obwohl weit unten stehend auf der Stufenleiter der Zivilisation» und unfähig zu arbeiten, «außer durch Ausübung von Zwang», bildeten immer noch das billige Arbeitskräftereservoir, das die Ökonomie der Südstaaten brauchte.[22]

Der US-Senat hatte nicht anders argumentiert, als er 1828 die letzte Bitte der American Colonization Society um Geldmittel abwies. Da Schwarze «viele notwendige niedrige Tätigkeiten» verrichteten, so der Beschluss des Foreign Relations Committee, würde die Kolonisation zu einem Vakuum beim Angebot an billigen Arbeitskräften in Hafenstädten führen, wodurch die Arbeitskosten steigen würden. Zu diesen unterschiedlichen Tätigkeiten und Hilfsdiensten gehörte die Arbeit von Tagelöhnern, Seeleuten, Hausdienern, Kellnern, Barbieren, Kutschern, Schuhputzern und Gepäckträgern für Männer, und die Arbeit von Wäscherinnen, Schneiderinnen, Weißnäherinnen und Hausmädchen für Frauen. «Wir sehen, dass sie nicht mit Arbeiten beschäftigt sind, die eine gewöhnliche Ausbildung verlangen», bemerkte ein

Beobachter aus Pennsylvania. «Die Menge ist unbedacht und sucht nur die niedrigsten Handlangerdienste.» Rassistische Maßnahmen, die Schwarze zur Verrichtung von niedrigen Tätigkeiten zwangen, wurden durch rassistische Behauptungen gerechtfertigt, nach denen faule und ungelernte Schwarze für solche Tätigkeiten am besten geeignet seien. So brauchte von rassistischer Diskriminierung nicht mehr die Rede zu sein, und die Städte konnten sicher sein, dass ihr Reservoir an ungelernten Arbeitern intakt blieb, das der US-Senat für so wesentlich für die Wirtschaft hielt.[23]

Thomas Roderick Dews *Review* brachte in den Kreisen der Sklavenhalter das zustande, was Garrisons *Thoughts* in den Kreisen der Abolitionisten zustande brachte. Nachdem Dew 1836 Präsident des William & Mary College wurde, «ist es nicht mehr nötig, auch nur ein einziges Wort über die Zweckmäßigkeit der Verbringung unserer Sklaven nach Afrika zu verlieren», bemerkt ein Kommentator aus South Carolina. Die ACS tat ihr Bestes, um zurückzuschlagen. Im November 1832 sagte ihr Vorsitzender Ralph Gurley, es sei «nicht richtig, dass Menschen eine Freiheit besitzen sollen, auf die sie gänzlich unvorbereitet sind [und] die sich nur als ihnen selbst und anderen abträglich erweisen kann». Gurleys Text im ACS-Journal war die erste Salve in einem hässlichen Gegenangriff der ACS. Im Visier standen alle, die für die sofortige Abolition eintraten. Sie wurden bei Vorträgen, von Kanzeln herab, in Schulen und Universitäten, in Zeitungen und auf den Straßen attackiert. Da die ACS immer noch versuchte, die Sklavenhalter auf ihre Seite zu ziehen, blieben ähnliche Angriffe gegen Thomas Roderick Dew und die von ihm vertretenen Plantagenbesitzer aus.[24]

Obwohl der weiße Mob einige von ihnen zögern ließ, fanden sich sechsundsechzig Abolitionisten, die nur das Versinken in Apathie fürchteten, am 4. Dezember 1833 zusammen, um die American Anti-Slavery Society (AASS) zu gründen. Sie glaubten an die radikale Idee der «sofortigen Emanzipation, ohne Auswanderung». Die AASS wurde von Amerikas berühmtestem Philanthropen geleitet, dem New Yorker Arthur Tappan. Hinter ihm standen seine reichen Brüder, der zukünftige Senator Benjamin Tappan aus Ohio und der Abolitionist Lewis Tappan, der dafür bekannt war, dass er versucht hatte, die illegal versklavten Afrikaner auf dem Schoner *Amistad* zu befreien. Die nicht praktikable Strategie der Verbesserung durch Selbstverbesserung war den Statuten der AASS eingeschrieben. «Diese Gesellschaft hat zum Ziel, Charakter und Lebensbedingungen farbiger Menschen zu verbessern, indem sie sich für die Verbesserung ihrer geistigen, moralischen und religiösen Haltung einsetzt und das öffentliche Vorurteil bekämpft.»[25]

Garrison erhielt einen kleinen Posten in der AASS, da die relativ vorsichtigen Tappan-Brüder und ihre Freunde versuchten, den Bostonern die Kontrolle über die abolitionistische Bewegung zu entreißen. Da sie aber paternalistischer und dreister waren als Garrison, wiesen die Tappan-Brüder die Vertreter der AASS an, freien Schwarzen «die Bedeutung der häuslichen Ordnung und der entsprechenden Familienpflichten» ans Herz zu legen; wichtig seien «korrektes Benehmen [sowie] ein beherrschtes Temperament und höfliche Manieren». Ihre Mission: die minderwertigen freien Schwarzen so zu verbessern, dass die angestrebte «Gleichstellung mit Weißen» entstand. Und doch sollten die Vertreter und Unterstützer der AASS keine schwarzen Kinder adoptieren, interethnische Eheschließungen nicht fördern und «Farbige» nicht dazu anzuhalten, «vornehm zu tun». Schwarze sollten die «wahre Würde der Demut» annehmen, um Kritiker für sich zu gewinnen.

Beim jährlichen Treffen der AASS im Mai 1835 beschlossen die Mitglieder, neue Technologien zu nutzen, damit ihre Botschaft auch potenziellen abolitionistischen Konvertiten zu Ohren kam. Sie stützten sich auf die billigen Massenerzeugnisse der Druckmaschinen mit trivialen Abbildungen, auf Dampfpressen und auf die neue Eisenbahn, und sie nutzten einen effizienten Postdienst, um das Land mit 20 000 bis 50 000 wöchentlichen Exemplaren ihrer abolitionistischen Abhandlungen zu überschwemmen. Das Ziel: «das Gewissen der Nation für die Übel der Sklaverei zu wecken». Die Sklavenhalter hatten keine Ahnung, was auf sie zukam.[26]

Kapitel 14

Tierhaft oder zivilisiert

Während die Sklavenhalter sich in aller Ruhe über Gewinne und Verluste, die Kolonisation, Foltertechniken und die Pflichten christlicher Dienstherren austauschten, spürten sie, dass sich etwas verändert hatte. Wie ein sachter Frühlingsregen, der überall niederging, verbreiteten sich die abolitionistischen Traktate. Im Sommer 1835 war es ein Wolkenbruch – allein im Juli erschienen 20 000 dieser kurzen Texte, bis zum Jahresende waren es eine Million. In ihnen wurden die Sklavenhalter als böse Menschen dargestellt, und einige rassistische Ideen wurden hinterfragt, etwa die angebliche Unfähigkeit der Schwarzen, in Freiheit zu leben; zugleich wurden andere rassistische Ideen verbreitet, zum Beispiel, dass Afrikaner von Natur aus religiös und versöhnlich seien und auf Auspeitschen und ähnliche Strafen mit liebevollem Verständnis reagierten. Das allgegenwärtige Logo der Bewegung zeigte einen knienden Afrikaner in Ketten, der seine schwachen Arme betend zu einem unsichtbaren himmlischen Gott oder einem schwebenden weißen Erlöser emporhob. Afrikanische Sklaven sollten darauf warten, dass die Sklavenhalter sie unterstützten, die Befürworter der Kolonisation sie abtransportierten und die Abolitionisten sie befreiten.[1]

Die wütenden Sklavenhalter betrachteten die Postkampagne der American Anti-Slavery Society als eine Kriegserklärung. Zur Verteidigung «unserer Schwesterstaaten» gegen die Abolitionisten zogen weiße Schläger im Sommer und Herbst 1835 durch die Schwarzenviertel des Nordens und plünderten und zerstörten Häuser, Schulen und Kirchen. Sie schrien, es sei ihre Aufgabe, weiße Frauen vor den hypersexualisierten Bestien mit schwarzen Gesichtern zu beschützen, die, falls man sie befreite, die Blüte menschlicher Reinheit und Schönheit vernichten würden. In Wahrheit verloren nach 1830 junge, alleinstehende weiße Arbeiterfrauen, die außerhalb ihrer Wohnungen Geld verdienten, zunehmend ihre finanzielle Abhängigkeit von Männern und errangen etwas mehr sexuelle Freiheit. Gruppenvergewaltigungen von weißen Männern an weißen Frauen tauchten zur gleichen Zeit auf wie die Übergriffe weißer Männer auf schwarze Menschen. Es waren verzweifelte Versuche der Aufrechterhaltung der beherrschenden Stellung weißer Männer.[2]

Der furchtloseste und gerissenste Verteidiger der Sklaverei, der in dieser Zeit des anwachsenden Abolitionismus von sich reden machte, war Senator John C. Calhoun aus South Carolina, der Sohn eines reichen Plantagenbesitzers, der unter zwei Präsidenten, John Quincy Adams und Andrew Jackson, Vizepräsident gewesen war. Selbst diejenigen, die ihn hassten, konnten ihm seine Brillanz als Stratege und Kommunikator nicht absprechen. Am 6. Februar 1837 machte er seine Ansichten vor dem Senat deutlich. Verärgert über einen virginischen Senator, der kurz vor seinem eigenen Redebeitrag die Sklaverei als ein «kleineres Übel» bezeichnet hatte, wollte Calhoun nun Klartext reden. Die alten Anti-Sklaverei-Konzepte von Jeffersonscher Art sollten ein für allemal begraben werden. «Ich bin der Ansicht, dass … die Beziehung, die heute in den sklavenhaltenden Staaten zwischen den beiden [Rassen] herrscht, nicht etwa ein Übel ist, sondern etwas Gutes, unbedingt etwas Gutes», sagte er. Und er fuhr fort, die Sklaverei sei nicht nur gut für die Gesellschaft, sondern auch gut für aufmüpfige schwarze Menschen. Sie stehe für den «rassischen» Fortschritt.[3]

In gewisser Hinsicht respektierte William Lloyd Garrison Calhoun, da er ihn mit seiner Ehrlichkeit und Unverfrorenheit bei der Verteidigung der Sklaverei einem Politiker wie dem schüchternen Henry Clay vorzog, der immer noch an den schrittweisen Abolitionismus und die Kolonisation glaubte. Und doch sei Calhoun, wie er sagte, «der Meister der höllischen Sklaverei»: «Sein Gewissen ist mit einem heißen Eisen ausgebrannt, sein Herz ist so hart wie ein Diamant.» Für die Vertreter der schrittweisen Emanzipation war Garrison wegen seines Glaubens an die sofortige Befreiung ein Radikaler, während Calhoun für die Vertreter der sofortigen Abolition ein Radikaler war, weil er die immerwährende Sklaverei verteidigte. Jeder der beiden betrachtete die andere Seite als die Inkarnation des Satans, den Zerstörer Amerikas, den Vernichter von allem, was gut war in der Welt, und den Advokaten alles Bösen. Garrison brauchte mehr Mut als Calhoun. Dieser war die lauteste Stimme im nationalen Chor derjenigen, die gegen Garrison anschrien, während Garrison fast allein stand im Chor der Weißen, die ihre Stimmen gegen Calhoun erhoben.[4]

Doch weder Calhouns Behauptung von der Sklaverei als einem hohen nationalen Gut noch die Drohungen des weißen Mobs konnten die wachsende Anziehungskraft des Abolitionismus eindämmen. Garrison hatte im Oktober 1835 auf die Gewalttaten des Bostoner Pöbels mit heroischem gewaltlosem Widerstand reagiert, und sein Verhalten hatte ihm und seiner Sache bei Tausenden von Nordstaatlern hohes Ansehen verschafft. 300 000 Menschen unterstützten gegen Ende dieses Jahrzehnts die abolitionistische Bewegung.

Je mehr Anhänger der Bewegung in den späten 1830er-Jahren zuströmten, desto größer wurden die Spaltungstendenzen. Es gab die Garrisonians, die sich weigerten, mit den «gewissenlosen» politischen Parteien und Kirchen zusammenzuarbeiten, und diejenigen, die versuchten, Parteien und Kirchen für ihre Sache zu gewinnen. Auch bei den schwarzen Abolitionisten gab es unterschiedliche Gruppierungen. Die Anti-Rassisten ließen es nicht mehr unwidersprochen, wenn sie hörten, dass man schwarzes Verhalten als Ursache für weiße Vorurteile bezeichnete. Peter Paul Simons war dadurch bekannt geworden, dass er den Herausgeber des *Colored American* wegen eines Textes kritisiert hatte, in dem verbreitet wurde, dass biethnische Menschen «talentierter» seien als Schwarze; nun war er einer der ersten Afroamerikaner, der öffentlich die Stimme gegen die «Verbesserung durch Selbstverbesserung» erhob. Vor der African Clarkson Society in New York sagte Simons am 23. April 1839, diese Strategie rieche nach einer Verschwörung, die zum Ziel habe, «uns auch noch in unseren Privatangelegenheiten Weiße als Herren vorzusetzen». Schwarze seien tugendhafte Menschen, sagte der Anti-Rassist. «Zeigt der Welt einen Afrikaner, und ihr werdet wahre Tugend sehen.» Er rief zum Protest auf und forderte: «*Action! Action! Action!*»[5]

Doch Anti-Rassisten mussten sowohl gegen die mächtigen, die Sklaverei befürwortenden Assimilationisten wie gegen die noch mächtigeren, die Sklaverei ablehnenden Segregationisten kämpfen. Ein Geistlicher der Whig Party, Calvin Colton, verlangte in seinen Büchern *Abolition a Sedition* (Das Hetzwort Abolition) und *A Voice from America to England* (Eine Stimme aus Amerika, an England gerichtet) 1839 sofortige Maßnahmen gegen die Abolition und ihre Anhänger. «Es gibt keine Gleichheit unter Menschen und es kann sie nicht geben», schreibt er. «Weder Gott noch der Mensch hat jemals Gleichheit gestiftet.» Die Wissenschaft bestätigte seine Ansicht. Alle Gelehrten – von Cambridge in Massachusetts bis Cambridge in England – stimmten darin überein, dass ethnische Gleichheit nicht existierte. 1839 drehte sich die Debatte immer noch um den Ursprung der «Rassen»: Monogenese stand gegen Polygenese.[6]

Dr. Samuel Morton, der Begründer der Anthropologie in den Vereinigten Staaten, beteiligte sich ebenfalls an diesem Streit und legte am 1. September 1839 durch die Publikation von *Crania Americana* seinen Standpunkt dar. Er hatte sein berühmtes «Amerikanisches Golgatha» in der Academy of Natural Sciences in Philadelphia genutzt, die weltgrößte Sammlung menschlicher Schädel. Sein Ziel war, Wissenschaftlern ein objektives Werkzeug zur Unterscheidung der «Rassen» an die Hand zu geben: die mathematisch-komparative Anatomie. Akribisch hatte er das «durchschnittliche innere Fassungsvermögen» von etwa einhundert Schädeln in Kubikzoll gemessen. Die Schädel der «kaukasischen Rasse» waren unter diesen wenigen Probestücken die größten, woraus Morton schloss, dass Weiße unter allen «Rassen» «die höchste intellektuelle Begabung» besäßen. Allerdings verließ er sich auf die falsche Annahme, dass die Intelligenz eines Menschen von der Größe des Schädels abhängig sei.[7]

Es folgten freundliche Besprechungen in prominenten medizinischen und anderen wissenschaftlichen Zeitschriften, die Mortons «riesige Faktenmenge» bestaunten. Aber es gab Ausnahmen. Die Schädelmessungen des deutschen Anatomen Friedrich Tiedemann stimmten mit Mortons Hierarchie nicht überein. So kam Tiedemann zu dem Schluss, dass es keine angeborenen intellektuellen Unterschiede zwischen verschiedenen Ethnien gab. Wie die Petitionäre von Germantown im 17. und John Woolman im 18. Jahrhundert bewies Tiedemann, dass Rassisten nie einfach das Produkt ihrer Zeit waren. Auch wenn die meisten Gelehrten den einfachen, populären und erfolgversprechenden Weg gingen und sich für den Rassismus entschieden, gab es immer auch andere, die den harten, unpopulären Weg des Anti-Rassismus einschlugen.[8]

Eine der ersten großen wissenschaftlichen Kontroversen in den Vereinigten Staaten begann mit einer scheinbar einfachen Beobachtung. Der in Harvard ausgebildete, gegen die Sklaverei eingestellte Psychiater Edward Jarvis prüfte die Daten der Volkszählung von 1840 und fand heraus, dass freie Schwarze aus den Nordstaaten mit etwa zehnmal größerer Wahrscheinlichkeit als geisteskrank eingeschätzt wurden als schwarze Sklaven aus den Südstaaten. Am 21. September 1842 veröffentlichte er seine Erkenntnis im *New England Journal of Medicine*, der damals und heute führenden medizinischen Zeitschrift. Die Sklaverei müsse «einen wunderbaren Einfluss auf die Entwicklung der geistigen Fähigkeiten und der Intelligenz» der Schwarzen gehabt haben, schlussfolgert Jarvis.[9]

Einen Monat später publizierte ein anonymer Autor im gleichen Organ eine andere angeblich wissenschaftliche Studie: «Vital Statistics of Negroes and Mulattoes». Biethnische Menschen lebten weniger lang als Weiße und «reine Afrikaner», auch das war offenbar an den Daten der Volkszählung abzulesen. Der Autor forderte eine Untersuchung «der Ursache dieser folgenreichen Bilanz». Dr. Josiah C. Nott aus Mobile, Alabama, kam 1843 im *American Journal of Medical Science* dieser Forderung nach. In «The Mulatto – A Hybrid» behauptet der bekannte Wundarzt, biethnische Frauen seien «für die Aufzucht von Kindern wenig geeignet», da sie das Produkt «zweier unterschiedlicher Gattungen» seien, wie «Maultiere, die von Pferd und Esel» abstammen. Notts Behauptung war so empörend wie die Zahlen zu den Geisteskranken, aber sie wurde von vielen Wissenschaftlern übernommen.[10]

Als Jarvis sich noch sorgfältiger über die Volkszählung von 1840 beugte, fand er überall Fehler. In einigen Städten der Nordstaaten hatte man mehr schwarze Verrückte als schwarze Einwohner registriert. So baten Jarvis und die American Statistical Association die Regierung, die Volkszählung zu korrigieren. Am 26. Februar 1844 forderte das Repräsentantenhaus den Secretary of State Abel Upshur auf, die Sache zu untersuchen. Die Gelegenheit dazu bekam er nie. Denn zwei Tage später gehörte er zu den sechs Menschen, die auf dem Kriegsschiff USS *Princeton* getötet wurden. Präsident John Tyler ernannte daraufhin niemand anders als John C. Calhoun zum Nachfolger von Upshur. Calhoun sah zwei Dinge auf Upshurs Schreibtisch: die Unterlagen zur Volkszählung und einen gegen die Sklaverei gerichteten Brief des britischen Außenministers Lord Aberdeen. Der Brite drückte darin seine Hoffnung auf universelle Emanzipation und ein freies und unabhängiges Texas aus.[11]

Die von den Sklavenhaltern verfolgte Annexion von Texas als Sklavenstaat war das Leitthema der Wahlen von 1844. James K. Polk, Sklavenbesitzer aus Tennessee und Demokrat, schlug knapp Henry Clay von der Whig Party, der die Stimmen der Wechselwähler an James Birney von der neuen sklavereifeindlichen Liberty Party verlor. Garrison verweigerte die Wahl und wollte, dass die American Anti-Slavery Society einen neuen Slogan ausgab: «KEIN BUND MIT SKLAVENHALTERN!» Sein Versuch, die zunehmende Ausrichtung der Bewegung auf die offizielle Politik zu verhindern, scheiterte. In den 1840er-Jahren waren Anti-Sklaverei-Wahlblöcke entstanden. Sie schickten Kongressabgeordnete nach Washington – etwa John Quincy Adams aus Massachusetts, Joshua Reed Giddings aus Ohio und später Thaddeus Stevens aus Pennsylvania, Owen Lovejoy aus Ohio und Charles Sumner aus Massachusetts. Diese Abgeordneten diskutierten nach 1840 offen über Sklaverei und Emanzipation – zum Entsetzen von John. C. Calhoun.[12]

Im April 1844, mehrere Monate, nachdem er seine Präsidentschaftskandidatur zurückgezogen hatte, informierte Calhoun den britischen Außenminister, dass der Annexionsvertrag beschlossene Sache sei. Die Sklaverei in Texas gehe weder England noch die US-Regierung etwas an. Die Vereinigten Staaten dürften ihre Sklaven nicht befreien, weil – wie durch die Volkszählung bewiesen – «die Lage des Afrikaners» in Freiheit schlechter sei als in der Sklaverei.

Da er Beweise brauchte, um die amerikanische Sklaverei vor Westeuropäern zu verteidigen, durchforstete Calhoun die neuesten wissenschaftlichen Berichte über die verschiedenen «Rassen». Er lud den führenden Ägyptologen George R. Gliddon vor, der auf seiner nationalen Vortragstournee über die Wunder des alten «weißen» Ägypten gerade in Washington eingetroffen war. Gliddon schickte Calhoun Mortons *Crania Americana* und Mortons neues Werk, das eingeschlagen hatte wie eine Bombe, *Crania Aegyptiaca*, das das alte Ägypten als ein Land mit kaukasischen Herrschern und hebräischen und schwarzen Sklaven darstellte. Mortons Forschungen bewiesen, wie Giddon Calhoun in einem Brief erklärte, dass die «Negerrassen» stets «Diener und Sklaven gewesen sind, stets von den Kaukasiern unterschieden und ihnen unterworfen, in fernster Zeit». Durch Gliddons «Fakten» bestärkt, verteidigte Calhoun die amerikanische Politik vor dem gegen die Sklaverei eingestellten Europa. Die «Fakten» der Volkszählung von 1840 wurden nie korrigiert – und die Apologeten der Sklaverei hörten nie auf, diesen «unwiderlegbaren» Beweis des «hohen Gutes» der Sklaverei vor sich herzutragen. Sie pochten auf die fortschrittliche Kraft der Rassentrennung – obwohl sie fast sicher wussten, dass ihr Beweis nicht hieb- und stichfest war. «Die Sache hat zu viele Vorteile, als dass unsere Politiker sie aufgeben könnten», bekannte ein Kongressabgeordneter aus Georgia. Am Vorabend des Bürgerkriegs sagte ein unitarischer Geistlicher unumwunden: «Die Volkszählung war geisteskrank, nicht die Farbigen.»[13]

Die standhafte politische und wissenschaftliche Unterstützung der Sklaverei erschwerte den Abolitionisten die Arbeit. Konnte die Stimme eines entlaufenen Sklaven, der seine schrecklichen Erlebnisse schilderte, die Meinung von denjenigen ändern, die die Sklaverei immer noch als ein hohes Gut betrachteten? 1841 verbrachte William Lloyd Garrison drei frohe Tage mit Abolitionisten auf der Insel Nantucket. Am Ende der Sitzung des 11. August war ein hochgewachsener dreiundzwanzigjähriger *runaway* mutig genug, das Wort zu ergreifen. Viele weiße Abolitionisten hörten hier zum ersten Mal von den Erfahrungen auf der gefahrvollen, aufreibenden Flucht aus der Sklaverei in die Freiheit. Die leitenden Mitglieder der Massachusetts Anti-Slavery Society (MAS) waren so beeindruckt, dass sie dem Redner Frederick Douglass antrugen, ihr reisender Sprecher zu werden. So wurde Douglass Amerikas neuestes Vorzeigeobjekt. Man stellte ihn der Zuhörerschaft an verschiedenen Orten als eine Art «bewegliches Gut» vor, als «Sache», als «Stück südlicher Habe», bevor er von der Brutalität der Sklaverei erzählte. Douglass begriff zwar diese Schocktherapie für weiße Amerikaner, doch im Laufe der Zeit wurde ihm diese regelmäßige Entmenschlichung immer mehr zuwider. Ob versklavt oder frei, Schwarze waren Menschen. Ihre Besitzer hatten es versucht, doch sie waren nie auf die Ebene von leblosen Gegenständen herabgesunken. Ihr Menschsein war nie vernichtet worden – weshalb sie Menschen in aller Welt gleichgestellt waren, auch wenn sie Ketten trugen. Douglass war immer ein Mensch gewesen und geblieben, und er wollte als solcher eingeführt werden.

Auch hatte er bald genug davon, immer wieder seine Geschichte erzählen zu müssen. Er hatte seine sprachlichen Fähigkeiten vervollkommnet und seine gedankliche Welt ausgedehnt. Immer wenn er von seinem Vortragstext abwich und auf seine philosophischen Ideen zu sprechen kam, hörte er ein Flüstern: «Bleib bei deiner Geschichte, Frederick!» Die weißen Abolitionisten sagten ihm: «Du lieferst uns die Fakten, wir kümmern uns um die Philosophie.» Und rede nicht so geschliffen: «Besser, du hörst dich nicht so gelehrt an. Rede *ein bisschen* so wie auf der Plantage.» Douglass wusste genau, warum sie das sagten. Immer wenn er ein paar Minuten geredet hatte, hörte er ein Tuscheln in der Menge: «Der ist nie Sklave gewesen.» Und das war nur logisch. Rassistische Abolitionisten sprachen seit Jahren darüber, wie die Sklaverei Menschen zu Tieren machte. Douglass aber war eindeutig kein Tier.[14]

Als er endlich seine Geschichte und seine Philosophie ganz in eigene Worte fassen konnte, war dies vielleicht der überzeugendste Gegenbeweis zur Volkszählung von 1840 und der Theorie von der Sklaverei als einem «hohen Gut». Im Juni 1845 veröffentlichte Garrisons Druckerei *The Narrative of the Life of Frederick Douglass, an American Slave.* In fünf Monaten wurden 4500 Exemplare verkauft, in den nächsten fünf Jahren 30 000. Der mitreissende Bestseller sicherte Douglass internationales Prestige und zwang Tausende Leser, sich mit der Grausamkeit der Sklaverei und dem menschlichen Bedürfnis schwarzer Menschen nach Freiheit auseinanderzusetzen. Kein anderer Anti-Sklaverei-Text hatte eine solch tiefgreifende Wirkung. Douglass' *Narrative* bereitete den Weg für eine Reihe weiterer Sklavenerzählungen. Für jeden, der mutig genug war, die Augen zu öffnen, zeigten sie die absolute Falschheit der Auffassung, dass die Sklaverei für schwarze Menschen gut sei.

William Lloyd Garrison schrieb 1845 das Vorwort zu einer der nächsten Auflagen des Werks von Douglass. Die Sklaverei habe Schwarze «auf der Stufenleiter der Menschheit erniedrigt», äußert er darin. «Nichts ist unterlassen worden, um ihren Geist zu verkrüppeln, ihr Denken zu verfinstern, ihre Moral zu verderben und alle Spuren ihrer Verbindung zur Menschheit zu verwischen.» Obwohl er von anderen Gedanken ausging und andere konzeptionelle Wege einschlug, kam Garrison immer wieder auf die gleiche rassistische Vorstellung zurück wie seine Feinde: die schwarze Unterlegenheit. Doch in seinem Vorwort zum Buch von Douglass sagte er, dass die Anti-Sklaverei-Bewegung «alle Unterschiede der Hautfarbe und des Aussehens zunichte» mache. Mit keinem Wort geht er auf den erschütternden Kampf mit einem Sklavenfänger ein, der Douglass dazu brachte, nach Freiheit zu verlangen. Er präsentierte gern zwei Typen schwarzer Menschen: den niedrigen und den alle anderen überragenden. Und er hoffte, die Erzählung werde bei Weißen «Sympathie» wecken und sie dazu bringen, «unermüdlich» danach zu streben, «jedes Joch zu brechen». Das tat das Buch tatsächlich, genau wie die vielen Sklavenerzählungen, die ihm folgten. Die Sympathie von weißen, gegen die Sklaverei eingestellten Menschen war ihnen sicher, vor allem in Neuengland und im alten England. Doch die Sympathie der weißen Sklavereibefürworter blieb aus. Schließlich hatte Garrison dem Buch seinen assimilationistischen Stempel aufgedrückt, mit dem die Idee verbunden war, dass der schwarze Sklave wie der freie Afrikaner eigentlich ein unterdurchschnittliches Wesen sei, jemand, der «geistig und moralisch höchster Leistungen fähig ist – und nichts braucht als eine vergleichsweise kleine Dosis Zivilisation, die ihn in ein Kleinod der Gesellschaft und einen Segen für seine Rasse verwandeln wird».[15]

Garrisons Vorwort war so packend, wie es seine Leser von ihm erwarteten – und es war ein verlockendes rassistisches Gegengewicht zu Douglass' *Narrative*. Insofern ähnelte es den *Two Lectures on the Natural History of the Caucasian and Negro Races* des Mediziners Josia Nott aus Alabama, das 1845 erschien. Nott, einst Anhänger der rassistischen Theorie der biethnischen Schöpfung, war zu den Polygenetikern übergegangen, wobei er, kaum überraschend, die fehlerhaften Daten der Volkszählung als Beweise verwendete. Als getrennte Gattung habe «die Natur» schwarze Menschen mit einem «minderwertigen Organismus» ausgestattet, «und alle Mächte der Erde können [die Schwarzen] nicht über ihr Schicksal erheben». Seine Polygenese war nach Meinung eines zeitgenössischen Kommentators «nicht nur die Wissenschaft ihrer Zeit» geworden, sondern auch «eine amerikanische Wissenschaft». In populären Kinderbüchern der Nordstaaten las man vom «Leistungsvermögen des Gehirns». Der neuenglische Bestsellerautor Samuel Goodrich schrieb in *The World and Its Inhabitants*, dass «Äthiopier» auf der «Stufenleiter der Intelligenz eindeutig am niedrigsten» stünden.[16]

Douglass' *Narrative* musste sich auch in der Welt der rasch wechselnden Nachrichtenmedien behaupten. Anfang 1846 nutzte die gerade erst gegründete Agentur Associated Press den gerade erst erfundenen Telegrafen und wurde damit die erste nationale Instanz, die Nachrichten beschaffte und aussiebte. Die hohe Übermittlungsgeschwindigkeit und die durch das Monopol bestimmten Preise brachten kürzere und einfachere Texte hervor, die weniger erklärten und mehr erzählten, weniger auf Nuancen als auf Sensationen aus waren; und statt Klischees und den Status quo infrage zu stellen, klebten sie eher an überkommenen Vorstellungen. Nachrichten und Meldungen, die rassistische Ideen verstärkten, lagen daher im Trend. Im Januar 1846 veröffentlichte James D. B. DeBow aus New Orleans die erste Ausgabe der *DeBow's Review* und kam damit dem Wunsch vieler Leser nach einem starken eigenen Organ der Südstaaten nach. Nach anfänglichen Schwierigkeiten wurde es in den 1850er-Jahren die bekannteste Stimme des Südens – das segregationistische, die Sklaverei befürwortende Gegengewicht zum assimilationistischen, die Sklaverei bekämpfenden *Liberator*.[17]

Die regelmäßigen Beiträger trugen zur Verbreitung der *DeBow's Review* bei, so der Arzt Samuel A. Cartwright aus Louisiana, ein Schüler von Benjamin Rush. Cartwright schrieb über gesunde schwarze Sklaven, die produktive Arbeit leisteten und die Sklaverei liebten. Wer auf einer Plantage aufmüpfig werde, behauptet er 1851, leide an einer Krankheit, die er *dysesthesia* nennt. «Fast alle» freien Schwarzen hätten diese Krankheit, weil es keine Weißen gebe, «die sich um sie kümmern können». Sklaven, die ihren Herren davonliefen, würden wahnsinnig. Ihre Krankheit nennt Cartwright *drapetomania*. «Man braucht sie nur … wie Kinder zu behandeln», sagt er, «um solche Krankheiten zu verhindern» und um sie von ihrem wahnsinnigen Wunsch zu heilen, fortlaufen zu wollen.[18]

Die *DeBow's Review* veröffentlichte auch Berichte über medizinische Experimente in den Südstaaten. 1845 begann J. Marion Sims aus Alabama eine grausige Reihe von Experimenten an der Vagina von elf Sklavinnen, durch die er zur Heilung der vesikovaginalen Fistel beitragen wollte, die bei Frauen zu vielen einschneidenden Folgeerkrankungen führen kann. Die Prozedur sei «nicht schmerzhaft genug», als dass man dafür die «Unannehmlichkeit» einer Anästhesie in Kauf nehmen müsse, schreibt er. Das war eine rassistische Idee zur Rechtfertigung seiner Grausamkeit, nicht etwas, was Sims aus Erfahrung wusste. «Lucys Qual war enorm», schreibt er in späteren Aufzeichnungen. Nach einer langen Reihe chirurgischer Eingriffe zu Beginn der 1850er-Jahre – eine Frau, Anarcha, behandelte er dreißig Mal mit dem Messer, ohne jede Betäubung – vervollkommnete Sims die Heilung der Fistelerkrankung. *Mit* Betäubung begann er, weiße kranke Frauen zu heilen. Er zog nach New York, baute das erste Krankenhaus für Frauen und wurde zum «Vater» der amerikanischen Gynäkologie. Ein Denkmal aus Bronze und Granit ist ihm gewidmet, die erste Statue in den Vereinigten Staaten, die einen Arzt zeigt. Sie steht heute an der Ecke Fifth Avenue/103rd Street, gegenüber der Academy of Medicine.[19]

Als ein überall bekannter entlaufener Sklave war Frederick Douglass immer noch gefährdet. 1845 brach er zu einer Vortragsreise nach Großbritannien auf. John O'Sullivan von der *Democratic Review* schrieb einen wütenden Artikel darüber, dass «der schwarze Vagabund Douglass» seine Zeit in England damit verbringe, «seine schmutzigen Lügen über die Vereinigten Staaten zu verbreiten». Douglass schickte eine vernichtende Replik. Wie viele, die regelmäßig die Nachrichten verfolgten, wusste er wahrscheinlich, dass O'Sullivan ein fanatischer Anhänger der Annexion von Texas (und aller Orte westlich davon) war. Texas wurde am 29. Dezember 1845 als Sklavenstaat in den Staatenbund aufgenommen. Die Befürworter der Expansion – und besonders der Expansion der Sklaverei – verlangten noch mehr: Kalifornien, New Mexico, Oregon. Als die erste Auflage des *Narrative* erschien, schrieb O'Sullivan von der «offenkundigen Bestimmung» der weißen Amerikaner, «den gesamten Kontinent in Besitz zu nehmen, den die Vorsehung uns geschenkt hat».[20]

Im Mai 1846 zog Präsident James K. Polk an der strittigen texanischen Grenze auf einem von Mexiko beanspruchten Gebiet Truppen zusammen. Als mexikanische Soldaten sich verteidigten, stellte er die Mexikaner als Angreifer dar und argumentierte damit für den von ihm beabsichtigten Krieg. Der Trick funktionierte. Der Kampf gegen Mexiko trug dazu bei, den Norden und den Süden unter der Fahne der nationalen Expansion zu vereinen. Doch die Frage, ob die Expansion der Nation auch Expansion der

Sklaverei bedeutete, trennte Nord- und Südstaaten. Im August 1846 fügte der demokratische Abgeordnete David Wilmot aus Pennsylvania einem Budget-Gesetz, das entsprechende Haushaltsmittel zur Bestechung der mexikanischen Armee vorsah, eine Klausel an, nach der die Sklaverei in allen Gebieten, die Polk als Folge des Mexikanisch-Amerikanischen Krieges erhielt, verboten sein sollte. Wilmot vertrat die neueste politische Kraft in den Vereinigten Staaten: die gegen die Sklaverei gerichtete antischwarze Free-Soil-Bewegung. Was Polk «dumm» nannte, was Historiker als «Wilmot-Klausel» und was Wilmot selbst als «die Klausel des weißen Mannes» bezeichnete, wurde nie Gesetz.[21]

Im Laufe der Jahre hatten William Lloyd Garrison und John C. Calhoun alles dafür getan, um die Vereinigten Staaten in rivalisierende Lager aufzuspalten: Diejenigen, die die sofortige Emanzipation verlangten, standen gegen diejenigen, die auf immerwährender Sklaverei beharrten. Die Befürworter der Kolonisation nahmen die Mitte ein. Ihre Forderung nach schrittweiser Emanzipation war in den späten 1830er-Jahren versandet. 1846 nahm die Free Soil Party diese Mitte ein, hauptsächlich, aber nicht nur, im Norden. Als man in einem großen Stahlwerk in Richmond, den Tredegar Iron Works, Schwarzen hochrangige Positionen gab, um die Arbeitskosten zu senken, protestierten weiße Arbeiter. Während des einzigen länger anhaltenden industriellen Streiks des Südens vor dem Bürgerkrieg forderten sie Lohnsteigerungen und die Entfernung von «Negern» aus höheren Positionen. Wenn die streikenden Stahlarbeiter glaubten, dass Sklavenhaltern ihr Rassismus mehr wert war als ihr Profit und dass Sklavenhalter sich um die Beförderung der vereinigten weißen Männer kümmern würden, weil sie sich mit ihnen verbunden fühlten, so hatten sie nun eine lange und schmerzhafte Lektion über Macht, Profit und Propaganda zu lernen. Die Eliten Richmonds schlossen sich zusammen. Für sie standen die antischwarzen Streikenden auf einer Stufe mit den Abolitionisten, weil sie versuchten, sie davon abzuhalten, «Sklavenarbeit für sich zu nutzen», wie es die lokalen Zeitungen ausriefen. Am Ende wurden die weißen Streikenden entlassen.[22]

Die *Slave Power*, Macht der Sklavenhalter, habe in den vergangenen zehn Jahren abgenommen, schreibt William Lloyd Garrison im Sommer 1847 in *The Liberator*, was «zu einem allmählichen Abnehmen der stets von uns beklagten Vorurteile» geführt habe. Es bleibe aber «eine abscheuliche Tatsache, dass diejenigen, die die Gesellschaft oder die Anwesenheit gebildeter und kultivierter Farbiger nicht ertragen, es sich gern gefallen lassen, von unwissenden und tierhaften Sklaven umgeben zu sein, und dem engsten Zusammensein mit ihnen nicht widersprechen, wegen ihrer Hautfarbe! Je mehr von ihnen, desto besser!» Auch wenn Garrisons Blick beschränkt blieb durch die Idee der «unwissenden und tierhaften Sklaven» und er völlig falsch lag mit seiner Annahme, die nach Westen vordringende *Slave Power* habe abgenommen, hatte er in einem recht: «Nur wenn sie frei, gebildet, aufgeklärt sind, werden sie zum Ärgernis», schrieb er. Er erkannte durchaus, warum die «Verbesserung durch Selbstverbesserung» nicht funktionieren konnte, und doch ließ er sich in seinem Glauben an diese Strategie durch nichts erschüttern.[23]

Als General Zachary Tayler 1849 sein Amt als zwölfter US-Präsident antrat, verlangte die Free-Soil-Partei die Beschränkung der Sklaverei; Abolitionisten forderten die Schließung des Sklavenmarkts in Washington, D. C.; und Sklavenhalter forderten die Expansion der Sklaverei und ein strengeres Gesetz gegen entlaufene Sklaven, um das Unterstützungsnetzwerk Underground Railroad samt seinen tapfersten Mitgliedern, etwa Harriet «Moses» Tubman, unschädlich machen zu können. Henry Clay, der einstige Architekt des Missouri-Kompromisses von 1820, half nach dem Scheitern seiner Präsidentschaftskandidatur bei der «Wiedervereinigung der Union». Im Januar 1850 schlug er vor, die Sklavenhalter zufriedenzustellen, indem der Kongress die rechtliche Hoheit über den inländischen Sklavenhandel verlieren sollte und man ein strengeres Gesetz zur Rückgabe entlaufener Sklaven (Fugitive Slave Act) verabschiedete. Um die Gegner der Sklaverei und die Free-Soil-Bewegung des Nordens zufriedenzustellen, sollte der Sklavenhandel in der Hauptstadt verboten werden und Kalifornien sollte als freier Staat der Union beitreten können. Dadurch gewann der Norden an Macht. Und mit dieser Macht konnte er die Sklaverei abschaffen. Doch Calhoun und eine große Zahl von Südstaatlern wollten sich nicht fügen und keine Sekunde lang über einen Kompromiss nachdenken. Calhoun schäumte vor Wut und rief die Anhänger der Sezession zusammen.[24]

Im März 1850 traf sich eine Schar von Wissenschaftlern aus den Nordstaaten auf Calhouns Grundstück. Sie nahmen an der dritten Konferenz der American Association for the Advancement of Science (AAAS) in Charleston teil. Samuel Morton, Josiah C. Nott und Louis Agassiz, ein Verfechter der Polygenese aus Harvard, gehörten zu den ersten Mitgliedern der Organisation. Charleston war stolz auf seine landesweit gefeierten Wissenschaftler, sein Museum für Naturgeschichte und seine medizinische Hochschule, die sich der Vielzahl der dort verfügbaren Leichen und der «interessanten Fälle» rühmte. Wochen vor der Konferenz publizierte der aus Charleston stammende John Bachman, ungekrönter König der südlichen Lutheraner, *The Doctrine of the Unity of the Human Race* (Doktrin der Einheit der menschlichen Rasse) und einen Artikel in dem hochangesehenen *Charleston Medical Journal.* Noahs Sohn Sem, heißt es darin, sei «der Urahn der kaukasischen Rasse, der Stammvater unseres Erlösers». Ham sei der Urahn der Afrikaner, deren «gesamte Geschichte» die Unfähigkeit, sich selbst zu regieren, beweise. Bachmans Monogenese führte während der Konferenz zu einer spektakulären Kontroverse. Doch 1850 hingen die meisten nördlichen und südlichen Geister der Theorie der Polygenese an.[25]

Louis Agassiz und Josiah Nott hielten am 15. März 1850 ihre Vorträge über die Polygenese. Peter A. Browne aus Philadelphia gehörte zu den Gründern des nach Benjamin Franklin benannten Franklin Institute, heute ein bedeutendes Wissenschaftszentrum und Technikmuseum. Bei der Konferenz sprach er über das menschliche Haar, dem er eine umfassende Studie gewidmet hatte. Inspiriert von der weltgrößten Schädelsammlung, präsentierte er stolz die weltgrößte Sammlung von Haaren, der er 1850 den Titel *The Classification of Mankind, By the Hair and Wool of Their Heads* (Klassifikation der Menschheit anhand von Haar und Wolle ihrer Köpfe) gab. Da Weiße «Haare» und Schwarze «Wolle» auf dem Kopf hatten, folgerte Browne umstandslos, «dass sie zwei verschiedenen Gattungen angehörten». Was die Leistungsfähigkeit der Haare betraf, erklärt Browne, dass «das Haar des weißen Menschen vollkommener ist als das des Negers». In seiner Studie erscheinen Schwarze als eine getrennte und tierartige Spezies; glattes Haar ist «gutes Haar» und das «verfilzte Haar» der Afrikaner ist schlecht. Das war zwar keine große Neuigkeit, doch gab es so viele Schwarze – ganz abgesehen von den Weißen –, die diese assimilationistische Idee verinnerlichten, dass 1859 ein Autor des *Anglo-African Magazine* beklagt, schwarze Eltern sagten ihren Söhnen und Töchtern, «sie seien hübsch, je mehr ihre Gesichter dem angelsächsischen Standard gleichkommen». Schwarze Eltern sollten aufhören – so die Bitte des Autors –, glattes Haar als «gutes Haar» und angelsächsische Gesichtszüge als «gute Gesichtszüge» zu bezeichnen.[26]

Die Stadt Charleston war so stolz auf ihre Wissenschaftler, dass sie die Schirmherrschaft über die AAAS-Konferenz und die Publikation der Vortragsprotokolle übernahm. Ganze Familien von vornehmer neuenglischer Abkunft nahmen an den Sitzungen teil. So lenkten sie sich ab von den beunruhigenden telegrafischen Nachrichten über die hitzige Debatte um den Kompromiss von 1850, die gerade entbrannt war. Die AAAS-Konferenz in der Heimat des die Sklaverei befürwortenden Denkens zeigte, wo die amerikanische Wissenschaft und Politik stand. Wie die Sklavenhalter voller Ärger die politische Entwicklung des Nordens verfolgten, so verfolgten die Wissenschaftler in Charleston mit gespanntem Interesse die wissenschaftliche Entwicklung des Nordens, besonders die Entwicklung der Theorie der Polygenese als Hauptstütze der Wissenschaft von den «Rassen».

Einige Tage nach dem Ende der AAAS-Konferenz in Charleston hatte die «Stadtglocke» in South Carolina «traurige Nachrichten» zu verkünden: Nach langem Kampf gegen die Tuberkolose starb John C. Calhoun am 31. März 1850. Einige Monate später folgte ihm der antisezessionistische Hardliner Präsident Zachary Taylor. Millard Fillmore, der intuitiv dem Kompromiss zuneigte, übernahm das Präsidentenamt, als sich der Schock über den Tod dieser beiden unbeugsamen Giganten gelegt hatte. Im September wurde Henry Clays Kompromiss von 1850 verabschiedet. «Es gibt nun Frieden», verkündete Clay frohgemut. «Ich glaube, er wird anhalten.»[27]

Der wesentliche Bestandteil des *Compromise* war der Fugitive Slave Act, der den Sklavenhaltern die Macht von Kraken verlieh. Sie konnten jetzt ihre Fangarme bis in den Norden ausstrecken. Das Gesetz kriminalisierte die Helfer der entlaufenen Sklaven, gab Nordstaatlern Anreize, die Flüchtigen zu fangen und verweigerte den gefangenen Schwarzen ein Gerichtsverfahren mit Geschworenen, was den massenhaften Menschenraub erleichterte. Für William Lloyd Garrison war das Gesetz «so kaltblütig, so unmenschlich und so scheußlich, dass Satan selbst erröten würde, wenn er behaupten würde, es in die Welt gesetzt zu haben.»[28]

Kapitel 15

Seele

Wie sollte eine Frau aus Maine ihren Zorn gegen den Fugitive Slave Act von 1850 herausschreien, wenn niemand sie hörte? Die Tochter eines berühmten Geistlichen, die auch Ehefrau eines berühmten Professors war, wusste, dass Männer die Gesetze machten, und sie wusste, dass Männer öffentlich Gesetze kommentierten. Doch Harriet Beecher Stowe war kein Mann, und so waren ihre Mittel äußerst begrenzt. Sie war nicht die einzige Frau, die enttäuscht war. Ihre Biografin erklärt: «Die politische Ohnmacht, die Stowe angesichts von ungerechten Gesetzen empfand, staute sich für viele Frauen der Mittelklasse auf wie Wasser hinter einem Damm.»[1]

Der erste große Schlag gegen den Damm war zwei Jahre zuvor geführt worden, bei der ersten Tagung von Frauenrechtlerinnen, die am 19. und 20. Juli 1848 in Seneca Falls, New York, stattgefunden hatte. Sie war von lokalen Quäkerfrauen und von Elizabeth Cady Stanton organisiert worden. Letztere verfasste ein Manifest mit dem Titel *Declaration of Sentiments*, in dem die Gleichheit der Geschlechter und das Wahlrecht für Frauen gefordert wurden. Solche Forderungen galten als ebenso radikal wie die nach ethnischer Gleichheit und sofortiger Emanzipation der Sklaven. Viele der frühen weißen Suffragetten hatten Jahre in den Schützengräben des Kampfes um Abolition verbracht und erkannten durchaus den Zusammenhang, der zwischen Rassismus und Sexismus in Amerika bestand.

Der Seneca Falls Convention folgte in den nächsten Jahren eine Reihe lokaler Frauenrechtsversammlungen, besonders entlang des nördlichen abolitionistischen Gürtels von Neuengland über New York State bis zu dem Staat, wo Harriet Beecher Stowe gelebt hatte, bevor sie nach Maine gezogen war: Ohio. Zu Beginn der 1850er-Jahre war die Suffragette und Abolitionistin Frances Dana Gage – eine der ersten in Amerika, die das Wahlrecht für alle Bürger, gleich welchen Geschlechts und welcher ethnischen Herkunft, gefordert hatte – unter den Organisatorinnen der Frauenrechtskonferenzen in Ohio.

Gages bemerkenswerteste Versammlung fand 1851 in einer Kirche in Akron, Ohio, statt. Doch sie war dort nicht die einzige Berühmtheit. Eine hochgewachsene, schlanke Dame Mitte fünfzig in einem grauen Kleid und mit weißer Sonnenhaube auf dem Kopf betrat die Kirche und «schritt wie eine Königin den Gang hinunter», wie ein Beobachter sich erinnert. Als die weißen Frauen zischelten und ihr zuflüsterten, sie solle sich umdrehen und gehen, nahm Sojourner Truth trotzig ihren Platz ein und neigte verärgert den Kopf. Sie dachte wohl zurück an all die Tumulte, die sie schon erlebt und in *The Narrative of Sojourner Truth* beschrieben hatte. Das Buch war im Jahr zuvor von Garrison gedruckt worden.

Am 29. Mai 1851, Tag zwei der Versammlung, stürmte eine Abordnung Männer in die Kirche und schimpfte auf die Beschlüsse. Ein erbitterter Streit über Rollen und Rechte der Geschlechter folgte. Männliche Priester hielten Predigten über die überragende männliche Intelligenz, das Geschlecht Jesu, Evas Erbsünde, die Schwachheit von Frauen – um den Resolutionen über gleiche Rechte von Mann und Frau etwas entgegenzusetzen. Die Frauen waren allmählich erschöpft, doch plötzlich hob Sojourner Truth, die die ganze Zeit in sich gekehrt dagesessen hatte, den Kopf. Sie stand auf und ging nach vorn. «Lasst sie nicht sprechen!», hörte man Frauen rufen.

Als sie alle Zuhörerinnen vor sich hatte, blickte Truth zur Organisatorin Frances Dana Gage, und diese stellte sie vor und bat um Ruhe. Tatsächlich wurde es sofort mucksmäuschenstill, denn alle Augen der Weißen hefteten sich wie gebannt auf das einzige dunkle Gesicht. Truth straffte sich und stand in ihrer ganzen Größe da: ein Meter zweiundachtzig. Sie überragte die neben ihr stehenden Männer. «Bin ich nicht eine Frau? Schaut mich an! Schaut meinen Arm an!» Sie hob den Arm und spannte ihre Muskeln an. «Bin ich nicht eine Frau? Ich kann mehr arbeiten und essen als ein Mann, und ich lebe länger! Bin ich nicht eine Frau?» Damit brachte Sojourner Truth die männlichen Störer zum Schweigen.

Als sie zurückging zu ihrer Bank, bemerkte Truth die «überfließenden Augen und die dankbar pochenden Herzen» der Frauen und die benommene Verwirrung der Männer. Sie hatte in ihrer Rede «Bin ich nicht eine Frau?» nach zwei Seiten hin ausgeteilt: Sie hatte die sexistischen Ideen der männlichen Störer und die rassistischen Ideen des weiblichen Publikums angegriffen, das versucht hatte, ihr die Teilnahme zu verwehren. «Bin ich nicht eine Frau?» – mit all meiner Stärke und Macht und Zärtlichkeit und Intelligenz. «Bin ich nicht eine Frau?» – mit meiner schwarzen Haut. Es gab nie wieder eine Frau, die die doppelte Herausforderung des antirassistischen Feminismus mit solcher Klarheit ausdrückte.[2]

Harriet Beecher Stowe erfuhr zweifellos von Sojourner Truths Rede, entweder durch Garrisons *Liberator* oder durch die Korrespondenz mit Suffragetten und Abolitionistinnen aus Ohio. Doch die Aufmerksamkeit dieser begabten Schriftstellerin richtete sich nicht auf die erwachende Suffragettenbewegung. Sie richtete sich auf die empörenden Tatsachen, die der Fugitive Slave Act ermöglicht hatte. Entlaufene Sklaven und freie Schwarze wurden umstandslos auf die nördlichen Baumwollfelder geschickt. Stowe erfuhr von diesen Tatsachen aus Briefen, die ihre jüngere Schwester Isabella ihr aus Connecticut schrieb. Oft wurden die Briefe im Wohnzimmer vorgelesen, damit Harriets sieben Kinder sie auch alle hörten. «Wäre meine Feder so gewandt wie deine, Hattie, ich würde etwas schreiben, woraus die ganze Nation erkennen kann, wie fluchwürdig die Sklaverei ist», schrieb Isabella. An dieser Stelle stand Harriet Beecher Stowe aus ihrem Sessel auf. «Ich werde etwas schreiben», erklärte sie. «Ich werde schreiben, solange ich lebe.»[3]

Mit dem Titel *Uncle Tom's Cabin* (Onkel Toms Hütte) kam Stowes «lebendige dramatische Wirklichkeit» am 20. März 1852 in die Buchhandlungen. «Die Szenen dieser Geschichte», schreibt die Autorin in ihrem Vorwort zur ersten Ausgabe des Romans, «spielen sich unter Menschen einer Rasse ab, deren Wesensart … so ganz anders [war] als die der harten und dominierenden angelsächsischen Rasse». Durch die «demütige Gelehrsamkeit ihres Herzens, ihre Begabung, einem überlegenen Geist zu vertrauen und einer höheren Macht anzuhängen, die kindliche Schlichtheit ihres Gefühls und die Leichtigkeit, mit der sie verzeihen», bewiesen schwarze Menschen «die höchste Form des besonderen *christlichen Lebens*». Nur die Sklaverei verhinderte, dass das an den Tag komme.[4]

Mit einem Roman erreichte Stowe auf glanzvolle Weise das, was Garrison etwa drei Jahrzehnte lang mit einem Artikel nach dem anderen in *The Liberator* angestrebt hatte. Um den kosmischen Umschwung zugunsten der Abschaffung der Sklaverei zu erreichen, bat Stowe die Amerikaner nicht, ihre tiefsitzenden Überzeugungen zu verändern. Sie bat sie nur darum, die Implikationen, die *Bedeutung* ihrer tiefsitzenden Überzeugungen zu verändern. Sie holte die Amerikaner dort ab, wo sie waren: in der konkreten Welt der rassistischen Ideen. Sie akzeptierte die landesweit gebilligte Grundprämisse der Sklaverei. Natürlicherweise unterwürfige und geistig minderwertige schwarze Menschen neigten dazu, ihr Sklavendasein, ihre Abhängigkeit von

Weißen und – wie Stowe richtungsweisend hinzufügt – von Gott klaglos anzunehmen. Sie stellte Cotton Mather auf den Kopf – und mit ihm all die Prediger, die Jahre damit verbracht hatten, Plantagenbesitzer davon zu überzeugen, dass das Christentum aus Schwarzen bessere Sklaven mache. Da unterwürfige Schwarze die besten Sklaven seien, seien sie auch die besten Christen, sagte sie. Da dominierende Weiße die schlechtesten Sklaven seien, seien sie auch die schlechtesten Christen. Stowe bot dem weißen Amerika christliche Erlösung durch Abschaffung der Sklaverei. Um bessere Christen zu werden, müssten Weiße ihre dominierende Natur zügeln und den bösen Auswuchs dieser Natur beenden: die Sklaverei.

Onkel Toms Hütte war ein äußerst wirkungsvolles Instrument für Stowes rassistischen Abolitionismus, weil es ein so unglaublich spannendes Buch war. Ein verschuldeter Sklavenhalter in Kentucky plant den Verkauf seiner Sklaven, des bekennenden Christen Onkel Tom und des jüngeren Sohnes von Eliza Harris. Eliza nimmt ihren Sohn, flieht und trifft in der Freiheit der Nordstaaten ihren ebenfalls flüchtigen Ehemann George Harris wieder. Tom bleibt auf der Farm und wird in den Süden verkauft. Auf einer Fahrt mit dem Schiff rettet Tom ein frommes kleines weißes Mädchen, Eva, das in den Fluss gefallen ist. Aus Dankbarkeit kauft Evas Vater Augustine St. Clare Tom.

Die Beziehung zwischen Tom und Eva bildet das thematische Zentrum des Romans. Stowe schuf die Doppelfigur – den natürlichen Christen Tom und Eva –, um ihr Konzept zu verdeutlichen, dass Schwarze weiblicher seien, «fügsam, kindlich und gefühlvoll», weshalb das Christentum eine «kongenialere Stimmung» in schwarzen Körpern vorfinde. In einer großen Bekehrungsszene nach dem Tod der kleinen Eva setzt sie den *seelenvollen* christlichen schwarzen Sklaven dem *geistvollen* unchristlichen weißen Herrn, St. Clare, entgegen. Dieser sagt zu Tom: «Es scheint nur Kindern und armen, ehrlichen Burschen gegeben zu sein, zu sehen, was wir nicht sehen können.» Und Tom bestätigt in biblischem Ton: «Du hast Dich vor den Weisen und Klugen verborgen und Dich den Unmündigen offenbart.» St. Clare bescheinigt Tom «eine natürliche Begabung für Religion.» Der zynische Herr nennt den frommen Sklaven Tom ein «moralisches Wunder». Harriet Beecher Stowe behauptet in diesem Buch immer wieder, dass Schwarze aufgrund ihrer intellektuellen Unterlegenheit Weißen spirituell überlegen seien. Diese spirituelle Überlegenheit ermöglicht es ihnen, Seele zu haben.[5]

Stowes Popularisierung von spirituell begabten schwarzen Menschen wurde rasch zu einer zentralen Säule der afroamerikanischen Identität, denn schwarze Leser verschlangen das Buch und überlasen die rassistischen Ideen darin. Rassistische Weiße, die glaubten, seelenlos zu sein, sahen es als ihren persönlichen Auftrag an, durch schwarze Menschen ihre Seele zu finden. Rassistische Schwarze, die glaubten, geistlos zu sein, sahen es als ihren persönlichen Auftrag an, durch weiße Menschen Geist zu finden. Für schwarze Amerikaner war Onkel Tom fast sofort das Musterbild für schwarze Willfährigkeit, während sie Stowes zugrunde liegende rassistische Idee akzeptierten, die Onkel Tom so willfährig machte: Schwarze seien besonders spirituell; sie hätten besonders viel Seele.

Und diese Schwarzen sind, wie Stowe in Fortführung des alten biethnischen Rassismus meint, weniger wert als biethnische Menschen. Die einzigen vier erwachsenen Figuren, die flüchten, sind die vier biethnischen Sklaven des Romans, die «tragischen Mulatten». Obwohl sie wie Weiße aussehen und handeln, bleiben sie tragisch gefangen durch das Schwarzsein. In ihrer intellektuellen und ästhetischen Überlegenheit, in ihrem aktiven Widerstand gegen die Versklavung unterscheidet Stowe die Mulatten von denjenigen, die «vollkommen schwarz» sind.[6]

In den «Schlussbemerkungen» des Romans ruft sie die Bewohner der Nordstaaten dazu auf, «diese armen Menschen», nämlich Schwarze, «in christlichem Geist» aufzunehmen, zu erziehen und zu bilden, «bis sie eine gewisse moralische und geistige Reife erreicht haben, und dann kann man ihnen helfen, dorthin zu reisen, wo sie das in Amerika Erlernte anwenden können». Ihr Aufruf war ein Geschenk des Himmels für die im Verschwinden begriffene American Colonization Society. In den 1850er-Jahren ließen *Onkel Toms Hütte* und Schwarze, die von den Vereinigten Staaten genug hatten, die Kolonisationsbewegung wiederaufleben. 1852 billigte Präsident Fillmore in seiner Rede vor dem Kongress die Kolonisation. «Wir haben keinen Grund zu der Hoffnung», sagte er, «dass sich die sittliche und soziale Lage der Schwarzen bessert, wenn man ihnen nicht das demütigende Gefühl der Unterlegenheit in Gegenwart einer überlegenen Rasse nimmt.» In der Rede selbst war diese Bemerkung gestrichen; dennoch fand sie ihren Weg in die Zeitungen.[7]

Garrison huldigte Onkel Tom in seiner Rezension vom 26. März 1852. Doch mit seiner antirassistischen Infragestellung von Stowes religiöser Borniertheit blieb er weitgehend allein. «Gibt es ein Gesetz, sich zu unterwerfen und keinen Widerstand zu leisten, für den schwarzen Mann, und ein anderes Gesetz, aufzustehen und zu kämpfen, für den weißen Mann? Gibt es zwei Arten von Christen?» Garrison beklagte auch die «Meinungen bezüglich der afrikanischen Kolonisation». Doch seine antirassistische Religiosität erregte, anders als seine Kritik an Stowes positiver Einstellung zur Kolonisation, kaum öffentliche Aufmerksamkeit.[8]

Auch Frederick Douglass nahm Abstand von Stowes Unterstützung der Kolonisation, wenn er auch das Porträt des «seelenvollen» Onkel Tom nicht beanstandete. Er schrieb ihr einen assimilationistischen Brief voller Ressentiments gegen indigene Amerikaner, in dem er ihr erklärte, warum Schwarze die Kolonisation niemals akzeptieren würden. «Der schwarze Mann (anders als der Indianer) liebt die Zivilisation», schreibt er. «Er selbst macht bei der Zivilisierung keine großen Fortschritte, aber er möchte gern in ihrer Mitte leben.» Da sie Stowe und ihren Roman nicht eindeutig und nachhaltig zurückwiesen, konnten die einflussreichsten schwarzen Amerikaner die Verbreitung der rassistischen Ideen dieses Buches kaum aufhalten.[9]

Niemand wünschte sich einen Verriss von *Onkel Toms Hütte* sehnlicher als der schwarze Autor und Mediziner Martin R. Delany. Er hatte seine Illusionen über den Abolitionismus verloren, weil dessen Anhänger ihm nicht zu Hilfe gekommen waren, als er 1850 seinen Platz in der Harvard Medical School verlor. Zunächst war er zusammen mit zwei weiteren schwarzen Studenten angenommen worden, doch dann hatten weiße Studenten ihre Abweisung verlangt und waren damit erfolgreich gewesen. 1852 veröffentlichte Delany sein großenteils antirassistisches Werk *The Condition, Elevation, Emigration, and Destiny of the Colored People of the United States, Politically Considered* (Politische Betrachtungen über Gesamtlage, Emporkommen, Auswanderung und Schicksal der Farbigen in den Vereinigten Staaten). Die Anti-Sklaverei-Gesellschaften, schreibt Delany darin, «erdreisteten sich, für Farbige zu *denken*, ihnen Dinge vorzuschreiben und besser zu *wissen*, was sie brauchen, als sie es für sich selbst wissen.» Schwarze hätten zwei Möglichkeiten: anhaltenden Niedergang in den Vereinigten Staaten oder die Gründung einer prosperierenden Gemeinschaft anderswo – das heißt Kolonisation nach schwarzen Vorgaben. Doch selbst unter diesen Bedingungen waren die meisten Schwarzen immer noch gegen die Kolonisation.[10]

Obwohl es in den 1850er-Jahren unter männlichen Schwarzen in dieser Hinsicht Uneinigkeit und Streit gab, schienen sie vereint in ihrem Widerwillen gegen Onkel Tom und das von ihm verbreitete Klischee des schwachen schwarzen Mannes. Eine Zeit lang hatten rassistische scharze Patriarchen ihre Männlichkeit an der beherrschenden Männlichkeit weißer Männer gemessen, und es fehlte ihrer Meinung nach an echter schwarzer maskuliner Macht. Sie verlangten die Kontrolle über schwarze Frauen, Familien und Gemeinden, um das Klischee des «schwachen schwarzen Mannes» Lügen zu strafen. 1773 hatten abolitionistische schwarze Patriarchen in Massachusetts gefragt: «Wie kann sich die Ehefrau in allen Belangen ihrem Mann unterwerfen» – wenn Schwarze Sklaven blieben? Und dann, 1864, beim von Männern dominierten Nationalen Kongress der farbigen Bürger von Syracuse, beklagten sie sich: «Man hat uns den Besitz unserer Körper, unserer Frauen, Häuser, Kinder und der Produkte unserer Arbeit vorenthalten.» Diese schwarzen Männer beschlossen, ihre «Männlichkeit zu verteidigen» – als ob diese noch irgendeine Verteidigung brauchte. Es konnte kein Zufall sein, dass schwarze (und weiße) Männer ihr Recht auf Herrschaft über Frauen einklagten, während Frauen wie Sojourner Truth in den 1850er- und frühen 1860er-Jahren ihr Recht auf Gleichstellung beanspruchten.[11]

Hinter den Argumenten der Sklaverei-Befürworter schienen sich die Argumente der sexistischen Opposition zu verbergen, besonders da eine Frau *Onkel Toms Hütte* verfasst hatte. Die Südstaatler bejubelten Caroline Lee Hentz' *The Planter's Northern Bride* und William Gilmore Simms *The Sword and the Distaff*, die bekanntesten der über zwanzig Plantagenromane, die in der reaktionären politischen Atmosphäre nach *Onkel Toms Hütte* veröffentlicht wurden. In diesen Büchern gelang es professoralen Pflanzern und ihren reinen und aufrechten Gattinnen auf ihren Familienstammsitzen, ihre tierhaften oder kindlichen glücklichen Sklaven zu Menschen zu machen. Die Verfasser der Plantagenromane konnten fabulieren, was das Zeug hielt. Auch wenn *Onkel Toms Hütte* sich im Süden weniger verbreitet hatte als die einheimischen Romane, fiel das Buch der Nordstaatlerin doch auch einer Anzahl von Südstaatlern in die Hände. «Mrs. Stowe sagt, dass das größte Übel im Katalog der Sünden gegen Neger das gesellschaftliche Vorurteil sei, die Antipathie der Rasse, das Gefühl, mit dem wir ihre Seelen erdrücken, dass sie eben ‹nichts als Nigger› seien», schreibt eine Dame aus Georgia in *DeBow's Review*. Doch Mrs. Stowe vergesse die Tatsache, fährt sie fort, «dass ihr Schöpfer sie als ‹nichts anderes als Nigger› erschuf».[12]

Weder die Free-Soil-Bewegung noch die gegen den Fugitive Slave Act gerichtete Anti-Sklaverei-Bewegung oder *Onkel Toms Hütte* schafften es, gegen die überwältigende Propaganda der politischen Parteien anzukommen, die während der von partikularen Spannungen und Konflikten um die Sklaverei bestimmten Präsidentschaftswahlen von 1852 das politische Klima bestimmte. Der großspurige General des Mexikanisch-Amerikanischen Krieges Franklin Pierce wollte die öffentliche Aufmerksamkeit von der Sklaverei ablenken und konzentrierte sich in seinen Reden auf die nationale Expansion. Er gewann die Wahl für die Demokraten. «Man kann die Frage auf sich beruhen lassen», sagte er in seiner Antrittsrede 1853. Die Erwiderung des siebenundvierzigjährigen Garrison lautete, dass Abolitionisten niemals Ruhe geben würden, bis die Sklaverei «endlich für immer beseitigt ist».[13]

Die American Anti-Slavery Society wollte 1853 nicht einräumen, dass sie durch Franklin Pierce' Sieg eine Niederlage erlitten hatte. Ihre Mitglieder feierten ihr zwanzigjähriges Bestehen und sie feierten Garrison, um ihn in Amerika bekannter zu machen. Das stand im Zusammenhang mit den internationalen Bemühungen, auch den kürzlich verstorbenen Polygenetiker der University of Pennsylvania, Samuel Morton, einem größeren Publikum nahezubringen und ihn als einen Pionier zu feiern. Am 1. April 1853 wurde das monumentale Werk *Types of Mankind* von Josiah C. Nott und George Gliddon veröffentlicht, achthundert Seiten voller Polygenese, gewidmet «Mortons Gedenken». Zur visuellen Unterstützung gab es eine Illustration mit zwei Spalten von Gesichtern und Schädeln: der «Grieche» an der Spitze, der «Affe» ganz unten, der «Neger» in der Mitte. Der Streit um «den Ursprung der Rassen» sei «die letzte große Schlacht zwischen Wissenschaft und Dogmatismus», heißt es in dem Buch. Wer würde gewinnen? Ganz klar: «Die Wissenschaft muss erneut – und endgültig – triumphieren!»[14]

Types of Mankind erschien in einem bewegten Jahr. Segregationistische Ideen wurden vorgebracht mit dem Ziel, die anhaltende schwarze Unterlegenheit zu bekräftigen, während gleichzeitig assimilationistische Abolitionisten an Stärke gewannen. Die Anhänger der Demokraten stürzten sich auf das Buch des New Yorker Journalisten John H. Van Evrie, *Negroes and Negro Slavery*. Van Evrie gehörte zur Sturmspitze der nördlichen Pamphletisten für die Sklaverei und für die weiße Herrschaft in den 1850er-Jahren. «Gott hat den Neger nicht in den meisten Fällen, sondern in allen Fällen als unterlegen erschaffen», erklärte er. «Derselbe allmächtige Schöpfer schuf alle weißen Menschen gleich.» Jenseits des Atlantiks veröffentlichte 1853 der aristokratische Royalist Arthur de Gobineau seinen vierbändigen *Essai sur l'inégalité des races humaines* (Versuch über die Ungleichheit der Menschenrassen). Seine Forderung nach der Rückkehr der Aristokratie in Frankreich ging mit einer Analyse der «kolossalen Wahrheit» der «rassischen» Hierarchie und der Polygenese einher. Die intelligenten weißen Liebhaber der Freiheit stehen an der Spitze seiner Stufenleiter; die gelbe «Rasse» ist die «Mittelklasse»; und ganz unten stehen die gierigen, wollüstigen Schwarzen. Ihre «abnormen» physischen Eigenarten hätten sich als Ausgleich für ihre Dummheit entwickelt, schreibt er. Innerhalb der weißen Gattung sei die «arische Rasse» die höchste – sie habe alle großen Zivilisationen in der Welt geschaffen. Die Deutschen nahmen Gobineau mit offenen Armen auf, seine «Arier» waren schließlich die «germanische Rasse». 1856 wurde Gobineaus Buch auf Josiah C. Notts Betreiben hin ins Englische übersetzt.[15]

Types of Mankind war ein teures Buch und es hatte viele Konkurrenten, die um die Gunst der Leser wetteiferten – dennoch war es in kürzester Zeit ausverkauft. In Europa werde es als Beweis für die «herausragende Stellung der amerikanischen Wissenschaft» der Polygenese gesehen, behauptete der *New York Herald*. Auch der Rezensent des *Putnam's Monthly* akzeptierte die Polygenese und erklärte, dass «die Nationen von einheitlichem Blute» seien, «nicht genealogisch, sondern spirituell». Cotton Mathers alte Behauptung von der spirituellen Gleichheit (und körperlichen Ungleichheit) von Schwarz und Weiß, die er vorbrachte, um Sklaverei und Christentum in Einklang zu bringen, wurde nun dazu benutzt, um Polygenese und Christentum zu harmonisieren.

Im Konkurrenzmagazin des *Putnam's*, dem *Harper's Magazine*, schrieb Herman Melville, der gerade *Moby-Dick* fertiggestellt hatte, «The 'Gees». Seine antirassistische Satire machte sich über die Widersprüche der Polygenese lustig. Die fiktionalen 'Gees sind ein Volk, das «in puncto Grobheit recht weit oben rangiert, doch in puncto Format und Moral recht weit unten». Ein 'Gee habe «großen Appetit, aber wenig Fantasie; große Augäpfel, aber wenig kluge Ansichten. Beim Essen schmatzt er, doch wahres Empfinden ist ihm fremd.» Darüber hinaus trat Melville in der Figur des Queequeg im *Moby-Dick* allen rassischen Klischeevorstellungen entschieden entgegen.[16]

Types of Mankind war so populär und so einflussreich, dass es die erste bedeutende Erwiderung eines Afroamerikaners auf die Theorie der Polygenese hervorrief. Reverend Martin B. Anderson, der erste Präsident der University of Rochester, borgte das Buch seinem Freund Frederick Douglass und machte ihn auch auf die Bücher von Nott, Gliddon und Morton aufmerksam. Douglass nutzte seine erste Rede vor einem Collegepublikum – der Case Western Reserve University in Cleveland, am 12. Juli 1854 – für eine geistvolle Widerlegung. Sie wurde im gleichen Jahr in Rochester gedruckt, und Douglass kam noch mehrere Jahre lang in seinen Vorträgen auf seine wesentliche Botschaft zurück.[17]

«Bevor die Notts, die Gliddens, die Agassiz, die Mortons ihre spektakulären Entdeckungen machten» und «im Namen der *Wissenschaft* sprachen», sagt Douglass, hätten die Menschen an die Monogenese geglaubt. Fast alle Befürworter der Polygenese «halten es für ein Privileg des *Angelsachsen*, den Afrikaner zu versklaven und zu unterdrücken», fährt er fort. «Wenn Menschen ihre Nächsten unterdrücken, findet der Unterdrücker in der Eigenart des Unterdrückten stets die volle Rechtfertigung für seine Unterdrückung» – so fasst Douglass mit verblüffender Treffsicherheit die Geschichte der rassistischen Ideen in einem einzigen Satz zusammen.

Nachdem er mühelos bewiesen hat, dass die alten Ägypter schwarz waren, bezeichnet er *Types of Mankind* als den «kürzesten und unverfrorensten» Versuch, «den Neger mit dem Stempel der natürlichen Minderwertigkeit» zu brandmarken, den es je gab. Doch wenn er daraufhin den Grund aller menschlichen Unterschiede in den Lebensumständen aufspürt, zeigt Douglass sich nicht mehr von seiner besten antirassistischen, sondern von seiner schlechtesten rassistischen Seite. Er bezieht sich auf das Werk des biethnischen Mediziners James McCune Smith aus New York, der einen größeren Einfluss auf sein Leben hatte als Garrison. An der Universität von Glasgow hatte Smith 1830 seinen Bachelor- und Masterabschluss gemacht, hatte als erster Afroamerikaner dort Medizin studiert. Das Haar der Schwarzen werde «immer glatter», hatte er einmal freudig geschrieben. «Diese Einflüsse – Klima und Kultur – werden am Ende den einheitlichen Amerikaner» hervorbringen, mit weißer Haut und glattem Haar.[18]

Douglass stützt sich auf Smiths Klimatheorie und seinen kulturellen Rassismus, wenn er seine Zuhörer in Cleveland fragt: «Müssen wir die Wechselfälle der Barbarei hinter uns lassen, um eine Erklärung für das hagere, sehnige, affenartige Erscheinungsbild einiger echter Neger zu erhalten? Müssen wir unseren Blick über den vertikalen Stand der Sonne erheben oder unter den feuchten, schwarzen Boden [Westafrikas] schauen, um eine Erklärung für die Farbe des Negers zu erhalten?» Die Wechselfälle der Barbarei verlegt Douglass nach Afrika, während das «innere Herz der Zivilisation» in England liegt. Er war jetzt der berühmteste schwarze Abolitionist *und zugleich* Assimilationist der Vereinigten Staaten.[19]

Dass der biblische Glaube in den *Types of Mankind* so schwer erschüttert wurde, passte weder den meisten bekannten weißen männlichen Abolitionisten noch den Assimilationisten. William Lloyd Garrison rezensierte das segregationistische Buch am 13. Oktober 1854 in seinem ersten Scharmützel mit den Vertretern der Polygenese. Er zielte besonders auf Josiah C. Nott ab, der gesagt hatte, er habe «zwanzig Jahre lang vergebens nach einer einzigen Ausnahme» von Jeffersons Befund gesucht, nach dem ein Schwarzer noch nie «einen Gedanken äußerte, welcher über dem Niveau einer einfachen Erzählung lag». Es sei doch «höchst bemerkenswert», erwiderte Garrison süffisant, «dass Jefferson so viele dumme Kinder gezeugt» habe.[20]

Obwohl sie gegen *Types of Mankind*, gegen segregationistische Ideen und gegen die Sklaverei immer in größter Einheit Stellung bezogen hatten, trennten sich am Ende Douglass' und Garrisons Wege. Als Frederick Douglass den Paternalismus weißer Abolitionisten angriff und erkannte, dass die Schwarzen sich organisieren mussten, schlugen die Mitstreiter – auch Garrison – zurück. Im Sommer und Herbst 1853 waren die Seiten des *Liberator* und *Frederick Douglass' Paper* voller Schmähreden. Garrison schrieb einen vernichtenden Kommentar im *Liberator* vom 23. September 1853: «Diejenigen, die als Klasse unter der amerikanischen Sklaverei und den Vorurteilen leiden», seien unfähig, die Forderungen der Bewegung zu erkennen und «die Philosophie ihrer Handlungen zu begreifen».[21]

Gemeinsame Freunde versuchten, den Zwist zwischen den Kontrahenten zu schlichten. Vor Jahresende schritt Harriet Beecher Stowe ein, und es gelang ihr, was andere vergeblich versucht hatten. Doch schließlich hatte ihr Bestseller *Onkel Toms Hütte* sie an die Spitze der abolitionistischen Bewegung katapultiert, von wo sie sowohl auf Douglass als auch auf Garrison hinabsah. Ihr Roman verschaffte der Bewegung in den Nordstaaten mehr Anhänger als die Schriften und Reden von Douglass. Besonders die Frauen begeisterten sich und begannen im ganzen Land für ihre Rechte aufzustehen. Stowes Briefe an Douglass und Garrison zeigten Wirkung; der erbitterte Kampf zwischen ihnen schwächte sich ab und hörte auf. Beide vergaben einander, doch sie vergaßen nichts. Und beide wandten sich nun der Kontroverse zu, die den Beschluss der Regierung Pierce von 1854 über die «Endgültigkeit» des Kompromisses von 1850 untergrub.[22]

Kapitel 16

Die drohende Krise

Senator Stephen A. Douglas aus Illinois wollte die Territorien von Nebraska und Kansas zu amerikanischen Bundesstaaten machen, um eine transkontinentale Eisenbahn durch diese Gebiete bauen zu können. Er und seine Geldgeber stellten sich vor, dass die Eisenbahn das blühende Tal des Mississippi zum Zentrum der Nation machen würde. Um die wichtige Unterstützung der Südstaaten nicht aufs Spiel zu setzen, legte der Kansas-Nebraska-Act von 1854 fest, dass die Frage der Sklaverei von den Siedlern entschieden werden sollte – was dem Missouri-Kompromiss widersprach.

Stephen Douglas wusste, dass das Gesetz einen «Sturm der Entrüstung» auslösen würde, doch damit unterschätzte er den Zorn der Nordstaatler. Die Sklaverei schien offiziell auf dem Vormarsch zu sein, und die Tage der Free-Soil-Bewegung waren gezählt. Die Angst vor einer solchen Zukunft bewog immer mehr Menschen aus den Nordstaaten dazu, sich gegen den Vormarsch der Sklaverei einzusetzen. Zu ihnen gehörte auch ein politisch ambitionierter Anwalt aus Illinois, der von 1847 bis 1849 für Illinois im Kongress gesessen hatte. Abraham Lincoln sprach sich gegen die Sklaverei aus und half dadurch seiner politischen Karriere wieder auf die Beine. 1854 hatte er den zweiten Abgeordnetensitz für Illinois im US-Senat neben Stephen Douglas im Auge. Am 16. Oktober 1854 sprach er in einer langen Rede in Peoria, Illinois, von der «ungeheuerlichen Ungerechtigkeit» der Sklaverei. Doch er wusste nicht, was er mit der nun mal «existierenden Einrichtung» anfangen sollte, und fügte hinzu: «Mein erster Impuls wäre es, alle Sklaven zu befreien und nach Liberia zu schicken.» Aber das war unmöglich. «Was dann? Sie alle befreien und bei uns behalten, als Untergebene? … Sie alle befreien und sie politisch und sozial zu unseresgleichen machen? Mein Gefühl lässt das nicht zu; und wenn ich es tun würde, so wissen wir sehr wohl, dass die große Masse der Weißen es nicht zulassen wird.»[1]

Abraham Lincoln war politisch ein Schüler von Henry Clay, dem großen Kompromissler, der die Kompromisse von 1820 und 1850 ausgearbeitet hatte. Eines der großen Themen seines politischen Lebens war die Kolonisation. Er sprach beim Gründungstreffen der American Colonization Society und war von 1836 bis 1849 ihr Vorsitzender. Als Clay 1852 starb, war er der erste Amerikaner, der in der Rotunde des Capitols in Washington öffentlich aufgebahrt wurde. Es gab nicht viele Abolitionisten, die um ihn trauerten. William Lloyd Garrison sagte immer wieder, es gebe keinen größeren Feind der Schwarzen als Clay. Lincoln hingegen nannte Clay «mein Ideal eines großen Mannes».[2]

Lincoln hielt auch die Trauerrede für Clay, 1852 im Capitol von Illinois, und bei dieser Gelegenheit befürwortete er zum ersten Mal öffentlich die Rückkehr von freien Schwarzen und freigelassenen Sklaven in ihr «lange verlorenes Vaterland» in Afrika. Lincoln stammte wie Clay aus Kentucky, und in den Häusern einiger seiner Verwandten lebten auch Sklaven. Seine Eltern waren jedoch Gegner der Sklaverei. Lincoln missbilligte den einheimischen Sklavenhandel, und doch sprach er sich zu Beginn seiner Laufbahn als Abgeordneter von Illinois gegen das Wahlrecht von Schwarzen aus. 1852 hatte sich der 43-Jährige ins Privatleben zurückgezogen und arbeitete als Anwalt, da er glaubte, seine politische Karriere in der Whig Party sei beendet, bevor er 1854 wieder auftauchte und für einen Sitz im Senat kandidierte.[3]

Der Kansas-Nebraska-Act spaltete Lincoln's Whig Party, die in regionale Fraktionen zerfiel. Henry Clays Absichten waren von diesem Gesetz durchkreuzt worden. Rechtzeitig für die Präsidentschaftswahlen von 1856 tauchten zwei neue Parteien auf: die Know-Nothing Party, deren Feinde Einwanderer und Katholiken waren, und die Republican Party, die sich gegen die expandierende Macht der Sklavenhalter wandte. Keiner der beiden gelang es, die Demokraten auszustechen, die sich gegen den Abolitionismus noch enger zusammenschlossen. Am 4. März 1857 leistete der Demokrat James Buchanan seinen Eid als fünfzehnter Präsident der Vereinigten Staaten. Der «Meinungsunterschied» im Kongress und in ganz Amerika in der Frage der Ausdehnung der Sklaverei sollte und würde vom Obersten Gerichtshof «rasch und endgültig entschieden» werden, verkündete er an diesem Tag. Er wusste, wie der Supreme Court entscheiden würde, stellte sich aber ahnungslos. «Alle guten Bürger» sollten sich wie er selbst dem Urteil «freudig» unterwerfen.[4]

Nur zwei Tage später, am 6. März 1857, gab das Gericht seine Entscheidung bekannt, doch nur wenige abolitionistische Nordstaatler klatschten Beifall. Im Verfahren *Dred Scott v. Sandford* wies der Supreme Court das Freiheitsbegehren von Dred Scott ab. Scott hatte seine Klage auf Freilassung damit begründet, dass er in US-Staaten gewohnt hatte, in denen die Sklaverei verboten war. Fünf Südstaatler (Demokraten und Whigs) und zwei Nordstaatler (Demokraten) urteilten, dass der Missouri-Kompromiss nicht der Verfassung entspreche, bestritten die Verfassungsmäßigkeit der Abolition in den Nordstaaten, sprachen dem Kongress die Macht ab, über die Sklaverei in den US-Territorien zu befinden, und setzten fest, dass Schwarze keine Staatsbürger sein durften. Nur ein Republikaner aus Ohio und ein Anhänger der Whig-Partei aus Neuengland hatten gegen dieses Urteil gesprochen.

Der Oberste Bundesrichter Roger B. Taney verkündete das Mehrheitsvotum, das sofort heftigen Streit auslöste. Als treuer Jacksonanhänger und Demokrat aus Maryland, der seine Sklaven schon vor langer Zeit freigelassen hatte, hatte Taney während seiner gesamten Laufbahn die Interessen von Sklavenhaltern verteidigt, ihr Recht auf Eigentum von Sklaven, sein eigenes Recht, Sklaven freizulassen, und das Recht seiner Freunde, Menschen zu versklaven. Mit fast achtzig Jahren weigerte er sich, die Sklaverei zu begraben (es traf sich, dass er an dem Tag starb, als Maryland 1864 die Sklaverei abschaffte). Das fünfzig Seiten starke Mehrheitsvotum verfasste Taney in der Hoffnung, dass sich Schwarze, Free-Soil-Anhänger und Abolitionisten in ihrem Kampf gegen die Sklavenhalter in der Rechtsprechung nicht durchsetzen würden. Da Schwarze bei der Staatsgründung aus der politischen Gemeinschaft der Amerikaner ausgeschlossen worden waren, könnten die Vereinigten Staaten ihnen jetzt keine Rechte gewähren, argumentierte er. «Über ein Jahrhundert lang waren sie als Menschen niedrigeren Ranges angesehen worden, ohne die Fähigkeit, sich mit der weißen Rasse zu vereinen, weder in sozialen noch in politischen Belangen, und ihre Fähigkeit der Gemeinschaft mit Weißen wurde so gering geschätzt, dass sie keine Rechte besaßen, die der weiße Mann zu respektieren hatte.»[5]

Zwar hatte Taney absolut recht, wenn er über die Geringschätzung der Schwarzen bei den Gründervätern sprach, doch er hatte absolut unrecht, wenn er sagte, dass schwarze Menschen von der ursprünglichen politischen Gemeinschaft ausgeschlossen gewesen seien. Der anders denkende Richter Benjamin Curtis konstatierte, dass schwarze Männer bei der Staatsgründung in mindestens fünf Staaten – fast der Hälfte der Union – das Wahlrecht besessen hatten, wodurch Taneys Hauptargument, den Schwarzen die Staatsbürgerschaft zu verwehren, erschüttert wurde. Doch Curtis' Geschichtsunterricht machte auf Taney keinen Eindruck, und auch seine Kollegen vom Supreme Court, die Regierenden im Weißen Haus und im Capitol, die der Dred-Scott-Entscheidung Beifall klatschten, zeigten sich nach der Richtigstellung ungerührt. Wahrscheinlich kannten sie die Geschichte, und sie schienen sich keinen Deut um die bestürzenden Folgen des rassistischen Richterspruchs zu kümmern. Alles, was sie interessierte, war die Aufrechterhaltung der ökonomischen Interessen ihres Staates, der ihren eigenen Reichtum sicherte. Und nichts machte nördliche Investoren und Fabrikbesitzer und südliche Grundbesitzer und Sklavenhalter 1857 reicher als das wichtigste nationale Exportgut: Baumwolle.[6]

Der demokratische Senator Stephen Douglas jubelte über die Taney-Entscheidung, und auch die Sklavenhalter und ihre nördlichen Verteidiger waren begeistert. Abraham Lincoln, der sich um Douglas' Senatssitz bewarb, sprach sich im Interesse der Free-Soil-Bewegung, der Abolitionisten und der frischgebackenen Republikanischen Partei gegen die Entscheidung aus. Er vereinbarte eine Reihe öffentlicher Streitgespräche mit Douglas, die zwischen Ende August und Mitte Oktober 1858 stattfanden. Tausende kamen, um ihnen zuzuhören, und Millionen lasen die Mitschriften. Die Kandidaten wurden überall bekannt. Der hochgewachsene, hagere, schlecht angezogene und anspruchslose Lincoln kam in aller Stille zu den Debatten und war bereit, defensiv zu argumentieren. Der kleine, untersetzte Douglas, im maßgeschneiderten Anzug und mit arroganter Miene, kam mit seiner jungen Frau Adele in einem privaten Eisenbahnwaggon und unter dem Donner von Geschützsalven. Er war bereit zum Angriff. Der Gegensatz zwischen ihnen im Erscheinungsbild und in ihrer Argumentationsweise schien perfekt zu sein für eine Technologie des überregionalen Wahlkampfes, die damals allerdings noch nicht existierte.

«Wenn Sie wollen, dass Neger Staatsbürger werden», sagte Douglas, «dann unterstützen Sie Mr. Lincoln und die schwarze Republikanische Partei.» Douglas brachte immer wieder die «Rassenfrage» ins Spiel und machte sich die rassistischen Ideen der Wähler zunutze, um sie gegen die Republikaner einzustimmen. Rassistische Hetze wurde in den Jahrzehnten vor dem Bürgerkrieg zu einem wesentlichen Instrument im Wahlkampf, besonders für die herrschenden Demokraten. Weiter sagte Douglas, dass Amerika «von Weißen geschaffen wurde, zum Nutzen der Weißen und ihrer Nachkommen für alle Zeit», und er prophezeite, dass eine Präsidentschaft Lincolns zu integrierten Gemeinden führen werde. Während er sich in immer lauteren Hetzreden erging, erhielt Lincoln immer mehr Briefe, in denen Wähler ihn beknieten, die Sache der Republikaner vom Problem der Gleichstellung der Rassen zu trennen. Während der vierten Debatte in Charleston, Illinois, wurde Lincoln endlich deutlich: «Weder war ich jemals noch bin ich heute dafür», sagte er, «dass [Schwarze] Wähler oder Geschworene werden» – oder Politiker oder Ehepartner. «Es gibt einen körperlichen Unterschied zwischen der weißen und der schwarzen Rasse, der es, wie ich glaube, für immer verbietet, dass die beiden Rassen auf der Grundlage von sozialer und politischer Gleichheit zusammen leben. Und da sie so nicht leben können und doch zusammenbleiben, muss es die Position des Überlegenen und Unterlegenen geben, und ich bin genauso wie jeder andere dafür, dass die überlegene Position der weißen Rasse zuerkannt wird.»

Abraham Lincoln drängte Stephen Douglas in die Defensive. Douglas beschuldigte Lincoln, seine Ansicht zur Rassenfrage je nach Zuhörerschaft zu verändern: «pechschwarz» im nördlichen abolitionistischen Teil des Bundesstaats, «von der Farbe eines anständigen Mulatten» im gegen die Sklaverei eingestellten, doch antiabolitionistischen Zentrum, und «fast weiß» im südlichen Illinois, das die Sklaverei rückhaltlos befürwortete. Douglas wollte den Streit weiterhin auf die Rassenfrage konzentrieren. Lincoln wich aus, ging bei den letzten drei Debatten in die Offensive und steuerte auf die Frage der Sklaverei zu. Während des letzten Rededuells in Alton, Illinois, der Stadt des ermordeten abolitionistischen Journalisten Elijah Parish Lovejoy, erklärte Lincoln, jede Stimme für Douglas sei eine Stimme für die Ausdehnung der Sklaverei und eine Stimme dagegen, dass «freie weiße Menschen» eine Heimat und ein besseres Leben fänden, indem sie in den Westen zögen.[7]

Die Demokraten gewannen in Illinois die Wahl für beide Kammern und Douglas kam bei den Halbzeitwahlen von 1858 wieder in Amt und Würden. Die Republikaner lernten, dass es politisch zu größerem Schaden führte, wenn man als pro-schwarz abgestempelt wurde, als wenn man sich für die Sklaverei aussprach. Doch im Rest des Nordens schnitten die Republikaner viel besser ab. Abraham Lincoln in Springfield, Illinois, William Lloyd Garrison tausend Meilen weiter nördlich, in Boston, und andere Beobachter der amerikanischen Politik hatten es mit den gleichen offensichtlichen Wahlergebnissen zu tun: Die Republikaner gewannen nicht nur die Macht in den Wechselwählerstaaten New York, Pennsylvania und Indiana, sie errangen auch große Siege im Abolitionistenland: im kleinstädtischen Neuengland, dem *Yankee West*, und den nördlichen Countys entlang der Great Lakes. Doch Lincoln und Garrison gingen von unterschiedlichen Blickwinkeln aus, hatten unterschiedliche Ideologien und unterschiedliche persönliche und nationale Zielsetzungen, daher überrascht es nicht, dass sie auf die gleichen Resultate unterschiedlich reagierten.[8]

Garrison zügelte zum ersten Mal in fast dreißig Jahren seine Kritik an einer großen politischen Partei und räumte ein, dass die amerikanischen Anti-Sklaverei-Wähler in Scharen zu den Republikanern strömten. Er sah voraus, dass ihre Koalition von «unvereinbaren Elementen» auseinanderbrechen würde, wenn sie die Wahl von 1860 verlören, und dass dann die echten politischen Sklavereigegner die Macht übernähmen. Indessen sei es seine Aufgabe – die Aufgabe der Bewegung –, «die Mängel des republikanischen Programms» und das, was man der republikanischen Wählerschaft versprochen habe, auseinanderzuhalten. Man müsse diese Wählerschaft davon überzeugen, dass es keinen Kompromiss mit der Sklaverei geben könne und keine Union mit Sklavenhaltern. Garrisons Biograf nennt diese neue Strategie «politische Überzeugungsarbeit». Alte Freunde, die die Bewegung aus politischen Verstrickungen heraushalten wollten, waren damit nicht einverstanden, und es kam zu erregten Debatten in abolitionistischen Versammlungen der späten 1850er-Jahre.[9]

Lincoln hingegen wandte sich von der republikanischen Basis der Gegner der Ausdehnung der Sklaverei ab und versuchte, die Unabhängigen mit ins Boot zu holen. Die Republikaner in Wechselwählerstaaten wie Illinois begannen, sich auf das viel populärere Thema der Rechte der «freien Arbeit» zu konzentrieren. Es war durch den Bestseller *The Impending Crisis of the South* (Die drohende Krise des Südens) von Hinton Rowan Helper, einem Autor aus North Carolina, in aller Munde. Die Sklaverei müsse enden, schreibt Helper, weil sie ein Hindernis für den ökonomischen Fortschritt des Südens sei und die Chancen von Weißen mindere, die keine Sklaven hielten und von reichen Sklavenhaltern unterdrückt würden. Helper glaubte nicht an die «Einheit der Rassen». Doch er weigerte sich auch, die Doktrin der Polygenese als Rechtfertigung für die Fortführung der Sklaverei zu akzeptieren. Freigelassene Afrikaner sollten nach Afrika geschickt werden.[10]

Horace Greeley, der berühmteste Zeitungsverleger der Nation, gab Helpers Buch Schützenhilfe in der führenden amerikanischen Zeitung, der *New York Tribune*. Er schloss sich mit Helper zusammen, um Spendengelder und republikanische Unterstützung für die Produktion einer kleinen, billigeren Version von *The Impending Crisis of the South* in Form eines Leitfadens zu gewinnen und während der anstehenden Wahl zu vertreiben. Im Juli 1859 wurde der Leitfaden veröffentlicht und in republikanischen Kreisen sofort zum Erfolg, während er in Sklavenhalterkreisen heftige Kritik provozierte. Helpers Botschaft – für freie weiße Arbeit, gegen Sklaverei – war genau das, was die Republikaner – und Lincoln – brauchten. Damit konnte man sich gegen die Sklaverei aussprechen, ohne als proschwarz gebrandmarkt zu werden.[11]

Die Sklavenhalter wandten sich erbittert gegen das, was Helpers Buch implizierte: Es forderte zur Bildung einer breiten Front aus Anhängern der Free-Soil-Bewegung, Abolitionisten und ehemaligen Sklaven auf. Diese unselige Allianz wurde im Oktober 1859 Wirklichkeit, als der Abolitionist John Brown und sein neunzehn Mann starkes Bataillon das Waffenarsenal der US-Armee in Harpers Ferry, West Virginia, sechzig Meilen nordwestlich von Washington, D. C. überfielen. «General» Harriet Tubman konnte nicht wie geplant zu der Truppe stoßen, wahrscheinlich weil sie unter einem ihrer periodisch auftretenden Fieberanfälle litt. Brown hätte ihren Einfallsreichtum gut brauchen können. Er wählte ein Gebiet von Kleinfarmen aus statt Plantagen großen Stils, wo er Tausende von Sklaven hätte bewaffnen und die nächste Etappe seines Aufstands planen können. US-Marines unter Führung von Oberst Robert E. Lee schlugen die Revolte nieder und nahmen Brown gefangen. Siebzehn Menschen starben.

Es hatte während der turbulenten 1850er-Jahre schon größere schwarze Sklavenaufstände gegeben, die erfolgreich erstickt worden waren, doch Browns Erhebung ging den Sklavenhaltern besonders nah. Der wachsende Riss in der Einheit der Weißen beunruhigte sie bis zur Hysterie. William Lloyd Garrison beschrieb den Aufstand zunächst als einen «wahnsinnigen», wenn auch «gut gemeinten» Versuch. Doch in den Wochen, die dem Konflikt folgten, schloss er sich den Abolitionisten an, für die John Brown kein Wahnsinniger war, sondern immer mehr ein «Märtyrer». Zahllose Amerikaner bewunderten den Mut dieses David, der gegen den mächtigen und verhassten Sklavenhalter-Goliath zu Felde gezogen war. Allerdings lauerte im Schatten des allgemeinen Lobes für John Brown die Verachtung für gewaltsame schwarze Revolutionäre. Schwarze Sklavenrebellen wurden nie zu Märtyrern und blieben wahnsinnige Männer und Frauen. Nie zuvor war der Führer einer größeren Sklavenerhebung so gefeiert worden. Und seit Bacons Rebellion war der Führer einer größeren Sklavenerhebung nicht mehr weiß gewesen.

John Browns letzte Äußerung vor Gericht wurde von Millionen Menschen gelesen. Brown stellte sich als einen rechtschaffenen christlichen Hirten dar, der gewillt sei, die Goldene Regel zu befolgen – und gewillt, die geknechteten Schafe aus der Sklaverei zu führen. Am Tag seiner Hinrichtung, dem 2. Dezember 1859, trauerten weiße und schwarze Nordstaatler stundenlang unter dem Geläut der Kirchenglocken.[12]

Am 2. Februar 1860 präsentierte Jefferson Davis, ein Abgeordneter aus Mississippi, einen Gesetzesvorschlag der Südstaatler vor dem Senat. Er enthielt die Forderung nach uneingeschränkten Rechten von Einzelstaaten und Sklavenhaltern. Für den Verbleib des Südens in der Union war es notwendig, dass der Senat das Gesetz billigte. Davis hätte leicht hinzufügen können, dass die Südstaatler keinerlei Hilfe oder Unterstützung schwarzer Menschen durch die Regierung wünschten. Am 12. April 1860 widersprach Davis der Genehmigung von Geldern für die Erziehung von Schwarzen in Washington, D. C. «Diese Regierung wurde nicht von Negern für Neger eingesetzt», sagte er, sondern «von Weißen für Weiße». Die zur Debatte stehende Entschließung basiere auf der falschen Behauptung der Rassengleichstellung. Die «Ungleichheit der weißen und der schwarzen Rasse» sei «eine Brandmarkung von Geburt an».

Adam habe den ersten weißen Verbrecher vertrieben, seinen Sohn Kain, der «nicht mehr der geeignete Gefährte derer war, die geschaffen wurden, um die Erde in Besitz zu nehmen», belehrte Davis die Senatoren. Kain habe «im Lande Nod jene gefunden, denen er durch seine böse Tat gleich geworden war in der Erniedrigung». Offensichtlich hätten im Lande Nod unter den «lebendigen Geschöpfen», die Gott vor den Menschen erschaffen hatte, Schwarze gelebt. Später seien sie zusammen mit anderen Tieren auf die Arche Noah gekommen. Ihr Aufseher sei Ham gewesen.[13]

Einer der angesehensten Politiker Amerikas führte die Theorie der Polygenese im Mund, und es schien, als sei diese Ideologie von den separat geschaffenen menschlichen Gattungen endgültig die herrschende Ideologie des Landes geworden. In Wahrheit waren ihre Tage gezählt. Eine weitere verderbliche Theorie war gerade dabei, sich zu etablieren – und sollte von den Apologeten des Rassismus in den nächsten hundert Jahren ins Feld geführt werden.

Im August 1860 nahm sich der Polygenetiker Josiah C. Nott eine Auszeit vom Aufbau der ersten medizinischen Fakultät von Alabama (heute in Birmingham). Er begann mit der Lektüre eines fünfhundert Seiten starken Werkes, das im November des Vorjahrs in England veröffentlicht worden war. Es hatte einen langen Titel: *On the Origin of Species by Means of Natural*

Selection, or the Preservation of Favoured Races in the Struggle for Life (Über die Entstehung der Arten durch natürliche Zuchtwahl oder die Erhaltung der begünstigten Rassen im Kampfe ums Dasein). Nott kannte den Autor wahrscheinlich: den bedeutenden sklavereifeindlichen britischen Meeresbiologen Charles Darwin.

In der Einleitung schreibt Darwin den berühmten Satz: «Wenn daher auch noch so Vieles dunkel ist …, so zweifle ich nach den sorgfältigsten Studien und dem unbefangensten Urtheile, dessen ich fähig bin, doch nicht daran, daß die Meinung, welche die meisten Naturforscher hegen und auch ich lange gehegt habe, als wäre nämlich jede Species unabhängig von den übrigen erschaffen worden, eine irrthümliche ist. Ich bin vollkommen überzeugt, dass die Arten nicht unveränderlich sind.» Neueste Entdeckungen zeigten, dass der Ursprung des Menschen mehr als einige Tausend Jahre zurücklag. Darwin wandte sich entschieden sowohl gegen die biblische Chronologie wie gegen die herrschende Theorie der Polygenese und präsentierte eine neue These: die «natürliche Zuchtwahl». Im immerwährenden «Kampf ums Dasein» strebe «jedes organische Wesen nach Zunahme in einem geometrischen Verhältnisse» oder nach Veredelung.

Darwin behauptete nicht explizit, dass die weiße Rasse sich durch «natürliche Zuchtwahl» im Laufe der Evolution immer mehr vervollkommnet habe. Menschen interessierten ihn in der *Entstehung der Arten* nur am Rande. Er hatte ein größeres Ziel: Er wollte beweisen, dass alle lebenden Wesen auf der Welt sich in einem Kampf, in «Concurrenz» zueinander befinden, sich entwickeln, sich verbreiten und entweder untergehen oder sich vervollkommnen. Doch Darwin öffnete die Tür für jene Eiferer, die seine Theorie benutzten, um zwischen den «zivilisierten», den «wilden» und «halbzivilisierten Rassen» des Menschen zu unterscheiden und die Einwohner des südlichen Afrikas und ihre Nachfahren als «niedrigste Wilde» zu bezeichnen.[14]

Im Laufe der 1860er-Jahre wandelte sich die Reaktion des Westens auf Darwin. Auf unverhohlene Gegnerschaft folgte skeptische Neugier, dann freundliche Aufnahme und am Ende Ruhm und Verehrung. Der sensible, zurückgezogen lebende und kränkliche Darwin überließ es seinen vielen Freunden, seine Ideen weiterzuentwickeln und sich mit Kritikern auseinanderzusetzen. Der Geist des britischen Universalgelehrten Herbert Spencer war der Schoß, in dem sich Darwins Ideen prächtig entwickelten; in seinen Schriften erweiterte er Darwins Gedanken zu dem, was unter dem Begriff Sozialdarwinismus bekannt wurde. In *Principles of Biology* (Prinzipien der

Biologie), erschienen 1864, prägte er den legendär gewordenen Ausdruck *Survival of the Fittest.* Er hegte den unerschütterlichen und fast religiösen Glauben, dass menschliches Verhalten durch Vererbung bestimmt sei. Durch ihre ererbten überlegenen Eigenarten seien die «dominierenden Rassen» besser zum Überleben geeignet als die «unterlegenen Rassen». Spencer verbrachte den Rest seines Lebens damit, Regierungen aufzufordern, dem Kampf ums Dasein nicht im Weg zu stehen. In seinem Bemühen, die Macht der Regierungen zu beschränken, ignorierte er all diejenigen, die andere aktiv diskriminierten und damit den «Kampf ums Dasein» für sich entschieden. Die amerikanischen Eliten, die nach neuen Ideen verlangten, um die wachsende Ungleichheit des Landes zu rechtfertigen, ließen sich nur allzu gern auf Charles Darwin ein und verfielen Herbert Spencer mit Haut und Haar.[15]

Darwins Gelehrtenkreis wuchs während der 1860er-Jahre ins Unermessliche und umfasste die gesamte westliche Welt. Die *Entstehung der Arten* veränderte auch das Leben seines Cousins, Sir Francis Galton. Als Vater der modernen Statistik und Wegbereiter des Gebrauchs von Fragebögen und Umfragen zur Datenerhebung entwickelte er das Konzept der Korrelation und prägte den Begriff «Regression zur Mitte». In *Hereditary Genius* (1869) nutzte er seine Daten, um das Märchen zu verbreiten, dass Eltern ihren Kindern Eigenschaften wie Intelligenz vererbten, die durch die Lebensumstände nicht veränderbar seien. «Das mittlere geistige Niveau der Negerrasse liegt um etwa zwei Grad unterhalb unseres eigenen», schreibt Galton. Von ihm stammt der Ausdruck *Nature versus Nurture*, der sich darauf bezieht, dass die Fähigkeiten und Eigenarten eines Menschen angeboren sind und durch kulturelle Faktoren nicht verändert werden können. Er forderte die politisch Verantwortlichen dazu auf, die Welt von allen Völkern zu befreien, die durch die «natürliche Zuchtwahl» ausgesondert worden seien – oder sie wenigstens daran zu hindern, sich zu vermehren. Für diese Sozialpolitik im Dienst der «Verbesserung der menschlichen Rasse» prägte er den Begriff «Eugenik».[16]

Darwin hielt seine Anhänger nicht davon ab, die Prinzipien der «natürlichen Zuchtwahl» auf Menschen zu übertragen. Allerdings schrieb 1869 der britische Naturforscher Alfred Russel Wallace, der weitgehend unbekannte Mitentdecker der darwinschen Prinzipien, dass die geistige Natur des Menschen und die gleichwertigen Fähigkeiten gesunder Gehirne ihn außerhalb des natürlichen Ausleseprozesses stellten. Doch später, nachdem Wallace sich als egalitärster englischer Wissenschaftler seiner Generation profiliert hatte, erklärte er, dass die europäische Kultur jeder anderen überlegen sei.[17]

Darwin versuchte in seinem späteren Buch *Descent of Man* (Die Abstammung des Menschen und die geschlechtliche Zuchtwahl), erschienen 1871, schlüssig zu beweisen, dass die natürliche Auslese sich auch auf Menschen bezog. In kaum nachvollziehbarer Weise verband er «Rasse» und Intelligenz. Einerseits sprach er davon, dass «die Rassen … allmählich ineinander übergehen und dass es kaum möglich ist, scharfe Unterscheidungsmerkmale zwischen ihnen aufzufinden»; andererseits befand er: «Die Eingeborenen von Amerika, die Neger und die Europäer weichen voneinander ihrem Geiste nach so weit ab, als irgend drei Rassen, die man nur nennen könnte.» Und doch war er, als er «mit den Feuerländern an Bord der *Beagle* zusammenlebte, unaufhörlich von vielen kleinen Charakterzügen überrascht, welche zeigten, wie ähnlich ihre geistigen Anlagen den unsrigen waren». Dasselbe sei der Fall gewesen «in Bezug auf einen Vollblutneger, mit dem ich zufällig eine Zeit lang nahe bekannt war». Über die Evolution der «Rassen» sagt er: «In irgendeiner künftigen Zeit … werden die civilisierten Rassen der Menschheit beinahe auf der ganzen Erde die wilden Rassen ausgerottet und ersetzt haben.» Zwischen den «Menschen in einem noch civilisierteren Zustande als dem kaukasischen» und «irgendeinem Affen» werde es einen noch größeren Abstand geben als «gegenwärtig». Sowohl Assimilationisten wie Segregationisten nahmen die *Abstammung des Menschen* begeistert auf. Die Assimilationisten lasen Darwin und behaupteten, er habe gesagt, dass Schwarze sich eines Tages zu einer weißen Zivilisation entwickeln könnten; die Segregationisten lasen ihn und behaupteten, er habe gesagt, Schwarze seien zum Aussterben verurteilt.[18]

Im April 1860 druckte die *DeBow's Review* das Ergebnis der «Suche nach einer tugendhaften, glücklichen und aus freien Stücken arbeitsamen Gemeinschaft freier Neger». Der Berichterstatter hatte offenbar an vielen Stellen der Welt nach einer solchen Gemeinschaft gesucht: auf Jamaica, in Haiti, Trinidad, Britisch-Guayana, auf den Antillen, auf Martinique und anderen Inseln der Karibik, in Peru, Mexiko, Panama und auf Mauritius, in England, Kanada, Sierra Leone und Liberia, und hatte herausgefunden, dass «eine solche Gemeinschaft auf der ganzen Erde nicht existiert».[19]

Gleichzeitig war in der Titelstory der die Sklaverei befürwortenden Zeitschrift die Rede von der «Notwendigkeit der Sezession des Südens und einer neuen Konföderation» zum Zweck der «Bewahrung der konstitutionellen Freiheit und der Sittlichkeit in der Gesellschaft». Die Demokraten des Südens, noch nicht bereit, sich von der Union abzuspalten, verließen die Demokratische Partei und stellten Vizepräsident John C. Breckinridge aus Kentucky als ihren Präsidentschaftskandidaten für die Wahlen von 1860 auf.[20]

Demokraten aus dem Norden und dem Süden kamen ohne die Bereitschaft, um des Sieges willen ihre Ansichten zu mäßigen, zu ihren Nominierungsparteitagen, während die Republikaner diese Bereitschaft überall an den Tag legten. Die Delegierten waren fest entschlossen, sich nicht länger als «schwarze Republikaner» brandmarken zu lassen. Abraham Lincoln half ihnen dabei. Sein bescheidener Lebensstil sprach Wähler aus der Arbeiterschicht an, seine prinzipientreue Haltung gegen die Sklaverei gefiel den Radikalen und seine prinzipientreue Haltung gegen das Wahlrecht für Schwarze und die Rassengleichheit gefiel den antischwarzen Anhängern der Free-Soil-Bewegung. Als er nominiert war, verabschiedeten die Republikaner ein Programm, das zusicherte, die Sklaverei im Süden nicht anzutasten. Die Basis des Programms, das den Wahlkampf der Republikaner bestimmte, war die Erklärung, dass Freiheit «die Normalität in allen Territorien» sein sollte.

Obwohl er Lincoln als «einen Mann von Willenskraft und Mut» lobte, weigerte sich Frederick Douglass, ihn zu wählen. Die Erinnerung an Lincolns Äußerungen in Illinois über die Rechte der Schwarzen wog schwerer. William Lloyd Garrison ignorierte all diejenigen, die Lincolns Sklavereifeindschaft priesen und für ihn ins Feld zogen. Lincoln werde «nichts tun, um den Süden zu vergrämen», spottete er.[21]

Einige Tage vor der Wahl im November 1860 zogen 30 000 Demokraten durch New York. Sie trugen Fackeln, Plakate und Spruchbänder, auf denen zu lesen stand: «Keine Gleichstellung für Neger» und «Freie Liebe, freie Nigger und freie Frauen». Doch es gelang den Republikanern, genug Nordstaatler davon zu überzeugen, dass die Partei gegen die Ausdehnung der Sklaverei und schwarze Bürgerrechte stand. Garrison sprach vielen aus dem Herzen, als er sagte, er hoffe, dass die Wahl von Abraham Lincoln zum sechzehnten Präsidenten der Vereinigten Staaten Ausdruck eines «viel tieferen Gefühls» im Norden sei, das «im Laufe der Zeit zu einem entschlosseneren Handeln» gegen die Sklaverei «reifen» müsse. Genau das fürchteten die Sklavenhalter.[22]

In einem offenen Brief an einen Südstaatler versuchte Lincoln am 15. Dezember 1860, die lauter werdenden Forderungen nach Sezession zu beschwichtigen. Es gebe nur einen einzigen «wesentlichen Unterschied» zwischen dem Norden und dem Süden, schrieb er. «Ihr glaubt, die Sklaverei ist richtig und sollte ausgedehnt werden; wir glauben, sie ist falsch und sollte beschränkt werden.» Es war unwahrscheinlich, dass Sklavereibefürworter der Südstaaten in dieser Frage auf Lincoln hörten. Sie hörten auf ihre Prediger und die höchsten Geistlichen, die von der Sezession sprachen, so wie sie auf ihre Zeitungen und ihre Politiker hörten, die von der Sezession sprachen – nirgendwo mehr als in South Carolina, dem einzigen Staat mit überwiegend schwarzer Bevölkerung. Die Sklavenhalter wussten, dass der Abolitionismus mit all seinen Implikationen sie daran hinderte, die auch 1860 unablässig aufflammenden Sklavenaufstände in den Griff zu bekommen. In den letzten Monaten von 1860 gab es mehr Berichte denn je über ungebührliches Verhalten von Sklaven, Brandstiftungen und Mord an Plantagenbesitzern. Die Sezessionisten von South Carolina mussten nur ein Wort äußern, um alle in Angst und Schrecken zu versetzen: Haiti – alle wussten, was das bedeutete. Während Garrison die Sezession als selbstmörderisch verurteilte, hielten es einige Sklavenhalter für Selbstmord, in der Union zu bleiben. In den letzten Wochen des Jahres 1860 unternahmen die Sklavenhalter von South Carolina drastische Schritte, um ihre Sicherheit zu gewährleisten.[23]

Kapitel 17

Der Große Befreier

Am 2. Dezember 1860 nahmen die Abgeordneten von South Carolina Bezug auf die Unabhängigkeitserklärung, als sie ihre Gründe für die Abspaltung darlegten. Die Abolitionisten «stifteten» zufriedene Sklaven «zu erniedrigenden Aufständen an» und verliehen Schwarzen, die nach dem Gesetz «nicht Staatsbürger werden dürfen», die Bürgerrechte. Die Abspaltung South Carolinas von den Vereinigten Staaten bedeutete nicht einfach den Verlust eines Bundesstaates und bald einer Region, sondern den Verlust des Reichtums und des Grundbesitzes dieser Region. Der Süden verfügte über Millionen von Morgen Land, das nach rein ökonomischen Gesichtspunkten mehr wert war als die fast 4 Millionen versklavter Menschen, die 1860 auf den Plantagen schufteten. Durch ihre finanziellen Investitionen in die Institution der Sklaverei und ihre Abhängigkeit von deren Produktivität waren die Geldgeber und Manufakturbesitzer des Nordens wesentliche Förderer des Übels. Und deshalb brachten sie ihre Kongressmänner dazu, auf den Knien um einen Kompromiss zu bitten, um die Union wiederherzustellen. Garrison nannte die «Rettungsbemühungen», die im Dezember 1860 und Januar 1861 stattfanden, «einfach idiotisch». Doch ob idiotisch oder schlau – sie schlugen fehl. Der Rest des Tiefen Südens trat im Januar und Februar aus der Union aus. Die Sezessionisten von Florida veröffentlichten eine Ursachenerklärung, in der sie erklärten, dass Schwarze Sklaven sein müssten, weil sie überall «von Natur aus» eine Neigung zu «Faulheit, Landstreicherei und Verbrechen» hätten.[1]

Im Februar 1861 wurde Jefferson Davis in Montgomery, Alabama, als Präsident der neuen Konföderierten Staaten von Amerika vereidigt. In seiner Antrittsrede als Präsident der Union im März erhob Lincoln keine Einwände gegen den vorgeschlagenen Dreizehnten Verfassungszusatz, der die Sklaverei unantastbar gemacht und den Weg für die Wiedervereinigung der Union frei gemacht hätte. Dennoch schwor Lincoln, er werde die Ausdehnung der Sklaverei nie zulassen. Am 21. März antwortete Alexander Stephens, der Vizepräsident der Konföderation, mit einer improvisierten Rede. Sein Staat, erklärte er, beruhe «auf der großen Wahrheit, dass der Neger dem weißen Mann nicht gleichgestellt ist; dass sein untergeordnetes Verhältnis als Sklave gegenüber der überlegenen Rasse seine natürliche und normale Stellung ist. Unser neuer Staat ist der erste in der Geschichte der Welt, der auf dieser großen physischen, philosophischen und sittlichen Wahrheit beruht.» Diese «große Wahrheit» war laut Stephens der «Grundstein» (*cornerstone*) der Konföderation. Die Rede wurde daher bekannt als Cornerstone Speech.[2]

In der neuen Literatur und Propaganda für Erwachsene und Kinder des Südens bauten die Konföderierten mit zwei Standardfiguren auf diesem Grundstein auf: der Figur des zurückgekehrten *runaway*, der einsieht, dass die Sklaverei besser ist als die Freiheit; und der Figur des heldenhaften schwarzen Konföderierten, der die Sklaverei verteidigt. Es hat immer individuelle Wahrheiten gegeben, die die allgemeine rassistische Lüge unterstützen. Es stimmt auch, dass einige schwarze Opportunisten sich Vergünstigungen erhofften, wenn die Sklaverei fortbestand, und daher die Sache der Konföderierten zu ihrer eigenen machten. Es stimmt, dass einige hungrige freie Schwarze die Abtrünnigen unterstützten, weil sie von ihnen Nahrung erhielten. Es stimmt, dass schwarze Rassisten, die glaubten, dass Schwarze es als Sklaven besser hätten, gelegentlich freiwillig der Konföderation halfen. Wie viele freiwillige schwarze Konföderierte gab es? Wahrscheinlich nicht viele. Aber das weiß niemand genau.[3]

Drei Wochen, nachdem Alexander Stephens den Grundstein gelegt hatte, griffen die Konföderierten Fort Sumter an. Am 15. April 1861 befahl Lincoln der Armee der Union, die «Revolte» niederzuschlagen, an der sich bis Ende Mai auch Virginia, North Carolina, Tennessee und Arkansas beteiligten. Egal, wie sehr sich Lincoln zum Thema Sklaverei zurückgehalten hatte, und egal, was die Demokraten den Abolitionisten vorwarfen, für schwarze Menschen und für Abolitionisten ging der Bürgerkrieg um die Sklaverei und die Sklavenhalter trugen die Schuld. Beim jährlichen Treffen der Abolitionisten am 4. Juli in Framingham, Massachusetts, prangerte William Lloyd Garrison die *colorphobia* der Nordstaatler an, die sie davon abhalte, einen Befreiungskrieg zu unterstützen. «Lasst uns in jedem Sklaven Jesus selbst sehen!», rief er aus.[4]

Die Zeitschrift *Weekly Anglo-African* sagte voraus, dass die Millionen versklavter Afrikaner keine «gleichgültigen Beobachter» bleiben würden. Lincoln mochte es «einen Krieg der Weißen» nennen, aber versklavte Afrikaner hätten «eine klare und entschiedene Vorstellung davon, was sie wollen – Freiheit.»[5]

Weekly Anglo-African hatte recht. Im Sommer 1861 flüchteten sich zunächst Dutzende, dann Hunderte, dann Tausende entlaufener Sklaven zu den Unionstruppen. Doch die Soldaten der Union wendeten den Fugitive Slave Act mit solcher Härte an, dass laut einer Zeitung in Maryland in drei Monaten Krieg mehr Flüchtige gewaltsam zurückgebracht wurden «als während der gesamten Präsidentschaft von Mr. Buchanan». Die Nordstaatler lauschten den Berichten von zurückgekehrten Sklaven mit demselben Unbehagen, mit dem sie auch die Berichte von Schwarzen aus den Südstaaten hörten, die für die Armee der Konföderierten zwangsverpflichtet wurden.[6]

Nach der Demütigung der Unionstruppen durch die Konföderierten in der ersten Schlacht am Bull Run in Nordvirginia am 21. Juli 1861 wurden der Kongress und die Regierung Lincoln mit Vorschlägen zum Potenzial der afrikanischen Sklaven für den Krieg überhäuft. Zunächst erklärte der Kongress emphatisch, dass der Krieg «nicht in der Absicht geführt werde, in die rechtmäßig bestehenden Institutionen dieser Staaten einzugreifen oder diese abzuschaffen». Doch die Bedürfnisse des Krieges traten bald in den Vordergrund. Anfang August sah sich der republikanisch dominierte Kongress gezwungen, gegen die Einwände von Demokraten und Unionisten der *border states* den Confiscation Act zu verabschieden. Lincoln unterzeichnete das Gesetz nur zögernd. Es sah vor, dass «rebellische» Sklavenhalter ihre Besitzrechte an jeglichem Hab und Gut einbüßten – einschließlich ihrer afrikanischen Sklaven. Die Union konnte solche Menschen als «Konterbande» konfiszieren. Sie waren dann nach dem Gesetz keine Sklaven mehr; aber auch nicht frei. Allerdings konnten sie gegen Lohn für die Unionsarmee arbeiten und unter erbärmlichen Bedingungen in *contraband camps* leben. Jeder Vierte der 1,1 Millionen Männer, Frauen und Kinder in diesen Lagern starb aufgrund der mangelhaften sanitären Verhältnisse und der schlechten ärztlichen Versorgung – eine der schlimmsten Katastrophen dieser Art in der US-Geschichte. Es gab nur 138 Ärzte, die sich um diese Menschen kümmerten. Einige Ärzte nannten die *contrabands* «Tiere» und betrachteten nicht die Unzulänglichkeiten von Hygiene und medizinischer Versorgung und das minderwertige Essen als Ursache für ihren massenhaften Tod, sondern die angeborenen Schwächen schwarzer Menschen.[7]

Trotz der entsetzlichen Lebensbedingungen gab es von Monat zu Monat mehr schwarze Konterbande. Die Sklaven flüchteten vor dem elenden Leben auf den Plantagen, besonders nachdem die Unionstruppen in den dichter bevölkerten Tiefen Süden vorgedrungen waren. Ende 1861 berichtete die *New York Times*, dass afrikanische Sklaven «ernstlich die Freiheit begehrten». Die wachsende Zahl entlaufener Sklaven beweise, dass die Berichte der Konföderierten über glückliche Sklaven reine Propaganda seien. Diese Form schwarzen Widerstands – nicht gutes Zureden oder Bemühungen um Selbstverbesserung – begann nun endlich die rassistische Idee des fügsamen Schwarzen in den Köpfen der Nordstaatler zum Verschwinden zu bringen. Bei seiner Rede im Dezember 1861 vor dem Kongress ließ Präsident Lincoln keinerlei Unterstützung für die *runaways* laut werden. Doch er forderte Geld für entlaufene Sklaven, die Kolonisten werden wollten, und Geld, um diejenigen in der Union zu entschädigen, die Sklaven freigelassen hatten. Er wollte nicht, dass der Krieg «entarte» und zu einem «erbarmungslosen revolutionären Kampf» werde. Voller Zorn entgegnete Garrison in einem Brief, dass «kein Tropfen Anti-Sklaverei-Blut in [Lincolns] Adern fließt».[8]

Im Frühjahr 1862 flüchteten Tausende von Sklaven durch die Wälder, erreichten die Stellungen der Union und ließen Plantagen hinter sich, die ohne ihre Arbeit lahmgelegt waren. Die Konföderation verlor ihre Einheit. Einige Soldaten desertierten. Einige der konföderierten Soldaten schlossen sich mit afrikanischen Sklaven zusammen und rebellierten gegen ihre gemeinsamen Feinde: die wohlhabenden Plantagenbesitzer. Und einige Weiße weiter im Norden, die zwar selbst keine Sklaven hielten, aber für die Sklavenhalter kämpften, hatten ihre Illusionen verloren. Alexander H. Jones aus dem östlichen North Carolina half bei der Organsiation der 10 000 Mann starken Friedensgesellschaft Heroes of America, die einen Fluchttunnel für weiße Unionisten in konföderierten Gebieten gruben. «Tatsache ist», schrieb Jones in einem geheimen antirassistischen Rundbrief über die reichen Pflanzer, «dass diese aufgeblasenen, angeberischen aristokratischen Dummköpfe die Gewohnheit haben, Neger und arme hilflose Weiße herumzustoßen, bis sie glauben …, dass sie selbst etwas Besseres sind; sie hassen und verhöhnen die Armen und misstrauen ihnen.»[9]

Weiter im Norden setzten radikale Republikaner eine Reihe von Anti-Sklaverei-Maßnahmen durch, gegen die sich Südstaatler und ihre nördlichen Unterstützer jahrelang gewehrt hatten. Im Sommer 1862 war die Sklaverei in den Territorien verboten, in denen das Bundesrecht galt, der transatlantische Sklavenhandel wurde niedergehalten, die Vereinigten Staaten erkannten Haiti und Liberia an, die Abolition hatte Washington, D. C. erreicht und in der Armee der Union galt das Verbot des Zurückverfrachtens entlaufener

Sklaven in den Süden. Der Fugitive Slave Act war aufgehoben worden. Und dann der Clou: der Second Confiscation Act, am 17. Juli verabschiedet und an Lincoln zur Unterschrift gesandt. Das Gesetz erklärte, dass alle Afrikaner aus konföderiertem Besitz, die hinter die Unionslinien geflüchtet waren oder in von der Union besetzten Territorien wohnten, «für immer befreit sind von ihrer Knechtschaft». Der *Springfield Republican* erkannte die Bedeutung dieses Gesetzes und stellte fest, dass versklavte Afrikaner «so schnell, wie die Truppen nach Süden vorstoßen», ihre Freiheit erhielten. Doch sie stießen nicht schnell genug nach Süden vor, und die Zahl der Todesopfer bei den Unionisten stieg stetig an. Die Konföderiertengeneräle Robert E. Lee und Stonewall Jackson waren allem Anschein nach schon unterwegs nach dem kaum befestigten Washington, D. C. und ängstigten Lincoln zu Tode.

Der Second Confiscation Act war ein Wendepunkt. Die Politik der Union wurde zunehmend emanzipationsfreundlich. Der Krieg und das Scheitern der Strategie, die *border states* durch Entschädigungen von einer allmählichen Sklavenbefreiung zu überzeugen, stellte Lincolns Geduld und die Geduld des Kongresses auf eine harte Probe. Lincoln hatte sich am Ende der Idee geöffnet, die Emanzipation auszurufen, weil es für die Rettung der Union nötig war (nicht, weil es für die Rettung schwarzer Menschen nötig war). Die Rufe der unionistischen Plantagenbesitzer nach Wiederherstellung der Sklaverei im Krieg machten ihm zunehmend zu schaffen. «Zerbrochene Eier können nicht wieder ganz gemacht werden», gab er einem Pflanzer aus Louisiana einmal unwirsch zur Antwort.

Am 22. Juli 1862, fünf Tage, nachdem er den Second Confiscation Act unterzeichnet hatte, präsentierte Lincoln seinem Kabinett den Entwurf eines neuen Gesetzes, das am 1. Januar 1863 in Kraft treten sollte. «Alle Personen, die in irgendeinem Staat [unter Kontrolle der Rebellen] als Sklaven gehalten werden, werden von nun an und für immer frei sein.» Lincolns Stab war verblüfft, und diese Preliminary Emancipation Proclamation führte bald zu tiefgreifenden Meinungsverschiedenheiten. Das Kabinett kam nicht sofort zu einem Beschluss, aber Gerüchte drangen nach draußen. Es gab nicht viele Amerikaner, die die Proclamation ernst nahmen.[10]

Die Gespräche über flüchtige Sklaven, Konterbande und Emanzipation im Frühjahr und Sommer 1862 führten unweigerlich auch zu Gesprächen über die Kolonisation. Die Rassisten der Nordstaaten sahen sie mehr und mehr als einzige Möglichkeit für freigelassene Schwarze. Sie fürchteten, dass Schwarze massenhaft in den Norden kamen, in ihre Gemeinden einmarschierten und zu «umherstreifenden lasterhaften Vagabunden» wurden, wie es die *Chicago*

Tribune ausdrückte. Der Second Confiscation Act und der Erlass von 1862, der die Sklaverei in der nationalen Hauptstadt abschaffte, wurden mit Kolonisationsklauseln versehen. Und auch als die Vereinigten Staaten in diesem Jahr diplomatische Beziehungen mit Haiti und Liberia aufnahmen, steckten kolonisatorische Absichten dahinter. Im Etat von 1862 reservierte der Kongress 600 000 Dollar (heute etwa 14 Millionen Dollar), um damit schwarze Menschen außer Landes zu bringen.

Im Sommer 1862 sprachen sich die Schwarzen laut und deutlich gegen die Kolonisation aus. In dem Wunsch, ihre Unterstützung zu gewinnen, begrüßte Lincoln am 14. August 1862 fünf schwarze Männer in seiner Residenz. Die Delegation wurde von Reverend Joseph Mitchell angeführt, dem Bevollmächtigten für Auswanderung im Innenministerium. Aus der Diskussion wurde bald eine Vorlesung. Die schwarze Rasse könne in den Vereinigten Staaten niemals «auf gleichem Fuße mit der weißen Rasse» stehen, dozierte Lincoln. Ob dies «richtig oder falsch ist, brauche ich nicht zu erörtern». Dann wies er der Anwesenheit der Schwarzen die Schuld für den Krieg zu. Wenn Schwarze das Land verließen, würde alles gut werden. «Opfern Sie ein wenig von Ihrer gegenwärtigen Bequemlichkeit», riet er den Männern und bat sie, andere Schwarze dafür zu gewinnen, nach Liberia auszuwandern und dort neu anzufangen. Das zu verweigern wäre «höchst eigensüchtig».

Obwohl die fünf schwarzen Männer Lincolns Ansichten offenbar überzeugend fanden, konnte er die Frauen und Männer, die seinen Vortrag in den Zeitungen lasen, nicht umstimmen. William Lloyd Garrison verbannte Lincolns Worte ärgerlich in die Rubrik «Zitatenschatz der Unterdrückung» des *Liberator*, wo man die Sprüche und Weisheiten von Sklavenhaltern lesen konnte. Es sei nicht ihre Farbe, die «ihre Anwesenheit hier so unerträglich macht», erklärte Garrison. Es sei die Tatsache, «dass sie frei sind!» Für Frederick Douglass hatte Lincoln «seine Verachtung für Neger und seine heuchlerische Scheinheiligkeit» gezeigt.[11]

Sechs Tage nach dem Treffen mit der schwarzen Delegation hatte Lincoln Gelegenheit, seine Ansichten über den Krieg, die Emanzipation und die Schwarzen noch deutlicher darzulegen. Der mächtigste Zeitungsmann der Nation, Horace Greeley, druckte am 20. August 1862 in seiner führenden Zeitung, der *New York Tribune*, einen offenen Brief an den Präsidenten. Greeley hatte Lincolns Wahl befürwortet. Jetzt drängte er ihn dazu, die «Emanzipationsklauseln» des Second Confiscation Act in Kraft zu setzen.[12]

«Mein vorrangiges Ziel in diesem Kampf ist es, die Union zu retten, und keineswegs, die Sklaverei zu retten oder zu vernichten», erwiderte Lincoln im Washingtoner *National Intelligencer*, dem Konkurrenzblatt der *New York Tribune*. «Wenn ich die Union retten könnte, ohne einen einzigen Sklaven zu befreien, würde ich es tun, und wenn ich sie retten könnte, indem ich alle Sklaven befreie, würde ich das tun. Was ich in Hinsicht der Sklaverei und der farbigen Rasse tue, tue ich, weil ich glaube, es trägt zur Rettung der Union bei.» In der *New York Tribune* geißelte der aufsteigende Abolitionist Wendell Phillips Lincolns Bemerkungen als «schändlichstes Dokument, das je vom Oberhaupt eines freien Volkes verfasst wurde».[13]

Während ein Ende des Krieges in immer weitere Ferne rückte, die Halbzeitwahlen heranrückten und die *runaways* den Konföderierten mehr schadeten als die Kugeln der Union, berief Lincoln am 22. September 1862 sein Kabinett ein. Nachdem er den Amerikanern monatelang sein Pokerface gezeigt hatte, legte er endlich seine Karten auf den Tisch – Karten, an deren Existenz William Lloyd Garrison nie geglaubt hatte. Er erließ die Preliminary Emancipation Proclamation. Noch einmal bot er darin den sklavenhaltenden Unionsstaaten und jedem rückkehrwilligen Rebellenstaat die schrittweise Emanzipation und Kolonisation mit Entschädigung an. Bezüglich derjenigen Staaten, die am 1. Januar 1863 noch in der Rebellion verharrten, erklärte Lincoln, dass «alle als Sklaven gehaltenen Personen … von da an und für immer frei sein werden».[14]

«Dank sei Gott!», trompetete die *Pittsburgh Gazette*. «Wir werden endlich keine scheinheiligen Heuchler mehr sein», schrieb Ralph Waldo Emerson. William Lloyd Garrison genoss den Klang des «für immer frei», doch wenig sonst. Im privaten Kreis äußerte er verärgert, dass Lincoln «nichts auf direkte Weise für die Freiheit» tun könne, «sondern nur durch «Umschweife und Verzögerung» handle.[15]

In seiner Kongressrede am 1. Dezember 1862 erörterte Lincoln einen detaillierteren Plan für die schrittweise Emanzipation und Kolonisation mit Entschädigung. Jeder Sklavenstaat konnte in der Union bleiben oder zurückkehren, falls er Loyalität und den Willen gelobte, zu irgendeinem Zeitpunkt vor dem 1. Januar 1900 die Sklaverei abzuschaffen. Die US-Regierung würde solchen Staaten für die Freilassung ihres menschlichen Besitzes eine Entschädigung zahlen; wenn sie aber beschlossen, die Sklaverei wieder einzuführen oder zu tolerieren, müssten sie die Entschädigung zurückzahlen. Die «rechtzeitige Annahme» der schrittweisen Emanzipation und Kolonisation mit Entschädigung werde die Union «wiederherstellen», sagte Lincoln. Die

Führer der Konföderation wiesen, ermutigt durch ihre erstaunlichen Kriegserfolge Mitte Dezember, Lincolns Vorschläge weitgehend zurück.[16]

Am 1. Januar 1863 begab sich Lincoln nachmittags in sein Büro. Er vertiefte sich noch einmal in den Text der Emancipation Proclamation, die er «eine zweckmäßige und notwendige Kriegsmaßnahme zur Unterdrückung besagter Rebellion» nannte. Sie befreite «alle als Sklaven gehaltenen Personen» und erlaubte es schwarzen Männern, in der Armee der Union zu kämpfen. Als er zum letzten Absatz kam, schlug sein abolitionistischer Finanzminister Salmon B. Chase vor, noch ein wenig Moral anzufügen. Lincoln stimmte zu und schrieb: «Für diesen Erlass, der nach aufrichtigem Glauben der Gerechtigkeit dient und durch die Verfassung zum militärischen Besten gewährleistet ist, erbitte ich das Wohlwollen der Menschen und die Gnade des allmächtigen Gottes.»

In den nächsten zwei Jahren hatte Lincoln oft Umgang mit Schriftstellern, Malern, Fotografen und Bildhauern, die dazu beitrugen, dass die Menschheit ihn als den Großen Befreier im Gedächtnis behielt. Mit seinem historischen Erlass emanzipierte er im Januar 1863 etwa 50 000 schwarze Menschen in von der Union besetzten konföderierten Gebieten. Fast eine halbe Million Afrikaner in den *border states* blieben versklavt, weil Lincoln die Loyalität ihrer Besitzer nicht verlieren wollte. Ebenso die rund 300 000 Afrikaner in den freigestellten ehemaligen konföderierten Gebieten, weil er die Loyalität der Besitzer erst erwerben wollte. Über zwei Millionen Afrikaner auf konföderierten Plantagen blieben versklavt, weil ihm die Macht fehlte, sie zu befreien. Die Demokraten spotteten, Lincoln habe seinen Erlass «mit Absicht» an all den Orten «unwirksam werden lassen, wo die Sklaven in greifbarer Nähe» waren, und wirksam «nur dort, wo ihm bekanntermaßen die Macht fehlt, ihm Gesetzeskraft zu verleihen», wie es in der *New York World* hieß.

Doch die afrikanischen Sklaven hatten nun die Macht, sich selbst zu befreien. Ende 1863 waren 400 000 von ihren Plantagen geflohen und hatten sich zu den Linien der Union durchgeschlagen. Sie rannten der Freiheit entgegen, die von Lincolns Proklamation garantiert wurde.[17]

Einige schwarze Christen hatten Gott lange um einen Großen Befreier angefleht, und sie glaubten, ihn in Abraham Lincoln gefunden zu haben. Als am 1. Januar 1863 die Nachricht von Lincolns Unterschrift in das nachmittägliche Neujahrskonzert der Bostoner Music Hall drang, brach unter den vornehmen Zuhörern die Hölle aus. Hüte wurden in die Luft geschleudert,

Taschentücher geschwenkt, man umarmte sich überschwänglich, schrie, stampfte, weinte, lachte. Ein Neujahrskonzert eigener Art begann. «GARRISON – er lebe hoch! Hoch! Hoch!», schrien die Leute. Sechstausend Augen suchten nach dem siebenundfünfzigjährigen Zeitungsredakteur, der so oft gebetet hatte, dass dieser Tag einmal käme. Er beugte sich über die Brüstung des Balkons und winkte, und sein strahlendes Lächeln wärmte ganz Neuengland.

Garrison pries die Emancipation Proclamation als einen «Wendepunkt». Von diesem Tag an wurde er zu einem «unbeugsamen Unionisten» und verteidigte und vergötterte Abraham Lincoln so glühend wie jeder Republikaner. Während er ihn zuvor für seine Schwerfälligkeit und Unentschlossenheit verdammt hatte, begann er nun Lincolns «vorsichtige» und «maßvolle» Art zu loben.[18]

Es gab auch Menschen, die Lincoln an diesem Abend nicht verehrten und besonders die «vorsichtige Art» mit Kritik bedachten, die Garrison plötzlich so gut gefiel. Der *Pacific Appeal* aus Francisco, eine Zeitung mit schwarzem Eigner, sprach missfällig von einer «halbherzigen Maßnahme» und bestand darauf, dass «jeder Leibeigene» befreit und «jede Kette … zerbrochen» werden sollte.[19]

Kapitel 18

Bereit für die Freiheit?

Ende April 1863 brachte Willie Garrison, der zweitälteste Sohn des Zeitungsredakteurs, einen Bekannten mit nach Hause: den deutschen Einwanderer Henry Villard, einen der talentiertesten jungen Kriegsjournalisten. Villard kam gerade von den Sea Islands vor South Carolina, wo er die ersten durch den Krieg befreiten Menschen und die ersten schwarzen Truppenregimenter gesehen hatte. Er erzählte den Garrisons von seinen Beobachtungen der «halb heidnischen Schwarzen» an der Küste South Carolinas. Er verurteilte den «wilden Aberglauben» der Schwarzen und beschrieb ihren «Fetischglauben». Dabei wurde deutlich, dass er weder ihre afrikanischen Religionen noch die Art und Weise begriff, wie sie christliche Elemente so umformten, dass sie mit ihren Traditionen zusammenpassten. Ihr Gullah kam ihm wie ein lächerliches Kauderwelsch vor, und er sah auf sie herab, weil sie «unser Englisch» nicht verstanden. Mit gleichem Recht hätten die Schwarzen der Sea Islands Villards Sprache als «Kauderwelsch» und seine Religion als «barbarisch» bezeichnen und auf ihn herabsehen können, weil er weder ihre Sprache noch ihre Götter verstand. Dennoch bestätigten Villards Beobachtungen, was Garrison schon lange glaubte: dass «von Menschenwesen, die vorsätzlich unter tierischen Bedingungen gehalten wurden, nichts anderes erwartet werden konnte», wie Villard sagte.[1]

Seit Jahren war es für die Rassisten der Nordstaaten eine ausgemachte Sache, an die sie mit fast religiöser Inbrunst glaubten, dass afrikanische Sklaven wie Tiere seien. Sie waren sich nicht einig über die Befähigung schwarzer Menschen zu Freiheit, Unabhängigkeit und Zivilisation. Die rassistische Debatte in den Nordstaaten – zwischen Segregationisten, die fest an die Nichtbefähigung tierhafter Schwarzer für die Freiheit glaubten, und Assimilationisten wie Garrison und Villard, die nicht an ihrer Freiheitsfähigkeit zweifelten – wurde zum wichtigsten Gesprächsthema am Vorabend der Emanzipation. Es gab kaum jemanden in einflussreicher Position – ob in der ökonomischen, der politischen, der kulturellen oder der intellektuellen Elite –, der in dieses Gespräch die antirassistische Idee von der Gleichheit schwarzer Menschen einbrachte.[2]

Während seines Aufenthalts in Boston begleitete Villard die Garrisons bei einem Ausflug etwa dreizehn Meilen weiter in den Süden, wo sie das Exerzieren des 54. Freiwilligenregiments von Massachusetts beobachteten. Im Januar 1863 hatte Lincoln den Gouverneur von Massachusetts gebeten, ein schwarzes Regiment zusammenzustellen. «Farbige, zu den Waffen!», hieß die Parole bei schwarzen Wortführern. Wenn sie in der Armee kämpften, sollten schwarze Männer glauben, dass sie sich ihr Recht auf Staatsbürgerschaft verdienen könnten – als ob sie sich irgendwelche Rechte verdienen müssten oder könnten. Ihre Wortführer sprachen unablässig davon, dass sie sich als Soldaten ihre schwarze Männlichkeit erstritten – die selbst auf der rassistischen Annahme beruhte, dass es bei schwarzen Männern irgendeinen Mangel gab, der nur dadurch behoben werden konnte, dass sie töteten oder sich von Konföderierten töten ließen. Gleichzeitig beklagten sich weiße Unionisten darüber, dass sie «Schulter an Schulter mit diesem wütenden, schmutzigen Neger» kämpfen sollten. Das bedrohe sie in ihrer überlegenen Männlichkeit, wie es James Brooks, demokratischer Kongressabgeordneter aus New York, ausdrückte. Eine hässliche Übereinstimmung von rassistischen und sexistischen Ideen seitens schwarzer und weißer Männer stellte sich ein. Bis Kriegsende dienten fast 200 000 schwarze Männer in der Armee. Sie wurden zu Tausenden getötet und töteten Tausende von Konföderierten. So viel Tod – und das Klischee des schwachen schwarzen Mannes lebte weiter.[3]

Nachdem der Gouverneur von Indiana die schwarzen Truppen dafür gelobt hatte, dass sie, anders als weiße Truppen, nach einem Kampf ihre Ausrüstung wieder mitbrachten, stellte der *State Sentinel* aus Indianapolis fest, es gebe den allgemeinen Versuch, «die weißen Soldaten herabzuwürdigen und die Negersoldaten zu überhöhen». Weiße Soldaten hatten sich nie vor schwarzen Offizieren zu verantworten, sie kämpften in mehr Schlachten, wurden nach einer Gefangennahme selten zu Sklaven gemacht oder getötet und zahlten mehr Geld. Doch der Vorwurf der Begünstigung von Schwarzen hörte nicht auf.

Je nach den sich wandelnden Aspekten veränderten sich auch die rassistische Ideen im Dienste weiterer Diskriminierungen. Demokraten variierten ihren Rassismus, um schwarze Soldaten ordentlich angreifen zu können. Vor dem Krieg hatten sie die Sklaverei verteidigt und die physische Überlegenheit schwarzer Männer dafür ins Feld geführt; während des Krieges setzten sie sich für weiße Soldaten ein und behaupteten die körperliche Überlegenheit weißer Männer. Vor dem Krieg hatten sie die Sklaverei verteidigt und die natürliche Gefügigkeit der befehlsgewohnten Schwarzen dafür ins Feld geführt; während des Krieges sagten sie, Schwarze seien unkontrollierbare Tiere, und wandten sich gegen die Republikaner, die behaupteten, dass man aus gefügigen Schwarzen großartige Soldaten machen könne. Die Republikaner führten die vortrefflichen Leistungen von Schwarzen auf dem Schlachtfeld oft auf ihre vortreffliche Willfährigkeit und ihre brillanten weißen Kommandeure zurück. Beide Seiten benutzten dieselbe Sprache und an verschiedenen Punkten dieselben rassistischen Ideen, um ihre Sache zu begründen, und genauso gern reicherten sie ihre alten Argumente mit Beispielen vom Schlachtfeld an.[4]

Groß war die Aufregung in der Union nach dem Sieg von Gettysburg Anfang Juni 1863 und dem Fall von Vicksburg, der die Konföderation in zwei Teile spaltete, doch dann kamen niederschmetternde Nachrichten aus South Carolina. Am 18. Juli 1863 war fast die Hälfte des 54. schwarzen Massachusetts-Infanterieregiments nach dem gescheiterten Angriff auf Fort Wagner tot, gefangen genommen oder verwundet. Das Fort war Bestandteil des konföderierten Verteidigungsringes um die Zitadelle des Südens, Charleston. Sechshundert müde und hungrige Schwarze waren in dichtem Kugel- und Granatenhagel gegen die Konföderierten angerannt und in blutigen Kämpfen Mann gegen Mann aufgerieben worden. Die Geschichten dieser Schlacht machten im Norden fast so schnell die Runde, wie die Konföderation die Gefangenen abschlachtete. Die *New York Tribune* sagte zutreffend voraus, dass dieses Gefecht der entscheidende Wendepunkt in der Debatte der Nordstaatler um die Fähigkeit der Schwarzen zum Kampf werden würde. Es stellte sich heraus, dass die Schlacht auch in anderer Hinsicht entscheidend sein sollte.[5]

Der katholische Publizist Orestes A. Brownson war einer von vielen mächtigen Amerikanern gewesen, der für die Emanzipation als Kriegsmaßnahme und die Kolonisation als Nachkriegsmaßnahme votierte, und 1862 hatte er Lincoln entsprechend beraten. Nach Fort Wagner musste Brownson einräumen, dass «der Neger, der sein Blut für die Verteidigung des Landes vergoss, das Recht hat, es als sein eigenes Land zu betrachten. Und daher kommen Deportation oder erzwungene Kolonisation nicht infrage.»[6]

Anfang 1863 hoffte Lincoln noch auf die Kolonisation. Einem schwarzen

Priester schoss er Geld für die Errichtung einer Siedlung in Liberia vor, und einem Kongressabgeordneten aus Ohio gegenüber klagte er, dass er nicht wisse, «was wir mit diesen Leuten – Negern – tun sollen, wenn der Frieden kommt». Der Bedarf des Krieges an körperlich tauglichen Soldaten und der Bedarf der Nachkriegszeit an körperlich tauglichen und loyalen Arbeitskräften im Süden und an Wählern hatten dazu geführt, dass die öffentliche Meinung die Kolonisation nicht länger befürwortete. Das Debakel der Kolonisationspläne der Regierung Lincoln besiegelte das Schicksal der Bewegung. Im Juli 1863 sprach Lincoln vom «Scheitern» der Kolonisation. 1864 entzog der Kongress ihr die Unterstützung und Lincoln betrachtete sie nicht länger als eine potenzielle politische Maßnahme der Nachkriegszeit. Die *Chicago Tribune* erklärte zuversichtlich «Das Ende der Kolonisation». Doch das bedeutete nicht das Ende des Rassismus. Die Weiterentwicklung des Rassismus in der Regierung Lincoln bedeutete, dass loyale schwarze Wähler und Arbeiter in den Süden verbannt werden sollten, weg vom freien weißen Boden des Nordens und Westens.[7]

Die Wiederherstellung der Union war in aller Munde, und sie beschäftigte auch die Abolitionisten. Ende Januar 1864 erhob Garrison beim Treffen der Antislavery Society in Massachusetts Einwände gegen eine Anti-Lincoln-Resolution. Garrisons langjähriger Freund Wendell Phillips, der das Steuer des Abolitionismus von seinem Gefährten und Mentor übernehmen sollte, bezeichnete Lincoln als «einen halb bekehrten, ehrlichen westlichen Whig, der versucht, ein Abolitionist zu sein». Während Garrison der Befreiung entgegensah, sah Phillips an der Emanzipation vorbei die kommende Rekonstruktion der Vereinigten Staaten. Schon im Dezember 1863 hatte Lincoln seine Proclamation of Amnesty and Reconstruction angekündigt, die allen Konföderierten, die den Loyalitätseid ablegten, die Wiederherstellung ihrer Rechte (außer dem Recht auf Sklavenhaltung) sicherte. Wenn 10 Prozent der Bürger loyal wären, könnten die Einzelstaaten Regierungen bilden, die die Bürgerrechte für schwarze Bewohner einschränkten – so lautete der Vorschlag des Präsidenten. Aber dieser Vorschlag «befreit den Sklaven und ignoriert den Neger!», schrie Phillips. Auch die ansehnliche freie biethnische Gemeinde von New Orleans war empört und verlangte nach dem Wahlrecht. Diese biethnischen Aktivisten trennten «ihren Kampf von dem der Neger ab», sagte ein Beobachter. «In ihren Augen stehen sie dem weißen Mann näher; sie fühlen sich in jeder Hinsicht fortgeschrittener als der Sklave.» Doch ihre Angebote zum Zusammengehen mit den Weißen von Louisiana wurden nicht angenommen, und so hatten die biethnischen Bürgerrechtler keine andere Wahl, als ihren rassistischen Stolz hinunterzuschlucken und sich Ende 1864 mit befreiten Schwarzen zu verbünden.[8]

Garrisons prinzipienfeste Tapferkeit, die ihn zur Legende hatte werden lassen, als die Emanzipation so weit entfernt schien, war von handfester Angst abgelöst worden, als die Abolition 1864 ganz nah zu sein schien. Garrison fürchtete, dass die Demokraten genug kriegsmüde und sklavereifeindliche Wähler zusammenbrachten, um die Regierungsmacht zu erringen, eine Einigung der Kriegsparteien zu erwirken und die Sklaverei zu erhalten. «Wir sollten unsere Seelen mit Geduld wappnen», schrieb er. William Lloyd Garrison, der ewige Verkünder der sofortigen und vollständigen Befreiung – riet zu Geduld.[9]

Die Unionisten von Maryland übernahmen die Führung mit ihren Plänen, den Staat ohne Sklaverei wiederaufzubauen. Um sie zu unterstützen, unternahm Lincoln eine kurze Reise nach Baltimore und hielt am 18. April 1864 eine der aufschlussreichsten abolitionistischen Reden seiner Laufbahn. Er antwortete auf das anhaltende amerikanische Paradox: Wie konnte das Land der Freiheit auch das Land der Sklaverei sein? «Für einige mag das Wort Freiheit bedeuten, dass jeder mit sich selbst und den Früchten seiner Arbeit tun kann, was ihm gefällt», sagte er, «während für andere dasselbe Wort bedeuten mag, dass einige Menschen mit anderen Menschen und den Früchten ihrer Arbeit tun können, was ihnen gefällt.» Er benutzte eine Analogie, um seine Argumentation noch klarer zu machen: «Der Hirte vertreibt den Wolf von der Kehle des Schafs, wofür das Schaf dem Hirten als Befreier dankt, während der Wolf ihn für dieselbe Tat als Feind der Freiheit beschimpft, besonders, da das Schaf schwarz war», sagte er. «So sehen wir, dass die Vorgänge, durch die Tausende jeden Tag dem Joch der Sklaverei entkommen, von den einen als Ankunft der Freiheit begrüßt und von den anderen als Vernichtung jeder Freiheit beklagt werden.» Lincolns Freiheitsmetapher, die sein Selbstbild als Großer Befreier anschaulich macht, verkehrte die Ereignisse der Zeit. Die meisten versklavten Afrikaner waren keinesfalls Schafe, die darauf warteten, dass die Hirten der Union auf ihre Plantagen kamen und sie in die Freiheit führten. Die Linien der Union erwiesen sich, wenn sich die Analogie überhaupt anwenden ließ, als Stall der Freiheit. Lincoln emanzipierte eine Minderheit von Schafen, während die meisten ganz allein den konföderierten Wölfen entkamen oder sie auf ihren Plantagen bekämpften und dann, ganz allein, in die Freiheit flüchteten und sich dort, ganz allein, den Unionstruppen anschlossen, um den Wölfen den Garaus zu machen.[10]

Seit dem Inkrafttreten der Emancipation Proclamation imaginierte sich Lincoln zunehmend selbst (wie Garrison es lange getan hatte) als den befreienden Hirten schwarzer Menschen, die einer zivilisierenden Führung bedurften. Am 1. November 1864, dem Emancipation Day in Maryland, gab es einen Marsch der Befreiten zur Residenz des Präsidenten. Lincoln hielt vor ihnen eine Rede und ermunterte sie: «Verbessert euch selbst, moralisch und geistig», während er die neue Verfassung Marylands unterstützte, die verhinderte, dass sie sich sozioökonomisch selbst verbessen konnten. Sie verfügte den Ausschluss Schwarzer von Wahlen und vom Besuch öffentlicher Schulen. Tausende schwarzer Kinder wurden gegen den Einspruch ihrer Eltern als langjährige Vertragsknechte und -mägde zu ihren früheren Herren zurückgeschickt. Lincoln schien in die Fußstapfen Thomas Jeffersons zu treten. Er legte Lippenbekenntnisse zur Verbesserung der Lebensumstände schwarzer Menschen ab, während er rassistische Maßnahmen unterstützte, die ihren Niedergang beförderten.[11]

Mit ihrer eigenen Auslegung der Emanzipation ignorierten Maryland – und Louisiana – die Empfehlungen der American Freedmen's Inquiry Commission (AFIC), die auf Verlangen von Senator Charles Sumner aus Massachusetts vom Kriegsministerium eingerichtet und bevollmächtigt worden war. In ihrem von vielen Zeitungen publizierten Schlussbericht vom Mai 1864 forderte die Kommission gleiche Rechte für Schwarze, Gesetze, die den Landerwerb von Freigelassenen förderten, und die Schaffung eines temporären Bureau of Emancipation, das sie auf dem Weg in die Selbstständigkeit begleiten sollte. Ein Mitglied der Kommission, der Bostoner Abolitionist James McKaye, sprach sich dafür aus, beschlagnahmtes Land der Konföderation landlosen Weißen und emanzipierten Schwarzen zu übergeben.

Obwohl sie gleiche Rechte befürworteten, hatten McKaye und zwei andere Kommissionsmitglieder, der Reformer Robert Dale Owen aus Indiana und der Abolitionist Dr. Samuel Gridley Howe aus Neuengland, nie die Vorstellung, dass Schwarze und Weiße wirklich gleich seien. Ihre Aufgabe sahen sie in der Beantwortung von Fragen, die sich um «Voraussetzungen und Befähigung» von Schwarzen für Freiheit und freie Arbeit drehten, eine Aufgabe, deren eigentliches Ziel die Beschwichtigung der Weißen war, die Angst vor den Ergebnissen der Befreiung hatten. Waren Schwarze von Natur aus faul? Würden sie massenweise in den Norden kommen und die Nordstaaten ruinieren? Konnte schwarze Arbeit unter den Bedingungen der Freiheit gewinnträchtiger sein als unter denen der Sklaverei? In seinem AFIC-Bericht über entlaufene Sklaven in Kanada prophezeite Howe, dass Schwarze «mit

Weißen aus dem Norden tatkräftig zusammenarbeiten werden, um die Industrie des Südens wiederaufzubauen». Sie würden allerdings «immer weniger werden», bemerkt der Sozialdarwinist nachdrücklich, «und allmählich unter den Völkern dieses Kontinents verschwinden». Das Kommissionsmitglied Robert Dale Owen beruhigte die Ängste der Nordstaatler, indem er im Schlussbericht der AFIC mehr von den potenziellen Leistungen der Afroamerikaner sprach. «Ihr «besänftigender Einfluss», der von ihrer «weiblichen» Veranlagung herrühre, werde eines Tages den hart gewordenen «nationalen Charakter» verbessern. Der angelsächsische Kopf «herrsche über das Herz», schreibt er. «Die afrikanische Rasse ist in vieler Hinsicht das Gegenteil davon.» Ein Jahrzehnt nach Stowes *Onkel Toms Hütte* sahen die Abolitionisten schwarze Menschen immer noch durch die rassistische Linse dieses Romans.[12]

Die AFIC-Berichte waren die populärsten Texte in der plötzlich anschwellenden Flut von Emanzipationsliteratur zur Zukunft der Schwarzen. Es waren durchaus auch Schriften darunter, die davon sprachen, dass die Sklaverei Schwarze keineswegs zu Tieren gemacht hatte – wenn man denn willens war, sich durch Stapel von rassistischen Zeugnissen zu diesen Texten vorzuarbeiten. Bevor er virginische «Konterbande» kennenlernte, bekannte C. B. Wilder von der Unionsarmee: «Ich hatte nicht geglaubt, dass [Schwarze] so viel Grips haben.» Seine Erfahrung habe ihn gelehrt, dass «sie so viel Grips haben wie Sie oder ich, obwohl sie das auf seltsame Weise zeigen». Ende 1864 waren 78 der *contrabands*, die sich unter Wildes Aufsicht befanden, bereits «von Beihilfe unabhängig». Ein Aufseher von *contrabands* im Mississippital beschreibt die Intelligenz der Schwarzen als «so gut wie die von Männern, Frauen & Kindern an jedem Ort und von jeder Farbe, die nicht lesen können».[13]

William Lloyd Garrison gehörte *nicht* zu denjenigen, die die Tierhaftigkeit ehemaliger Sklaven infrage stellten. Dreißig Jahre lang hatte er Nordstaatlern den Abolitionismus gepredigt und dabei immer wieder davon gesprochen, dass die Sklaverei Menschen in Tiere verwandele. Wie jeder Rassist nahm er Zeugnisse, die seine Theorie geschwächt hätten, nicht zur Kenntnis. Im Juli 1864 verteidigte Garrison Lincolns Position der Favorisierung von Gesetzen zur Einschränkung schwarzer Bürgerrechte. «Gemäß den Gesetzen von Entwicklung und Fortschritt» sei es «nicht praktikabel», sagte er, unentwickelten schwarzen Menschen das Wahlrecht zu gewähren.[14]

Im Sommer 1864 war es für Garrison schwierig, Lincoln zu verteidigen. Demokratische Journalisten und Politiker überschütteten die Wähler mit Texten über die Gefahren des fortgesetzten Krieges, der drohenden Invasion emanzipierter Schwarzer im Norden und die von Republikanern begünstigte Vermischung verschiedener «Rassen». Die Kriegsmoral sank auf ihren tiefsten Stand. Ein konföderiertes Regiment näherte sich Washington, D. C., und die Unionstruppen gewannen kaum noch Schlachten. Die Nachrichten aus dem Krieg waren so schlecht, dass das Nationalkomitee der Republikaner am 22. August 1864 festlegte, dass Lincoln nicht wiedergewählt werden konnte. Das musste Lincoln niemand sagen.

«Ich bin ein geschlagener Mann, wenn wir nicht irgendeinen großen Sieg erringen», sagte er am 31. August angeblich. Zwei Tage später legte General William T. Sherman Atlanta in Schutt und Asche. Durch die darauffolgenden Siege verstärkte sich die Wählerunterstützung für die Republikaner, und sie konsolidierten ihre Basis, indem sie dem antischwarzen Zorn der Demokraten Zugeständnisse machten. Angewidert von dieser Haltung, versammelten sich die schwarzen Amerikaner zu ihrem ersten Nationalkongress des Jahrzehnts. Scharf kritisierten sie die Republikaner dafür, dass diese «weitgehend unter dem Einfluss des vorherrschenden Hasses auf den Charakter und die Rechte des Farbigen» geblieben waren. Trotz – oder vielleicht wegen – dieser Zurückweisung der Republikaner durch die Afroamerikaner wurde Lincoln von etwa 55 Prozent der amerikanischen Unionisten gewählt, und seine Partei nahm drei Viertel der Kongresssitze ein. Fünfundvierzig Prozent der Unionisten wählten die Demokraten, weil sie sich die Wiedervereinigung mit den Sklavenhaltern wünschten.[15]

Eine Woche nach Lincolns Wiederwahl verließ General Sherman das eroberte Atlanta und führte 60 000 Unionssoldaten auf seinem legendären Marsch zum Meer. Seine Strategie des totalen Krieges wurde nun endgültig in die Tat umgesetzt. Die Soldaten verheerten den konföderierten Boden – militärische Einrichtungen, Kommunikationsnetze, Plantagen –, alles, was auf ihrem Weg lag. Zwanzigtausend *runaways* stießen zu ihnen. Kriegsreporter telegrafierten die Nachrichten über die Erfolge der Truppen in den Norden, wo sie von tief befriedigten Unionisten gelesen und weiterverbreitet wurden. An Weihnachten war Sherman mit seinen Zehntausenden Soldaten und entlaufenen Sklaven nach Savannah einmarschiert – und hatte die Herzen von Millionen erobert.

Kriegsminister Edwin McMasters Stanton traf nach Neujahr in Savannah ein und drängte General Sherman zu einem Treffen mit lokalen Schwarzen, bei dem über ihre Zukunft verhandelt werden sollte. Am 12. Janaur 1865 fand das Treffen statt. Die anwesenden zwanzig schwarzen Wortführer, zumeist baptistische und methodistische Geistliche, gaben Sherman einen Crashkurs in Sachen Sklaverei und Freiheit. Sklaverei bedeute «sich durch unbezwingbare Macht die Arbeit eines anderen Menschen anzueignen», sagte der Sprecher der Gruppe, Garrison Frazier (der Name des *Liberator*-Redakteurs war weit verbreitet). Freiheit bedeute, «uns dorthin zu stellen, wo wir die Früchte unserer eigenen Arbeit ernten können». Um das zu ermöglichen – *um wahrhaftig frei zu sein* –, brauchten sie Land. Auf die Frage, ob sie interethnische Gemeinden befürworteten, antwortete Frazier, sie wollten «lieber für sich leben». Es gebe «ein Vorurteil gegen uns im Süden, dessen Überwindung Jahre brauchen wird».

Ähnliches sagten Schwarze überall im Süden zu den Verantwortlichen der Union: Schafft die Sklaverei nicht ab, ohne uns Land zu geben. Zwingt uns nicht, für unsere einstigen Herren zu arbeiten, und nennt das dann nicht Freiheit. Sie unterschieden zwischen der *Abschaffung der Sklaverei* und der *Befreiung der Menschen*. Ihr könnt uns nur befreien, wenn ihr uns auch Land gebt, das wir «mit unserer eigenen Hände Arbeit bebauen», erklärten sie. Durch diese Forderung gestalteten sie die Nachkriegspolitik und deuteten die Freiheit auf ihre Weise. Dazu wiesen sie als Anti-Rassisten jede Form von Integrationspolitik zurück, bei der Schwarze Weißen ihre Menschenwürde beweisen mussten. Sie wiesen die «Verbesserung durch Selbstverbesserung» zurück – die ihnen die Aufgabe zuwies, Weißen ihre rassistischen Ideen auszutreiben und Rassenstereotype zu zerstören. Rassistische Vorstellungen, sagten sie, entstünden im Auge des Betrachters, und nur der Betrachter könne dafür sorgen, dass sie sich auflösen.[16]

Die Schwarzen von Savannah sprachen nicht darüber, doch Millionen von weißen Kleinbauern und Tagelöhnern, die Land im Westen erworben hatten – es war im Laufe der Jahre von Rebellengemeinden konfisziert worden –, waren inzwischen freie Menschen. Die Savannah Blacks und Gleichgesinnte im ganzen Süden baten nur darum, dass sie von den konföderierten Gemeinden das Gleiche erhielten. Doch rassistische Ideen rechtfertigten weiterhin rassistische Politik. Für weiße Siedler auf dem Land, das sie von der Regierung erhalten hatten, gab es die amerikanische Freiheit; für Schwarze gab es amerikanische Almosen. Wann immer in den ersten Jahren des Krieges die Rede auf die Verteilung von Grund und Boden an Schwarze kam, zeigten die Amerikaner, dass sie den kriegführenden Konföderierten Ansprüche auf Grund und Boden zubilligten, während sie friedlichen amerikanischen Einwohnern anderer Hautfarbe diesen Anspruch kaum je zugestanden. Seit die amerikanische Regierung 1863 begonnen hatte, konfisziertes und aufgelassenes Land an Privatleute zu verkaufen, waren über 90 Prozent an Weiße der Nordstaaten gefallen – gegen den verbreiteten Protest der ortsansässigen Schwarzen.[17]

Vier Tage nach dem Treffen mit den Vertretern der Schwarzen erließ General Sherman den Armeebefehl Nr. 15, um seine Feldlager von flüchtigen Sklaven zu befreien und Konföderierte zu bestrafen. Er gründete Siedlungen für schwarze Familien auf den Sea Islands und einem breiten Küstenstreifen in South Carolina und Georgia, die jeweils 40 Morgen Land zur Bewirtschaftung bekamen. Im Juni 1865 waren 40 000 Menschen dort angesiedelt. Man hatte ihnen alte Armeemaultiere gegeben. Shermans Siedlungen waren nicht die ersten dieser Art. Schwarze hatten das Land von Jefferson Davis' Familie am Mississippi besetzt, hatten eine selbstverwaltete Kooperative gebildet und erwirtschafteten in guten Zeiten 160 000 Dollar durch den Baumwollanbau. «Davis Bend» wurde zum Beleg für das, was die Savannah Blacks immer wieder sagten: Alles, was Schwarze brauchten, war, dass man sie allein ließ, ihnen ein Stück eigenes Land gewährte und ihre Rechte sicherte.

Und doch war es für zahllose rassistische Amerikaner unvorstellbar, dass schwarze Menschen durch die Sklaverei nicht beschädigt worden waren; dass sie in die Freiheit tanzen konnten ohne einen Stolperschritt. General John C. Robinson machte sich Sorgen über die «faulen» landbesitzenden Schwarzen, die verhinderten, dass «Energie und Fleiß des Nordens» das wertvolle Land nutzten. Die Assimilationisten Frederick Douglass und Horace Greeley tadelten Shermans Armeebefehl, forderten gemischtethnische Gemeinden und ignorierten ebenfalls die Wünsche ortsansässiger Schwarzer. Am 30. Januar 1865 schrieb Greeley in der *New York Tribune*, dass man den Schwarzen des Südens «wie ihren Gefährten im Norden … durch Kontakt mit der weißen Zivilisation helfen muss, damit sie gute Bürger und aufgeklärte Menschen werden».[18]

Präsident Lincoln hob Shermans Armeebefehl nicht auf, und er äußerte sich öffentlich weder zustimmend noch ablehnend. Zu dieser Zeit galt seine ganze Energie dem Repräsentantenhaus. Und die Mühe lohnte sich. Am 31. Januar 1865 verabschiedeten die Abgeordneten den 13. Verfassungszusatz, der die Sklaverei abschaffte. Der Jubel der Republikaner im Plenarsaal – all die Umarmungen, das Tanzen und Weinen und Lachen und Schreien – war ein Vorgeschmack auf die Emanzipationsfeiern und -versammlungen überall in den Vereinigten Staaten an diesem und den darauffolgenden Tagen.

Der 13. Zusatzartikel zur amerikanischen Verfassung tröstete einen erschöpften Emanzipationsaktivisten, der sich mit Abolitionisten zankte und die Staatsbürgerschaft für Schwarze forderte. Einige Tage vor der Verabschiedung des Verfassungszusatzes hatten sich Frederick Douglass und Wendell Phillips leidenschaftlich dagegen ausgesprochen, dass Louisiana am Treffen der Massachusetts Anti-Slavery Society teilnahm. Den Schwarzen in Louisiana das Wahlrecht zu verweigern heiße, «uns mit dem Stigma der Minderwertigkeit zu brandmarken», sagte Douglass. William Lloyd Garrison sprach sich für die Wiederaufnahme von Louisiana aus und für Lincoln, indem er argumentierte, dass das Wahlrecht ein «konventionelles Recht» sei, «nicht zu verwechseln mit dem natürlichen Recht» auf Freiheit. Eines Tages werde die politische Gleichheit kommen müssen, erklärte er, aber nur nach «gewerblicher und schulischer Entwicklung» der Schwarzen.[19]

Am 3. März 1865 gründete der Kongress auf Initiative der American Freedmen's Inquiry Commission das «Dezernat für Flüchtlinge, befreite Sklaven und herrenlose Ländereien», kurz Freedmen's Bureau. Die wahrscheinlich schwierigste Aufgabe, die das Bureau zu bewältigen hatte, war es, Rassengleichstellung vor dem Gesetz an Orten herzustellen, wo «es nicht als Mord galt, einen Neger zu töten; nicht als Unzucht, eine Negerfrau zu verführen; nicht als Raub, das Eigentum eines Negers zu stehlen», wie es ein Oberst der Union ausdrückte. Ein weiterer hoher Militär der Union, Oliver Otis Howard, wurde Leiter des Freedmen's Bureau. Der General aus Neuengland glaubte, dass befreite Schwarze sich wünschten, von der Regierung abhängig zu sein, weil sie an die Abhängigkeit von ihren Herren gewöhnt waren. Als das Bureau 1869 aufgelöst wurde, prahlte Howard, dass seine Dienststelle keine «Stelle für Verarmung» gewesen sei, da so wenige Schwarze eine Förderung bekommen hätten. Die Verantwortlichen einer Dienststelle für Unterstützung prahlen mit nicht geleisteter Unterstützung? Das ergab nur Sinn im Zusammenhang rassistischer Ideen. Doch die Tatsache, dass das Bureau einigen Menschen wirklich half und an einigen Orten den Anschein von Chancengleichheit schuf, war für Segregationisten wie Dr. Josiah C. Nott schon zu viel. In einem offenen Brief an Howard stammelte Nott 1866: «Die ganze Macht des Freedmen's Bureau oder des Höllentors nützt doch nichts» gegen das ewige Naturgesetz, das schwarze Menschen davon ausschloss, zivilisierte Werke zu schaffen.[20]

Am 3. April 1865 musste Robert E. Lee das heftig umkämpfte Richmond aufgeben. Am nächsten Tag besuchte Präsident Lincoln die Stadt. Als er durch die Straßen schritt, rannten Schwarze auf ihn zu, die sich selbst befreit hatten, fielen auf die Knie, küssten ihm die Hände und jubelten ihm als ihrem «Messias» zu. Charles Sumner, der Senator aus Massachusetts, hoffte, dass diese überschwängliche Begeisterung Lincoln endlich davon überzeugen werde, das Wahlrecht für Schwarze zu unterstützen. Die Schwarzen selbst hatten höhere Ziele: «Alles war gleich», sagte jemand. «Das ganze Land gehört jetzt den Yankees und sie können es aufteilen und den farbigen Leuten geben.»[21]

Am 9. April kapitulierte Lees Armee. Damit war der Bürgerkrieg zu Ende. «Die Sklaverei ist tot», verkündete der *Cincinnati Enquirer*. «Aber der Neger nicht, das ist unser Unglück.» Am 11. April präsentierte Lincoln einer ansehnlichen Menschenmenge vor seiner Residenz seine Pläne für die nationale Rekonstruktion. Er verteidigte die Wiederaufnahme Louisianas und erkannte, es sei «für einige unbefriedigend, dass Farbigen das Bürgerrecht auf die Abgabe der eigenen Stimme bei Wahlen nicht gewährt wird». Er halte es aber für das Beste, nur «den sehr intelligenten» Schwarzen und schwarzen Soldaten das Wahlrecht zu gewähren.[22]

Nie zuvor hatte ein amerikanischer Präsident davon gesprochen, dass er ein auch nur begrenztes schwarzes Wahlrecht für geboten halte. «Das ist die Staatsbürgerschaft für die Nigger», murmelte ein sechsundzwanzigjähriger Schauspieler aus einer berühmten Theaterfamilie Marylands, als er die Rede hörte. John Wilkes Booth und seine konföderierten Mitverschwörer hatten geplant, Lincoln zu entführen und die Freilassung der konföderierten Truppen zu verlangen. «Bei Gott, dem geh' ich an die Gurgel!», soll Booth mit einem wilden Blick auf Lincoln gesagt haben. Am 14. April saßen Mary und Abraham Lincoln in ihrer Präsidentenloge im Ford-Theater. Sie sahen das Stück *Our American Cousin*. Als Lincolns Bewacher kurz nach 22 Uhr seinen Platz vor der Loge verließ, schlich sich Booth hinter Lincoln und feuerte ihm eine Kugel in den Kopf.[23]

Es war Karfreitag 1865, und schon am nächsten Morgen galt Lincoln als der gekreuzigte Große Befreier. «Lincoln starb für uns», bemerkte eine schwarze Frau aus South Carolina. «Auch Christus ist für uns gestorben, und ich – ich glaub', er ist derselbe Mann.»[24]

Nachdem die Emanzipation gewährt war, zog sich William Lloyd Garrison, drei Wochen nach Lincolns Tod, ins Privatleben zurück. «Meine Berufung als Abolitionist hat ihr Ende erreicht, Gott sei es gedankt», sagte er. Andere

Abolitionisten wehrten sich dagegen, es ihm gleichzutun. Die American Anti-Slavery Society wollte nichts von Garrisons Auflösungsbegehren wissen. Wendell Phillips wurde ihr neuer Präsident, und man einigte sich auf einen neuen Slogan: «Keine Rekonstruktion ohne Negerwahlrecht.» Die AASS-Mitglieder hatten hohe Erwartungen an Lincolns Nachfolger, einen Demokraten aus Tennessee, geboren in armen Verhältnissen, der Schwarzen einst signalisiert hatte, ihr «Moses» werden zu wollen, und Plantagenbesitzern gegenüber äußerte: «Die Hochnäsigen müssen zu Fall gebracht werden.»[25]

Kapitel 19

Die Rekonstruktion der Sklaverei

Präsident Andrew Johnson verkündete seine Rekonstruktions-Proklamationen am 29. Mai 1865 und enttäuschte mit ihnen die großen Hoffnungen der Bürgerrechtsaktivisten. Er bot allen, außer den höchsten konföderierten Amtsträgern (die er zum größten Teil im Jahr darauf begnadigte), Amnestie, Eigentumsrechte und Wahlrechte. Da sie sich von Präsident Johnson bestärkt fühlten, weigerten sich die Konföderierten, Schwarze zu den Wahlen zuzulassen, wählten ehemalige Führer der Konföderation als ihre politischen Vertreter und setzten bei ihren konstitutionellen Parteitagen eine Reihe von diskriminierenden Regelungen in Kraft, um im Sommer und Herbst 1865 ihren Status neu zu definieren. Da der 13. Verfassungszusatz die Sklaverei verbot, «außer als Strafe für ein Verbrechen», ersetzte nun das Gesetz den Herrn. Der Nachkriegssüden sah dem Vorkriegssüden zum Verwechseln ähnlich. Nur der Name war ein anderer.

Selbstverständlich rechtfertigten die Gesetzgeber diese neue rassistische Politik mit rassistischen Ideen. Sie erklärten, dass die Schwarzengesetze – die schwarze Menschen in Arbeitsverträge zwang, ihre Mobilität einschränkte und ihr Familienleben regulierte – dazu dienten, sie in Schranken zu halten, weil sie von Natur aus faul, gesetzlos und wollüstig seien. «Wenn ihr das Freiheit nennt», fragte ein schwarzer Veteran, «was nennt ihr dann Sklaverei?»

Die Schwarzen des Südens verteidigten sich im Krieg der Wiederversklavung. Sie forderten Rechte und Land und publizierten brillante antirassistische Entgegnungen auf die vorherrschenden rassistischen Ideen. Wenn irgendjemand als «faul» bezeichnet werden könne, dann seien es die Plantagenbesitzer, die «ihr ganzes Leben im Müßiggang verbracht hatten und sich auf gestohlene Arbeit stützten», heißt es im Protokoll einer Massenkundgebung in Petersburg, Virginia. Für Sklaven war es immer erstaunlich gewesen, wie jemand, der es sich auf weichen Polstern bequem macht, im Schatten Limonade trinkt und von der Veranda aus seine Felder betrachtet, die gebückt arbeitenden Baumwollpflücker und Baumwollpflückerinnen, die er dort sieht, faul nennen kann. Auf die rassistische prophetische Behauptung, dass Schwarze nicht fähig sein würden, für sich selbst zu sorgen, erwiderte ein vor Kurzem Befreiter: «Als wir Sklaven waren, haben wir für uns selbst *und* für unsere Herren gesorgt, und ich nehme an, dass wir heute sehr wohl für uns selbst sorgen können.» Als Präsident Johnson im Sommer und Herbst 1865 die Schwarzen von ihren 40-Morgen-Grundstücken vertrieb, protestierten sie. «Wir haben ein Recht auf das Land, das wir bewohnen», murrte Bayley Wyatt aus Virginia. «Unsere Frauen, unsere Kinder, unsere Männer sind immer wieder verkauft worden – mit uns haben sie das Land gekauft, auf dem wir jetzt wohnen.»[1]

Im September 1865 machte Thaddeus Stevens, Kongressabgeordneter aus Pennsylvania und wohl der am wenigsten rassistische der für schwarze Bürgerrechte eintretenden «Radikalen Republikaner», den Vorschlag der Umverteilung der über 600 Millionen Morgen Land, das die reichsten 10 Prozent der Südstaatler besaßen. Er kam nicht damit durch. Sein Vorschlag sah vor, dass jeder erwachsene Befreite knapp 54 Morgen Land erhielt; die übrigen 90 Prozent des gesamten Landes würden in Einzelgrundstücke aufgeteilt und versteigert werden, wodurch Geld zur Tilgung der Kriegsschulden frei würde. Doch der Kongress zwang nur eine Gruppe von Sklavenhaltern, ihren einstigen Leibeigenen Grund und Boden zur Verfügung zu stellen – jene indigenen Amerikaner, die Verbünde der Konföderierten gewesen waren.

Das beliebteste Gegenargument gegen die Umverteilung von Land war, dass es «die Befreiten ruinieren» werde, weil sie dazu gebracht würden zu glauben, sie könnten Land erwerben, ohne «dafür zu arbeiten», wie es der abolitionistische Baumwollfabrikant Edward Atkinson ausdrückte. Glaubte Atkinson wirklich an sein eigenes Argument? Dieser reiche Unternehmer wusste besser als irgendjemand sonst, dass viele reiche Menschen keineswegs ruiniert worden waren, als sie Land erbten, ohne «dafür zu arbeiten». Die meisten Republikaner wollten, dass die Regierung gesetzliche Gleichstellung herstellte, das heißt, dass alle Menschen die gleichen verfassungsmäßigen Rechte und das Wahlrecht erhielten. Danach, glaubten sie, hätte die Regierung nichts mehr zu tun. «Dass das weiße Vorurteil gegen den Neger verschwindet, hängt fast gänzlich von dem Neger selbst ab», eklärte *The Nation*, eine Zeitschrift, die im Juli 1865 gegründet wurde und sich der Gleichstellung der Rassen widmete. Garrisons drittältester Sohn Wendell war Vizechefredakteur.[2]

William Lloyd Garrison entschied sich wie so viele der Abolitionisten in seinem Fahrwasser gegen das Engagement im politischen Kampf gegen Rassendiskriminierung. Er erkannte nicht, dass es seine besondere Begabung gewesen war, die dafür gesorgt hatte, dass der Abolitionismus sich von einem komplexen politischen Projekt mit vielen unklaren Fronten und Zielen in ein moralisches Projekt mit einem einzigen Thema gewandelt hatte: Die Sklaverei war von Übel, und die Rassisten, die die Sklaverei rechtfertigten oder ignorierten, waren von Übel, und es war die moralische Pflicht der Vereinigten Staaten, das Übel der Sklaverei zu eliminieren. Garrison nutzte seine besondere Begabung nicht noch einmal für den Anti-Rassismus, indem er erklärte, dass die Nichtgleichstellung der Rassen von Übel war und dass die Rassisten, die das rechtfertigten oder ignorierten, von Übel waren und es die moralische Pflicht der Vereinigten Staaten war, nun dieses Übel zu eliminieren. Seine Gedanken blieben bei der assimilationistischen Idee stecken, dass schwarze Menschen von Nordstaatlern entwickelt werden müssten. In den letzten Monaten des *Liberator* räumte er Texten, in denen Nordstaatenmissionare dafür gepriesen wurden, dass sie im Süden Schulen für befreite Sklaven bauen wollten, viel Platz ein. Es spielte offenbar keine Rolle, dass die Missionare nicht nur den Bau der Schulen und die dafür nötigen Spendenkampagnen leiteten, sondern auch planten, die Schulen zu überwachen und mit für ihre Zwecke geeignetem Personal auszustatten, das die Schüler «zivilisieren» sollte.

Die antirassistischen Schwarzen der Südstaaten warteten nicht auf die nördlichen Assimilationisten. «Im gesamten Süden gibt es Anstrengungen der Farbigen, sich selbst zu erziehen», berichtet der Leiter des Freedmen's Bureau, John W. Alvord, Anfang 1866, nach einer Reise durch die Südstaaten. Diese emanzipierten Menschen sahen nicht zu den weißen Missionaren auf und betrachteten sie weder als überlegene Geister noch als Heilsbringer. Schwarze Pädagogen in Georgia sagten im Februar 1866 zum Beispiel, sie hofften, weiße Lehrer seien nicht «in eitlem Vertrauen auf ihre überlegenen Anlagen» in den Süden gekommen, «oder in der törichten Sicherheit, dass sie eine besondere Berufung für dieses Amt hätten oder eine besondere Begabung, ihm gerecht zu werden».[3]

Am 18. Dezember 1865 fügten die Vereinigten Staaten offiziell den 13. Zusatz ihrer Verfassung an. «Endlich ist der alte ‹Vertrag mit dem Tod› annulliert», schreibt Garrison in der zweitletzten Ausgabe seiner Zeitung, die immer noch die offizielle Stimme der Abolitionisten ist. *The Liberator* sei gegründet worden, um das Ende der Sklaverei herbeizuführen, sagt er in der letzten Ausgabe vom 29. Dezember 1865. Jetzt, da die Sklaverei tot und begraben sei, scheine es angemessen zu sein, die Existenz des *Liberator* «nur so lange währen zu lassen, wie die historische Epoche des großen Kampfes währt».[4]

Ohne *The Liberator* fühlte sich Garrison bald «wie eine gerupfte Henne». Nach zwei schlimmen Stürzen Anfang 1866, die ihn sehr schwächten, beobachtete er die *Reconstruction* nur noch vom Spielfeldrand aus. Er sah, dass Frederick Douglass bei einem Treffen mit dem Präsidenten am 7. Februar 1866 eine Delegation schwarzer Männer anführte, die für das Wahlrecht kämpften. Der Ton des Treffens wurde bald aggressiv, als Präsident Andrew Johnson sagte, dass die Mehrheiten in den Einzelstaaten über das Wahlrecht entscheiden sollten. Als jemand einwandte, dass Schwarze in South Carolina die Mehrheit stellten, kam der leicht verärgerte Johnson auf seine wahre Angst zu sprechen: dass schwarze Wähler auf arme Weiße herabsahen und eine politische Allianz mit den Pflanzern schmieden würden, um die Herrschaft über sie anzutreten. Als Douglass «eine Partei ... für die Armen» vorschlug, zeigte Johnson kein Interesse.[5]

Ob Douglass es zugab oder nicht, einige Schwarze – vielleicht die meisten – betrachteten die armen Weißen tatsächlich mit Geringschätzung. Sie verunglimpften Weiße, die sie *nicht* versklavten, als *White trash*. Es gibt unbestätigte Berichte, nach denen schwarze Sklaven diesen Begriff prägten. Schwarze hatten arme Weiße gesehen, die für ihre Herren die Dreckarbeit erledigten, als Aufseher oder auf Sklavenpatrouillen, weil sie dem schrecklichen Trugschluss aufgesessen waren, dass der Niedrigste von ihnen immer noch besser sei als der oder die hochstehendste Schwarze. Und wenn arme Weiße *White trash* waren, was waren dann die Weißen der oberen Klassen? Schwarze, die rassistische Ideen verinnerlicht hatten, assoziierten Weißsein mit Reichtum und Macht, mit Erziehung und Sklavenhaltung. Nur durch die Konstruktion des *White trash* konnten Vorstellungen von überlegenem Weißsein aufrechterhalten werden; genau wie dieser Begriff die Mehrheit weißer Menschen zum Verschwinden brachte, die Millionen von Armen, denn sie waren nun keine gewöhnlichen Weißen mehr, sondern eben *White trash*. In ähnlicher Weise waren aufstrebende, wohlhabendere Schwarze im rassistischen Denken eigentlich keine Schwarzen: Sie waren außergewöhnlich. An einem gewissen Punkt machten sich später rassistische und klassistische weiße Eliten die Bezeichnung zu eigen, um Weiße mit niedrigem Einkommen herabzusetzen. Wer *White trash* sagte, behauptete, dass weiße Eliten die *normalen* Repräsentanten des Weißseins seien.[6]

Unter diesen Umständen brauchten schwarze Menschen Andrew Johnson nicht mehr, um sich einige ihrer Nachkriegsrechte zu sichern. Der republikanische Sentor Lyman Trumbull aus Illinois blieb seinem 1862 gegebenen Wort als Free-Soiler treu: «Unser Volk will mit den Negern nichts zu tun haben.» Er hatte panische Angst davor, dass Schwarze als Reaktion auf die Gewalt, die Schwarzengesetze und die Wiederwahl von Konföderierten 1865 den Norden überschwemmen würden. Damit die Schwarzen im Süden blieben, verbündeten sich Senator Trumbull und seine antischwarzen republikanischen Kameraden im Februar 1866 mit den Radikalen Republikanern, um die Kompetenzen des Freedmen's Bureau auszuweiten. Die «enorme staatliche Unterstützung» würde dem «Charakter» und den «Aussichten» befreiter Schwarzer Steine in den Weg legen, die dem Süden Probleme bereiteten, weil sie sich «ein Leben voller Trägheit» ersehnten, wie Präsident Johnson bei seinem verblüffenden Veto gegen die Freedmen's Bureau Bill im Februar 1866 darlegte. (Im Sommer desselben Jahres hob der Kongress sein Veto auf.)[7]

Im März 1866 verabschiedeten Senator Trumbull und seine Freunde den Civil Rights Act. Dieses Gesetz verlieh allen, die in den Vereinigten Staaten geboren wurden, Staatsbürgerrechte, und untersagte die «Aberkennung … irgendeines Rechts, das von diesem Gesetz gewährleistet und geschützt» wird, aufgrund der «Farbe oder Rasse» eines Menschen. Der Kongress betrachtete die Stimmabgabe bei Wahlen nicht als ein wesentliches Recht der Staatsbürgerschaft der Vereinigten Staaten. Das Bundesgesetz war zwar gegen die Schwarzengesetze in den Südstaaten gerichtet, doch es entwertete auch Gesetze der Nordstaaten, die Schwarze jahrzehntelang diskriminiert hatten. Allerdings war seine Wirkung begrenzt, weil es andere diskriminierende Gesetze mit privatrechtlicher, lokaler oder sonstiger Tarnung nicht ins Visier nahm. Ethnisch diskriminierende Sprache (nicht faktische Ungleichheiten) wurde für die Bundesgerichte zum Prüfstein – ihrem Apparat war die riesige Aufgabe der Durchsetzung der Gleichbehandlung aufgebürdet worden. Es war, als wenn man Gesetze geschrieben hätte, um Mord zu ahnden, ohne auch Gesetze für Totschlag zu schreiben, für den Fall, dass der Staat einen Vorsatz nicht beweisen konnte. Die intelligentesten Diskriminierer wechselten einfach die Taktik und vermieden ethnisch diskriminierende Ausdrücke, um ihre diskriminierenden Absichten zu verschleiern und mit ethnischem Totschlag davonzukommen.

Präsident Johnson legte gegen den Civil Rights Act von 1866 in seiner begrenzten, gemäßigten Form sein Veto ein. Nur aus der Perspektive von jemandem, der sich weigerte, die fehlende Gleichbehandlung von Schwarzen als diskriminierend zu erkennen, der weiße Privilegien und die Macht der Diskriminierung erhalten wollte, konnte dieses Gesetz aussehen, als wäre es «zugunsten der Farbigen und gegen die weiße Rasse» gerichtet, wie Johnson es ausdrückte. Doch er stammte schließlich aus der Demokratischen Partei, die unablässig beteuerte, dass die Gewährung des Wahlrechts für Schwarze die «Herrschaft der Nigger» nach sich ziehen würde. Wenn es auch nur den Anschein von Chancengleichheit gebe, so argumentierten diese Rassisten, würden Schwarze die Herrschaft an sich reißen und Weiße würden leiden. Das war – und ist – der rassistische Mythos der umgekehrten Diskriminierung. Andrew Johnson gestaltete diese Form des Rassismus. Und auch nachdem er durch ein Impeachment abgesetzt wurde, galt er noch lange als schlimmster Präsident der US-Geschichte.[8]

Anfang April 1866 hob der Kongress das Präsidentenveto auf, wandte sich von Johnson ab und strebte der radikalen Rekonstruktion des Südens zu. Die Südstaatengewalt gegen Schwarze veranlasste die Kongressabgeordneten zu schnellerem Handeln; sie wollten Schwarze aber auch energisch daran hindern, in den Norden zu kommen. Anfang Mai 1866 tötete der weiße Mob in Memphis mindestens achtundvierzig schwarze Menschen; es kam zu Massenvergewaltigungen an mindestens fünf schwarzen Frauen; und schwarzes Eigentum im Wert von 100 000 Dollar wurde geplündert oder zerstört. Die Bundesbehörden waren schlau und machten benachbarte schwarze Truppen dafür verantwortlich, die Gewaltausbrüche provoziert zu haben, und mit ihren Lügen wiederholten sie die alten Anschuldigungen gegen die schwarzen *Buffalo Soldiers* im Westen. Wie schwarze Bürger der Südstaaten in den nächsten Jahrzehnten getötet wurden und damit der Weg frei gemacht wurde für die die Rassentrennung festschreibenden Jim-Crow-Gesetze, so hatten die sogenannten Büffelsoldaten in den Indianerkriegen die Bewohner indigener Gebiete getötet und damit weißen Siedlern den Weg in den Westen geöffnet.[9]

Die Ironie war grausam – so grausam wie die Anschuldigungen der schwarzen Elite, die bäuerliche Migranten für die Rassenunruhen verantwortlich machte und auf ihre Vertreibung aus Memphis drängte. Während des Krieges und danach waren schwarze Farmer und Farmarbeiter im ganzen Süden in die großen Städte geflohen und hatten die Reden der rassistischen Südstaatler gehört – zu denen auch viele Schwarze zählten –, die prophezeiten, dass die Migranten unweigerlich in Trägheit und Kriminalität versinken würden. Es hieß, Gott habe schwarze Menschen geschaffen, um den Boden zu bearbeiten. (In diesem Punkt hatten die Angehörigen der schwarzen Elite allerdings eine andere Meinung.) Schwarze Städter, alteingesessen oder zugewandert, wandten sich gegen die Diskriminierung, und indem sie Schulen, Kirchen und Vereine aufbauten, erreichten sie ein Mindestmaß an ökonomischer Sicherheit. Doch die Verbesserung ihres Lebens verbesserte die Rassenbeziehungen nicht. All ihre Aktivitäten und ihre Wanderbewegungen heizten die Gewalt in Memphis und anderswo nur noch mehr an.[10]

Während die weiße Gewalt in den Südstaaten expandierte, veröffentlichten die Zeitungen der Demokraten Geschichten, in denen davon die Rede war, dass der Verlust der Kontrolle durch die alten Sklavenhalter der Welle schwarzer Kriminalität Vorschub leiste. Und es gab Geschichten von «Mord und Verstümmelung» an Weißen in Jamaika durch «wütende schwarze Wilde, die es darauf abgesehen haben, die Zivilisation in ihrer Umgebung zu zerstören, weil sie ihnen widerwärtig ist». In Wahrheit war der Morant-Bay-Aufstand von 1865 auf Jamaika ein Freiheitskampf gegen die britische Sklaverei. Es war also durchaus nachvollziehbar, dass diejenigen, die versuchten, die befreiten Schwarzen in den Vereinigten Staaten wieder zu versklaven, ein zweites Jamaika fürchteten. Damit es nicht dazu kam, nutzten sie jede Gelegenheit zum Angriff auf schwarze Gemeinden, und zur Verteidigung ihrer Attacken war ihnen jede rassistische Idee willkommen.[11]

Einige Tage vor den Ausschreitungen in Memphis wurde dem Kongress ein Kompromissvorschlag vorgelegt, der alle Nachkriegsprobleme in einen einzigen Verfassungszusatz packte. Unter anderem sollte den Konföderierten damit untersagt werden, Ämter zu bekleiden, und es sollte festgeschrieben werden, dass die Kriegsschulden von den Südstaaten bezahlt wurden. Die erste Klausel des 14. Zusatzartikel zur amerikanischen Verfassung freute die Republikaner: «Keiner der Einzelstaaten darf Gesetze erlassen, die die Vorrechte oder Freiheiten von Bürgern der Vereinigten Staaten beschränken, und kein Staat darf irgend jemandem ohne ordentliches Gerichtsverfahren nach Recht und Gesetz Leben, Freiheit oder Eigentum nehmen oder irgend jemandem innerhalb seines Hoheitsbereiches den gleichen Schutz durch das Gesetz versagen.» Damit das Gesetz durchkam, wiesen die meisten Republikaner Forderungen nach genauerer Definition seiner Begrifflichkeit zurück. Sie wussten, dass die Demokraten recht hatten, die dem Text vorwarfen, dass er «offen war für Zweideutigkeiten … und widersprüchliche Auslegungen». Die Zweideutigkeit war eben die Garantie dafür, dass sowohl Anti-Rassisten wie Rassisten das Gesetz befürworteten. Tatsächlich sollten sich sowohl die Verteidiger der Chancengleichheit aller Rassen wie die Verteidiger der weißen «Privilegien und Befugnisse» für den 14. Verfassungszusatz einsetzen, nachdem er am 13. Juni 1866 verabschiedet und 1868 in Kraft gesetzt wurde.[12]

Weil er schwarzen Männern nicht das Wahlrecht gewährte, verdammte Wendell Phillips den 14. Zusatzartikel als eine «fatale und totale Niederlage». Die Republikaner argumentierten, dass die Nichtberücksichtigung des Wahlrechts strategisch notwendig sei. Schwarzen Kämpfern für das Wahlrecht sagten sie: «Der Neger muss wählen», doch das Problem müsse gerade jetzt aus der öffentlichen Diskussion herausgehalten werden, damit «die Zweidrittelmehrheit im Kongress bestehen bleibt».[13]

Die Suffragetten Susan B. Anthony und Elizabeth Cady Stanton waren der Meinung, dass auch die Frauen wählen sollten. 1866 schlossen sie sich mit gleichgesinnten schwarzen Männern zusammen, um die American Equal Rights Association (AERA) zu gründen. «Ich würde [einem schwarzen Mann] meine Rechte nicht anvertrauen; da er selbst erniedrigt und unterdrückt ist, würde er despotischer sein als unsere angelsächsischen Herren», sagte Stanton beim ersten Jahrestreffen der AERA 1867. Mit der «Erhebung von Frauen» würde es möglich sein, «die sächsische Rasse zu verfeinern und zu einer höheren und edleren Existenz zu bringen und so, aufgrund des Gesetzes der Anziehung, zu einer Höherentwicklung aller Rassen zu gelangen», fügte sie hinzu. Sie verfocht die rassistische Idee des hypersexualisierten schwarzen Mannes; ihrer Rede lag die Vorstellung zugrunde, dass schwarze Männer sexistischer seien als weiße Männer, und diese Vorstellung sollte noch lange nachwirken. Es sei die Konsequenz seiner rassistischen Unterdrückung; der Misshandelte wurde zum Misshandler.[14]

Sojourner Truth kam Stanton zu Hilfe, als diese sich gegen den 15. Verfassungszusatz wandte. «Weiße Frauen sind viel gescheiter», sagte Truth, «während farbige Frauen kaum etwas wissen.» Und nachdem die schwarzen Frauen ihr Fett abbekommen hatten, wandte sie sich in rassistischer Manier gegen farbige Männer. Farbige Frauen «gehen hinaus, um die Wäsche zu waschen … und ihre Männer gehen hinaus, um nichts zu tun», sagte sie. «Und wenn die Frauen heimkommen, verlangen sie Geld und nehmen alles, und anschließend schimpfen sie, weil kein Essen da ist.»[15]

Die Wähler verhalfen bei den Halbzeitwahlen 1866 den Republikanern zu einer Zweidrittelmehrheit im Kongress, wodurch diese in der Lage waren, Vetos des Präsidenten aufzuheben. Wenn die Republikaner das Wahlrecht schwarzer Männer wieder als ein Hauptthema behandelten, sagte einer von Johnsons Mitarbeitern, dann «können wir sie bei den nächsten Präsidentschaftswahlen schlagen». Die republikanischen Kongressmänner und ihre Wähler waren ein zusammengewürfelter Haufen: Zu ihnen gehörten Segregationisten, bei denen die Eliminierung von Rassendiskriminierung mit dem Versuch zusammenhing, schwarze «Tiermenschen» in den Süden zu verbannen; und Assimilationisten, die die «tierhaften» Schwarzen vermenschlichen wollten und deshalb gegen Rassendiskriminierung votierten; aber auch eine Handvoll von Anti-Rassisten, die die Rassendiskriminierung ausräumen und Schwarzen Chancengleichheit gewähren wollten.[16]

Um die Chancengleichheit stand es nirgends schlechter als bei der Arbeit. Der Wunsch ländlicher Schwarzer nach eigenem, sicheren Grund und Boden und der Wunsch städtischer Schwarzer nach sicheren Jobs schlug sich kaum im politischen Diskurs nieder. Jede Gewerkschaft sollte «eine Trennlinie» fördern, nämlich diejenige, «die die Menschheit in zwei große Klassen scheidet», sagte der einflussreiche Gewerkschafter Andrew Carr Cameron beim ersten Kongress der neugegründeten National Labor Union (NLU) 1867. Cameron sprach nicht von den Nachteilen der Hautfarbe, als das Programm der Gewerkschaft ausgearbeitet wurde. Von da an führte ihr farbblinder Rassismus dazu, dass sich rassistische Gewerkschafter mit rassistischen Kapitalisten zusammenschlossen, um die Löhne von Schwarzen zu drücken, schwarzen Arbeitern die unangenehmsten Jobs zuzuschustern, ihre Arbeitslosenquote in die Höhe zu treiben und die Rassenunterschieden, die sie selbst geschaffen hatten, der schwarzen Dummheit und Faulheit zur Last zu legen.[17]

Afroamerikaner und ihre Verbündeten versuchten, sich selbst zu qualifizieren, indem sie in den späten 1860er-Jahren Dutzende von historisch schwarzen Colleges und Universitäten (HBCUs) gründeten. Dabei waren wohl fast immer antirassistische Pädagogen und Philanthropen beteiligt, die schwarze Studenten der Südstaaten als weißen Studenten intellektuell gleichstehend betrachteten, doch sie waren bei Weitem nicht so zahlreich oder so mächtig wie die assimilationistischen Pädagogen und Philanthropen. Diese gründeten die HBCUs im Allgemeinen, «um eine Anzahl von Schwarzen zu erziehen» und sie dann «auszuschicken», um ihr Volk zu «regenerieren», da es durch die Sklaverei *de*generiert sei, wie ein Philanthrop feststellte. Die schwarzen und weißen Gründer der HBCUs glaubten, der beste Unterricht sei der in Latein und Griechisch, wie er auf den neuenglischen Lehrplänen stand, und sie wollten für ihre Studenten nur das Beste. Viele Gründer glaubten auch, dass weiße Lehrer «am besten» seien, wie es im Jahresbericht von 1865–1866 der New York Freedman's Relief Association stand. Die Lehrer und Studenten der HBCUs arbeiteten hart, um den Segregationisten zu beweisen, dass sich Schwarze die «Hochkultur», das heißt die griechisch-lateinischen Texte, zu eigen machen konnten. Doch dann wurden die Leistungen einer Handvoll «kultivierter», oft biethnischer HBCU-Absolventen als Hervorbringungen von Weißen abgetan; sie galten als außergewöhnlich im Vergleich zu den gewöhnlichen «unkultivierten» armen Schwarzen.

Nicht alle HBCUs, die nach dem Bürgerkrieg gegründet wurden, richteten sich nach dem traditionellen Curriculum. Afroamerikaner «haben drei Jahrhunderte Erfahrung in allgemeiner Demoralisierung und dahinter: Heidentum», sagte Samuel Chapman Armstrong, der 1868 das Hampton Institute in Virginia gegründet hatte, bei einer Gelegenheit. Einst Offizier der Union und Mitarbeiter des Freedmen's Bureau, konnte man in seinen Kursen lernen, dass man die politische Vorherrschaft der Weißen und die untergeordnete Stellung der Schwarzen als Arbeiter in der kapitalistischen Ökonomie zu akzeptieren hatte. Das Hampton Institute hatte auch eine gewerbliche Abteilung, in der die angehenden Lehrer zu harter Arbeit angehalten werden sollten, damit sie die Würde von harter Arbeit zu schätzen lernten und diese Würde später den schwer schuftenden Menschen der Gemeinden, in denen sie selbst Schulen aufbauten, beibrachten – und nicht etwa den Widerstand dagegen.[18]

Trotz ihrer Erziehung zur Unterwerfung neigten die HBCUs vom Typ des Hampton Institute weniger als die an Griechisch und Latein orientierten HBCUs dazu, dunkelhäutige Bewerber abzuweisen. Am Ende des Jahrhunderts hatte sich eine Aufteilung nach Hautfarben etabliert: Hellhäutige Schwarze besuchten eher Schulen mit griechisch-lateinischen Curricula und wurden für Führungspositionen ausgebildet, dunkler gefärbte Schwarze besuchten eher Gewerbeschulen und bereiteten sich auf Unterordnung vor. 1916 wurde geschätzt, dass 80 Prozent der Studenten von HBCUs mit griechisch-lateinischer Erziehung hellhäutig oder biethnisch waren. Diese rassistische Aufteilung, die in der Zusammensetzung der HBCU-Studenten festgestellt werden konnte, spiegelte sich auch in den schwarzen Vereinen, in den Wohnvierteln und in den unterschiedlichen Kirchen wider, die damals gebaut wurden. Überall im Nachkriegsamerika tauchten schwarze Kirchen auf, die ihre dunkelhäutigen Besucher einer Prüfung mittels brauner Papiertüten unterzogen oder ihre Türen hellbraun strichen, um die richtige Hautfarbe festzustellen. Menschen mit dunklerer Hautfarbe als die Papiertüte oder die Tür wurden ausgeschlossen, genau wie hellhäutige Schwarze von weißen Orten ausgeschlossen wurden.[19]

Zwischen dem 2. März 1867 und dem 11. März 1868 verabschiedete der Kongress vier Reconstruction Acts, die den Grundstein für die neuen Staatsverfassungen und für die Wiedereingliederung von zehn von elf Südstaaten in die Union legten. Die Konföderierten wurden gezwungen, das Wahlrecht für schwarze Männer zu akzeptieren, während die Free-Soilers der Nordstaaten bei ihren Abstimmungen im Herbst 1867 das schwarze Wahlrecht rundweg ablehnten. Sofort bezichtigten die Konföderierten die Nordstaatler der Heuchelei, da sie «das, was sie selbst ablehnen, voller Verachtung den unglücklichen Menschen des Südens aufbürden». Die Republikaner, die den «respektablen» Weißen der Südstaaten das Wahlrecht entzogen, um es den «nicht respektablen» Schwarzen der Südstaaten zu gewähren, seien «schlimmer als Wahnsinn», sagte Präsident Johnson bei seiner Dritten Jahresrede vor dem Kongress am 3. Dezember 1867. «In [schwarzer] Hand ist eine unabhängige Regierung in welcher Form auch immer noch nie gelungen», fügte er hinzu. Wenn sie das Wahlrecht hätten, würden Schwarze «eine Tyrannei» herbeiführen, «wie sie dieser Kontinent noch nie gesehen hat». Johnson betrieb eine Debatte, die zu Ende war, bevor sie richtig begonnen hatte. Da allein die Anwesenheit von Schwarzen als Tyrannei angesehen wurde, sahen die Rassisten überall Tyrannei, egal, was schwarze Wähler und Politiker in den nächsten Jahren zustande brachten.[20]

Bei den Wahlen von 1868 schworen die Demokraten, weiße Südstaatler von den «halbbarbarischen» schwarzen Wählern zu befreien, die danach gierten, «die weißen Frauen ihrer ungezügelten Lust zu unterwerfen», wie es der Vizepräsidentschaftskandidat, der fanatische Politiker und Unionsgeneral Francis P. Blair Jr. ausdrückte. Das Programm der Demokraten griff die Republikaner an, weil sie den Süden «in Zeiten tiefsten Friedens dem militärischen Despotismus und der Herrschaft der Neger» unterwerfe. Der Ku-Klux-Klan, ursprünglich 1865 als unpolitischer Club in Tennessee gegründet, sprach den «Zeiten tiefsten Friedens» Hohn. Johnsons antischwarze Militärposten sahen weg, und der Klan begann eine «Herrschaft des Terrors». Seine Mitglieder ermordeten Republikaner und sorgten dafür, dass Schwarze nicht zu den Wahlurnen kamen.

In bewaffneten schwarzen Countys der Südstaaten, in die der Klan nicht einzudringen wagte, beteiligten sich Millionen Schwarzer an der Präsidentenwahl und schafften 1868 den Umschwung: Der republikanische Kriegsheld General Ulysses S. Grant wurde neuer Präsident. Schwarze machten es durch ihre Stimmabgabe möglich, dass später erstmals auch schwarze Politiker die Bühne betraten – während die Segregationisten sofort anfingen, sie wieder herunterzufegen. «Niggerwahlen, Niggerämter, Nigger als Geschworene – alles von Übel», johlte der *Columbus Democrat* in Mississippi. «Nichts ist wahrscheinlicher, als dass diese Beleidigungen von Justiz und Regierung bald verschwinden werden.»[21]

Zahlreiche republikanische Kongressabgeordnete, etwa James A. Garfield aus Ohio, äußerten in privater Runde «ein starkes Gefühl des Widerwillens» dagegen, dass Schwarze «uns politisch gleichgestellt werden». Doch als diese rassistischen Republikaner die großen Vorteile bedachten, die ihnen «loyale» schwarze Wähler in den Wechselwählerstaaten bringen konnten, ließen sie sich am Ende doch dazu herbei, das Wahlrecht für Schwarze zu befürworten. Genau wie bei ihrer Zustimmung zum 13. und 14. Verfassungszusatz war es für diese mächtigen Abgeordneten keine Frage der Moral gewesen, schwarzen Wählern die Tür zu öffnen. Einzig ihr Eigeninteresse hatte den Ausschlag dafür gegeben. Am 27. Februar 1869 verabschiedete der republikanisch dominierte Kongress den 15. Zusatzartikel zur amerikanischen Verfassung. «Das Wahlrecht der Bürger der Vereinigten Staaten darf von den Vereinigten Staaten oder einem Einzelstaat nicht aufgrund der Rassenzugehörigkeit, der Hautfarbe oder des vormaligen Dienstbarkeitsverhältnisses versagt oder beschränkt werden», heißt es darin. Der Kongress ermächtigte sich selbst dazu, «diesen Artikel durch angemessene Rechtsprechung» durchzusetzen, weigerte sich aber, weiter zu gehen. Schutzregeln für schwarze Politiker, einheitliche Abstimmungsvoraussetzungen und das Verbot der vielfältig getarnten Maßnahmen zum Ausschluss von Schwarzen wurden nicht beschlossen.[22]

Ebenso wenig gab es eine ernsthafte Debatte über die Freiheit von Frauen. In dieser Frage gab es Meinungsverschiedenheiten zwischen weißen und schwarzen Suffragetten beim Treffen der American Equal Rights Association (AERA) am 12. Mai 1869, mehrere Wochen nach der Verabschiedung des 15. Verfassungszusatzes durch den Kongress. Die führende Suffragette Susan B. Anthony fühlte sich schmerzlich getroffen bei dem Gedanken, dass die Verfassung schwarzen Männern Überlegenheit «über all die edlen Frauen zuerkannt» hatte. Diese seien «der Sklaverei eben erst entronnen» und dadurch «nicht nur absolut ungebildet, sondern auch hinsichtlich öffentlicher Fragen höchst unwissend». Ironischerweise benutzten sexistische Männer ähnliche Argumente – die Frauen seien ungebildet, sie hätten keine Ahnung von Politik und die edlen Männer seien die natürlichen politischen Vorgesetzten aller Frauen –, die sie Anthonys Begründungen für das Wahlrecht von Frauen entgegensetzten.[23]

George Downing zum Beispiel, ein schwarzer Aktivist und Geschäftsmann, der das Treffen besuchte und davon sprach, dass der weibliche Gehorsam Gottes Wille sei. Nach seiner Rede kam es zum Tumult. Die Feministinnen stellten ihn zur Rede. Ähnliches geschah, als Downing und andere führende Gewerkschafter der Colored National Labor Union (CNLU) etwas später im Jahr ihren Gründungskongress abhielten. Eine schwarze Frau aus Downings Heimat Rhode Island drückte ihre Enttäuschung darüber aus, dass «die Interessen von armen Frauen keine Erwähnung finden». Am Ende räumte die CNLU ihre «Fehler» ein. Es wäre reine Heuchelei gewesen, wenn die Gewerkschaft sich geweigert hätte, geschlechtliche Diskriminierung einzugestehen, denn sie hatte sich ja selbst als Reaktion auf eine Diskriminierung gegründet – nach der Weigerung der National Labor Union, Rassendiskriminierung einzugestehen. Doch andererseits war diese Art der Heuchelei in den amerikanischen Reformbewegungen normal geworden. Ethnische Aktivisten beider Geschlechter, Kämpferinnen für die Gleichstellung von Mann und Frau und Gewerkschafter wandten sich wütend gegen die herrschende Borniertheit, die sich gegen ihre eigene Gruppe richtete, und gleichzeitig reproduzierten sie diese in ihrem Auftreten anderen Gruppen gegenüber. Sie erkannten nicht, dass die rassistischen, sexistischen, ethnozentristischen und klassistischen Ideen von einigen immer gleichen mächtigen Köpfen hervorgebracht wurden.

Die National Labor Union hieß auf ihrem Kongress von 1869 schwarze Delegierte willkommen und erklärte, dass sie «bei der Frage nach den Arbeitsrechten weder Farbe noch Geschlecht» kenne. Anti-Rassisten und Feministinnen hätten es vorgezogen, wenn die NLU bei der Frage nach den Arbeitsrechten weder Rassismus noch Sexismus zugelassen hätte. Doch das war kaum zu erwarten.[24]

Nach George Downings Debakel versuchte Frederick Douglass, die Wogen zu glätten, indem er vorschlug, die AERA-Mitglieder sollten jede Maßnahme unterstützen, die «das Wahlrecht auf jegliche bisher entrechtete Klasse ausdehnt, als einen gedeihlichen Beitrag zum Triumph unserer Idee». Stanton und Anthony lehnten einen solchen Beschluss ab. Die Dichterin Frances

Harper, eine der einflussreichsten Gestalten des schwarzen Feminismus, griff «weiße Frauen» an, weil sie «nur nach dem Geschlecht urteilen und der Rasse eine untergeordnete Position zuweisen». Sojourner Truth stimmte mit Harper und Douglass überein. «Wenn man den Angelhaken des Wahlrechts mit Frauen als Köder auswirft, wird man gewiss einen schwarzen Mann fangen», riet sie auf ihre unnachahmliche Weise. Die Meinungsverschiedenheiten in Bezug auf den 15. Verfassungszusatz spalteten die AERA und beschädigten die Suffragettenbewegung. Bis in die 1870er-Jahre erholte sie sich nicht, und erst etwa fünfzig Jahre später sollte sie ihr Ziel erreichen.

Wenn es nach der ersten Generation schwarzer Politiker gegangen wäre, hätten Frauen schon in den 1870er-Jahren das Wahlrecht erhalten. Alle sechs schwarzen Abgeordneten in Massachusetts und sechs von sieben schwarzen US-Repräsentanten aus South Carolina zum Beispiel sprachen sich für das Wahlrecht von Frauen aus. Susan B. Anthony mag das überrascht haben.[25]

Die Demokraten versuchten die Ratifikation des 15. Zusatzartikels zu blockieren. Sie setzten ihn herab und nannten ihn ein «Gesetz zur Vorherrschaft der Nigger», das zur entsetzlichen und barbarischen Übermacht von Schwarzen führen werde. Sie hatten kein Glück. Am 3. Februar 1870 wurde das Gesetz in Kraft gesetzt. Von Boston bis Richmond, von Richmond bis Vicksburg, Mississippi gab es große Jubelfeiern schwarzer Menschen. Einige Gemeinden luden als Festredner eine lebendige Legende ein.[26]

Kapitel 20

Die Rekonstruktion der Schande

William Lloyd Garrison beschloss, zu Hause zu bleiben und sich die prunkvolle zweistündige Prozession der Würdenträger anzuschauen, zu denen besonders die Veteranen der 54. und 55. Massachusetts-Regimenter gehörten. Als der Vierundsechzigjährige am Ende der Feierlichkeiten zur Verabschiedung des 15. Verfassungszusatzes das Podium der Faneuil Hall betrat, sah er älter und müde aus; er schien dazu bereit zu sein, sich völlig aus dem öffentlichen Leben zurückzuziehen. Den 15. Verfassungszusatz betrachtete er als «Wunder». Die Mitglieder der American Anti-Slavery Society waren der Meinung, ihre Arbeit sei beendet. Am 9. April 1870 löste sich die Gesellschaft offiziell auf.

«Der 15. Zusatzartikel übergibt der afrikanischen Rasse die Sorge um ihr eigenes Schicksal. Es legt ihr Schicksal in ihre eigene Hand» – so lautete die Vorstellung von James A. Garfield, Kongressabgeordneter aus Ohio. Eine Zeitung aus Illinois erklärte: «Der Neger ist nun ein Wähler und ein Bürger. Lasst ihn zukünftig im Lebenskampf seine Chance ergreifen.»[1]

Nach der Verabschiedung des 15. Verfassungszusatzes wandten sich die Republikaner vom Kampf gegen die Rassendiskriminierung ab. Nachdem sie sich geweigert hatten, Grund und Boden umzuverteilen und landlosen Schwarzen die Möglichkeit zu geben, ihre eigenen Herren zu wählen – und das Freiheit genannt hatten; nachdem sie arme Schwarze mit einer Erklärung über gleiche Rechte abgespeist hatten, die in teuren Gerichtsverfahren vorgelegt werden konnte, aber nichts an bestehenden Verhältnissen änderte – und das Gleichheit genannt hatten; nach all dem drückten sie den Schwarzen Wahlzettel in die Hand und nannten das Sicherheit. «Der Wahlzettel ist die Zitadelle der Sicherheit des schwarzen Mannes», spottete ein Schwarzer aus den Südstaaten, «die Garantie seiner Freiheit, der Schutz seiner Rechte, der Burgring um seine Unverletzlichkeit und seine Privilegien, die Frucht seiner

Arbeit, seine Waffe für Angriff und Verteidigung, sein Friedensstifter, seine Nemesis, die mit schlaflosen Augen Tag und Nacht über ihn wacht.» Wie dieser Mann sehr wohl wusste, hielt der Wahlzettel all die vermummten nächtlichen Angreifer keineswegs von ihm fern.[2]

Die Gewalt des Ku-Klux-Klan sei notwendig, um «die Nigger an ihrem Platz zu halten», erklärte der Konföderiertengeneral Nathan Bedord Forrest, der erste ehrenwerte «Große Hexenmeister» (*Grand Wizard*) des Bundes. Für den Klan war das Einzige, was noch schlimmer war als ein Neger, «ein weißer Radikaler». Doch der schlimmste Übeltäter war ein mutmaßlicher Schwarzer, der eine weiße Frau vergewaltigt hatte. Die Mitglieder des Klans glorifizierten weiße Weiblichkeit als Inbegriff von Ehre und Reinheit (und Asexualität) und diskreditierten schwarze Weiblichkeit als Inbegriff von Unmoral und Schmutz (und Sex). Es gab auch schwarze Männer, die schwarze Frauen herabsetzten. «Lieber Himmel, Sir», sagte ein wohlhabender Schwarzer aus Kansas. «Sie glauben doch nicht, ich heirate so eine schwarze Niggerhure?» Mitglieder des Klans glaubten fest daran, dass Schwarze übernatürliche sexuelle Kräfte besaßen; dieser Glaube verstärkte ihre sexuelle Faszination schwarzen Frauen gegenüber und ihre Angst davor, dass weiße Frauen von schwarzen Männern fasziniert waren. Fast reflexartig wurde der Terrorismus des Klans gerechtfertigt, indem man behauptete, dass die Vorherrschaft der Weißen im Süden notwendig sei, um die Reinheit weißer Frauen zu verteidigen. Im Unterschied dazu wurde der Körper schwarzer Frauen als «Trainingsgelände» für weiße Männer betrachtet oder als eine Art «Sicherheitsventil» für die «sexuellen Energien» weißer Männer, das die Fortsetzung der Verehrung der asexuellen Reinheit weißer Weiblichkeit ermöglichte.[3]

Eine weitere Bedrohung der Überlegenheit weißer Männer waren Schwarze, die nach Reichtum und Einfluss strebten. Der Terrorismus des Ku-Klux-Klan bewies wieder einmal, dass die Strategie der «Verbesserung durch Selbstverbesserung» immer eine Farce gewesen war. Der Klan «mag es nicht, wenn der Neger vorankommt», berichtete ein Weißer aus Mississippi. Landlose Schwarze wurden von Grundbesitzern terrorisiert. Landbesitzende Schwarze wurden vom Klan terrorisiert. Im März 1870 schickte Präsident Grant Dokumente von über 5000 weißen Terrorakten an den Kongress. Zwischen Mai 1870 und April 1871 verabschiedete der Kongress drei Enforcement Acts zur Durchsetzung des Wahlrechts, bewilligte aber kaum Gelder dafür. Es wurden Wahlbeobachter in den Süden geschickt, Wahlbehinderung wurde unter Strafe gestellt, und man ahndete ein großes Spektrum von klantypischen Gewaltakten als Verstöße gegen Bundesgesetze. Ergebnis war, dass der Ku-

Klux-Klan sich 1871 offiziell auflöste, doch der Terror ging mit gleicher Heftigkeit unter neuen Namen weiter. Wie ein in den Norden gezogener Südstaatler erklärte, wurde allen klar, dass nur eine «stetige, unbeirrbare Macht von außen» den Frieden und das Überleben des republikanischen Denkens im Süden garantieren konnte. Die stetige, unbeirrbare schwarze Macht von innen hätte es auch getan, doch die Republikaner weigerten sich immer noch, Schwarzen durch Soldaten und durch Zuteilung von Land substanziell zu Hilfe zu kommen.[4]

Die Wahlen wirkten angeblich Wunder, und in mancher Hinsicht taten sie das auch. Die Verfassungskonvente im Süden zwischen 1867 und 1869 boten einen revolutionären Anblick. Unter den Delegierten befanden sich Veteranen aus dem Norden, Republikaner aus dem Süden und Schwarze aus dem Süden, von denen die Hälfte als Sklaven geboren worden waren. Trotz ihres Mangels an politischer Erfahrung, an Ausbildung und Vermögen – oder vielmehr gerade deshalb –, schufen diese Leute verlockende demokratische Verfassungen. Sie begründeten die ersten öffentlich finanzierten Schulen und Ausbildungsstätten, Gefängnisse, Waisenhäuser und psychiatrische Anstalten des Südens; sie dehnten die Rechte der Frauen aus und garantierten die Rechte von Schwarzen; sie reduzierten die Zahl der kriminellen Vergehen; sie reorganisierten die lokalen Regierungen, um Diktaturen zu verhindern. Zunächst aber traten die schwarzen Politiker beiseite, wenn es um die Zuweisung von Machtpositionen ging, weil sie dem ständigen Gerede der Demokraten von der «schwarzen Vorherrschaft» nicht Vorschub leisten wollten – als hätte diese Behauptung irgendeine Berechtigung gehabt.

Während Schwarze kaum je von der ökonomischen Politik der Rekonstruktionsära profitierten, ging es den Unternehmen immer besser. Angesichts von verheerenden Kriegsfolgen in den Gemeinden und ihren Kassen gaben dieselben Rekonstruktionspolitiker, die sich weigerten, landlosen Schwarzen Grundstücke zu übereignen, weil sie das angeblich in den Ruin treibe, Millionen an Eisenbahnunternehmen, weil diese angeblich den Süden entwickeln und neue Jobs, Fabriken und Städte bringen würden; weil sie den Transport bisher ungenutzter Bodenschätze und die Expansion der Landwirtschaft ermöglichten. 1872 hatte der Süden vorwiegend Armut und Schulden vorzuweisen, während die Eisenbahnunternehmen unglaubliche Geldmengen einsteckten. Korrupte Politiker waren froh, wenn sie ihnen einen Dienst erweisen konnten. Nur eine kleine Zahl schwarzer Politiker hatte hochrangige politische Ämter inne, und so blieb ihr Anteil an der Korruption im Vergleich zu dem von weißen Politikern überschaubar.[5]

Jeder Dollar, der aus südlichen Kassen genommen wurde, verstärkte die Abhängigkeit der Südstaaten von billiger Arbeit. Präsident Grant glaubte, dass die Plantagenbesitzer schwarze Arbeit höher schätzen würden, wenn sich Schwarze auch anderswo Arbeit suchen konnten. (Tatsächlich schätzten die Plantagenbesitzer die billige Arbeit sehr wohl, und sie nutzten Gewehre und rassistische Ideen, um schwarze Arbeit so billig wie möglich zu halten.) Anfang 1870 machte Grant einen Vorstoß zur Annexion der Dominikanischen Republik, um einen Zufluchtsort für «die gesamte farbige Bevölkerung der Vereinigten Staaten» zu schaffen, «sollte sie sich für die Auswanderung entscheiden». 1871 schickte er Frederick Douglass auf Erkundungsmission. Die Dominikanische Republik könne nicht nur ein schwarzer Zufluchtsort werden, berichtete der beeindruckte Douglass. «Wenn man die glorreichen Institutionen» der Vereinigten Staaten in das tropische Land «verpflanzen würde», könnten sich die Schwarzen, die dorthin zögen, für die Verbesserung der Lebensumstände der verarmten und rückständigen Dominikaner einsetzen. Douglass schien nicht bewusst zu sein, dass er dieselben rassistischen Ideen, die zulasten von Afroamerikanern verwendet worden waren, nun zulasten der Dominikaner gebrauchte. Und wenn die US-Institutionen so «glorreich» waren, warum brauchten Afroamerikaner dann einen Zufluchtsort im Ausland?[6]

Assimilationisten wie Douglass leisteten der amerikanischen Expansion Vorschub, während ihr Segregationisten und Anti-Rassisten entgegenwirkten, indem sie den Rassendisput, der weiterhin die Nation spaltete, auch in die Außenpolitik brachten. Im Juni 1871 stimmte der US-Senat gegen den Annexionsvertrag. Republikanische Dissidenten, die genug davon hatten, dass Grant sich ständig mit der Annexion beschäftigte und sich offen dafür zeigte, Bundestruppen zum Schutz der Schwarzen der Südstaaten einzusetzen, spalteten sich ab und gründeten ihre eigene Partei. Im Mai 1872 kündigten Horace Greeley, der Gründer der *New York Tribune*, und Lyman Trumbull, Senator aus Illinois, – beide waren von zentraler Bedeutung bei der Verabschiedung der drei Bürgerkriegs-Verfassungszusätze gewesen – eine Versammlung von «Liberalen Republikanern» in Cincinnati an. «Rekonstruktion und Sklaverei sind beendet», erklärte E. L. Godkin, der Herausgeber von *The Nation*, im Namen der neuen Partei. Sie versprachen Amnestie und das Wahlrecht für ehemalige Konföderierte, das Ende der nordstaatlichen Interventionen im Süden, Erleichterungen für Reiche in Form von Steuervergünstigungen und nichts für die Armen.[7]

Greeley wurde ihr Präsidentschaftskandidat. Der Erzfeind der Konföderation wurde zum Erzfreund der Konföderation, ähnlich wie der berühmteste Prediger der Nation, den Frederick Douglass sarkastisch den «Apostel der Vergebung» nannte: Henry Ward Beecher, der danach strebte, weiße Nord- und Südstaatler durch das Bewusstsein ihres christlichen Weißseins wiederzuvereinigen. Er publizierte 1871 die erste amerikanische Jesusbiografie, *The Life of Jesus, the Christ*. «Es gibt nicht den geringsten Hinweis auf die äußere Erscheinung von Jesus», schreibt Harriet Beecher Stowes Bruder. Und doch gibt es in seinem Buch fünf Abbildungen jenes perfekten Gottesmannes namens Jesus, und sie zeigen alle einen Weißen. Henry Ward Beecher gab weißen Amerikanern ein Modell, mit dem sie das Weißsein in ihrer Religion verankern konnten, ohne je laut davon zu sprechen, genau wie Süd- und Nordstaatler ihr Weißsein in ihrer politischen Weltsicht verankerten. Für Rassisten verstand es sich von selbst, dass weiße Menschen am besten dafür ausgestattet waren, die Vereinigten Staaten zu regieren – unter der himmlischen Führung des Weißen Vaters und seines Sohns.[8]

Horace Greeley hatte man lange mit Emanzipation und Gleichheit in Verbindung gebracht, doch 1872 erfand er sich neu, um als demokratischer Präsidentschaftskandidat Wahlkampf machen zu können. «Die politische Gleichstellung ist weit weg», belehrte er ein schwarzes Publikum. «Soziale Gleichstellung wird auf ewig unerreichbar sein. Erwartet keine Zuteilungen von Land. Bleibt unter euch; jeder kann dem anderen Arbeit geben. Wer sind eure besten Freunde? Die soliden, konservativen, verständnisvollen weißen Südstaatler.» Diese «verständnisvollen weißen Südstaatler» ließen Schwarze wissen – wie ein Beobachter aus South Carolina berichtete –, dass sie «den Tod riskierten, wenn sie anders wählen, als es ihre weißen Arbeitgeber und Nachbarn wünschen». Im Frühjahr 1872 verurteilte der Kongress die Gewalt in den Südstaaten, aber mehr tat er nicht. Er übernahm sogar die segregationistische Position und behauptete, die Schwarzen seien das Problem. Die Gewalt, so hieß es in der Verlautbarung, sei eine Antwort auf die «schlechte Regierung, die amtliche Inkompetenz und Korruption» schwarzer Politiker. Dabei spielte es keine Rolle, dass die überwältigende Mehrheit der mächtigen politischen Positionen von weißen Südstaatlern eingenommen wurden. Für diese Leute, die rassistische Ideen in die Welt setzten und versuchten, die rassistischen Strategien versagender schwarzer politischer Macht zu verteidigen, fiel die Wahrheit kaum ins Gewicht. Grants ehemaliger Innenminister Jacob Cox sagte, Südstaatler könnten «nur durch jenen Teil des Staates regiert werden, der die Intelligenz und das Kapital verkörpert». *The Nation* drückte es ganz unverblümt aus: Die *Reconstruction* habe «total versagt».[9]

Genügend Schwarze und republikanische Weiße riskierten den Tod, als sie 1872 den größten Teil des Südens eroberten und die Wiederwahl Präsident Grants erreichten. Auf den Straßen des Südens mussten bewaffnete Republikaner ihre wiedergewählten Politiker verteidigen. In Colfax, Louisiana, verbarrikadierten sich am Ostersonntag 1873 einundsechzig bewaffnete Schwarze in einem Gerichtsgebäude. Demokraten griffen das Gebäude mit Artilleriefeuer an, holten dann die siebenunddreißig Überlebenden heraus und exekutierten sie auf dem Marktplatz. Am Tag nach dem Colfax-Massaker massakrierte der Oberste Gerichtshof einschließlich der vier von Grant ernannten Richter den im 14. Verfassungszusatz garantierten Schutz der Bürgerrechte in einem Prozess, der die sogenannten *Slaughterhouse Cases* verhandelte. Die weißen Schlachter aus New Orleans meinten, ihre ökonomischen «Privilegien und Vorrechte» würden durch ein durch Korruption zustande gekommenes Gesetz in Louisiana verletzt, das sie zwang, für ein Unternehmen außerhalb der Stadt zu arbeiten. Richter Samuel Miller urteilte am 14. April 1873 zu ihren Gunsten. Er unterschied zwischen nationaler und einzelstaatlicher Bürgerschaft und berief sich auf die Mehrheitsmeinung im Dred-Scott-Fall, bei dem dieser Unterschied ebenfalls entscheidend war. Der 14. Verfassungszusatz schütze nur die relativ wenigen gesamtstaatlichen Rechte der Bürger, stellte Miller fest. Drei Jahre später bildete diese Doktrin die Grundlage für die Aufhebung der Verurteilung der Täter des Colfax-Massakers durch den Obersten Gerichtshof, der diesmal ohne Gegenstimmen sprach. Mord konnte «nur durch den Einzelstaat» geahndet werden, und so erhielt Louisiana die Lizenz zum Freispruch der Mörder. Das Gericht setzte auch die Bedeutung der Regelungen zur Durchsetzung der letzten drei Verfassungszusätze entscheidend herab und ermutigte damit weiße Terrororganisationen – gerade rechtzeitig für die Wahl von 1876.[10]

Keiner der vier Dissidenten im Slaughterhouse-Fall widersprach dem weitreichendsten Teil des Mehrheitsvotums. «Wir haben beträchtliche Zweifel daran, dass irgendeine Handlung eines Einzelstaates, die nicht begründet ist durch Diskriminierung von Negern als einer Klasse oder wegen ihrer Rasse, je in den Geltungsbereich dieser Verfügung fallen wird.» Bis heute nutzt der Oberste Gerichtshof Millers Doktrin, um private und getarnte Rassendiskriminierer zu decken, die diskriminierende Maßnahmen gegen schwarze Menschen verschleiern, indem sie unauffällige nichtrassistische Wendungen im Mund führen.[11]

Weder der Umstand, dass ehemalige Konföderierte wieder wählten, noch das Slaughterhouse-Urteil war der verheerenden Macht der Panik von 1873 vergleichbar. Es war die erste große Wirtschaftskrise des amerikanischen Industriekapitalismus und sie dauerte bis zum Ende des Jahrzehnts. Demokraten der Südstaaten erklärten ihre Eignung zur Wiederherstellung der Ordnung, genau wie der Ölmagnat John D. Rockefeller und der Stahlindustrielle Andrew Carnegie ihre Eignung zur Kontrolle ihrer Industriezweige erklärten. Am Ende des Jahrhunderts spiegelten die Monopole von Rockefeller und Carnegie die weißen politischen Monopole, die den Süden regierten.

Als Ärmste der Armen erlebten die Schwarzen des Südens die verheerendsten Wirkungen der Panik von 1873. Sie stoppte den bescheidenen Nachkriegsaufschwung der schwarzen Landbesitzer, raubte ihnen ihre Grundstücke und ihre Freiheit. Als auch Legionen kleiner weißer Landbesitzer ihre Grundstücke verloren, glaubten sie, vor dem Verlust ihres Weißseins und ihrer Freiheit zu stehen. Weiße «müssen einfach kleine Parzellen Land haben», klagte ein Pflanzer, «und lieber bestellen sie es, wie gering auch der Ertrag sein mag, als dass sie sich dazu herablassen – wie es ihnen vorkommt –, für andere Leute zu arbeiten».[12]

Die ländlichen Schwarzen der Südstaaten wollten die Hoffnung auf eigenes Land lange nicht aufgeben, und so kehrten sie zum Naturalpachtsystem zurück, das heißt, sie gaben dem Landbesitzer einen Teil der Ernte, um das Land weiterhin bebauen zu können. Betrügerische Landbesitzer trieben die Kleinpächter in die Abhängigkeit durch Schulden, und die Gesetze verhinderten, dass die Pächter Landbesitzer, denen sie Geld schuldeten, verlassen konnten. Schwarze, die es schafften, ihrer schlimmen Lage zu entkommen, wanderten meilenweit umher, auf der Suche nach Landeigentümern, die sie anständig behandelten. Für diese wiederum war die jährliche Wanderschaft nur ein Beweis der schwarzen Unfähigkeit. Von rassistischen Maßnahmen und Ideen in die Enge gedrängt, konnten die Kleinpächter nicht gewinnen. Blieben sie, bedeutete das oft totale Knechtschaft, gingen sie, hieß es, sie wären zu faul zur Arbeit.[13]

Nichts schien die Herrschaft der rassistischen Ideen beeinträchtigen zu können, nicht einmal der Aufschwung der städtischen Schwarzen. 1874 pries das von Weißen herausgegebene *Republican Banner* aus Nashville «die sparsamen und reinlichen» Schwarzen. Doch diese könnten keinesfalls «als Repräsentanten der trägen und energielosen Hunderttausenden gelten». Sie seien außergewöhnlich.[14]

Anfang der 1870er-Jahre hatte William Lloyd Garrison angesichts geschmälerter und vorenthaltener Bürgerrechte für Schwarze keine Wahl, als noch einmal seine Stimme zu erheben. In einer Abhandlung nach der anderen machte er sich im *Independent* über die Preisgabe der *Reconstruction* lustig, und in einem offenen Brief nach dem anderen im *Boston Journal* widmete er sich seinen alten Themen. Vizepräsident Henry Wilson beklagte sich bei Garrison über eine «Konterrevolution», die die Rekonstruktion überhole. «Unsere Anti-Sklaverei-Veteranen müssen sich wieder äußern», drängte Wilson. Einige dieser Veteranen äußerten sich deshalb nicht, weil sie zu sehr damit beschäftigt waren, Schwarzen für die Mängel der *Reconstruction* die Schuld zu geben. Und wie auch nicht? Nördliche Presseberichte beschrieben schwarze Wähler und Politiker regelmäßig als selbstzerstörerisch dumm und korrupt. Die Associated Press verließ sich auf antischwarze und Anti-Rekonstruktions-Zeitungen des Südens als Quelle für ihre täglichen Nachrichten. Der *New-York-Tribune*-Reporter James S. Pike fütterte die Nordstaatler ständig mit rassistischen Märchen von bestechlichen, unfähigen, faulen schwarzen Politikern, die während der «Tragödie» der Rekonstruktion in South Carolina Weiße unterwarfen und beraubten. Diese Behauptungen konnte man 1873 in Pikes weit verbreiteten Zeitungsartikeln lesen; 1874 wurden sie unter dem Titel *The Prostrate State. South Carolina Under Negro Government* (Der unterworfene Staat. South Carolina unter der Negerherrschaft) neu herausgegeben. Die demokratischen Quellen des Autors waren froh, die Verantwortung für die Korruption des Südens auf die Schwarzen abwälzen zu können, da sie so von ihrer eigenen Hauptrolle in diesen Skandalen ablenken konnten. Pikes gut geschriebener Roman wurde als journalistischer Augenzeugenbericht verkauft. «An der Stelle dieser alten aristokratischen Gesellschaft befindet sich jetzt die Rohform der ungebildetsten Demokratie, die die Menschheit je sah», heißt es darin. «Das ist Barbarei, die die Zivilisation überwältigt»; man habe es mit «dem Sklaven» zu tun, «der in den Sälen seines Herrn randaliert und diesen Herrn mit Füßen tritt».[15]

The Prostrate State führte dazu, dass die die Rekonstruktion befürwortenden Zeitschriften – *Scribner's, Harper's, The Nation* und *The Atlantic Monthly* – noch schärfer gegen schwarze Abgeordnete zu Felde zogen und die nationale Wiedervereinigung der weißen Herrschaft verlangten. Ein New Yorker Demokrat las im Plenarsaal des Regierungsgebäudes aus *The Prostrate State*. Wo ist euer Buch über die Korruption in New York?, fragte der schwarze South-Carolina-Kongressabgeordnete Robert Small provozierend. Obwohl Bestecher und Bestochene wussten, dass die Korruption ein nationales Problem war, vor allem unter weißen Politikern, verhinderte ihre rassistische Gesinnung, dass diese Wahrheit ans Licht kam. Die Bestechlichkeit von Schwarzen war der eilig zusammengeschusterte Vorwand, die zunehmend schwierigen, teuren, polarisierenden politischen Maßnahmen der *Reconstruction* vernachlässigen zu können. Jedesmal, wenn die Regierung Grant intervenierte, um schwarzes Leben zu schützen, verprellte sie weiße Republikaner aus den Nord- und Südstaaten. Bei den Halbzeitwahlen 1874 errangen die Demokraten wieder die Mehrheit im Repräsentantenhaus und die Macht in jedem südlichen Einzelstaat, außer Mississippi, Louisiana, South Carolina und Florida. Weiße Terrororganisationen führten Krieg gegen bewaffnete und unbewaffnete schwarze Wähler im gesamten Süden. Im September 1874 musste Präsident Grant Truppen einsetzen, um eine Armee von 3500 Demokraten in New Orleans daran zu hindern, Republikaner von den Posten zu vertreiben, die sie durch freie Wahlen erhalten hatten. Wendell Phillips wurde auf einem Podium in Boston ausgebuht, als er versuchte, Grant zu verteidigen. Die *New York Times* berichtete, dass «Wendell Phillips und William Lloyd Garrison in der amerikanischen Politik nicht eigentlich untergegangen sind, doch hinsichtlich des Südens vertreten sie Anschauungen, die die Mehrheit der Anhänger der Republikanischen Partei schon überwunden haben.»[16]

Das letzte Gesetz der sogenannten *Radical-Reconstruction*-Ära wurde Anfang 1875 im Kongress durchgepeitscht, bevor die neuen Demokraten ihre Ämter antraten. Der Civil Rights Act von 1875 war ein legislatives Denkmal für Senator Charles Sumner, der 1874 starb, nachdem er viele Jahrzehnte in den Schützengräben des Kampfes gegen die Sklaverei und um die schwarzen Bürgerrechte verbracht hatte. Das Gesetz verbot Rassendiskriminierung in Jurys, dem öffentlichen Verkehrssystem und in Hotels, doch wenn es um Schadenersatz ging, mussten Schwarze sich wieder an die teuren und feindseligen Gerichte wenden. Es hielt auch die Terrorkampagne gegen schwarze Wähler in Mississippi nicht auf, durch die die Demokraten bei den Wahlen im Herbst 1875 die Macht in diesem Staat gewannen. Der bedrängte republikanische Gouverneur von Mississippi, Adelbert Ames, sagte, es finde eine «Revolution» statt, «durch die Macht der Waffen – und eine Rasse wird entrechtet – sie sollen wieder zu Leibeigenen werden – eine Ära der neuen Sklaverei». Eine Zeitung im Süden erklärte, dass der 14. und 15. Verfassungszusatz «für immer bleiben mag; doch wir beabsichtigen … tote Buchstaben aus ihnen zu machen.»[17]

Die *Reconstruction* hielt die Demokratie im Süden künstlich am Leben, während die Vereinigten Staaten den hundertsten Jahrestag der Unabhängigkeitserklärung feierten. Von Mai bis November 1876 besuchte rund ein Fünftel der US-Bevölkerung die erste offizielle Weltausstellung in Philadelphia. Eine Band von «Plantagen-Darkies» aus alten Zeiten, die im Southern Restaurant Songs zum Besten gaben, war das Einzige, was auf die Existenz schwarzer Menschen hinwies. In Boston hielt William Lloyd Garrison am Unabhängigkeitstag eine Rede für die Ewigkeit. Der Umschwung der öffentlichen Meinung, die die *Reconstruction* mittlerweile ablehnte, sei die Konsequenz daraus, dass man schwarze Menschen aufgrund von militärischen Erfordernissen befreit habe, nicht aufgrund «allgemeiner Reue», sagte er. In seiner letzten großen öffentlichen Rede erkannte Garrison, dass rassistisches Gedankengut im Zentrum des Problems stand. «Wir müssen den Geist des gesellschaftlichen Kastendenkens nach Hautfarben aufgeben», erklärte er, «oder das Christentum aufgeben.»[18]

In Hamburg, South Carolina, feierte die lokale schwarze Bürgerwehr das Jubiläum am 4. Juli mit einer Parade. Die Rassisten der Gegend hassten die Miliz, weil sie dafür sorgte, dass Schwarze in der mehrheitlich schwarzen Stadt die politische Kontrolle behielten. Während der Parade gab es einen scharfen Wortwechsel, als ein lokaler weißer Farmer die Uniformierten anwies, seiner Kutsche Platz zu machen. Der Farmer rief den ehemaligen Konföderiertengeneral Matthew C. Butler zu Hilfe, den mächtigsten Demokraten der Region. Am 8. Juli befahl ein kleiner Trupp mit Butler an der Spitze dem Führer der Bürgerwehr, dem Veteran der Unionsarmee Dock Adams, seine Männer zu entwaffnen. Adams weigerte sich, und es kam zum Kampf. Die Milizionäre zogen sich dorthin zurück, wo ihre Waffen lagerten. Butler zog in aller Eile nach Augusta und kehrte mit Hunderten Mann Verstärkung und Geschützen zurück. Fünf Männer der Bürgerwehr wurden getötet, die verteidigungslosen Häuser und Geschäfte von Hamburg geplündert und zerstört.

Als sich Südstaatler darüber beklagten, dass sie auf verlorenem Posten stünden, erkannte Präsident Grant voller Abscheu, dass sie in Wahrheit ihrer verlorenen Freiheit nachweinten, «Neger und Republikaner töten zu können, ohne Strafe oder den Verlust ihres guten Rufes fürchten zu müssen». General Butler machte eine Farce aus der Untersuchung des Vorfalls durch den Kongress und konnte aus der öffentlichen Aufmerksamkeit auch noch Kapital schlagen. 1877 wurde er in den US-Senat gewählt. Das Massaker legte er der angeborenen schwarzen Kriminalität zur Last. Schwarze, sagte er, «achteten das menschliche Leben gering».[19]

Butler berief sich auf den natürlichen Hang der Schwarzen zu Gewalt und Kriminalität, um sich der gerechten Strafe für das von ihm angeführte Massaker zu entziehen. Doch kaum einer der Kongressermittler fragte nach dem Motiv für seine rassistischen Äußerungen, die zu dieser Zeit von einem italienischen Gerichtsmediziner kodifiziert wurden. Cesare Lombroso «bewies» 1876, dass nichtweiße Menschen daran Gefallen fänden zu töten, «die Leiche zu verstümmeln, das Fleisch zu zerfetzen und ihr Blut zu trinken». Sein Buch *L'Uomo delinquente* (Der Verbrecher in anthropologischer, ärztlicher und juristischer Beziehung) begründete 1876 die Kriminologie. Es gebe nur geborene Verbrecher, sagte Lombroso. Anhand von körperlichen Anzeichen, die man studieren, messen und quantifizieren könne, sei die Delinquenz eines Menschen bestimmbar. Die «Unfähigkeit, rot zu werden» – daher die dunkle Haut – sei immer als typisches Merkmal des Verbrechens erkannt worden. Schwarze Frauen, die sich vom Mann «kaum unterschieden», seien die typischen weiblichen Delinquenten, behauptet er 1895 in *La donna delinquente* (Das Weib als Verbrecherin und Prostituierte). Während weiße Terroristen mit immer größerer Brutalität in den schwarzen Gemeinden vergewaltigten und mordeten, entschloss sich die erste Generation westlicher Kriminologen dazu, Verbrechern ein schwarzes und guten Bürgern ein weißes Gesicht zu geben. Ein Schüler Lombrosos, der italienische Juraprofessor Raffaele Garofalo, erfand 1895 den Begriff «Kriminologie». Der britische Mediziner Havelock Ellis machte Lombroso in der englischsprachigen Welt bekannt und publizierte 1890 eine Auswahl seiner Schriften.[20]

Immer noch schrien die Täter des Hamburg-Massakers: «Das ist der Anfang der Rettung des Südens!» Und so war es. Als im November 1876 gewählt wurde, herrschte Krieg in den Wahllokalen, und im ganzen Süden füllten die Demokraten die Wahlurnen. Am Morgen des 8. November 1876 stand es im Wahlmännergremium praktisch unentschieden zwischen dem demokratischen Kandidaten, dem New Yorker Gouverneur Samuel J. Tilden und dem republikanischen Gouverneur aus Ohio, Rutherford B. Hayes. Der Ausgang der Wahl hing von den Wahlergebnissen in den umkämpften Staaten Louisiana und South Carolina ab. Als eine fünfzehnköpfige Wahlkommission den Republikanern den Sieg zuerkannte, waren die Demokraten empört. Anfang 1877 planten beide Parteien und beide Regionen einen neuen Bürgerkrieg.

Doch bei einem Thema blieben sie vereint. Schwarze müssten ihren «neu entfachten Ehrgeiz» zügeln und anerkennen, dass ihnen die «ererbte Fähigkeit der Selbstregierung» der Weißen fehle, sagte der ehemalige Gouverneur von Ohio, Jacob D. Cox. Der scheidende Präsident Grant äußerte sich in einer persönlichen Bemerkung vor seinem Kabinett, dass es ein Fehler gewesen sei, Schwarzen das Wahlrecht zu gewähren, und Ähnliches sagte der republikanische Präsidentschaftskandidat Rutherford B. Hayes. Während sich allmählich ein Konsens darüber herausbildete, wer den Süden regieren solle, intensivierten sich die Meinungsverschiedenheiten über den nächsten Präsidenten.

Die Nation stand auf der Kippe, als die Vertreter von Hayes und einige Demokraten im Wormly House zusammentrafen, einem Hotel, dessen Besitzer einer der reichsten Afroamerikaner der Hauptstadt war. Niemand hat je die genauen Bedingungen des «Kompromisses von 1877» öffentlich gemacht. Doch die Demokraten waren von da an mit einem republikanischen Präsidenten Rutherford B. Hayes einverstanden, während Hayes für die Demokraten die *Reconstruction* beendete. Er akzeptierte die demokratischen Regierungen von Louisiana und South Carolina, deren Wahl zunächst nicht anerkannt worden war. Er zog Bundestruppen aus dem Süden ab und benutzte dieselben Truppen, um den Großen Streik von 1877 niederzuschlagen. (Als das Kapital die Kontrolle über die Arbeitsbedingungen wiedergewann, entwickelten sich die Knights of Labor zur wichtigsten Arbeiterorganisation. Ihr Chef Terence V. Powderly verlangte die Aufhebung der Rassentrennung in den Gewerkschaften, um den Wettbewerb zu kontrollieren. Er betrachtete Schwarze als «faul», doch auch als ein Reservoir von «billiger Arbeit», das man leicht gegen weiße Arbeiter einsetzen konnte.)[21]

The Nation machte das Schachergeschäft von 1877 deutlich. Es sei nun Zeit, dass «der Neger vom Feld der nationalen Politik verschwindet», hieß es in der Wochenschrift. «Von nun an wird die Nation, als Nation, nichts mehr mit ihm zu tun haben.» Unterdessen bezeichnete William Lloyd Garrison den Handel als «eine verruchte Tat», die dem alten «Pakt mit dem Teufel» gleichkomme. Als die Bundestruppen Shreveport, Louisiana, verließen, sagte ein Schwarzer mit tiefer Traurigkeit, dass ein Volk nun wieder «in der Hand derselben Menschen ist, die es als Sklaven hielt»; es gebe «auf Erden kein Mittel, wie [Schwarze] ihre Lage ändern» könnten.[22]

«Kein einziges Recht, das die Farbigen jetzt genießen, wird ihnen weggenommen werden», gelobte Wade Hampton, der neue demokratische Gouverneur von South Carolina. «Wenn der Neger intelligenter wird», fügte er hinzu, «verbündet er sich ganz natürlich mit den konservativeren Weißen, denn Beobachtung und Erfahrung zeigen ihm, dass seine Interesse die gleichen sind wie die der weißen Rasse hier.» Hampton sah in South Carolina nach der *Reconstruction* nur zwei Sorten schwarzer Menschen: diejenigen, die über die angeborene Intelligenz der Unterwerfung verfügten, und diejenigen, deren angeborene Dummheit sie zur Rebellion trieben.[23]

Die Zeit der Rekonstruktion – sie umfasste etwa zwölf Jahre nach dem Ende des Bürgerkriegs 1865 – war für weiße Südstaatler wie Wade Hampton, die daran gewöhnt waren, über *ihre* Schwarzen und *ihre* Frauen zu herrschen, eine schreckliche Zeit. Ihnen stand eine zunehmend geschwächte Bürgerrechtsbewegung und eine nicht minder kraftlose Bewegung von schwarzem Widerstand und schwarzem Empowerment gegenüber – und eine machtvolle Frauenbewegung, die nur selten in den Schlagzeilen auftauchte. Diesen Bewegungen traten sie mit materieller Gewalt und gewaltträchtigen Ideen entgegen. Doch diejenigen, die sie als ihre Untergebenen betrachteten, hörten auch nach dem Ende der *Reconstruction* nicht auf, sich zu empören. Zur Einschüchterung und um ihre Herrschaft über rebellische Schwarze und weiße Frauen wiederzugewinnen, verlegten sich die weißen «Retter» in den 1880er-Jahren auf den Lynchmord. Im Durchschnitt wurde zwischen 1889 und 1929 an jedem vierten Tag ein Mensch gelyncht. Als Rechtfertigung des rituellen Abschlachtens diente oft ein falsches Gerücht: das Opfer habe eine weiße Frau vergewaltigt. Weiße Männer, Frauen und Kinder versammelten sich, um die Folterung, Ermordung und Zerstückelung von Menschen mit anzusehen – und fanden nichts dabei, die Opfer Wilde und Barbaren zu nennen. Hass war die große Triebfeder während der Lynch-Ära. Doch hinter diesem Hass lagen rassistische Anschauungen, die sich entwickelt hatten, um schwarze Freiheit in jedem Stadium der amerikanischen Geschichte infrage zu stellen. Und hinter diesen rassistischen Ideen standen mächtige weiße Männer, die in Wort und Tat danach strebten, die absolute politische, ökonomische und kulturelle Kontrolle über den Süden wiederzugewinnen.[24]

Schwarze Menschen der Südstaaten bewegte eine Vielzahl von Emotionen, während sie die Zeit von Sklaverei und Krieg, Rekonstruktion, *Black Redemption* und *White Redemption* erlebten. Man könnte ihre Gefühle mit denen von Eltern vergleichen, die die aufregende Geburt, das hoffnungsvolle Wachstum und den tragischen Tod eines geliebten Kindes mitmachen. Einige Schwarze, voller Zorn über das Versagen der *Reconstruction*, wollten ihrer erneuten Versklavung entfliehen. «Es ist unmöglich für uns, mit diesen Sklavenhaltern des Südens zusammenzuleben», sagte ein Organisator aus Louisiana, Repräsentant von über 60 000 «hart arbeitenden Menschen», die aus dem

Süden fliehen wollten. Ansiedlungen in Afrika oder im Norden oder äußersten Westen der Vereinigten Staaten waren in den späten 1870er-Jahren weit weniger beliebt als der «Exodus» nach Kansas. Die «Exodusters» kümmerten sich nicht um die Einwände von Frederick Douglass und ließen die schwarze Bevölkerung von Kansas um 150 Prozent ansteigen. Ihre Verbündeten im Norden taten alles, was sie konnten, um Spenden für sie zu sammeln. William Lloyd Garrison verließen mit vierundsiebzig seine Kräfte, als er versuchte, für Hunderte von Schwarzen, die aus Mississippi und Louisiana flohen, Geld aufzutreiben.

Am 24. April 1879 hatte er gehofft, vor einer Kundgebung zugunsten der Exodusters in der Bostoner Faneuil Hall sprechen zu können, doch er war zu schwach, um daran teilzunehmen. Dennoch wollte er, dass seine Stimme gehört wurde, und schickte einen Text, der, nachdem er verlesen worden war, lange nachhallte. «Verkündigt das Gebot mit Pauken und Trompeten, auf dass es ein rasches Ende habe mit dieser ganzen blutigen Missherrschaft; auf dass die Millionen loyaler farbiger Bürger des Südens, heute in Acht und Bann und faktisch entrechtet, in den sicheren Genuss ihrer Rechte kommen – frei wählen können und gerechte Repräsentanten finden – und zwar genau dort, wo sie wohnen. Und lasst von der atlantischen bis zur pazifischen Küste den Schlachtruf hören: Freiheit und gleiche Rechte für jeden, für alle und für alle Zeit, wo immer die Menschen innerhalb unserer weiten Gefilde auch leben mögen!» Er hatte selbst dann noch auf sofortige Emanzipation gehofft, als schon alle Hoffnung verloren war. Jetzt hoffte er auf sofortige Gleichstellung, obwohl es keine Hoffnung gab. Diese bewegende Erklärung vom 24. April 1879 sollte sein letzter Wunsch und William Lloyd Garrisons Testament sein. Vier Wochen später war er tot.[25]

Teil IV

W. E. B. DU BOIS

Kapitel 21

Den Süden erneuern

«Der Sklave kam frei, stand einen kurzen Moment lang in der Sonne und kehrte dann in die Sklaverei zurück.» W. E. B. Du Bois war fast 70 Jahre alt, als er diese Zusammenfassung der *Reconstruction*-Zeit schrieb. Er wurde am 23. Februar 1868 geboren, einen Tag bevor das Amtsenthebungsverfahren gegen Präsident Andrew Johnson eingeleitet wurde. Während William Lloyd Garrison im Osten von Massachusetts das Verfahren gegen Johnson begrüßte, kam «Willie» Du Bois im Westen von Massachusetts zur Welt, in der Kleinstadt Great Barrington. Er wuchs zwischen zwei Gebirgszügen auf, die die Stadt einrahmten; den Berkshire Mountains im Osten und den Taconic Mountains im Westen, zwischen den Ideen der Assimilationisten im Norden und den Ideen der Segregationisten im Süden.[1]

Seine Mutter Mary Silvina Burghardt zog den kleinen Willie auf. Alfred Duboise, Willies franko-haitianischer Vater, hatte Frau und Kind 1870 verlassen und war nach Connecticut aufgebrochen. Burghardt brachte ihre beiden Jungen alleine durch. Sie hatte bereits ein weiteres uneheliches Kind, das Einzige, an das man sich in der jüngsten Familiengeschichte erinnern konnte, Willies älteren Halbbruder Adelbert. In gewisser Weise ähnelte Burghardt Garrisons Mutter Frances Maria Lloyd, die sich ihrer Familie widersetzt, am Rande der Gesellschaft gelebt und einen Vagabunden geheiratet hatte. Nachdem er sie verlassen hatte, hatte sie sich voll und ganz ihren Kindern gewidmet. In beiden Fällen wünschten sich die begabten jüngsten Söhne nichts mehr, als ihre geplagten Mütter glücklich zu machen.

Einen ersten Eindruck vom Unterschied zwischen Schwarzen und Weißen erhielt Willie 1878 im Alter von zehn Jahren auf einem Spielplatz. Der «Austausch prächtiger Visitenkarten … verlief fröhlich, bis ein Mädchen, eine hoch aufgeschossene Neue, meine Karte ablehnte – mit Entschiedenheit und einem bestimmten Blick. Da wurde mir mit einem Mal bewusst, dass ich anders als die anderen war», schrieb Du Bois rückblickend. Von da an trat Willie Du Bois mit gleichaltrigen Weißen in einen erbitterten Wettstreit in einem Spiel namens «Verbesserung durch Selbstverbesserung», dem Versuch, der Welt zu beweisen, dass «Neger genau wie andere Menschen sind». Später würde er den Gipfel der europäisch geprägten intellektuellen Welt erklimmen. Allerdings sollte ihm das, was er an der Spitze sah, nicht gefallen.[2]

Egal, was Willie und andere junge Schwarze in den 1870er- und 1880er-Jahren in der Schule und im Leben erreichten, das Denken derjenigen, die Schwarze diskriminierten, konnten sie nicht verändern. Diese Menschen hingen dem Sozialdarwinismus und der Vorstellung an, dass Schwarze im Existenzkampf der Rassen zu den Verlierern zählten. Jahrhundertelang hatten die Befürworter der Sklaverei Schwarze als körperlich widerstandsfähig dargestellt, robust genug, um die Sklaverei im heißen Süden zu überleben. Mit der Befreiung entwickelten sich auch die rassistischen Vorstellungen weiter und passten sich den neuen Umständen an. Die Unterdrücker der Schwarzen begannen, Schwarze als schwach darzustellen, zu schwach, um in Freiheit zu überleben, als Wesen, die kaum in der Lage waren, ohne die Unterstützung ihrer einstigen Herren und der Regierung auszukommen.[3]

1883 erklärte das amerikanische Oberste Gericht den Civil Rights Act von 1875 für nicht verfassungsgemäß. Unterstützer der Bürgerrechtsbewegung protestierten gegen das Urteil, mit dem die *Reconstruction*-Zeit zu Grabe getragen wurde, allerdings nicht laut genug für einen Jungen in Great Barrington, der damals fünfzehn Jahre alt war. Willie Du Bois startete seine publizistische Karriere, indem er in T. Thomas Fortunes ungeheuer populärer schwarzer Zeitung *New York Globe* die Gleichgültigkeit der lokalen Bevölkerung gegenüber dem Gerichtsbeschluss beklagte.[4]

Doch die Bedenken des jungen Willie und des alten Fortune wurden übertönt, die vereinten Nord- und Südstaaten begrüßten 1883 das Urteil zur Abschaffung des Civil Rights Act von 1875. Die *New York Times* lobte, das Oberste Gericht habe die «nützliche Aufgabe» übernommen, «die Arbeit des Kongresses zu berichtigen». In der Begründung der Mehrheitsmeinung erklärte Richter Joseph Bradley, dass der 13. und 14. Verfassungszusatz dem Kongress nicht die Macht gäben, Diskriminierung in privat geführten Einrichtungen des öffentlichen Lebens zu verbieten, der Kongress dürfe also nur eingreifen, wenn «staatliches Handeln» die Bürgerrechte missachte. «Wenn ein Mensch die Sklaverei hinter sich gelassen und mithilfe einer wohlwollenden Gesetzgebung die unvermeidlichen Begleitumstände dieses Zustands abgelegt hat», schloss Bradley, «muss in seiner fortschreitenden Entwicklung der Zeitpunkt kommen, ab dem er den Rang eines bloßen Bürgers einnimmt und nicht mehr vom Gesetz besonders begünstigt wird. Fortan sollen seine Rechte ... durch die üblichen Verfahren geschützt werden, durch die auch die Rechte der anderen geschützt sind.» Ein bloßer Bürger ohne besondere Begünstigungen, geschützt durch die üblichen Verfahren? Verstand Bradley denn nicht, dass Schwarze auch gar nichts anderes sein wollten als bloße Bürger? Verstand er nicht, dass ihre Rechte nicht geschützt, sondern durch Plantagenbesitzer und Mitglieder des Ku-Klux-Klans bedroht waren?[5]

Vielleicht war der in New York geborene Bradley tatsächlich so ahnungslos, vor allem, wenn er der optimistischen Propaganda glaubte, die den «Neuen Süden» ausrief. Henry W. Grady, Herausgeber der Zeitung *Atlanta Constitution*, war in den 1880er-Jahren einer der wichtigsten Agitatoren dieses Neuen Südens. «Das freundliche Verhältnis, das zwischen Herr und Sklave bestand ... hat den Krieg, die Zwietracht und politische Kampagnen überlebt», behauptete Grady. Auch Atticus Haygood, ein methodistischer Bischof und Präsident des Emory College, pries den Neuen Süden in Vorträgen, die er im ganzen Land hielt, und in seinem populären, 1881 erschienenen Buch *Our Brother in Black*. Die «große Mehrheit der Sklaven liebte die Weißen aufrichtig», verkündete Haygood. Die weißen Sklavenhalter hätten den Schwarzen Arbeitsmoral, Englisch, die Prinzipien freier Institutionen und den christlichen Glauben beigebracht. Daher müssten die Weißen das Vermächtnis der Sklaverei in einer getrennten Gesellschaft der freien Arbeit bewahren, wie Haygood die Leser anwies. Doch wie sollten die klugen Weißen die unklugen Schwarzen belehren, wenn die Rassen getrennt wären? Diesen Widerspruch ignorierte Haygood lieber.[6]

Ein Bischof der Episkopalkirche namens Thomas U. Dudley sah das allerdings anders. Er wandte sich gegen eine Trennung, weil sie «eine anhaltende Herabsetzung und den zunehmenden Niedergang» der Schwarzen bewirke. Ihre Hoffnung auf Erlösung könne sich nur in «der Assoziation [mit Weißen] erfüllen», betonte Dudley. Ein berühmter Schriftsteller aus New Orleans, George Washington Cable, der das Leben der Kreolen vor dem Krieg porträtierte, stellte den Segregationismus des Neuen Südens ebenso infrage und zog sich damit den Zorn der Segregationisten zu. Im April 1885 veröffentlichte Grady seine «offizielle» Antwort an Cable und andere Assimilationisten und antirassistische Kritiker im Magazin *Century*: «Die Zusammenstellung der Rassen ist gut und richtig so und steht auf der Grundlage der gleichen, aber getrennten Einrichtungen für jede Rasse.» Mit dieser Erklärung hatte Grady das Schlagwort zur Verteidigung der Rassentrennung im Neuen Süden in die Welt gesetzt. Das System der Trennung war geschaffen worden, um die Ungleichbehandlung der Rassen zu gewährleisten, dennoch wollte Grady den Eindruck vermitteln, es sei dazu da, um für eine Gleichbehandlung der Schwarzen zu sorgen und ihre Entwicklung voranzubringen. Doch die Wahrheit konnte die Verbreiter rassistischer Ideen noch nie von ihrem Tun abhalten. Grady erfand das Schlagwort «getrennt, aber gleich», machte es publik und verteidigte es und verankerte es in der Vorstellung der Amerikaner. Und Millionen Amerikaner nahmen das in den 1880er-Jahren an.[7]

Mit dieser Vorstellung vom Neuen Süden erhielten die Amerikaner ein neues Instrument, den Schwarzen die Schuld an der ungleichen Situation in die Schuhe zu schieben: den Glauben an ihre Weiterentwicklung (wobei das gleichzeitige Voranschreiten des Rassismus geflissentlich ignoriert wurde). So wurde gelehrt, dass die rückständigen Menschen, die aus dem tiefsten Afrika nach Amerika gekommen waren, durch die Sklaverei vorangebracht worden seien. Missionare und die Anhänger des Neuen Südens, so hieß es, würden diese zurückgebliebenen Menschen, die nun aus dem Klammergriff der Sklaverei befreit seien, in ihrer Entwicklung fördern. Und die Zusatzartikel zur Verfassung über den Wiederaufbau des Südens, so behaupteten die Vertreter des Neuen Südens, hätten tatsächlich die Rassendiskriminierung gemindert und gleiche Chancen für alle gebracht.

Diese rassistische Propaganda verschmolz zu einem unauslöschlichen Glauben an den «rassischen Fortschritt» im Gefolge des Bürgerkriegs, der etwa in der Meinung zum Ausdruck kam, dass «Vorurteile gegen die Hautfarbe langsam, aber sicher aussterben», wie eine Zeitung in Philadelphia 1888 berichtete. Nicht also die Diskriminierung, sondern eine «Abneigung gegen Fleiß und Sparsamkeit» sei der Grund für sozioökonomische Ungleichheiten zwischen den Rassen, hieß es weiter. Der «rassische Fortschritt» wurde zum schlagkräftigsten Argument gegen die Einwände der Antirassisten, die nach wie vor auf die Diskriminierung und Ungleichbehandlung der Schwarzen verwiesen. Der Neue Süden wurde zum Neuen Amerika des «rassischen Fortschritts».[8]

Sozialdarwinisten, die auf den Rückschritt der Schwarzen seit der Sklaverei verwiesen, und die unverbesserlichen Anhänger der Konföderierten des Alten Südens lehnten die These des «rassischen Fortschritts» des Neuen Südens ebenso ab wie die Formulierung «getrennt aber gleich». Reverend Robert L. Dabney, einer der einflussreichsten Intellektuellen der Presbyterianer im Süden und ein ehemaliger Armeepfarrer bei den Konföderierten, argumentierte, nur als Sklaven könnten Schwarze eine zivilisierende Erziehung erhalten. Der Schriftsteller und ehemalige Jurist Thomas Nelson Page hob während seiner gesamten Karriere stets den Kontrast hervor zwischen dem seiner Meinung nach harten Kapitalismus der Industrialisierung mit den aufbegehrenden Afrikanern des Neuen Südens und dem weichen, ländlichen Kapitalismus des Alten Südens und den damaligen fügsamen Afrikanern. Mit seiner Kurzgeschichtensammlung *In Ole Virginia, or Marse Chan and Others* (1887) prägte er das Genre der «Plantation Fiction» der Nachkriegszeit – eine genaue Kopie der idyllischen Plantagenromane vor dem Bürgerkrieg –, indem er mit der Schilderung seiner glücklichen Kindertage inklusive fröhlicher Sklaven auf einer Plantage in Virginia den Lebensstil des Alten Südens romantisierte. 1889 erschien dann das populärste Buch, das sich gegen den Neuen Süden richtete, *The Plantation Negro as a Freeman.* Darin behauptete der Harvardabsolvent Philip Alexander Bruce, ein Schwager von Page, dass die Schwarzen, «abgetrennt» von ihren zivilisierenden weißen Herren, wieder zum «afrikanischen Typus» degeneriert seien, was dazu führe, dass «kecke und aufdringliche» schwarze Frauen weißen Männern Avancen machten, schwarze Männer weiße Frauen vergewaltigten (weshalb weiße Männer diese lynchen müssten) und schwarze Eltern Kinder hervorbrächten, die «der Arbeit weniger zugeneigt» seien.[9]

Als Teenager hatte Willie Du Bois davon geträumt, in Harvard zu studieren. Mildtätige weiße Bewohner seiner Heimatstadt waren zwar nicht bereit, den außergewöhnlich klugen Neger der Stadt auf die beste historisch weiße Universität des Landes zu schicken, doch immerhin sammelten sie Geld, damit er das beste historisch schwarze College (HBCU) besuchen konnte: die Fisk University in Nashville. Kontrolliert von weißen Philanthropen und Lehrern war Fisk eine der herausragenden Stätten der «Verbesserung durch Selbstverbesserung» und des Assimilationismus. Du Bois verinnerlichte diese Ideen wie seine Kommilitonen und gab sie auch als Herausgeber von *The Herald* wieder, der Studentenzeitung von Fisk. In einem Artikel rezensierte er eifrig die erste komplette Geschichte der Afroamerikaner, George Washington Williams' *History of the Negro Race in America from 1619 to 1880.* «Endlich», jubelte Du Bois, hätten Schwarze «einen Historiker!»[10]

Auch andere Rezensionen zum 1883 erschienenen Buch fielen positiv aus. Doch in einer Kritik im *Magazine of American History* hieß es, Williams sei «nicht maßvoll genug». Darin kam der Zwiespalt zum Ausdruck, in dem sich viele schwarze revisionistische Gelehrte in den kommenden Jahrzehnten befinden sollten. Wenn sich schwarze Revisionisten gegen eine Korrektur entschieden, ließen sie scheinbar zu, dass rassistische Untersuchungen, in denen Schwarze ausgeschlossen oder verunglimpft wurden, als Wahrheit galten. Wenn sie auf die Mängel der rassistischen Untersuchungen hinwiesen, wurde ihnen mangelnde Objektivität vorgeworfen. Angeblich waren nur weiße Gelehrte «maßvoll genug», um über Rasse zu schreiben: Nur rassistische Untersuchungen gaben die wissenschaftliche Wahrheit wieder.[11]

Williams' wichtigster Beitrag zur historischen Aufarbeitung rassistischer Darstellungen bestand darin, dass er den Beitrag schwarzer Männer (womit man ihm eine sexistische Darstellung vorwerfen könnte) in der amerikanischen Geschichte aufzeigte. Er stellte der rassistischen These, dass sich Schwarze seit der Sklaverei rückläufig entwickelten, seine eigene rassistische Vorstellung vom «schwachen schwarzen Mann» und der «starken schwarzen Frau» entgegen. Williams zitierte dabei großzügig aus dem 1864 erschienenen Traktat *Savage Africa* von William Winwood Reade. «Wenn die Frauen Afrikas brutal sind», schrieb er, «dann sind die Männer Afrikas feminin.» Laut Williams' assimilationistischer Interpretation der Geschichte hatte die Freiheit den Schwarzen die Übernahme zivilisierter Werte und Normen und «besserer und reinerer Charakterzüge» erleichtert. Schwarze Frauen seien «aufgestiegen und hätten ihren Platz in der Gesellschaft eingenommen». Schwarze Männer seien «beständiger in ihrer Zuneigung» und «wohlwollender gegenüber Fehlern» geworden.[12]

Du Bois wurde offensichtlich von den assimilationistischen Ideen und dem sexistischen Rassismus in Williams' *History* beeinflusst. In der Ansprache, die er anlässlich seiner Abschlussfeier im Juni 1888 hielt, führte er den Gründer und ersten Kanzler des Deutschen Reiches als Vorbild für schwarze Führungspersönlichkeiten an. Otto von Bismarck sei bekannt dafür, dass er 1871 Dutzende verschiedene Kleinstaaten zu einem mächtigen Deutschland zusammengeführt habe. Bismarcks Reich solle «als Vorbild für die amerikanischen Schwarzen dienen, ‹mit Kraft und Entschlossenheit unter fähiger Führung voranzumarschieren›». Du Bois störte sich nicht daran, dass Bismarck 1885 Gastgeber der Berliner Konferenz gewesen war, bei der die europäischen Kolonialmächte Afrika unter dem Vorwand aufgeteilt hatten, dem Kontinent die Zivilisation zu bringen. Dass der Kolonialismus Afrika ausgeplündert und sich dessen Rohstoffe und Arbeitskräfte zunutze gemacht hatte, «verstand ich überhaupt nicht, und auch der Geschichtsunterricht, den ich genossen hatte, hatte mich nicht darüber unterrichtet», gab er später zu. «Ich war von meiner Einstellung her unbekümmert europäisch und imperialistisch.»[13]

Nach seinem Abschluss an der Fisk University konnte Du Bois seinen Traum von einem Studium in Harvard doch noch verwirklichen. 1888 brach er in den Norden auf, zu einer Zeit, als man in den Südstaaten in aller Ruhe über zwei Möglichkeiten für Schwarze diskutierte: Sollte man sie vorsichtig zivilisieren oder streng von den Weißen trennen? Während die Demokraten des Neuen Südens damit beschäftigt waren, die Befürworter der Jim-Crow-Gesetze in den eigenen Reihen im Zaum zu halten, eroberten die Republikaner bei den Wahlen 1888 wieder das Weiße Haus und die Mehrheit im Kongress. In seiner ersten Botschaft an den Kongress 1889 fragte der neu gewählte Präsident Benjamin Harrison: «Wann werden [Schwarze] tatsächlich die vollen Bürgerrechte genießen, die ihnen laut Gesetz schon so lange zustehen?»[14]

Niemals – wenn es nach den Jim-Crow-Segregationisten ging.

Kapitel 22

Schrecken des Südens

Matthew Butler, Senator für South Carolina, und John Tyler Morgan, Senator für Alabama und ehemaliger Grand Dragon im Ku-Klux-Klan, reichten am 7. Januar 1890 eine Gesetzesvorlage im Kongress ein, die das Ziel hatte, eine schwarze Auswanderung nach Afrika zu finanzieren. Eine scheinbar geniale Lösung für sämtliche Rassenprobleme, vor allem für die Besitzer großer Plantagen im Süden. Viele weiße Kleinbauern, die unter den landwirtschaftlichen Strukturproblemen im Süden litten, ließen ihrem Hass auf schwarze Farmer freien Lauf, andere dagegen taten sich mit den Schwarzen gegen die weißen Grundbesitzer zu einer stetig wachsenden rassenübergreifenden, antirassistischen und populistischen Bewegung zusammen. Der Gesetzentwurf zur Auswanderung war ein Ablenkungsmanöver. Die weißen Farmer im Süden sollten dadurch in den Schwarzen – und nicht in den reichen weißen Landbesitzern – die Hauptursache für den Niedergang der Landwirtschaft sehen. Und die weißen Farmer verstanden natürlich, dass eine massenhafte Vertreibung der Schwarzen ihren Wert als Arbeitskraft erhöhen würde.[1]

1890 standen die Amerikaner einer Auswanderung vermutlich so offen gegenüber wie seit dem Bürgerkrieg nicht mehr, als sich Abraham Lincoln dafür ausgesprochen hatte. Der in der Karibik geborene liberianische Diplomat Edward Wilmot Blyden reiste durch die Vereinigten Staaten und verkündete, die Afroamerikaner seien durch die Sklaverei für ihren göttlichen Auftrag ausgebildet worden, Afrika zu retten. «Gott hat seine Wege, einen jeglichen mit Feuer zu salzen und zu reinigen», schrieb Blyden 1890 in der Zeitschrift der American Colonization Society mit Bezug auf das Markusevangelium. Die Werke Henry Morton Stanleys, des berühmten Forschungsreisenden in Afrika, waren damals weit verbreitet. Im englischsprachigen Raum las so gut wie jeder, der sich für Afrika interessierte, Stanleys 1878 erschienenes Buch *Through the Dark Continent* (Durch den dunkeln Welttheil) und fast jeder, der Stanley gelesen hatte, betrachtete die afrikanischen Völker danach als Wilde, darunter auch der Schriftsteller Joseph Conrad, der 1899 den Klassiker *Heart of Darkness* (Herz der Finsternis) verfasste. Die Fahrt auf dem Kongo flussaufwärts ist für den weißen Protagonisten «wie eine Reise zu den frühesten Anfängen der Welt» – was nicht im chronologischen Sinn gemeint war, sondern evolutionär.[2]

In einer Ansprache im Januar 1890, die John Tyler Morgan zugunsten des Auswanderungsgesetzes hielt, zitierte er Henry Morgan Stanley. Unter Anleitung der Weißen seien die Afroamerikaner zivilisiert worden und hätten jetzt einen Stand erreicht, von dem aus sie Afrika aus den Abgründen der Barbarei holen könnten, erklärte Morgan. Er hoffe, die potenziellen schwarzen Auswanderer seien «zu ihrer Verwandtschaft so freundlich, wie wir es [die weißen Südstaatler] zu ihnen waren». Obwohl Millionen Amerikaner den Entwurf befürworteten, hielt die Opposition stand. Das Gesetz wurde nie verabschiedet.[3]

Doch die Auswanderungsdebatte verlieh einem eifrigen Demokraten in Omaha großen Auftrieb. Walter Vaughan, Sohn von Sklavenhaltern aus Alabama, hatte einen Plan, um den «ruinösen Zustand» der befreiten Schwarzen zu verbessern, die seiner Ansicht nach während der Sklaverei in guter Obhut gewesen waren. Der Ladenbesitzer aus Nebraska schlug vor, dass die Regierung den ehemaligen Sklaven eine Rente zahlen sollte (mit dem Geld, das die Schwarzen ausgaben, sollten dann die notleidenden Geschäfte der weißen Ladeninhaber im Süden wieder in Schwung kommen). Vaughan überzeugte seinen Kongressabgeordneten, den Republikaner William J. Connell, den Gesetzentwurf für eine Rente für ehemalige Sklaven 1890 im Kongress einzubringen. Da innerhalb der schwarzen Eliten nur wenige das Gesetz unterstützten (eine Ausnahme war Frederick Douglass), ging die Vorlage still und leise unter.

Dennoch setzte sich Vaughan weiter für Rentenzahlungen an ehemalige Sklaven ein. Er veröffentlichte das Pamphlet «Freedmen's Pension Bill: A Plea for American Freedmen», von dem in den armen schwarzen Gemeinden im Süden und Mittleren Westen schon bald 10 000 abgenutzte Kopien von Hand zu Hand gingen. Callie House, eine ehemalige Sklavin und Wäscherin aus Tennessee, stieß 1891 auf das Pamphlet und gründete daraufhin zusammen mit anderen die National Ex-Slave Mutual Relief, Bounty and Pension Association mit Sitz in Nashville, Tennessee. Die Organisation mit ihren Hunderttausenden Mitgliedern war der Beginn der Reparationsbewegung in den

1890er-Jahren, die Entschädigung für die unbezahlte Arbeit der amerikanischen Sklaven verlangte. Die Bewegung wurde energisch unterstützt von armen Schwarzen, die sich gegen den Rassismus wandten, und erbittert bekämpft von Anhängern eines klassenbezogenen Rassismus, die bereits verhindert hatten, dass der Kongress den befreiten Schwarzen nach dem Bürgerkrieg ihre 40 Morgen Land und ein Maultier zusprach. Mitglieder der schwarzen Eliten schlossen sich den weißen Gegnern an und ignorierten Reparationsansprüche oder verurteilten sie. Die Bekämpfung wirtschaftlicher Ungerechtigkeit, die vor allem Schwarze mit niedrigem Einkommen traf, stand bei den schwarzen Eliten nicht an vorderster Stelle, für sie waren Bildung und das Wahlrecht wichtiger. «Die gebildeten Neger», tadelte Callie House, «haben meist weniger Interesse an ihrer Rasse als jeder andere Schwarze, viele kämpfen sogar gegen das Wohlergehen ihrer Rasse.»[4]

Am 25. Juni 1890 hielt W. E. B. Du Bois bei seiner Abschlussfeier in Harvard eine Rede. Er hatte außergewöhnliche Leistungen gezeigt und sowohl an der prestigeträchtigsten historisch schwarzen Universität als auch an der prestigeträchtigsten historisch weißen Universität studiert. Er hatte das Gefühl, dass er demonstrierte, wozu Schwarze in der Lage waren. Seine «brillante und eloquente Rede», wie ein Reporter urteilte, hatte «Jefferson Davis als Repräsentanten der Zivilisation» zum Thema. In Du Bois' Darstellung stand Davis, der ein Jahr zuvor gestorben war, für krassen Individualismus und die dominierende europäische Kultur, im Gegensatz zur «Unterwerfung» und Selbstlosigkeit der afrikanischen Kultur. Die Europäer «trafen auf Zivilisation und zerstörten sie», schloss Du Bois. «Die Schwarzen trafen auf Zivilisation und wurden von ihr zerstört.» Du Bois verglich in dieser Rede den zivilisierten europäischen «starken Mann» mit dem zivilisierten afrikanischen «unterwürfigen Mann», wie sein Biograf schrieb.[5]

Du Bois war eindeutig von Harriet Beecher Stowe und der Literatur Neuenglands nach dem Bürgerkrieg beeinflusst, wo die Vorstellungen von Schwarzen in *Onkel Toms Hütte* zu beginnen und zu enden schienen. Ein weiterer Einfluss war einer seiner Professoren in Harvard, der Historiker Albert Hart, ein kompromissloser Moralist, der den Charakter – «den inneren, nicht den äußeren Menschen» – als Schlüssel für gesellschaftliche Veränderungen betrachtete. Du Bois übernahm von Hart und anderen Assimilationisten die rassistische Idee, dass Afroamerikaner durch die Sklaverei (und Afrika) sozial und moralisch verkrüppelt worden seien. Allerdings sah

Du Bois die zukünftige Entwicklung zuversichtlicher als sein Professor. In seinem 1910 erschienenen Reisebuch *The Southern South* behauptete Hart: «Der Neger ist minderwertig, und seine bisherige Geschichte in Afrika und Amerika gibt Veranlassung zu glauben, dass er minderwertig bleiben wird.» Was Du Bois betraf, so führte Hart seine Begabungen auf seine europäischen Vorfahren zurück. Du Bois sei der «lebende Beweis», schrieb Hart vertraulich, «dass ein Mulatte so viel Kraft und Leidenschaft wie ein weißer Mann haben kann».[6]

Im Herbst 1890 nahm Du Bois ein Promotionsstudium bei Hart auf, um die Fähigkeiten der Schwarzen weiter unter Beweis zu stellen. Doch schon bald hatte er Gelegenheit, sich noch mehr hervorzutun. Etwa zu der Zeit, als er mit seinem Aufbaustudium begann, bot der ehemalige US-Präsident Rutherford B. Hayes, Direktor des Slater Fund for the Education of Freedmen, «jedem jungen Farbigen», der über das entsprechende Talent verfüge, ein Stipendium in Europa an – falls es eine derartige Person gebe. «Denn bislang», erklärte Hayes einem Publikum an der Johns Hopkins University, «lag das wichtigste und fast einzige Talent der farbigen jungen Leute in ihrer Beredsamkeit.» Du Bois nahm die intellektuelle Herausforderung an. Zwei Jahre später schrieb er sich an der Universität zu Berlin ein, die damals als die bedeutendste Universität der europäischen Welt galt.[7]

Am Tag vor Du Bois' Abschlussrede vor den Universitätsabsolventen von Harvard legte ein junger Kongressabgeordneter aus Massachusetts, Henry Cabot Lodge, die Federal Elections Bill im Kongress vor. Im Gegensatz zu den Reparationszahlungen hatte dieser Gesetzentwurf auch die Unterstützung der schwarzen Eliten. Das Gesetz sollte eine staatliche Aufsicht der Wahlen ermöglichen, wenn sich Wähler wegen lokalen Wahlbetrugs an Washington wandten. Der Gesetzentwurf, der auch «Force Bill» genannt wurde, erzürnte die Segregationisten aus den Südstaaten. Lodge stellte den 15. Zusatzartikel der Verfassung zwar infrage, erklärte aber, es liege in der «Verantwortung der Regierung, ihn zu schützen». «Wenn ein Bundesstaat denkt, eine bestimmte Klasse von Bürgern sei aufgrund von Unwissenheit nicht in der Lage zu wählen, kann er ihnen das Wahlrecht absprechen», sagte er. «Allerdings muss er dafür eine Bildungsklausel in die Verfassung einbringen.» Die Republikaner im Repräsentantenhaus applaudierten und Lodge ging erfreut über den Beifall zurück zu seinem Platz. Die Demokraten schwiegen, wahrscheinlich machten sich einige Notizen zu seiner abschließenden Erklärung.

In der Zeitung *Atlanta Constitution* wurde der Gesetzentwurf als «Totgeburt des Hasses!» kritisiert. Die Segregationisten stuften Gesetze *gegen* Rassendiskriminierung bereits als hassenswert ein.

Die Demokraten aus Mississippi erinnerten sich tatsächlich an Lodges Erklärung, als sie sich am 12. August 1890 zu ihrem Verfassungskonvent versammelten. Zu Lodges Überraschung übernahmen die Demokraten aus Mississippi für die vierte Verfassung des Bundesstaates den Lesetest (literacy test) aus dem Norden, der ursprünglich ärmere Bevölkerungsschichten ausschließen sollte, und änderten ihn so ab, dass er sich gegen Schwarze und Arme richtete. Die höchst subjektive «Verständnisklausel» verlangte, dass ein potenzieller Wähler einen Absatz aus der Verfassung von Mississippi interpretierte, wodurch rassistische Beamte bei der Wählerregistrierung ungebildete Weiße nach Gutdünken für die Wahl zulassen konnten, gebildete Schwarze jedoch nicht. Als die neue Verfassung am 1. November 1890 in Kraft trat, sah der weiße Anwalt und Rassismusgegner Albion Tourgee darin «das wichtigste Ereignis überhaupt» in der amerikanischen Geschichte, seit sich South Carolina von der Union losgesagt hatte. Im Verlauf des folgenden Jahrzehnts breitete sich der Rassismus in allen ehemaligen Konföderiertenstaaten und sogar in einigen Grenzstaaten weiter aus. Sie alle folgten dem Beispiel Mississippis und führten Wahlbeschränkungen ein, von Lesetests bis zu Wahlsteuern, die die noch verbliebenen schwarzen (und in vielen Fällen auch armen weißen) Wähler aus den Wählerregistern tilgen sollten, ohne darüber auch nur ein rassistisches Wort zu verlieren. Wieder einmal setzte sich der Süden über die amerikanische Verfassung hinweg – dieses Mal, ohne einen einzigen Schuss abzufeuern und ohne die Vergeltung des Nordens fürchten zu müssen.[8]

Aufgrund der Verschleppungstaktik der Demokraten mit ihren Filibuster-Reden wurde die Force Bill nie verabschiedet, sehr zum Ärger von Frederick Douglass. Du Bois dagegen blieb ruhig und konzentrierte sich auf die moralische Auseinandersetzung in Form der Verbesserung durch Selbstverbesserung. «Wenn man die richtige Art von schwarzen Wählern hat», schrieb Du Bois in *The New York Age,* «benötigt man keine Wahlgesetze.» Und: «Der Kampf meines Volkes muss ein moralischer Kampf sein, kein gesetzlicher oder physischer.» Doch es ging nicht um moralische oder kulturelle Auseinandersetzungen, in denen sich die schwarzen Amerikaner geschlagen geben mussten. Sie wurden sowohl auf gewalttätige als auch gewaltlose Art in politischen und wirtschaftlichen Auseinandersetzungen geschlagen, wie Du Bois schon bald erkennen musste.[9]

Mit der gescheiterten Force Bill endeten die Bemühungen der Republikaner, den 13. Zusatzartikel (Abschaffung der Sklaverei), den 14. (Bürgerrechte) und 15. (Wahlrecht) in der Praxis umzusetzen. Das nach Jahren der Zurückhaltung 1876 geschlossene Abkommen, dass sich die Bundesregierung in Washington nicht in die Belange der Bundesstaaten einmischen sollte, wurde in den 1890er-Jahren und im ersten Jahrzehnt des 20. Jahrhunderts zur allgemein akzeptierten nationalen Politik. Eine Reihe von Gesetzen nach dem Grundsatz «getrennt, aber (un)gleich» wurde verabschiedet und regelte fast jeden Aspekt des öffentlichen Lebens in den Südstaaten, von Wasserspendern über Unternehmen bis zu öffentlichen Verkehrsmitteln – und alle sollten die Solidarität der Weißen untereinander gewährleisten, die Unterdrückung der Schwarzen und die Versorgung mit billigen schwarzen Arbeitskräften. Die getrennten und minderwertigen Einrichtungen für Schwarze nährten bei Weißen wie Schwarzen die segregationistische Vorstellung, dass Schwarze eine grundlegend andere und minderwertige Gruppe in der Bevölkerung darstellten.

Segregationistische Ideen und Organisationen wurden zu einem festen Bestandteil im öffentlichen Leben der USA, von der Frauenbewegung, wo segregationistische Frauenverbände 1890 in die neue National American Women's Suffrage Association aufgenommen wurden, bis zum neu gegründeten Gewerkschaftsbund American Federation of Labor (AFL), der einen Tummelplatz für Diskriminierung darstellte. Der AFL-Präsident Samuel Gompers erklärte schwarzen Arbeitern zwar, «gewerkschaftlich organisierte Arbeitnehmer» seien «keine Feinde der Farbigen», und behauptete, er wisse nur «von wenigen Fällen ... bei denen farbige Arbeiter diskriminiert wurden», doch er gab ihnen auch die Schuld an ihrer schlechten wirtschaftlichen Situation, um von den diskriminierenden Maßnahmen des Gewerkschaftsbundes abzulenken.[10]

Die Schwarzen sahen dem Treiben der Separatisten nicht untätig zu. Ihr Widerstand zog allerdings eine massive Zunahme der Lynchjustiz Anfang der 1890er-Jahre nach sich. Die Weißen, die die Schwarzen eigenmächtig hinrichteten, erklärten die Zunahme mit einem entsprechenden Anstieg bei den von Schwarzen begangenen Verbrechen. Der junge W. E. B. Du Bois akzeptierte diese Erklärung, ebenso der nicht mehr ganz so junge, ehrgeizige Booker T. Washington, Rektor des Tuskegee Institute in Alabama, und Frederick Douglass in seinen letzten Jahren. Erst eine junge schwarze Frau nahm es mit den rassistischen Männern auf. Die in Mississippi geborene und in Memphis tätige Journalistin Ida B. Wells war entsetzt über die Morde an ihren Freunden und die schiere Zahl der Vorfälle von Lynchjustiz, die 1892 einen traurigen Höhepunkt mit landesweit 255 eigenmächtigen Hinrichtungen erreichte. Im selben Jahr verfasste sie ein wütendes Pamphlet mit dem Titel *Southern Horrors: Lynch Law in All Its Phases.* Darin untersuchte sie stichprobenartig 728 Berichte über Lynchjustiz und stellte fest, dass nur etwa ein Drittel der Opfer «überhaupt der Vergewaltigung *beschuldigt* wurden, ganz zu schweigen von denjenigen, die unschuldig bezichtigt wurden». Weiße Männer würden Lügen über Schwarze verbreiten, die angeblich weiße Frauen vergewaltigten, und ihre eigenen Übergriffe auf schwarze Frauen vertuschen, empörte sich Wells.[11]

Wells wusste, dass die Vorstellung, schwarze Frauen seien unmoralisch, diese daran hinderte, sich voll in der wachsenden moralischen Bewegung der Frauenvereine zu engagieren, die in den 1890er-Jahren enormen Zulauf hatten. «Manchmal höre ich von einer tugendhaften Negerfrau, aber die Vorstellung ist für mich absolut undenkbar», schrieb eine anonyme «Südstaatenfrau» in *The Independent.*

Die Lehrerin Anna Julia Cooper, die am Oberlin College studiert hatte, verteidigte in ihrem Buch *A Voice from the South,* das 1892 erschien, die schwarzen Frauen und ermutigte sie zur Bildung. Wie Wells schrieb Cooper in der Tradition des Antirassismus und Feminismus. «Die farbige Frau von heute nimmt, das könnte man so sagen, eine einzigartige Stellung in diesem Land ein», erklärte Cooper. «Sie ist sowohl mit der Frage der Frauenrechte als auch mit dem Rassenproblem konfrontiert und ist dennoch in beidem ein bislang unbekannter oder nicht beachteter Faktor.» Doch auch Cooper war nicht immun gegen einen klassenbezogenen Rassismus. So lobte sie etwa «die stille, keusche Würde und geziemende Feierlichkeit» der Episkopalkirche und äußerte sich herablassend über die «halbzivilisierte Bigotterie» der Schwarzen mit niedrigem Einkommen in den Südstaaten.[12]

Die weißen Männer im Süden würden sich «hinter dem plausibel klingenden Vorwand verschanzen, sie müssten die Ehre [ihrer Frauen]» durch Lynchjustiz verteidigen, dabei würden sie so ihren Hass und ihre Gewalttaten «bemänteln», erklärte Ida B. Wells in *Southern Horrors.* Über diese «Schrecken des Südens» sprach sie auch während einer Vortragsreise gegen Lynchjustiz 1883 in England. Die Reise war ein Affront für die weißen Amerikaner. Wells verurteilte die Strategie der Verbesserung durch Selbstverbesserung und vertrat die Ansicht, dass sich die Schwarzen mit Waffen gegen die Lynchjustiz zur Wehr setzen sollten. «Je mehr der Afroamerikaner nachgibt, sich wegduckt und bettelt», verkündete sie, «desto mehr muss er so handeln, desto mehr wird er beleidigt, misshandelt und gelyncht.»[13]

James Jacks, der Präsident der Missouri Press Association und ein Befürworter der Lynchjustiz, griff Wells – und alle schwarzen Frauen – in einem offenen Brief an. Seiner Ansicht nach waren sie nichts anderes als Diebinnen und Prostituierte. Falls er dachte, er könnte Wells und ihre Schwestern damit zum Schweigen bringen, ging sein Vorhaben nach hinten los. Im Sommer 1896 schlossen sich empörte schwarze Mitglieder der Frauenvereine zur National Association of Colored Women (NACW) zusammen, um schwarze Frauen zu verteidigen, sich gegen Diskriminierung zu wehren und Selbsthilfemaßnahmen zu unterstützen. Allerdings förderten einige, wenn nicht alle Selbsthilfemaßnahmen die Assimilierung an die Sitten und Gebräuche der weißen Frauen. Sie gründeten auf derselben historischen rassistischen These, die besagte, schwarze Frauen aus armen Verhältnissen seien durch die Sklaverei moralisch und kulturell ruiniert worden. «Verbesserung durch den Aufstieg nach oben» wurde zum Motto der NACW.[14]

Nach seinem zweijährigen Studium in Deutschland kehrte W. E. B. Du Bois 1894 in die Vereinigten Staaten zurück. Da der Slater Fund es ablehnte, sein Auslandsstipendium zu verlängern, konnte er seine Promotion in den Wirtschaftswissenschaften nicht abschließen. Obwohl Du Bois die Fähigkeit der Schwarzen zur Bildung beweisen wollte (nicht zuletzt auch den Verantwortlichen des Slater Fund), wirkte er wie ein Sonderschullehrer, der in Physik promovieren wollte. Egal was er tat, gegen rassistische Vorstellungen kam er nicht an. Wenn ein Schwarzer den prestigeträchtigsten akademischen Titel der europäischen Welt anstrebte, wurde er als dumm betrachtet, weil er sich darum bemühte. Wenn er den Titel nicht anstrebte, dann lag es am mangelnden natürlichen Talent, wie Rutherford B. Hayes 1890 erklärte, um Du Bois zu provozieren. Selbst dass Du Bois als erster Schwarzer 1895 an der Harvard University im Fach Geschichte promoviert hatte, brachte ihm rassistischen Spott ein. In elitären weißen Kreisen wurde Du Bois als einer aus «dem halben Dutzend Neger» verhöhnt, die dank Harvard aus «einem halben Tier zu einem Mann» geworden seien, wie es der New Yorker Franklin Delano Roosevelt 1903 in seinem ersten Jahr in Harvard formulierte.[15]

Obwohl Du Bois mit seinem Erfolg in Deutschland die amerikanischen Produzenten und Konsumenten rassistischer Ideen nicht beeindrucken konnte, hatte er zumindest sich selbst etwas mit seinem Studium bewiesen. Er hatte sich daran gewöhnt, «nicht weiße Leute, sondern einfach Leute» zu treffen. Mental war er in Deutschland aufgestiegen und stand nun auf gleicher Stufe mit den Weißen. Andererseits hielt ihn seine neue antirassistische Haltung, zu Weißen nicht mehr aufzuschauen, nicht davon ab, auf vermeintlich unter ihm stehende Schwarze hinabzuschauen. Er brauchte deutlich länger, um in Schwarzen aus unteren Schichten keine minderwertigen Menschen zu sehen, sondern einfach nur Menschen, die auf derselben Stufe standen wie er und die anderen (Weißen).[16]

1894 nahm Du Bois eine Stelle als Griechisch- und Lateinlehrer am Wilberforce College in Ohio an, dem Flaggschiff der African Methodist Episcopal Church. Er war entschlossen, ein «Lebenswerk zu beginnen, das zur Emanzipation des amerikanischen Negers führen sollte». Irgendwie hatte er sich seinen Glauben bewahrt, dass man den amerikanischen Rassismus durch Überzeugungsarbeit und Bildung wegerziehen könnte. «Das ultimative Böse war Dummheit» und Unwissenheit über die Schwarzen, und diese Unwissenheit herrsche bei der Mehrheit der weißen Amerikaner vor, überlegte er. «Das Heilmittel war Wissen, basierend auf wissenschaftlichen Untersuchungen.»[17]

Während Du Bois die Amerikaner über die Befähigung der Schwarzen zu Höherem aufklären wollte, war Booker T. Washington, der 38-jährige Rektor von Tuskegee, deutlich realistischer. Er wollte, dass sich Schwarze auf niedrigere Tätigkeiten konzentrierten, was weiße Amerikaner wesentlich leichter akzeptieren konnten. Booker T. Washington beanspruchte für sich die Führungsposition innerhalb der schwarzen Gemeinschaft, die seit dem Tod von Frederick Douglass 1895 vakant war. Ida B. Wells wäre eine bessere Nachfolgerin gewesen, aber sie war eine Frau und für die meisten Amerikaner zu antirassistisch. Im privaten Kreis sprach sich Washington während seiner gesamten Karriere für Bürgerrechte und die politische Stärkung der Schwarzen im Süden aus. Doch in der Öffentlichkeit spiegelten seine Reden den Rassismus des Neuen Südens wider, den die Eliten so gerne hörten.[18]

Bei der Eröffnung der Internationalen Ausstellung der Baumwollstaaten hielt Washington am 18. September 1895 seine berühmte Rede zum «Atlanta Compromise» (Kompromiss von Atlanta). Er forderte die Weißen im Süden auf, die Schwarzen aus dem gemeinsamen amerikanischen Haus nicht länger hinauszudrängen, sondern ihnen zu erlauben, unbehelligt im Keller zu wohnen – und ihnen beim Aufstieg zu helfen, denn wenn sie aufstiegen, würde das ganze Haus aufsteigen. Unter den Zuhörern in Atlanta befanden sich viele Landbesitzer, die ihr ganzes Leben damit verbracht hatten, ihre schwarzen Pächter davon zu überzeugen, «gemeine Arbeit zu ehren und zu würdigen». Als Washington ihnen also mit den Worten entgegenkam, «wir müssen am Boden des Lebens beginnen, nicht an der Spitze», waren sie hocherfreut. Sie könnten beruhigt sein, erklärte Washington, «die Klügsten meiner Rasse verstehen, dass die Agitation für soziale Gleichheit extrem töricht ist.»[19]

Während Tausende begeistert applaudierten, Taschentücher schwenkten und Blumen warfen, die sich die weißen Frauen aus dem Dekolleté zogen, rannte Clark Howell, Vertreter des Neuen Südens und Herausgeber der *Atlanta Constitution*, zur Rednertribüne und rief: «Die Rede dieses Mannes ist der Beginn einer moralischen Revolution in Amerika!» Washingtons Worte wurden an jede große Zeitung des Landes telegrafiert. Redakteure veröffentlichten begeisterte Reaktionen. Als der demokratische Präsident Grover Cleveland zur Ausstellung in Atlanta eintraf, bezeichnete er Washington als «neue Hoffnung» für die schwarze Bevölkerung. Auch W. E. B. Du Bois schrieb Washington in einem Telegramm am 24. September 1895: «Lassen Sie mich Ihnen von Herzen zu Ihrem phänomenalen Erfolg in Atlanta gratulieren. Das war ein rechtes Wort zur rechten Zeit.»[20]

Nicht jeder Kommentar der schwarzen Gemeinschaft fiel jedoch so positiv wie der von Du Bois aus. Calvin Chase von der *Washington Bee* sah darin keinen Kompromiss, sondern «den Tod der Afroamerikaner und die Erhöhung der Weißen». Tod hin oder her, Booker T. Washington nutzte die nationale Zustimmung, gewann Philanthropen wie Andrew Carnegie für sich und baute die «Maschine von Tuskegee» auf, ein Institut, das im folgenden Jahrzehnt die schwarzen Hochschulen, Unternehmen, Zeitungen und die Politik dominierte. Und ein Jahr, nachdem Washington den Kompromiss von Atlanta mit den Segregationisten des Südens geschlossen und lauthals verkündet hatte, folgte der Oberste Gerichtshof der USA still und leise nach.[21]

Jahrelang war das Oberste Gericht mit Anwälten der Industrie besetzt gewesen, die den 14. Zusatzartikel dazu nutzten, gegen Gesetze vorzugehen, die die «Freiheit» und «Bürgerrechte» des Kapitals beschnitten, und so Löhne und Arbeitsbedingungen zu diktieren. Für die Freiheit und Bürgerrechte von Arbeitern, Frauen, Einwanderern und Schwarzen bot das Gericht keinen derartigen Schutz. Am 18. Mai 1896 entschied das Oberste Gericht im Fall *Plessy versus Ferguson* mit 7 zu 1 Stimmen, dass getrennte Abteile für Schwarze und Weiße in Eisenbahnen – der Separate Car Act des Staates Louisiana, ein weiteres Jim-Crow-Gesetz – nicht gegen den 13. oder 14. Verfassungszusatz verstießen. Homer Plessy, der eine schwarze Urgroßmutter hatte, hatte das neue Gesetz angefochten, das von den Bahngesellschaften in Louisiana verlangte, für weiße und schwarze Passagiere «getrennte, aber gleiche» Abteile zur Verfügung zu stellen. Ein Richter in New Orleans, John H. Ferguson, hatte Plessy im Prozess beschieden, dass «der üble Geruch von Schwarzen in geschlossenen Räumen» das Gesetz rechtfertige. Der Oberste Gerichtshof von Louisiana und der Oberste Gerichtshof der Vereinigten Staaten bestätigten Fergusons Urteil.

In der von Richter Henry Billings Brown verfassten Mehrheitsmeinung stützte sich das Gericht auf rassistische Vorstellungen, um eine Maßnahme zu untermauern, die in ihrer Absicht eindeutig diskriminierend war. Doch Brown hatte die Aufgabe, diese Absichten zu verschleiern. Er ging nicht auf die Politik des Louisiana Separate Car Act ein, nicht auf die diskriminierende Absicht des Gesetzes und auch nicht auf die offensichtliche Schäbigkeit der Waggons für Schwarze, sondern stufte das Gesetz einfach als «soziales Gesetz» ein, das schlicht die sozialen «Unterschiede» zwischen den Rassen ausdrücke. «Wenn eine Rasse der anderen sozial unterlegen ist, kann die Verfassung der Vereinigten Staaten sie nicht auf dieselbe Stufe stellen», schrieb der Richter, der früher als Unternehmensanwalt in Detroit tätig gewesen war. Der einzige Richter, der gegen das Urteil gestimmt hatte, lässt sich schwerlich als Rassismusgegner bezeichnen. Richter John Harlan aus Kentucky zweifelte nicht, dass Weiße für alle Zeiten «die dominierende Rasse in diesem Land» sein würden, dennoch erklärte er: «Aber in der Sichtweise der Verfassung und vor den Augen des Gesetzes gibt es in diesem Land keine überlegene, dominierende, herrschende Klasse von Bürgern. Unsere Verfassung ist blind gegenüber der Hautfarbe, weder kennt noch toleriert sie Klassen zwischen den Bürgern.»

Die *New York Times* berichtete am 18. Mai 1896 in einer Spalte auf der dritten Seite, die sich mit Nachrichten aus der Welt der Eisenbahnen befasste, über das Urteil im Fall *Plessy versus Ferguson*. Das zeigt, wie wenig über den Rechtsstreit in den Medien berichtet wurde und dass man sich kaum über die Bedeutung des Urteils im Klaren war. Die Entscheidung legalisierte, was im Neuen Süden und in ganz Amerika bereits für selbstverständlich gehalten wurde: Es galt das Prinzip *getrennt und ungleich*, auch wenn diese Praxis für die Gerichte und das Gewissen der Bürger als *gleich* bezeichnet wurde, um den Widerstand gegen Rassismus zu bremsen. Das soziale Gewissen Amerikas war ein entscheidender politischer Faktor, immerhin fällt in diese Zeit auch der Beginn der «Progressive Era».[22]

Allgemein erinnert man sich daran als eine Zeit des sozialen Bewusstseins und der sozialen Frage, doch in Wirklichkeit war es die Zeit der Manipulation durch die Männer und Frauen der weißen Elite. Aus Sicht der Geldgeber und Organisatoren der progressiven Bewegung dominierte der Wunsch, den sozialen Unfrieden zu beenden, der durch die Industrialisierung, Urbanisierung, Einwanderung und Ungleichheit der 1880er- und 1890er-Jahre entstanden war. Cotton Mathers frommer Wunsch nach Aufrechterhaltung der Ordnung durch Nächstenliebe klang den Philanthropen von Boston bis Atlanta auch nach all den Jahren noch in den Ohren. Die vermeintliche Nächstenliebe im Urteil *Plessy versus Ferguson* und im Kompromiss von Atlanta schien Ordnung in das «Negerproblem» zu bringen. Doch dieses «Negerproblem» hatte weiter Bestand und sorgte im ausgehenden 19. Jahrhundert dafür, dass in den USA immer beharrlicher die Schrecken der Diskriminierung im Süden heruntergespielt und die angeblichen Fehler der Schwarzen aufgebauscht wurden.[23]

Kapitel 23

Schwarze Verräter

Nachdem das Urteil im Prozess *Plessy versus Ferguson* das «Negerproblem» angeblich gelöst hatte, behauptete der britische Arzt Havelock Ellis, dass sich nun eine neue Frage stelle. «Die Frage des Sex», erklärte er, «verbunden mit den rassischen Fragen, die damit einhergehen – stellt sich den kommenden Generationen als ein wesentliches Problem der Lösung.» Ellis traf damit eine etwas ambitionierte Vorhersage in der ersten medizinischen Abhandlung zur Homosexualität, *Studies in the Psychology of Sex* (1897). Die westlichen Nationen waren noch nicht bereit, sich ausreichend mit der Realität verschiedener Sexualitäten zu befassen, zumindest nicht in der Öffentlichkeit. Dennoch versuchte Ellis, die Sexualität auf die Agenda der Progressive Era zu setzen. Der selbsternannte Freund der LGBT (die damals noch keinen Namen hatten) machte den Begriff «Homosexualität» bekannt und bezeichnete sie als angeborene physiologische Anomalie (oder «sexuelle Umkehrung«). Ellis wollte die Homosexualität gegen das «Gesetz und die öffentliche Meinung» verteidigen, denn in der englischsprachigen Welt des späten 19. Jahrhunderts galten Homosexuelle als Kriminelle.[1]

Ähnlich betrachteten rassistische Wissenschaftler Schwarze als Kriminelle und die schwarze Hautfarbe als physiologische Anomalie und debattierten darüber, ob diese angeboren sei. Inspiriert von den Rasseforschern stellten die «Sexualforscher» bereits um die Jahrhundertwende anatomische Vergleiche von Frauenkörpern an, um biologische Unterschiede aufgrund der sexuellen Orientierung zu fabrizieren. Während rassistische Forscher über die Unterschiede zwischen der «freien» und hervorstehenden Klitoris von «Negerinnen» und der «eingesperrten» Klitoris bei der «arischen amerikanischen Frau» schwadronierten, behaupteten homophobe Wissenschaftler, dass Lesben «praktisch in jedem Fall eine abnorm vorstehende Klitoris aufweisen. Das trifft insbesondere auf farbige Frauen zu.»[2]

Einige Sexisten glaubten Ende des 19. Jahrhunderts, je vorstehender die Klitoris, desto weniger keusch sei die Frau, und je weniger keusch eine Frau sei, desto niedriger stehe sie in der Hierarchie des Frauseins. Zusammengenommen ergaben die rassistischen, sexistischen und homophoben Ideen ein Weltbild, das weiße Lesben und schwarze heterosexuelle Frauen als keuscher und höher stehender einstufte als schwarze Lesben, die angeblich die größte Klitoris hatten. Wenn Männer, schwarze heterosexuelle Frauen oder weiße Lesben *schwarze* Lesben, Bisexuelle oder Transgender als biologisch oder sozial minderwertig oder weniger keusch einstuften, vermischten sich rassistische, sexistische und homophobe Vorstellungen zu einem LGBT-bezogenen Rassismus.

Doch es war schwierig, einen Gelehrten zu finden, der bereit war, sich mit dem Thema Sexualität auseinanderzusetzen, ganz zu schweigen von Sexualität und Rasse – in zunehmendem Maße auch nur mit Rasse. W. E. B. Du Bois hatte zu Beginn seiner Karriere versucht, weißen Intellektuellen Lösungen für das «Negerproblem» zu präsentieren. Doch nun hatten viele den Eindruck, es sei durch das Urteil des Obersten Gerichts im Fall Plessy gelöst – oder würde durch natürliche Selektion oder Ausrottung von selbst verschwinden. Ein Statistiker für die Prudential Insurance Company sagte sogar das unmittelbare Aussterben der Schwarzen voraus und stützte sich dabei auf die Zahlen der Volkszählung von 1890. Anders als das Verfahren *Plessy versus Ferguson* erhielt Frederick Hoffmans *Race Traits and Tendencies of the American Negro* 1896 große Aufmerksamkeit. Das Buch, das von der American Economic Association veröffentlicht wurde, war vollgepackt mit statistischen Tabellen, ein Pionierwerk der medizinischen Forschung in Amerika und machte Hoffman schlagartig zum prominenten Wissenschaftler und viel gepriesenen Vater der amerikanischen Volksgesundheit. «Bei ihrer Befreiung», schreibt er, seien die Schwarzen im Süden «körperlich gesund und geistig fröhlich» gewesen. Doch wie sehe es 30 Jahre später aus, fragte er. «In der nüchternen Sprache der Fakten» ausgedrückt, müsse man feststellen, dass die Schwarzen auf ein «allmähliches Aussterben» zusteuern würden, verursacht durch ihre natürliche Unmoral, ihre Gesetzesverstöße und Krankheiten. Hoffman lieferte seinem Arbeitgeber einen Vorwand für die diskriminierende Behandlung der Afroamerikaner – die Versicherungsgesellschaft verweigerte ihnen eine Lebensversicherung. Die weißen Versicherungsgesellschaften weigerten sich, eine angeblich aussterbende Rasse zu versichern. Eine weitere rassistische Idee, um eine rassistische Maßnahme zu rechtfertigen.[3]

In seiner Rezension des Buches argumentierte W. E. B. Du Bois, Frederick Hoffman habe die Statistik manipuliert, um seine Vorhersage zum Aussterben der Schwarzen zu stützen. Hoffmans Geburtsland Deutschland, erklärte Du Bois, weise Sterberaten auf, die denen der Afroamerikaner entsprechen oder sie sogar übersteigen würden. Heiße das, dass die Deutschen aussterben würden, fragte Du Bois spöttisch, und stellte damit Hoffmans These infrage, höhere Sterberaten bei Schwarzen würden auf ihr unmittelbares Aussterben hindeuten. Doch Du Bois konnte nicht Hoffmans These widerlegen, die höhere Zahl der Verhaftungen und Gefängnisstrafen bei Schwarzen bedeute, dass Schwarze mehr Verbrechen begingen. Weder Hoffman noch Du Bois noch irgendjemand kannte die genaue Kriminalitätsrate – alle Fälle, in denen Amerikaner gegen das Gesetz verstießen, ob sie dabei verhaftet wurden oder nicht. Doch die höheren Zahlen bei den Verhaftungen und Haftstrafen nährten die rassistische Vorstellung, dass Schwarze mehr Verbrechen begingen. Und diese rassistischen Vorstellungen verstärkten wiederum die Rassendiskriminierung bei Polizei und Justiz, man war misstrauischer gegenüber Schwarzen, die Polizei war in schwarzen Vierteln stärker vertreten, es gab mehr Verhaftungen und mehr Haftstrafen für Schwarze, wodurch das Misstrauen weiter geschürt wurde und so weiter und so weiter.

Trotz all seiner intellektuellen Fähigkeiten konnte Du Bois den Teufelskreis aus Racial Profiling, Kriminalitätsstatistiken und rassistischen Vorstellungen nicht durchbrechen. Er untermauerte die Unterschiede bei der Zahl der Verhaftungen und Gefängnisstrafen durch antirassistische Erklärungen («hartnäckige angelsächsische Vorurteile» würden Schwarze und Weiße «einem unterschiedlichen Standard der Gerechtigkeit» unterwerfen), führte aber auch rassistische Gründe an (dem «benommenen befreiten Sklaven» fehle ein moralisches Fundament). Du Bois war damit bei Weitem nicht allein. Kein Gelehrter, der Mitglied der ersten nationalen schwarzen Vereinigung von Intellektuellen war, der 1897 gegründeten American Negro Academy, konnte die Statistik entkräften oder sie als Indikator für eine höhere Kriminalität der Schwarzen widerlegen. Stattdessen akzeptierten die schwarzen Intellektuellen die Zahlen als Fakten und versuchten, gegen das Stereotyp des kriminellen Schwarzen mit Bildung und Überzeugungsarbeit anzugehen, wodurch sie jedoch die rassistischen Ideen reproduzierten, gegen die sie eigentlich vorgehen wollten.[4]

So führte Du Bois etwa in seiner Rede «The Conservation of Races», die er 1897 anlässlich der ersten Sitzung der American Negro Academy hielt, das Argument an, es gebe biologisch unterschiedliche Rassen mit unterschiedlicher Geschichte, unterschiedlichen Eigenschaften und einer unterschiedlichen Bestimmung. Die Afroamerikaner seien «Angehörige einer großen historischen Rasse, die seit dem Heraufdämmern der Schöpfung geschlafen hat und in den dunklen Urwäldern ihres afrikanischen Vaterlandes nur halb erwacht ist», sagte er. «Der erste und größte Schritt zu einer Beilegung der derzeitigen Spannungen zwischen den Rassen», also hin zu einem gesellschaftlichen Gleichgewicht, liege «in der Korrektur der Unsittlichkeit, Kriminalität und Faulheit unter den Negern selbst, dem immer noch bestehenden Vermächtnis der Sklaverei». Die Rede wurde rasch veröffentlicht und verbreitet und fand großen Anklang. Du Bois und die American Negro Academy hofften, dass das Pamphlet die allgemeine Wahrnehmung vom destruktiven, sich im Niedergang befindlichen, aussterbenden Afrikaner in der Zeit nach *Plessy* und Hoffman verändern würde. Doch im Text wimmelte es von rassistischen Vorstellungen, da war vom «Blut» der Rassen die Rede, von bestimmten «Rassemerkmalen», einem rückständigen Afrika, der Verrohung durch die Sklaverei, von kriminellen und verweichlichten afroamerikanischen Männern, starken Europäern und der Vorstellung, dass Afroamerikaner den Afrikanern überlegen seien. Du Bois bekräftigte den Rassismus ebenso sehr, wie er dagegen ankämpfte.[5]

Doch er arbeitete auch an einem Buch gegen den Rassismus. Als Gastwissenschaftler an der University of Pennsylvania in den Jahren 1896 und 1897 verfasste er *The Philadelphia Negro*, eine antirassistische «soziale Studie» über Rassismus als «Geist, der alle sozialen Probleme der Neger durchdringt und komplizierter macht». Doch seine moralischen Attacken gegen Arme, schwarze Kriminelle und Frauen hielten unvermindert an, etwa wenn er schrieb, es sei «die Pflicht der Neger», das Problem der «Unkeuschheit» schwarzer Frauen zu «lösen». Heute gilt das Buch als klassischer soziologischer Text, doch bei seiner Veröffentlichung 1899 wurde es in nur wenigen akademischen Zeitschriften besprochen. Ein anonymer Rezensent in der führenden *American Historical Review* lobte, Du Bois habe «die notwendige Betonung auf die Schwäche seiner Leute» gelegt, machte sich dann aber darüber lustig, dass er glaubte, diese Schwächen könnten beseitigt werden. Du Bois konnte dieser Rezension entnehmen, dass seine Leser ihm oft nicht folgten, wenn er sie am Scheideweg zwischen rassistischen und antirassistischen Vorstellungen in Richtung der angestrebten antirassistischen Haltung lotsen wollte. Andererseits betrachtete Du Bois wie auch die anderen Angehörigen der schwarzen Elite die Attacken seiner Kritiker gegen arme *Schwarze* und *schwarze* Frauen nicht unbedingt als rassistisch.[6]

Was immer Du Bois erreichte, was immer er veröffentlichte, er gewann damit nicht die Unterstützung – oder finanzielle Zuwendung – der Philanthropen aus dem Norden, die Booker T. Washington genoss. Bei seinen Reisen, mit denen er um finanzielle Unterstützung warb, hatte Washington ein Händchen dafür, dem weißen Publikum die Befangenheit zu nehmen, indem er seine berühmten (oder berüchtigten) Witze über Schwarze machte. Washington gab den reichen Weißen das, was sie wollten – eine One-Man-Minstrel Show –, und sie gaben ihm, was er wollte – einen Scheck für das Tuskegee Institute. Washington stellte Schwarze eine Stunde lang als dumm dar und erhielt dann Spenden, um eben diese dummen Schwarzen auszubilden.[7]

Washington war genial darin, die Trumpfkarte «Rasse» auszuspielen, doch Ende des 19. Jahrhunderts war das ein gefährliches Spiel. Eine Welle rassistischer Gewalt mit dem Ziel, Schwarze wirtschaftlich und politisch zu unterdrücken, breitete sich 1898 in North Carolina aus und griff 1899 auf Georgia über. Du Bois erlebte in Georgia einige dieser Gewalttaten mit. Er hatte 1897 eine Professur an der Atlanta University angenommen und führte alljährlich wissenschaftliche Studien zu allen Aspekten des Lebens der Schwarzen im Süden durch. Doch im April 1899 brach ihm fast das Herz, weil er die Hinrichtung von Sam Hose durch einen Lynchmob in der Nähe von Atlanta nicht verhindern konnte. Hose hatte in Notwehr seinen weißen Arbeitgeber getötet, der ihn nach einem Streit mit der Waffe bedroht hatte. Im August gelang es Schwarzen nur mithilfe von Waffengewalt, einen Lynchmob in McIntosh County an der Küste von Georgia zurückzutreiben. «Man konnte nicht ruhig, gelassen und unbeteiligt seiner wissenschaftlichen Arbeit nachgehen, wenn gleichzeitig Schwarze gelyncht und ermordet wurden oder verhungern mussten; außerdem bestand keine Nachfrage nach der Art wissenschaftlicher Arbeit, die ich leistete, als ich noch zuversichtlich angenommen hatte, die Zeiten würden sich ändern», schrieb Du Bois später. Doch er war nach wie vor fest davon überzeugt, dass «die Mehrheit der Amerikaner zur Verteidigung der Demokratie herbeieilen würde … wenn sie erkennen würde, dass sie durch Rassenvorurteile gefährdet ist», und verfolgte sein Konzept der Aufklärung durch Bildung umso aggressiver weiter.[8]

Im Juli 1900 nahm er in London an der ersten Panafrikanischen Konferenz teil, finanziell unterstützt von Booker T. Washington. «Gewiss sind die dunkleren Rassen gemessen an europäischen Standards heute die am wenigsten weit fortgeschrittenen», erklärte Du Bois im besten assimilationistischen Stil. Doch sie hätten die «Kapazität», eines Tages diese «hohen Ideale» zu erreichen. Und daher solle es, sobald möglich und «praktikabel», eine Dekolonisation in Afrika und der Karibik geben.[9]

In Du Bois' Begründung für eine allmähliche Dekolonisation – denn noch waren die schwarzen Nationen seiner Meinung nach nicht bereit für die Unabhängigkeit – klangen die alten rassistischen Argumente für eine Emanzipation in kleinen Schritten nach: Die Schwarzen seien noch nicht für die Freiheit bereit. Du Bois gab sie auch 1899 wieder, als er verkündete, dass Kuba, Guam, Puerto Rico und die Philippinen, die Kolonien, die die USA im Spanisch-Amerikanischen Krieg von 1898 gewonnen hatten, noch nicht bereit für die Unabhängigkeit seien. Segregationisten und Rassismusgegner wandten sich gegen den offiziellen Stapellauf des amerikanischen Weltreichs, während die Assimilationisten dafür waren.

In einem Gedicht, das erstmals 1899 im Magazin *McClure's* erschien, forderte Rudyard Kipling, der literarische Prophet des britischen Imperialismus, die Amerikaner auf, die «Bürde des weißen Mannes» auf sich zu nehmen: «Take up the White man's burden –/ Send forth the best ye breed –/ Go bind your sons to exile –/ To serve your captives' need / To wait in heavy harness / On fluttered folk and wild –/ Your new caught, sullen peoples / Half devil and half child.» (Ergreift die Bürde des weißen Mannes –/ schickt die Besten aus, die ihr erzieht –/ Bannt eure Söhne ins Exil –/ den Bedürfnissen eurer Gefangenen zu dienen / in schwerem Geschirre aufzuwarten / verschreckten wilden Leuten –/ euren neugefangenen verdrossenen Völkern / halb Teufel und halb Kind).[10]

Die Imperialisten/Assimilationisten gewannen die Debatte unter den überwiegend weißen männlichen Wählern, falls man die erfolgreiche Wiederwahl von Präsident William McKinley im Jahr 1900 so deuten kann. Sein Vizepräsident Theodore Roosevelt erklärte 1901: «Es ist unsere Pflicht gegenüber den Menschen, die in Barbarei leben, dafür zu sorgen, dass sie von ihren Ketten befreit werden, und wir können sie nur befreien, wenn wir die Barbarei an sich zerstören.» Nach außen hin sprachen amerikanische Politiker über die Fähigkeit der Menschen in den Kolonien zur Zivilisation und Assimilation, doch im privaten Kreis redeten sie über Militärstützpunkte, Marionettenregierungen, Rohstoffe, ausländische Märkte und Kriegskosten. Die öffentlich geführte humanitäre Debatte, die im Privaten zur politisch-ökonomischen Debatte wurde, war ein Grundelement der amerikanischen Politik in jener Zeit, als die USA zur Großmacht wurden und mit öffentlichen und geheimen Kriegen ihren Einflussbereich erweiterten. Im In- und Ausland stellte ein tiefreichender politischer Rassismus alle Nichtweißen als unfähig zur Selbstregierung dar – oder fähig zur Selbstregierung, aber erst in fernen Zeiten –, um sowohl deren Unterwerfung als auch die daraus resultierenden sozioökonomischen Ungleichheiten zu rechtfertigen. Einige schwarze Zeitungsherausgeber durchschauten diese Taktik und brachten die Rassenpolitik im Ausland mit der Rassenpolitik im Inland in Verbindung. Sie gingen hart ins Gericht mit den «Räubern, Mördern und skrupellosen Monopolisten», wie es die in Salt Lake City erscheinende *Broad Ax* 1899 formulierte. Die US-Regierung könne «einfach nicht gerecht mit Dunkelhäutigen umgehen», erklärte eine andere Zeitung, «wie ihre Bilanz des Nichtstuns im eigenen Land beweist».[11]

Im neuen Einflussbereich der amerikanischen Großmacht gab es offensichtlich eine Art Drehtüreffekt. Die amerikanischen rassistischen Vorstellungen gingen hinaus in die zu kolonialisierende Welt und kehrten dann ins eigene Land zurück, nachdem sie zuvor das Denken der Einwanderer konditioniert hatten, die zu Beginn des neuen Jahrhunderts in den USA eintrafen. Als die eingewanderten Iren, Juden, Italiener, Asiaten, Mexikaner und Latinos in Amerika mit rassistischen, ursprünglich gegen Schwarze gerichteten Schimpfnamen wie «Greasers», «Guineas» oder «weiße Nigger» tituliert wurden, widerstanden manche und erklärten sich solidarisch mit den Schwarzen. Doch die meisten griffen die rassistischen Vorstellungen auf und distanzierten sich von den Schwarzen. Anfang des 20. Jahrhunderts scherzten Schwarze in den USA, das erste englische Wort, das Einwanderer lernen würden, sei «Nigger».[12]

Am 29. Januar 1901 hielt der einzige schwarze Kongressabgeordnete, George H. White aus North Carolina, seine Abschiedsrede. Etwa 90 Prozent der Schwarzen in den USA lebten im Süden, doch sie wurden nicht mehr länger durch schwarze Politiker vertreten, weder in den Repräsentantenhäusern der Bundesstaaten noch im US-Kongress. Dafür hatten die massive Entrechtung der Schwarzen und Unfähigkeitsvorwürfe gegen schwarze Politiker vonseiten der weißen Abgeordneten gesorgt. «Dies, Mr. Chairman, mag ein vorübergehender Abschied der Neger vom amerikanischen Kongress sein», sagte White. «Gestatten Sie mir daher die Aussage, dass sie sich wie ein Phönix eines Tages wieder erheben und zurückkommen werden.» Kaum jemand glaubte ihm. Als White den Plenarsaal verließ, sahen führende amerikanische Historiker und Politikwissenschaftler in ihm nur den letzten Folgeschaden der *Reconstruction*-Zeit in der Hauptstadt, der nun behoben war.[13]

Damals war William Archibald Dunning der unangefochtene Herrscher der sogenannten Dunning-Schule der Columbia University, die das Geschichtsbild der *Reconstruction*-Zeit dominierte. Die Schule war Vorreiter einer akademischen Revolution, die den «objektiven» Einsatz wissenschaftlicher Methoden in den Geisteswissenschaften forderte. «Zum ersten Mal wurde eine akribische und gründliche Forschung angestellt im Bemühen, die Wahrheit zu bestimmen und nicht, um eine These zu belegen.» So beschrieb ein Historiker den Einfluss der Dunning-Schule in der Zeitschrift *American Historical Review* im Jahr 1940. Die «Wahrheit» bedeutete allerdings, dass die Historiker der Dunning-Schule die *Reconstruction*-Ära als eine Zeit darstellten, in der der weiße Süden das Opfer korrupter und inkompetenter schwarzer Politiker wurde und der Norden die *Reconstruction* fälschlicherweise erzwang, bevor er sich eilig korrigierte und den edlen weißen Süden wieder sich selbst überließ. «Alle Kräfte, die eine Zivilisation ausmachten, wurden von der Masse barbarischer befreiter Sklaven dominiert», behauptete Dunning in seinem 1907 erschienenen Klassiker *Reconstruction: Political and Economic, 1865–1877*.[14]

Dunning bildete eine Generation einflussreicher Historiker aus, die zahlreiche Lehrstühle innehatten und im 20. Jahrhundert die Geschichtswissenschaft für Jahrzehnte dominierten. Sein bemerkenswertester Schüler war der in Georgia geborene Ulrich Bonnell Phillips. In seinem Buch *American Negro Slavery* (1918) sowie in acht weiteren Büchern und zahlreichen Artikeln hatte die Wahrheit über die Sklaverei keinen Platz. Er stellte sie nicht als höchst lukratives Unternehmen dar, dominiert von Plantagenbesitzern, die Menschen zur Arbeit zwangen und sich dabei auf Gewalt, Manipulation und rassistische Ideen stützten. Stattdessen beschrieb Phillips einen unrentablen Wirtschaftszweig mit wohlwollenden paternalistischen Plantagenbesitzern, die ein «robustes, liebenswertes, fügsames und zufriedenes», aber eben barbarisches Volk zivilisierten und für ihre Schützlinge sorgten. Phillips nutzte als einer der ersten Historiker Dokumente von den Plantagen, aber nur, um damit seine rassistischen Vorstellungen zu legitimieren, die er als objektive Realität darstellte. Bis in die Mitte des 20. Jahrhunderts galt er als hochgeachteter Experte für die Geschichte der Sklaverei.[15]

Noch in den 1950er-Jahren fanden die Märchen der Dunning-Schule über die Sklaverei und *Reconstruction*-Zeit Eingang in die Schulbücher – wenn Schwarze überhaupt erwähnt wurden. Die meisten Schulbuchautoren schlossen Schwarze in ihren Texten genauso aus wie die Demokraten im Süden die Schwarzen von Wahlen ausschlossen. Populär wurde die Dunning-Version der *Reconstruction*-Ära jedoch vor allem durch einen Romanautor, durch Thomas Dixon Jr. Zu seinen frühesten Erinnerungen zählte ein Lynchmob in seiner Heimatstadt in North Carolina. «Der Klan … beschützt uns vor dem Bösen», sagte ihm seine Mutter an diesem Abend und machte ihn so mit den rassistischen Rechtfertigungen des weißen Terrors vertraut. Als Erwachsener beklagte Dixon dann die «falsche Darstellung der Südstaatler». Schuld daran seien die Nordstaatler, die einer theatralischen Version von *Uncle Tom's Cabin* anhingen. Er beschloss, «die wahre Geschichte» zu verbreiten und schrieb eine «*Reconstruction*-Trilogie», drei Romane, die alle zu Bestsellern wurden: *The Leopard's Spots: A Romance of the White Man's Burden – 1865–1900* (1902), *The Clansmen: An Historical Romance of the Ku Klux Klan* (1905) und *The Traitor: A Story of the Fall of the Invisible Empire* (1907). Er wollte «dem Norden berichten … was man dort nie gewusst hat, vom furchtbaren Leid der Weißen während der schrecklichen *Reconstruction*-Zeit … [und] der Welt demonstrieren, dass der weiße Mann überlegen sein wird und muss.» In seiner Romantrilogie, deren Inhalt von Millionen Lesern als historische Tatsache betrachtet wurde, stellte Dixon die *Reconstruction*-Ära als einen Zeitraum dar, in dem korrupte, inkompetente Nordstaatler und schwarze Gesetzgeber die Weißen im Süden beherrschten, terrorisierten, enteigneten und vergewaltigten, bis der mächtige und tugendhafte Ku-Klux-Klan die Ordnung wiederherstellte und sie erlöste. Nichts beruhigte die Gemüter mehr in ihrer Unruhe, dass nun auch Schwarze wählen durften, nichts rechtfertigte die Untätigkeit der Politik besser als die rassistische Fiktion der *Reconstruction*-Ära, egal, ob sie von Romanautoren oder Gelehrten stammte.[16]

Als der rein weiße, rein männliche Kongress 1901 in Washington zusammenkam, konnten die Abgeordneten ihre Gewissensbisse, falls sie welche verspürten, durch die Lektüre von Booker T. Washingtons Bestseller-Autobiografie *Up from Slavery* (Vom Sklaven empor) beschwichtigen. Washington brachte darin seinen Glauben an Gott zum Ausdruck, übernahm persönliche Verantwortung, arbeitete hart, überwand unglaubliche Hindernisse und sah stets und überall den Fortschritt der Rasse und die «weißen Retter». Geschichten vom «weißen Retter» wurden schnell zu einem festen Bestandteil in amerikanischen Memoiren, Romanen und Theaterstücken. Amerikaner aller Hautfarben sahen darin hoffnungsvolle Anzeichen für einen Fortschritt beim Zusammenleben verschiedener Ethnien. Die individuellen Geschichten spiegelten die gemeinsame Lebenswirklichkeit oder lenkten von ihr ab: Die individuellen Geschichten vom weißen Retter spiegelten die Realität durchaus für einige wenige und lenkten dafür viele von der Realität der Diskriminierung ab, ähnlich wie der Fortschritt für einige wenige von der Realität ablenkte und so den Fortschritt für die meisten verzögerte.[17]

Die Veröffentlichung von *Up from Slavery* im Februar 1901 bildete für Booker T. Washington den Höhepunkt seiner Karriere. W. E. B. Du Bois verfolgte die landesweiten Huldigungen für Washingtons Memoiren. Als die Lobeshymnen im Sommer 1901 weiterhin anhielten und Washington von den Weißen auf ein Podest gestellt und zum Führer der Schwarzen erhoben wurde, konnte er nicht mehr länger schweigend zusehen. In seiner Rezension zu *Up from Slavery*, die am 16. Juli 1901 in der Zeitschrift *The Dial* erschien, feuerte Du Bois den ersten Schuss ab in der Schlacht zwischen Washingtons Tuskegee School und Du Bois' Bürgerrechtsaktivisten, die größtenteils der Elite angehörten.

Du Bois tadelte nicht nur Washington für seine «Konzilianz», sondern kritisierte auch die Anführer, «die die alten Ideen der Revolte und Rache vertreten und in der Auswanderung die einzige Lösung für die Neger sehen». Henry McNeal Turner, Bischof der African Methodist Episcopal Church, predigte seit Jahren, dass Gott ein «Neger» sei, und drängte die Afroamerikaner, nach Afrika auszuwandern und die Diskriminierung hinter sich zu lassen. Du Bois reduzierte alle «Zurück-nach-Afrika«-Bemühungen, darunter auch die der Schwarzen, ebenso wie die gewalttätigen Proteste gegen Sklavenhalter und alle, die die Schwarzen erneut unterjochen wollten, auf Rache und Hass. Die Kämpfer gegen den Rassismus verteidigten seiner Meinung nach nicht die Humanität und Freiheit der Schwarzen, wie es Ida B. Wells so eloquent empfohlen hatte. Die Assimilationisten hatten es sich zur Gewohnheit gemacht, Antirassisten und Segregationisten vorzuwerfen, sie seien hasserfüllt und irrational. Mit diesen vorgefertigten Etiketten wurden Antirassisten während des gesamten 20. Jahrhunderts an den Rand gedrängt, in hohem Alter traf es sogar Du Bois selbst. Doch 1901 hatte Du Bois seine eigenen Beweggründe, die Schwarzen, die sich zu konziliant zeigten oder gegen Rassismus kämpften, zu kritisieren: Er bereitete den Boden für eine «große und wichtige Gruppe», die sich gegen das Tuskegee Institute wandte, für die reformerischen Assimilationisten, die «Selbstentwicklung und Selbstverwirklichung in allen Bereichen menschlichen Bemühens» anstrebten, damit die Schwarzen irgendwann einmal ihren Platz an der Seite der Angehörigen anderer Rassen einnehmen konnten.[18]

Washingtons Buch *Up from Slavery* ist auch heute noch ein Klassiker der amerikanischen Literatur. Doch 1901 erhielt ein anderes Buch, das wenige Wochen vor *Up from Slavery* erschienen war, deutlich mehr Lob: *The American Negro: What He Was, What He Is, and What He May Become.* Jahrelang hatte William Hannibal Thomas versucht, gegen die Rassentrennung in weißen Institutionen anzugehen; er hatte gepredigt, gelehrt und geschrieben, um Schwarzen eine bessere Position zu verschaffen, Rassenschranken aufzuheben und eine Welt zu schaffen, in der Schwarze von Weißen als ihresgleichen akzeptiert wurden. Laut einer Vorbesprechung in der *New York Times* hatte Thomas «sein Thema ohne einen Hauch Sentimentalität» präsentiert.

Nun breitete er vor dem Leser eine «Auflistung gesetzloser Existenz, geleitet von Impulsen und Leidenschaft» aus, vor allem von Unmoral und Dummheit. 90 Prozent der schwarzen Frauen, erklärte er, seien «von Natur aus lüstern und dem körperlichem Verlangen verfallen», sie würden ein Leben voll Schmutz führen, das «in der modernen Zivilisation ohne Beispiel» sei.

Thomas stand zwischen assimilationistischen und segregationistischen Vorstellungen. Er argumentierte, dass eine Minderheit der Schwarzen – womit er sich selbst und seinesgleichen meinte – ihr minderwertiges biologisches Erbe überwunden hätte. Diese außergewöhnlichen Schwarzen zeigten, dass «die Erlösung der Neger … möglich [ist] und durch eine gründliche Assimilierung an das Denken und die Ideale der amerikanischen Kultur gewährleistet wird.» Thomas empfahl, das Wahlrecht für die von Natur aus korrupten Schwarzen einzuschränken, die von Natur aus kriminellen Schwarzen zu überwachen, schwarze Kinder in die Obhut weißer Vormunde zu geben und die Verbesserung durch Selbstverbesserung zu verfolgen. Schwarze sollten sich «ehrenwert» benehmen, um «rassisch bedingtem Antagonismus keinen Anlass zu geben», riet Thomas.[19]

Mit *The American Negro* versuchte Thomas, sich von seiner schwarzen Herkunft zu distanzieren, doch ironischerweise war es gerade seine Herkunft, die die Weißen veranlasste, ihm die so ersehnte Anerkennung zu gewähren. Da nach rassistischer Vorstellung jeder Schwarze ein Experte und Vertreter seiner Rasse war, waren Schwarze wie Thomas stets die perfekten Multiplikatoren rassistischer Ideen. Aufgrund ihrer Herkunft waren sie glaubwürdiger. Ihre Herkunft löste keine Abwehrmechanismen aus, wenn sie rassistische Ideen von der Minderwertigkeit der Schwarzen vertraten.

Rassistische Amerikaner, von den bedeutendsten Soziologen des Landes bis zu ganz gewöhnlichen Lesern, priesen *The American Negro* als maßgebliches, überaus glaubwürdiges und umfassendes Traktat, das es in dieser

Form noch nicht gegeben habe, besser als Du Bois' *The Philadelphia Negro*. William Hannibal Thomas stehe «direkt neben Mr. Booker T. Washington» als «größte amerikanische Autorität zur Negerfrage», wie es in der *New York Times* hieß. Doch innerhalb der schwarzen Gemeinschaft erhielt Thomas den Beinamen «schwarzer Judas». Die Bürgerrechtlerin Addie Hunton bezeichnete Thomas in einem Aufsatz mit dem Titel «Negro Womanhood Defended» als «Judas Iskariot». Booker T. Washington und W. E. B. Du Bois hassten das Buch. «Mr. Thomas' Buch», schrieb Du Bois in seiner Rezension, sei ein «sinisteres Symptom» der Zeit, in der man sich «für den Neger» nichts mehr wünsche als «doch bitte zum Teufel zu gehen, und zwar schnell», damit das «Gewissen der Amerikaner drei Jahrhunderte einer schändlichen Geschichte rechtfertigen» könne. Derart kritisiert, war Thomas' Glaubwürdigkeit zerstört. Schnell geriet er in Vergessenheit. Er starb 1935 als Schwarzer. Ein Weißer wurde er nie.[20]

Am 16. Oktober 1901 lud der frisch vereidigte US-Präsident Theodore Roosevelt Booker T. Washington zu einem familiären Abendessen ein, nachdem er gehört hatte, dass der «bedeutendste Vertreter seiner Rasse in dieser Welt» in der Stadt war. Roosevelt dachte sich nicht viel dabei, die Stimmung der Segregationisten war ihm eindeutig nicht bekannt. Doch als Roosevelts Pressesprecher die Amerikaner am nächsten Tag beiläufig über Washingtons Besuch informierte, löste er damit ein heftiges gesellschaftliches Erdbeben aus. Die schwarzen Amerikaner waren außer sich vor Freude und viele begeisterten sich daraufhin für Theodore Roosevelt. Doch für die Segregationisten hatte der neue Präsident eine Grenze überschritten. «Wenn sich Mr. Roosevelt mit einem Neger zum Essen an einen Tisch setzt, erklärt er damit, dass der Neger dem Weißen gesellschaftlich gleichgestellt ist», hieß es in einer Zeitung aus New Orleans, die damit noch zu den gemäßigten Kommentatoren zählte. Ben «Pitchfork» Tillman, Senator für South Carolina, war weit weniger zurückhaltend: «Dass Präsident Roosevelt für diesen Nigger den Gastgeber gespielt hat, macht es erforderlich, dass wir im Süden tausend Neger töten, damit sie wieder wissen, wo ihr Platz ist.» Tillman nannte in seiner Erklärung den wahren Grund für das Lynchen der Schwarzen: Wenn rassistische Ideen nicht genügten, um die Schwarzen zu unterdrücken, musste man eben zur Gewalt greifen. Roosevelt lernte seine Lektion und lud nie wieder einen Schwarzen ins Haus des Präsidenten ein. Doch es gelang ihm nicht, die Segregationisten zu beschwichtigen, indem er der Residenz des Präsidenten offiziell den Namen «Weißes Haus» gab. Schwarze seien Tiere – so hieß es in den segregationistischen Büchern, die Anfang des 20. Jahrhunderts erschienen, beginnend mit dem Werk eines Professors aus Mississippi, Charles Carrolls *The Negro a Beast* (1900) – und Tiere sollten nicht im «Weißen Haus» dinieren.[21]

Inmitten dieser übermächtigen segregationistischen Debatte wagte es W. E. B. Du Bois, das Buch zu veröffentlichen, das ihm die größte Anerkennung seiner Karriere einbrachte. Schon der Titel des am 18. April 1903 erschienenen Werkes verkündete, dass Schwarze keine seelenlosen Tiere waren. Schwarze waren Menschen durch und durch, und Du Bois brachte die Amerikaner dazu, «auf das Streben in der Seele des schwarzen Volkes zu lauschen». Jahrzehnte später lobte James Weldon Johnson, der Textdichter der «afroamerikanischen Nationalhymne», Du Bois' *The Souls of Black Folk* (Die Seelen der Schwarzen) habe mehr Einfluss «auf die Negerrasse als jedes andere Buch, das seit *Uncle Tom's Cabin* in diesem Land erschienen ist». Ein perfekter Vergleich. Wie *Uncle Tom's Cabin* festigten Du Bois' vierzehn Aufsätze das rassistische Bild des demütigen, seelenvollen Afrikaners, ergänzt durch biologische «Rasseeigenschaften» und dargestellt im Kontrast zum harten, rationalen Europäer, und verankerten es noch tiefer in der amerikanischen Vorstellung. Schwarze sollten die «Eigenschaften und Talente der Schwarzen» pflegen und weiterentwickeln, schlug Du Bois vor, «damit sich eines Tages auf amerikanischem Boden zwei große Rassen dieser Welt mit Eigenschaften ergänzen, die beiden so sehr fehlen.» Schwarze seien «die einzige Oase des einfachen Glaubens und der Ehrerbietung in dieser Staubwüste aus Dollars und Verschlagenheit».[22]

Die Annahme, dass Schwarze und Weiße nicht gleich waren, war rassistisch, ebenso wie die These, dass einer bestimmten «Rasse» bestimmte menschliche Eigenschaften fehlten. 1903 fehlte es den Weißen nicht an «einfachem Glauben und an Ehrerbietung» und Schwarzen mangelte es nicht an Materialismus und «Verschlagenheit». Ironischerweise hatten im Norden viele Anhänger der Sklaverei ebenso wie ihre Kontrahenten oder die Verfechter wie die Gegner der Jim-Crow-Gesetze den «einfachen Glauben» der bescheidenen Schwarzen und die «Verschlagenheit» der starken Weißen an den Tag gelegt. In *The Souls of Black Folk* versuchte Du Bois das trennende Ideal von Rasse in ein «einendes Ideal von Rasse» zu überführen.

Dieses «einende Ideal der Rasse» würde nicht nur die Wunden in den Vereinigten Staaten heilen, argumentierte er, sondern auch die Seelen der Schwarzen. Im denkwürdigsten Abschnitt des Buches erklärte er weiter:

Diese amerikanische Welt ... die ihm [dem Neger] kein wahres Selbstbewusstsein zugesteht, und in der er sich selbst nur durch die Offenbarung der anderen Welt erkennen kann. Es ist sonderbar, dieses doppelte Bewusstsein, dieses Gefühl, sich selbst immer nur durch die Augen anderer wahrzunehmen, der eigenen Seele den Maßstab einer Welt anzulegen, die nur Spott und Mitleid für einen übrig hat. Stets fühlt man seine Zweiheit, als Amerikaner, als Neger. Zwei Seelen, zwei Gedanken, zwei unversöhnte Streben, zwei sich bekämpfende Vorstellungen in einem dunklen Körper, den Ausdauer und Stärke allein vor dem Zerreißen bewahren.

Schwarze müssten daher davon ausgehen, dass «die Geschichte des amerikanischen Negers die Geschichte seines Kampfes ist – die Sehnsucht, ein selbstbewusstes Menschsein zu erlangen und das doppelte Selbst in einem besseren und wahreren Selbst zu vereinen», schrieb Du Bois. «Er hat nur einen Wunsch, beides zu sein: Neger und Amerikaner.»[23]

Man konnte meinen, dass sich viele seiner schwarzen Leser all die Jahre bemüht hätten, genau das zu tun, was er vorschlug. Du Bois' Theorie des doppelten Bewusstseins gab vielen endlich ein Mittel an die Hand, das sie brauchten, wie eine Brille – um sich selbst zu sehen und um ihre eigenen inneren Kämpfe zu erkennen.

So wie Harriet Beecher Stowes Buch viele Weiße dort abgeholt hatte, wo sie standen, an der Kreuzung zwischen segregationistischen und assimilationistischen Vorstellungen, holte Du Bois viele Schwarze dort ab, wo sie sich befanden, an der Kreuzung zwischen assimilationistischen und antirassistischen Ideen. Du Bois glaubte sowohl an das antirassistische Konzept des Kulturrelativismus – dass jeder sich selbst durch die Augen seiner *eigenen* Gruppe sieht – als auch an das assimilationistische Konzept, dass sich Schwarze aus der Perspektive der Weißen wahrnehmen. In Du Bois' Vorstellung und der vieler anderer führte dieses doppelte Streben oder doppelte Bewusstsein zu einem inneren Konflikt, einem Kampf zwischen dem Stolz, schwarz und den Weißen gleichgestellt zu sein, und dem Bemühen, sich den überlegenen Weißen anzupassen.

Du Bois' erster Aufsatz im Buch war zeitlos. Zeitgebunden war dagegen seine Kritik an Booker T. Washington, die im Aufsatz «Mr. Booker T. Washington and Others» zum Ausdruck kam und 1903 eine Kontroverse auslöste. Du Bois hatte den Streit bereits zwei Jahre zuvor mit einem Angriff auf das Tuskegee Institute eröffnet, und nun gab es kein Zurück mehr. Nachdem er erneut Washingtons Politik der «Anpassung und Unterwerfung» und anschließend die Antirassisten verunglimpft hatte, die nur ein Bewusstsein besäßen, bekräftigte Du Bois die Stellung seiner Gruppe mit dem doppelten Bewusstsein, die er als Talented Tenth (das Talentierte Zehntel) bezeichnete – die obersten 10 Prozent des schwarzen Amerika. Sie wüssten, dass «der niedrige soziale Stand der meisten Vertreter ihrer Rasse für einen Großteil der Diskriminierung verantwortlich ist», sie wüssten aber auch, ebenso wie die ganze Nation, dass «das hartnäckige Vorurteil der Hautfarbe eher Ursache als Resultat der Herabsetzung der Neger ist». Das Talentierte Zehntel strebe «nach der Abschaffung dieses barbarischen Relikts und wünscht nichts weniger als seine systematische Ermunterung und Unterstützung».[24]

Du Bois sprach noch in einem anderen 1903 veröffentlichten Aufsatz vom Talentierten Zehntel, in dem sich weitere assimilationistische und klassenbezogene rassistische Vorstellungen fanden. «Es gibt in diesem Land eine Million Männer mit Negerblut … [die] das volle Ausmaß der besten Form europäischer Kultur erreicht haben», urteilte Du Bois. Es sei die Pflicht dieser «Aristokratie des Talents und Charakters», die Massen zu führen und zu zivilisieren, die Kultur «nach unten» weiterzugeben und die «Fähigkeiten des Negerbluts» aufzuzeigen. Doch wenn man auf dieses Talentierte Zehntel hinweise, «schreien die blinden Verehrer des Durchschnittlichen alarmiert auf: ‹Das sind Ausnahmen, schauen Sie doch hier auf Tod, Krankheit und Verbrechen – sie sind die Regel.› Natürlich sind sie die Regel, weil eine dumme Nation sie zur Regel machte.» Du Bois empörte sich über die Vorstellung vom «außergewöhnlichen Neger», dieser «dummen» Ausrede für die Verbesserung durch Selbstverbesserung. Dennoch bewahrte er sich irgendwie seinen Glauben in das Potenzial eben dieser dummen Strategie.[25]

Du Bois' Ruf zu den Waffen in *The Souls of Black Folk* im Kampf gegen diejenigen, die sich mit den Jim-Crow-Gesetzen abfanden, war so erkenntnisreich und leidenschaftlich (und rassistisch) wie William Lloyd Garrisons Ruf zu den Waffen, um sich gegen die Kolonisatoren zu wenden, die sich mit der Sklaverei abfanden. Die Segregationisten und Assimilationisten erkannten das sofort. «Dieses Buch ist tatsächlich eine gefährliche Lektüre für den Neger», gab die Zeitung *Nashville American* zu. Und *The Outlook* tadelte Du Bois durchaus zu Recht, er schäme «sich halb, ein Neger zu sein». Der Rezensent verwies allerdings zu Unrecht auf Booker T. Washington, der sich nicht schäme. Das Tuskegee Institute versuchte, das Buch zu unterdrücken, hatte aber keinen Erfolg. Schwarze Zeitungen, die mit Washington nichts zu tun hatten, verkündeten nahezu einstimmig: «SOLLTE VON JEDEM, SCHWARZ WIE WEISS, UNBEDINGT GELESEN WERDEN», wie es die *Ohio Enterprise* in einer Überschrift formulierte. Carl Kelsey, Soziologe an der University of Pennsylvania, der für die rassistischen weißen Akademiker sprach, kritisierte Du Bois, er betone «das Schlechte», die Diskriminierung. Die Vorurteile würden schwinden, schrieb Kelsey, «wenn die Schwarzen den Respekt und die Sympathie der Weißen erlangt haben».[26]

Nach dem Erscheinen von *The Souls of Black Folk* und Du Bois' Aufsatz über das Talentierte Zehntel hatte sich anscheinend ein Konsens zwischen den Reformern und jenen Akademikern gebildet, die sich mit dem Thema «Rasse» befassten, unabhängig davon, ob sie schwarz oder weiß waren, Du Bois zustimmten oder ihn kritisierten. Zu Lösung des «Negerproblems» müsse es eine umfassendere Verbesserung durch Selbstverbesserung geben, mehr aufstrebende Schwarze wie das Talentierte Zehntel, die die Weißen durch ihr positives Beispiel von ihren rassistischen Ideen abbringen sollten. Eine zutiefst rassistische Strategie. Den Schwarzen wurde die Verantwortung dafür aufgebürdet, das Denken der rassistischen Weißen zu verändern. Die Weißen waren für ihre eigene rassistische Mentalität nicht verantwortlich. Wenn Weiße rassistisch waren und Schwarze diskriminierten, konnte man den Schwarzen die Schuld geben, weil sie es nicht geschafft hatten, dass die Weißen sie respektierten? Die Strategie der Verbesserung durch Selbstverbesserung wurde seit über einem Jahrhundert angewandt, doch welchen Effekt hatte sie 1903? Vermutlich war der amerikanische Rassismus schlimmer als je zuvor. Doch weder die der Selbstverbesserung zugrunde liegenden rassistischen Vorstellungen noch ihr historisches Versagen oder das Konstrukt vom «außergewöhnlichen Neger», das für dieses anhaltende Versagen sorgte, konnten die Reformer erschüttern. Die Verbesserung durch Selbstverbesserung war und blieb eine der vielen weißen Hoffnungen im rassistischen Amerika.

Kapitel 24

Große weiße Hoffnungen

Im Mai 1906 empfing W.E.B. Du Bois an der Atlanta University den bedeutendsten Anthropologen der USA, einen Professor der Columbia University, der vehement die segregationistische Idee infrage stellte, dass Schwarze Tiere seien. Franz Boas war 1886 aus Deutschland ausgewandert, als amerikanische Rassenforscher fast einhellig von der «organischen Minderwertigkeit» der Schwarzen oder bei Boas' eigenem Volk, den Juden, sprachen. «Der auffällige Mund mancher Juden», behauptete damals ein Anthropologe, sei «auf vorhandenes schwarzes Blut zurückzuführen». Boas' eigene Erfahrungen mit Antisemitismus hatten ihn in seiner Ablehnung segregationistischer Vorstellungen wie der bestärkt, dass es angeblich biologisch unterschiedliche Rassen (und Ethnien) gebe. Ebenso lehnte er eine natürliche Hierarchie rassischer und ethnischer Gruppen ab – also Vorstellungen, dass Weiße über den Schwarzen standen und die blütenweißen Angelsachsen über den halbweißen Juden.[1]

Franz Boas nahm an der Konferenz «Gesundheit und Physis der Neger-Amerikaner» teil, die Du Bois an der Atlanta University organisiert hatte. Wissenschaftler stellten die weit verbreitete Vorstellung von einer biologischen Verschiedenheit der Rassen infrage oder lehnten sie ab, sie glaubten nicht, dass etwa Kardiologen «schwarzes Blut» wirklich erkennen konnten oder dass Ärzte und Wissenschaftler unter der Haut und den Haaren den Körper eines Schwarzen erkennen oder eine typische «schwarze Krankheit» identifizieren konnten. Du Bois präsentierte ein seit Langem bestehendes biologisches Rassenkonzept, erfuhr aber auch, dass es dafür keine wissenschaftlichen Belege gab.[2]

Zwei Tage nach der Konferenz im Mai 1906 hielt Boas eine Rede vor Universitätsabsolventen in Atlanta. «All denjenigen, die an einer materiellen Unterlegenheit der Negerrasse festhalten», verkündete er, «sage ich, die Geschichte Ihrer Rasse stützt [diese] These nicht.» Anschließend verblüffte Boas

Du Bois und wahrscheinlich auch viele seiner schwarzen Studenten mit seiner Schilderung der Pracht präkolonialer westafrikanischer Reiche in Ghana, Mali und des Songhaireiches. Er riss Du Bois aus seinem lähmenden historischen Rassismus, oder wie es Du Bois erklärte, «aus der lähmenden allgemeinen Haltung, die mir auf der High School und an zwei der bedeutendsten Universitäten der Welt beigebracht wurde«: Dass Afrikaner «keine Geschichte» hatten.[3]

Du Bois' intellektueller Höhenflug in jenem Mai erlitt Ende des Jahres zusammen mit den Gefühlen aller Schwarzen in Amerika einen jähen Absturz. Nachdem die Republikaner mithilfe der schwarzen Wählerstimmen bei den Halbzeitwahlen 1906 die Mehrheit im Repräsentantenhaus zurückgewonnen hatten, ordnete Präsident Theodore Roosevelt die unehrenhafte Entlassung (und damit den Verlust der Pensionen) von 167 schwarzen Soldaten des 25. Infanterieregiments an, einer schwarzen Einheit, die Anlass zu großem Stolz innerhalb der schwarzen Bevölkerung gegeben hatte. Etwa ein Dutzend Soldaten des Regiments waren zu Unrecht bezichtigt worden, am 13. August 1906 in der für ihren Rassismus berüchtigten Stadt Brownsville in Texas einen Barmann ermordet und einen Polizisten verwundet zu haben. Über Nacht wurde der bei den Schwarzen populärste US-Präsident seit Abraham Lincoln zum unpopulärsten Präsidenten. «Einst in unseren Herzen als Moses verehrt», predigte ein Pastor in Harlem, Reverend Adam Clayton Powell Sr., werde Roosevelt nun «als Judas geächtet». Zum Jahresende 1906 fand man kaum einen Afroamerikaner, der nicht voller Zorn und Ingrimm gegen die Regierung Roosevelt war. Roosevelts Bemühungen, die Unterstützung der Schwarzen zurückzugewinnen, indem er einige schwarze Beamte ernannte, scheiterten. Die Empörung der Presse, die den Fall genau verfolgte, klingt in einem Artikel der *New York Times* durch, in dem es heißt, es gebe «nicht den geringsten Beweis» für die Schuld dieser Männer. Dennoch verteidigte Roosevelt in seiner Regierungserklärung vom 3. Dezember 1906 trotzig seine Haltung (ein plumper Versuch, die Stimmen der weißen Wähler in den Südstaaten zu gewinnen). Er warnte «anständige farbige Bürger … keine Kriminellen zu schützen», womit er die «Kriminellen» von Brownsville meinte. Dann wandte er sich den Lynchmorden zu: «Die Hauptursache für die Lynchmorde liegt darin, dass vor allem schwarze Männer das entsetzliche Verbrechen der Vergewaltigung begehen.»[4]

Präsident Roosevelts Äußerungen fügten sich in den allgemeinen Chor im ganzen Land ein. In *Pure Sociology* (1903) behauptete Lester Ward, Soziologe an der Brown University und ehemaliger Abolitionist, dass schwarze Männer, die weiße Frauen begehrten und vergewaltigten, ebenso wie die weißen Lynchmobs, die die Schwarzen zur Vergeltung lynchten, dies aufgrund der Natur ihrer Rasse täten. In *Lynch Law* (1905) argumentierte James Elbert Cutler, Wirtschaftswissenschaftler am Wellesley College, dass die weißen Lynchmobs bei der Hinrichtung von Kriminellen «nur ihre Hoheitsrechte» ausüben würden. Selbst Du Bois beklagte in einer 1904 veröffentlichten Studie der University of Atlanta («Some Notes on Negro Crime, Particularly in Georgia«), es gebe «genug beglaubigte Fälle brutaler Übergriffe auf Frauen, verübt von schwarzen Männern», bei denen «jeder Neger beschämt den Kopf senken muss». Die Schwarzen müssten ihre Verantwortung für ihre eigenen sogenannten schlimmsten Fälle erkennen, schrieb er.[5]

Und Präsident Roosevelt erklärte, wenn die Kriminalität bei den Schwarzen zurückgehe, würden auch die Fälle von Lynchjustiz zurückgehen. Ein Mittel zur Senkung der Kriminalität sei eine Ausbildung «an Schulen wie Hampton und Tuskegee». Während sich Booker T. Washington in den vergangenen Jahren hocherfreut gezeigt hatte, wenn Roosevelt sein Projekt erwähnt hatte, reagierte er dieses Mal mit Unbehagen. Er war im Vorfeld darüber informiert worden und hatte Roosevelt daher gebeten, noch einmal über seine Auslassung nachzudenken, denn er wusste, dass das Tuskegee Institute ebenfalls den Zorn des schwarzen Amerika zu spüren bekommen würde. Da Booker T. Washingtons Stern mit dem von Roosevelt sank, stieg der Einfluss von Du Bois' Talentiertem Zehntel.[6]

Bei den Weißen richtete Theodore Roosevelts Äußerung keinen Schaden an. Der von ihm geförderte Präsidentschaftskandidat William Howard Taft siegte bei den Wahlen mit großem Abstand, wenige Wochen bevor die Afroamerikaner am 26. Dezember 1908 einen eigenen Sieg für sich verbuchen konnten. Ihr großer Hoffnungsträger war ein in Texas geborener farbiger Schwergewichtschampion, der erste richtige Boxer in einer ansonsten von Raufbolden dominierten Sportart, der endlich bei der Weltmeisterschaft im Schwergewicht zum Zuge gekommen war und Tommy Burns im australischen Sydney geschlagen hatte. «Kein Ereignis der vergangenen vierzig Jahre hat den Farbigen in diesem Land mehr Genugtuung verschafft als der herausragende Sieg von Jack Johnson», schrieb der *Richmond Planet*. Fast unmittelbar nach diesem Sieg ertönte der Ruf nach einer «großen weißen Hoffnung», um die angeschlagene Ehre der Weißen zu retten. Alle Augen richteten sich auf den ehemaligen Schwergewichtschampion James J. Jeffries.

Als Jack Johnson am 9. März 1909 in Vancouver lächelnd von Bord eines kanadisch-australischen Linienschiffs ging, bestürmten ihn die amerikanischen Reporter mit Fragen, ob er gegen Jeffries antreten würde. Und dann fiel ihnen das medienwirksamste Element der Geschichte für ihre rassistische Leserschaft ins Auge: Johnsons «weiße Frau, ehemals aus Philadelphia, die ihr Schicksal in seine Hände gelegt hat», wie es in der Meldung von Associated Press hieß.

Nach früherem «Liebeskummer» mit zwei schwarzen Frauen habe Johnson begonnen, mit weißen Frauen auszugehen. Johnson gefiel es nicht, dass «farbigen Frauen, egal, was sie für einen Mann empfinden, den Mann nicht verwöhnen und umschmeicheln oder sein Ego aufbauen». Weiße Frauen täten das durchaus, daher seien sie die besseren Partner, lautete Johnsons Version des sexistischen Rassismus. In Wirklichkeit gab es natürlich auch weiße Frauen, die sich weigerten, dem Ego ihres Mannes zu schmeicheln, während manche schwarze Frauen auf die Bedürfnisse ihrer Männer eingingen. Doch 1909 fühlten sich patriarchale schwarze Männer aufgrund des geschlechtsbezogenen rassistischen Stereotyps von der unterwürfigen weißen Frau und der starken schwarzen Frau zu weißen Frauen hingezogen – ähnlich wie sich manche schwarze Frauen aufgrund des Stereotyps vom schwachen schwarzen Mann, der mit der harten schwarzen Frau nicht fertig wurde, zu weißen Männern hingezogen fühlten; oder wie sich manche Weiße aufgrund des Stereotyps von den sexuell hyperaktiven Schwarzen, verkörpert im großen Penis oder den breiten Hüften, zu Schwarzen hingezogen fühlten; oder wie es die assimilationistische Ansicht gab, dass ein Mensch umso schöner sei, je weißer seine Haut und je glatter sein Haar sei, die dafür sorgte, dass Schwarze (hellhäutige und) weiße Personen attraktiv fanden. All diese rassistischen Mythen verstärkten sich im Laufe des Jahrhunderts noch weiter, je mehr die Amerikaner in der Lage waren, die gegenseitige Attraktion in der Öffentlichkeit auszuleben. Und was hatte Liebe mit der auf rassistischen Vorstellungen basierenden Attraktion zwischen Menschen unterschiedlicher Hautfarbe zu tun? Das wussten nur die Liebespaare. Es gab viele Beziehungen zwischen Menschen unterschiedlicher Hautfarben, die *nicht* auf rassistischen Vorstellungen gründeten. Aber bei wie vielen war das so und bei wie vielen nicht? Das wussten nur die Paare selbst.

Der berühmteste Schwarze in Amerika wurde schnell zum meist gehassten Schwarzen in Amerika. 1908 hatte Johnson drei der vier großen Symbole patriarchalischer weißer Männlichkeit errungen – Reichtum, den Weltmeistertitel im Schwergewicht und eine weiße Frau. Dass Taft Präsident geworden und ins Weiße Haus eingezogen war, konnte den Zorn der weißen Männer kaum besänftigen, vor allem nicht, da Jack Johnson seine weiße Frau, seinen Reichtum und seinen Weltmeistertitel gern zur Schau stellte.[7]

«Wenn ein Schwarzer gewinnt, werden Tausende und Abertausende seiner ahnungslosen Brüder diesen Sieg fälschlicherweise als Rechtfertigung dafür interpretieren, Anspruch auf weit mehr als eine räumliche Gleichstellung mit weißen Nachbarn zu erheben», prognostizierte ein Autor der *New York Times* Monate vor dem größten Sportereignis in der amerikanischen Geschichte am 4. Juli 1910, der ersten Veranstaltung, über die mithilfe der Telegrafie live berichtet wurde. Ein ehemaliger Schwergewichtschampion, der hünenartige Jim Jeffries mit dem schönen Beinamen die «große weiße Hoffnung», kehrte aus dem Ruhestand zurück, um den Schwergewichtstitel vom meist gehassten und meist geliebten Mann des Landes, von Jack Johnson, für die weiße Rasse zurückzugewinnen. Der Kampf fand in Reno in Nevada vor 12 000 tobenden weißen Zuschauern statt. Johnson schlug Jeffries in der 15. Runde k. o. und versetzte damit das schwarze Amerika in Begeisterung, das rassistische Amerika dagegen war wutentbrannt. Rassistische Mobs versuchten, Schwarze körperlich in die Schranken zu weisen, rassistische Autoren versuchten, Schwarze geistig in die Schranken zu weisen. «Es gibt keinen Grund, sich derart in die Brust zu werfen», warnte die *Los Angeles Times*. «Niemand wird auch nur einen Deut besser von jemandem denken, nur weil er die gleiche Hautfarbe wie der Sieger von Reno hat.» Später erklärte der Londoner Box-Fan John Gilbert in seinem Buch *Knuckles and Gloves* (1922), Weiße seien aufgrund «ihrer unterschiedlichen Physis» beim Boxen «im Nachteil». Die US-Regierung erreichte schon bald, was weiße Boxer nicht geschafft hatten: Jack Johnson auszuknocken, wenn auch nur im übertragenen Sinn. Ihm wurde vorgeworfen, er habe eine Prostituierte (oder vielmehr eine weiße Frau) über eine Bundesstaatsgrenze gebracht, was damals verboten war. Johnson kam gegen Kaution frei und lebte sieben Jahre lang im Ausland, bevor er sich stellte und fast ein Jahr im Gefängnis verbrachte.[8]

Das rassistische Amerika hungerte nach der Wiederherstellung der männlichen weißen Überlegenheit, die Johnson ins Wanken gebracht hatte. Ein Groschenheftautor gab den Amerikanern, was sie brauchten. Edgar Rice Burroughs, der in Johnsons altem Revier lebte, in Chicago, hatte sich von Henry Morgan Stanleys Darstellungen der Wilden Afrikas im 19. Jahrhundert inspirieren lassen. Im *All-Story Magazine* vom Oktober 1912 machte Amerika erste Bekanntschaft mit Burroughs Roman *Tarzan of the Apes* (Tarzan bei den Affen).

Tarzan erzählt die Geschichte eines weißen Waisenkindes, das in Zentralafrika allein zurückgelassen und von der Affenfrau Kala in einer Gruppe von Affen aufgezogen wird. Das Waisenkind, John Clayton, wird von den Affen «Tarzan» genannt, was in ihrer Sprache «weiße Haut» bedeutet. Tarzan entwickelt sich zum geschicktesten Jäger und Krieger der Gruppe, klüger als alle Affen-Afrikaner weit und breit. Irgendwann findet er die Hütte seiner Eltern und bringt sich selbst das Lesen bei. In den späteren Geschichten beschützt Tarzan eine weiße Frau namens Jane vor schwarzen Männern und Affen, die ihr Gewalt antun wollen. Seine Kinder, die Afrikaner, lehrt Tarzan, wie man kämpft und Nahrungsmittel anbaut.

Es gab im 20. Jahrhundert wohl keine berühmtere fiktive Figur als Tarzan – obwohl oder gerade weil die Romane einen so rassistischen Plot hatten. Burroughs verfasste und publizierte seine Abenteuerserie fast bis zu seinem Tod im Jahr 1950. Der Plot wurde zum festen Bestandteil von Hollywoodfilmen, wo er wieder und wieder auftaucht, zuletzt im Blockbuster *Avatar* von 2009. Tarzan stellte in der Vorstellung der Amerikaner eine dauerhafte Verbindung zwischen Tieren, Wilden und Afrika dar. Die Aussage war klar: Ob man sich an der Wall Street oder im afrikanischen Dschungel durchkämpfen muss, ob man sich in der klassischen griechischen Literatur von einem Satz zum anderen hangelt oder per Liane von Baum zu Baum schwingt, Weiße sind besser als die affenähnlichen Kinder Afrikas, so viel besser, dass die Weißen stets und weltweit die Lehrmeister der Afrikaner sind. Was zählte da noch Jack Johnsons Weltmeistertitel, die weißen Männer hatten jetzt etwas Besseres. Sie hatten Tarzan, eine sofortige Sensation, eine kulturelle Ikone für Jahrhunderte, eine Figur, die eine Comicserie, eine Fülle von Merchandise-Artikeln und 27 Folgebände nach sich zog, außerdem 45 Verfilmungen, von denen die erste 1918 gedreht wurde.[9]

W. E. B. Du Bois hatte 1909 kein Interesse an Jack Johnson und am Boxen. Er machte sich vielmehr Sorgen um seine Biografie über John Brown, den Kämpfer für die Abschaffung der Sklaverei. Oswald Garrison, ein Liebling des weißen liberalen Amerika – Herausgeber der *New York Evening Post* und von *The Nation* und Enkel von William Lloyd Garrison –, hatte im selben Jahr ebenfalls eine Biografie über Brown veröffentlicht. Sein Buch wurde allgemein als das maßgebliche Werk bejubelt und verkaufte sich entsprechend gut. Du Bois' Verkaufszahlen waren so enttäuschend wie die Rezensionen. Schwarze Wissenschaftler wurden von den weißen Medien und weißen Lesern ignoriert, selbst wenn sie wie Du Bois landesweit bekannt waren. «Wir zählten nur als Neger, die sich mit Negern befassten», erinnerte sich Du Bois, «und was hatten Neger mit Amerika oder mit Wissenschaft zu tun?» Was hatte Wissenschaft mit dem heftigen Kampf gegen das Tuskegee Institute und gegen die Rassentrennung der Jim-Crow-Gesetze zu tun? «Was konnte ich mit all meinen Träumen, Studien und Lehren in diesem erbitterten Streit ausrichten?», fragte Du Bois. Nachdem er das Vertrauen in wissenschaftliche Argumentation verloren hatte, beschloss er, zu «führen, zu inspirieren und zu entscheiden». Im Sommer 1910 verließ er die Atlanta University und zog nach New York, wo er Mitbegründer und Herausgeber der Zeitschrift *The Crisis* wurde, dem Organ der kurz zuvor gegründeten National Association for the Advancement of Colored People (NAACP).[10]

In der NAACP geriet Du Bois mit Oswald Garrison Villard aneinander, der wie Du Bois einer der Gründer der neuen Organisation war. Wie sein Großvater war Villard mehr Assimilationist als Antirassist und sah in den Schwarzen ein soziales Problem. Andererseits war sein Vater von aggressiven schwarzen Antirassisten begeistert gewesen, etwa von der schwarzen Feministin Maria Stewart, während Villard die «natürliche Erwartung» hegte, dass Afroamerikaner «bescheiden und dankbar» sein sollten und «ganz gewiss nicht selbstbewusst und aggressiv», wie Du Bois bemerkte. So versuchte Villard etwa, wenn auch ohne Erfolg, Ida B. Wells-Barnett aus dem Committee of Forty zu drängen, das für die Organisation der NAACP zuständig war.[11]

Die Gründung der NAACP durch Assimilationisten und Antirassisten erfolgte zu einem wichtigen Zeitpunkt. Die Eugenikbewegung war in vollem Gang und sollte rassistische Maßnahmen und die rassistischen Ideen voranbringen, die diese Maßnahmen angeblich rechtfertigten. Auch der Sozialdarwinismus war in den USA voll angekommen. 1910 sicherte sich Charles Davenport, ein früherer Biologe an der University of Chicago, die finanzielle Unterstützung der Erbin eines Eisenbahnimperiums und gründete das Eugenics Record Office im ersten Forschungszentrum des Landes, das sich dem Ziel verschrieben hatte, den Genbestand der Nation zu verbessern, im Cold Spring Harbor Laboratory im Bundestaat New York. Davenport war der Sohn eines Abolitionisten und hatte in Harvard studiert, als Du Bois dort tätig gewesen war. Er wollte eins der größten Hirngespinste der Menschheit beweisen, mit dem man Unterdrückung rechtfertigte: Dass Persönlichkeit und Charaktereigenschaften vererbt werden und dass überlegene rassische Gruppen überlegene Eigenschaften an ihre Nachkommen weitergeben.

«Sie sehen also, dass die von Ihnen ausgebrachte Saat in fernen Ländern immer noch aufgeht», schrieb Davenport 1910 an Frances Galton, den englischen Pionier der Eugenik und Cousin Darwins. Und die Saat der Eugenik gedieh tatsächlich, unermüdlich gehegt und gepflegt von Davenport und den 250 Eugenikern, die er ausbildete. «Dauerhafter Fortschritt» sei nur möglich, wenn man «das beste Blut» sichere, schrieb er in *Heredity in Relation to Eugenics* (1911), dem Manifest der Bewegung. Die Eugenik fand rasch Eingang in die amerikanische Populärkultur: Wettbewerbe um das «bessere Baby», Artikel in Zeitschriften, Seminare an Hochschulen, populäre Vorträge und eine Gesellschaft, die Industriekapitäne und Kriminelle danach bewertete, ob sie gute oder schlechte Gene hatten, gutes oder schlechtes «Blut». Es spielte keine Rolle, dass sich ein Mensch nach einer Bluttransfusion nicht veränderte. Es spielte auch keine Rolle, dass die Eugeniker nie einen Beweis vorlegten, dass die Abstammung das Verhalten prägte. Die Amerikaner wollten glauben, dass die auf Rasse, Ethnie, Klasse und Geschlecht basierenden Hierarchien in den USA natürlich und normal waren. Sie wollten glauben, dass sie ihre Eigenschaften an ihre Kinder vererbten.[12]

Als die Eugenik eine immer größere Verbreitung fand, nutzte Du Bois die Zeitschrift *The Crisis* zum Kampf gegen die Bewegung und publizierte «Fakten und Argumente, die die Gefahren rassischer Vorurteile aufzeigen». Im Rahmen dieser Agenda veröffentlichte er einen Artikel von Franz Boas, der die Leser auf sein 1911 erscheinendes Hauptwerk vorbereitete, *The Mind of the Primitive Man.* Boas gab darin den alten Glauben der Assimilationisten wieder: die Ablehnung der segregationistischen «Theorie der erblichen Minderwertigkeit» und die Vorstellung, dass Schwarze aufgrund des «völligen Verlustes» afrikanischer Kulturen und durch den Druck der Sklaverei und Diskriminierung minderwertig seien. «Kurz gesagt, gibt es allen Grund zu der Annahme, dass der Neger, wenn er die Mittel und Möglichkeiten hat, vollkommen in der Lage ist, seine Pflichten als Bürger genauso gut zu erfüllen wie sein weißer Nachbar», schrieb Boas. «Es mag sein, dass er nicht so viele große Männer hervorbringt wie die weiße Rasse und dass seine durchschnittliche Leistung nicht ganz das Niveau der durchschnittlichen Leistung der weißen Rasse erreicht; aber es wird unzählige geben, die ihre weißen Mitbewerber übertreffen werden.»[13]

«Die nordamerikanischen Neger», erklärte Boas weiter, seien «in Kultur und Sprache» «im Wesentlichen europäisch». Boas war «absolut gegen jegliche Versuche, eine rassische Solidarität zu fördern», auch innerhalb seiner eigenen Gruppe, den Juden. Wie andere Assimilationisten sah er die Vereinigten Staaten als Schmelztiegel, wo sich alle kulturellen Schattierungen vermischten (und zum weißen Amerikanertum verschmolzen). Ironischerweise hassten Assimilationisten wie Boas die Solidarität unter den «Rassen», brachten aber weiter Vorstellungen von Rasse auf genau dieser Grundlage hervor.[14]

Boas verfasste auch das Vorwort zu einem weiteren populären Buch aus dem Jahr 1911, *Half a Man: The Status of the Negro in New York,* das die NAACP-Mitbegründerin und Journalistin Mary White Ovington verfasst hatte. Sie prangerte zwar die Rassendiskriminierung an, griff aber gleichzeitig auf das alte, rassistische Stereotyp von der sexbesessenen, unverantwortlichen schwarzen Frau zurück, das sie neu interpretierte. Je höher die Zahl der schwarzen Frauen im Verhältnis zur Zahl der schwarzen Männer sei, erklärte sie, desto mehr würden diese «überzähligen Frauen» der Prostitution zuneigen und «die Söhne ihrer Nachbarn, ja sogar die Ehemänner durcheinanderbringen». In die gleiche Richtung ging auch die Argumentation von Jane Addams, einer Wegbereiterin der Sozialarbeit, die in *The Crisis* behauptete, schwarze Mütter seien weniger als italienische Mütter in der Lage, das Sexualverhalten ihrer Töchter zu kontrollieren. Ida B. Wells-Barnett konnte diese Angriffe weißer Frauen nicht auf sich beruhen lassen. Schwarze Frauen, schrieb sie, würden «ihre Ehemänner und Kinder genauso sehr lieben, sie streben ebenso sehr geordnete Familienverhältnisse an wie weiße Frauen».[15]

Im Rahmen seiner Bemühungen, die Leserschaft der Zeitschrift zu erweitern und zu zeigen, wozu Schwarze in der Lage waren, führte Du Bois im Juni 1911 eine neue populäre Rubrik in *The Crisis* ein, in der es um schwarze Pioniere ging – einzelne Schwarze, die in ihrem Beruf Rassenschranken überwanden. Mit der zunehmenden Aufhebung der Rassentrennung im neuen Jahrhundert wurden die schwarzen Pioniere in Amerika mit Lob überhäuft, etwa die Kosmetikunternehmerin Madame C. J. Walker und der Gründer der Wochenzeitung *Chicago Defender* Robert Abbott, die die ersten schwarzen Millionäre wurden. Im besten, antirassistischen Fall waren die Lobeshymnen auf schwarze Pioniere auch Stellungnahmen gegen Rassendiskriminierung verbunden mit der Hoffnung, dass ihnen viele Schwarze nachfolgen würden.

Im schlimmsten rassistischen Fall wurden die schwarzen Pioniere als «außergewöhnliche Neger» dargestellt oder als Wegbereiter des Fortschritts ihrer Rasse. Wenn sich mehr Schwarze von diskriminierenden Einschränkungen lösten, hatte die Gesellschaft auch mehr Möglichkeiten, diese Einschränkungen an sich zu ignorieren, man konnte sogar argumentieren, dass etwas anderes als die Diskriminierung die Schwarzen am Aufstieg hindere. Mit jedem schwarzen Pionier wuchs der Druck auf diejenigen, die es nicht schafften, die Barrieren zu überwinden, denn dann hieß es schnell, sie seien selbst schuld an ihrer Situation. In *The Crisis* wurde die Schuld bei beiden gesucht: bei den schwarzen Habenichtsen und bei der Diskriminierung. Allerdings erschien durch die Hervorhebung der schwarzen Pioniere eine bessere schwarze Arbeitsmoral wirksamer als das Vorgehen gegen diskriminierende Hindernisse. Wenn einige es schafften, die Hindernisse zu überwinden, so die Logik, dann könnten das alle, wenn sie sich genügend anstrengten. Rassistische Logik musste nicht logisch sein, sie musste nur irgendwie vernünftig klingen. Und so durchbrachen schwarze Pioniere zwar wirklich Rassenschranken, doch die öffentliche Darstellung sorgte manchmal, wenn nicht sogar meistens dafür, dass rassistische Vorstellungen, die den Schwarzen selbst die Schuld an ihrer Lage gaben, ebenso verstärkt wurden wie die verbleibenden diskriminierenden Beschränkungen.[16]

1913 konnte *The Crisis* auf eine faszinierte Leserschaft verweisen: fasziniert von der Führung des Talentierten Zehntels und der NAACP, fasziniert von den populären Rubriken der Zeitschrift wie zum Beispiel die Berichterstattung über schwarze Pioniere und vor allem fasziniert von der brillanten Redaktion und Feder von W. E. B. Du Bois. Im März berichtete Du Bois wie alle anderen Publikationen des Landes über die erste große Demonstration für das Frauenwahlrecht in Washington D. C., die von der (rassisch getrennten) National American Women's Suffrage Association organisiert worden war. Bei ihrem Marsch auf der Pennsylvania Avenue wurden die 5000 Frauenrechtlerinnen von weißen Polizisten und männlichen Zwischenrufern begleitet. In *The Crisis* berichtete Du Bois über den «bemerkenswerten» Kontrast zwischen den ungehobelten weißen Gaffern und den angeblich respektvollen schwarzen männlichen Zuschauern. Mit beißendem anti-assimilationistischen Sarkasmus fragte er seine schwarzen männlichen Leser: «Verspüren Sie nicht brennende Scham, nur ein schwarzer Mann zu sein, wenn von den Führern der Zivilisation derart gewaltige Taten vollbracht werden? Schämen Sie sich da nicht für Ihre Rasse? Wollen Sie nicht ‹lieber weiß› sein?»[17]

Einige Jahre später veröffentlichte Du Bois eine Diskussion zum Frauenwahlrecht, speziell für schwarze Frauen. Nur wenige schwarze Autoren vertraten das populäre (und sexistische) Argument der weißen Suffragetten: Dass Frauen aufgrund ihrer angeborenen (kindlichen) Moral einen besonderen Anspruch auf das Wahlrecht hätten. Doch die Lehrerin Nannie H. Burroughs griff das Argument auf und gab ihm eine neue Wendung. Burroughs kämpfte wortgewandt und kompromisslos für die Rechte der Frauen und Schwarzen. 1904 hatte sie die rassistische Diskriminierung aufgrund der Hautfarbe in ihrem Aufsatz «Not Color But Character» angeprangert. Legionen schwarzer Männer «würden eine Frau eher aufgrund ihrer Hautfarbe als aufgrund ihres Charakters heiraten», beklagte Burroughs. Deshalb würden schwarze Frauen versuchen, ihr Aussehen zu ändern, würden sich die Haare glätten und die Haut bleichen, um wie weiße Frauen auszusehen. «Eine Frau, die … sich daran orientiert, muss nicht ihr Aussehen ändern, sondern ihr Denken», erklärte Burroughs. «Wenn schwarze Frauen auch nur die Hälfte der Zeit, die sie darauf verwenden, weiß auszusehen, darauf verwenden würden, besser zu werden, würde das die Rasse voranbringen.»[18]

Bei der Diskussion des Frauenwahlrechts im *The Crisis*-Forum neigte allerdings auch Burroughs in eine rassistische Richtung, vor allem mit dem Argument, dass die schwachen schwarzen Männer bei Wahlen ihre Stimme verkaufen würden (und die starken schwarzen Frauen nicht). Dieser sexistische Rassismus war weit verbreitet, von Anna Julia Cooper bis zu Frances Ellen Harper, W. E. B. Du Bois und den Segregationisten wie James K. Vardaman und Ben «Pitchfork» Tillman im Süden. Unmoralische, korrupte und schwache Schwarze hätten ihre Stimmen als Pfand in einem Tauschhandel verwendet oder verkauft, wie Burroughs behauptete. «Die schwarzen Frauen … brauchen das Wahlrecht, um durch seinen klugen *Gebrauch* das zurückzugewinnen, was schwarze Männer durch seinen *Missbrauch* verloren haben», erklärte sie weiter. Mit der Behauptung, schwarze Frauen würden ihre Stimme nicht verkaufen, schrieb Burroughs die Geschichte um und zeigte gleichzeitig, dass schwarze Frauen in ihren Augen den Männern politisch überlegen waren. Dabei ignorierte sie die Geschichte des schwarzen männlichen wie weiblichen Widerstands gegen Gesetze, Gewalt, wirtschaftliche Einschüchterung und all die anderen Mittel, mit denen den männlichen Schwarzen das Stimmrecht gewaltsam entzogen worden war.[19]

Vielleicht war Burroughs immer noch verärgert über die lautstarke Minderheit männlicher schwarzer Wähler, die bei den Präsidentschaftswahlen 1912 für den Kandidaten der Demokraten gestimmt hatten. Obwohl sich Woodrow Wilson, der aus Virginia stammte, als Politikwissenschaftler in Princeton einen Namen damit gemacht hatte, dass er die schwarzen Schrecken der *Reconstruction*-Ära heraufbeschworen und die erneute Unterdrückung der Schwarzen im weißen Süden verteidigt hatte, hatte er sich die Unterstützung von Du Bois und Tausender schwarzer Wähler gesichert, indem er sich für eine Mäßigung beim Thema Rasse ausgesprochen hatte. Nach seinem Amtsantritt gewährte Wilson den Segregationisten aus dem Süden großen Einfluss auf die Regierung. Gleichzeitig forderte er die Schwarzen auf, sich auf die Verbesserung durch Selbstverbesserung zu konzentrieren. W. E. B. Du Bois fühlte sich hintergangen. Wieder einmal hatte ein amerikanischer Politiker die Stimmen der Schwarzen für seine Zwecke benutzt, nur um anschließend die Segregation in Washington und in den staatlichen Stellen überall im Süden noch zu verstärken.[20]

Während Wilsons erster Amtszeit fand im Weißen Haus die erste Filmvorführung statt. Die Wahl des Films warf ein bezeichnendes Licht auf seine Vorstellungen von Rasse: D. W. Griffiths *The Birth of a Nation* (Geburt einer Nation), basierend auf Thomas Dixons populärem Roman *The Klansmen*. Der Film von 1915 war die erste Studioproduktion in Spielfilmlänge und stand damit für die Geburtsstunde Hollywoods und der Filmindustrie in den USA. Das Medium Film wurde zum neuen Instrument für die Verbreitung rassistischer Vorstellungen und löste damit die im Niedergang begriffene Minstrel-Show ab. Der Stummfilm *The Birth of a Nation* schilderte die *Reconstruction*-Zeit als eine Ära korrupter Schwarzer, die, überzeugt von der Überlegenheit ihrer Rasse, den unschuldigen Weißen Angst und Schrecken einjagten. Im Film verfolgt ein schwarzer Vergewaltiger (gespielt von einem weißen Schauspieler, der als Schwarzer geschminkt war) eine weiße Frau durch den Wald, bis sie in den Tod springt. «Lyncht ihn! Lyncht ihn!», schrien die Kinozuschauer in Houston. Tatsächlich wurden 1915 fast hundert Schwarze gelyncht. Im Film organisiert der Bruder des Opfers Angehörige des Ku-Klux-Klans, um im Süden die Kontrolle über die Gesellschaft zurückzugewinnen. Am Ende erscheint ein weißer Jesus – braune Haare, braune Augen und im weißen Gewand – und erteilt dem Triumph der weißen Überlegenheit seinen Segen.[21]

«Als ob man Geschichte mit Blitzstrahlen schreiben würde», soll Präsident Wilson nach dem Film gesagt haben. «Und das Einzige, was ich bedaure, ist, dass alles so schrecklich wahr ist.» Nach dem Filmstart am 8. Februar 1915 drängten Millionen weiße Amerikaner aus den Nord- wie aus den Südstaaten in die Kinos, um die, wie viele glaubten, Wahrheit über die *Reconstruction*-Zeit zu erfahren. Bis Januar 1916 hatten allein in New York über 3 Millionen Menschen den Film gesehen. Zwei Jahrzehnte lang war *The Birth of a Nation* der kommerziell erfolgreichste Film der USA und gab Millionen Amerikanern das Gefühl, ihre Lynchmorde und ihre Politik der Rassentrennung seien gerechtfertigt. Der Ku-Klux-Klan erlebte durch den Film eine Renaissance, Millionen Amerikaner traten in den 1920er-Jahren der rassistischen Organisation bei, die Juden, Einwanderer, Sozialisten, Katholiken und Schwarze terrorisierte.

Empört über die schrecklichen Lügen protestierten schwarze Gemeinschaften überall gegen *The Birth of a Nation*. In den letzten Tagen seines Lebens versuchte Booker T. Washington hinter den Kulissen das zu erreichen, wofür sich die NAACP und andere Bürgerrechtsorganisationen offen einsetzten: die Aufführung des Films zu verhindern. Doch ohne Erfolg. Du Bois hingegen verfolgte einen anderen Ansatz, er stellte den historischen Rassismus des Films in seinem mitreißenden Geschichtswerk *The Negro* infrage, das 1915 genau zum richtigen Zeitpunkt erschien. Darin zerpflückte er die Märchen über das angeblich «nichtafrikanische» alte Ägypten, die Nichtexistenz historischer afrikanischer Reiche, die Schrecken der *Reconstruction*-Zeit und so weiter. Anscheinend hatte er sein biologisches Konzept von Rasse fallen gelassen. Jedoch nicht seine rassistischen Vorstellungen über die Eigenschaften der Neger, die er als «liebenswerteste aller Menschen» bezeichnete.[22]

Auch wenn sich die Bürgerrechtler im Norden redlich darum bemühten, dass *The Birth of a Nation* nicht mehr gezeigt oder die darin geschilderte Geschichte berichtigt wurde, und sie die im Film gebilligte massenhafte Entrechtung schwarzer Männer anprangerten – die schwarzen Bürgerrechtler im Süden taten unendlich viel mehr. Sie zeigten ihren Unmut über die Politik der Rassentrennung im Süden auf andere Art und stimmten mit ihren Füßen ab. Als dieser Prozess abgeschlossen war, konnte man tatsächlich von der Geburt einer neuen Nation sprechen.

Kapitel 25

Die Geburt einer Nation

«Der Krieg ist die Hölle, aber es gibt Dinge, die schlimmer als die Hölle sind, wie jeder Neger weiß.» W. E. B. Du Bois hatte ein Gespür dafür, die komplexen Gefühle der Schwarzen in Worte zu fassen. Nachdem die Einwanderung aus Europa durch den Ersten Weltkrieg zum Erliegen gekommen war, suchte die Industrie der Nordstaaten in den Städten der Südstaaten nach neuem Nachschub an billigen Arbeitskräften. Und selbst wenn *The Birth of a Nation* nie vor begeisterten Zuschauern der Südstaaten über die Leinwand geflimmert wäre, wären die Schwarzen im Süden vermutlich ganz Ohr für die Versprechungen der Anwerber aus dem Norden gewesen.[1]

Doch auch die Versprechungen der Anwerber wären nicht nötig gewesen, um die Schwarzen zu veranlassen, einem Ort zu entfliehen, der in gewisser Weise schlimmer als die Hölle war. Während des Ersten Weltkriegs stimmten die Schwarzen wieder einmal mit den Füßen ab und flüchteten aus den Landstädten des Südens in die großen Städte und von dort weiter in Städte im Grenzgebiet zwischen den Süd- und Nordstaaten und wieder weiter in die Industriestädte im Norden. Mit dieser sogenannten «Great Migration», der ersten antirassistischen Massenbewegung des 20. Jahrhunderts, ließen die Schwarzen den Glauben an ein Weiterkommen im Neuen Süden ebenso hinter sich wie die Vorstellung, die Jim-Crow-Gesetze seien immer noch besser als die Sklaverei, oder die Behauptung, die Schwarzen seien selbst schuld an ihrer politischen und wirtschaftlichen Notlage. Die Segregationisten versuchten die Abwanderung zu verlangsamen, indem sie etwa die Anwerber aus dem Norden terrorisierten, Migranten verhafteten oder sogar versuchten, die Arbeitsbedingungen zu verbessern. Aber nichts und niemand konnte diese Wanderbewegung stoppen.

In den Städten des Nordens sahen sich die Migranten mit der gleichen Diskriminierung konfrontiert, von der sie geglaubt hatten, sie hätten sie hinter sich gelassen, und auch dieselben rassistischen Vorstellungen waren im Norden zu hören. Die angestammten Bewohner der Städte im Norden, schwarze wie weiße, blickten auf die Migranten herab und hielten deren andere (aber nicht gleiche) südliche oder ländliche Kultur für rückständig. Ihre Familien waren in ihren Augen zerrüttet. Und sie bezeichneten die Neuankömmlinge, die Hunderte von Meilen zurückgelegt hatten, um Arbeit und ein besseres Leben zu finden, als faul.

1918 prognostizierte Carter G. Woodson, der in Harvard promoviert und gerade die erste Zeitschrift für afroamerikanische Geschichte sowie den entsprechenden Fachverband gegründet hatte: «Die schlechte Behandlung der Neger wird nationalisiert werden». Er sollte recht behalten. Die Migranten stießen auch in den «Aufnahmestationen» im Norden, um einen Begriff der Journalistin Isabel Wilkerson aus dem Jahr 2010 zu verwenden, auf Rassentrennung. So organisierten etwa Rassisten in Harlem den Kampf gegen die «wachsende Bedrohung» durch «schwarze Horden» und erreichten in ihrem Viertel eine rassische Trennung. Im Verlauf von sechs Jahrzehnten verließen etwa 6 Millionen Schwarze aus dem Süden ihre Heimat, wodurch die zuvor überwiegend ländlich und südlich geprägte schwarze Bevölkerung nun im ganzen Land verteilt war und vor allem urban geprägt wurde.[2]

Im Schatten der Great Migration fand eine kleinere Migrationsbewegung von Menschen aus der Karibik und aus Afrika in die Vereinigten Staaten statt. Im März 1916 traf in New York ein junger, belesener und charismatischer Jamaikaner mit einer Leidenschaft für Afrikaner ein, der Rassismus aus eigener Erfahrung kannte. Der stämmige, dunkelhäutige Marcus Mosiah Garvey wollte finanzielle Unterstützung für eine Schule auf Jamaika auftreiben und besuchte die New Yorker Büros der NAACP auf der Suche nach W.E.B. Du Bois. Doch Du Bois war nicht da, und Garvey «konnte nicht sagen, ob er sich in einem weißen Büro befand oder in dem der NAACP». Die zahlreichen weißen und biethnischen Assimilationisten unter den Mitarbeitern der NAACP sowie die vielen hellhäutigen Assimilationisten in Führungspositionen anderer schwarzer Organisationen trugen sicher zu Garveys Entschluss bei, in Harlem zu bleiben und dort seine Universal Negro Improvement Association (UNIA) aufzubauen. Allerdings vertrat er Prinzipien wie eine globale afrikanische Solidarität, die Schönheit schwarzer Haut und afroamerikanischer Kultur sowie die Selbstbestimmung aller Afrikaner weltweit. «Afrika den Afrikanern», verkündete er gern. Seine UNIA lockte schon bald Antirassisten, schwarze Arbeiter und schwarze Migranten sowie Einwanderer an, die sich an der Diskriminierung aufgrund der Hautfarbe, am klassenbezogenen Rassismus, Assimilationismus und Nativismus der NAACP und des Talentierten Zehntels störten.[3]

Marcus Garvey und seine Anhänger waren nicht die Einzigen, denen die wachsende Popularität und Macht hellhäutiger Afroamerikaner auffiel. Auch der Wissenschaft war diese Entwicklung nicht entgangen. Zwei Jahre nach Garveys erhellendem Besuch in der NAACP-Zentrale beendete der Soziologe und Eugeniker Edward Byron Reuter die Arbeit an seiner Dissertation *The Mulatto in the United States* (1918). Von der University of Iowa aus machte sich Reuter einen Namen mit der These, dass alles, was Schwarze erreichten, die Leistung der «Gemischtrassigen» sei. Für ihn waren sie eine Art rassische Mittelschicht, die unter den überlegenen Weißen standen, aber über den minderwertigen «komplett Schwarzen», wie sie genannt wurden. (Hellhäutige Afroamerikaner lehnten oft die rassistische Vorstellung ab, dass sie Weißen unterlegen seien, die rassistische Idee, dass sie den Schwarzen überlegen seien, übernahmen sie dagegen und verbreiteten sie auch weiter.) Reuter bezeichnete sie – trotz ihres Erfolgs – als «eigenartig», ein Begriff, mit dem etwa zur gleichen Zeit auch Homosexuelle abgestempelt wurden.[4]

Reuter bekräftigte die durch und durch rassistische Vorstellung, dass «Mischlinge» *anomal* seien – zwar einigen überlegen, anderen aber unterlegen. Auch Homosexuelle galten als anomal und wurden manchmal im gleichen Atemzug als «eigenartig» bezeichnet, als Menschen, die sich in einer Art Zwischenstadium befanden. «Zwischen dem weißesten Mann und dem schwärzesten Neger erstreckt sich ein weites Feld dazwischenliegender Rassen», erklärte Xaxier Mayne, einer der frühesten Verfechter der Gleichberechtigung Homosexueller. In seinem Buch *The Intersexes* (1908) schrieb er weiter: «Die Natur verabscheut das Absolute, erfreut sich an … den Zwischenschritten, den Zwischenwesen.» Dass es Bisexuelle und «Gemischtrassige» gab, durchbrach still und leise die sogenannte Normalität der Heterosexualität und «rassischen Reinheit».[5]

Eugeniker, die dafür eintraten, dass man die Reinheit der weißen Rasse bewahren müsse, beklagten die Fortpflanzung zwischen den Rassen. In einem im Krieg veröffentlichten Buch mit dem Titel *The Passing of the Great Race* (Der Untergang der großen Rasse), das gewaltigen Sprengstoff barg, konstruierte der New Yorker Rechtsanwalt Madison Grant 1916 eine rassisch-ethnische Rangordnung, bei der die nordischen Rassen (eine neue Bezeichnung für die Angelsachsen) an der Spitze standen und Juden, Italiener, Iren, Russen und alle Nichtweißen weiter unten. Grant leitete daraus eine Weltgeschichte ab, bei der der Aufstieg und Niedergang der Kulturen auf der

«Menge nordischen Blutes in jeder Nation» basierte. «[Die] Rassen variieren intellektuell und moralisch ebenso wie körperlich», erklärte Grant. «Wir haben 50 Jahre benötigt, um zu erkennen, dass es nicht genügt, wenn ein Neger Englisch lernt, gute Kleidung trägt und zur Schule und in die Kirche geht, er wird trotzdem kein Weißer.» Leidenschaftlich erklärte Grant den Assimilationisten, dass ihre Bemühungen zum Scheitern verurteilt seien. Schwarze seien nicht zur Entwicklung fähig, sie könnten keine Weißen werden. Grant überarbeitete sein Buch in fünf Jahren dreimal für Neuauflagen, außerdem wurde es in zahlreiche andere Sprachen übersetzt. Die Verlage konnten die ungeheure Nachfrage nach segregationistischen Texten und Schriften der vorandrängenden Eugenik-Bewegung, mit denen weiße Theoretiker versuchten, die offensichtliche soziale Ungleichheit als normal zu erklären, kaum decken.[6]

Nach der deutschen Niederlage im Ersten Weltkrieg stürzte sich ein verbitterter österreichischer Soldat in die Politik und wurde prompt für seine Hasstiraden gegen Marxisten und Juden bejubelt. 1924 wurde Adolf Hitler nach einem gescheiterten Putschversuch zu einer Haftstrafe verurteilt. Er nutzte die Zeit in Haft – und Madison Grants Buch –, um sein Opus magnum zu verfassen, *Mein Kampf.* «Der höchste Zweck des völkischen Staates ist die Sorge um die Erhaltung der Rasse», lautet ein berühmtes Diktum Hitlers. Später dankte Hitler Grant für *Der Untergang der großen Rasse* und nannte das Buch «seine Bibel».[7]

Die Eugenik fand auch Eingang in die noch junge Wissenschaft der Psychologie und in die neu geschaffenen standardisierten Intelligenztests. Viele glaubten, die Tests würden ein für alle Mal die Existenz natürlicher Rassenhierarchien belegen. 1916 «perfektionierten» der Eugeniker Lewis Terman und seine Kollegen an der Stanford University die IQ-Tests auf Grundlage der dubiosen Theorie, dass ein standardisierter Test etwas so Kompliziertes, Subjektives und Vielfältiges wie die Intelligenz über verschiedene Probandengruppen hinweg objektiv messen könnte. Das Konzept einer allgemeinen Intelligenz existierte nicht. Wenn Wissenschaftler diese Illusion festlegen wollten, schien sie genauso im Auge des Betrachters zu liegen wie die Schönheit, ebenfalls ein Phänomen, das sich nicht definieren ließ. Doch Terman versetzte die Amerikaner in den Glauben, dass etwas, das grundsätzlich subjektiv war, objektiv und messbar sei. Terman verkündete, der Intelligenztest würde «enorme und bedeutende rassische Unterschiede bei der allgemeinen Intelligenz» ergeben, «Unterschiede, die sich nicht durch den Entwurf einer mentalen Kultur auslöschen lassen». Standardisierte Tests galten als die neue «objektive» Methode, um die intellektuelle Unterlegenheit der Schwarzen zu beweisen und Diskriminierung zu rechtfertigen. Schon bald entwickelte sich eine millionenschwere Testindustrie in den Bereichen Bildung und Wirtschaft.[8]

In den Jahren 1917 und 1918 wurden 1,75 Millionen Soldaten einem Intelligenztest unterzogen. Carl C. Brigham, Präsident der American Psychological Association und Psychologe in Princeton, nutzte die Ergebnisse dieser Tests für eine Rassenhierarchie auf Grundlage von Genetik und Intelligenz. Einige Jahre später entwickelte er den SAT-Test (Scholastic Achievement Test) zum Nachweis der Studierfähigkeit als Voraussetzung für ein Hochschulstudium. Weiße schnitten besser ab, was laut Brigham an ihrem überlegenen weißen Blut lag. Afroamerikaner im Norden erzielten bessere Ergebnisse als Afroamerikaner im Süden, weshalb Brigham argumentierte, Schwarze im Norden hätten einen höheren Anteil an weißem Blut. Diese genetisch überlegenen Afroamerikaner hätten aufgrund ihrer höheren Intelligenz die besseren Chancen im Norden erkannt und seien dorthin gezogen.[9]

Mit der Unterzeichnung des Waffenstillstands am 11. November 1918 endeten die Kampfhandlungen des Ersten Weltkriegs. Anschließend verhandelten die Siegermächte sechs Monate lang bei den Pariser Friedensverhandlungen, bis sie sich auf den Versailler Vertrag einigten, in dem es auch um die Aufteilung der Kolonialreiche ging. W. E. B. Du Bois reiste 1918 nach Paris und sandte von dort Briefe und Leitartikel an *The Crisis.* Er berichtete auch vom Rassismus, der schwarzen Soldaten entgegenschlug, und ergänzte so die Zeitungsberichte aus Kriegszeiten über die Heldentaten schwarzer Soldaten. Der Ton der weißen Zeitungen änderte sich jedoch, als die Offiziere, unter denen ein unverhältnismäßig hoher Anteil weiß war und aus dem Süden stammte, in die USA zurückkehrten und den Reportern ihre Version der Kriegsgeschichten erzählten. Aus den Geschichten über das Heldentum der Schwarzen wurden Geschichten über ihre Unzulänglichkeiten. Du Bois' Berichte und Tätigkeiten in Paris zeigen sein nach wie vor bestehendes doppeltes Bewusstsein und das Schwanken zwischen Assimilationismus und Antirassismus. Bei den Siegermächten beobachtete er während der Pariser Friedenskonferenz einen erbitterten Widerstand gegen die Unabhängigkeit der Kolonialvölker. Im Artikel «Reconstruction and Africa», der im Februar 1919 in *The Crisis* erschien, folgte Du Bois der antirassistischen Argumentation und lehnte die Vorstellung ab, dass Europa der «wohlwollende Zivilisationsbringer Afrikas» sei. Er erklärte: «Die Weißen jonglieren nur mit Worten – oder Schlimmerem –, wenn sie erklären, dass der Rückzug Europas aus Afrika den Kontinent ins Chaos stürzen würde.» Andererseits (und hier kam der Assimilationist zum Tragen) half Du Bois bei der Organisation des ersten Panafrikanischen Kongresses im selben Monat in Paris mit, bei dem die Teilnehmer der Pariser Friedenskonferenz aufgefordert wurden, eine Dekolonisation «schrittweise» umzusetzen und den Kolonialvölkern die Bürgerrechte zuzugestehen. Du Bois wünschte sich eine «Chance auf eine friedliche und beschleunigte Entwicklung schwarzer Völker».[10]

Nach zähen Verhandlungen wurde der Versailler Vertrag am 28. Juni 1919 unterzeichnet. Das Deutsche Reich wurde zur Zahlung von Reparationen verpflichtet, Frankreich, Belgien, Südafrika, Portugal und England erhielten die deutschen Kolonien in Afrika. Der Friedensvertrag sah auch die Gründung des Völkerbundes vor, der künftig die Weltpolitik regeln sollte. Die US-Regierung unter Präsident Wilson schloss sich England und Australien an, die den Vorschlag Japans ablehnten, in der Satzung die Verpflichtung zur Gleichstellung aller Völker zu verankern. Zumindest war Wilson ehrlich. Er fürchtete, die relativ gute Behandlung, die den schwarzen Soldaten in Frankreich zuteil geworden war, könnte «ihnen zu Kopf steigen». Für Wilsons rassistische Amerikaner gab es nichts Gefährlicheres als einen selbstbewussten Schwarzen, der Erwartungen an eine unmittelbare Gleichstellung hegte, anstatt sich mit der allmählichen Gleichstellung abzufinden, die die Assimilationisten verhießen, oder sich gleich in die von den Segregationisten propagierte dauerhafte Ungleichheit zu fügen. 1919 kehrten viele schwarze Soldaten mit antirassistischen Erwartungen als *«New Negroes»* in ihre Heimatorte zurück. Und auch dort wurden sie von «New Negroes» begrüßt.[11]

Diese «New Negroes» folgten Du Bois' Aufforderung: «Bei Gott im Himmel, wir wären Feiglinge und Dummköpfe, wenn wir jetzt, da der Krieg vorüber ist, nicht jede Unze unseres Gehirns und sämtliche Muskeln dafür einsetzen würden, eine viel härtere und längere Schlacht gegen einen viel unnachgiebigeren Gegner zu schlagen, gegen die Mächte der Hölle in unserem eigenen Land», schrieb Du Bois in seinem Artikel «We Return Fighting» in *The Crisis* vom Mai 1919. Die amerikanische Post, die bedenkenlos weiße Zeitungen zugestellt hatte, in denen hemmungslos zu Lynchmorden aufgerufen wurde, weigerte sich, diese Ausgabe der *Crisis* auszuliefern, mit der Begründung, Du Bois' Worte seien «zweifellos gewalttätig» und würden «die hohe Wahrscheinlichkeit» bergen, «ein erhebliches Maß rassischer Vorurteile auszulösen (falls es unter den Negern nicht schon das Höchstmaß erreicht hat)». Du Bois' eigenes Fehlurteil von 1901, dass Antirassisten voller Hass und Wut auf Weiße seien – anstatt ihre Wut gegen rassistische Vorstellungen und Diskriminierung zu richten –, fiel nun wieder auf ihn zurück. In jungen Jahren hatte er Schwarze gedrängt, ihre Bemühungen auf ihre eigene moralische Besserung zu richten, auf die Verbesserung durch Selbstverbesserung, und so das Denken der Rassisten zu verändern. Er hatte versucht, den weißen Amerikanern wissenschaftliche Fakten zu rassebedingter Ungleichheit zu liefern, und hatte geglaubt, die Urheber rassistischer Vorstellungen und Maßnahmen könnten mithilfe der Vernunft zum Umdenken gebracht werden. In jungen Jahren hatte er Aktivisten wie Ida B. Wells-Barnett und Bischof Henry McNeal Turner als unklug, gewalttätig und vorurteilsbehaftet verspottet, wenn sie die Schwarzen leidenschaftlich zum Kampf aufriefen. Doch mit jedem Jahr, in dem sich zeigte, dass Bildung, Überzeugungsarbeit und Selbstverbesserung nichts bewirkten, wurden Du Bois' Aufforderungen an die Schwarzen, zu protestieren und zu kämpfen, lauter und leidenschaftlicher. Allerdings musste er dafür auch die gleiche Kritik einstecken, mit der er früher andere konfrontiert hatte. Nach einer Woche Verzögerung trugen die Postboten schließlich *The Crisis* aus. Die Post hatte festgestellt, dass es noch viel gefährlichere antirassistische und sozialistische Magazine gab, die von den «New Negroes» herausgegeben wurden, etwa Marcus Garveys *The Negro World*.

Wie reagierten nun die Amerikaner, die immer noch in die Kinos strömten, um sich Filme wie *Tarzan* und *The Birth of a Nation* anzusehen, und nachmittags Bücher wie *The Passing of the Great Race* lasen oder Versammlungen des Ku-Klux-Klans besuchten oder versuchten, eine Rassentrennung für schwarze Migranten einzuführen, wie reagierten also diese Amerikaner auf den «New Negro»? James Weldon Johnson beschrieb die Reaktion 1919 als «Roten Sommer» aufgrund des vielen Blutes, das bei einer Serie weißer Übergriffe auf schwarze Viertel vergossen wurde. Seit der *Reconstruction* hatte es nicht mehr so hohen Opferzahlen gegeben. Da sich die New Negroes nicht von rassistischen Ideen einschüchtern ließen, kam es in mindestens 25 amerikanischen Städten zu Gewalttaten, als ob man die selbstbewussten Schwarzen an die Herrschaft der Weißen erinnern wollte. «Wenn wir sterben müssen, dann nicht wie Schweine», forderte Claude McKay in einem Gedicht, mit dem er im Juli 1919 zur Selbstverteidigung aufrief. «Wie Männer trotzt dem feigen Mörderpack / Den Rücken an der Wand, sterbend, doch kämpfend Schlag um Schlag!»[12]

Rassistische weiße Zeitungen stellten, wie damals (und auch heute noch) üblich, die schwarzen Opfer als Kriminelle dar und die weißen Verbrecher als Opfer. Schwarze Zeitungen neigten dazu, wie damals nach dramatischen Akten der Selbstverteidigung ebenfalls üblich, die Männlichkeit der Schwarzen hervorzuheben. «Wenigstens standen unsere Männer ihren Mann, sie schlugen zurück, waren nicht mehr länger tumbes Vieh, das man hin und her treiben kann», jubelte eine schwarze Autorin in *The Crisis*. Für rassistische weiße Kommentatoren waren die schwarzen Männer, die den Roten Sommer angeblich angezettelt hatten, brutales Viehzeug; für rassistische schwarze Kommentatoren hatte das ehemalige Vieh, indem es sich zur Wehr setzte, endlich seine Männlichkeit unter Beweis gestellt. Rassistische Vorstellungen waren in jenem Roten Sommer auf beiden Seiten zu finden und befeuerten den Konflikt, und als sich der Rauch legte, kam ein geschlechtsbezogener Rassismus zum Vorschein, der sich vor allem im peinlichen Stillschweigen in Hinblick auf all die mutigen schwarzen Frauen äußerte, die ihre Männer, Kinder und Gemeinden verteidigt hatten.[13]

Für die Regierung Wilson verschmolz der Rote Sommer irgendwie mit der nach dem Krieg einsetzenden Angst vor dem Kommunismus, weshalb man nicht den gewalttätigen weißen Rassisten die Schuld an dem Blutbad gab, sondern den Gegnern des Kapitalismus. Inspiriert von der Russischen Revolution versammelten sich am 27. September 1919 128 Sozialisten in Chicago und gründeten die Kommunistische Partei der USA (Communist Party of America, CPUSA). «Die rassische Unterdrückung der Neger ist schlicht Ausdruck ihrer wirtschaftlichen Knechtschaft und Unterdrückung, die sich gegenseitig verstärken», hieß es im Programm der CPUSA, was stark an das frühe Programm der Sozialistischen Partei Amerikas (SPA) aus dem Jahr 1903 erinnerte. Seit damals hatten die SPA-Führer, etwa Eugene V. Debs, der fünfmal als Präsidentschaftskandidat der Partei angetreten war, gern verkündet, es gebe «keine Negerfrage außerhalb der Arbeiterfrage». Wie ihre Vorgänger bei der SPA stellten auch die Offiziellen der CPUSA die kapitalistische Ausbeutung als drängenderes Problem dar als die Rassendiskriminierung, anstatt beide auf eine Stufe zu stellen und gleichzeitig dagegen anzugehen. In der unvollständigen Interpretation der Weltwirtschaft und Wirtschaftspolitik durch die CPUSA entstand Rassismus durch den Kapitalismus, daher musste man zuerst das Problem des Kapitalismus angehen. Die Kommunisten glaubten, wenn sie den Kapitalismus beseitigen würden, würde der Rassismus schon von selbst verschwinden – ihnen war nicht klar, dass der Kapitalismus und der Rassismus im langen 15. Jahrhundert entstanden waren und sich seitdem zwar getrennt entwickelt, aber stets gegenseitig verstärkt hatten. Im Parteiorgan *The Communist* wurden Schwarze (und Weiße) im Roten Sommer ermahnt, sie sollten «erkennen, dass ihr Elend nicht aufgrund der Feindschaft der Rassen besteht, sondern aufgrund der FEINDSCHAFT DER KLASSEN», der Feindschaft zwischen den Industriebossen und der Arbeiterschaft.[14]

Die Großindustrie produzierte und verbreitete tatsächlich rassistische Ideen und setzte entsprechende Maßnahmen um, um die Arbeiterklasse nach dem Motto «teile und herrsche» zu spalten, die Lohnkosten zu senken und ihren politischen Einfluss zu steigern. Doch die CPUSA spielte auch herunter, dass weiße Arbeiter und Gewerkschaften die schwarzen Arbeiter diskriminierten und herabsetzten, um ihre eigenen Löhne zu steigern, die eigenen Arbeitsbedingungen zu verbessern und ihre eigene politische Macht auszubauen. Und warum sollte die weiße Arbeiterschaft aufhören, die schwarze Arbeiterschaft zu dominieren, wenn sie die politische und wirtschaftliche Kontrolle über das Kapital erlangt hatte? Mit dieser Frage befassten sich die Kommunisten erst gar nicht, genauso wenig wie mit ihren eigenen rassistischen Vorstellungen in jenen Gründungsjahren, obwohl antirassistische Schwarze, die sich den Kommunisten anschlossen, auf diese Punkte hinwiesen. Im Bestreben, die Arbeiterklasse zu einen, konzentrierten die Parteiführer der CPUSA ihre frühen Rekrutierungsbemühungen auf die rassistischen weißen Arbeiter. Sie weigerten sich, die Schriften von Karl Marx für ihr eigenes Land, das im Sommer 1919 von einer tiefen Rassenspaltung betroffen war, zu aktualisieren. Die Vertreter der CPUSA schwiegen sich darüber aus, was eine Kommunistische Revolution für den Rassismus bedeuten würde, wenn sie nicht gleichzeitig eine Revolution gegen den Rassismus unterstützte.[15]

W. E. B. Du Bois wurde durch den heißen Roten Sommer inspiriert wie nie zuvor, was nicht nur daran lag, dass er begeistert von den New Negroes war oder dass er intensiv Karl Marx las (beziehungsweise seine Lektüre auf den neuesten Stand brachte). Im Februar 1920 veröffentlichte er seine kritischen Essays in dem Band *Darkwater: Voices from Within the Veil.* Mittlerweile hatte er erschöpft feststellen müssen, dass der segregationistische «Glaube, dass Schwarze Untermenschen sind», nicht auf einem Mangel an Wissen basierte: «Das ist schlicht ein leidenschaftliches, tiefsitzendes Vermächtnis und als solches weder durch Argumente noch durch Fakten zu beseitigen.» Nachdem er sich von seinem bisherigen Ansatz der Argumentation und Bildung abgewandt hatte, sah er nun die Lösung in einem einzigen antirassistischen Bewusstsein. Doch er selbst erlangte dieses eine Bewusstsein nie. Stattdessen schrieb er: «Die europäische Kultur – ist sie nicht besser als jede andere Kultur, die in Afrika oder Asien entstand? Ja, das ist sie.»[16]

Nachdem Du Bois die afrikanischen und asiatischen Kulturen derart verdammt hatte, wandte er sich gegen «die Verurteilung der Frauen». In *Darkwater* tat er etwas für schwarze Frauen, was selten getan wurde: Aufgrund «ihres Wertes», «ihrer Schönheit und aufgrund ihrer schweren Vergangenheit ehre ich die Frauen meiner Rasse», schrieb er. Doch in seiner Anerkennung für schwarze Frauen lag die Missachtung nichtschwarzer Frauen und schwarzer Männer, vor allem in ihren Rollen als Mütter und Väter. Für seine Beschreibung einer unglücklichen Familie verwendete er Kontinente als Metaphern. «Der Vater und seine Religion sind Asien; Europa ist das altkluge, egoistische, vorwärtsdrängende Kind; aber das Land der Mutter war und ist Afrika.» Nirgends sei die Liebe einer Mutter stärker und tiefer als in Afrika. Es überrascht nicht, wenn W. E. B. Du Bois – Sohn einer alleinerziehenden Mutter – erklärt: «Es sind die Mütter und die Mütter der Mütter, die zählen, während die Väter schemenhafte Erinnerungen sind.»[17]

Du Bois folgte damit einer langen Tradition von Reformern, die bei den Schwarzen das betonten, was die Rassisten herunterspielten – in seinem Fall machte er aus der Darstellung der schwarzen Frau als unmoralische Anti-Mutter und damit auch als Anti-Frau die Darstellung der schwarzen Frau als moralische Supermutter und Superfrau. Doch ob schwarze Frauen nun erhöht oder erniedrigt wurden, derartige Projektionen verdrehten die Realität, verallgemeinerten das Verhalten unmoralischer oder mütterlicher Individuen und propagierten dabei rassistische Ideen. Eine antirassistische Darstellung schwarzer Frauen müsste die gleiche Vielfalt an mütterlichem und nicht-mütterlichem Verhalten aufweisen, die man bei allen Frauen aller Ethnien findet, die alle nicht perfekt sind.

Jahrzehntelang hatten unterschiedliche Darstellungen schwarzer Frauen Köpfe und Hüften, Verstand und Herz in den schwarzen Tanz- und Trinklokalen bewegt. Wenige Monate nach dem Erscheinen von Du Bois' *Darkwater* brachte Mamie Robinson erstmals einen gesungenen Blues heraus, die große antirassistische Kunstform der 1920er-Jahre. «Crazy Blues» wurde ein Verkaufsschlager. Die Schallplattenfirmen schlugen aus der Blues-Begeisterung der schwarzen wie weißen Hörer Kapital. Mamie Robinson, «Ma» Rainey, Ida Cox und Bessie Smith sangen über schwarze Frauen, die deprimiert und glücklich waren, die sich niederließen oder herumrannten, die Männer hassten und liebten, die leicht zu täuschen oder manipulativ waren, sexuell frei oder sexuell angepasst, selbstbewusst und passiv, die herumwanderten oder blieben, engelsgleich und wild. Die Bluesfrauen und ihre männlichen Kollegen verinnerlichten die Kultur der Afroamerikaner und zeigten deutlich, dass sie nichts übrig hatten für die Strategie, Weiße davon zu überzeugen, dass Schwarze schon okay seien, was wiederum den Assimilationisten des Talentierten Zehntels gar nicht gefiel.[18]

Trotz aller assimilationistischen Vorstellungen barg Du Bois' *Darkwater: Voices from Within the Veil* viel zu viel Antirassismus, um den Geschmack der rassistischen Leser zu treffen. Rassistische Rezensenten aus dem Norden, dem Süden und aus dem Ausland verurteilten das Buch fast einhellig als «Hymne des Rassenhasses» eines verbitterten Verrückten und als einen Text, «wie ihn ein Südstaatler schriebe, wenn er in einen Neger verwandelt werden würde», wie es der Sozialist Harold Laski von der London School of Economics formulierte. Die schwarzen Leser, darunter auch die Legionen von Farmpächtern und Hausangestellten im Süden, waren dagegen überwiegend der Meinung, dass es sich bei dem Buch um einen «Meilenstein in der Geschichte der Negerrasse» handle, wie die *Washington Bee* schrieb. Einigen antirassistischen New Negroes missfielen mitunter das fade Moralisieren und der Klassen-Rassismus von *Darkwater*. William Ferris, Yale-Absolvent und Herausgeber von Garveys *The Negro World*, schrieb dazu, Du Bois blicke auf die schwarzen Massen und ihr Leid «aus den Höhen seiner eigenen Großartigkeit» herab.[19]

Ein Vorwurf, der sich nicht so einfach abstreiten ließ, vor allem nicht, als Du Bois' Meinung über Marcus Garvey bekannt wurde. Garveys Bewegung werde «nach kurzer Zeit» in sich zusammenbrechen, hatte Du Bois angeblich behauptet, und seine «Anhänger sind die niedrigsten Formen von Negern, meistens von den Westindischen Inseln». Eine Äußerung, die nicht nur von Klassen-Rassismus, sondern auch von ethnischem Rassismus zeugte. Der Reporter, der das Zitat veröffentlichte, hatte Du Bois im August 1920 wohl in bitterer Stimmung erwischt. Den ganzen August hatte Du Bois die gewaltigen Aufmärsche und Versammlungen der ersten internationalen Zusammenkunft von Garveys UNIA mit ansehen und sich ihre Reden mit anhören müssen. «Wir werden 400 Millionen Neger aus der ganzen Welt zu einem gigantischen Verband organisieren, um das Banner der Freiheit auf dem großartigen Kontinent Afrika zu hissen», hatte Garvey am 2. August 1920 vor 25 000 begeisterten Delegierten der UNIA im Madison Square Garden verkündet. Die bombastische Konferenz versetzte die Aktivisten der afrikanischen Welt monatelang in ehrfurchtsvolles Staunen. Doch Du Bois und das

Talentierte Zehntel fühlten sich zutiefst bedroht, weil Garvey auf die heikle Realität hingewiesen hatte, dass Hellhäutige privilegiert wurden. «Garvey ist ein außergewöhnlicher Anführer», gab Du Bois Ende 1920 in *The Crisis* zu. Doch es sei ein Fehler gewesen, die Politik der Farbigen aus der Karibik in die USA zu bringen. «Die amerikanischen Neger kannten innerhalb oder außerhalb ihrer Rasse keine Trennlinien aufgrund der Hautfarbe», erklärte Du Bois, «Und am Ende werden sie den Mann bestrafen, der versucht, diese zu etablieren.»[20]

Das war vermutlich die dümmste Äußerung in Du Bois' gesamter Karriere. Er klang so ignorant wie die farbenblinden Rassisten, die ihn seit Jahrzehnten so verärgerten, weil sie vor den Trennlinien zwischen den Rassen die Augen verschlossen. Indem Du Bois die Trennlinien aufgrund der Hautfarbe leugnete, widersprach er auch der bestehenden Diskriminierung aufgrund der Hautfarbe und gab damit im Grunde den dunkleren Schwarzen selbst die Schuld an ihrer unverhältnismäßigen Armut. Du Bois hatte Augen. Er wusste, dass Hellhäutige die begehrten Positionen in der Politik und Wirtschaft dominierten, die Schwarzen offenstanden. In seinem Aufsatz über das Talentierte Zehntel von 1903 hatte er 21 Schwarze der Vergangenheit und Gegenwart in führenden Positionen aufgeführt, von denen alle außer Phillis Wheatley hellhäutig waren. Eine Ida B. Wells-Barnett oder Callie House tauchten in seiner Aufzählung nicht auf. Wahrscheinlich kannte Du Bois auch den Abzählreim, der damals unter Kindern weit verbreitet war: «If you are white, you are all right / If you are yellow, you are mellow / If you are brown, stick around / If you are black, get back.» («Wenn du weiß bist, bist du in Ordnung / Wenn du gelb bist, ist das okay / Wenn du braun bist, kannst du bleiben / Wenn du Schwarz bist, hau ab.») Du Bois wusste, dass die Elite, die Hellhäutigen, immer noch braune Papiertüten und Lineale benutzten, um Dunkelhäutige von ihren Kirchen, Jobs, Vereinen, schwarzen Hochschulen, schwarzen Studentenverbindungen und sogar Wohnvierteln oder anderen Versammlungen fernzuhalten.[21]

Du Bois war nicht ignorant. Vermutlich sahen er und andere Hellhäutige ihre Privilegien bedroht, wenn über die Benachteiligung aufgrund der Hautfarbe und die Gleichstellung aller Schwarzen unabhängig von ihrem Hautton diskutiert wurde, ähnlich wie Weiße ihre Privilegien durch Diskussionen über Rassismus und die Gleichstellung der Rassen bedroht sahen. Also ahmte Du Bois seine Feinde nach: Er nutzte rassistische Vorstellungen und seine Position, um die antirassistische Herausforderung zu unterdrücken, die der Diskriminierung aufgrund der Hautfarbe ein Ende machen wollte.

Der Konflikt zwischen Du Bois und Garvey erreichte Anfang der 1920er-Jahre seinen Höhepunkt beim Streit der beiden über die Frage der rassischen Vermischung. Im Oktober 1921 trat Präsident Warren G. Harding in Birmingham auf, um die Bevölkerung im Süden für sich zu gewinnen. In seiner Rede beharrte er darauf, dass «es eine Verschmelzung der Rassen nicht geben darf». Während Harding in *The Crisis* dafür kritisiert wurde, dass er Beziehungen zwischen den Rassen ablehnte, lobte Garvey den Präsidenten, weil er die Trennung der Rassen unterstützte. Im Gegensatz zu Madison Grants Eugenikern, die für eine rassische Reinheit der Weißen eintraten und sich gegen eine Vermischung wandten, weil dadurch *minderwertiges* schwarzes Blut an Einfluss gewinne, setzte sich Garvey für eine rassische Reinheit der Schwarzen ein und war gegen eine Vermischung, um das *andersartige* weiße Blut fernzuhalten. Assimilationisten verwechselten oft Garveys Separatisten, die an den Grundsatz «getrennt, aber gleich» glaubten, mit den Segregationisten, die wirklich dem Grundsatz «getrennt und ungleich» folgten. Garveys assimilationistische Gegner konstruierten aus der Integration Schwarzer in weiße Bereiche einen Fortschritt. Und diese Assimilationisten brachten auch Garveys separationistische Bemühungen einer rassischen Solidarität mit segregationistischen Bemühungen in Verbindung, weiterhin bestimmte Gruppen aufgrund ihrer Rasse (und der damit verbundenen Minderwertigkeit) aus der Gesellschaft auszuschließen. Garveys assimilationistische Gegner erkannten nicht, dass sich Amerikaner, die sich freiwillig separat hielten, oder Amerikaner, die sich integrierten, nicht von vornherein als tolerant oder intolerant einstufen ließen. Amerikaner separierten oder integrierten sich aufgrund ihrer Religion, ihres Geschlechts, ihrer Ethnie, ihrer Sexualität, ihres Berufs, ihrer Klasse, Rasse und sozialer Interessen, das war ganz normal. Eine separatistische Organisation kann rassistisch sein (und wenn sie das ist, wird daraus die Segregation), wenn die Betonung darauf liegt, andere, vermeintlich minderwertige auszuschließen. Eine rassenübergreifende Organisation kann rassistisch sein (und wenn sie das ist, handelt es sich um Assimilation), wenn die Betonung darauf liegt, untergeordnete Schwarze zu befördern, indem man sie der Obhut übergeordneter Weißer unterstellt. Diesen Eindruck hatte Garvey vom Programm der NAACP, auch wenn er damit nicht ganz richtig lag.[22]

Du Bois und Garvey standen für eine viel größere und hässlichere Schlacht der schwarzen Gemeinschaft in Amerika, eine Auseinandersetzung zwischen Assimilationisten, Antirassisten und Separatisten, zwischen Klassen, zwischen Einheimischen und Einwanderern aus der Karibik, zwischen Nationalisten und Panafrikanisten, zwischen hellerer und dunklerer Hautfarbe. Doch Garvey hatte einen viel mächtigeren Feind, der versuchte, ihn zum Schweigen zu bringen: die amerikanische Regierung. Im Juni 1923 wurde er wegen betrügerischen Bankrotts verurteilt. Er kam gegen Kaution frei und brach nach Liberia auf – und auch Du Bois reiste nach Liberia. Nach seiner Rückkehr gewannen bei Du Bois der Ärger und die Angst um seine privilegierte Position die Oberhand; im Mai 1924 bezeichnete er Garvey als «gefährlichsten Feind der Neger in Amerika und weltweit». Garveys Tage in Freiheit waren gezählt, dennoch setzte er sich gegen Du Bois und das Talentierte Zehntel bei der UNIA-Konferenz im August zur Wehr. Aus seinem antirassistischen Bekenntnis war beißender rassistischer Spott geworden. Schwarze seien die «leichtsinnigsten und gleichgültigsten Menschen der Welt», verkündete er vor Tausenden Zuhörern im Madison Square Garden. Gegen seine Verurteilung hatte Garvey Berufung eingelegt, doch nach Ausschöpfung aller Rechtsmittel kam er sechs Monate nach seinem Auftritt im Madison Square Garden ins Gefängnis und wurde drei Jahre später nach Jamaika abgeschoben.[23]

Einige Wochen vor der Abschlussveranstaltung des UNIA-Konvents waren die Delegierten zum Parteitag der Demokraten 1924 ebenfalls im Madison Square Garden zusammengekommen. Die Demokraten verfehlten mit nur einer Stimme knapp die Mehrheit für die Unterstützung eines Programms, das vom mächtigen Ku-Klux-Klan vertreten wurde und sich gegen Schwarze, Katholiken und Juden richtete. Das Programm hätte sich auch gegen Einwanderer gerichtet, wenn der Kongress nicht einige Monate zuvor den Immigration Act mit parteiübergreifender Unterstützung verabschiedet hätte. Urheber des Gesetzes war Albert Johnson, ein Republikaner aus dem Bundesstaat Washington, der sich mit rassistischen und anti-asiatischen Vorstellungen auskannte und gute Verbindungen zu Madison Grant pflegte. Politiker griffen begeistert die Forderungen der Eugeniker nach einer Beschränkung der Einwanderung für alle Personen auf, die nicht aus Nordwesteuropa stammten und damit nicht «nordischen Typs» waren. Präsident Calvin Coolidge, ein Republikaner aus Massachusetts, der nach dem plötzlichen Tod von Präsident Harding 1923 dessen Nachfolge angetreten hatte, unterzeichnete vor seiner Wiederwahl freudig das Gesetz. «Die Gesetze der Biologie sagen uns, dass bestimmte abweichende Gruppen sich nicht vermischen oder verschmelzen lassen», hatte Coolidge 1921 als designierter Vizepräsident geschrieben. «Der nordische Typ pflanzt sich erfolgreich fort. Eine Vermischung mit anderen Rassen hat auf beiden Seiten eine Verschlechterung zur Folge.»[24]

Nach der Verabschiedung des Immigration Act von 1924 konzentrierten sich die Eugeniker schon bald wieder auf die Rassentrennung, die alle Personen nicht-nordischen Typs betraf. Das Gesetz hatte jedoch ironischerweise den Nebeneffekt, dass es die Umsetzung der Agenda der Eugeniker verlangsamte. Die Angst der Nordländer, dass Nicht-Nordländer das Land übernehmen könnten, wurde durch das Gesetz gemildert, außerdem erhielt der intellektuelle Kampf der Assimilationisten, Nichtweiße dazu zu bringen, sich den weißen Idealen einer amerikanischen Homogenität zu fügen, neue Energie. Eine Historikerkommission der katholischen Kolumbusritter, die sich für die Einwanderung einsetzten, finanzierte sogar die Veröffentlichung mehrerer Bücher, die sich mit dem Beitrag verschiedener rassischer und ethnischer Gruppen für die amerikanische Gesellschaft befassten. Dazu gehörten *The Germans in the Making of America* (die Deutschen waren in der Zwischenkriegszeit verhasst), *The Jews in the Making of America* und Du Bois' *The Gift of the Black Folk: The Negro in the Making of America* (1924).

Im Gegensatz zu den Eugenikern und Assimilationisten strebte Du Bois einen «multirassischen» Pluralismus an, bei dem Unterschiede erkannt und akzeptiert wurden und den gleichen Stellenwert genossen, dem Gebot des Antirassismus folgend wurden sie weder bewertet noch unterdrückt oder ignoriert. Allerdings vermittelte Du Bois selbst eben nicht nur die kulturellen Unterschiede der Afroamerikaner in ihrer Spiritualität, Kunst und Musik, sondern bewertete Schwarze auch auf eine rassistische Art, in der die Ansichten des führenden amerikanischen Soziologen Robert Park von der University of Chicago durchklangen. So schrieb Park etwa, Afroamerikaner seien «in erster Linie Künstler, die das Leben um seiner selbst willen lieben». «Sie sind sozusagen die ‹Dame› unter den Rassen» und würden sich eher für «Äußerlichkeiten» interessieren als für «subjektive Zustände und Selbstwahrnehmung». Auch Du Bois erklärte, Schwarze hätten ein unvergleichliches Gespür für «Klang und Farbe», außerdem seien sie «demütig» und hätten «eine gewisse spirituelle Fröhlichkeit: eine sinnliche, tropische Liebe zum Leben, die in deutlichem Kontrast zur kühlen und vorsichtigen Vernunft Neuenglands steht». Nach all den Jahren trug Du Bois immer noch dazu bei, das Bild Harriet Beecher Stowes von der sanften schwarzen Seele und der harten weißen Vernunft zu verbreiten. Anscheinend konnte nichts diese zutiefst rassistische Vorstellung aus seinem Denken entfernen. Im März 1924 besuchte Du Bois eine Veranstaltung, die sich als richtungsweisend für die afroamerikanische Kultur erweisen sollte, und hatte dabei wahrscheinlich das Gefühl, dass sich sein langjähriges Eintreten für die überlegene künstlerische Begabung der Schwarzen endlich auszahlte. Er hatte stets gehofft, dass schwarze Künstler die Medien und ihre Kreativität nutzen könnten, um rassistische Ideen zu widerlegen. Doch auch diese schwache Hoffnung, dass Überzeugungsarbeit funktionieren könnte, bestand den Realitätstest nicht.[25]

Kapitel 26

Überzeugung durch die Medien

Am Abend des 21. März 1924 besuchte W. E. B. Du Bois eine beeindruckende künstlerische Veranstaltung im Civic Club von Manhattan. Zeremonienmeister war Alain LeRoy Locke, Philosoph und Philosophieprofessor an der Howard University. Die kulturelle Entwicklung werde sich «als Schlüssel für die Neubewertung der Neger erweisen, die jeder bedeutenden Verbesserung der Beziehung zwischen den Rassen vorangehen oder sie begleiten muss», prophezeite Locke in *The New Negro* (1925), der maßgeblichen Anthologie jener Zeit. Er sah in den Medien eine neue Chance, rassistischen Vorstellungen zu begegnen, Schwarze sollten dort durch künstlerische Leistung überzeugen. Der zwanzigjährige Dichter Countee Cullen, der an der New York University studierte und sich ebenfalls der Überzeugungsarbeit in den Medien verschrieben hatte, war zusammen mit über einem Dutzend anderen schwarzen Künstlern – unter denen die Schriftstellerin Jessie Fauset zu den bekanntesten zählte – an jenem Abend anwesend, um Mitglieder des Talentierten Zehntels und weiße Herausgeber zu treffen und sich von ihnen Ratschläge geben zu lassen. Cullen, der mit Du Bois' Tochter Yolande ausging, beendete die Veranstaltung, die später als die Geburtsstunde der Harlem Renaissance galt, mit einer wilden Mischung aus Gedichten und Huldigungen.[1]

Du Bois unterstützte die künstlerische Bewegung der Harlem Renaissance, doch noch bedeutender war sein Einfluss auf Studenten, die sich den New Negroes zurechneten. Sie protestierten gegen die Überreste des von der Tuskegee School praktizierten Ansatzes einer handwerklichen Ausbildung und gegen die Haltung der historisch schwarzen Hochschulen, die gegründet worden seien, um «Diener auszubilden und gelehrige, billige Arbeitskräfte», wie es Du Bois in einer Kritik in *The American Mercury* im Oktober 1924 formuliert hatte. Die Studenten der New-Negro-Bewegung wurden zuerst 1923 an der Florida Agricultural & Mechanical University aktiv, 1924 an der Fisk University, 1925 an der Howard University und 1927 an der Hampton University, mit zahlreichen anderen historisch afroamerikanischen Hochschulen dazwischen. Sie protestierten unter anderem gegen die Moralvorschriften, die die Hochschulen den angeblich barbarischen, sexbesessenen, undisziplinierten schwarzen Studenten auferlegten, um sie zu maßregeln und zu zivilisieren (und um sie vor den Vergeltungsmaßnahmen der Segregationisten zu bewahren). Am 4. Februar 1925 ignorierten über hundert Studenten der Fisk University die Sperrstunde, stürmten über den Campus und riefen dabei «Du Bois! Du Bois!» und «Lieber tot als ein Sklave!» Als das Protestfieber gegen Ende des Jahrzehnts schließlich nachließ, waren viele Regeln abgeschafft worden und die Lehrpläne vieler historisch afroamerikanischer Hochschulen waren abgesehen von einigen Seminaren im Fach «Negro Studies» kaum noch von den Lehrplänen historisch weißer Colleges und Hochschulen (HWCUs) zu unterscheiden. Die Anhänger des Tuskegee Institute und die Antirassisten waren empört, die Assimilationisten dagegen erfreut.[2]

Einige junge und talentierte schwarze Künstler der Harlem Renaissance wollten sich jedoch nicht von Du Bois leiten lassen. Sie nannten sich 1926 «Niggerati», womit sie eindeutig signalisierten, dass sie kein Interesse an einer Assimilierung oder Überzeugungsarbeit in den Medien hatten. Zu den Niggerati zählten der Schriftsteller Wallace Thurman, der vor allem für seine Hommage an dunkle Schönheit bekannt war, den Roman *The Blacker the Berry* (1929), und die in Florida geborene Zora Neale Hurston, die bei Franz Boas studierte, seinen Assimilationismus ablehnte und zum antirassistischen Sprachrohr der ländlichen schwarzen Kultur des Südens wurde. Die jungen Künstler formulierten einen literarischen und sozialen Raum totaler künstlerischer Freiheit und absoluter Toleranz gegenüber den Unterschieden in Kultur, Farbe, Klasse, Geschlecht, Rasse und Sexualität. Sehr wahrscheinlich waren die Niggerati die erste bekannte antirassistische intellektuelle und künstlerische Gruppe in der amerikanischen Geschichte. Die Mitglieder lehnten jeglichen Rassismus ab – klassenbezogenen Rassismus, kulturellen Rassismus, historischen Rassismus, geschlechtsbezogenen Rassismus und sogar LGBT-Rassismus –, einige waren auch homosexuell oder bisexuell. Allerdings wagten sie es nicht, sich zu ihrer sexuellen Orientierung zu bekennen: Alain LeRoy Locke, Bessie Smith und Ma Rainey zählten zu den vielen Stars der Harlem Renaissance, die im homophoben Amerika ein

Doppelleben führten und nur im Privaten die ihnen verwehrte schwarze Sexualität auslebten, während sie ihr Künstlertum, obwohl auch das Schwarzen abgesprochen wurde, öffentlich auslebten.[3]

Im Juni 1926 formulierte ein weiterer Star der Harlem Renaissance (der vermutlich ebenfalls seine sexuelle Orientierung verheimlichte) die antirassistische Philosophie der Niggerati in einem Artikel mit dem Titel «The Negro Artist and the Racial Mountain». Langston Hughes, der mit 24 Jahren bereits eine poetische Sensation war, erklärte, der «Drang innerhalb der Rasse, unbedingt weiß, so wenig Neger und so viel Amerikaner wie möglich zu sein», sei wie ein «Berg, der jeder wahren Kunst der Neger im Weg steht». Hughes reagierte damit auf die Erklärung eines anderen Dichters, der ihm gesagt hatte: «Ich will ein Dichter sein – kein Neger-Dichter.» Vermutlich handelte es sich dabei um Countee Cullen, Du Bois' zukünftigen Schwiegersohn. Hughes beschrieb das Aufwachsen des «jungen Dichters» in einer typischen schwarzen Familie mit mittlerem Einkommen, wo die Mutter den Kindern, wenn sie unartig waren, sagte, sie sollten sich «nicht wie Nigger» benehmen, und der Vater die «hellhäutigste Frau» heiratete, «die er finden konnte», und seinen Kindern sagte: «Seht, wie gut ein weißer Mann etwas macht.», In dieser Familie las man weiße Zeitungen, man ging ins weiße Theater und auf weiße Schulen und bevorzugte Kirchen für hellhäutige Schwarze. Erstrebenswert waren für solche Familien «nordische Manieren, nordische Gesichter, nordische Haare, nordische Kunst», wie Hughes erklärte, «während es leise in ihrem Kopf flüstert: ‹Ich will weiß sein.›» Das sei «wirklich ein sehr hoher Berg für einen angehenden schwarzen Künstler, der sich selbst entdecken will». Dieser Berg halte schwarze Künstler davon ab, «die Schönheit der eigenen Leute» zu sehen, fügte Hughes hinzu.

Im Leben des «gemeinen Volkes», das sich «nicht besonders darum schert, ob man den Weißen gleicht», gebe es «ausreichend Material für einen schwarzen Künstler», wie die Karriere seiner Freundin Zora Neale Hurston zeige. Der Neger-Künstler muss «das Verhältnis zwischen Negern und Weißen» nicht behandeln. Die einzige Verpflichtung, die Hughes für den «jüngeren Neger-Künstler» sah, bestand darin, «durch die Kraft seiner Kunst dieses alte Flüstern ‹ich will weiß sein›, das sich im Streben seiner Leute verbirgt, zu ändern, und zwar in ‹Warum sollte ich weiß sein? Ich bin ein Neger – und schön› *und* auch hässlich.»[4]

Während Langston Hughes seine antirassistische Energie darauf konzentrierte, Schwarze von assimilationistischen Ideen abzubringen, und während Countee Cullen seine assimilationistische kreative Energie darauf verwandte, Weiße von segregationistischen Ideen abzubringen, konzentrierte Du Bois seine Energie weiterhin auf beides. Doch 1926 galt seine Aufmerksamkeit mehr dem Vorhaben, die Weißen zu überzeugen. Und so betrachtete er Hughes' Aufsatz und positive Reaktion auf Carl Van Vechtens *Nigger Heaven*, das im August 1926 erschien, als Verrat.

Van Vechten war der allgegenwärtige weiße Förderer der Harlem Renaissance, der seine schwarzen Schützlinge mit einer seltsamen Leidenschaft präsentierte, ähnlich wie Zoowärter um ihre exotischen Schützlinge herumschwirren. Wenn europäische Künstler in den Zwanzigerjahren nach New York kamen, riefen sie Van Vechten an, der sie auf eine «Safari» durch Harlem mitnahm, denn im Grunde war eine derartige Tour für die Touristen und ihren Stadtführer nichts anderes als eine Safari. Jetzt hatte Van Vechten das entsprechende Buch dazu geschrieben, *Nigger Heaven*.

Van Vechtens Buch ist eine melodramatische tragische Liebesgeschichte mit all den genretypischen Elementen wie Zuneigung, Verführung, Hindernissen, Betrug und Tod, die sich durch die Tücken der Rassendiskriminierung ergeben. Es schildert in lebhaftem Ton die grellen Ausschweifungen der schwarzen Gäste der Jazzclubs und Cabarets; die feierliche Pompösität in den eleganten Häusern der gebildeten, assimilierten schwarzen Eliten und der politisch korrekten Intellektuellen, die über das «Rassenproblem» debattieren. In den negativen schwarzen Kritiken und den positiven weißen Rezensionen erkennt man eine deutliche Trennlinie. *Nigger Heaven* – vom ungeheuerlichen Titel bis zu den ungeheuerlichen Extremen in der Darstellung schwarzer Dekadenz und Wichtigtuerei – war für W. E. B. Du Bois und das Talentierte Zehntel «ein Schlag ins Gesicht». Ein fast so heftiger Schlag wie William Hannibal Thomas' Buch *The American Negro* von 1901. In *Nigger Heaven* behauptet ein schwarzer Professor in Hinblick auf die Überzeugungsarbeit in den Medien, dass sich die Haltung der Weißen nicht ändern würde, auch wenn nun schwarze Künstler in weiße Kreise vorstoßen könnten: «Weil die Weißen, die sie treffen, sie als Genies betrachten, als Ausnahmen.»[5]

Nigger Heaven verhieß eigentlich nichts Schlimmeres als die – allerdings empörend unwahre – Behauptung, dass assimilierte Schwarze verdorben seien, ein ganz ähnlicher Gedankengang, wie wenn weltreisende Rassisten behaupten, tropische «exotische» Länder seien durch die weiße Entwicklungspolitik und Einflüsse «verdorben». In *Nigger Heaven* hat beispielsweise die jungfräuliche und reine (und assimilierte) Gospelsängerin Mary Love «ihre Wurzeln verloren oder verwirkt, diese Ursprünglichkeit, die so wertvoll und wichtig war, dass sie alle zivilisierten Völker nun zurückerobern wollten», wie Van Vechten schrieb. Sie betrauert diesen Verlust und sehnt sich danach, ihn wiederzuentdecken: «Ihre Liebe für Getrommel, für aufpeitschende Rhythmen … diese warme Sexualität … Wir sind alle Wilde, wiederholte sie, alle außer mir!»[6]

Van Vechten reduzierte die künstlerische Begabung der Afroamerikaner auf ihre Natur und unterstellte damit, dass keine intellektuelle Genialität oder auch kein ständiges Üben oder eine unaufhörliche Verfeinerung des Gehörs nötig waren, um ihre komplizierte, großartige Musik und ihre Tanzdarbietungen im Blues und Jazz zu meistern. Demnach waren Schwarze von Natur aus gute Sänger, Tänzer und Musiker (und all die Schwarzen, die nicht singen, tanzen oder musizieren konnten, waren offensichtlich nicht richtig schwarz). Diese Vorstellung wurde später von John Martin aufgegriffen und untermauert, der 1927 zur *New York Times* kam und dort zum ersten bedeutenden Tanzkritiker der USA aufstieg. Er erklärte, Schwarzen sei die Fähigkeit zum Tanzen «angeboren», sie sei «Teil ihres Wesens». Sie hätten ein «natürliches Rhythmusgefühl», aber Mühe, technischere Tanzstile wie etwa beim Ballett zu lernen. Was Van Vechten und Martin als tragisches Dilemma der assimilierten Schwarzen darstellten, war ätzend rassistisch: Die Größe weißer Kultur konnten sie nie ganz erreichen, dennoch flohen sie vor der Größe ihrer eigenen natürlichen Wildheit.[7]

Van Vechten stellte Harlem so aufregend und exotisch dar, dass *Nigger Heaven* bei weißen Lesern zum Bestseller wurde. Weiße strömten nach Harlem – ins schwarze Amerika –, um die vermeintlich primitive und gleichzeitig überlegene angeborene Kreativität der Afroamerikaner und ihre Sexualität zu sehen, zu hören und zu erleben. Sie drängten in die Clubs von Harlem, die so verheißungsvolle Namen wie «Jungle» trugen, oder sahen sich eine Vorführung der neu gegründeten Harlem Globetrotters an. 1927 liefen die schwarzen Basketballspieler in einem «natürlichen Rhythmus» übers Feld und gaben dabei Dschungelgeräusche von sich oder brachen in wildes Gelächter aus, wie frivole, unehrliche, faule Kinder, die eine «strenge weiße Hand» benötigten. Diese Führung lieferte der Gründer des Clubs, Abe Saperstein.[8]

In *Nigger Heaven* und generell im Blues wurden Schwarze für die Weißen mitunter als sexuell, ungebildet, faul, roh, unmoralisch und kriminell dargestellt. Dieses Image zog weitere Debatten über die Verbesserung durch Selbstverbesserung und die Überzeugungsarbeit in den Medien nach sich. Viele Mitglieder der schwarzen Eliten litten jedesmal Qualen, wenn Schwarze in den Medien derart «negativ» dargestellt wurden, weil sie überzeugt waren, dass dadurch Stereotypen verstärkt und rassistische Vorstellungen am Leben erhalten wurden. Sie glaubten felsenfest, dass die Weißen mehr «positive» Darstellungen Schwarzer sehen müssten, Schwarze, die züchtig, gebildet, kultiviert, moralisch und gesetzestreu waren, dann würden die rassistischen Vorstellungen schwinden und schließlich aussterben. Und obwohl die schwarzen Eliten nicht wollten, dass Weiße die negative Darstellung von Schwarzen in den Medien für repräsentativ hielten, betrachteten sie selbst diese Darstellungen tatsächlich als repräsentativ für die «gewöhnlichen» Schwarzen.[9]

Die «gewöhnlichen» Schwarzen und ihre antirassistischen Verteidiger in der schwarzen Elite sahen dagegen in diesen Darstellungen die vielfältige Realität der Afroamerikaner und ihrer Kunst. Die Auswirkungen auf rassistische Vorstellungen kümmerten sie wenig, sie genossen *Nigger Heaven* und den Blues. Und sie hatten recht. Die Amerikaner, die das «negative» Verhalten einzelner schwarzer Figuren in *Nigger Heaven* oder im Blues verallgemeinerten, zeigten dadurch nur, dass sie bereits mit rassistischen Ideen vertraut waren. Der Versuch des Talentierten Zehntels, über die Medien zu überzeugen, war von Anfang an zum Scheitern verurteilt. Obwohl «negative» Darstellungen der Afroamerikaner oft rassistische Vorstellungen bestärkten, führten «positive» Darstellungen nicht zwangsläufig zu ihrer Schwächung. Die «positiven» Porträts wurden einfach als Ausnahmen abgetan, die «negativen» Darstellungen jedoch für typisch gehalten. Selbst wenn die Reformer eines Tages alle «negativen» durch «positive» Darstellungen in den vorherrschenden Medien ersetzen könnten, würden sich die Rassisten wie Süchtige einem anderen Lieferanten zuwenden. Vor *Nigger Heaven* und dem Blues fanden Rassisten ihre bestärkende Droge in den Minstrel-Shows, in der Wissenschaft, in der Verallgemeinerung aller negativen Eindrücke, die sie im Kontakt mit Schwarzen wahrnahmen.

Die Klassen, Generationen und Ideologien übergreifende Debatte über diese Darstellung war Teil der 1920er-Jahre und machte sich an der Darstellung der Schwarzen im Blues und dann im Jazz fest, in *Nigger Heaven* und schließlich in Claude McKays *Home to Harlem* aus dem Jahr 1928. *Home to Harlem*, der erste Bestseller eines schwarzen Autors, hinterließ bei Du Bois das Gefühl, dass er dringend «ein Bad nehmen» müsse. Empört veröffentlichte er im selben Jahr sein Buch *Dark Princess: A Romance*, in dem er wie stets in seinen Romanen starke, intelligente Frauen und sensible, intelligente Männer beschrieb, wobei ihm anscheinend nicht bewusst war, dass er damit ebenfalls rassistische Vorstellungen bestätigte und verstärkte.[10]

Du Bois untermauerte auch assimilationistische Vorstellungen, die in den 1920er-Jahren in den Nordstaaten zunehmend Verbreitung fanden – vor allem bei den Intellektuellen. Die Akzeptanz dieser Vorstellungen schien ein Nebeneffekt der Great Migration zu sein, der immer noch anhaltenden Wanderbewegung der Schwarzen aus den Südstaaten mit ihrer Rassentrennung in den Norden. Doch auch die Bemühungen der New Negroes, die sich gegen die Rassenschranken im Norden und an den dortigen Bildungseinrichtungen wandten, sowie die steigende Bevölkerungszahl der Afroamerikaner spielten eine Rolle. Die Wanderbewegung war nicht die Folge der Bemühungen des Talentierten Zehntels, rassistische Amerikaner erfolgreich davon zu überzeugen, dass schwarze Hausangestellte und Farmer im industrialisierten Norden leben und arbeiten könnten. Die Migranten brachen bewusst aus, sie wollten die Beschränkung auf die Landwirtschaft und den Dienstleistungssektor im Süden mit seiner Rassentrennung hinter sich lassen und damit auch die rassistischen Vorstellungen, mit denen diese Einschränkungen begründet wurden. 1928 veröffentlichten führende Wissenschaftler zum Thema Rasse die Sonderausgabe «The Negro» in der renommierten Fachzeitschrift *Annals of the American Academy of Political and Social Science.* In den vergangenen 15 Jahren hätten, wie der Herausgeber der *Annals* schrieb, «Studenten der Rassenkunde ebenso wie Laien viele ihrer Theorien verwerfen oder gar revidieren» müssen. Die Great Migration habe die «weit verbreitete Theorie» «auf den Kopf gestellt», dass die Rassentrennung aufgrund ihrer «tropischen Natur» das «Negerproblem» lösen werde. Schwarze «beiderlei Geschlechts» hätten ihre Fähigkeiten bei Industrietätigkeiten unter Beweis gestellt, die man früher für zu anspruchsvoll gehalten hätte. Und die Theorie des «Aussterbens durch Degeneration», dass also die Schwarzen aufgrund ihrer schlechten Gesundheit immer weniger werden würden, habe «schwere Rückschläge» erlitten: «Die alten Theorien zur Absorption durch biologische Assimilation haben in ihrer ursprünglichen Form ihrer Bewährungsprobe in der Forschung nicht standgehalten.» Darüber hinaus würden sich «[schwarze] ethische und moralische Standards» immer weiter entwickeln, freute sich der Herausgeber in bester assimilationistischer Manier. Kurz gesagt, die renommierteste Fachzeitschrift der Sozialwissenschaften in den USA verkündete den Rückzug der segregationistischen Ideen. Die Segregationisten hatten die akademische Welt in den USA fast ein Jahrhundert lang dominiert, seit den Tagen von Samuel Morton und den Vertretern der polygenetischen These in der Zeit vor dem Bürgerkrieg.[11]

Die Sonderausgabe umfasste Beiträge angesehener schwarzer und weißer

Gelehrter, darunter W. E. B. Du Bois, Robert Park und der bekannte Soziologe Thorsten Sellin von der University of Pennsylvania. Sellin legte die «Unzuverlässigkeit» von Verbrechensstatistiken aufgrund von Rasse offen, wenn es darum ging, das tatsächliche Ausmaß an Verbrechen zu ermitteln. «Ein farbiger Straftäter genießt in der Regel nicht die rassische Anonymität, die die Straftaten der Angehörigen der weißen Rasse umgibt», schrieb Sellin. «Indem man ihm den Stempel seiner Hautfarbe aufdrückt, geht seine Individualität in gewisser Weise verloren, und aus dem bloßen Dieb, Räuber oder Mörder wird ein Vertreter seiner Rasse.» Dennoch ging Sellin nicht so weit wie die antirassistischen Kriminologen der New Negros, um einzugestehen, dass «die *wahre* Kriminalität der Neger niedriger als die der Weißen oder zumindest genauso niedrig ist».[12]

Walter White, der sich in den 1920er-Jahren in mehreren Fällen als Weißer «ausgab», um im Auftrag der NAACP Lynchmorde zu untersuchen, wies darauf hin, dass die «Rassenschranke» nicht nur in Amerika, sondern auch in Europa und Südafrika existierte und zwar «in annähernd gleichem Ausmaß». Das kommunistische Russland, wo die offiziellen Ansichten zur Rasse weniger ausgeprägt waren als in anderen europäischen Kolonialstaaten, erwähnte er nicht, vermutlich wollte er politisch nicht auffallen. Im Sommer 1928 verkündete die Kommunistische Internationale bei ihrem VI. Weltkongress: «Die kommunistische Partei … hat die Pflicht, weiterhin – und noch viel energischer als bisher – den Kampf für die vollständige Gleichheit der Rechte der Schwarzen zu führen, ebenso für ihr Recht auf Selbstbestimmung in den südlichen Staaten, wo die Schwarzen die Mehrheit der Bevölkerung bilden.»[13]

Die amerikanischen Kommunisten wurden aufgerufen, aktiv zu werden. Der «zentrale Schlachtruf» der Partei sollte lauten: «*Abschaffung des gesamten Systems der Rassendiskriminierung*», wie es in *The Communist* hieß. Auf die Schwarzen, die sich in der Arbeiterbewegung engagierten, wirkte die Erklärung der Komintern von 1928 (und die erweiterte Version von 1930) wie eine Rettungsleine für die ertrinkenden schwarzen Arbeiter. Als Samuel Gompers, Präsident der American Federation of Labor, 1924 starb, setzte sein Nachfolger, der Gewerkschaftsführer William Green, seine Politik fort und erklärte, Schwarze seien in der AFL willkommen, und ignorierte damit, dass es auch unter Gewerkschaftlern Rassendiskriminierung gab. Damit warf er den Schwarzen im Grunde vor, dass sie eigene Gewerkschaften gegründet hatten und in der Rangordnung der Arbeiter unverhältnismäßig häufig ganz unten eingestuft wurden.[14]

Claude C. Bowers hatte die Aufsätze in der Sonderausgabe der *Annals* vermutlich nicht gelesen. Seine Aufmerksamkeit galt im November 1928 einem anderen Ereignis – dem Ausgang der Wahlen. Bowers war Chefredakteur der *New York World,* hatte eine bekannte Biografie über Thomas Jefferson verfasst und war treuer Anhänger der Demokratischen Partei. Bei den Präsidentschaftswahlen 1928 musste er verärgert mit ansehen, wie die Republikaner den Demokraten in den Südstaaten viele Stimmen abgejagt hatten, und beschloss, die Weißen im Süden daran zu erinnern, dass die Republikaner für die «Schrecken» der *Reconstruction* verantwortlich waren. Sein Buch *The Tragic Era: The Revolution After Lincoln,* das 1929 erschien, wurde zum Bestseller. «Bisher schreckten Historiker vor der unangenehmen Aufgabe zurück, uns die Folterkammer zu zeigen», schrieb er, in der die unschuldigen Weißen im Süden von bösen schwarzen Republikanern «im wahrsten Sinne des Wortes» gequält worden seien. Wir werden nie erfahren, wie viele Amerikaner *The Tragic Era* lasen und sich dann *The Birth of a Nation* noch einmal im Kino ansahen und anschließend beschlossen, nie wieder die Republikaner zu wählen, nie mehr einen Lynchversuch zu verpassen und nie mehr über die Aufhebung der Rassentrennung als Option nachzudenken – kurz, nie wieder etwas zu tun, was das alte Schreckgespenst wiederbeleben könnte, dass Schwarze in großer Zahl wählen dürfen und Weiße gefoltert werden. Doch es waren sicher viele, die so dachten. Mehr als jedes andere Buch in den späten 1920er-Jahren trug *The Tragic Era* dazu bei, dass die Segregationisten in der Demokratischen Partei für eine weitere Generation an der Macht blieben.[15]

«Ich habe den Eindruck, dass *The Tragic Era* eine Reaktion erfordert, adäquat, umfassend, gekonnt, und wieder einmal hat es den Anschein, dass Sie der Richtige dafür sind!», schrieb die legendäre schwarze Autorin und Erzieherin Anna Julia Cooper an W. E. B. Du Bois. Also stürzte sich Du Bois in die Recherche für ein Buch, das er später als sein bestes betrachtete, sogar besser als *The Souls of Black Folk.* Es werde nie eine wahre Geschichte Amerikas geben, wenn wir «an unseren Hochschulen keine Leute haben, denen die Wahrheit mehr bedeutet als die Verteidigung der weißen Rasse», lautet die Schlussfolgerung in Du Bois' Buch *Black Reconstruction in America: 1860–1880,* das 1935 veröffentlicht wurde. Die Zeit der *Reconstruction* sei alles andere als tragisch gewesen, argumentierte er darin, sondern die erste und einzige Phase in der Geschichte der Vereinigten Staaten, in der das Land echte

Demokratie erlebt habe. Nach dem Bürgerkrieg hätten schwarze und weiße Bürger gemeinsam demokratische bundesstaatliche Regierungen aufgebaut und den Bürgern der Südstaaten öffentliche Mittel zur Verfügung gestellt. Weiße Eliten hätten dann diese Regierungen gestürzt, indem sie sich die Loyalität der weißen Bürger gesichert hätten, allerdings nicht dadurch, dass sie ihnen höhere Löhne geboten hätten, sondern durch das Versprechen auf eine lukrative «öffentliche und psychologische Belohnung». Nach Du Bois bezeichnen Historiker heute diese Belohnung als «Wages of Whiteness» («Lohn des Weißseins«): die Vorteile, die Weißen durch die Anwendung rassistischer Vorstellungen und der Rassentrennung zuteil werden. Um in den Genuss dieser Vorteile zu kommen, mussten die weißen Arbeiter nur Schulter an Schulter mit den weißen Eliten stehen, auf dem Rücken der gelynchten, vergewaltigten und ausgebeuteten Schwarzen.[16]

Laut einer Rezension im *New Yorker* vertrat Du Bois «die ungewöhnliche Ansicht, in Abgrenzung zu den meisten früheren Autoren, dass der Neger ein menschliches Wesen ist.» Du Bois' Geschichte der *Reconstruction*-Ära verändere die «bekannten Szenerien und Wahrzeichen» oder fege sie beiseite, wie ein Kritiker in der *Time* schrieb. Doch unter den südlichen Segregationisten konnte Du Bois die Begeisterung für *The Tragic Era* damit nicht mildern. Es schien höchst unwahrscheinlich, dass sich rassistische Leser durch einen schwarzen Gelehrten von ihrer Meinung abbringen ließen. Tatsächlich brauchte es einen weißen Historiker und geborenen Südstaatler, den Geschichtswissenschaftler Howard K. Beale von der University of North Carolina at Chapel Hill, um 1940 den Konsens der Dunning-Schule aufzubrechen.[17]

Claude Bowers' Buch leistete sicher einen Beitrag, doch auch ohne *The Tragic Era* wäre die Republikanische Partei bei den Wählern gescheitert. Am 29. Oktober 1929 brachen die Kurse an der New Yorker Börse ein. Mit dem Beginn der Weltwirtschaftskrise endete die jahrzehntelange Vorherrschaft der wirtschaftsfreundlichen Republikaner. Die Great Depression traf den Süden und die Schwarzen besonders hart. «Kein Job für Nigger, bis nicht jeder Weiße einen Job hat», lautete das Motto in den Staaten des Tiefen Südens. Im Norden mussten schwarze Migranten und Einheimische ihre Arbeitskraft oft auf dem «Sklavenmarkt» anbieten, wie die Straßenecken in den Städten des Nordens genannt wurden, wo weiße Arbeitgeber vorbeikamen und die billigsten Tagelöhner auswählten. Die sexuelle und finanzielle Ausbeutung griff massiv um sich.[18]

Während der Great Depression, unter der so viele Amerikaner zu leiden hatten, fiel es schwer, die Eugenik zu akzeptieren – also die eigene wirtschaftliche Not ererbten Faktoren zuzuschreiben. Die Assimilationisten nutzten diese Kampfpause und übernahmen in der akademischen Welt die Kontrolle. Franz Boas ging in seiner Antrittsrede als Präsident der American Association for the Advancement of Science 1931 mit den Segregationisten hart ins Gericht. Der Psychologe Carl C. Brigham, der in Princeton lehrte, gestand 1932, seine früheren Studien über IQ-Tests, die angeblich eine genetische Unterlegenheit der Schwarzen nachwiesen, seien «ohne Grundlage» (allerdings wurden seine SAT-Tests trotzdem immer stärker genutzt). Die wissenschaftlichen Disziplinen zerfielen in einander bekämpfende Fraktionen, die Genetiker distanzierten sich von den Eugenikern. Doch dann erlebte die Eugenik durch den Nationalsozialismus in Deutschland und die amerikanische Bewegung zur Geburtenkontrolle unter Führung von Margaret Sanger und ihrer American Birth Control League einen neuen Aufschwung.[19]

Die biologische Anthropologie, die sich mit Unterschieden zwischen den Rassen befasste, hatte sich von der Kulturanthropologie abgespalten, bei der es um kulturelle Unterschiede ging. Franz Boas stand an der Spitze der Kulturanthropologie; an der Spitze der biologischen Anthropologie standen Earnest A. Hooton und Carleton S. Coon in Harvard. 1931 verfasste Hooton *Up From the Ape,* das zum Standardwerk der biologischen Anthropologie in den kommenden Jahrzehnten wurde. «Biologische Merkmale», erklärte Hooton, «die die Rasse bestimmen, werden hauptsächlich mit bestimmten nicht greifbaren und nicht messbaren, aber dennoch realen und wichtigen Variationen bei Temperament und Mentalität assoziiert.»[20]

Viele Studenten Hootons arbeiteten später im Gesundheitswesen, wo segregationistische Vorstellungen von biologischen Rassen weit verbreitet waren und Krankheiten je nach Rasse unterschiedlich behandelt wurden. So behauptete etwa der Syphilis-»Experte» Thomas Murrell 1910 im *Journal of the American Medical Association,* Syphilis schade Schwarzen deutlich mehr als Weißen. Definitiv bewiesen wurde diese These jedoch nie. Daher begann der amerikanische Public Health Service 1932 eine Syphilis-Studie mit dem Titel «Study of Syphilis in the Untreated Negro Male». 600 mit Syphilis infizierten Farm-Pächtern in Tuskegee in Alabama wurde eine kostenlose medizinische Behandlung versprochen, wenn sie an der Studie teilnahmen. Allerdings wurden ihnen Medikamente vorenthalten, man wartete sogar auf ihren Tod, damit man eine Autopsie an ihnen vornehmen konnte. Die Mitarbeiter der Studie wollten ihre These bestätigen, dass die Syphilis das Nervensystem von Weißen zerstöre, während sie das «unterentwickelte» Gehirn von Schwarzen übergehe und stattdessen ihr Herz-Kreislauf-System angreife. Die Studie wurde erst abgebrochen, als die Presse den Skandal 1972 publik machte.[21]

Hootons *Up from the Ape* erfuhr eine populäre Ergänzung, als 1933 *King Kong* auf den Kinoleinwänden auftauchte. In dieser Abenteuergeschichte findet ein kolossaler, urtümlicher Affe, der auf einer abgeschiedenen Insel lebt, den Tod, als er versucht, eine junge und schöne weiße Frau in seine Gewalt zu bringen. Die Amerikaner kratzten ihre letzten Cent zusammen, um sich Ablenkung von der Tristesse der Wirtschaftskrise zu schaffen, und machten den Film zum Kassenschlager. Die Kritiker waren fasziniert. «Eine der originellsten, fesselndsten und gewaltigsten Neuheiten, die je ein Filmstudio hervorgebracht hat», hieß es in der *Chicago Tribune*. Im Grunde war *King Kong* nichts anderes als ein Remake von *The Birth of a Nation*, nur war die Handlung dieses Mal zunächst wie bei *Tarzan* in einen abgeschiedenen Urwald verlegt worden und dann nach New York. Doch anders als *The Birth of a Nation* löste *King Kong* keine Kontroverse aus. Die Filmemacher hatten den physisch überlegenen Schwarzen getarnt und ihm ein Affenkostüm verpasst. In beiden Filmen terrorisiert der Neger-Affe die Weißen, versucht, die weiße Zivilisation zu zerstören, und stellt einer weißen Frau nach, bevor es zum dramatischen Finale kommt – der Ermordung des Neger-Affen. *King Kong* ist verblüffend originell, wenn es darum geht, rassistische Vorstellungen in Bilder umzusetzen – ohne auch nur ein Wort über Schwarze zu verlieren, ähnlich wie in den sogenannten «Großvater-Regelungen» in den Gesetzen der Südstaaten, bei den Wählersteuern und Lese- und Schreibetests, mit denen man Schwarze im Süden von Wahlen ausschloss.[22]

Schwarze Kritiker hatten Mühe, *King Kong* zu verurteilen. Weniger Probleme hatten sie mit ihrer Kritik an der Radio-Comedy-Serie *Amos 'n' Andy* auf NBC. In den 1930er-Jahren schalteten jeden Abend über 40 Millionen schwarze und weiße Hörer ein, um «The Perfect Song» aus der Filmmusik von *The Birth of a Nation* zu hören, auf den dann *Amos 'n' Andy* folgte. Zu den stereotypen Figuren zählten die aus den Minstrel-Shows bekannten Coons, ein Onkel Tom, eine kräftige, selbstlose Mammy wie in *Gone With the Wind* und sogar eine quengelnde, selbstbewusste Ehefrau namens Saphire, die Männer zu Pantoffelhelden machte – der erste größere Auftritt einer aggressiven schwarzen Frau in den Medien. Während rassistische Hörer *über* die Figuren lachten, lachten die antirassistischen Hörer *mit* ihnen, vor allem mit den grundlegend liebenswerten und aufgrund ihrer Fehler so menschlich wirkenden beiden Hauptpersonen, gespielt von zwei weißen Darstellern, die schon in einigen Minstrel-Shows Erfahrung gesammelt hatten und mit dem Publikum die Probleme, Ängste, Enttäuschungen und Einschränkungen der Schwarzen in den Städten während der Wirtschaftskrise teilten. Afroamerikaner, die über *Amos 'n' Andy* die Nase rümpften, mochten meist auch nicht den ersten schwarzen Star Hollywoods: Stepin Fetchit, der mehrere Auftritte als «faulster Mann der Welt» hatte. Er spielte auch in *Hearts in Dixie* (1929) mit, der ersten Filmproduktion mit einer hauptsächlich schwarzen Besetzung. Stepin Fetchits Figuren waren bei aller Faulheit schlau und mussten kaum arbeiten, weil sie die verzweifelten Weißen immer irgendwie dazu brachten, die Arbeit schließlich selbst zu machen. Antirassistische Schwarze liebten die Figur. Er war ein Gauner, der die Rassisten austrickste und sich damit für diejenigen rächte, die in der Sklaverei ausgetrickst worden waren.[23]

Die von der Wirtschaftskrise betroffenen Schwarzen mussten versuchen, irgendwie ihr Auskommen zu haben, und eine Möglichkeit finden, die erdrückende Arbeitslast in ihren schlimmen und harten Jobs zu verringern, selbst wenn das bedeutete, Faulheit vorzuschützen. Von staatlicher Seite gab es kaum Unterstützung, auch hier galt der «Old Deal» der Rassendiskriminierung. Die NAACP versuchte zu helfen, doch ihre Mitgliederzahlen und damit ihre Finanzen erlebten einen massiven Einbruch. Und die Zentrale der NAACP war damit beschäftigt, sich von Du Bois und dem Überlebenskampf der armen Schwarzen zu distanzieren.

Kapitel 27

Der Old Deal

W. E. B. Du Bois teilte die Vision, die Walter White, ab 1933 der neue Geschäftsführer, für die NAACP hatte, nicht. Du Bois stellte sich die NAACP als eine Vereinigung gewöhnlicher Menschen vor, wie beispielsweise die Scottsboro Boys, die neun schwarzen Teenager, die 1931 von einem rein weißen Schwurgericht in Alabama zu Unrecht für die Vergewaltigung zweier junger weißer Frauen in einem Zug verurteilt worden waren. Diese armen, dunkelhäutigen, ungebildeten und nicht assimilierten Teenager – für deren Freilassung Aktivisten weltweit demonstrierten – passten nicht zu Walter Whites Vorstellungen. Er wollte die NAACP in eine hierarchisch strukturierte Lobbyorganisation umwandeln, die «kultivierte» Personen wie ihn zu Gerichtsprozessen oder zu Politikern schickte, um die weißen Richter und Gesetzgeber von einem Ende der Rassendiskriminierung zu überzeugen. Walter White, der aufgrund seines Aussehens manchmal als Weißer durchging, hatte eine ähnliche Vorstellung wie einst der junge Du Bois mit seinem doppelten Bewusstsein. Doch 1933 hatte sich der mittlerweile 65-jährige Du Bois fast völlig dem Antirassismus verschrieben.[1]

Du Bois entfloh den internen Auseinandersetzungen bei der NAACP und nahm eine fünfmonatige Gastprofessur an seiner alten Wirkungsstätte an, der Atlanta University. Aufgrund der Weltwirtschaftskrise hatten sich fast alle Intellektuelle wirtschaftlichen Fragen zugewandt, und auch Du Bois gab im Frühjahrssemester 1933 zwei Seminare zum Thema Marxismus und Afroamerikaner, über das er auch zwei Artikel verfasste und an *The Crisis* sandte. Daraufhin bat Abram Harris, ein orthodoxer Marxist an der Howard University, Du Bois, seine Verknüpfung von Marx und antirassistischen Ideen noch einmal zu überdenken. Marx habe sich nie ausführlich mit der Rassenfrage befasst, trotz seiner berühmten Erklärung: «Die Arbeit in weißer Haut kann sich nicht dort emanzipieren, wo sie in schwarzer Haut gebrandmarkt wird.» Doch es war nicht eine alte Theorie, sondern die aktuelle deprimierende Realität, die Du Bois überzeugte, dass es an der Zeit war, neue Wege einzuschlagen und sich mit der Ideologie eines antirassistischen Sozialismus auseinanderzusetzen. In einem Artikel aus dem Jahr 1933 beschrieb er die USA als «post-Marxsches Phänomen» mit einer weißen «Arbeiteraristokratie». Gegen Ende der 1930er-Jahre führte Du Bois seinen antirassistischen Sozialismus in *Dusk of Dawn* (1940) weiter aus. «Anstelle einer horizontalen Teilung der Klassen gab es einen vertikalen Riss, eine komplette Trennung der Klassen aufgrund der Rasse, die quer durch die ökonomischen Schichten ging», erläuterte Du Bois. Die Ursache für diesen vertikalen Schnitt seien die seit Jahrhunderten bestehenden rassistischen Vorstellungen. «Diese eindeutige und unwiderlegbare Tatsache wurde vom importierten russischen Kommunismus ignoriert, der sie nicht diskutieren wollte.»[2]

Du Bois' antirassistischer Sozialismus spiegelte seine eigene Ernüchterung nicht nur über den Kapitalismus, sondern auch über den Assimilationismus wider. In einer Rede vor den Absolventen seiner Alma Mater, der Fisk University, forderte Du Bois im Juni 1933 die Dozenten der historisch afroamerikanischen Universitäten heraus, die einfach die Lehrpläne der weißen Hochschulen kopierten. Du Bois wusste, dass die Abschlussklasse 1929 der Lincoln University in Pennsylvania, der auch Thurgood Marshall angehörte (der später der erste afroamerikanische Richter am Obersten Gericht der USA werden sollte), mit überwältigender Mehrheit schwarze Professoren und das Fach «Negro Studies» abgelehnt hatte, und erklärte diese Entscheidung mit rassistischen Vorstellungen. Die antirassistischen Forderungen nach afroamerikanischen Fächern an afroamerikanischen Hochschulen kamen weiterhin von Du Bois, Langston Hughes und von Carter G. Woodson, der 1926 die populäre Gedenkwoche «Negro History Week» initiierte. Woodson lenkte in seinem 1933 erschienenen Buch die Aufmerksamkeit auf das Thema, das er unter dem Titel *The Mis-Education of the Negro* zusammenfasste. «Es war allgemein bekannt», schreibt Woodson, «dass sich der weiße Mann durch den Geschichtsunterricht weiter seine Überlegenheit sichern konnte. Wenn man das Denken der Menschen kontrollieren kann, muss man sich keine Gedanken über ihr Handeln machen … Wenn man einem Menschen das Gefühl gibt, er sei unterlegen, muss man ihn nicht dazu bewegen, eine untergeordnete Position einzunehmen, denn die sucht er sich schon selbst.» Er fügt hinzu: «Und wenn es keine Hintertür gibt, wird seine Natur danach verlangen.» Genau so verlangten assimilationistische schwarze Dozenten diese Hintertür und verlangsamten damit die Verbreitung der Afroamerikanistik in den 1930er-Jahren.[3]

Je antirassistischer Du Bois wurde, desto mehr erkannte er, dass der Versuch, einflussreiche Rassisten zu überzeugen, Zeitverschwendung war. Er war immer mehr davon überzeugt, dass Schwarze auf sich vertrauen mussten. Dass schwarze Solidarität dringend notwendig war, bestätigte sich für Du Bois auch beim Blick auf die politischen Maßnahmen, mit denen man in Washington gegen die Great Depression anging. Präsident Franklin D. Roosevelt setzte nach seinem Amtsantritt den sogenannten «New Deal» durch, eine Reihe staatlicher Maßnahmen in den Jahren 1933 bis 1938, darunter Hilfsprogramme, Arbeitsbeschaffungsmaßnahmen und Gesetze zur Arbeits- und Finanzmarktreform, um den Kapitalismus zu retten. Um sich die Stimmen der demokratischen Kongressabgeordneten aus dem Süden zu sichern, gestalteten Roosevelt und die Demokraten aus dem Norden die Gesetze so, dass sie für die Schwarzen im Süden eher wie ein «Old Deal» als ein New Deal wirkten. Wie schon in den Zeiten vor Roosevelt erhielten die Segregationisten die Macht, die Unterstützung aus den staatlichen Programmen vor Ort nach ihren diskriminierenden Maßstäben zu verteilen. Die Segregationisten sorgten auch dafür, dass Farmarbeiter und Hausangestellte – die Hauptbeschäftigung der Schwarzen – von den Vorteilen der neuen Gesetze ausgenommen blieben, etwa vom Mindestlohn, der Sozialversicherung, Arbeitslosenversicherung und dem Recht auf gewerkschaftliche Vereinigung. Die Schwarzen im Süden schlossen sich trotzdem heimlich in Gewerkschaften für Farmpächter und Industriearbeiter zusammen, die innerhalb und außerhalb der CPUSA organisiert wurden, um in den 1930er-Jahren für ihren New Deal zu kämpfen. In Alabama verbanden die Schwarzen ihren eigenen antirassistischen Sozialismus und die christliche Theologie zu einem beliebten Spruch: «Der Tag wird kommen, an dem die Letzten die Ersten sein werden. Die Äthiopier werden ihre Arme ausstrecken und einen Platz unter der Sonne finden.»[4]

Die Schwarzen im Norden traten dem Congress of Industrial Organizations (CIO) bei, der im Sommer 1935 entstand. Einige Gewerkschaften unterstützten sie in ihrem dualen Kampf gegen Kapitalismus und Rassismus. Andere Gewerkschaften boten den schwarzen Arbeitern den «Old Deal» an: Um Mitglied in einer Gewerkschaft zu werden, «müssen die Neger vergessen, dass sie Neger sind» und nicht dauernd von Rasse reden. Dabei hätte sich das Thema schnell erledigt, wenn die Gewerkschaften gegen die Ursache vorgegangen wären, nämlich die Rassendiskriminierung, aber in diese Richtung wollten sie nichts unternehmen.[5]

Abgesehen vom Arbeitsmarkt gab es vermutlich nirgends eine schlimmere Diskriminierung als auf dem Immobilienmarkt. Auch die neue Home Owners Loan Corporation (HOLC) und die Federal Housing Administration (FHA) der Roosevelt-Regierung boten Schwarzen den «Old Deal», indem sie farblich markierte Stadtpläne erstellen ließen, auf denen die Viertel der Schwarzen mit rot als unerwünscht gekennzeichnet waren. Aufgrund der Kennzeichnung kamen Schwarze aus diesen Vierteln nicht in den Genuss der von der Regierung neu geschaffenen günstigen Kredite, sodass sie kein Haus erwerben und dadurch auch kein Vermögen bilden konnten. Aber natürlich wurde diese Diskriminierung ignoriert oder heruntergespielt. Stattdessen gab man dem Finanzverhalten der Schwarzen die Schuld an der aufgrund politischer Maßnahmen wachsenden finanziellen Ungleichheit und Rassentrennung. Die Diskriminierung der Schwarzen und die staatliche Unterstützung der Weißen trugen den Sieg davon.[6]

Obwohl Afroamerikaner proportional weniger erhielten als weiße Amerikaner, gab es doch einige Schwarze, vor allem im Norden, die durch den New Deal unterstützt wurden, auf jeden Fall mehr als durch jedes andere staatliche Programm der jüngsten Zeit. Dankbar liefen die schwarzen Wähler der Republikaner zu Roosevelts Demokraten über. Ihnen sagte natürlich auch Roosevelts berühmtes «schwarzes Kabinett» zu; immerhin hatte der Präsident 45 Schwarze in seiner Regierung. Ihr hohes Ansehen bei den Schwarzen hatte die Regierung und damit die Demokratische Partei jedoch vor allem einer Frau zu verdanken, Eleanor Roosevelt, der Frau des Präsidenten. 1934 unterstützte die First Lady öffentlich das Gesetz gegen Lynchjustiz, das seit Jahren im Kongress nicht vorankam. Sie freundete sich mit der einzigen Frau im «schwarzen Kabinett» an, mit Mary McLeod Bethune, sowie mit Walter White von der NAACP und zeigte Vergnügen an «der Gabe der Schwarzen für Kunst und Musik und Rhythmus», die bei vielen «in ihrer Natur» liege.[7]

Präsident Roosevelt machte 1933 zu einem Wendepunkt in der Wirtschaftsgeschichte der USA, denn er setzte gleich in seinen ersten hundert Tagen im Amt eine Reihe von Gesetzen zur Ankurbelung der Wirtschaft durch. Das Jahr hätte auch ein Schlüsseljahr für das Verhältnis der Rassen in den Vereinigten Staaten sein können, doch Roosevelt war zu stark auf die Segregationisten in seiner Partei angewiesen. Die Afroamerikaner wiederum waren zu sehr an die Assimilationisten oder den Glauben an die Strategie gebunden, sie könnten Weiße durch Argumente von ihrer Gleichwertigkeit überzeugen, als dass Du Bois' aufrüttelnde Artikel eine antirassistische Bewegung hätten in Gang setzen können. In der Septemberausgabe von *The Crisis* veröffentlichte Du Bois 1933 seinen Text «On Being Ashamed», einen Rückblick auf seine Haltung im Verlauf seines Lebens, das er als typisch für alle schwarzen Amerikaner betrachtete. Seit der Emanzipation um die Jahrhundertwende habe sich «die Oberschicht der farbigen Amerikaner» darum bemüht, «sich in die Masse der Amerikaner zu flüchten» und sich quasi für diejenigen «geschämt», die sich nicht assimilierten. Doch seit damals «hat das farbige Amerika sich selbst entdeckt», und auch Du Bois hatte sich selbst und sein antirassistisches Bewusstsein entdeckt. In der Novemberausgabe von *The Crisis* tadelte er die «große Zahl der amerikanischen Neger, die sich in allen wesentlichen Einzelheiten der weißen Rasse zugehörig betrachten». Und in der Ausgabe vom Januar 1934 überraschte er die Leser, die von ihm eine integrationistische Haltung gewöhnt waren, mit dem Artikel «Segregation». Wie Marcus Garvey unterschied Du Bois zwischen der freiwilligen, nichtdiskriminierenden Trennung und der unfreiwilligen, diskriminierenden Trennung. Die Opposition gegen die freiwillige schwarze Abtrennung dürfe nicht auf rassistischen Vorstellungen beruhen, erklärte er, und auch nicht «auf dem Widerwillen oder der mangelnden Bereitschaft Farbiger, miteinander zu arbeiten, miteinander zu kooperieren, miteinander zu leben».[8]

Zahlreiche schwarze Zeitungen berichteten über die Reaktionen auf Du Bois' Artikel, die von Zustimmung über Verwirrung bis zu Wut reichten. Assimilationisten, die endlich das Gefühl hatten, bei der Aufhebung der Rassenschranken in den Nordstaaten Fortschritte zu machen, eifrige Befürworter der Verbesserung durch Selbstverbesserung und diejenigen, die sich verbissen dem politischen Rassismus verschrieben hatten, dass ein Aufstieg der Schwarzen nur vonseiten der Weißen ermöglicht werden könne, sie alle betrachteten Du Bois als Verräter. «Die große Mehrheit der Neger in den Vereinigten Staaten wird in farbigen Häusern geboren, in separaten farbigen Schulen ausgebildet, sie besuchen separate farbige Kirchen, heiraten farbige Partner und finden Unterhaltung in farbigen YMCAs und YWCAs», argumentierte Du Bois 1934 weiter. Anstatt ihre Energie darauf zu verwenden, die Mauern weißer Institutionen einzureißen, könnte man sie doch auch darauf verwenden, eigene Mauern zu renovieren? Die Leitung der NAACP und der National Association of Colored Women waren anderer Meinung. Bei den älteren, wohlhabenderen, assimilierten und doktrinären Angehörigen des Talentierten Zehntels verlor Du Bois «an Boden», wie es in einem Kommentar der *Philadelphia Tribune* hieß.[9]

Doch bei einer neuen Generation gewann Du Bois mit jedem Artikel mehr Respekt. Carter G. Woodson, Zora Neale Hurston, Mary McLeod Bethune und Langston Hughes teilten seine Einschätzung. Und für die gewerkschaftlich organisierten Farmpächter im Süden, die Migranten, die über *Amos 'n' Andy* lachten, Stepin Fetchit und die Arbeiter und Studenten, die den National Negro Congress und seinen jugendlichen Ableger, den Southern Negro Congress, vorbereiteten, war Du Bois nie besser gewesen. Getragen von dieser Unterstützung wandte sich Du Bois an seine Kritiker, die glaubten, dass Assimilation und «die Leistungen von Negern Vorurteile brechen» könnten. «Das ist ein Märchen», donnerte Du Bois im April 1934 in *The Crisis*. «Ich habe das einmal leidenschaftlich geglaubt. Vielleicht wird es in 250 oder 1000 Jahren so sein. Aber jetzt ist es nicht so.» Nie wieder unterstützte Du Bois ernsthaft die Verbesserung durch Selbstverbesserung.[10]

W. E. B. Du Bois wusste, dass er sich «mitten in einen der tödlichsten Stürme unserer Zeit» begab, als er am 30. Juni 1936 mit dem Zug in Berlin eintraf. Der frischgebackene Dozent an der University of Atlanta war auf einer Forschungsreise, nachdem er aus der NAACP hinausgedrängt worden war, weil er sich für die Stärkung und das Empowerment der Schwarzen anstatt für Integration und Assimilation ausgesprochen hatte. Er brauchte nicht lange, um zu erkennen, dass im nationalsozialistischen Deutschland die Juden die Schwarzen waren, wie er nach Hause schrieb.[11]

Elf Tage vor Du Bois' Eintreffen in Berlin hatte Max Schmeling im Yankee Stadium den Stolz der Afroamerikaner – und Stachel im Fleisch der segregationistischen weißen Amerikaner – besiegt, den bis dahin ungeschlagenen Joe Louis, den «braunen Bomber». Seit Jack Johnson hatte die weiße Männlichkeit gelitten. Beim Versuch, sie wiederherzustellen, hatte man nicht nur Figuren wie Tarzan erfunden, sondern auch schwarze Boxer wie Joe Louis als «prächtiges Tier» bezeichnet, wie die *New York Daily News* vor dem Kampf. Zur Überraschung aller schlug Schmeling Louis k. o. und brachte damit die von ihrer eigenen Überlegenheit überzeugten Weißen von Brooklyn bis Berlin zum Jubeln. Zwei Jahre später nahm Louis Revanche, als er Schmeling im «Kampf des Jahrhunderts» besiegte.[12]

Hitler wollte bei den Olympischen Spielen 1936 in Berlin die Überlegenheit arischer Sportler demonstrieren. Du Bois hatte an den Spielen kein Interesse und hielt sich im August kaum in Berlin auf, doch Jesse Owens, ein kaum bekannter Sohn einer Farmpächterfamilie aus Alabama, schrieb bei den Olympischen Spielen Geschichte. Er gewann insgesamt vier Goldmedaillen im Sprint und Weitsprung und wurde von den Zuschauern, auch von den Nazis, mehrfach mit tosendem Applaus bedacht, der das ganze Stadion erschütterte.

Als Owens bei seiner Rückkehr in die USA mit einer Konfettiparade gefeiert wurde, hoffte er, dass er mit seinen Siegen auch die rassistischen Vorstellungen der Amerikaner überwunden hatte. Doch dieses Rennen konnte er nicht gewinnen. Owens musste schon bald in Schauläufen gegen Hunde und Rennpferde antreten, um seinen Lebensunterhalt zu verdienen. Verbittert erklärte er, die Nazis hätten ihn besser behandelt als die Amerikaner.[13]

Falls die Goldmedaillen von Jesse Owens überhaupt etwas bewirkten, dann vertieften sie die Kluft zwischen Schwarz und Weiß noch zusätzlich, vor allem die rassistische Vorstellung einer animalischen schwarzen Überlegenheit im Sport. Rassistische Amerikaner wollten nicht erkennen, dass Sportarten wie Boxen und Leichtathletik den Afroamerikanern Chancen boten, die sie sonst nicht erhielten, und dass sich ein großer Sportler durch Disziplin, Konkurrenzfähigkeit und Klugheit auszeichnet, die wichtiger sind als die reine Körperlichkeit. Stattdessen lieferten die Rassisten im Sport eine seltsame Mischung aus anatomischen, verhaltensbezogenen und historischen Erklärungen, um die Erfolge schwarzer Sprinter und Weitspringer bei den Olympischen Spielen 1932 und 1936 zu erklären. «Es ist noch gar nicht allzu lange her, dass die Fähigkeit zu rennen und zu springen im Dschungel über Leben und Tod entschied», erklärte Owens' Olympiatrainer Dean Cromwell, eine Trainerlegende an der University of Southern California. Doch Jesse Owens hatte nicht «das Wadenbein, die Fußknochen und das Fersenbein negroiden Typs», die Schwarzen angeblich einen Vorteil im Sprint verschafften», wie der Anthropologe W. Montague Cobb von der Howard University 1936 feststellte. Da manche Leichtathletikstars auch als Weiße durchgehen konnten, «gibt es kein einzelnes typisches Merkmal, auch nicht das der Hautfarbe, das alle Negerstars gemeinsam hätten und das sie definitiv als Neger klassifizieren würde». Cobbs erntete für diese Feststellung nicht gerade Bewunderung; in den USA waren die Amerikaner überzeugt von der natürlichen Begabung der Schwarzen für die Athletik und den biologischen Unterschieden zwischen den Rassen. Fast jeder dachte immer noch, dass eine unterschiedliche Hautfarbe mehr bedeutete als nur eine unterschiedliche Hautfarbe.[14]

Nachdem W. E. B. Du Bois sechs Monate lang kulturelle Sehenswürdigkeiten besucht und sich vor Ort über die Volkswirtschaften von Deutschland, Japan, China und Russland informiert hatte, trat er die Heimreise an. In der zweiten Januarwoche 1937 erblickte er vom Deck der Tatsuta Mara die San

Francisco Bay. Er war zurück in den Vereinigten Staaten, wo Franklin D. Roosevelt eine eindrucksvolle Koalition aus Liberalen, Arbeitern, wahlberechtigten Schwarzen im Norden und Segregationisten im Süden geschmiedet hatte, um die einseitigste Präsidentschaftswahl in der Geschichte der USA zu gewinnen. Um die Segregationisten nicht vor den Kopf zu stoßen, nutzte Roosevelt seine Macht nicht, um das Gesetz gegen Lynchmorde im Kongress durchzusetzen. «Wenn Sie es schaffen, dieses Gesetz zu verabschieden», tönte Theodore Bilbo, Senator für Mississippi, am 21. Januar 1938 in der Opposition, «werden Vergewaltigungen, Überfälle, Lynchmorde, Rassenunruhen und Straftaten um das Tausendfache steigen; und an Ihren Händen … wird das Blut der Vergewaltigten kleben» – und das der Gelynchten. Bilbo trat für schwarze Kolonien im Ausland ein und pries die nationalsozialistischen Lehren in Deutschland. Doch es waren gerade diese nationalsozialistischen Lehren – und der Massenmord an den europäischen Juden, der 1938 begann –, die die weißen Intellektuellen empörten und sie gegen die Jim-Crow-Gesetze aufbrachten. Im Dezember 1938 verurteilte die American Anthropological Association einstimmig den biologischen Rassismus.[15]

Doch um sich vom Rassismus zu distanzieren, musste man ihn erst einmal definieren. Etwa um 1940 brachte die Anthropologin Ruth Benedict von der Columbia University, eine Schülerin von Franz Boas, den Begriff «Rassismus» in den nationalen Wortschatz ein. «Rassismus ist die nicht bewiesene Annahme einer biologischen und unbefristeten Überlegenheit einer Gruppe von Menschen über eine andere», schrieb sie 1940 in *Race: Science and Politics* (Die Rassenfrage in Wissenschaft und Politik). Ihre eigene Klasse der Assimilationisten nahm sie allerdings von dieser Definition aus, all die Frauen und Männer, die von einer kulturellen und vorübergehenden Überlegenheit einer Gruppe von Menschen über die andere ausgingen. Da sich die Assimilationisten an die Spitze des rassischen Denkens gesetzt hatten, wurden ihre rassistischen Vorstellungen zum Gesetz Gottes, zum Naturgesetz und zum wissenschaftlichen Gesetz, genau wie die Vorstellungen der Segregationisten im vorangegangenen Jahrhundert. Die Assimilationisten degradierten das Verhalten der Afroamerikaner und betrachteten es mit Geringschätzung. Irgendwie gelang es ihnen trotzdem den Eindruck zu vermitteln, keine Rassisten zu sein, weil sie das Verhalten nicht auf die Biologie zurückführten, es nicht als dauerhaft betrachteten und von historischen und umfeldbedingten Ursachen sprachen und argumentierten, Schwarze seien in der Lage, sich zivilisieren zu lassen und weiterzuentwickeln.[16]

Neben Benedicts *Race: Science and Politics* zählte ein Buch von E. Franklin

Frazier zu den einflussreichsten assimilationistischen wissenschaftlichen Texten jener Zeit. Frazier hatte bei Robert Park studiert, ebenfalls einem Assimilationisten, und lehrte Soziologie an der Howard University. 1939 veröffentlichte er eine Studie mit dem Titel *The Negro Familiy in the United States.* In seiner Einleitung schrieb Frazier, er habe Du Bois' Studie über die Familie der amerikanischen Schwarzen viel zu verdanken, die dieser 30 Jahre zuvor während seiner Lehrtätigkeit an der Atlanta University verfasst hatte. Darin war Du Bois zu dem Schluss gekommen: «Die sexuelle Unmoral ist vermutlich das hervorstechendste Problem unter den schwarzen Amerikanern.» Du Bois revanchierte sich für das Kompliment und lobte Fraziers Brillanz als schwarzer Soziologe, wobei durchaus Überreste seiner assimilationistischen Vorstellungen durchschimmerten.[17]

Frazier porträtierte urbane schwarze Familien, die nicht der Elite angehörten, in groben Strichen als abstoßend, chaotisch und matriarchalisch. Er schrieb über Väter, die sich abgesetzt hatten, und unverheiratete berufstätige Mütter, die ihre Kinder allein zu Hause ließen, wodurch die Söhne zu Kriminellen heranwuchsen und die Töchter lernten, «das zügellose Verhalten ihrer Mütter» nachzuahmen, sodass sich die «moralische Degeneriertheit» von einer Generation zur nächsten übertrage. Aus Fraziers sexistischer Sicht war die Kernfamilie mit Mutter und Vater unter Führung des Mannes ideal. Aus seiner rassistischen Sicht blieben schwarze Familien statistisch hinter den weißen Familien zurück, was dieses Ideal anging. Die Ursachen für das «ungeordnete Familienleben» in schwarzen Vierteln sah Frazier in der Rassendiskriminierung, Armut, einer kulturellen Pathologie und in matriarchalischen Familienstrukturen, die mit der Sklaverei entstanden seien. Seines kulturellen Erbes «komplett beraubt» sei der Sklave verroht, erklärte Frazier. Dass er wieder «zu einem menschlichen Wesen» geworden sei, sei durch die «Assimilierung» an die Kultur seiner Herren erleichtert worden. Und nun schreite die «Assimilierung an … die formaleren Aspekte der weißen Zivilisation» in städtischen Gebieten weiter fort, lautete Fraziers Fazit. «Die Mischehe wird in Zukunft eine grundlegende Form der Assimilierung bringen.»[18]

E. Franklin Frazier war mit seinem assimilationistischen Streben, ein Weißer zu werden, nicht allein. Die Psychologen Mamie Phipps Clark und Kenneth Clark stellten bei einer Studie mit 253 schwarzen Kindern in den Jahren 1940 und 1941 fest, dass die Mehrheit der Kinder eine weiße Puppe gegenüber einer schwarzen Puppe bevorzugte. Schüler der Junior High School assoziierten helle bis mittlere Hauttöne mit Intelligenz und Kultiviertheit, dunklere Hauttöne mit Gemeinheit und körperlicher Kraft. Je heller, desto besser, dazu gehörte auch die assimilationistische Idee «je glatter, desto besser». Seit den 1920er-Jahren, als der *Conk* – das kurze, gegelte Haar, benannt nach dem Glättungsmittel *Congolene* – in Mode kam, hatten sich die schwarzen Männer den Frauen angeschlossen und glätteten sich die Haare. Ein Teenager namens «Shorty» verpasste seinem Freund aus Michigan 1941 oder 1942 in Boston den ersten «Conk». «Wir grinsten und schwitzten beide», erinnerte sich Malcolm Little. Er stand vor dem Spiegel und war völlig hingerissen, wie «weiß» sein Haar aussah. Zwei Jahrzehnte später betrachtete Malcolm X das Glätten als «ersten wirklich großen Schritt zur Selbsterniedrigung: als ich all diese Schmerzen ertrug, meine Haut buchstäblich mit Lauge verbrannte, mein natürliches Haar weichkochte, nur damit es aussah wie das Haar von Weißen.» Später war Malcolm klar: «Ich hatte mich damit jener Masse von schwarzen Männern und Frauen in Amerika zugesellt, die eine Gehirnwäsche durchgemacht haben und glauben, dass schwarze Menschen ‹minderwertig› – und Weiße ‹überlegen› – sind, sodass sie beim Versuch, nach weißen Maßstäben ‹schön› auszusehen, sogar ihre von Gott geschaffenen Körper verletzen und verstümmeln.»[19]

Die plötzliche Bereitschaft, Rassismus genauer zu beschreiben, bewirkte wenig zu seiner Beseitigung, vor allem nicht in der Populärkultur. 1939 brachte MGM *Gone with the Wind (Vom Winde verweht)* in die Kinos, den Film zu Margaret Mitchells gleichnamigem Roman von 1936, der mit dem Pulitzer Preis ausgezeichnet worden war. *Gone with the Wind* erzählt die Geschichte der eigenwilligen Tochter eines Sklavenhalters in Georgia, die es auf einen verheirateten Mann abgesehen hat. Abgesehen von Scarlett O'Haras mangelnder Moral werden die weißen Sklavenhalter als edel und klug dargestellt, die Sklaven sind treu, aber unbeholfen, und nicht auf die Freiheit vorbereitet. Die Proteste der Afroamerikaner konnten den Erfolg des Films nicht aufhalten. Von fast allen weißen Kritikern wurde er wegen seiner hervorragenden Schauspieler gelobt, für die Figuren, die so real wirkten und das frühere Leben auf den Plantagen Georgias zum Leben erweckten. Der Film brach sämtliche Zuschauerrekorde, genau wie er mit allen Wahrheiten über die Sklaverei brach, und wurde mit zehn Oscars ausgezeichnet. Damit verdrängte er *The Birth of a Nation* von Platz eins als Film mit den meisten Zuschauern und wurde zum erfolgreichsten Film Hollywoods. So wie *Tarzan* das Bild der Amerikaner von Afrika geprägt hatte, so prägte *Gone with the*

Wind ihr Bild von der Sklaverei. Das Problem war nur, dass die Darstellung in beiden Fällen völlig falsch war.[20]

Die treue, liebevolle Mammy in *Gone with the Wind*, eine der am meisten bewunderten Figuren in der Geschichte Hollywoods, wurde von der Schauspielerin Hattie McDaniel gespielt. «Mit ihrer Unterwürfigkeit wirkt [Mammy] wie eine heilende Salbe für eine Nation, die von den Sünden des Rassismus zerrissen war», erklärte die Politikwissenschaftlerin Melissa Harris-Perry 2011 in einer Analyse des Films. McDaniel erhielt einen Oscar für die beste Nebenrolle, der erste Oscar für eine schwarze Schauspielerin. Nach Hattie McDaniels Erfolg entwickelten Hollywoodproduzenten eine Vorliebe für dunkelhäutige, mollige Mammys mit einem Tuch um den Kopf, die Mitte des 20. Jahrhunderts in einer ganzen Reihe von Filmen auftraten. Ein Stereotyp, bei dem die schwarze Weiblichkeit vermännlicht wurde, während gleichzeitig ihre weißen Geschlechtsgenossinnen als ultrafeminin dargestellt wurden. Hellhäutige schwarze Frauen erhielten im Film entweder exotische oder tragische Rollen. Sie konnten sich nicht in die weiße Weiblichkeit einfügen, aber die weißen Männer auch nicht für sich gewinnen.[21]

Angesichts dieser rassistischer Karikaturen wandte sich W. E. B. Du Bois lieber einer Gruppe junger schwarzer Autoren zu, die er 1940 in Chicago kennenlernte. «Man empfindet ein gewisses Gefühl der Erleichterung und der Zuversicht, wenn man diesen tragenden Säulen zukünftiger Tage begegnet», berichtete Du Bois begeistert den Lesern der *New York Amsterdam News*. Eine dieser tragenden Säulen war der 31-jährige Richard Wright. Geboren und aufgewachsen in Mississippi, war er nach Memphis und von dort weiter nach Chicago gegangen, wo er die Arbeit und die Studenten des Assimilationisten Robert Park kennengelernt hatte. Wright, der in seiner Autobiografie *Black Boy* (1945) (*Ich Negerjunge: Die Geschichte einer Kindheit und Jugend)* über die «kulturelle Nacktheit des schwarzen Lebens» nachsann, war die schriftstellerische Entsprechung des Soziologen E. Franklin Frazier. Beide gaben den Amerikanern Einblicke in die Diskriminierung in ihrem Land. Beide profitierten vom intellektuellen Vormarsch des Assimilationismus während der Great Depression.[22]

Wie Frazier in seiner historischen rassistischen Darstellung über versklavte Afrikaner, denen ihre Kultur geraubt worden war, schrieb Wright über ihre «allmähliche Entmenschlichung bis zur Ebene willkürlicher Impulse von Hunger, Angst und Sex», wie Wright es 1945 gegenüber einem Freund formulierte. Melville Herskovits, ein Anthropologe an der Northwestern University, diskutierte diese Theorie in seinem Aufsatz *The Myth of the Negro*

Past von 1941 und kritisierte E. Franklin Frazier massiv. Die afrikanische Kultur sei nicht widerstandsfähiger als die europäische Kultur, und der kulturelle Austausch gehe stets in beide Richtungen, erklärte Herkovits. Die Afroamerikaner hätten eine starke und komplexe Kultur europäischer «äußerlicher» Formen entwickelt, jedoch gleichzeitig «innere [afrikanische] Werte bewahrt», argumentierte er aufschlussreich. Wer dem Mythos von der «Negervergangenheit» anhänge, leite unter «rassischen Vorurteilen».[23]

Die Anthropologin Zora Neale Hurston war eine der wenigen schwarzen Intellektuellen, die für ein populäres Publikum schrieb und nicht unter dem rassischen Vorurteilsdenken litt, dem kulturellen Assimilationismus, der in den 1930er- und 1940er-Jahren die akademische Welt dominierte. Seit ihrer Zeit bei den Niggerati von Harlem mühte sich Hurston, als Schriftstellerin ihren Lebensunterhalt zu verdienen – noch dazu als schwarze Schriftstellerin. Sie hatte für ein Programm des New Deal gearbeitet, mit dem arbeitslose Autoren wieder Arbeit erhielten, aber weniger Lohn bekamen als schlechter qualifizierte weiße Autoren. 1935 hatte sie *Mules and Men* veröffentlicht, die beste Zusammenstellung schwarzer Folklore, die je festgehalten wurde. *Mules and Men* passte nicht in den Kanon derjenigen, die glaubten, man könne durch Überzeugungsarbeit in den Medien gegen den Rassismus wirken. Laut dieser These mussten schwarze Schriftsteller entweder das harte Leben der Schwarzen aufzeigen oder sich gegen Vorurteile wenden, weshalb etwa der Dichter und Englischdozent Sterling Brown Hurstons Arbeit ablehnte. Denn Hurstons Sammlung zeigte die einzigartige, vielfältige und unvollkommene Menschlichkeit der Schwarzen im Süden.[24]

Mules and Men wirkte fast wie ein Vorspiel in Sachbuchform für den Roman, den Hurston 1937 herausbrachte. Das neue Buch trug den einprägsamen Titel *Their Eyes Were Watching God (Und ihre Augen schauten Gott)*. Darin führt Hurston den Leser mithilfe der Protagonistin Janie Mae Crawford in die Tiefen der ländlichen schwarzen Kultur in Florida. Nachdem Janie den Einschränkungen zweier Ehen mit gut situierten, aber dominanten Männern entflohen ist, findet sie doch noch die Liebe und heiratet den deutlich jüngeren und fügsamen Tea Cake. Endlich «kriecht ihre Seele aus ihrem Versteck». *Their Eyes Were Watching God* lotet das unsichere Liebes- und Gefühlsleben einer heterosexuellen schwarzen Frau zwischen Sexismus und Rassismus aus. «Liebchen, der weiße Mann is Herr über alles, soviel wie ich hab rausfindn könn», erklärt die Großmutter der jungen Janie. «Der weiße Mann, der hat seine Bürde hingeschmissen un den Niggermann gesach, er sollse aufheben. Der hebtse auf, musser ja, aber tragen tuterse auch nich.

Gibter lieber seine Weibsleute. Die Niggerfrau is der Maulesel für alle Welt, soviel ich weiß.»

Hurston entschied sich, die schwarze Kultur im Süden weder zu glorifizieren noch abzuwerten. Vermutlich war ihr klar, dass sie mit ihrer Entscheidung die Assimilationisten und die Anhänger der Überzeugungsarbeit in den Medien gegen sich aufbringen würde. Aber das kümmerte sie nicht. Sie entlarvte lieber den Wahnwitz der schwarzen Assimilationisten anhand der Figur der Mrs. Turner, einer Nachbarin von Janie. «Jeder, der weißrassiger war als sie selber, war nach ihren Wertmaßstäben besser als sie», schreibt Hurston. «Wie alle Gläubigen hatte Mrs. Turner dem Unerreichbaren einen Altar errichtet: ‹kaukasische› Merkmale für alle. Ihr Gott mochte sie peinigen, sie von Gipfeln hinunterstürzen und in Wüsten aussetzen – sie ließ seine Altäre nicht im Stich».[25]

Hurstons Roman verkaufte sich nicht sehr gut, trotz der überwiegend positiven (und rassistischen) Rezensionen weißer Kritiker. Der Roman spiegle das «normale» Leben der Schwarzen im Süden «mit seinen Überresten aus der Zeit der Sklaverei, sozialen Schwierigkeiten, kindlichen Aufregungen und endlosen Überschwänglichkeiten», schrieb ein Kritiker der *New York Times*. *Their Eyes Were Watching God* habe «einen grenzenlosen Sinn für Humor und eine wilde, seltsame Traurigkeit», lobte der Kritiker der *New York Herald Tribune*. Während rassistische Weiße Hurstons Schilderung jedes einzelnen Schwarzen genossen, «der nicht so zivilisiert ist, dass er all seine natürliche Herrlichkeit verloren hat», wie es in der *New York Herald Tribune* weiter hieß, verlangte Alain Locke, der Pate der Überzeugungsarbeit in den Medien, dass Hurston aufhören müsse, «Pseudo-Primitive» zu schaffen, «über die die Leser nach wie vor gerne lachen, über die sie weinen und die sie beneiden». Richard Wright war aufgrund seines überbordenden kulturellen Rassismus gar nicht in der Lage, Hurstons Botschaften eines antirassistischen Feminismus zu erkennen, aber vermutlich war er auch nicht dazu bereit. Ebenso wenig sah er den politischen Hintergrund der Liebesgeschichte, er schrieb daher, der Roman habe «kein Thema, keine Botschaft, keine gedankliche Tiefe». Er beute nur die «kuriosen» Aspekte des schwarzen Lebens aus – eine Minstrel-Show in Buchform, um den Geschmack eines weißen Publikums zu befriedigen.[26]

Auf ihre schwarzen männlichen Kritiker musste Hurston nicht eingehen. «Ich bin keine tragische farbige Figur», hatte sie der Welt bereits mitgeteilt. «In meiner Seele ist kein gigantischer Kummer aufgestaut, er lauert auch nicht hinter meinen Augen. Mich kümmert das alles nicht. Ich gehöre nicht dieser weinerlichen Schule des Negertums an, deren Anhänger glauben, dass die Natur mit ihnen irgendwie ein schlechtes, schmutziges Geschäft abgeschlossen hat und deren Gefühle deswegen verletzt sind.» Doch die weinerliche Schule verkaufte sich deutlich besser. Am Ende des Jahrzehnts wurde *Their Eyes Were Watching God* nicht mehr gedruckt und Hurston musste sich eine Stelle als Hausmädchen suchen.[27]

Hurston war ihrer Zeit voraus. Erst lange nach ihrem Tod, in den 1970er-Jahren, kam ihre große Stunde, als antirassistische Feministinnen *Their Eyes Were Watching God* wiederentdeckten und wie Janie über ihre Liebesaffären zu sich selbst fanden. Sie erkannten die Größe des Romans in einer literarischen Welt, die ihn ablehnte, und brachten das einst verschmähte Werk wieder ins Gespräch, das heute als einer der besten – wenn nicht der beste – amerikanische Roman aller Zeiten gilt.[28]

Mit seiner Kritik an einer der größten antirassistischen Autorinnen der Zwischenkriegszeit räumte Richard Wright auch unliebsame Konkurrenz aus dem Weg. W. E. B. Du Bois wurde 1940 auf Wright als Verfasser von *Native Son* aufmerksam, ein Buch, das Du Bois verehrte. Der Roman wurde vom Book of the Month Club ausgezeichnet und machte Wright in der literarischen Welt der 1940er-Jahre berühmt. Die Hauptfigur des Romans, der verwirrte (und verwirrende) Bigger Thomas, stehe für «viele» Schwarze, die «sich ihrer Religion und der Volkskultur ihrer Rasse entfremdet haben» und «so dicht an genau der Kultur leben, die sie weiterhin ausschließen will», erklärte Wright. Bigger Thomas stehe «ungewollt zwischen zwei Welten». Am Ende tötet Thomas beide Welten – symbolisiert in der vorsätzlichen Vergewaltigung und Ermordung seiner schwarzen Freundin und dem impulsiven Mord an einem weißen Mädchen. Mit Bigger Thomas stellte Wright den Lesern von *Native Son* ein faszinierendes assimilationistisches Ultimatum: Wenn den Afroamerikanern weiterhin der Zugang zur weißen Kultur verwehrt werde, würden sie gewalttätig werden.[29]

Bis Ende März 1940 hatte sich *Native Son* 250 000-mal verkauft und erhielt begeisterte Kritiken von weißen wie schwarzen Rezensenten – das waren höhere Verkaufszahlen und positivere Kritiken, als Hurston und Langston Hughes zusammen in zwei Jahrzehnten erhalten hatten. Wright schien über jegliche Kritik erhaben, bis ein 24-jähriger junger Autor aus Harlem 1949 einen literarischen Coup mit seinem Essay «Everybody's Protest Novel» landete. Die Kritik an der Überzeugungsarbeit in den Medien und assimilationistischen Grundlage der «Romane des sozialen Protestes» mit ihren Eckpfeilern wie Harriet Beecher Stowes *Uncle Tom's Cabin* und dem aktuellen *Native Son* schlug ein wie ein Blitz. Indem diese Protestromane die «Komplexität» der schwarzen Lebenswirklichkeit zugunsten der Überzeugungsarbeit «übersahen, verleugneten und vermieden», seien sie «bloße Fantasien ohne eine Verbindung zur Realität», schrieb James Baldwin fünf Jahre vor der Veröffentlichung seines besten Romans *Go Tell it on the Mountain.* Wie Stowes Onkel Tom vermittle auch Richard Wrights Bigger Thomas das tragische Eingeständnis, «dass er möglicherweise ein Untermensch ist und sich dadurch gehemmt fühlt, für seine Menschlichkeit zu kämpfen». Doch Schwarze müssten etwas «unendlich viel Schwierigeres» tun: Sie müssten akzeptieren, dass sie unvollkommene, gleichwertige Menschen seien, erklärte Baldwin. «Der besondere Triumph der Gesellschaft – und ihr Versagen – liegt darin, dass sie die Menschen, denen sie einen untergeordneten Status zugeteilt hat, von der Realität dieser Stellung überzeugen kann.»[30]

All diese literarischen Auseinandersetzungen spielten sich während des Zweiten Weltkriegs und danach ab. Der Krieg endete mit einem weltweiten Triumph der USA. Er endete damit, dass man eine Welt, die sich mitten in der Entkolonialisierung befand, von der Realität des neuesten amerikanischen Glaubensgrundsatzes überzeugte musste: Dass die USA ihren Platz als Führer der freien Welt beanspruchten.

Kapitel 28

Freiheit als Marke

Wie bei vielen Aktivisten hatte der nationalsozialistische Massenmord an Juden und anderen Nichtariern auch bei W. E. B. Du Bois große Betroffenheit ausgelöst. Nach dem Kriegseintritt der USA 1941 verlieh ihm die «Double-V»-Kampagne (V für Victory) der Afroamerikaner neue Energie: Sieg über den Rassismus im eigenen Land und Sieg über den Faschismus im Ausland. Die «Double-V»-Kampagne brachte die Bürgerrechtsbewegung so richtig in Gang, vor allem im Norden. Einen weiteren Schub vor allem im Süden erhielt sie durch eine lang erwartete umfassende Studie zur Lebenssituation der Afroamerikaner, die von der Carnegie Foundation finanziert wurde.

Der Präsident der Carnegie Foundation Frederick P. Keppel war einer Empfehlung von Newton Baker gefolgt, dem Bürgermeister von Cleveland, als er 1936 beschloss, eine Studie über die «noch junge Rasse» zu finanzieren. Zuerst hatte er erwogen, weiße amerikanische Wissenschaftler damit zu beauftragen. An schwarze Wissenschaftler wie Zora Neale Hurston oder W. E. B. Du Bois und Carter G. Woodson, quasi die «elder Statesmen» unter den Akademikern, dachte man so gut wie gar nicht. Obwohl weiße Assimilationisten und Philanthropen beim ethnischen Diskurs in der Akademikerwelt die Führung übernommen hatten, schlossen sie gewohnheitsmäßig schwarze Gelehrte mit der Begründung aus, dass sie zu subjektiv und parteiisch für eine Studie über Schwarze seien. Erstaunlicherweise sahen diese Gelehrten und Philanthropen kein Problem darin, wenn weiße Wissenschaftler Studien über Weiße erstellten. Bei schwarzen Wissenschaftlern, die Studien über Schwarze erstellten, beklagten sie jedoch deren Voreingenommenheit. Aber was wären rassistische Vorstellungen ohne Widersprüche?[1]

Die Mitarbeiter der Carnegie Foundation erstellten eine Liste mit *ausschließlich* ausländischen europäischen Gelehrten und weißen Beamten, die in europäischen Kolonien tätig waren. Ihrer Ansicht nach konnten sie die

Studie «auf völlig objektive und leidenschaftslose Art» durchführen. Am Ende entschied man sich für den schwedischen Ökonomen und Nobelpreisträger Gunnar Myrdal und holte ihn 1938 in die USA. Mit den 300 000 Dollar, die ihm die Carnegie Foundation zur Verfügung stellte, verpflichtete Myrdal führende schwarze und weiße Gelehrte, darunter auch Frazier und Herskovits – im Grunde anscheinend alle außer Hurston, Du Bois und Woodson.[2]

In der zweibändigen, fast 1500 Seiten umfassenden Untersuchung, die 1944 erschien, warf Myrdal ein optimistisches Licht auf das, wie er es nannte, «amerikanische Dilemma», das der Studie auch den Titel gab: *An American Dilemma.* Er sah das «Rassenproblem» als «moralisches Problem», wie schon die Assimilationisten seit den Tagen William Lloyd Garrisons.

Die weißen Amerikaner würden eine «erstaunliche Ignoranz gegenüber den Negern» an den Tag legen, schrieb Myrdal. Sie würden Schwarze als «kriminell» betrachten, denken, sie hätten eine «lose Sexualmoral», seien «religiös» und hätten «ein Talent fürs Tanzen und Singen», passend zum Bild des «unbeschwerten Naturkindes».

Myrdal überzeugte sich selbst – und viele seiner Leser –, dass Unwissenheit die Ursache für diese rassistischen Vorstellungen sei und dass rassistische Ideen eine rassistische Politik hervorgebracht hätten. Demnach wäre «die große Mehrheit der Weißen in Amerika bereit, dem Neger erheblich bessere Verhältnisse zu bieten, wenn sie die Fakten kennen würden». W. E. B. Du Bois schüttelte vermutlich den Kopf, als er diesen Abschnitt las. «Die Amerikaner kennen die Fakten», dachte er dabei vielleicht, wie er es ja schon einmal geschrieben hatte. Du Bois machte diese Fakten seit fast fünfzig Jahren bekannt, jedoch ohne Erfolg.[3]

Dennoch gefiel Du Bois ein Großteil der beiden Bände, darunter eine vernichtende Attacke gegen die Begründungen und Argumente der Segregationisten, eine enzyklopädische Analyse der rassischen Diskriminierung und der Trugschluss des Prinzips «getrennt, aber gleich» in den Südstaaten. «Noch nie zuvor in der amerikanischen Geschichte», gab Du Bois zu, habe ein Wissenschaftler «diesen Bereich so umfassend bearbeitet. Ein monumentales Werk.» E. Franklin Frazier vertrat in zwei begeisterten Rezensionen dieselbe Meinung. Er pries Myrdals «Objektivität» und Bereitschaft, «die Gemeinschaft der Neger als das [zu beschreiben], was sie ist – ein pathologisches Phänomen im amerikanischen Leben».[4]

Und doch sah Myrdal in der Assimilation der Schwarzen die Lösung für den Rassismus der Weißen. «Die amerikanische Negerkultur in all ihrer

Vielfalt ist … eine verzerrte Entwicklung oder ein pathologischer Zustand der allgemeinen amerikanischen Kultur», mutmaßte Myrdal. «Es gereicht den amerikanischen Negern als Individuen wie als Gruppe zum Vorteil, wenn sie sich der amerikanischen Kultur anpassen.» *An American Dilemma* erreichte für den Assimilationismus eine ähnliche Wirkung wie Darwins *Origin of Species* (Über die Entstehung der Arten) für die Sozialdarwinisten oder Stowes *Uncle Tom's Cabin* (Onkel Toms Hütte) für die Abolitionisten oder Samuel Mortons *Crania Americana* für die Polygenetiker und Robert Finleys *Thoughts on Colonization* für die Kolonisationsbewegung. Das Buch inspirierte zahlreiche einflussreiche Politiker, Anwälte, Richter, Prediger, Gelehrte, Kapitalisten, Journalisten und Aktivisten, stieß die Entstehung einer neuen Generation rassistischer Ideen an und gab dem assimilationistischen Flügel der Bürgerrechtsbewegung Bestätigung. Für Myrdal konnten weder die segregationistischen Gelehrten mit ihren «vorgefassten Meinungen über die angeborene Minderwertigkeit der Neger» noch die antirassistischen Gelehrten, die «im Grunde ein Ausdruck des Negerprotestes» seien, so objektiv sein, wie er und die Assimilationisten es vermochten.[5]

Als sich der Zweite Weltkrieg im April 1945 seinem Ende näherte, nahm W. E. B. Du Bois zusammen mit Vertretern aus 50 anderen Ländern an der Konferenz von San Francisco teil, die auch als United Nations Conference on International Organization bekannt ist. Er setzte sich dafür ein, die neue Charta der Vereinten Nationen zu einer Art Puffer gegen den politischen Rassismus des Kolonialismus zu machen, allerdings ohne Erfolg. Einige Monate später nahm er am 5. Panafrikanischen Kongress in Manchester teil, wo man ihn passenderweise als «Vater des Panafrikanismus» vorstellte. Dieser fünfte Kongress war von einem Gefühl der Entschlossenheit geprägt. 200 Männer und Frauen nahmen daran teil, darunter einige, die später Dekolonisationsbewegungen in Afrika anführen sollten, etwa Kwame Nkrumah in Ghana und Jomo Kenyatta in Kenia. Diese Delegierten forderten nicht wie bei den früheren Panafrikanischen Kongressen eine allmähliche Dekolonisation, die suggerierte, dass die Afrikaner noch nicht dafür bereit seien, andere Afrikaner zu regieren. Stattdessen verlangten sie mit ihrem antirassistischen Manifest «Challenge to the Colonial Powers» die sofortige Unabhängigkeit von der europäischen Kolonialherrschaft.[6]

Aus dem Zweiten Weltkrieg gingen die USA als neue Weltmacht hervor. Im Vergleich zu den verwüsteten Staaten in Europa und Ostasien verfügten die USA über eine unübertroffene finanzielle, industrielle und militärische Macht. Nur die kommunistische Sowjetunion schien Amerika noch im Weg zu stehen. Der Kalte Krieg zwischen Kapitalismus und Kommunismus um die wirtschaftliche und politische Bindung der unabhängig gewordenen ehemaligen Kolonien und um ihre Märkte und Rohstoffe hatte begonnen. Im März 1946 warnte Dean Acheson: «Die bestehende Diskriminierung gegen Minderheiten in diesem Land hat einen negativen Effekt auf unsere Beziehungen zu anderen Ländern.» Acheson war eine verlässliche Quelle. Er hatte die Delegation des US-Außenministeriums bei der Konferenz von Bretton Woods 1944 geleitet, bei der das internationale Währungssystem neu geordnet wurde. Harry S. Truman, der nach Roosevelts Tod im Amt 1945 Präsident wurde, nahm Achesons Warnung ernst. Angeheizt von den russischen Medien würden die weltweiten Berichte über Diskriminierung der amerikanischen Außenpolitik schaden und dafür sorgen, dass amerikanische Geschäftsleute vor verschlossenen Türen standen, vor allem in den nichtweißen Nationen, die gerade erst die Unabhängigkeit von den Kolonialmächten errungen hatten.[7]

Truman war daher zu Reformen bereit, doch die Segregationisten in den Südstaaten kämpften mit Zähnen und Klauen für den Erhalt des rassistischen Status quo. So ließ Achesons Memorandum etwa den hitzköpfigen Senator von Mississippi, Theodore Bilbo, gänzlich unberührt. «Ich rufe jeden heißblütigen weißen Mann dazu auf, die Nigger mit allen Mitteln von den Urnen fernzuhalten», verkündete Bilbo bei einem Wahlkampfauftritt 1946. Bilbos Ruf zu den Waffen löste einen derartigen Sturm der Empörung aus, dass er zwar wiedergewählt wurde, die neue republikanische Mehrheit im Senat jedoch verhinderte, dass er 1947 seinen Sitz auch einnehmen konnte. (Seine gleichgesinnten Kollegen, die auf die «bundesstaatlichen Rechte» pochten, um Schwarze von den Wahlurnen fernzuhalten, durften dagegen ihre Sitze im Senat behalten.) Bilbo ließ sich jedoch nicht zum Schweigen bringen, er zog sich auf sein Landgut im Süden von Mississippi zurück und brachte sein Buch *Take Your Choice: Separation oder Mongrelization* im Eigenverlag heraus, um die Truppen im Kampf gegen die Bemühungen zur Gleichstellung zu mobilisieren. «Dass der Neger minderwertiger ist als der Kaukasier, wurde in 6000 Jahren weltweiter Praxis bewiesen», behauptete Bilbo.[8]

Take Your Choice kam in einem Jahr in die Buchhandlungen, in dem es zahlreiche wegweisende Veröffentlichungen gab. John Hope Franklin, Historiker an der Howard University, brachte seine mitreißende Geschichte der Schwarzen heraus, *From Slavery to Freedom*, ein Meilenstein, der sich energisch gegen die rassistische Interpretation der Geschichte wandte, wie sie Bilbo und die Dunning Schule der Columbia University vertraten, deren Einfluss allerdings zunehmend schwand. *From Slavery to Freedom* war jedoch nicht komplett antirassistisch. Franklin begann mit der rassistischen historischen Auffassung, dass die Sklaverei die Ursache für die Minderwertigkeit der Schwarzen sei. Doch zumindest wirkte diese These der Behauptung der Jim-Crow-Historiker entgegen, die Sklaverei habe eine «zivilisierende Kraft» gehabt. Allerdings waren beide Interpretationen der Geschichte falsch und rassistisch – die eine sah die Schwarzen vor der Sklaverei in einer untergeordneten Stellung, die andere meinte diese Minderwertigkeit nach der Sklaverei zu erkennen. Zudem stellte Franklin schwarze Frauen und Arme als ohnmächtige Zuschauer im «Kampf um die Verwirklichung der Freiheit» dar. Schwarze feministische Historikerinnen wie Mary Frances Berry, Nell Irvin Painter, Darlene Clark Hine und Deborah Gray White machten John Hope Franklin auf seine Fehler aufmerksam (und auf die Versäumnisse des schon immer überwiegend männlich ausgerichteten Fachs der afroamerikanischen Geschichte), der daraufhin versuchte, seine Fehleinschätzung in späteren Auflagen und Büchern zu korrigieren.[9]

Während Franklin 1947 einen neuen Kurs für die schwarze (männliche) Historiografie festlegte (Jahrzehnte bevor die schwarze Frauengeschichte eine weitere Kursänderung vornahm), brachten der Evolutionsbiologe Theodosius Dobzhansky und der Anthropologe Ashley Montagu von der Columbia University den Sozialdarwinismus auf einen neuen Kurs – der eine Abkehr von der Eugenik bedeutete. Der in der Ukraine geborene Dobzhansky hatte die Genetik mit der Evolutionsbiologie vereint, indem er die Evolution als «Veränderungen der Allelfrequenz in einem Genpool» definierte. Der in England geborene Montagu war seinem Mentor Franz Boas nach dessen Tod 1942 als bedeutendster anthropologischer Gegner der Rassentrennung in den USA nachgefolgt. Montagus Buch *Man's Most Dangerous Myth: The Fallacy of Race* führte in jenem Jahr die Bestsellerlisten an, als die Amerikaner voller Entsetzen die Berichte über den Holocaust verfolgten. Montagu entlarvte den gefährlichen Mythos einer biologischen Hierarchie der Rassen und vertrat das antirassistische Konzept, dass «alle Kulturen im Verhältnis zu ihrer eigenen Geschichte beurteilt werden sollten … und definitiv nicht anhand des willkürlichen Standards einer einzelnen Kultur». Allerdings hielt sich Montagu selbst nicht immer an seinen eigenen Rat. In einem von ihm angeführten «Beispiel kultureller Kreativität» erklärte er, dass in den vergangenen 5000 Jahren, in denen die europäischen Kulturen enorme Fortschritte machten, die «Königreiche in Afrika einen relativ geringen Wandel erlebten».[10]

Am 6. Juni 1947 veröffentlichten die beiden einflussreichen Wissenschaftler ihren bahnbrechenden Artikel in der renommierten Fachzeitschrift *Science.* «Rassenunterschiede», schrieben Dobzhansky und Montagu, «entstehen hauptsächlich aufgrund unterschiedlicher Auswirkungen der natürlichen Selektion in geografisch getrennten Populationen». Die Vorstellungen der Eugenik von festen Rassen, bestimmten rassischen Eigenschaften und einer festgelegten Hierarchie der Rassen lehnten sie ab. Menschliche Populationen (oder Ethnien) würden sich aufgrund von zwei Prozessen entwickeln und genetisch verändern: durch einen biologischen und einen kulturellen Prozess. Nicht Anlage *oder* Umwelt würden die Menschen voneinander unterscheiden, sondern Anlage *und* Umwelt. Diese Formulierung wurde als duale Vererbungstheorie bekannt oder als moderner evolutionärer Konsens. Der Konsens hatte weiterhin Bestand, als die Evolutionsbiologie im Laufe des Jahrhunderts ein immer bedeutenderes Fach wurde. Ihre wachsende Bedeutung ergänzte gelegentlich die wachsende Bedeutung der Molekularbiologie, vor allem, nachdem der Amerikaner James Watson und der Brite Francis Crick 1953 die Molekularstruktur der Desoxyribonukleinsäure (DNS) entschlüsselt hatten. Doch die Segregationisten und Assimilationisten fanden weiterhin Mittel und Wege, die neuen wissenschaftlichen Erkenntnisse an ihre Vorstellungen von Schwarzen anzupassen. Die Segregationisten konnten argumentieren, dass afrikanische Populationen die niedrigsten Frequenzen guter Gene hätten. Und die Assimilationisten konnten argumentieren, dass europäische Populationen besonders komplexe und hoch entwickelte Gesellschaften geschaffen hätten und kulturell am höchsten entwickelt seien. Dobzhansky und Montagu enthronten zwar die Eugeniker in der Wissenschaft, inthronisierten dafür aber neue rassistische Ideen, wie sie etwa in den weltweit verbreiteten Erklärungen über Rasse der UNESCO (United Nations Educational, Scientific and Cultural Organization – Organisation der Vereinten Nationen für Erziehung, Wissenschaft und Kultur) aus den Jahren 1950 und 1951 in Erscheinung traten.[11]

1950 hatte die UNESCO ein internationales Dream-Team von Wissenschaftlern nach Paris eingeladen, um eine endgültige Widerlegung des Nationalsozialismus und der Eugenik zu formulieren. Fast alle Teilnehmer, darunter Montagu, Dobzhansky, E. Franklin Frazier und Gunnar Myrdal, hatten bereits assimilationistische Ideen vertreten – ein Beleg dafür, dass das wissenschaftliche Establishment segregationistische Ideen als rassistisch erkannte, aber dafür sorgte, dass der Assimilationismus weiter Bestand hatte und den ethnischen Diskurs dominierte. In der UNESCO-Erklärung zu «Rassen» aus dem Jahr 1950 wurde zwar angegeben, keine menschliche Population habe irgendwelche evolutionsbiologische Leistungen erbracht, aber dafür sprachen die Assimilationisten von den «kulturellen Leistungen» bestimmter Populationen. Und 1951 erklärten die Genetiker und biologischen Anthropologen in der überarbeiteten Erklärung: «Es ist möglich, jedoch nicht bewiesen, dass in einer Menschengruppe bestimmte angeborene Fähigkeiten für intellektuelle und emotionale Reaktionen häufiger auftreten als in einer anderen.» Segregationistische Wissenschaftler machten sich nun daran, diese angeborenen ethnischen Unterschiede bei der Intelligenz zu beweisen.[12]

Noch bevor die Erklärungen der UNESCO die Titelseiten der Zeitungen von New York bis Paris beherrschten, hatte der amerikanische Präsident Harry S. Truman die Initiative ergriffen, die Beziehungen zwischen den ethnischen Gruppen in den USA zu verbessern. Reformen waren dringend nötig und machten einen wichtigen Bestandteil der «Truman-Doktrin» aus, die er dem Kongress am 12. März 1947 präsentierte, auch wenn diese Facette heute kaum bekannt ist. Truman bezeichnete die USA als «Führer der freien Welt», während die Sowjetunion der Anführer der «unfreien Welt» sei. «Die freien Völker blicken auf uns, sie bei der Bewahrung ihrer Freiheit zu unterstützen», verkündete Truman. Dass sich die USA als Anführer der freien Welt präsentierten, machte sie aufgrund ihrer unfreien Rassenpolitik anfällig für Kritik (ganz zu schweigen von ihrer Politik in Hinblick auf Klasse, Geschlecht und Sexualität). Die harte Behandlung nichtweißer Ausländer, die Serie hässlicher Lynchmorde nach dem Krieg durch heimkehrende Soldaten, die Anti-Lynch-Aktionen des international bekannten Künstlers Paul Robeson, die Vorwürfe der NAACP wegen Menschenrechtsverletzungen vor den Vereinten Nationen – plötzlich wurden die Rassenpolitik und die Unterdrückung von Minderheiten zur außenpolitischen Bürde. Den Ruf der USA als Land der Freiheit zu wahren, war für Politiker aus dem Norden nun wichtiger als die Einheit der Partei und die Zustimmung der Segregationisten bei Abstimmungen im Kongress. Außerdem hatte die Ausbeutung ausländischer Ressourcen nun größere Bedeutung für die im Norden ansässige Industrie als die Ausbeutung der Ressourcen in den Südstaaten. Die politischen Überlegungen aufgrund des Kalten Krieges und die aufkommende Bürgerrechtsbewegung zwangen die Bürgerrechte auf die nationale Agenda. Allerdings ging es der Regierung Truman bei ihren wirtschaftlichen und politischen

Überlegungen nicht um die Beziehungen zwischen ethnischen Gruppen – oder die Geschichte dieser Beziehungen. Das Verhältnis zwischen den «Rassen» war, wie es Gunnar Myrdal geschrieben hatte, ein moralisches Problem und benötigte daher auch überzeugende moralische Lösungen.[13]

Im Oktober 1947 veröffentlichte Trumans Civil Rights Comittee einen 178 Seiten umfassenden Bericht mit dem Titel *To Secure These Rights.* Die Kommission lobte Myrdals *An American Dilemma,* verurteilte die «moralische Holzfäule» im Herzen Amerikas und empfahl eine an den Bürgerrechten orientierte Gesetzgebung. «Unsere Versäumnisse im Bereich der Bürgerrechte sind ein ernsthaftes Hindernis» für die amerikanische Außenpolitik, erklärte die Kommission und verwies auf den amtierenden Außenminister Dean Acheson als Quelle. Doch Gallup-Umfragen ergaben, dass nur 6 Prozent der weißen Amerikaner der Meinung waren, man solle diese Rechte umgehend gewähren – demnach waren also nur 6 Prozent der weißen Amerikaner im Jahr 1947 antirassistisch.[14]

Am 2. Februar 1948 drängte Truman den Kongress, die Empfehlungen der Bürgerrechtskommission unabhängig von der mangelnden Unterstützung der weißen Amerikaner umzusetzen. «[Die] Position der Vereinigten Staaten in der Welt von heute» mache die Bürgerrechte zu einer «besonders dringlichen» Angelegenheit, betonte Truman. Die Gegenreaktion ließ nicht lange auf sich warten. Ein Abgeordneter aus Texas startete seine Wahlkampagne für den US-Senat vor einer Versammlung von 10 000 Anhängern in Austin mit der Aussage, Trumans Vorschläge für die Bürgerrechte seien «eine Farce und eine Mogelpackung – der Versuch, unter dem Vorwand der Freiheit einen Polizeistaat zu errichten». Immerhin schloss sich Lyndon B. Johnson, von dem diese Worte stammten, nicht den «Dixiekraten» an, die sich in Scharen von der Demokratischen Partei aufgrund von Trumans Bürgerrechtsagenda abwandten. Die Dixiekraten stellten Strom Thurmond aus South Carolina als eigenen Präsidentschaftskandidaten auf, mit einem segregationistischen Parteiprogramm, das gespenstisch an das Programm der südafrikanischen Nationalen Partei (NP) erinnerte, die 1948 an die Macht kam.[15]

Dank der Unterstützung schwarzer Wähler siegte Präsident Truman bei den Präsidentschaftswahlen sowohl über Thurmond als auch über den haushohen Favoriten, den republikanischen Kandidaten Thomas E. Dewey. Die schwarzen Wähler und die Bürgerrechtsaktivisten, die Truman gewählt hatten, waren besonders erfreut über Trumans Gebrauch der Executive Order 9981, ein Präsidialerlass, mit dem 1948 die Rassentrennung bei den US-Streitkräften und den Bundesbeamten abgeschafft wurde. Die Bürgerrechtler hatten noch einen weiteren Grund zur Hoffnung in jenem Jahr. Mit Jackie Robinson wurde die Rassentrennung in der Major League Baseball aufgehoben, und etwa zur gleichen Zeit auch in der National Football League und der National Basketball Association. Anschließend wurden die schwarzen Profis im Baseball, Football und Basketball jahrzehntelang in Positionen eingesetzt, in denen sie von ihrer angeblich angeborenen Schnelligkeit und Kraft profitierten (nichtsportliche Schwarze waren demnach keine richtigen Schwarzen).[16]

Die Bürgerrechtsaktivisten reagierten auch erfreut darüber, dass Trumans Justizministerium eine Stellungnahme im Rechtsstreit *Shelley versus Kraemer* formulierte. Dabei ging es um die Frage, ob in Immobilienverträgen Schwarze als Käufer oder Mieter ausgeschlossen werden durften. Die Sache wurde am 3. Mai 1948 entschieden, als der Oberste Gerichtshof erklärte, dass man vor Gericht nicht auf die Einhaltung eines Immobilienvertrages pochen konnte, der einen Verkauf oder eine Vermietung ausschließlich an Weiße vorschrieb. Verträge dieser Art gab es in den Städten des Nordens häufig, um den Zuzug von Schwarzen aus dem Süden zu verhindern und die Aufhebung der Rassentrennung in Wohnvierteln zu umgehen. «Aufgrund der Diskriminierung in diesem Land befinden sich die USA in Bezug auf auswärtige Angelegenheiten in einer peinlichen Situation», verkündete das Außenministerium in diesem Zusammenhang. Zum ersten Mal intervenierte die US-Regierung in einem Fall und verteidigte die Rechte von Schwarzen. Es sollte nicht das letzte Mal sein. Trumans Justizministerium gab ähnliche Stellungnahmen zu anderen erfolgreichen Prozessen ab, bei denen es um die Aufhebung der ethnischen Trennung an höheren Schulen während der 1940er- und 1950er-Jahre ging, und erinnerte die Richter dabei stets an die außenpolitischen Folgen der Diskriminierung.[17]

Die Entscheidung im Fall *Shelley versus Kraemer* kam in der Öffentlichkeit nicht gerade gut an. 1942 erklärten 84 Prozent der weißen Amerikaner bei Meinungsumfragen, dass sie sich schwarze Viertel in ihrer Stadt wünschten. Offensichtlich hatten sie kein Problem mit den unzumutbaren Bedingungen in den übervölkerten Vierteln. Doch die Entscheidung des Obersten Gerichts von 1948 brachte in den amerikanischen Städten der Nachkriegszeit tatsächlich die Aufhebung der ethnischen Trennung im Wohnungswesen in Gang – und verstärkte den Widerstand der Weißen gegen die Integration. Die Bewegung zur Aufhebung der Rassentrennung in Wohnvierteln war eine bunt zusammengewürfelte Truppe. Sozial aufstrebende Schwarze und antirassistische Aktivisten kämpften Seite an Seite für bessere Wohnbedingungen. Es gab aber auch rassistische Schwarze, die es hassten, in schlechten Vierteln zusammen mit Schwarzen zu leben, die in ihren Augen unter ihnen standen, und davon träumten, neben höherstehenden Weißen zu wohnen. Und es gab Assimilationisten, die glaubten, dass integrierte Viertel die Verbesserung durch Selbstverbesserung erleichtern, die Beziehungen zwischen den Ethnien verbessern und die Rassenprobleme des Landes lösen würden. Weiße Immobilienmakler und Spekulanten machten sich die rassistischen Vorstellungen mithilfe des sogenannten «Blockbusting» zunutze – der Praxis, weiße Immobilienbesitzer davon zu überzeugen, ihre Häuser zu einem niedrigeren Preis zu verkaufen, aus Angst, dass die Grundstückspreise bald in den Keller gehen würden, weil Schwarze in die Nachbarschaft ziehen könnten. Anschließend wurden die Häuser zu einem Preis weit über dem Marktwert an Schwarze verkauft, die unbedingt in einer besseren Gegend leben wollten. Immobilienmakler und Spekulanten hatten keine große Mühe, den Weißen die Folgen in den schrecklichsten Farben zu schildern. Sie warnten vor einem «unmittelbaren Anstieg bei Verbrechen und Gewalt … vor Lastern, Prostitution, Glücksspiel und Drogen», wie es ein berühmter Gegner integrierter Wohnviertel in Detroit formulierte. Wenn in ein weißes Wohnviertel Schwarze einzogen, lebten schon bald fast nur noch Schwarze dort. Die veränderte Demografie mit dem Wechsel von Weiß nach Schwarz führte rasch zu einer negativen Wahrnehmung derselben Wohngegend. (Am Ende des 20. Jahrhunderts vollzog sich die entgegengesetzte Entwicklung, als Weiße schwarze urbane Viertel in den Städten «gentrifizierten». Schwarze Viertel wurden immer mehr durchmischt, bis am Ende fast nur noch Weiße dort lebten. Auch hier führte die veränderte Demografie von Schwarz nach Weiß zu einer anderen, diesmal positiveren Wahrnehmung desselben Viertels. Anscheinend waren Weiße ein Kennzeichen für ein gutes Viertel, während Schwarze für ein schlechtes Viertel standen. Ein typisches Beispiel für die Macht rassistischer Vorstellungen.[18])

Wenn rassistische Vorstellungen und Maßnahmen die Schwarzen nicht fernhielten, wurden Weiße in den 1940er-, 1950er- und 1960er-Jahren mitunter auch gewalttätig. Doch die meisten Weißen suchten ihr Heil in der Flucht. Immobilienmakler, Spekulanten und Bauunternehmer profitierten davon und verkauften den flüchtenden Weißen Häuser in den neu entstehenden Vorstädten. Amerika erlebte in der Nachkriegszeit einen noch nie dagewesenen Bauboom beim Haus- und Straßenbau, da weiße Familien in die Vororte zogen und zu ihrem Arbeitsplatz pendeln mussten. Um sich das neue Eigenheim zu finanzieren, nutzten die Amerikaner ihre Ersparnisse aus

Kriegszeiten und die Vorteile der 1944 verabschiedeten GI Bill. Das Gesetz zur Wiedereingliederung heimkehrender Soldaten bot umfassendste soziale Leistungen in einem einzigen Gesetz. Über 200 000 Kriegsveteranen nutzten das staatliche Angebot, um sich eine Farm zu kaufen oder sich selbstständig zu machen; 5 Millionen erwarben ein Eigenheim und fast 10 Millionen begannen ein Studium. Zwischen 1944 und 1971 beliefen sich die staatlichen Leistungen für ehemalige Soldaten im Rahmen dieses «beispielhaften Sozialsystems» auf über 95 Millionen Dollar. Doch wie bei den staatlichen Leistungen im Rahmen des New Deal wurden schwarze Veteranen diskriminiert, sie erhielten nur eine verminderte oder gar keine Unterstützung. In Kombination mit dem New Deal und dem Bau neuer Vororte (in Siedlungen, die legale Mittel fanden, Schwarze fernzuhalten) bildete die GI Bill die Grundlage für die Entstehung der weißen Mittelschicht und vertiefte die wirtschaftliche Kluft zwischen Schwarzen und Weißen, doch Rassisten schrieben die wachsende Ungleichheit dem mangelnden Sparverhalten der Schwarzen zu.[19]

Während schwarze Wohnviertel in den Städten zum nationalen Symbol für Armut und Verbrechen wurden, waren die weißen Vorortviertel mit den typischen Einfamilienhäusern, umgeben von weißen Holzzäunen, bewohnt von glücklichen weißen Familien, das landesweite Symbol für Wohlstand und Sicherheit im Amerika der Nachkriegszeit. Die assimilationistischen Bemühungen in den Medien, der Wissenschaft und der Populärkultur konnten kaum etwas gegen die segregationistische Reaktion auf die Integration der Wohnviertel ausrichten, allerdings bewirkte sie wahre Wunder darin, historisch unterdrückte europäische ethnische Gruppen in den weißen Vororten zu einen. An die Stelle der ethnischen Enklaven in den Städten traten multiethnische Vororte, in denen Italiener, Juden, Iren und andere nicht nordische Gruppen endlich die vollen Privilegien der Weißen erhielten. «Weder die Religion noch die Ethnie hoben uns in der Schule oder in der Nachbarschaft von den anderen ab», erinnerte sich Karen Brodkin, Anthropologin an der University of California at Los Angeles, deren Familie 1949 nach Long Island in New York zog.[20]

Die Ortsverbände der NAACP unterstützten die Bewegung zur Integration der Wohnviertel. Doch im Amerika der Nachkriegszeit glich bürgerrechtliches Engagement einem Drahtseilakt. 1950 begann Joseph McCarthy, ein aus Wisconsin stammender Senator, mit seiner Hexenjagd auf «Kommunisten», womit praktisch jeder gemeint war, der kritisch gegenüber den damals vorherrschenden Ideen eingestellt war, etwa gegenüber dem Kapitalismus, der prokolonialen Außenpolitik der USA, der Assimilation im Norden und der Rassentrennung im Süden. Walter White und seine rechte Hand Roy Wilkins mussten darauf achten, dass der juristische Kampf der NAACP und die Selbstverbesserung im Rahmen des Antikommunismus und Assimilationismus blieben. «Der Neger will eine Veränderung, damit er mit dem amerikanischen Standard gleichziehen kann», schrieb Wilkins im Dezember 1951 in *The Crisis.* Derweil wurden Antirassisten und Sozialisten und natürlich vor allem antirassistische Sozialisten bedroht, entlassen, festgenommen und unter falschen Anklagen inhaftiert. Du Bois wurde 1951 im Alter von 82 Jahren verhaftet und angeklagt (und wieder freigesprochen). Das amerikanische Außenministerium zog den Pass von Du Bois und auch den von Paul Robeson ein und versuchte, die in St. Louis geborene und in Frankreich lebende Tänzerin Josephine Baker zum Schweigen zu bringen, damit der Ruf der USA als Land der Freiheit im Ausland nicht beschädigt wurde.[21]

Doch das Außenministerium konnte nicht verhindern, dass William Patterson, Vorsitzender des kurzlebigen Civil Rights Congress, 1951 nach Genf reiste und der Völkerrechtskommission der Vereinten Nationen persönlich eine Petition mit dem Titel *We Charge Genocide* überreichte. Die von W. E. B. Du Bois, Paul Robeson, der Journalistin Claudia Jones aus Trinidad (Gründerin der ersten schwarzen Zeitung Englands) und fast hundert weiteren Persönlichkeiten unterzeichnete Petition, die fast 500 brutale Verbrechen gegen Afroamerikaner Ende der 1940er-Jahre dokumentierte, ließ die Glaubwürdigkeit der selbsternannten Führungsmacht der freien Welt in sich zusammenfallen. Die wahre «Bewährungsprobe für die grundlegenden Ziele einer Außenpolitik» ergebe sich daraus, «wie eine Regierung ihre eigenen Staatsbürger behandelt», tönte es von der Schweiz bis Swasiland.[22]

Das amerikanische Außenministerium, um Schadensbegrenzung bemüht, tat einige antikommunistische, rassistische, bedingungslos patriotische Schwarze auf, die in seinem Auftrag auf Vortragsreisen gingen, darunter etwa Max Yergan, der zu einem ausgesprochenen Befürworter der Apartheid in Südafrika wurde. 1950 oder 1951 verfasste ein Kader brillanter Propagandisten, der als United States Information Agency (USIA) bekannt wurde, quasi die PR-Agentur des amerikanischen Außenministeriums, ein Pamphlet mit dem Titel *The Negro in American Life,* das weltweit verbreitet wurde. Darin wurden frühere Fehler wie Sklaverei und Rassismus eingeräumt, doch gleichzeitig hieß es, mittlerweile habe es eine Aussöhnung zwischen den Rassen und eine Wiedergutmachung gegeben. Möglich geworden sei dies, wie könnte es anders sein, durch die Kraft der amerikanischen Demokratie. Diese Markenbotschafter des Neuen Amerika konzentrierten sich bei ihrer Analyse schlauerweise auf die Vergangenheit (und nicht auf die rassistische Gegenwart) und auf die schwarzen Eliten (nicht die breite schwarze Bevölkerung). Die Frage lautete nicht, ob die USA die ethnische Ungleichheit beseitigt hätten. Das wurde als unmöglich eingestuft – so wie man einst die Abschaffung der Sklaverei für unmöglich gehalten hatte. Die Frage lautete vielmehr, ob das Talentierte Zehntel in der Gegenwart weniger diskriminiert wurde als in der Vergangenheit. «Vor diesem Hintergrund muss man sowohl die von den Negern gemachten Fortschritte als auch die Schritte betrachten, die noch für eine umfassende Lösung der Probleme erforderlich sind», hieß es in dem Pamphlet. Im Lauf der vergangenen 50 Jahren sei die Zahl der schwarzen «Großgrundbesitzer», erfolgreichen Geschäftsleute und Universitätsabsolventen gestiegen. Nicht Aktivismus habe diese «enorme Geschwindigkeit» gebracht, sondern die Verbesserung durch Selbstverbesserung und die Überzeugungsarbeit in den Medien, hieß es in *The Negro in American Life*. Das erinnerte stark an Gunnar Myrdal. Vor 50 Jahren hätte sich die «Mehrheit der Weißen, im Norden wie im Süden», nicht für ihre Einschätzung geschämt, Schwarze als minderwertig zu betrachten, doch die wachsende «Zahl gebildeter Neger, ihre Journalisten und Schriftsteller, hat der weißen Gemeinschaft die grausame Ungerechtigkeit von Vorurteilen vor Augen geführt». *The Negro in American Life* verkündete der Welt: «Heute gibt es kaum noch eine Gruppe, in der sich diese Wahrnehmung nicht drastisch verändert hat.»

Tatsächlich gab es Anfang der 1950er-Jahre kaum eine Bevölkerungsgruppe, die nicht grausame und ungerechte weiße Kampagnen gegen integrierte Wohngebiete, integrierte Schulen, Gleichberechtigung auf dem Arbeitsmarkt und gegen die Bürgerrechte führte. In *The Negro in American Life* wurden Fotos von integrierten Schulen und Gemeinschaften gezeigt, die nur wenige Amerikaner wiedererkannt hätten. Immerhin wurde jedoch auch zugegeben, dass «noch viel getan werden muss». Aber wenn man berücksichtige, wie schlimm es einmal gewesen sei, sei es da nicht erstaunlich, wie weit man es geschafft habe? Bei jedem Sieg und bei jeder Niederlage der Bürgerrechtsbewegung wurde dieser Vergangenheit-Zukunfts-Vergleich als Standardargumentation der Assimilationisten angeführt: Wir haben schon viel erreicht, aber noch einen weiten Weg vor uns. Die *aktuelle* Realität des Rassismus wurde dabei ausgeklammert.[23]

The Negro in American Life wollte mit Argumenten und Gefühlen die Nichtweißen in den dekolonisierten Ländern für die USA gewinnen – und ihre Märkte und Rohstoffe. Nichts sei besser für die amerikanischen Interessen in Asien als «Harmonie zwischen den Rassen», erklärte Chester Bowles, US-Botschafter in Indien, 1952 in Yale. Doch als 1953 der als General im Zweiten Weltkrieg berühmt gewordene Dwight D. Eisenhower ins Weiße Haus einzog, wurde die Truman-Doktrin zu den Bürgerrechten ausgesetzt. Rassische Diskriminierung sei kein gesellschaftliches Problem, dozierte Eisenhower, sondern ein Versagen der Empfindungen Einzelner. Die Lösung liege nicht im Zwang, sondern in der «Überzeugung, aufrichtig vorgebracht», und im Gewissen, das man «gerecht wachrütteln» solle, fügte Eisenhower hinzu. Dieses Hirngespinst ermöglichte es Eisenhower, die Leser von *An American Dilemma* im Norden und die Leser von *Take Your Choice* im Süden auf raffinierte Weise zusammenzuführen.[24]

Vor dem Ende von Trumans Amtszeit hatte sein Justizministerium eine weitere Stellungnahme zu einem weiteren Prozess zur Aufhebung der Rassentrennung vor dem Obersten Gericht ausgearbeitet. Bei diesem Prozess handelte es sich um eine Kombination von fünf Klagen der NAACP gegen Schulen in Kansas, South Carolina, Virginia, Delaware und Washington D. C. «Das Problem der Rassendiskriminierung muss im Kontext der gegenwärtigen weltweiten Auseinandersetzung zwischen Freiheit und Tyrannei betrachtet werden», hieß es in der Vorlage des Justizministeriums zur Unterstützung der Aufhebung der Rassentrennung. Die zweite Anhörung in der Klage *Brown versus Board of Education of Topeka* fand am 8. Dezember 1953 statt. Bei einem Dinner im Weißen Haus, zu dem Eisenhower seinen neu ernannten Obersten Richter Earl Warren eingeladen hatte, setzte sich der Präsident neben den bekannten Rechtsanwalt, der die Segregationisten verteidigte, John Davis, den er schon wiederholt als «großartigen Mann» bezeichnet hatte. Beim Gang zum Kaffeetisch sagte Eisenhower zu Warren, er könne verstehen, warum die Südstaatler sicherstellen wollten, dass «ihre süßen kleinen Mädchen in der Schule nicht neben irgendeinem großen schwarzen Kerl sitzen müssen».[25]

Am 17. Mai 1954 stimmte Warren in seiner Begründung zum einstimmigen Urteil des Obersten Gerichts irgendwie der Entscheidung des niedrigeren Gerichts zu, dass die Schulen im Süden alle «gleichgestellt sind oder sich in einem entsprechenden Prozess befinden». Daher befasste sich das Oberste Gericht im Fall *Brown versus Board of Education* um die psychischen Auswirkungen auf schwarze Kinder, wenn diese auf getrennte Schulen gehen mussten. Warren fand die Antwort in den Sozialwissenschaften, wo es kurz zuvor einen sprunghaften Anstieg von Untersuchungen gegeben hatte, die sich mit der Frage beschäftigten, warum Schwarze sich nicht assimiliert hatten und warum die rassischen Ungleichheiten immer noch existierten. Da sich die Theorie, dass die Sklaverei die Schwarzen deformiert habe, Anfang der 1950er-Jahre nicht mehr halten ließ, entwickelten die Assimilationisten die Theorie, dass die Rassentrennung Schwarze deformiere. Sie führten die berühmten Puppen-Versuche des Psychologenpaares Kenneth und Mamie Clark sowie populäre Bücher zum Thema an, etwa *The Mark of Oppression* (1951), das ebenfalls von den Clarks stammte. Die Diskriminierung und Rassentrennung, argumentierten Assimilationisten, habe einen furchtbaren Effekt auf die Persönlichkeit und Selbstachtung von Schwarzen.[26]

In seiner Urteilsbegründung im Fall *Brown* nannte Warren die bekannten Tests mit Puppen in einer Fußnote als Beleg für die negativen Auswirkungen getrennter Schulen. Überzeugt schrieb er: «[Farbige Kinder] von gleichaltrigen Kindern im selben Alter und mit derselben Qualifikation nur aufgrund ihrer Rasse zu trennen, erzeugt ein Gefühl der Minderwertigkeit im Hinblick auf ihren Status in der Gemeinschaft, das sich auf ihr Denken und Fühlen in irreversibler Weise auswirken könnte.» Kurz: «Die Trennung weißer und farbiger Kinder an öffentlichen Schulen hat einen nachteiligen Effekt auf die farbigen Kinder.» Dadurch könne sich ihre Ausbildung in die Länge ziehen und ihre «mentale Entwicklung» verzögern. Somit nehme man ihnen «einige der Vorteile, die sie an einer rassisch integrierten Schule hätten», mutmaßte Warren. «Daher kommen wir zu dem Schluss, dass die Doktrin ‹getrennt, aber gleich› im Bereich der öffentlichen Bildung keinen Platz hat. Getrennte Bildungseinrichtungen sind von Natur aus ungleich.»[27]

In diesem wegweisenden Prozess vertrat Warren im Grunde eine rassistische Haltung: Getrennte *schwarze* Bildungseinrichtungen waren seiner Meinung nach von Natur aus ungleich und minderwertig, weil schwarze Schüler keinen Kontakt zu weißen Schülern hatten. Warrens assimilationistische Problemstellung führte für das folgende Jahrzehnt zu einer assimilationistischen Lösung bei der Aufhebung der Rassentrennung an Schulen: Kinder aus schwarzen Schulen wurden per Bus zu den von Natur aus besseren weißen Schulen gebracht. Nur selten wurden weiße Kinder mit Bussen zu schwarzen Schulen gefahren. Bis in die 1970er-Jahre wehrten sich weiße Eltern von Boston bis Los Angeles gegen die erzwungene Integration per Bus und übergossen Reformer mit ätzender rassistischer Kritik, während antirassistische schwarze Eltern einen Austausch der Schüler in beide Richtungen oder eine Umverteilung der Mittel forderten, von den überfinanzierten weißen Schulen zu den unterfinanzierten schwarzen Schulen. Gegen diese antirassistischen Pläne wandten sich sowohl Assimilationisten wie Segregationisten, die offenbar wie das Oberste Gericht annahmen, dass Schulen mit überwiegend schwarze Schülern nie so gut sein könnten wie Schulen mit überwiegend weißen Schülern.

Nicht viele Amerikaner erkannten sofort die assimilationistische Argumentation im Urteil zu *Brown versus Board of Education.* Zora Neale Hurston schon. Sie lebte mittlerweile in Florida, war aber trotz ihrer vierundsechzig Jahre und ihrer literarischen Missachtung so scharfsinnig wie eh und je. «Falls es keine gleichwertigen schwarzen Schulen in Florida gibt und falls weiße Schulen eine Art von Natur aus innewohnende, unveränderliche Qualität hätten, dann wäre ich die Erste, die darauf besteht, dass die schwarzen Kinder Floridas an diesem Segen teilhaben», schrieb Hurston im *Orlando Sentinel.* «Aber wenn es gleichwertige schwarze Schulen und gut ausgebildete Lehrer und guten Unterricht gibt, dann gibt es auch keinen Unterschied außer der Anwesenheit der Weißen. Aus diesem Grund betrachte ich das Urteil des Obersten Gerichts nicht als Würdigung, sondern als Kränkung meiner Rasse.» Sie stellte die Anführer der Bürgerrechtsbewegung zur Rede und erklärte, es sei ein Widerspruch, von Stolz und Gleichberechtigung zu reden und gleichzeitig «schwarze Lehrer und Selbstassoziation» mit Verachtung zu behandeln. Hurstons Brief fand weite Verbreitung und wurde von Segregationisten und Antirassisten gelobt, doch bei den Assimilationisten stieß er nur auf Ablehnung.[28]

Trotz der rassistischen Argumentation sahen viele in Warrens Urteilsbegründung – die die meisten gar nicht gelesen hatten – und in der wegweisenden Entscheidung, *Plessy versus Ferguson* zu revidieren, eine Anerkennung der Schwarzen. «Ich habe erlebt, wie Unmögliches möglich wurde», schrieb W. E. B. Du Bois. Die Propagandisten der USIA waren ebenfalls entzückt. Bereits eine Stunde nach der Urteilsverkündung wurde die Nachricht in Osteuropa von der Voice of America verbreitet. Pressemitteilungen in zahlreichen Sprachen wurden aufgesetzt. Das Urteil «fügt sich in den an zahlreichen Fronten geführten Angriff der Eisenhower-Regierung gegen den weltweiten Kommunismus ein», verkündete das Nationale Komitee der Republikanischen Partei am 21. Mai 1954 anstelle von Eisenhower, der sich weigerte, das Urteil im Fall Brown zu unterstützen.

In den Südstaaten der USA mit ihren Jim-Crow-Gesetzen schwor James Eastland, Senator aus Mississippi, zur Stärkung des Kampfgeistes, der Süden werde «dieses Urteil eines politischen Gerichts weder befolgen noch sich daran orientieren». Und der Widerstand der Segregationisten kam so schnell und fiel so heftig aus, dass das Oberste Gericht, als es 1955 an der Zeit war, das

Urteil im Fall Brown umzusetzen, zum ersten Mal in der Geschichte der USA die Anwendung eines von der Verfassung garantierten Rechts, das gerichtlich bestätigt worden war, «auf einen geeigneteren Zeitpunkt verschob». Du Bois und andere Aktivisten waren empört. Dennoch schlossen die Segregationisten im Süden die Reihen und organisierten einen «massiven Widerstand» in Form von Gewalt und rassistischen Ideen. Anscheinend war es ihnen wichtiger, ihre eigene Haltung «getrennt, aber gleich» zu verteidigen, als Amerikas Ansehen als Hüter der Freiheit vor der ganzen Welt zu wahren.[29]

Kapitel 29

Massiver Widerstand

Das bekannteste Opfer des «massiven Widerstands» gegen die Aufhebung der Rassentrennung war der vierzehnjährige Emmett Till. Weil er vor einer weißen Frau in Mississippi einen bewundernden Pfiff ausgestoßen hatte, wurde er am 28. August 1955 so brutal zusammengeschlagen, dass sein Gesicht bei seiner Aufbahrung im offenen Sarg bei der Trauerfeier in seiner Heimatstadt Chicago nicht mehr zu erkennen war. Die furchtbaren Bilder sorgten für massive Empörung bei der schwarzen Bevölkerung. Am 12. März 1956 unterzeichneten 19 US-Senatoren und 77 Abgeordnete des Repräsentantenhauses ein Manifest, das sich gegen das Urteil im Fall *Brown versus Board of Education* wandte, weil es für «Hass und Misstrauen» sorge, «wo bisher Freundschaft und Verständnis herrschten». Der Ku-Klux-Klan gewann neue Mitglieder, und namhafte Segregationisten gründeten weiße Bürgerkomitees. An den Schulen im Süden wurden Schulbücher verwendet, die «Gute-Nacht-Geschichten» enthielten, wie es der Historiker C. Vann Woodward formulierte, im Stil von *Gone with the Wind (Vom Winde verweht).* Aber die Bürgerrechtsbewegung ließ sich nicht aufhalten. W. E. B. Du Bois beobachtete verblüfft, wie sich im Wahljahr 1956 der Busboykott von Montgomery entwickelte. Doch nicht die ursprüngliche Organisatorin des Boykotts, Jo Ann Robinson, Dozentin am Alabama State College, noch die Frauen, die den Boykott vorantrieben, die schwarzen Hausangestellten, die nun zu Fuß gingen, überraschten ihn. Jeder, der sich ernsthaft mit der Geschichte der schwarzen Bürgerrechtsbewegung befasste, wusste, dass schwarze Frauen dabei immer wieder die treibenden Kräfte waren. Du Bois staunte über die 27-jährige Galionsfigur des Boykotts. Ein Baptistenprediger, der gleichzeitig ein radikaler Bürgerrechtler war? Du Bois hatte nicht gedacht, dass er mit seinen 88 Jahren noch einen Prediger wie Martin Luther King erleben würde. Er schickte ihm eine ermutigende Botschaft, und King antwortete mit einem Dankesschreiben. King hatte Du Bois' Bücher gelesen und bezeichnete ihn später als «intellektuellen Giganten», der durch «den giftigen Nebel der Lügen» hindurchsah, die Schwarze «als minderwertig darstellten». Du Bois sandte außerdem ein Schreiben an die indische Zeitschrift *Gandhi Marg.* King – mit seinem eindeutigen Bekenntnis zu gewaltfreiem zivilem Ungehorsam – könnte der amerikanische Mahatma Gandhi werden.[1]

Ein weiterer von King verehrter schwarzer Autor verfasste das umstrittenste Buch des Jahres 1957, ja vermutlich des ganzen Jahrzehnts. Der geschlechtsbezogene Rassismus von E. Franklin Frazier in *Black Bourgeoisie,* der weiße Frauen als schöner und vielschichtiger als schwarze darstellte, schwarze Ehefrauen als dominant und schwarze Ehemänner als «körperlich und sozial impotent», trat so deutlich zutage wie sein historischer Rassismus. «Die Sklaverei war ein grausames und barbarisches System, das den Neger als Person vernichtete», schrieb Frazier. Diese Theorie ähnelte der rassistischen These des Historikers Stanley Elkins in seinem Erfolgstitel *Slavery: A Problem in American Institutional and Intellectual Life* (1959). Dennoch hatte Frazier seinen kulturellen Rassismus überwunden. Die populäre soziologische Literatur über die psychologischen Auswirkungen der Diskriminierung, die das Urteil im Fall Brown geprägt hatte, hatte Fraziers Vorstellungen von der Assimilation verändert. Nun betrachtete er sie nicht mehr als psychologischen Fortschritt, sondern als Rückschritt. Keine Gruppe unter den Schwarzen klammere sich so sehr an assimiliationistische Ideen wie die schwarze Bourgeoisie, argumentierte Frazier, sie versuche, «alles loszuwerden … was an ihre schwarze Herkunft erinnert».[2]

Frazier klang wie die Anhängerschaft von Elijah Muhammads Nation of Islam (NOI) in Chicago, die Ende der 1950er-Jahre rasch wuchs. «Sie wollen nicht, dass du weiß bist, und du willst nicht schwarz sein», erklärte Malcolm X, Sohn von Anhängern von Marcus Garvey, ehemaliger Häftling und neuer Leiter des Harlemer Tempels der NOI. «Du willst kein Afrikaner sein und kannst kein Amerikaner sein … Du bist übel dran!» Mike Wallace von CBS machte Malcolm X und die NOI Millionen Zuschauern durch die fünfteilige Fernsehserie *The Hate That Hate Produced: A Study of the Rise of Black Racism and Black Supremacy* bekannt, die 1959 eine Sensation war. Elijah Muhammad und seine Anhänger wandten sich gegen die Assimilationisten und predigten stattdessen eine Trennung der Rassen (aber nicht die «Black Supremacy», die Vorherrschaft der Schwarzen). Sie argumentierten, die Weißen seien eine minderwertige Rasse und Teufel. Ironischerweise verurteilten schwarze wie weiße Assimilationisten in ihrem Hass auf alles Schwarze und ihrem Rassismus die Nation of Islam gerade wegen ihres Rassismus und ihres Hasses auf alles Weiße.[3]

Mit *Black Bourgeoisie* lieferte Frazier einen vernichtenden Angriff auf die schwarze Mittelschicht, den es so in der Geschichte der amerikanischen Publizistik noch nie gegeben hatte. Er kommerzialisierte damit einen neuen klassenbezogenen Rassismus: die schwarze Bourgeoisie, die der weißen Bourgeoisie unterlegen ist, die sozial unverantwortlich, verschwenderisch, politisch korrupt, ausbeuterisch und geradezu dumm in ihrer «Politik der Respektabilität», um eine aktuelle Formulierung von Evelyn Brooks Higginbotham zu verwenden. Obwohl oder gerade weil Frazier mit seinem Klassenrassismus so überzog, hatte *Black Bourgeoisie* eine große Wirkung auf die Bürgerrechtsbewegung und veranlasste die jungen Leute aus der Mittelschicht, die Martin Luther Kings Generation angehörten, sich zusammenzuschließen und mit dem zu brechen, was Frazier als ihre teilnahmslose «Scheinwelt» bezeichnete.[4]

Die Kraft jugendlichen Mutes, die mit jedem Tag stärker wurde, war auch nötig, um sich dem massiven Widerstand der Segregationisten entgegenzustellen, der ebenfalls mit jedem Tag massiver wurde. Die Segregationisten hatten es geschafft, dass der Civil Rights Act von 1957 stark abgeschwächt worden war, sodass es sich bei seiner Verabschiedung am 29. August 1957 praktisch um leere Worthülsen handelte. Am 4. September griff der Gouverneur des Bundesstaates Arkansas, Orval Faubus, auf die Nationalgarde zurück, um neun schwarze Schüler, die sogenannten Little Rock Nine, davon abzuhalten, die rein weiße Central High School zu besuchen. Damit widersetzte er sich der Anweisung eines Bundesgerichts. Bilder von Nationalgardisten, die in Little Rock grölende segregationistische Mobs schützten, gingen um die Welt und beschädigten das Image der USA als Hüter der Freiheit.

«Unsere Feinde reiben sich die Hände angesichts dieses Vorfalls», jammerte Eisenhower in einer landesweit im Fernsehen ausgestrahlten Rede, «und nutzen ihn überall dazu, unsere Nation falsch darzustellen». Eisenhower und seine Berater zerbrachen sich zwei Wochen lang den Kopf auf der Suche nach Lösungen, die weder seinem politischen Ansehen in den Südstaaten schadeten noch dem Ruf Amerikas im Ausland, doch ohne Erfolg. Am 24. September entsandte Eisenhower Bundestruppen nach Little Rock, um die schwarzen Schüler beim Betreten der Schule zu schützen. Später bezeichnete er diese Entscheidung als die, «die mir in meinen acht Jahren im Weißen Haus am meisten widerstrebte». Einige Bürgerrechtler erkannten die ungeheuren Möglichkeiten, die sich ihnen durch den Kalten Krieg und die damit verbundenen außenpolitischen Überlegungen boten. Sie konnten Amerika außenpolitisch derart in Verlegenheit bringen, dass eine Aufhebung der Rassentrennung unumgänglich war. Andere glaubten und hofften immer noch, dass Gunnar Myrdals These wahr werden würde: Dass die Bürgerrechtsbewegung durch Überzeugungsarbeit rassistische Vorstellungen beseitigen würde.[5]

Auch Du Bois hatte mit seinen neunzig Jahren die Hoffnung noch nicht aufgegeben, allerdings ging seine Hoffnung in eine andere Richtung. «Heute kämpfen die USA gegen den weltweiten Fortschritt, einen Fortschritt hin zum Sozialismus und weg vom Kolonialismus», erklärte er vor 700 Studenten und Dozenten der Howard University im April 1958. Nachdem er seinen Pass zurückerhalten hatte, begab sich Du Bois wenige Monate später auf Reisen und besuchte Osteuropa, die Sowjetunion und die kommunistische Volksrepublik China, wo er zu seiner Freude den Parteivorsitzenden Mao Zedong traf. Als Mao anfing, über die «krankhafte Psychologie» der Afroamerikaner zu reden, und damit zeigte, dass er durchaus auf dem neuesten Stand war, was rassistische sozialwissenschaftliche Texte anging, unterbrach ihn Du Bois. Schwarze hätten keine krankhafte Psyche; vielmehr litten sie unter einem geringen Einkommen, erklärte er und löste damit eine Debatte und eine Reihe von Fragen bei Mao aus. Als Du Bois zugab, er habe als Aktivist einige Fehler gemacht, hakte Mao nach. Aktivisten würden versagen, wenn sie aufhören würden zu kämpfen. «Und das, nehme ich an, haben Sie nie getan», erklärte Mao.[6]

Auch Martin Luther King hatte nie aufgehört zu kämpfen. Doch Du Bois' Begeisterung für ihn war abgekühlt, Ende 1959 hatte er entschieden, dass King doch nicht der amerikanische Gandhi war. «Gandhi verschrieb sich [der Gewaltlosigkeit], aber er folgte auch einem positiven [ökonomischen] Programm, um seine negative Weigerung, Gewalt anzuwenden, auszugleichen», meinte Du Bois. Damals wurde Kings Philosophie der Gewaltlosigkeit von Schwarzen heftig kritisiert, andere stellten den führenden Kopf der Bürgerrechtsbewegung auch wegen rassistischer Vorstellungen zur Rede, die sogar bei King zu entdecken waren. 1957 erhielt King einen Brief zu seiner Kolumne «Advice for the Living» im Magazin *Ebony.* «Warum hat Gott Jesus weiß erschaffen, wenn der Großteil der Menschen auf der Welt nicht weiß ist?», lautete die Frage. Jesu Bedeutung «wäre nicht größer gewesen, wenn seine Haut schwarz gewesen wäre», antwortete King. «Und er ist nicht weniger bedeutend, weil seine Haut weiß ist.» Der berühmteste schwarze Prediger und Bürgerrechtler des Landes betete zu einem weißen Jesus? Ein «verstörter» Leser schrieb daraufhin an *Ebony:* «Ich glaube wie Sie, dass die Hautfarbe keine Rolle spielen sollte, aber ich glaube nicht, dass Jesus weiß war», erklärte der Leser. «Worauf basiert Ihre Annahme, dass er das war?» Sie basierte wohl auf rassistischen Vorstellungen. King reagierte nicht auf den Brief.[7]

Du Bois und King ließen jedoch nicht nach in ihrem Kampf, und auch die schwarzen Studenten waren weiterhin aktiv. Am 1. Februar 1960 betraten vier Erstsemestler der North Carolina A&T State University das Kaufhaus Woolworth in Greensboro. Sie setzten sich in den für Weiße vorbehaltenen Bereich der Cafeteria, wo sie nicht bedient wurden, und blieben, bis das Kaufhaus schloss. Innerhalb weniger Tage folgten Hunderte Studenten und Schüler von umliegenden Universitäten und Schulen diesem Beispiel. Berichte über die gewaltfreien Blockaden wurden landesweit im Fernsehen ausgestrahlt und lösten eine Welle von Sit-ins in Geschäften der Südstaaten aus, um gegen die dortige Rassentrennung zu protestieren. «Endlich kommen uns die Studenten zu Hilfe», jubelte Du Bois und drängte sie weiterzumachen. Im April hielten Studenten bereits in 78 Gemeinden im Süden und in den Grenzregionen zum Norden Sit-ins ab, außerdem wurde das Student Non-Violent Coordinating Committee (SNCC) gegründet.[8]

Falls die Bürgerrechtler hofften, dass sie mit dem Aufsehen, das sie erregten, die Präsidentschaftskandidaten überzeugen könnten, für die Bürgerrechte einzutreten, dann wurden sie enttäuscht. Der demokratische Präsidentschaftskandidat, ein schneidiger junger Senator aus Massachusetts, äußerte sich so wenig wie möglich über Bürgerrechte, sowohl im Wahlkampf als auch bei den erstmals im Fernsehen ausgestrahlten Präsidentschaftsdebatten. John F. Kennedy begeisterte die Bürgerrechtler, weil er den Forderungskatalog der Demokraten zu den Bürgerrechten unterstützte, enttäuschte sie aber, indem er für die Vizepräsidentschaft einen Kandidaten nominierte, der als Gegner der Bürgerrechte galt, den texanischen Senator Lyndon B. Johnson.

Kennedy und sein republikanischer Gegner Richard Nixon versuchten beide, keinen festen Standpunkt zu beziehen. Die Bürgerrechtsbewegung und der massive Widerstand dagegen waren Gegenstand hitziger Debatten, auch in akademischen und künstlerischen Kreisen, was wiederum die Bürgerrechtsbewegung und den Widerstand dagegen anspornte. In dieser Zeit erschien ein brillanter Roman, verfasst von der Mitarbeiterin einer Fluggesellschaft in New York, die in ihrer Freizeit Geschichten schrieb und nun einen Nerv bei den Aktivisten und Sympathisanten der Bürgerrechtsbewegung traf. Harper Lee hatte nicht damit gerechnet, dass ihre Geschichte von einem Mädchen, das sich im Süden der USA mit Rassismus und dem Verhältnis zwischen Schwarzen und Weißen auseinandersetzen muss, ein so großer und dauerhafter Erfolg werden würde. 1961 erhielt sie dafür sogar den Pulitzer-Preis für Literatur. Ihr Buch *To Kill a Mockingbird* (Wer die Nachtigall stört) – das von einem weißen Anwalt handelt, der einen Schwarzen verteidigt, weil er angeblich eine Weiße vergewaltigt haben soll – hatte für die Bürgerrechtsbewegung eine ähnliche Bedeutung wie *Uncle Tom's Cabin* für die Abolitionisten. Mit der erstaunlichen Kraft rassistischer Ideen mobilisierte das Buch Millionen Leser für den Kampf gegen den Rassismus. Der berühmteste Satz des Romans (der für seinen Antirassismus gerühmt wurde) zeigt jedoch, dass man darin durchaus auch einen grundlegenden Rassismus finden kann: «Nachtigallen erfreuen uns Menschen mit ihrem Gesang. Sie tun nichts Böses … Darum ist es eine Sünde auf Nachtigallen zu schießen», erklärt eine Nachbarin der eigensinnigen Protagonistin und Tochter des Anwalts. Die Nachtigall ist eine Metapher für Afroamerikaner. Der Roman spielt zwar in den 1930er-Jahren, doch der schwarze Aktivismus jener Zeit kommt in *To Kill a Mockingbird* nicht vor. Die Afroamerikaner im Buch fungieren als Zuschauer, die auf einen weißen Erlöser warten, auf ihn hoffen und für ihn singen. Sie sind dankbar für das moralische Heldentum des Anwalts Atticus Finch. Kein Relikt aus der Zeit der Sklaverei hielt sich so hartnäckig und war so populär wie die Vorstellung, dass die Schwarzen auf die Weißen vertrauen müssten, die ihnen die Freiheit bringen würden.[9]

Doch die Bürgerrechtler mit ihren Sitzblockaden warteten nicht auf den weißen Erlöser. Andererseits erwarteten viele Studenten, dass ihre edle Kampagne des gewaltfreien Widerstands das moralische Gewissen der weißen Amerikaner wachrütteln würde, die dann wiederum die Schwarzen im Süden vor der segregationistischen Politik retten würden. Diese Strategie nahm W. E. B. Du Bois die Freude an der Bürgerrechtsbewegung. Und Aktivisten, die für eine Aufhebung der Rassentrennung in Geschäften demonstrierten, die sich Schwarze mit niedrigem Einkommen kaum leisten konnten, bedeuteten keinen Fortschritt für Du Bois, der sich weigerte, eine Verbesserung der Gesamtsituation der Schwarzen am Aufstieg der schwarzen Eliten festzumachen. Du Bois wartete auf ein politisch-ökonomisches Programm. Er wartete auf ein Werk wie den schockierenden Anti-Armuts-Bestseller *The Other America* (Das Andere Amerika: Die Armut in den Vereinigten Staaten) des Politikwissenschaftlers Michael Harrington, der 1962 erschien. «Eine Mauer aus Vorurteilen wurde errichtet, um Schwarze am Aufstieg zu hindern», schrieb Harrington. «Je mehr Bildung ein Schwarzer hat, desto stärker ist die wirtschaftliche Diskriminierung, der er ausgesetzt ist.» Harrington zeigte anhand von Statistiken, dass die Verbesserung durch Selbstverbesserung nicht funktionierte. Mehr noch, er erklärte: «Man kann die Gesetze zur Rassentrennung aufheben, aber die Armut, die eine historische und institutionalisierte Folge der Hautfarbe ist, wird weiter bestehen.» Doch als dank Harrington die Bekämpfung der Armut auf die Agenda der Demokraten gesetzt wurde, hatte Du Bois das Land bereits verlassen.[10]

Am 15. Februar 1961, wenige Tage vor seinem 93. Geburtstag, erhielt Du Bois eine Nachricht von Präsident Kwame Nkrumah, dass die Ghana Academy of Learning endlich zugestimmt hatte, seine langersehnte *Encyclopedia Africana* finanziell zu unterstützen. Ende des Jahres traf Du Bois in Ghana ein. Doch wenige Monate später zog er sich eine Infektion der Prostata zu. Nkrumah besuchte Du Bois an seinem 94. Geburtstag, den er 1962 mit einem Abendessen bei sich zu Hause feierte. Als Nkrumah aufstand, um sich zu verabschieden, griff Du Bois nach der Hand des Präsidenten und dankte ihm herzlich dafür, dass er es ihm ermöglicht habe, seine letzten Jahre auf afrikanischem Boden zu verbringen. Du Bois erklärte ernst: «Ich habe Sie im Stich gelassen – meine Kräfte sind geschwunden, bevor ich unsere Pläne für die Enzyklopädie in die Tat umsetzen konnte. Vergeben Sie einem alten Mann.» Nkrumah wehrte ab. Du Bois beharrte darauf. Schließlich brach Du Bois mit einem Lächeln das lastende Schweigen, und Nkrumah ging mit Tränen in den Augen.[11]

Viele Staatschefs ehemaliger Kolonien, Männer wie Kwame Nkrumah, pflegten freundschaftliche Beziehungen zur Sowjetunion und standen dem Kapitalismus und Rassismus Amerikas kritisch gegenüber. Daher versuchten die US-Diplomaten, sie auf ihre Seite zu ziehen (oder ihre Stellung zu untergraben). Doch die heftige und gewalttätige Reaktion in den Südstaaten auf die Bürgerrechtsproteste ließen die USA vor der Welt schlecht dastehen. 1961 versuchte Präsident John F. Kennedy, die Energie der Bewegung weg von den demütigenden Protestaktionen und hin zur Wählerregistrierung zu lenken. Außerdem gründete er das Peace Corps, angeblich mit dem Ziel, «skeptischen Beobachtern aus den neuen Nationen zu zeigen, dass Amerikaner keine Monster sind». Auch die Universitäten im Norden der USA versuchten zu zeigen, dass sie keine Monster waren, indem sie schwarzen Studenten nach und nach die Türen öffneten. Im Süden wurde die Aufhebung der Rassentrennung an der University of Mississippi mit von der Kennedy-Regierung entsandten Truppen durchgesetzt, unter dem Beifall der internationalen Gemeinschaft, was einem John F. Kennedy natürlich nicht entging.[12]

Die meisten Amerikaner sahen in den Assimilationisten keine Rassisten. Auch die Trennung im Norden und ethnische Ungleichheiten waren für sie keine Anzeichen einer rassistischen Politik, und die Lawine an antirassistischen Protesten für eine Aufhebung der Rassenschranken auf dem Arbeits- und Wohnungsmarkt sowie in der Justiz, die 1963 von Boston bis Los Angeles reichte, trug kaum zu einer veränderten Sichtweise bei. Die Augen der Nation und der Welt blieben weiterhin auf die vermeintlich einzige rassistische Region gerichtet, den amerikanischen Süden. Am 14. Januar 1963 wurde George Wallace als 45. Gouverneur von Alabama vereidigt. Er hatte sich als Politiker und Richter gegen den Ku-Klux-Klan gewandt, bis er 1958 bei der demokratischen Vorwahl zur Nominierung des Gouverneurskandidaten gegen den vom Klan unterstützten Kandidaten verloren hatte. «Tja Jungs», sagte Wallace nach dieser Niederlage zu seinen Anhängern, «kein anderer Scheißkerl wird mich je wieder mit der Methode schlagen». Wallace schloss sich also der geheimen Bruderschaft ehrgeiziger Politiker an, die eine populäre rassistische Rhetorik anwandten, an die sie privat vermutlich gar nicht glaubten.[13]

Bei der Amtseinführung waren *New York Times*, *Time* und *Newsweek*, die großen Fernsehsender und zahlreiche andere Medien vertreten, um über die, wie die Reporter glaubten, übel polarisierende Antrittsrede zu berichten. George Wallace enttäuschte ihre Hoffnungen nicht und gab seine neue Ideologie für die Öffentlichkeit zum Besten. «Es ist sehr passend, dass wir hier, an der Wiege der Konföderierten, aus dem Herzen des großartigen angelsächsischen Südens, heute die Trommeln für die Freiheit schlagen, wie es unsere Vorfahren vor uns wieder und wieder im Laufe der Geschichte getan haben», verkündete er. Er meinte die eine der beiden vielbeschworenen amerikanischen Trommeln für die Freiheit: nicht die, die zur Freiheit von Unterdrückung ruft, sondern die, die Freiheit verlangt, um andere zu unterdrücken. «Im Namen der großartigsten Menschen, die je über diese Erde gewandelt sind», intonierte er, «sage ich: Rassentrennung heute, Rassentrennung morgen und Rassentrennung auf ewig.»[14]

Wallace wurde zum Gesicht des amerikanischen Rassismus, obwohl er doch eigentlich nur das Gesicht der Rassentrennung war. Harper Lee hätte das Gesicht der Assimilation in der literarischen Welt sein sollen, und die Soziologen Nathan Glazer und Daniel Patrick Moynihan die Vertreter der Assimilation in der akademischen Welt. 1963 veröffentlichten sie ihr Buch *Beyond the Melting Pot: The Negroes, Puerto Ricans, Jews, Italians, and Irish of New York City*, das zum Bestseller wurde. Der Pulitzer-Preisträger und Historiker Oscar Handlin von der Harvard University lobte das Buch in seiner Rezension in der *New York Times* als «hervorragende» und «dringend benötigte Korrektur für viele ungenaue Verallgemeinerungen». Seine Einschätzung war typisch für die vielen Bestätigungen, die das Buch von Akademikern aus dem Norden erhielt.[15]

Glazer und Moynihan waren beide gebürtige New Yorker und Soziologen, die von der assimilationistischen Schule der Nachkriegszeit geprägt waren. Sie lernten sich kennen, als sie für die Kennedy-Regierung arbeiteten und sich mit Armutsfragen beschäftigten. *Beyond the Melting Pot* vertrat eine Art ethnisch rassistische Hierarchie – eine Hierarchie ethnischer Gruppen innerhalb der rassistischen Hierarchie, bei der die fleißigen und intelligenten Juden über den Iren, Italienern und Puerto Ricanern standen und die Einwanderer aus der Karibik über den «südlichen Negern», weil sie Wert auf «Sparen, harte Arbeit, Investitionen [und] Bildung» legen würden. Das Kapitel über Afroamerikaner stammte von Glazer, der schrieb, der «Periode des Protestes» müsse eine «Periode der Selbstanalyse und Selbsthilfe» folgen. Er behauptete, «Vorurteile, ein niedriges Einkommen [und] schlechte Bildung» würden nur zu einem gewissen Teil die «Probleme erklären, die so viele Neger haben». Als Assimilationist beruft sich Glazer auf Frazier und schreibt die Probleme der Diskriminierung und der Unterlegenheit der Schwarzen zu, die Hauptursache für die Probleme sieht er vor allem in der «schwachen» Familie bei den Schwarzen, das «gravierendste Erbe» der Sklaverei. Vom historischen Rassismus schwenkt Glazer dann zum klassenbezogenen Rassismus von Fraziers *Black Bourgeoisie.* Im Gegensatz zu den übrigen Mittelschichten «trägt die schwarze Mittelschicht sehr wenig … zur Lösung der Neger-Sozialprogramme bei», schreibt er. Vom historischen Rassismus und Klassenrassismus wechselt er dann zum kulturellen und politischen Rassismus, um zu erklären, warum die Probleme der Schwarzen so hartnäckig weiterbestanden. «Der Neger», verkündet er, «ist nur ein Amerikaner und sonst nichts. Er hat keine Werte und keine Kultur, über die er wachen und die er schützen könnte.» Frazier kritisierte die Schwarzen, weil sie darauf beharren würden, dass «sich die Weißen ihrer Probleme annehmen sollen, weil sie so sehr das Produkt Amerikas sind». In Glazers lebhafter Fantasie behaupten die Schwarzen, «dies seien nicht *ihre* Probleme, sondern die aller anderen». Das, erklärt er weiter, sei «der Schlüssel für fast alles in der Welt der Neger». Die Schwarzen würden einfach nicht genug Verantwortung für ihre eigenen Probleme übernehmen.[16]

Ironischerweise lag der «Schlüssel für fast alles in der Welt der Neger» vermutlich im genauen Gegenteil von Glazers These – womöglich übernahmen die Afroamerikaner *zu viel* Verantwortung für die Probleme der Schwarzen und taten daher nicht genug, um die «weiße Welt» zu zwingen, der Diskriminierung als Ursache ihrer Probleme ein Ende zu setzen. Angehörige der schwarzen Eliten, die mit der Strategie der Verbesserung durch Selbstverbesserung und der rassistischen Überzeugung aufgewachsen waren, dass jeder Neger seine Rasse repräsentiere – und dass daher das Verhalten eines jeden einzelnen Schwarzen teilweise (oder ganz) für rassistische Vorstellungen verantwortlich sei –, hatten sich lange gegenseitig ausgebremst. Sie hatten auch die breite Masse gebremst und ein wachsames Auge auf die Darstellung der Schwarzen in den Medien, immer in dem Bemühen, dass sich jeder einzelne Schwarze vor den weißen Amerikanern von seiner besten Seite zeigte. Sie gingen davon aus, dass jede einzelne Handlung eines Schwarzen die Stereotypen der Weißen bestätigte oder widerlegte und damit den Afroamerikanern entweder half oder ihnen schadete.

Beyond the Melting Pot lobte die Führung der National Urban League, die NAACP und den Congress of Racial Equality (CORE) für deren Lobbyarbeit und juristischen Aktivismus. Doch die vielen Gruppen, die sich den Segregationisten 1963 mutig auf der Straße entgegenstellten, wurden von Glazer und Moyhan nicht einmal erwähnt. Ebenso wenig erwähnten sie die jungen Leute des Student Non-Violent Coordinating Committee in Mississippi oder Malcolm X in Harlem oder Martin Luther King Jr.

Am 3. April 1963 half King, eine Reihe von Demonstrationen in Birmingham in Alabama zu organisieren, und zog sich damit den Zorn des Polizeichefs der Stadt zu: Eugene «Bull» Connor, ein überzeugter Segregationist. Neun Tage später, am Karfreitag, unterzeichneten acht weiße anti-segregationistische Geistliche aus Alabama eine öffentliche Erklärung, in der sie dazu aufforderten, die «unklugen und zeitlich ungelegenen» Demonstrationen auf der Straße einzustellen und vor Gericht zu gehen. Martin Luther King Jr., der am selben Tag ins Gefängnis kam, las die Erklärung in seiner Zelle. Empört tat er etwas, was er selten tat. Er reagierte auf die Kritik in seinem «Letter from the Birmingham Jail», der in jenem Sommer überall verbreitet wurde. In seinem Brief griff King nicht nur die Geistlichen aus Alabama an, sondern auch die beifällige Leserschaft von *Beyond the Melting Pot.* Er gestand, fast sei er «zu der betrüblichen Schlussfolgerung gezwungen worden, dass das große Hindernis für den Neger auf seinem Weg zur Freiheit» nicht die Segregationisten seien, sondern «die gemäßigten Weißen … die stets versichern: ‹Im Ziel, das Sie anstreben, bin ich mit Ihnen einig, aber nicht mit den Methoden der direkten Aktionen›»; sie würden sich «gleich einem weisen Vater einbilden», sie könnten «den Zeitplan für den Freiheitskampf anderer festlegen». King erklärte: «Jedes Unrecht ist eine Bedrohung für die Gerechtigkeit überall.»[17]

Niemand weiß, ob der erkrankte W. E. B. Du Bois Kings Brief aus dem Gefängnis las. Doch wie Du Bois 1903 (zu seinem späteren Bedauern) brachte auch King irrtümlich zwei Gruppen zusammen, die nichts miteinander zu tun hatten: die Antirassisten, die Rassendiskriminierung hassten, und die schwarzen Separatisten, die Weiße hassten (Gruppen wie die Nation of Islam). King distanzierte sich später von beiden, als es zu einer zunehmenden Spaltung der Bürgerrechtsbewegung kam. Die vom Kampf ermüdeten jungen Aktivisten standen Kings Gewaltlosigkeit zunehmend kritisch gegenüber und sahen mit Missfallen die Mühen, die er auf sich nahm, um die Weißen mithilfe von Argumenten von ihren rassistischen Vorstellungen abzubringen. Stattdessen hörten sie Malcolm X' Predigten über Selbstverteidigung, in denen es darum ging, Schwarze vom Assimilationismus abzubringen und die Antirassisten zu mobilisieren, um einen Wandel zu erzwingen. Am 3. Mai 1963 sahen diese jungen Leute im Fernsehen, wie Bull Connors gemeine Bluthunde auf die schwarzen Kinder und Teenager von Birmingham losgingen; wie seine Wasserwerfer ihnen die Knochen brachen und die Kleidung vom Körper fetzten, Menschen wie Puppen in Schaufenster geschleudert wurden und Connors Polizisten die Demonstranten mit Schlagstöcken niederknüppelten.

Die ganze Welt sah diese Bilder, und die United States Information Agency berichtete Washington von den «zunehmenden negativen Reaktionen» weltweit angesichts der «verheerenden Bilder von Hunden und Wasserwerfern». Kennedy besprach mit seinen wichtigsten Beratern die «Angelegenheit von nationaler und internationaler Bedeutung». Er schickte seinen Berater Burke Marshall nach Birmingham, um eine Übereinkunft zur Aufhebung der Rassentrennung auszuhandeln und so die Proteste zu stoppen. Außerdem entsandte Kennedy Soldaten, um die Lage bei der Desegregation der University of Alabama am 21. Mai 1963 zu sichern. Gouverneur George Wallace zog für seine Wähler eine Show ab, stellte sich an den Eingang der Universität und beklagte die «unwillkommene, unerwünschte und mit Gewalt vorgenommene Einmischung … der Bundesregierung».

Die Mitarbeiter des Außenministeriums mussten Überstunden machen, um die empörten afrikanischen Staatschefs zu beruhigen, die am 22. Mai in Äthiopien anlässlich der Gründung der Organisation für Afrikanische Einheit zusammenkamen. Außenminister Dean Rusk schickte ein Rundschreiben an alle amerikanischen Diplomaten, in dem er ihnen versicherte, Präsident Kennedy sei sich der «Auswirkungen [des] innenpolitischen Rassenproblems auf [das] Image der USA im Ausland und auf die Umsetzung [der] außenpolitischen Ziele der USA schmerzlich bewusst». Rusk erklärte weiter, Kennedy werde «rigoros durchgreifen».

Am 11. Juni wandte sich John F. Kennedy an die Nation – oder vielmehr die Welt – und forderte den Kongress auf, eine Gesetzgebung im Sinn der Bürgerrechte zu verabschieden. «Heute haben wir uns einem weltweiten Kampf zur Förderung und zum Schutz all derer verschrieben, die frei sein wollen», sagte Kennedy. «Wir predigen weltweit die Freiheit und meinen das auch so.» Die Augen der Nation und der Welt richteten sich auf die Gesetzgeber in Washington, die wiederum die Meinung der Welt im Blick behielten. Bei der Vorlage des neuen Bürgerrechtsgesetzes vor dem Senatsausschuss bat Kennedy seinen Außenminister Dean Rusk, die Diskussion einzuleiten. Die Rassendiskriminierung habe «starken Einfluss auf das Ansehen der USA in der Welt und damit auch auf unsere außenpolitischen Beziehungen», führte Rusk aus. Nichtweiße Völker, die erst seit Kurzem ihre Unabhängigkeit errungen hätten, seien «entschlossen, jeden Anschein der Vorstellung zu tilgen, die weiße Rasse sei überlegen oder habe aufgrund ihrer Hautfarbe ein Anrecht auf besondere Privilegien». Im August 1963 glaubten 78 Prozent der weißen Amerikaner, die Rassendiskriminierung habe dem Ansehen der USA im Ausland geschadet. Doch innerhalb (und außerhalb) der Kennedy-Regierung waren nicht viele zu dem Eingeständnis bereit, dass die wachsende breite Unterstützung für die Bürgerrechte in Washington mehr damit zu tun hatte, den Kalten Krieg in Afrika und Asien zu gewinnen, als den Afroamerikanern zu helfen. Nur die Segregationisten in den Südstaaten verwiesen in ihrem Widerstand auf die außenpolitischen Interessen. So weigerte sich etwa Strom Thurmond, Senator aus South Carolina, «nur aufgrund der drohenden kommunistischen Propaganda zu handeln», wie er es Rusk vorwarf.[18]

Kennedys Gesetzesvorlage zur Gleichberechtigung konnte den lang erwarteten Marsch auf Washington für Arbeit und Freiheit nicht aufhalten. Obwohl Bürgerrechtsgruppen den Marsch organisiert hatten, kontrollierte die Regierung die Demonstration und schloss beispielsweise Aktionen des zivilen Ungehorsams aus. Kennedys Berater entschieden über die Redner und den Inhalt ihrer Reden. Keine einzige schwarze Frau war darunter, und auch James Baldwin oder Malcolm X fehlten. Am 28. August versammelten sich etwa 250 000 Aktivisten und Reporter aus der ganzen Welt zwischen dem Lincoln Memorial und dem Washington Monument. Bevor Kennedys Mitarbeiter zufrieden den Bericht der USIA lesen konnten, dass zahlreiche ausländische Zeitungen die Möglichkeit für eine Demonstration, «gewährt von einer freien Gesellschaft», betont hätten, im Gegensatz zur «despotischen Unterdrückung, die von der Sowjetunion praktiziert wird», bevor Martin Luther King die Runde der genehmigten Reden mit seinem aufrüttelnden und unvergesslichen antirassistischen Traum von Kindern beendete, die «eines Tages in einer Nation leben werden, in der sie nicht nach ihrer Hautfarbe, sondern nach ihrem Charakter beurteilt werden», und bevor Mahalia Jackson vor der ungeheuren Menschenmenge mit ihren genehmigten Plakaten und vor den Fernsehkameras sang, überbrachte Roy Wilkins von der NAACP eine traurige Nachricht.

W. E. B. Du Bois war am Vortag in Ghana im Schlaf gestorben. «Unabhängig von der Tatsache, dass Dr. Du Bois in seinen späteren Jahren einen anderen Weg wählte», erklärte Wilkins, «ist unumstritten, dass er derjenige war, dessen Stimme zu Beginn des 20. Jahrhunderts uns alle heute zu diesem Zweck zusammenführte.» Der versierte Journalist Wilkins hatte recht. Du Bois hatte in seinen jungen Jahren eine derartige Versammlung gefordert, in der Hoffnung, dass man damit Millionen für die demütigen schwarzen Seelen gewinnen und sie von ihrer Sache überzeugen könnte. Und ja, der ältere Du Bois hatte einen anderen Weg gewählt – den weniger begangenen antirassistischen Weg –, um die Menschen zu zwingen, die Tatsache anzuerkennen, dass Schwarzen die gleichen Rechte zukamen. Es war der Weg zivilen Ungehorsams, den sich die jungen Demonstranten im SNCC und CORE auch für den Marsch *auf* Washington gewünscht hatten, ein Weg, den eine junge Frau aus dem Viertel «Dynamite Hill» in Birmingham bereits beschritt und nie verlassen würde. Roy Wilkins hielt sich nicht lange mit diesen unterschiedlichen Wegen auf. Er blickte auf die große Menschenmenge beim Marsch auf Washington und bat feierlich um eine Schweigeminute zu Ehren des 95-jährigen Mannes, der so viel in Bewegung gesetzt hatte.[19]

Teil V

ANGELA DAVIS

Kapitel 30

Bürgerrechte

Die Sommergäste hatten die pompösen Casinos am Strand von Biarritz bereits verlassen, als eine junge Amerikanerin zu ihrem Austauschjahr in Frankreich in der Stadt eintraf. Sie hatte einen langen Weg von ihrer Heimatstadt Birmingham und der Brandeis University außerhalb von Boston zurückgelegt. Am 16. September 1963 schlenderte Angela Davis mit Kommilitonen durch Biarritz und überflog die Schlagzeilen der *Herald Tribune.* Ihr stach ein Artikel über vier Mädchen ins Auge, die bei einem Bombenanschlag auf eine Kirche ums Leben gekommen waren. Zuerst kam die Nachricht nicht bei ihr an. Aber dann begriff sie. Sie blieb stehen und schloss ungläubig die Augen. Ihre Begleiterinnen sahen sie verwirrt an. Sie zeigte auf den Artikel. «Die kenne ich», stammelte sie. «Das sind die Töchter von Freunden meiner Familie.» Davis wich den Blicken ihrer Kommilitoninnen aus, ihre halbherzigen Beileidsbekundungen prallten an ihr ab. Traurig und wütend starrte sie auf die vertrauten Namen. Cynthia Wesley. Carole Robertson. Carol Denise McNair. Addie Mae Collins.

Das einzige tote Mädchen, das Angela Davis nicht persönlich kannte, war Addie Mae. Angelas Mutter Sallye hatte Denise in der ersten Klasse unterrichtet. Die Familien Robertson und Davis waren schon seit Ewigkeiten eng befreundet. Die Wesleys wohnten eine Straße weiter in dem hügeligen Viertel von Birmingham, wo Angela aufgewachsen war.[1]

Angela war vier Jahre alt, als sie mit ihren Eltern Sallye und B. Frank Davis als eine der ersten schwarzen Familien 1948 in das Viertel gezogen war. Die weißen Familien zogen weg, immer mehr schwarze Familien zogen nach. Einige weiße Bewohner blieben und verlegten sich auf den gewalttätigen Widerstand. Weil es immer wieder Bombenanschläge von Weißen auf schwarze Familien gab, wurde das Viertel auch «Dynamite Hill» genannt.

Doch die Bombenanschläge konnten Angelas Eltern nicht abschrecken, vor allem nicht ihre Mutter. Sallye Davis war ein führendes Mitglied des Southern Negro Youth Congress, einer antirassistischen marxistischen Organisation, die Ende der 1930er- und Anfang der 1940er-Jahre gegen wirtschaftliche Ausbeutung und Rassendiskriminierung protestierte und damit die Bewunderung von W. E. B. Du Bois gewann. Auf dem Dynamite Hill wuchs Angela mit antikapitalistischen und antirassistischen Vorstellungen auf. Als sie in die Schule kam, wurde sie erstmals mit sozialer Ungerechtigkeit konfrontiert: Hungrige Kinder ohne Lunchpaket mussten mit ansehen, wie die anderen Kinder aßen. Dem Vorbild ihrer Mutter folgend teilte Angela mit den hungrigen Kindern. Die Armut in ihrem Umfeld erfüllte sie mit Abscheu. Ähnlich abstoßend erschienen ihr die assimilationistischen Ideen in ihrer Umgebung. Angela beschloss schon früh, «dass ich nie – da war ich ganz kategorisch – nie den Wunsch hegen oder äußern würde, weiß zu sein».[2]

Im Herbst 1959 zog sie nach Norden, um eine integrierte High School in Manhattan zu besuchen, wo ihre Geschichtslehrer sie mit dem Sozialismus vertraut machten. Sie trat einer Jugendorganisation namens «Advance» bei und demonstrierte vor einer Woolworth-Filiale aus Solidarität mit den Sitzblockaden im Frühjahr 1960 in den Südstaaten. Davis blieb nach der Schule im Norden und schrieb sich 1961 als eine der wenigen schwarzen Studierenden an der Brandeis University ein. Sie war weiterhin politisch engagiert, doch die Aktivisten auf dem weißen Campus der Brandeis University waren nicht ihre Sache. «Man konnte meinen, dass sie wild entschlossen waren, den ‹armen, elenden Negern› zu helfen, damit sie ihnen gleichgestellt waren, aber ich hatte einfach das Gefühl, dass sie [die weißen Aktivisten] es nicht wert waren, eine Gleichstellung mit ihnen anzustreben», erinnerte sie sich.[3]

Davis fand andere Betätigungsfelder. Im Sommer 1962 besuchte sie die achten Weltfestspiele der Jugend und Studenten in Helsinki. Als einer ihrer Lieblingsautoren im Oktober 1962 zu einer Lesung an die Brandeis University kam, saß Davis in der ersten Reihe. James Baldwin stand kurz vor der Veröffentlichung des Buches, das 1963 zu einem wegweisenden Werk für alle Aktivisten werden sollte, die der integrationistischen, argumentativen und gewaltfreien Ausrichtung der Bürgerrechtsbewegung kritisch gegenüberstanden. Er nannte sein Manifest *The Fire Next Time* (*Hundert Jahre Freiheit ohne Gleichberechtigung)* mit einem Motto, das ein afroamerikanisches Spiritual zitierte: «God gave Noah the rainbow sign, / No more Water, the fire next time!»[4]

Die Nachricht von der Kubakrise beendete Baldwins Vortrag vorzeitig.

Doch später hielt er eine mitreißende Rede bei einer hastig organisierten Antikriegs-Demonstration auf dem Brandeis-Campus. Davis war dabei und hörte Baldwin aufmerksam zu – und anschließend dem berühmten marxistischen Philosophen und Dozenten der Brandeis University, der schon bald ihr geistiger Führer und der intellektuelle Mentor der sich rasch organisierenden «New Left» werden sollte: Herbert Marcuse. Auch den Vortrag eines weiteren Mentors der Sechzigerjahre besuchte Davis, als dieser nach Brandeis kam. Mit Malcom X' religiöser Kritik an den Weißen konnte sie allerdings nichts anfangen. Doch sie war «fasziniert», wie sie später bekannte, von «seiner Beschreibung, wie Schwarze ihre angebliche Minderwertigkeit internalisiert hatten, obwohl sie uns doch von einer rassistischen weißen Gesellschaft aufgezwungen worden war, die von ihrer eigenen Überlegenheit überzeugt war».[5]

In ihrem dritten Studienjahr ging Davis nach Frankreich, wo sie jedoch durch den Mord an den vier Mädchen schon bald auf tragische Weise an ihre Heimat und Dynamite Hill erinnert wurde. Sie sah in dem Bombenanschlag auf die Kirche in Birmingham vom 15. September 1963 keinen isolierten Vorfall, verübt von weißen Extremisten in den Südstaaten. «Es war dieser spektakuläre, gewalttätige Anschlag, die brutale Zerstückelung vier kleiner Mädchen, der aus der alltäglichen, manchmal sogar langweiligen Routine rassistischer Unterdrückung herausstach», erklärte sie. Doch ihre Kommilitonen in Frankreich – indoktriniert vom Mythos des antirassistischen Nordens und des rassistischen Südens – weigerten sich, ihre Analyse zu akzeptieren, «warum die führende Schicht im Land, weil sie ebenfalls des Rassismus schuldig war, auch schuld an diesem Mord war».[6]

Dabei war die neunzehnjährige Angela Davis mit ihrer Analyse der Beziehungen zwischen Schwarzen und Weißen in den USA nicht allein. Der Bombenanschlag von Birmingham war Zeichen des massiven Widerstands gegen die Bürgerrechtsbewegung und offenbarte die ungeschönte Hässlichkeit des amerikanischen Rassismus. Da die USA aufgrund dieser Brutalität in der dekolonialisierten Welt ein schlechtes Bild abgaben, wuchs der Druck, ein neues Bürgerrechtsgesetz zu erlassen, damit das Land sein Image als Hüter der Freiheit wahren konnte. Präsident Kennedy blieb keine andere Wahl. Er verkündete seine «tiefe Empörung und Trauer» angesichts des Anschlags von Birmingham und berief eine Untersuchung ein. Prompt sanken seine Umfragewerte im Süden. Zwei Wochen später versuchte Kennedy, seine Werte mit einer Reise nach Dallas wieder zu steigern. Er sollte nie nach Washington zurückkehren.[7]

Am 27. November 1963, zwei Tage nach Kennedys Beisetzung, machte der neue 36. Präsident der Vereinigten Staaten den weltweiten Befürchtungen ein Ende, dass das neue Bürgerrechtsgesetz mit Kennedy begraben worden war. «Keine Trauerrede oder Lobrede könnte Präsident Kennedys Vermächtnis eloquenter ehren als eine Verabschiedung der Civil Rights Bill, für die er so sehr gekämpft hat, zum frühestmöglichen Zeitpunkt», erklärte Lyndon B. Johnson vor dem Kongress. Die Bürgerrechte hatten sicher nicht ganz oben auf Kennedys Agenda gestanden, dennoch waren Aktivisten und Diplomaten erleichtert.[8]

Am 26. März 1964 kamen Martin Luther King und Malcolm X nach Washington, um die Debatte über die Civil Rights Bill auf dem Kapitolshügel mitzuverfolgen. Es war die erste und einzige Begegnung zwischen den beiden. Malcolm war kurz zuvor aus der korrupten Nation of Islam ausgeschlossen worden. Bei seiner Abreise aus Washington warnte er die amerikanischen Rassisten vor der Entscheidung «the ballot or the bullet», zwischen dem Stimmzettel oder der Kugel. In einer Kirche in Detroit erläuterte Malcolm seinen Plan, den legalen Mitteln den Vorzug vor offener Gewalt zu geben: Er wollte die USA vor den Vereinten Nationen wegen Menschenrechtsverletzungen gegen Afroamerikaner verklagen. «Jetzt sagen Sie mir: Wie kann die Misere all der Menschen dieser Welt die Hallen der Vereinten Nationen erreichen», sagte Malcolm und hob dann die Stimme, «dabei gibt es 22 Millionen Afroamerikaner, deren Kirchen zerbombt werden, deren kleine Töchter ermordet werden, deren Anführer am hellen Tag erschossen werden!» Und Amerika besäße immer noch «den Mut oder die Frechheit, sich selbst als Anführer der freien Welt zu präsentieren … obwohl das Blut meiner und eurer Mütter und Väter an ihren Händen klebt – ihnen das Blut aus dem verschmierten Maul tropft wie bei einem Wolf».[9]

Am Tag nach dieser Rede von Detroit bestieg Malcolm ein Flugzeug und begab sich als gläubiger Muslim auf die obligatorische Pilgerreise nach Mekka. Nachdem er sein Leben lang nur Amerika mit seinem Rassismus gekannt hatte (beginnend mit dem Lynchmord an seinem Vater), erlebte er nun zum ersten Mal, wie Menschen «aller Hautfarben, von blauäugigen Blonden bis zu dunkelhäutigen Afrikanern» als Gleichgestellte miteinander agierten. Diese Erfahrung veränderte ihn. «Der wahre Islam hat mir gezeigt, dass eine pauschale Verurteilung aller Weißen so falsch ist wie die pauschale Verurteilung aller Schwarzen durch die Weißen», verkündete er. Von da an ging er gegen alle rassistischen Wölfe und Teufel vor, ungeachtet ihrer Hautfarbe. Obwohl in den amerikanischen Medien über diesen Wandel berichtet wurde, hielt sich hartnäckig das Bild, dass Malcolm X alle Weißen hasste.[10]

Malcolm kehrte am 21. Mai in die USA zurück, mitten in der längsten Filibuster-Rede in der Geschichte des amerikanischen Senats – mit einer Dauer von 75 Tagen. Die Senatoren, die diese Dauerredetaktik vorantrieben, versuchten, den Civil Rights Act von 1964 zu verhindern. Hinter den Kulissen einigten sich die Befürworter des Gesetzes darauf, Diskriminierung zukünftig zu verbieten, allerdings waren sie sich uneinig, wie mit vergangenen Fällen von Diskriminierung umgegangen werden sollte. Antirassisten forderten, dass die Vorgaben zu gerechter Beschäftigung die etablierte Seniorität weißer Arbeiter aufhoben. Assimilationisten scheuten davor zurück, während die Segregationisten versuchten, diesen Punkt für eine Spaltung der Befürworter zu nutzen. Die Segregationisten wussten, dass die weißen Amerikaner es ablehnten anzuerkennen, dass sie von der bisherigen Diskriminierung profitierten – und nichts sprach deutlicher für ihre Vorteile auf dem Arbeitsmarkt als die Seniorität der weißen Arbeiter. Doch die starke Fraktion der Assimilationisten unter den Befürwortern des Gesetzes war unnachgiebig, eine Änderung durfte sich nicht auf den Vorrang der weißen Beschäftigten auswirken. «Wir glauben nicht, dass die eine Form von Ungerechtigkeit durch eine andere Form ausgeglichen werden kann oder korrigiert werden sollte», erklärte Thomas E. Harris, Anwalt des Gewerkschaftsdachverbandes AFL-CIO. Maßnahmen, die Ungleichheit ausglichen, mit Maßnahmen zu vergleichen, die Ungleichheit schufen? Das war so lächerlich, wie ein bösartiges Verbrechen mit einer bösartigen Strafe gleichzusetzen.[11]

Harris glaubte, den Weißen die Seniorität wegzunehmen, sei «ungerecht gegenüber den weißen Arbeitern», die seit vielen Jahren die Senioität in ihren Jobs aufbauten. Doch es *nicht* zu tun, wäre ungerecht gegenüber den schwarzen Arbeitern, die schon genauso lange diskriminiert wurden. Sich nicht mit der Frage der Seniorität (und vergangener Diskriminierung) zu befassen, wäre so, wie wenn «man von einem Schwarzen verlangen würde, beim 100-Meter-Lauf 40 Meter hinter der Startlinie anzutreten», argumentierte Carl Rachlin, der Justitiar des Congress of Racial Equality (CORE). Doch im Grunde verlangten die Verfasser des Civil Rights Act von 1964 genau das. Und als die Schwarzen den Wettlauf verloren und die rassische Ungleichheit weiter bestand, konnten Rassisten den Schwarzen die Schuld an ihrer vermeintlichen Langsamkeit geben, während die Frühstarter mit ihren angestammten weißen Privilegien fein raus waren.[12]

Und so diente der Civil Rights Act nicht nur dazu, einen Damm gegen die Jim-Crow-Gesetze zu errichten, sondern öffnete auch die Schleusen für neu hereinströmende rassistische Ideen, darunter auch die bislang rassistischste Idee überhaupt: Eine Idee, die den Vorsprung der Weißen ignorierte, und davon ausging, dass die Diskriminierung beseitigt sei und gleiche Chancen für alle gelten würden. Da die Schwarzen trotzdem noch das Rennen verloren, waren sie selbst schuld an ihren kontinuierlichen Niederlagen. Dieser Logik zufolge waren Schwarze minderwertig, daher wären ausgleichende Maßnahmen – etwa die Abschaffung oder Reduzierung der Besserstellung aufgrund des Dienstalters oder gezielte Fördermaßnahmen – ungerecht und ineffektiv. Der Civil Rights Act von 1964 schaffte es, einen Fortschritt beim Abbau der Diskriminierung und einen Fortschritt beim Rassismus in sich zu vereinen.

Besonders bemüht war die Sprache des Bürgerrechtsgesetzes in der Formulierung, die klar und deutlich die «Absicht zu diskriminieren» verbot, etwa die «Nur für Weiße«-Regelungen in den Südstaaten. Aber was war mit privaten Maßnahmen der Diskriminierung im Norden, mit denen Schwarze schon so lange ausgeschlossen wurden? Was war mit den Städten im Norden, wo Spekulanten und Immobilienmakler immer noch vom «Blockbusting» profitierten und die Wohnviertel getrennt waren, wo immer noch eine ethnische Ungleichheit beim Vermögen, auf dem Wohnungsmarkt und in der Bildung bestand? Wenn die Befürworter des Gesetzes rassistische Maßnahmen aufgrund ihres Ergebnisses anstatt der Absicht definiert hätten, hätten sie große Schwierigkeiten gehabt, den Mythos vom antirassistischen Norden und rassistischen Süden aufrechtzuerhalten. Da man sich jedoch nicht auf das Ergebnis konzentrierte, musste man öffentliche Maßnahmen nur zu privaten machen, um den Civil Rights Act zu umgehen, und schon konnte die Diskriminierung fortbestehen. Genau das wurde auch getan.

Den Kongressabgeordneten war diese «Privatisierung der Diskriminierung» durchaus bewusst, dennoch entschieden sie sich dagegen, Maßnahmen zu verbieten, die auf den ersten Blick objektiv wirkten, in ihrer Wirkung jedoch (auch im öffentlichen Bereich) diskriminierend waren. Auf Drängen der Separatisten hin lieferte der Kongress sogar die Mittel zu einer Fortsetzung des Rassismus. Paragraf 703(h) von Artikel VII erlaubte es Arbeitgebern, «aufgrund der Ergebnisse eines professionell gestalteten Eignungstests zu agieren und sich bei der Bezahlung daran auszurichten». Die Eugenik hatte in der amerikanischen Öffentlichkeit zwar massiv an Ansehen eingebüßt, doch die Kongressabgeordneten und ihre Wähler hatten die aus der

Eugenik stammenden standardisierten psychologischen Tests akzeptiert und glaubten, man könne damit etwas bewerten, was gar nicht existierte: eine allgemeine Intelligenz. Auf dem Arbeitsmarkt, in der Bildung und in vielen anderen Bereichen der Gesellschaft konnten ethnische Ungleichheiten mit dem Verweis auf Testergebnisse gerechtfertigt werden, gleichzeitig konnte man behaupten, dass man nicht die Absicht habe, jemanden zu diskriminieren. Und für rassistische Amerikaner sagten die «rassebedingten» Unterschiede bei den Ergebnissen – die sogenannte Leistungslücke – aus, dass es nicht etwa an den Tests lag, sondern an den schwarzen Testabsolventen.[13]

Der Civil Rights Act von 1964 war das erste wichtige Bürgerrechtsgesetz seit dem Civil Rights Act von 1875. Eine öffentliche, absichtliche Diskriminierung aufgrund von Ethnie, Hautfarbe, Religion, Geschlecht oder nationaler Herkunft in staatlichen Behörden, in öffentlichen Einrichtungen, in der Bildung und auf dem Arbeitsmarkt wurde verboten. Außerdem wurden Strukturen geschaffen, um das Gesetz auch umzusetzen; Opfer von Diskriminierung konnten vor Gericht dagegen klagen, der Staat konnte denjenigen, die gegen das Gesetz verstießen, finanzielle Mittel vorenthalten. Wenige Stunden, nachdem Präsident Johnson das Gesetz am 2. Juli 1964 unterzeichnet hatte, stellte er sich vor die Fernsehkameras und betonte das amerikanische «Ideal der Freiheit» für alle Zyniker von Los Angeles bis Lagos und Lhasa. «Auch heute noch prägen die Ideale dieser amerikanischen Patrioten selbst in den entlegensten Winkeln ferner Kontinente den Kampf der Menschen, die sich nach Freiheit sehnen.»

Malcolm X hatte eine andere Meinung zum Civil Rights Act und gab damit die Gedanken der jungen, antirassistischen Amerikaner wie Angela Davis wieder. Wenn die Regierung es schon nicht schaffe, die bestehenden Gesetze durchzusetzen, sagte er bei der Konferenz der Organisation für Afrikanische Einheit 1964, «wie kann man dann so naiv sein zu glauben, dass die zusätzlichen Gesetze, die nun mit der Civil Rights Bill entstanden sind, umgesetzt werden?»[14]

Die Verabschiedung des Civil Rights Act von 1964 konnte Lyndon B. Johnsons Aussichten im Wahlkampf nicht gefährden. Allerdings gab es innerhalb der Demokratischen Partei einen Gegenkandidaten, auch wenn George Wallace, Gouverneur von Alabama, kaum Chancen auf eine Nominierung hatte. Nachdem sich Wallace ein Jahr zuvor öffentlich zur Rassentrennung bekannt hatte, waren über 100 000 zustimmende Briefe bei ihm eingegangen, die überwiegend aus dem Norden kamen. Wallace erkannte, wie er dem NBC-Reporter Douglas Kiker sagte: «Sie alle hassen Schwarze … Das ist es! … Die ganzen Vereinigten Staaten sind Südstaaten!»[15]

Während seiner Kampagne klang George Wallace eher wie der von den Republikanern nominierte Kandidat. Die Nominierung von Barry Goldwater, Senator aus Arizona, zum republikanischen Präsidentschaftskandidaten war Ausdruck seiner Anziehungskraft in der erstarkenden konservativen Bewegung in der amerikanischen Politik, angetrieben durch seinen 1960 veröffentlichten Bestseller *The Conscience of a Conservative (Das Gewissen eines Konservativen).* Goldwater inspirierte damit Millionen Demokraten, zu den Republikanern zu wechseln, darunter auch den Hollywood-Filmstar Ronald Reagan, und sprach den Amerikanern aus der Seele, die die Unterstützung des Staates nicht mehr benötigten (oder noch nie gebraucht hatten). Sozialhilfe «macht aus einem würdevollen, fleißigen, eigenverantwortlichen *spirituellen* Wesen eine abhängige animalische Kreatur, auch wenn das den Betroffenen gar nicht bewusst ist», schrieb Goldwater, ohne auch nur einen einzigen Beleg anzuführen. Viele stolze, würdevolle, fleißige und eigenverantwortliche Mitglieder der weißen Mittelschicht, deren Wohlstand auf dem Erbe des New Deal oder der GI Bill gründete, akzeptierten Goldwaters These als Wahrheit, obwohl sie sich selbst trotz der Unterstützung ihrer Eltern oder der staatlichen Hilfe nicht als abhängige tierische Kreaturen sahen. Diese Goldwater-Konservativen befanden, dass weiße Mütter, die Sozialhilfe bezogen, diese seit Jahrzehnten «verdienten», der wachsenden Zahl schwarzer Mütter wollten sie diese Unterstützung jedoch nicht zukommen lassen – sie waren abhängige tierische Kreaturen.[16]

Barry Goldwater und seine aufkeimende Bewegung der neuen Konservativen beunruhigten Johnson kaum, als er im August 1964 zum Nationalen Parteitag der Demokraten nach Atlantic City reiste. Viel mehr beunruhigten ihn die Aktivisten im Norden, die im Sommer in den Städten, von Harlem bis Chicago, heftig gegen Polizeigewalt und wirtschaftliche Ausbeutung aufbegehrten. Im Süden hatten Mitglieder des SNCC bei ihrem «Mississippi Freedom Summer» der Brutalität des Ku-Klux-Klans getrotzt. Hunderte Studenten aus dem Norden waren in den Süden gefahren und hatten in antirassistischen «Freiheitsschulen» unterrichtet und bei der Organisation der Mississippi Freedom Democratic Party (MFDP) geholfen. Die multiethnische MFDP reiste nach Atlantic City und verlangte die Teilnahme am Parteitag anstelle der regulären ausschließlich weißen Delegation aus Mississippi, von der jeder wusste, dass sie mithilfe von Betrug und Gewalt nominiert worden war. Die stellvertretende Parteivorsitzende der MFDP Fannie Lou Harmer fesselte die Aufmerksamkeit der Nation in ihrer live im Fernsehen übertragenen mitreißenden Rede zum Parteitag. «Wenn die Freedom Democratic Party jetzt keinen Sitz [beim Parteitag] bekommt, stelle ich Amerika infrage. Ist das Amerika? Das Land der Freien, Heimat der Tapferen? Wo wir den Hörer vom Telefon nehmen müssen, um schlafen zu können, weil unser Leben täglich bedroht wird, nur weil wir als anständige menschliche Wesen leben wollen?»

Präsident Johnson berief eilig eine Pressekonferenz ein, um die Medien von Hamers faszinierender Rede abzulenken. Später bot er der Freedom Party einen «Kompromiss» an: zwei außerordentliche Sitze ohne Stimmrecht, um die segregationistische Delegation zu begleiten. «Wir sind nicht diesen weiten Weg für zwei Sitze gekommen, die gar keine sind!», dröhnte Fannie Lou Hamer. Die Aktivisten der MFDP und des SNCC reisten wieder ab, mit einer wichtigen Lektion über Macht und Politik im Gepäck. Argumente fruchteten nicht. «Die Situation hatte sich unwiderruflich verändert», erinnerte sich Cleveland Sellers vom SNCC. «Nie wieder ließen wir uns einlullen und weismachen, dass unsere Aufgabe darin bestand, Ungerechtigkeit offenzulegen, damit die ‹guten› Menschen in Amerika diese beseitigten … Nach Atlantic City ging es in unserem Kampf nicht mehr um Bürgerrechte, sondern um Freiheit.» Die Philosophie von Malcolm X, Schwarze national und international zu einen, um ihnen mehr Macht zu geben, das Recht auf Selbstbestimmung, Selbstverteidigung und Stolz auf die eigene Kultur, klang in den Ohren der SNCC-Jugendlichen wie Musik. Als Malcolm X Ende des Jahres 1964 von einer längeren Afrikareise zurückkehrte, hatte er eine stark angewachsene Schar von Bewunderern beim SNCC, jedoch auch eine wachsende Schar von Feinden.[17]

Am 21. Februar 1965 wurde Malcolm X bei einem Vortrag in Harlem erschossen. Als James Baldwin in London von seinem Tod erfuhr, war er außer sich. «Ihr seid schuld», schrie er Reporter in London an, «dieser Mann ist gestorben, weil die Weißen so felsenfest von ihrer eigenen Überlegenheit überzeugt sind!» Martin Luther King, der sich gerade auf einer landesweit in den Medien verfolgten Kampagne zur Wählerregistrierung in Selma, Alabama, befand, zeigte sich nachdenklich und beherrscht: «Wir waren zwar nicht immer einer Meinung, was die Methoden zur Lösung des Rassenproblems betraf, aber ich hegte immer eine große Zuneigung für Malcolm und spürte, dass er ein großes Talent hatte, den Finger in die Wunde des Problems zu legen, um sein Bestehen und seine Ursachen aufzuzeigen.» Am 22. Februar

1965 lautete die Schlagzeile der *New York Times:* «Der Apostel des Hasses ist tot.»[18]

Der Schauspieler Ossie Davis bezeichnete Malcolm in seiner aufwühlenden Trauerrede im überfüllten Faith Temple of the Church of God in Christ in Harlem als «unseren strahlenden schwarzen Prinzen». «Viele werden sagen … er war [ein Mann] des Hasses – ein Fanatiker, ein Rassist», erklärte Davis. Daraufhin müsse man fragen: «Haben sie ihm je wirklich zugehört? Denn wenn sie das taten, würden sie ihn kennen. Und wenn sie ihn kennen würden, würden sie auch wissen, warum wir ihn ehren müssen.»[19]

Die antirassistischen Amerikaner ehrten Malcolm X, vor allem nachdem Aufzeichnungen und Manuskripte seiner Reden in Umlauf kamen und *The Autobiography of Malcolm X* (*Malcolm X: Die Autobiographie)* bei Grove Press erschien. Der Journalist Alex Haley hatte mit Malcolm zusammen an dieser Autobiografie gearbeitet, die Eliot Fremont-Smith von der *New York Times* anlässlich der Veröffentlichung im November 1965 als «brillantes, schmerzliches, wichtiges Buch» bezeichnete. Der ideologische Wandel von Malcolm X – vom Assimilationisten zum anti-weißen Separatisten zum Antirassisten – inspirierte Millionen. Wahrscheinlich hat keine andere amerikanische Autobiografie so vielen Menschen ein antirassistisches Denken eröffnet wie *The Autobiography of Malcolm X.* Malcolm verurteilte die Halbwahrheiten des Fortschritts der Schwarzen und erklärte, wenn man jemandem ein Messer 20 Zentimeter tief in den Rücken jage und es dann 15 Zentimeter herausziehe, könne man doch nicht von Fortschritt reden. «Die Schwarzen sollen *dankbar* sein? Warum denn, selbst wenn die Weißen das Messer *herausziehen,* wird immer eine *Narbe* bleiben!» Malcolm X argumentierte, Weiße würden nicht als Rassisten geboren, die «politische, wirtschaftliche und gesellschaftliche *Atmosphäre* in Amerika … nährt automatisch eine rassistische Psychologie bei den Weißen». Er ermutigte antirassistische Weiße, die dem Rassismus entronnen waren, «an den Frontlinien [zu kämpfen], wo der amerikanische Rassismus wirklich *stattfindet* – in ihrem eigenen heimischen Umfeld». Die «Anführer» der Schwarzen, die nur als «Marionetten des weißen Mannes» fungierten, griff er vehement an, sie hätten «ihre schwarzen armen Brüder» ausgebeutet, denn diese wollten keine Separation oder Integration, sondern einfach nur «in einer offenen, freien Gesellschaft leben, wo sie hoch erhobenen Hauptes ihrer Beschäftigung nachgehen können, wie Männer, wie Frauen!» Besonders überzeugend war jedoch Malcolms vorbehaltloser Humanismus: «Ich bin für die Wahrheit, egal, wer sie äußert. Ich bin für Gerechtigkeit, egal, für wen sie ist oder gegen wen sie sich richtet. Ich bin zuallererst ein Mensch und als Mensch bin ich für wen oder was auch immer, solange die Menschheit insgesamt davon profitiert.»[20]

Für die antirassistischen Amerikaner gab es einigen Grund zur Hoffnung. Der Kongress befasste sich mit dem Gesetzentwurf für ein neues Wahlrecht, nachdem am 7. März 1965 Hunderte Demonstranten bei einem Marsch für ihr Wahlrecht auf einer Brücke in Selma von der Polizei angegriffen und niedergeknüppelt worden waren. Doch selbst mit einem neuen Wahlgesetz sei die Sache noch nicht ausgestanden, verkündete Präsident Johnson in einer Rede vor Universitätsabsolventen der Howard University im Juni. «Man kann einen Menschen, der jahrelang durch Ketten behindert wurde, nicht einfach befreien, ihn an die Startlinie eines Wettlaufs stellen und sagen: ‹Jetzt bist du frei und kannst dich mit den anderen messen›, und dann denken, man würde absolut fair handeln.» Das war vermutlich das antirassistischste Bekenntnis, das je über die Lippen eines amerikanischen Präsidenten kam. Dabei hatte sich Johnson erst warmgeredet. «Wir streben nicht nur Freiheit, sondern gerechte Chancen an», sagte er. «Wir wollen nicht nur Gleichheit vor dem Gesetz, sondern bei der Ausschöpfung der menschlichen Fähigkeiten, nicht nur Gleichheit als Recht und in der Theorie, sondern Gleichheit als Tatsache und Gleichheit als Resultat.» Ein Fortschritt sei bisher in erster Linie bei einer Minderheit, der «wachsenden Mittelschicht» zu beobachten, doch für ärmere Schwarze würden «die Mauern immer höher und die Kluft immer tiefer».

Während Johnsons Amtszeit – mitten in der Debatte um die Bürgerrechtsgesetzgebung – waren die Unterschiede zwischen Schwarz und Weiß bei der Arbeitslosigkeit und beim Einkommen gestiegen, ebenso bei der Armut und bei der Kindersterblichkeit, und auch die Rassentrennung in den Städten hatte zugenommen – das alles stellte er in seiner Rede an der Howard University fest. Und warum? Johnson nannte zwei «allgemeine, grundlegende Ursachen», eine antirassistische («vererbte Armut» und das «verheerende» Vermächtnis der Diskriminierung) und eine rassistische («der Zusammenbruch der Familienstruktur bei den Schwarzen mit seinen furchtbaren Auswirkungen«).[21]

Johnsons Rede vor den Universitätsabsolventen der Howard University gab den Anführern der Bürgerrechtsbewegung Anlass zur Hoffnung und erfreute Johnsons stellvertretenden Arbeitsminister Daniel Patrick Moynihan, dessen Buch *Beyond the Melting Pot* im Bereich der Stadtsoziologie immer noch eine große Leserschaft hatte. Tatsächlich hatte Moynihan sogar die Rede verfasst, man findet darin Ideen wieder, die er kurz zuvor in einem nicht veröffentlichten Regierungsbericht zu Papier gebracht hatte. Moynihans Analyse mit dem Titel «The Negro Family: The Case for National Action», die im Mai 1965 auf Johnsons Schreibtisch gelandet war, führte statistische Belege an, dass die Bürgerrechtsgesetze der vergangenen zehn Jahre die Lebensbedingungen der meisten Afroamerikaner nicht verbessert hatten. Doch nach zahlreichen antirassistischen Enthüllungen über den fortschreitenden Rassismus schwenkte Moynihans Text um zu assimilationistischen Ideen. Moynihan argumentierte, die Diskriminierung habe schwarzen Familien eine «matriarchalische Struktur» aufgezwungen, «die so stark von der übrigen amerikanischen Gesellschaft abweicht, dass sie den Fortschritt der Gruppe insgesamt stark verzögert und männlichen Schwarzen eine erdrückende Bürde auferlegt, die in ihrer Konsequenz auch eine drückende Bürde für viele weibliche Schwarze darstellt». Moynihan folgte am Ende also wieder E. Franklin Frazier – seiner Hauptquelle –, indem er Familien mit einem weiblichen Haushaltsvorstand als geringerwertig einstufte (womit er auch sexistisch war) und schwarze Familien (in rassistischer Manier) als «pathologisches Durcheinander» bezeichnete. Schwarze Männer seien durch die Diskriminierung entmannt worden. Und weil ihre gesellschaftliche Rolle als Familienoberhaupt sie überlaste, waren sie laut Moynihan stärker unterdrückt als die schwarzen Frauen und benötigten daher einen nationalen Aktionsplan.[22]

Am 6. August 1965, etwa zu der Zeit, als der Bericht Moynihans an die Presse durchsickerte, unterzeichnete Präsident Johnson den Voting Rights Act. Anhänger der Diskriminierung, die nach Möglichkeiten suchten, den Civil Rights Act von 1964 zu umgehen, konnten von der Diskriminierung beim Wahlrecht so einiges lernen, denn seit sechs oder sieben Jahrzehnten wurden Schwarze mithilfe von Verständnistests, Wahlsteuern und der Großvater-Klausel an der Ausübung ihres Wahlrechts gehindert, ohne dass explizit rassische Gründe genannt wurden. Der Voting Rights Act von 1965 verbot nicht nur diese vermeintlich «rassisch neutralen» Maßnahmen, die Schwarze im Süden fast vollkommen an der Ausübung ihres Wahlrechts gehindert hatten, sondern verlangte auch, dass Änderungen des Wahlrechts in bestimmten Verwaltungsbezirken vom Justizministerium in Washington genehmigt werden mussten, damit sie nicht «zur Folge haben, dass das Wahlrecht aufgrund der Rasse oder Hautfarbe verweigert oder eingeschränkt wird». Der auf die *Absicht ausgerichtete* Civil Rights Act von 1964 war bei Weitem nicht so effektiv wie der auf das *Ergebnis ausgerichtete* Voting Rights Act von 1965. Allein in Mississippi stieg die Wahlbeteiligung der schwarzen Wähler von 6 Prozent 1964 auf 59 Prozent im Jahr 1969. Der Voting Rights Act war der effektivste Baustein der antirassistischen Gesetzgebung, den der Kongress der Vereinigten Staaten je verabschiedete. Doch auch er bot Schlupflöcher. «Wir mussten feststellen, dass eine gestiegene Stimmenstärke zu einer veränderten Taktik bei der Diskriminierung führt», sagte Justizminister Nicholas Katzenbach vor dem Kongress. «Nachdem eine beträchtliche Anzahl Schwarzer wählen konnte, konnten die Bezirke trotzdem noch Hindernisse schaffen, um die Wähler zu entmutigen oder einem gewählten schwarzen Kandidaten ein Amt zu verwehren.» Katzenbachs Erkenntnis, dass rassistische Maßnahmen auch angesichts eines Fortschritts bei der Aufhebung der Rassenschranken weiter vorankamen, sollte sich als prophetisch erweisen.[23]

Kapitel 31

Black Power

Es dauerte nicht lange, bis das Fortschreiten des Rassismus offenkundig wurde. Am 9. August 1965, drei Tage, nachdem Präsident Johnson den Voting Rights Act unterzeichnet hatte, versetzte *Newsweek* die Amerikaner mit Auszügen aus dem Moynihan-Bericht in Aufruhr: die steigende Zahl «nichtweißer unehelicher Kinder», der «unkontrollierbare Anstieg der Sozialhilfe bei Kindern» und die «sozialen Wurzeln» des «amerikanischen Rassendilemmas»; all das sei auf die «zersplitternde Negerfamilie» zurückzuführen. Ein Foto von Kindern in Harlem, die mit Flaschen warfen, trug die Unterschrift «im Getto tickt eine Zeitbombe». Die Zeitbombe explodierte zwei Tage später, als es in Watts, einem Stadtteil von Los Angeles, nach einem Zwischenfall mit der Polizei zu gewalttätigen Ausschreitungen kam, die sechs Tage lang andauerten. Die Unruhen, die zahlreiche Todesopfer und Verletzte forderten und enormen Sachschaden anrichteten, waren die schwersten in der Geschichte der USA. Danach wurde aus der Nachtigall, dem ewigen Opfer, dem in den letzten Jahren so viel paternalistisches Mitgefühl zuteil geworden war, ein aggressiver Panther, den man zur Räson bringen musste.[1]

Während in Watts Gebäude brannten, bestieg Angela Davis ein Schiff mit Kurs auf Deutschland. Sie war aus Frankreich zurückgekehrt, hatte bei Herbert Marcuse studiert und ihren Abschluss an der Brandeis University gemacht. Jetzt wollte sie in Marcuses geistiger Heimat Frankfurt Philosophie studieren. Wieder spürte sie «diese janusköpfige Spannung – das Land zu dieser Zeit zu verlassen, war hart für mich», wie sie später sagte. Doch der antirassistische Kampf globalisierte sich, wie sie in Frankreich festgestellt hatte und bald auch in Deutschland erfahren würde. Kurz nach ihrer Ankunft im September 1965 versammelten sich weiter nördlich in Kopenhagen internationale Akademiker zur Race and Colour Conference. Davis nahm nicht daran teil. Wenn sie dort gewesen wäre, hätte sie Vorträge über die rassistische Rolle der sprachlichen Symbolik gehört. Die Vortragenden verwiesen auf alltägliche Formulierungen wie «schwarzes Schaf», «schwarze Liste», «schwarz malen» und so weiter, die «schwarz» mit negativ gleichsetzten.[2]

Die sprachliche Symbolik war auch in zwei neuen amerikanischen Begriffen auffallend: «Minderheit» und «Getto». Jahrhundertelang hatten Rassisten Schwarze als «minderwertig» im Vergleich zu den Weißen dargestellt, und diese Tradition ließ sich auch leicht in ihrem neuesten Begriff für die angeblich minderwertigen Völker erkennen: «Minderheiten». Der Begriff ergab nur als numerische Bezeichnung einen Sinn, und auch dann nur, wenn es um einen Anteil an der nationalen Bevölkerung oder um Machtdynamik ging. Dennoch wurde der Begriff schnell zur Bezeichnung für Afroamerikaner (und andere Nichtweiße), auch in Diskussionen, die nichts mit nationalen Bevölkerungsverteilungen zu tun hatten. Als eine andere Bezeichnung für Schwarze ergab der Begriff eigentlich keinen Sinn, da die meisten Schwarzen in Gebieten lebten, zur Schule gingen, arbeiteten, Umgang pflegten und starben, wo Schwarze die Mehrheit stellten. Die Bezeichnung ergab nur vom Standpunkt der Weißen aus einen Sinn, die Schwarze in ihren mehrheitlich weißen Bereichen als numerische Minderheit betitelten, und für schwarze Eliten, die häufiger als numerische Minderheit in von einer weißen Mehrheit dominierten Bereichen auftraten. Und so wurde ein klassenbezogener Rassismus – der den Status schwarzer Bürger in mehrheitlich schwarzen Bereichen herabstufte – in den Begriff «Minderheit» verpackt, ähnlich wie der Begriff «Getto», den der Psychologe Kenneth Clark populär machte, nachdem er seine Tests mit Puppen hinter sich gelassen hatte. 1965 veröffentlichte Clark seinen einflussreichen Text *Dark Ghetto*. Der Begriff «Getto» war in den USA eigentlich als Bezeichnung für abgetrennte Wohnviertel für Juden im nationalsozialistischen Deutschland bekannt. Soziologen wie Clark hofften ursprünglich, die Bezeichnung würde die rücksichtlose Segregation und Armut ausdrücken, unter der Schwarze in den Städten zu leiden hatten, doch das Wort entwickelte rasch ein rassistisches Eigenleben. «Getto» und «schwarz» wurden Ende des Jahrhunderts im rassistischen Denken so austauschbar wie «Minderheit» und «schwarz», «Getto» und «minderwertig», «Minderheit» und «minderwertig», «Getto» und «Unterschicht» sowie «Getto» und «unkultiviert». In diesen «dunklen Gettos» lebten «Getto-Leute», die eine «Getto-Kultur» hatten und «typisch Getto» waren – was heißen sollte, dass das Viertel, die Bewohner und die Kultur minderwertig waren, die Bewohner der Unterschicht angehörten und unkultiviert waren. Klassenbezogene Rassisten und manche Vorortbewohner sahen keinen großen Unterschied zwischen verarmten schwarzen Stadtvierteln, schwarzen Stadtvierteln der Arbeiterklasse und schwarzen Stadtvierteln der Mittelschicht. All diese Viertel waren Gettos mit gefährlichen schwarzen Schlägertypen, die Aufstände anzettelten, um mehr Sozialhilfe zu bekommen.[3]

Am 9. Januar 1966 verglich das *New York Times Magazine* diese randalierenden Schwarzen aus dem «Getto» mit einer «Vorzeige-Minderheit«: den Asiaten. Einige asiatische Amerikaner nahmen den rassistischen Titel «Vorzeige-Minderheit» gerne an, da er die weit verbreitete Diskriminierung und Armut der Amerikaner asiatischer Herkunft überdeckte und sie (in ihrer Fähigkeit zur Assimilation) als überlegen im Vergleich zu Latinos, amerikanischen Ureinwohnern und Afroamerikanern darstellte. Antirassistische asiatische Amerikaner lehnten das Konzept «Vorzeige-Minderheit» jedoch ab und trieben die asiatisch-amerikanische Bürgerbewegung Ende der 1960er Jahre voran.[4]

Assimilationisten luden die Begriffe «Vorzeige-Minderheit» und «Getto» 1966 mit negativen rassistischen Assoziationen auf. Gleichzeitig nahmen Aktivisten der Bezeichnung «schwarz» die ehemals negativen Assoziationen, vor allem Stokely Carmichael. Carmichael, 1941 in Trinidad geboren, war mit seiner Familie 1952 nach Harlem gezogen, im selben Jahr, als sein Idol Malcolm X auf Bewährung aus dem Gefängnis freikam. 1964 machte Carmichael seinen Abschluss an der Howard University. Zu der Zeit brachten Malcolms Anhänger, darunter auch Carmichael, die Bezeichnung «Neger» mit Anpassung und Assimilierung in Verbindung – und nahmen gleichzeitig dem alten Begriff «Schwarzer» das Hässliche und Böse. Mit Begeisterung verwendeten sie den Begriff «Schwarze», sehr zur Verwunderung von Martin Luther Kings Anhängern, die das Wort «Neger» bevorzugten, und ihrer assimilationistischen Eltern und Großeltern, die sich lieber «Nigger» nennen ließen als «schwarz».[5]

Als neuer Vorsitzender des Student Non-Violent Coordinating Committee gehörte Stokely Carmichael zu den Organisatoren des Mississippi March Against Fear, dem Marsch gegen die Angst im Sommer 1966, zusammen mit Martin Luther King und Floyd McKissick vom Congress of Racial Equality. Der gewaltige Marsch führte durch zahlreiche Städte im Mississippi-Delta, wo gegen den Widerstand der Segregationisten Einheimische mobilisiert und organisiert werden sollten, damit sie sich in die Wahlregister eintrugen. Am 16. Juni 1966 machte der March Against Fear in Greenwood in Mississippi Halt, einer der Städte im Delta, wo eine schwarze Mehrheit immer noch von einer bewaffneten weißen Minderheit beherrscht wurde. «Wir rufen seit sechs Jahren Freiheit, und was haben wir bekommen? Nichts!», rief Carmichael bei der Versammlung in Greenwood. «Und was werden wir jetzt rufen? Black Power! Was wollt ihr?», schrie Carmichael. «BLACK POWER!», brüllten die machtlosen Schwarzen von Greenwood zurück.[6]

Die amerikanischen Medien verbreiteten den Slogan schnell weiter, er fegte wie ein Wirbelsturm durch alle schwarzen Stadtviertel und ländlichen Gemeinden, wo die Schwarzen zwar die Mehrheit hatten, aber von weißen Assimilationisten und Segregationisten politisch kontrolliert, wirtschaftlich ausgebeutet und kulturell abgewertet wurden. Antirassisten hatten in der Autobiografie von Malcolm X nach einem Schlagwort gesucht, das ihre Forderungen nach schwarzer Kontrolle über schwarze Angelegenheiten auf den Punkt brachte. «Black Power» fand im Norden wie im Süden großen Anklang. Den Grund dafür sollte Martin Luther King im Verlauf des Sommers noch erfahren.

Nach einer Demonstration für integrierte Wohnviertel am 5. August 1966, bei dem die Demonstranten durch ein Viertel voller erboster weißer Bewohner gezogen waren, sagte King den Reportern, er habe «noch nie so viel Hass und Feindschaft bei so vielen Menschen» gesehen».[7]

Dabei gab es nichts Demokratischeres als die Forderung, dass die Mehrheit, in diesem Fall eben die entmachtete schwarze Mehrheit, über ihr eigenes lokales Gemeinwesen bestimmen, also «Black Power» ausüben sollte. Doch so wie Sexisten sich nur eine männliche oder weibliche Vorherrschaft vorstellen konnten, konnten sich Rassisten im Norden und Süden nur eine weiße oder schwarze Vorherrschaft vorstellen. Und die 20 städtischen Aufstände, zu denen es im Sommer 1966 kam, bestätigten vielen Rassisten nur, dass Black Power die Durchsetzung der schwarzen Vorherrschaft mit Gewalt bedeutete, bei der noch dazu die ehemaligen Unterdrücker umgebracht würden. *Time*, die *Saturday Evening Post*, der *U. S. News and World Report*, die *New York Post* und *The Progressive* waren nur einige von vielen Zeitungen und Zeitschriften, die den Beginn der Black-Power-Bewegung verurteilten.[8]

Selbst prominente Anführer der Bürgerrechtsbewegung kritisierten Black Power. Roy Wilkins von der NAACP sang den alten Kehrreim assimilationistischer Erwiderungen auf antirassistische Ideen: Er definierte die antirassistische Vorstellung neu, deutete sie als segregationistisch und attackierte dann seine eigene neue Deutung. «Egal, wie oft man versucht, es zu erklären, ‹Black Power› bedeutet das Gegenteil von White Power und richtet sich gegen die Macht der Weißen», verkündete Wilkins bei der Jahresversammlung der

NAACP am 5. Juli 1966. «Mississippi unter umgekehrten Vorzeichen, Hitler unter umgekehrten Vorzeichen, der Ku-Klux-Klan unter umgekehrten Vorzeichen.» US-Vizepräsident Hubert Humphrey gab bei der Versammlung ebenfalls seinen Kommentar ab. «Ja, Rassismus ist Rassismus – und in Amerika ist kein Platz für Rassismus, egal von welcher Farbe.» Die Goldwater-Republikaner profitierten von der Furcht vor Black Power und konnten bei den Kongresswahlen 1966 erhebliche Stimmgewinne verbuchen.[9]

Doch Carmichael ließ sich nicht davon abhalten, weiter für Black Power zu werben. In den letzten Monaten des Jahres 1966 reiste er durchs Land, um die Bewegung aufzubauen. Im Oktober hielt er die Grundsatzrede bei einer Konferenz zur Black-Power-Bewegung an der University of California, Berkeley. Im selben Monat hatten zwei Studenten am Community College im nahe gelegenen Oakland ihre eigene Zwei-Mann-Konferenz zu Black Power organisiert, weil sie der Meinung waren, dass ihre Mitstreiter Malcolm X nicht gerecht wurden. Huey P. Newton und Bobby Seale verfassten ein Zehn-Punkte-Programm für ihre neu gegründete Black Panther Party for Self Defense, in dem sie die «Macht, um über das Schicksal unserer schwarzen Gemeinschaft zu bestimmen», forderten, «Vollbeschäftigung», «menschenwürdige Wohnungen», Reparationen, «ein sofortiges Ende der POLIZEIGEWALT und der MORDE an Schwarzen», Freiheit für alle schwarzen Häftlinge und «Frieden» – eine Referenz an Jeffersons Unabhängigkeitserklärung. In den nächsten Jahren wuchs die Black Panther Party mit Ortsgruppen im ganzen Land und zog Tausende engagierte und charismatische junge Leute an. Sie hatten ein wachsames Auge auf die Polizei, boten kostenloses Frühstück für Kinder an und organisierten medizinische Betreuung oder Seminare zur politischen Bildung, um nur einige Aktivitäten zu nennen.[10]

Das Wachstum der Black Panther Party und anderer Black-Power-Organisationen 1967 zeigt, dass viele junge Schwarze erkannt hatten, dass die Überzeugungsarbeit der Bürgerrechtsbewegung und die Lobbytaktik nicht genügend ausrichteten gegen den Würgegriff der Polizeigewalt, tyrannischer Vermieter, gleichgültiger Schulbehörden und ausbeuterischer Geschäftsleute. Diese Erkenntnis und die Bemühungen, sich aus diesem Würgegriff zu befreien, zeigten sich am deutlichsten in den fast 130 gewalttätigen schwarzen Aufständen von Küste zu Küste, die von März bis September des Jahres stattfanden. Trotzdem verkündeten rassistische Psychiater, die «Aufrührer» würden unter Schizophrenie leiden, ein «schwarzes Leiden», das sich in Wutausbrüchen manifestiere. Für die Soziologen, die den Moynihan-Bericht gelesen hatten, randalierten die männlichen Aufrührer aufgrund ihrer verlorenen Männlichkeit. Rassistische Kriminologen wiederum meinten, die Randalierer würden die «Subkultur der Gewalt» ausleben, die typisch für Schwarze in den Städten sei. Der Kriminologe Marvin Wolfgang verwendete den Begriff 1967 für sein Buch, das schon bald zum Klassiker der Kriminologie wurde.[11]

Einige Goldwater-Konservative behaupteten, die «faulen» Randalierer seien der beste Beleg dafür, dass man die Sozialhilfen kürzen und eine Arbeitspflicht einführen müsse. Doch die vermeintlichen Sozialschmarotzer setzten sich zur Wehr. Im September organisierte die neu gegründete National Welfare Association (NWRO) eine Sitzblockade in den Räumen des Finanzausschusses des Senats, woraufhin Russell Long, Senator für Louisiana, die Frauen als berechnende «Black Brood Mares Inc.» («Schwarze Zuchtstuten«) beschimpfte. Trotz der Proteste verabschiedete der Kongress das erste Gesetz zur Arbeitsverpflichtung von Sozialhilfeempfängern.[12]

Angela Davis wurde im deutschen Frankfurt immer unruhiger, als sie von der aufkommenden Black-Power-Bewegung las und «aus der Ferne alles nur indirekt miterleben» konnte. Also beschloss sie, im Sommer 1967 in die Vereinigten Staaten zurückzukehren. Ihre Promotion konnte sie auch an der University of California, San Diego abschließen, wo Herbert Marcuse mittlerweile lehrte, nachdem man ihn aus politischen Gründen dazu gebracht hatte, die Brandeis University zu verlassen. Auf dem Heimweg machte Davis Ende Juli Zwischenstation in London und nahm an der Konferenz zur Dialektik der Befreiung teil, bei der Marcuse und Carmichael Vorträge hielten. Mit ihrem Afro-Look fiel sie überall auf, schon bald war sie mit der kleinen Abordnung der Black-Power-Bewegung in Kontakt.[13]

Als Davis in Südkalifornien eintraf, wollte sie so schnell wie möglich in der Black-Power-Bewegung aktiv werden. Wie alle Black-Power-Aktivisten gründete sie einen Ableger vor der eigenen Haustür und holte so die Bewegung zu sich: Sie baute die Black Student Union der University of California at San Diego mit auf. In jenem Herbst gründeten schwarze Studenten überall ihre eigenen Verbände oder übernahmen studentische Selbstverwaltungen und forderten eine antirassistische und fundierte Ausbildung an den historisch schwarzen *und* weißen Hochschulen. «Die schwarzen Studenten verlangen … eine Generalüberholung ihrer Hochschulen, die an den Wurzeln ansetzt und alles auf den Kopf stellt», meldete der *Chicago Defender.*[14]

Im November reiste Davis ins nahe gelegene Watts, einen Stadtteil von Los

Angeles, und nahm an der Black Youth Conference teil. Schon beim Betreten der Second Baptist Church fielen ihr die farbenfrohen afrikanischen Stoffe auf, die die energiegeladenen lächelnden jungen Frauen und Männer trugen. Alle redeten sich mit «Schwester» oder «Bruder» an. Es war ihre erste Versammlung der Black-Power-Bewegung in den USA. Sie war entzückt, dass Schwarzsein so schön war.

Bei den Workshops stellte Davis fest, dass die Haltung der Teilnehmer so bunt und verschieden war wie ihre Kleidung. Manche Teilnehmer vertraten Du Bois' alten, antirassistischen Sozialismus, sehr zur Freude von Davis. Andere redeten von der Rückkehr nach Afrika, vertraten separatistische und gegen Weiße gerichtete Meinungen, wollten der Gemeinschaft dienen oder hegten revolutionäre Hoffnungen. FBI-Agenten, die sich als Aktivisten ausgaben, machten sich Notizen und bemühten sich, die ideologischen Risse zu vertiefen. Manche Aktivisten wollten eine kulturelle Revolution in Gang bringen, den assimilationistischen Ideen ein Ende machen und die afrikanische oder afroamerikanische Kultur neu beleben. Vom Schlagwort Black Power fühlten sich Aktivisten ganz unterschiedlicher ideologischer Ausrichtung angesprochen.[15]

Black Power sprach sogar die Bürgerrechtsbewegung an. Tatsächlich war sie dabei, sich 1967, wenn nicht sogar schon früher, zu einer Black-Power-Bewegung zu wandeln. «Keine Unabhängigkeitserklärung im Lincolnschen Sinn, keine Bürgerrechtsgesetzgebung im Stil Johnsons» könne die völlige «psychologische Freiheit» bringen, verkündete Martin Luther King Jr. bei der Jahresversammlung der Southern Christian Leadership Conference (SCLC) am 16. August. Der Neger müsse «sich selbst und der Welt sagen … ‹Ich bin schwarz, aber ich bin schwarz und schön.›» King erhielt verhaltenen Applaus von den SCLC-Aktivisten, die Schilder mit der Aufschrift «Black Is Beautiful and It Is Beautiful to Be Black» schwenkten.[16]

King verlor schon bald die Gunst des assimilationistischen Amerika. Die Assimilationisten wollten nach wie vor, dass er seine Träume von 1963 und sein doppeltes Bewusstsein beibehielt, so wie sie gewollt hatten, dass Du Bois 1903 sein doppeltes Bewusstsein beibehielt. Aber King sah keinen strategischen Nutzen mehr in der Überzeugungsarbeit, die den Assimilationisten so gut gefiel, oder in den von ihnen bevorzugten Bemühungen um eine Aufhebung der Rassentrennung. Er hatte erkannt, dass von der Desegregation in erster Linie die schwarzen Eliten profitiert hatten, während Millionen weiterhin in der erdrückenden Armut lebten, die zu den Aufständen in den Städten geführt hatte. Also wechselte King die Taktik und begann mit der

Planung der Poor People's Campaign der SCLC. Er wollte die Armen des Landes in die Hauptstadt führen und die Bundesregierung so zwingen, eine «Erklärung der wirtschaftlichen Grundrechte» zu verabschieden, mit der sie sich zur Vollbeschäftigung verpflichtete, zu einem garantierten Einkommen und bezahlbaren Wohnungen. Diese Forderungen wiesen eine erstaunliche Ähnlichkeit mit den wirtschaftlichen Forderungen aus dem Zehn-Punkte-Programm der Black Panther Party auf.

Der Titel von Kings Rede bei der SCLC-Versammlung war derselbe wie der seines Buches, das im Herbst 1967 erschien: *Where Do We Go from Here? (Wohin führt unser Weg: Chaos oder Gemeinschaft)* «Wenn ein Volk im Sumpf der Unterdrückung steckt, wird ihm die Erlösung erst zuteil, wenn es genügend Macht angesammelt hat, um eine Veränderung zu erzwingen», schrieb King. «Macht ist kein Geburtsrecht des weißen Mannes; sie wird nicht per Gesetz festgelegt und in hübschen kleinen Regierungspaketen geliefert.» Der Weg zu anhaltendem Fortschritt führe über zivilen Ungehorsam, nicht über Argumente, erklärte King. Mutig kritisierte er den allmächtigen Moynihan-Bericht und warnte vor der Gefahr, dass «Probleme angeborenen Schwächen der Neger zugeschrieben und dazu benutzt werden, Versäumnisse zu rechtfertigen und Unterdrückung zu begründen». Die Moynihan-Assimilationisten reagierten auf King so kritisch wie er auf die Segregationisten und bezeichneten die Poor People's Campaign der SCLC und King als extremistisch. King, behaupteten sie, sei ein Anarchist geworden. Seine eigene Kritik an den Antirassisten als Extremisten und Anarchisten vier Jahre zuvor in seinem Brief aus dem Gefängnis von Birmingham fiel nun auf ihn zurück.

Kings Buch wirkte wie eine Ergänzung zu dem von Stokely Carmichael mitverfassten Buch *Black Power: The Politics of Liberation in America*, das kurz nach *Where Do We Go from Here?* erschien. Darin fanden Carmichael und der Politikwissenschaftler Charles Hamilton innovative neue Namen für zwei Arten von Rassismus. Sie verglichen den «individuellen Rassismus», den Assimilationisten als Hauptproblem sahen und der nach assimilationistischer Ansicht durch Argumente und Bildung beseitigt werden könnte, mit dem «institutionellen Rassismus», den institutionellen Maßnahmen und der Sammlung individueller Vorurteile, worin Antirassisten das Hauptproblem sahen. Dieser institutionelle Rassismus konnte nach Ansicht der Antirassisten nur mithilfe von Macht beseitigt werden.[17]

Doch die Macht im weißen Amerika schien dieser Aufgabe nicht gewachsen. Am 17. Januar 1968 hielt Präsident Johnson die jährliche Rede zur Lage der Nation vor dem Kongress. Bei den Abgeordneten und Senatoren brodelte es ebenso wie bei den Wählern. Doch die Ursache dafür war nicht die Diskriminierung, sondern all die Proteste, friedliche wie gewalttätige, gegen den Vietnamkrieg, Rassismus, Ausbeutung und Ungleichheit. Als Johnson donnerte: «Das amerikanische Volk hat genug von einem Anstieg des Verbrechens und der Gesetzlosigkeit», brach ohrenbetäubender Beifall los. Nach drei Sommern der Rebellion in Folge fürchteten tatsächlich einige, die nun applaudierten, dass es zu einer gewalttätigen schwarzen Revolution kommen könnte. Diese Angst spiegelte sich auch in einem neuen Film, der sämtliche Rekorde an den Kinokassen brach, als er wenige Wochen nach Johnsons Rede auf die Leinwand kam.[18]

In diesem Film landen weiße Astronauten nach einer 2000 Jahre langen Reise auf einem Planeten und werden von Affen versklavt. Ein Astronaut kann fliehen und stößt am Ende des Films in einer der bekanntesten symbolischen Szenen Hollywoods auf eine verrostete Freiheitsstatue. Der Astronaut – Charlton Heston – und die Zuschauer erkennen entsetzt, dass er nicht Lichtjahre von seiner Heimat entfernt ist, sondern sich die ganze Zeit auf der Erde befunden hat. *Planet of Apes (Planet der Affen)* übernahm in der rassistischen Populärkultur den Platz von *Tarzan*. Auf den ersten Film folgten vier weitere zwischen 1970 und 1973 und noch einmal drei im 21. Jahrhundert, außerdem eine Fernsehserie, eine Reihe von Comics, Videospielen und andere Merchandise-Artikel – alles, was das Herz begehrte, wurde hergestellt. Während *Tarzan* die rassistische Selbstüberzeugung auf die Leinwand brachte, dass man die dunkle Welt erobern müsse (eine Vorstellung, die die erste Hälfte des 20. Jahrhunderts dominierte), malte *Planet of Apes* in leuchtenden Farben die rassistische Panik aus, dass die eroberte dunkle Welt sich erheben und die weißen Eroberer versklaven könnte (eine Vorstellung, die in der zweiten Hälfte des 20. Jahrhunderts vorherrschte).

1968 hatten sich Demokraten wie Republikaner den Ruf nach «Recht und Ordnung» zu eigen gemacht. Er wurde zum Motto bei der Verteidigung des Planeten der Weißen. «Law and Order«-Rhetorik wurde als Rechtfertigung für Polizeigewalt angeführt, wobei sowohl die Rhetorik als auch die Brutalität Unruhen in den Städten zur Folge hatten, die wiederum weitere Brutalität und rhetorische Rechtfertigungen nach sich zogen. Und niemand konnte all das Anfang 1968 besser erklären als ein Gigant von einem Mann, ein Denker und Autor, ein ehemaliger Strafgefangener, der sich zum Anhänger von Malcolm X gewandelt hatte: Eldridge Cleaver, der nun als Informationsminister der Black Panther Party fungierte. «Die Polizei, das sind die bewaffneten Hüter der gesellschaftlichen Ordnung. Die Schwarzen sind die Hauptopfer dieser Ordnung in unserem Land», erklärte Cleaver. «Daher besteht ein Interessenskonflikt zwischen Schwarzen und der Polizei.»

Cleaver schrieb diese Erklärungen nieder und verfasste damit eine der wohl am weitesten verbreiteten literarischen Antworten jener Zeit auf die sich mobilisierende Law-and-Order-Bewegung. In lebendigen, wütenden, komischen, abstoßenden, klaren und hellsichtigen Worten beschrieb Cleaver eine «schwarze Seele, die ‹kolonialisiert› wurde von einer «unterdrückerischen weißen Gesellschaft». Seine Essaysammlung *Soul on Ice (Seele auf Eis)*, die im Februar 1968 erschien, verkaufte sich in kürzester Zeit eine Million Mal. Die *New York Times* bezeichnete das Buch, das teils Autobiografie, teils gesellschaftlicher Kommentar ist, als eines der wichtigsten zehn Bücher des Jahres. *Soul on Ice* war zeitgemäß brisant und provokativ. Cleaver sinnierte darin über seine Wandlung vom Gewaltverbrecher, der schwarze Frauen «zur Probe» und dann weiße Frauen «aus Protest» vergewaltigte, zum optimistischen Revolutionär, der sich für Menschenrechte einsetzte. Eine Lektüre, die einem das Blut in den Adern gefrieren ließ. «Wenn sich ein Mann wie Malcolm X ändern und sich vom Rassismus distanzieren kann, wenn ich selbst und andere ehemalige Muslime sich ändern können, wenn sich junge Weiße ändern können, dann gibt es Hoffnung für Amerika», schloss er.

Cleavers Buch wurde zum Manifest der Black-Power-Männlichkeit, mit dem man sich reinwaschen konnte vom Bild des tragischen kolonisierten Schwarzen, dessen Seele «auf Eis» lag, das Bild des «schwarzen Eunuchen» loswerden konnte. Das Buch zeigte, dass die Männer der Black-Power-Bewegung tatsächlich die rassistische Vorstellung des entmannten schwarzen Mannes akzeptiert hatten, eine Idee, die der immer noch populäre Moynihan-Bericht von 1965 verbreitet hatte. Trotz all seiner antirassistischen Angriffe auf assimilationistische Ideen, seiner Attacken gegen Gefängnisse und die Politik, trotz all seiner antirassistischen marxistischen Angriffe gegen den weißen Kapitalismus, der von der Vorherrschaft der Weißen überzeugt war, trotz aller Attacken gegen die schwarze Bourgeoisie stachen vor allem Cleavers LBGT-bezogener Rassismus und sexistischer Rassismus hervor. Schwarze Homosexuelle seien gleich doppelt entmannt (und damit den weißen Homosexuellen unterlegen, auf die das nur in einer Hinsicht zutraf): Sie seien als schwarze Männer entmannt und noch zusätzlich durch ihre «Krankheit», die Homosexualität, argumentierte Cleaver. Gemäß Cleavers geschlechtsbezogenem Rassismus waren die schwarze Frau und der weiße Mann «stille» Verbündete; der weiße Mann stellte die weiße Frau «auf ein Podest» und machte «die schwarze Frau zu einer starken, selbstbewussten

Amazone». Und dennoch beendete Cleaver *Soul on Ice* mit einem leidenschaftlichen Liebesbrief «An alle schwarzen Frauen, von allen schwarzen Männern». «Über dem nackten Abgrund negierter Maskulinität, über 400 Jahre hinweg, in denen ich keine Hoden mehr hatte, stehen wir heute einander gegenüber, meine Königin», schrieb Cleaver. «Ich bin von den Toten zurückgekehrt.»[19]

Doch bei aller geschlechtsspezifischer Diskriminierung war Cleaver in seiner Begeisterung für schwarze Frauen antirassistisch, vor allem in seiner Liebe zu seiner neuen Frau Kathleen Cleaver, der Sekretärin für nationale Kommunikation in der Black Panther Party. Kathleen stammte aus einer Militärfamilie und war als Kind in der Welt herumgekommen. Die Bürgerrechtsbewegung und das SNCC hatten sie geprägt. Sie war die erste Frau, die dem Zentralkomitee der Black Panther Party angehörte. Für all jene schwarzen Männer, die sich weigerten, mit einer schwarzen Frau auszugehen oder sie wertzuschätzen, weil sie weiße Frauen höher einstuften, hatte Eldridge nur Verachtung übrig. Auch ein Psychiater beschäftigte sich mit dieser neuen Generation der «Jack Johnsons». Frantz Fanon, der von der Insel Martinique stammte, war mit einer Französin verheiratet gewesen, bevor er mit seiner antikolonialen Streitschrift *The Wretched of the Earth* (franz. Originaltitel *Les damnés de la terre*, dt. *Die Verdammten dieser Erde)* 1961 zu einem der Paten der Black-Power-Bewegung und ihrem Männlichkeitskult wurde. «Indem sie [die weiße Frau] mich liebt, beweist sie, dass ich der weißen Liebe wert bin», schrieb Fanon 1952 in *Black Skin, White Masks* (*Peau noire, masques blancs; Schwarze Haut, weiße Masken)*. «Man liebt mich wie einen Weißen ... Ich bin ein Weißer ... Ich vermähle mich mit der weißen Kultur ... In diesen weißen Brüsten, die meine allgegenwärtigen Hände streicheln, mache ich mir die weiße Zivilisation und Würde zu eigen.» Diese schwarzen assimilationistischen Männer – die sich wünschten, weiße Männer zu sein, und ihren Wunsch ständig mit den Fehlern *schwarzer* Frauen rechtfertigten – waren Ende der 1960er-Jahre innerhalb und außerhalb der Black-Power-Bewegung durchaus zahlreich zu finden. Schwarze Männer würden sich nach weißen Frauen sehnen, weil schwarze Frauen aufgrund ihrer intensiven Selbstablehnung aufgehört hätten, die Aufmerksamkeit von Männern zu wecken, und sich stattdessen gehen ließen, wie die schwarzen Psychiater William Grier (Vater des Comedian David Alan Grier) und Price Cobbs in ihrem einflussreichen Buch *Black Rage* 1968 argumentierten.[20]

Die These von einer pathologischen schwarzen Weiblichkeit und Männlichkeit nährte die These von der pathologischen schwarzen Familie, die wiederum die These einer pathologischen afroamerikanischen Kultur nährte. Im Grunde waren sie die Säulen, die die amerikanischen rassistischen Vorstellungen stützten. Der Soziologe Andrew Billingsley war einer der ersten Akademiker, die an diesen Säulen rüttelten. Seine grundlegende Studie *Black Families in White America* bahnte 1968 den Weg für antirassistische Studien zur schwarzen Familie. Er weigerte sich, schwarze Familien anhand der Kriterien für weiße Familien zu analysieren. «Im Gegensatz zu Moynihan und anderen betrachten wir den Neger nicht als Kausalzusammenhang in einem ‹pathologischen Wirrwarr›, der sich aus sich selbst speist», schreibt er. Stattdessen beschrieb er die schwarze Familie als «absorbierenden, anpassungsfähigen und erstaunlich resilienten Mechanismus für die Sozialisierung der Kinder». Ähnlich argumentierte Billingsley im Fall der afroamerikanischen Kultur. «Zu behaupten, ein Volk habe keine Kultur, heißt, dass es keine gemeinsame Geschichte hat, die es geformt und gelehrt hat», argumentiert Billingsley. «Und die Geschichte eines Volkes zu leugnen, heißt, ihm sein Menschsein zu verwehren.»[21]

Am 29. Februar 1968, als die Amerikaner mit der Lektüre von *Soul on Ice* beschäftigt waren, veröffentlichte die Nationale Beratende Kommission zu zivilen Unruhen ihren Abschlussbericht zu den Ereignissen vom Sommer 1967. Präsident Johnson hatte die Kommission im Juli ins Leben gerufen, um Fragen wie «Was war passiert? Warum ist es dazu gekommen? Was kann getan werden, um derartige Vorkommnisse zu verhindern?» zu beantworten. Die neun weißen und zwei schwarzen Mitglieder der Kommission vertraten Gruppen, die der Black-Power-Bewegung ablehnend gegenüberstanden und sich für die aktuelle «Law and Order«-Politik stark machten, daher erwarteten Antirassisten nicht allzu viel von der sogenannten Kerner Commission (benannt nach ihrem Vorsitzenden Otto Kerner Jr., dem Gouverneur von Illinois).

Die Schlussfolgerungen der Kerner Commission waren für die Nation mindestens genauso schockierend, wie es die von ihr untersuchten Unruhen gewesen waren. Die Mitglieder nannten ganz offen den Rassismus als Ursache für die urbanen Aufstände. Im Bericht stand: «Was weiße Amerikaner nie so richtig verstanden haben – die Neger aber nie vergessen können –, ist, dass die weiße Gesellschaft massiven Anteil am Getto hat. Weiße Institutionen schufen das Getto, weiße Institutionen sorgen für sein Weiterbestehen und die weiße Gesellschaft heißt das stillschweigend gut.» Die rassistischen

Mainstream-Medien hätten Amerika im Stich gelassen, lautete die Schlussfolgerung des Berichts: «Die Presse hat sich zu lange in einer weißen Welt um sich selbst gedreht und, wenn überhaupt, nur mit den Augen der Weißen und aus ihrer Perspektive nach draußen geblickt.» In einer Zeit, in der der Civil Rights Act und Voting Rights Act noch nachwirkten – und die USA einen Fortschritt beim ethnischen Miteinander für sich beanspruchten –, verkündete die Kerner Commission im berühmtesten Abschnitt ihres Berichts das Fortschreiten des Rassismus: «Unsere Nation bewegt sich auf zwei Gesellschaften zu, die eine schwarz, die andere weiß – getrennt und ungleich.»[22]

Zu dem 426 Seiten umfassenden Dokument schien jeder eine Meinung zu haben. Über 2 Millionen Amerikaner kauften sich den Bericht. Richard Nixon kritisierte ihn, weil er die Randalierer freispreche. Diese Auffassung teilten die Rassisten, die Nixon in seinem Präsidentschaftswahlkampf für sich gewinnen wollte. Martin Luther King Jr., der sich mitten in den Vorbereitungen für seine Poor People's Campaign befand, bezeichnete den Bericht als «Warnung eines Arztes vor dem nahenden Tod mit einem Rezept fürs Leben.» Präsident Johnson hatte das Gefühl, dass seine «Ärzte» den weißen Rassismus übertrieben hätten. Vermutlich machte er sich auch Sorgen, dass sich der Bericht negativ auf die Halbwahrheiten beim Miteinander der Rassen auswirken und das «Rezept fürs Leben» hohe Kosten nach sich ziehen könnte. Der Bericht empfahl, Milliarden Dollar zu investieren, um die Arbeit der Polizei umzugestalten, neue Jobs zu schaffen, bessere Schulen einzurichten und arme schwarze Bezirke mit mehr Sozialhilfe zu unterstützen, die Diskriminierung im Wohnungswesen abzuschaffen und bezahlbaren, neuen, geräumigen Wohnraum für die Millionen von Schwarzen zu schaffen, die gezwungen waren, in rattenverseuchten verfallenen Häusern und Hochhäusern zu leben. Johnson und die Kongressmitglieder beider Parteien nutzten die hohen Kosten als Vorwand, um die Vorschläge nicht umzusetzen, für den verhassten Krieg in Vietnam wurden dagegen deutlich höhere Mittel zur Verfügung gestellt. Eine Empfehlung setzte Johnson jedoch um: die Einrichtung weiterer nachrichtendienstlicher Einheiten bei der Polizei, um Organisationen wie die Black-Power-Bewegung auszuspionieren. Einige Monate später ernannte der Präsident eine zweite Kommission zu zivilen Unruhen, doch dieses Mal wählte er die Mitglieder sorgfältiger aus. Diese Kommission empfahl eine massive Erhöhung der staatlichen Ausgaben für die Ausstattung der Polizei mit mehr Waffen, für eine verbesserte Ausbildung und für die Vorbereitung auf Ausschreitungen. Mit der Umsetzung dieser Empfehlung hatte Washington kein Problem.[23]

Angela Davis verbrachte den Vormittag des 4. April 1968 im Büro des SNCC in Los Angeles. Die neu gegründete SNCC-Ortsgruppe bot ihr als Aktivistin eine neue Heimat, weshalb sie zwischen Los Angeles und ihrem Promotionsstudium an der UC San Diego hin und her pendelte. Am Nachmittag brachte sie Vorlagen in die Druckerei. Am Abend hörte sie jemanden schreien: «Martin Luther King ist erschossen worden!» Zuerst wollte sie es nicht glauben, dann überkamen sie furchtbare Schuldgefühle, als ihr die Nachricht bestätigt wurde. Wie die anderen Aktivisten der Black-Power-Bewegung hatte sie King als harmlos abgetan – harmlos aufgrund seiner religiösen Philosophie der Gewaltlosigkeit. «Ich glaube nicht, dass wir erkannt hatten, dass diese neue Ausrichtung des Kampfes – arme Menschen aller Hautfarben zu beteiligen, unterdrückte Menschen auf der ganzen Welt – eine potenziell größere Gefahr für unseren Feind darstellte», erinnerte sich Davis rückblickend. «Nie hätte einer von uns geglaubt, dass er von der Kugel eines Attentäters getötet werden würde.» King jedoch schon. Am Abend zuvor hatte er im Mason Temple in Memphis der Reihe seiner legendären Reden eine besonders bewegende hinzugefügt, eine Rede, die zur Hoffnung inspirierte und Mut gab. Er sprach von einer «Revolution der Menschenrechte», von den «verarmten Menschen dieser Welt», die sich erheben würden, um im Gelobten Land «frei zu sein». «Vielleicht werde ich nicht mit euch mitkommen», sagte er stockend. «Aber ich möchte euch heute Abend wissen lassen, dass wir als Volk das gelobte Land erreichen werden!»[24]

Tief bestürzt über das Attentat tat sich Angela Davis mit den Anführern anderer Black-Power-Gruppen zusammen und organisierte eine große Demonstration an der Second Baptist Church von Los Angeles. Die Teilnehmer wurden aufgefordert, ihren Kampf gegen den Rassismus erneut aufzunehmen und zu verstärken. Davis glaubte, dass «Rassismus Martin Luther King umbrachte, und dieser Rassismus musste bekämpft werden». Sie und die anderen Organisatoren der Demonstration in Los Angeles wollten die Wut in andere Bahnen lenken und direkte Auseinandersetzungen mit den gut ausgerüsteten Polizisten des Los Angeles Police Department (LAPD) vermeiden, unter denen sich viele befanden, die im Tiefen Süden rekrutiert worden waren. Die Strategie ging auf. Dafür brannte es andernorts. In der Woche nach Kings Ermordung gab es in über 125 Städten gewalttätige Unruhen, die wiederum den Ruf nach Law-and-Order-Maßnahmen bei den rassistischen Amerikanern lauter werden ließen. Hoffnungsvolle Präsidentschaftskandidaten, darunter George Wallace und Richard Nixon, wollten sich die Gegenreaktion zunutze machen. Spiro T. Agnew, der Gouverneur von Maryland, erklärte gegenüber den Anführern der Bewegung: «Ich fordere Sie auf, sich öffentlich von allen schwarzen Rassisten zu distanzieren. Dazu waren Sie bisher nicht bereit.» Agnew wurde so berühmt, dass Nixon ihn als seinen Kandidaten für die Vizepräsidentschaft benannte.[25]

Durch Kings Ermordung wurden unzählige Aktivisten, die bislang ein doppeltes Bewusstsein gehabt hatten und zwischen Assimilationismus und Antirassismus geschwankt hatten, zu Antirassisten mit einem einzigen Bewusstsein. Die Black-Power-Bewegung erlebte einen ungeheuren Zulauf, eine derartige antirassistische Massenbewegung hatte es seit dem Ende des Bürgerkriegs nicht mehr gegeben, als es um die Verteilung von Land gegangen war. Auch James Brown, der Godfather of Soul, erkannte die neue Stimmung im schwarzen Amerika. Während Segregationisten sagten, Schwarze sollten nicht stolz sein, und Assimilationisten erklärten, sie seien nicht schwarz, führte James Brown im August 1968 den Gesang von Millionen an: «Say It Loud – I'm Black and I'm Proud», ein umgehender Hit, der sechs Wochen lang an der Spitze der R&B-Charts stand. All die Slogans über Black Power veranlassten einige Afroamerikaner, ihre rassistische Farbhierarchie (je heller die Hautfarbe, desto besser) über Bord zu werfen. Einige Aktivisten stellten diese Hierarchie sogar auf den Kopf; für sie musste ein richtiger Schwarzer eine möglichst dunkle Hautfarbe, krause Haare und eine riesige Afro-Frisur haben und fließend afroamerikanisches Englisch sprechen. Hellhäutigere Schwarze mussten bereit sein, mit einem dunkelhäutigeren Partner auszugehen. Andere Kriterien waren schwarze Lederkleidung, afrikanische Gewänder oder die Fähigkeit, Malcolm X zu zitieren. Antirassistische Aktivisten der Black-Power-Bewegung machten sich daran, die tiefverwurzelten assimilationistischen weißen Standards auszugraben und auf den Müll zu befördern. Schwarze sollten aufhören, sich selbst und die Welt «durch die Augen der anderen» zu betrachten, wie Du Bois es formuliert hatte (die Kerner Commission hatte in diesem Zusammenhang von einer «weißen Perspektive» gesprochen). Die antirassistische Black-Power-Bewegung regte zu einer Suche nach neuen Standards an, nach neuen Perspektiven. Schwarze sollten sich selbst durch ihre eigenen Augen betrachten.

Die Suche nach schwarzen Perspektiven wurde vor allem an den Schulen und Universitäten betrieben, wo engagierte schwarze Schüler, Studenten, Eltern und Lehrer ein neues akademisches Fach einforderten, die Black Studies. «Wenn die Perspektive in den Klassenzimmern nahezu ausschließlich … weiß ist … und fast nie schwarz», argumentierte Barbara Smith gegenüber der Fakultät von Mount Holyoke, «kommt bei Schülern und Studenten mit historischen und kulturellen Wurzeln, die nicht weiß und europäisch sind, unvermeidlich eine gewisse Unzufriedenheit auf.» Zwischen 1967 und 1970 veranlassten schwarze Studierende und ihre nichtschwarzen Verbündeten, die in die Hunderttausende gingen, fast 1000 Colleges und Universitäten in fast jedem US-Bundesstaat, neue Abteilungen, Studiengänge und Seminare für das Fach Black Studies einzuführen. Die Nachfrage nach Black Studies erreichte auch die High Schools, Mittelschulen und Grundschulen, wo Afroamerikaner in den Schulbüchern «Millionen Kindern, schwarzen wie weißen, als … Untermenschen [präsentiert wurden], unfähig, eine gewisse Kultur zu erreichen, glücklich zu dienen, als passive Außenseiter», wie Hillel Black 1967 in *The American Schoolbook* schrieb. Frühe Intellektuelle der Black Studies machten sich daran, neue, antirassistische Schulbücher zu verfassen. Sie mussten der Kritik schwarzer wie weißer assimilationistischer und segregationistischer Intellektueller trotzen, die auf die Black Studies herabblickten und darin ein separatistisches oder minderwertiges Fach sahen, das den historisch weißen Fächern unterlegen war. Das neue Fach wurde aus denselben rassistischen Gründen verachtet wie einst die historisch schwarzen Colleges, Institutionen, Unternehmen, Organisationen, Stadtviertel und Nationen. Ihrer Meinung nach war alles minderwertig, was Schwarze geschaffen hatten, was Schwarze leiteten und was Schwarze machten. Und wenn etwas von Schwarzen Geschaffenes Mühe hatte zu überleben, dann waren natürlich die Schwarzen daran schuld. Rassistische Vorstellungen rechtfertigten nicht nur die Diskriminierung schwarzer Menschen, sondern auch die Diskriminierung schwarzer Einrichtungen und von Ideen, die schwarze Aktivisten vertraten, etwa die Einführung der Black Studies.[26]

Dennoch bewirkten die Ideen der Black Studies und der Black-Power-Bewegung allmählich ein Umdenken bei Nichtschwarzen. Die weißen Mitglieder der Antikriegs-Organisation Students for a Democratic Society (SDS) und Hippie-Kollektive sympathisierten mit der Black-Power-Bewegung und versprachen, «den Einfluss des Rassismus aus den weißen Amerikanern herauszubrennen», wie ein weißes führendes Mitglied der Kommunistischen Partei der USA 1968 erklärte. Bei der Gründung der Young Lords Party 1968 räumten puertoricanische Antirassisten ein, dass ein «hohes Maß an Rassismus zwischen Puerto Ricanern und Schwarzen existiert und zwischen hellhäutigen und dunkelhäutigen Puerto Ricanern», wie es Pablo «Yoruba» Guzmán formulierte, der Mitbegründer der New Yorker Ortsgruppe. Diese rassistische Farbhierarchie existierte bei Latino- wie Chicanogemeinschaften. Die aufkommende Brown-Power-Bewegung stellte all diese Farbhierarchien infrage, genau wie die erstarkende Black-Power-Bewegung die Farbhierarchien bei den schwarzen Ethnizitäten infrage stellte.[27]

Das Büro des SNCC in Los Angeles wurde nach der Ermordung Martin Luther Kings von der Polizei durchsucht. Diesen Überfall überstand das SNCC. Was das Students Nonviolent Coordinating Committee jedoch nicht überstand, waren die internen, genderbedingten Kämpfe, die viele derartige Organisationen belasteten. Schwarze Organisationen mussten sich mit den populären Theorien des kastrierten schwarzen Mannes aus dem Moynihan-Bericht auseinandersetzen. Wenn sich Angela Davis und die zwei anderen Frauen in der Ortsgruppe durchsetzten, fingen die rassistischen Patriarchen der Gruppe sofort an, Mythen über schwarze Frauen zu rezitieren und zu behaupten, sie seien zu dominant und würden sie entmannen. Kathleen Cleaver hatte ähnliche Probleme in der Black Panther Party, ebenso wie Frances Beal im New Yorker Ortsverband des SNCC.

Beal hatte sich bereits auf dem College für Bürgerrechte engagiert und sich dem Sozialismus verschrieben, bevor sie Anfang der 1960er-Jahre nach Frankreich ging und einige Jahre dort lebte. Im Dezember 1968 war sie wieder in den Staaten und wirkte an der Gründung des Black Women's Liberation Committee im SNCC mit. Es war der erste offizielle schwarze feministische Verband der Black-Power-Bewegung. Beal verfasste eins der wichtigsten ideologischen Manifeste der schwarzen Feministinnen, «Double Jeopardy: To Be Black and Female», ein Positionspapier von 1969, das im nächsten Jahr weite Verbreitung fand, als es in Toni Cade Bambaras einzigartige Anthologie *The Black Woman* aufgenommen wurde. «Seit dem Aufkommen von Black Power behaupten schwarze Männer, sie seien von der Gesellschaft kastriert worden, schwarze Frauen dagegen seien dieser Verfolgung irgendwie entgangen», schrieb Beal. Dabei könne «die schwarze Frau in Amerika zu Recht als ‹Sklavin eines Sklaven› beschrieben werden» – ein Opfer in zweifacher Hinsicht, das unter rassischer und geschlechtsspezifischer Diskriminierung zu leiden habe. Bela führte Arbeitsmarktstatistiken an, die zeigten, dass nichtweiße Frauen schlechter bezahlt wurden als weiße Frauen, schwarze Männer und weiße Männer – Statistiken, die die These von Frazier und Moynihan widerlegten, schwarze Männer würden am stärksten unterdrückt. Moynihans

These hatte einst die Bürgerrechtler mobilisiert, die schwarzen Männer zu verteidigen. Beals These, dass schwarze Frauen noch schlechter dran seien, hatte einen ganz ähnlichen Effekt und mobilisierte Aktivisten, sich für schwarze Frauen einzusetzen. Das Aufkommen des schwarzen Feminismus und des schwarzen Patriarchats führte innerhalb und außerhalb der Black-Power-Organisationen zu ideologischen Auseinandersetzungen darüber, wer es denn nun am schlimmsten getroffen hätte.[28]

Im SNCC von Los Angeles waren die internen Auseinandersetzungen 1968 – und dann die Kommunistenjagd – so heftig, dass der Ortsverband am Ende des Sommers die Arbeit einstellte. Angela Davis überlegte daraufhin ernsthaft, der Kommunistischen Partei beizutreten, obwohl die Partei ihrer Meinung nach «der nationalen und rassischen Dimension der Unterdrückung der Schwarzen nicht genügend Aufmerksamkeit» schenkte. Beim neuen Che-Lumumba-Club der CPUSA war das allerdings anders. Und so kam Angela Davis über diesen neuen Verband farbiger Kommunisten 1968 zur CPUSA, wo sie für die Wahlkampagne der ersten schwarzen Frau arbeitete, die für die amerikanische Präsidentschaft kandidierte, für Charlene Mitchell.[29]

Bei der Präsidentschaftswahl 1968 trat Mitchell gegen Johnsons Vizepräsidenten Hubert Humphrey an. Bei den Republikanern machte sich Richard Nixon Hoffnungen auf die Präsidentschaft. Seine innovative Kampagne ermöglichte Einblicke in die Zukunft der rassistischen Ideen.

Kapitel 32

Law and Order

Richard Nixon und sein Beraterteam hatten die Wahlkämpfe von George Wallace genau studiert. Sie hatten erkannt, dass er mit seinen segregationistischen Sticheleien nur die «Segregationisten mit Schaum vor dem Mund» ansprach. Nixon wollte die Anhänger von Wallace für sich gewinnen, aber gleichzeitig auch all die Amerikaner, die sich weigerten, in «gefährlichen» schwarzen Vierteln zu wohnen, und die nicht glauben wollten, dass schwarze Schulen gleichwertig sein konnten, die Busfahrten von Schulkindern zur Förderung der Rassenintegration an Schulen ablehnten, die das Fehlverhalten eines einzelnen Schwarzen stets verallgemeinerten, die nicht akzeptieren konnten, dass alleinerziehende schwarze Mütter auf Sozialhilfe angewiesen waren, und Black Power in mehrheitlich schwarzen Bezirken und Städten nicht anerkennen wollten – all die Rassisten also, die sich 1968 gar nicht für Rassisten hielten. Nixon gestaltete seine Kampagne so, wie ein enger Berater erläuterte, dass ein potenzieller Anhänger «sich nicht eingestehen musste, dass ihn der rassistische Anklang ansprach». Und wie machte man das? Ganz einfach. Schwarze herabsetzen und Weiße loben, ohne je die Worte *Schwarze* oder *Weiße* in den Mund zu nehmen.[1]

Historiker haben dieser Taktik die Bezeichnung «Südstaaten-Strategie» gegeben. Tatsächlich war sie die nationale republikanische Strategie, um die schwarzen-feindlichen (und latino-feindlichen) Rassisten, die Kriegstreiber sowie die steuerpolitischen und sozialpolitischen Konservativen im Norden wie im Süden zu einen. Die Strategie, die über die kommenden fünf Jahrzehnte hinweg Bestand hatte, kam genau zur rechten Zeit. In einer Meinungsumfrage von Gallup im Jahr 1968 erklärten 81 Prozent der Befragten, sie würden Nixons Wahlkampfparole glauben, im Land herrsche weder Recht noch Ordnung. In einem Fernsehspot Nixons waren angsteinflößende Bilder von gewalttätigen und blutverschmierten Aktivisten zu sehen, untermalt von furchterregender Musik. Im Hintergrund sprach eine tiefe Stimme: «Ich verspreche Ihnen, wir werden in den USA wieder für Ordnung sorgen.» Der Spot «trifft genau den Nerv. Es liegt nur an den verdammten Neger-Puerto-Ricaner-Gruppen da draußen», soll Nixon im privaten Kreis gesagt haben. In der Öffentlichkeit verwendete er dieselbe Melodie, es fehlte nur der rassistische Text. Am 6. September 1968 kritisierte Nixon das Oberste Gericht scharf, es sei «zu weit gegangen mit der Stärkung krimineller Kräfte». 30 Jahre zuvor hätte Theodore Bilbo noch «Stärkung der Nigger-Kräfte» gesagt. Der Rassismus im Wahlkampf hatte sich weiterentwickelt, und Nixon gewann die Präsidentschaftswahl.[2]

Im Herbst 1969 hatte Angela Davis nach dem Ende der Wahlkampagne von Charlene Mitchell eigentlich vor, sich in aller Ruhe auf ihre erste Stelle als Dozentin an der University of California, Los Angeles zu konzentrieren. Doch das FBI hatte andere Pläne. J. Edgar Hoovers Agenten hatten in jenem Jahr völlig grundlos einen uneingeschränkten Krieg gegen die Black-Power-Bewegung ausgerufen. Ed Montgomery, Stimme des FBI beim *San Francisco Examiner*, meldete die Mitgliedschaft von Davis in der Kommunistischen Partei (und in Students for a Democratic Society sowie in der Black Panther Party). Im darauffolgenden Trubel wandte Ronald Reagan, damals Gouverneur von Kalifornien und eifrig darauf bedacht, Punkte bei den Law-and-Order-Wählern zu sammeln, die gegen Kommunisten, gegen die Studentenbewegung und gegen Schwarze waren, ein altes Gesetz zur Bekämpfung des Kommunismus an und entließ die 25-jährige Angela Davis. Sie klagte dagegen vor kalifornischen Gerichten, wodurch es zu einer Konfrontation zwischen den Rassisten und Antirassisten des Bundesstaates kam, zwischen Kommunisten und Anti-Kommunisten, akademischen Befreiern und akademischen Unterjochern. Damit war Angela Davis der Öffentlichkeit bekannt. Ihre Gegner stellten sie als unversöhnlich und parteiisch dar. Ihr Briefkasten füllte sich mit hasserfüllten Briefen, sie erhielt Drohanrufe und wurde von Polizeibeamten schikaniert. Am 20. Oktober 1969 entschied Jerry Pacht, Richter am California Superior Court, das Anti-Kommunisten-Gesetz sei nicht verfassungsgemäß. Davis nahm ihre Lehrtätigkeit wieder auf und Reagan suchte nach einem anderen Weg, sie zu entlassen.[3]

Im Februar 1970 erfuhr Davis im Che-Lumumba-Club von der Kampagne zur Unterstützung von drei schwarzen Häftlingen im Soledad State Prison in der Nähe von San Jose. George Jackson, John Clutchette und Fleeta Drumgo waren für den Mord an einem Gefängniswärter bei einem rassisch aufgeladenen Streit im Gefängnis angeklagt worden, obwohl die einzigen Beweise die waren, dass sie der Black-Power-Bewegung angehörten. 1961 war der 18-jährige George Jackson wegen bewaffneten Raubüberfalls zu einer Haftstrafe zwischen einem Jahr und lebenslang verurteilt worden; angeblich hatte er mithilfe einer Schusswaffe 70 Dollar beim Überfall auf eine Tankstelle erbeutet. Dieses Urteil bedeutete, dass seine Entlassung frühestens nach einem Jahr erfolgen, aber die Strafe je nach Verhalten auch in lebenslänglich verwandelt werden konnte. 1969 war er nach Soledad verlegt worden, zuvor hatte er ähnlich wie Malcolm X und Kathleen Cleaver zur Politik gefunden, doch aufgrund seines politischen Aktivismus wurde aus der Verurteilung wegen der gestohlenen 70 Dollar eine lebenslange Haftstrafe. Davis freundete sich mit George Jackson und seinem ernsten jüngeren Bruder Jonathan an, der sein Leben der Befreiung seines Bruders gewidmet hatte.[4]

Bei einer Demonstration unter dem Motto «Freiheit für die Soledad Brothers» – wie Jackson, Fleeta Drumgo und John Clutchette genannt wurden – in Sichtweite der Strafvollzugsbehörde von Kalifornien trat Angela Davis am 19. Juni 1970 in Los Angeles als Rednerin auf. Am selben Tag bewirkte der Verwaltungsrat der Universität ihre erneute Entlassung, dieses Mal mit der Begründung, dass ihre politischen Ansprachen «unpassend für eine Universitätsdozentin» seien. Als Beleg wurde unter anderem Davis' Kritik an dem Psychologen Arthur Jensen von der University of California in Berkeley angeführt, der Ende der 1960er-Jahre für das Wiederaufleben des Segregationismus unter Akademikern stand. Jensen hatte 1969 in der *Harvard Educational Review* geschrieben, es gebe in der Psychologie die «zunehmende Erkenntnis», dass sich die niedrigeren Ergebnisse der Schwarzen bei Intelligenztests «nicht völlig oder direkt auf die Diskriminierung oder eine Ungleichheit in der Bildung» zurückführen ließen. «Daher scheint die Annahme nicht unangemessen … dass auch genetische Faktoren eine Rolle spielen könnten». Der Verwaltungsrat ermahnte Davis, sie habe in ihrer scharfen Kritik an Jensen «nicht die angemessene Zurückhaltung bei der Ausübung der akademischen Freiheit walten lassen», Jensen habe sicher «jahrelange Studien» durchgeführt, bevor er seinen «fundierten» Artikel publiziert habe. Anscheinend bestand die akademische Freiheit vor allem darin, dass man rassistische Ideen von sich geben durfte.[5]

Als Reporter Davis bei der Demonstration nach einer Reaktion auf ihre Kündigung fragten, verglich sie ihren akademischen Freiheitsentzug mit dem Freiheitsentzug politischer Gefangener durch die Justiz. Ein Fotograf machte eine Aufnahme von Davis mit einem Schild, auf dem zu lesen war: «RETTET DIE SOLEDAD BROTHERS VOR RECHTLICHER LYNCHJUSTIZ.» Hinter ihr stand Jonathan Jackson mit einem weiteren Schild: «STOPPT DIE POLITISCHE UNTERDRÜCKUNG IN GEFÄNGNISSEN.»[6]

Am 7. August 1970 stürmte Jonathan Jackson mit drei Schusswaffen einen Gerichtssaal in Marin County in Kalifornien und nahm den Richter, den Staatsanwalt und drei Geschworene als Geisel. Die drei im Gerichtssaal anwesenden Häftlinge unterstützten den siebzehnjährigen Bruder George Jacksons, der die Geiseln mit vorgehaltener Waffe zu einem vor dem Gerichtsgebäude geparkten Lieferwagen führte. Die Polizei eröffnete das Feuer. Beim Schusswechsel kamen Jackson, der Richter und zwei Häftlinge ums Leben. Die Polizei untersuchte die Herkunft der Waffen und stellte fest, dass eine im Namen von Angela Davis gekauft worden war. Eine Woche später wurde Davis wegen Mordes, Geiselnahme und Bildung einer terroristischen Vereinigung angeklagt und per Haftbefehl gesucht. Sie trauerte immer noch um Jackson, erkannte aber auch das drohende Unheil – die Todesstrafe, wenn sie für schuldig befunden wurde. Sie floh vor der massiven Fahndung, eine Frau auf der Flucht vor Versklavung oder Schlimmerem wie so viele ihrer politischen Mistreiter und ihrer Vorfahren. J. Edgar Hoover setzte die «gefährliche» Verbrecherin wenige Monate vor seinem Tod auf die Liste der zehn meistgesuchten Personen des FBI. Die beiden Fahndungsfotos – eins mit Sonnenbrille, eins ohne – auf den «Vom FBI gesucht«-Plakaten zeigte die Frau, die damit zur bekanntesten Aktivistin der Black-Power-Bewegung wurde.[7]

Die Plakate zeigten auch ihre bekannte Afro-Frisur. Den berühmtesten Afro-Look jener Zeit – wodurch sich die Frisur vom anti-assimilationistischen politischen Statement zum Fashion-Statement wandelte – trug jedoch die größte, mutigste, böseste und schwärzeste Frau überhaupt, der Star aus *Foxy Brown* (1974) und *Coffy (Coffy – Die Raubkatze)* (1973) – Pam Grier. Je mehr Afroamerikaner sich Anfang der 1970er-Jahre die Haare wie Grier im Afro-Look wachsen ließen, desto heftiger fiel der Zorn assimilationistischer Eltern, Pfarrer und Arbeitgeber aus, die den Afro-Look hässlich nannten und als «Schande» bezeichneten – als ob man «zurück in den Dschungel» gehen würde. Nach wie vor bändigten viele Afroamerikaner ihre Haare mit einer Dauerwelle, doch damit waren sie nicht unbedingt Assimilationisten. Die wahren Assimilationisten unter ihnen waren die, die ihr natürliches Aussehen in einem beruflichen Umfeld als unprofessionell betrachteten oder als ästhetisch minderwertig im Vergleich zur Dauerwelle.[8]

Der Afro-Look war auch allgegenwärtig in den «Blaxploitation«-Filmen Hollywoods, den schwarzen Action- und Abenteuerfilmen, die sich zwischen 1969 und 1974 großer Beliebtheit erfreuten. Die Filmindustrie hatte Ende der 1960er-Jahre mit wachsenden wirtschaftlichen Problemen und mit zunehmender antirassistischer Kritik an den Figuren vom Typ Sidney Poitier zu kämpfen, die in den integrationistischen Spielfilmen der Sechzigerjahre dominierten. Daher beschloss man in Hollywood, die Popularität des Schwarzseins zu nutzen und so die wirtschaftliche und politische Misere zu lindern. Dreh- und Angelpunkt der Blaxploitation war der Regisseur Melvin Van Peebles. Sein Thriller *Sweet Sweetback's Baadasssss Song (Sweet Sweetbacks Lied)* von 1971 erzählt die Geschichte eines potenten bösen Schwarzen, der sich gegen die Polizeigewalt zur Wehr setzt und fliehen muss. Bei einer gigantischen Verfolgungsjagd nutzt er jede Waffe, die ihm in die Hände fällt (einschließlich seines Penis) und kann am Ende nach Mexiko in den Sonnenuntergang entkommen. Auf der Flucht helfen ihm schwarze Kinder, Pfarrer, Spieler, Zuhälter und Prostituierte. Die Polizeigewalt gegen Schwarze, die erstmals auf der Leinwand gezeigt wurde, und die populäre rassistische Vorstellung des super-sexuellen, nicht mehr länger entmannten Schwarzen trugen sicher dazu bei, dass der Film bei Afroamerikanern so ungeheuer populär war.

Doch nicht allen Schwarzen gefiel der Film. Im Magazin *Ebony* bezeichnete ihn der Autor und Sozialhistoriker Lerone Bennett Jr. als «weder revolutionär noch schwarz», weil der Film die Armut und das Elend des schwarzen urbanen Amerika romantisiere. Bennett hatte nicht ganz unrecht. Wann immer schwarze Filmemacher finanziell schwache Schwarze als wahre Vertreter der Schwarzen darstellten, lauerten im Hintergrund doch wieder rassistische Bilder. Allzu oft betrachteten sie ein Umfeld aus Armut, Zuhälterei, Prostitution, Glücksspiel und Kriminalität als *die* schwarze Welt, als ob Nichtschwarze keine Zuhälterei betreiben würden, sich nicht in ähnlichem Maße prostituieren, dem Glücksspiel frönen oder Verbrechen begehen würden. Und doch liefen diese Künstler, wenn sie Zuhälter, Gangster, Kriminelle und Prostituierte als Menschen zeigten, zu antirassistischer Hochform auf. Allerdings achteten die Mitglieder der Bürgerrechtsbewegung, die sich – in ihrem unbeirrbaren Glauben an die Überzeugungsarbeit durch positive Beispiele in den Medien – gegen die Blaxploitation-Filme wandten, kaum auf diesen feinen Unterschied. Sie sahen einfach nur widerliche schwarze Figuren, die Stereotypen fern der Leinwand bestätigten. «Der Wandel vom stereotypen Stepin' Fetchit zum Super-Nigger auf der Leinwand ist nur eine andere Form des kulturellen Genozids», kritisierte die von Bürgerrechtsorganisationen gebildete Coalition Against Blaxploitation 1972.[9]

Die Fahndung nach Angela Davis hatte am 13. Oktober 1970 Erfolg. Davis wurde festgenommen und in ein New Yorker Frauengefängnis gebracht. Dort, umgeben von eingesperrten schwarzen und braunen Frauen, begann Davis, «ihr embryonenhaftes schwarzes feministisches Bewusstsein» weiterzuentwickeln, wie sie es nannte. In jenem Jahr, 1970, erreichte die Frauenbewegung endlich auch das Bewusstsein der Durchschnittsamerikanerinnen. Norma L. McCorvey hatte (unter dem Pseudonym Jane Roe) in Texas auf ihr Recht auf Abtreibung geklagt. Als das Oberste Gericht Abtreibungen in der Entscheidung *Roe versus Wade* drei Jahre später legalisierte, verkündete Präsident Nixon, es gebe nur zwei «Fälle, in denen eine Abtreibung notwendig ist«: «Bei einem schwarz-weißen Elternpaar oder einer Vergewaltigung.»[10]

Am 25. August 1970 schlossen sich Frances Beal und ihre Schwestern von der frisch umbenannten Third World Women's Alliance mit Plakaten zugunsten von Angela Davis («Hände weg von Angela Davis«) den über 20 000 Feministinnen beim Streik für Gleichheit an, zu dem die National Organization for Women (NOW) in New York aufgerufen hatte. Eine Funktionärin von NOW sah Beal mit ihrem Plakat, eilte zu ihr und schnauzte sie an: «Angela Davis hat nichts mit der Befreiung der Frauen zu tun.» Beal schnauzte zurück: «Nichts mit der Art von Befreiung, von der Sie reden. Aber sehr viel mit der Art von Befreiung, von der wir reden.» Wie die Schriftstellerin Toni Morrison Monate später im *New York Times Magazine* erklärte, würden schwarze Frauen «wenn sie auf weiße Frauen blicken, den Feind sehen, denn sie wissen, dass Rassismus nicht auf weiße Männer beschränkt ist und dass es mehr weiße Frauen als Männer in diesem Land gibt». Toni Morrison hatte kurz zuvor *The Bluest Eye* (*Sehr blaue Augen)* veröffentlicht, eine anti-assimilationistische Geschichte über den heftigen Wunsch eines schwarzen Mädchens nach «schönen» blauen Augen. Ihr Romandebüt war so bewegend wie die autobiografische Lebensbeschreibung *I Know Why the Cage Bird Sings* von 1969 (*Ich weiß warum der gefangene Vogel singt),* Maya Angelous preisgekrönte autobiografische Schilderung ihrer Reise vom Dornenwald rassistischer Vorstellungen (wo sie sich wünschte, sie könnte aus ihrem «schwarzen hässlichen Traum» aufwachen) zur Lichtung der antirassistischen Würde und des Widerstands.[11]

Im Dezember 1970 wurde Angela Davis nach Kalifornien zurücküberstellt. Den Großteil ihrer Zeit im Gefängnis verbrachte sie in Einzelhaft mit dem Warten auf ihren Prozess. Sie las viel und beantwortete die Briefe, die ihr ihre Unterstützer zu Tausenden schrieben, studierte ihre rechtliche Situation und dachte über Amerika nach. Manchmal hörte sie die Rufe «Freiheit für Angela» und «Freiheit für alle politischen Gefangenen» draußen vor dem Gefängnis. 200 Komitees in den USA und 67 Komitees im Ausland setzten sich für ihre Freiheit ein. Die Komitees bildeten eine breite internationale Koalition aus Unterstützern, die der Ansicht waren, dass Nixons Amerika zu weit gegangen war – zu weit bei der Schikanierung, Verhaftung und Ermordung zahlreicher antirassistischer, antikapitalistischer, antisexistischer und antiimperialistischer Aktivisten, die für ihre Ideen verfolgt wurden. Diese Ideen wurden zum damaligen Zeitpunkt von Angela Davis verkörpert, daher wollte das Law-and-Order-Amerika von Nixon und Reagan sie zum Schweigen bringen oder sogar tot sehen.[12]

Die von Davis verkörperten antirassistischen Ideen wurden zu der Zeit, als sie nach Kalifornien zurücküberstellt wurde, auch in einem anderen Fall vor dem Obersten Gericht verhandelt. In den 1950er-Jahren hatte das Kraftwerk von Duke Power am Dan River in North Carolina seine schwarzen Mitarbeiter offen gezwungen, die am schlechtesten bezahlten Arbeiten zu verrichten. Nach der Verabschiedung des Civil Rights Act verlegte sich Duke Power auf private Diskriminierung – bei schwarzen Mitarbeitern wurden Hochschulabschlüsse und Intelligenztests verlangt –, die denselben Effekt hatte: Den Großteil der gutbezahlten Jobs hatten weiße Mitarbeiter inne. Am 8. März 1971 entschied das Oberste Gericht im Fall *Griggs versus Duke Power Co.*, dass die neuen Anforderungen von Duke Power in keinem Zusammenhang mit den Leistung im Job stünden.

Der Civil Rights Act «verbietet nicht nur die offene Diskriminierung», verkündete der oberste Richter Warren E. Burger, «sondern auch Praktiken, die der Form nach gerecht sind, in der Anwendung jedoch diskriminierend». Falls den Antirassisten die Entscheidung im Fall *Griggs* zu schön erschien, um wahr zu sein, dann hatten sie recht. Damit wurden nicht zwangsläufig Praktiken und Maßnahmen verboten, die zu einer ethnischen Ungleichheit führten. Duke Power hatte zwar seine Einstellungsverfahren an dem Tag geändert, an dem der Civil Rights Act in Kraft trat, doch erstaunlicherweise übernahm das Oberste Gericht das Urteil des Berufungsgerichts, es habe keine «diskriminierende Absicht» bestanden. Und Richter Burger lieferte den Arbeitgebern ein Schlupfloch, damit sie ihren Rassismus weiter pflegen konnten. «Ausschlaggebend ist die betriebsbedingte Notwendigkeit. Wenn nicht nachgewiesen werden kann, dass eine Beschäftigungspraxis in einem Unternehmen, die dazu dient, Neger auszuschließen, in Zusammenhang mit der Leistung am Arbeitsplatz steht, ist die Praxis verboten.» Rassistische Arbeitgeber mussten also nur belegen, dass ihre diskriminierenden Einstellungs- und Beförderungsverfahren mit der Leistung am Arbeitsplatz zu tun hatten und damit eine betriebsbedingte Notwendigkeit waren.[13]

Die Entscheidung im Fall *Griggs* hatte für die Aktivisten der Black-Power-Bewegung keine große Bedeutung. Sie hatten ohnehin kein Vertrauen mehr ins Oberste Gericht und glaubten nicht, dass es die neueste Entwicklung des institutionellen Rassismus verbieten würde. Sie konzentrierten sich auf lokale Auseinandersetzungen, auf den Fall Angela Davis und den größten Parteitag von Afroamerikanern in der Geschichte der USA. Etwa 8000 Personen nahmen an der größten Versammlung der gerade einmal sechs Jahre alten Black-Power-Bewegung am 10. März 1972 in Gary in Indiana teil. Auch die größte schwarze Mittelschicht der Geschichte war vertreten – das neue schwarze Amerika. Die Entstehung dieser schwarzen Eliten war eine Folge des Aktivismus und der Reformen aufgrund der Bürgerrechte *und* der Black-Power-Bewegung, aber auch der positiven wirtschaftlichen Lage in den Sechzigerjahren. 1973 war die Armutsrate bei Schwarzen auf ihren niedrigsten Stand in der Geschichte der USA gesunken. Das Einkommensniveau der Afroamerikaner stieg und die politisch-wirtschaftlichen ethnischen Ungleichheiten wurden kleiner, bis 1973 die Rezession kam.[14]

Zum Zeitpunkt des Kongresses in Gary hatten Schwarze die politische Kontrolle in vielen mehrheitlich schwarzen Städten und Bezirken übernommen. Allerdings mussten einige schwarze Wähler auf die harte Tour lernen, dass man, wenn man einen Schwarzen wählte, nicht automatisch einen Antirassisten wählte. Daher hätte die Hauptforderung der Unabhängigen beim Kongress in Gary – die Forderung nach einer unabhängigen schwarzen Partei – nicht automatisch eine antirassistische Verbesserung der aktuellen Situation gebracht, die von den Assimilationisten der Demokratischen Partei geprägt war. Doch schwarze Politiker, die nur an sich selbst dachten, machten das Vorhaben in den kommenden Jahren ohnehin zunichte.[15]

Wenige Tage vor der Eröffnung des riesigen Kongresses in Gary begann endlich der Prozess gegen Angela Davis in Kalifornien. «Die Beweislage wird zeigen», erklärte Staatsanwalt Albert Harris, «dass ihr Hauptmotiv nicht die

Befreiung politischer Gefangener war, sondern die Befreiung eines einzelnen Gefangenen, den sie liebte.» Die Eigentümerschaft der Waffe, Davis' Flucht und ihre verliebten Äußerungen in ihrem Tagebuch und ihren Briefen über George Jackson sollten als Indizien ausreichen, um sie des vorsätzlichen Mordes, der Entführung und Verschwörung zu überführen. Rein weiße Geschworenengerichte hatten die Todesstrafe schon für weniger verhängt. Doch nicht diese Jury, sie sprach Davis am 4. Juni 1972 in allen Anklagepunkten frei. Sie entkam dem Griff des amerikanischen Strafvollzugssystems und verließ den Gerichtssaal als freie Frau, doch ihr Blick blieb auf die Frauen und Männer gerichtet, die hinter Gitter blieben. Deren Befreiung von der Sklaverei wurde zu ihrer Lebensaufgabe.[16]

Trotz der Law-and-Order-Bewegung gegen Aktivisten befanden sich 1972 weniger als 350 000 Personen landesweit in Haft. Für Davis und anerkannte Kriminologen waren das trotzdem zu viele Häftlinge. Viele Kriminologen prophezeiten, dass das Gefängnissystem ohnehin verschwinden würde. Die Ideen gegen Haftstrafen und die Proteste zeigten Wirkung. 1973 bezeichnete die National Advisory Commission on Criminal Justice Standards and Goals (Nationale Beratungskommission zu Standards und Zielen in der Strafjustiz) das Gefängnissystem als «gescheitert» – damit würden Verbrechen nicht verhindert, sondern sogar geschaffen. Die Kommission empfahl, «für Erwachsene keine Einrichtungen mehr zu bauen und die bestehenden Einrichtungen für Jugendliche zu schließen».[17]

Nach ihrem Freispruch erhielten die über 250 «Free Angela«-Komitees eine Mitteilung von Davis. «Bleibt uns erhalten, solange Rassismus und politische Unterdrückung» Menschen «hinter Gittern festhalten». Im Mai 1973 hatten sich die Komitees zur National Alliance Against Racist and Political Repression organisiert. Der Watergate-Skandal um Präsident Nixon verstärkte den Widerspruch zwischen Verbrechen und Gefängnis. So viele Amerikaner verbüßten aufgrund von politischen Aktionen und Ansichten eine Haftstrafe, während der Verfechter von Law and Order, Richard Nixon, trotz Watergate keinen einzigen Tag in Haft verbringen musste. Als Gerald Ford nach Nixons Rücktritt Präsident wurde, begnadigte er Nixon bedingungslos – eine höchst umstrittene Entscheidung.[18]

Im Herbst 1975 kehrte Angela Davis an die Universität zurück. Fünf Jahre waren vergangen, doch sie war immer noch umstritten. Ehemalige Studenten waren empört, als sie Dozentin am Black Studies Center der Claremont Colleges in Südkalifornien wurde. Davis stellte fest, dass sich der Marktplatz der Ideen seit ihrem Rückzug nicht wesentlich verändert hatte: Segregationisten glaubten immer noch an genetische Unterschiede zwischen den Rassen und Assimilationisten versuchten nach wie vor zu verstehen, warum ihre einzige Hoffnung auf den Aufstieg der Schwarzen – die Integration – gescheitert war. Der assimilationistische Soziologe Charles Stember argumentierte in *Sexual Racism* (1976), der Sexualneid der weißen Männer auf die hypersexuellen schwarzen Männer sei der Grund für das Scheitern der Integration. Der sexuelle Rassismus – der Kern des Rassismus – konzentriere sich «größtenteils» auf schwarze Männer, behauptete er.[19]

Den sexuellen Rassismus, dem schwarze Frauen ausgesetzt waren, stufte Stember als weniger gravierend ein und den sexuellen Rassismus, mit dem sich schwarze LGBTs konfrontiert sahen, ignorierte er praktisch komplett. Doch die LGBT hatten auch nicht auf Stember gewartet. Seit dem Stonewall-Aufstand im Greenwich Village von Manhattan 1969, der den Ausgangspunkt für den Kampf der Lesben und Schwulen um Gleichberechtigung bildete und an dem alle Ethnien beteiligt waren, hatten sich schwarze LGBT von der Frauenbewegung, Black Power und weißen Schwulenemanzipationsbewegungen entfernt und in den 1970er-Jahren ihre eigene integrative Bewegung des Queer-Antirassismus gegründet. Die aus New York stammende lesbische Autorin Audre Lorde gab diesen namenlosen Protagonisten in ihren Gedichten, Essays und Reden «einen Namen». Nichtweiße, Frauen und LGBT sollten Weiße, Männer und Heterosexuelle «erziehen», damit diese «unsere Menschlichkeit» akzeptierten, erklärte Lorde in einer ihrer berühmtesten Reden. «Die Unterdrücker behalten ihren Standpunkt und vermeiden es, die Verantwortung für ihr eigenes Handeln zu übernehmen. So geht beständig Energie verloren, die viel besser dafür verwendet werden könnte, uns selbst neu zu definieren und realistische Szenarien zur Veränderung der Gegenwart und Neugestaltung der Zukunft zu entwickeln.»[20]

Die schwarze Feministin Ntozake Shange nutzte ihre kreative antirassistische Energie für die Produktion des Theaterstücks *For Colored Girls Who Have Considered Suicide / When the Rainbow Is Enuf*, das am 15. September 1976 am Broadway Premiere hatte. Sieben schwarze Frauen, benannt nach den Farben des Regenbogens, beschrieben auf poetische und dramatische Weise ihre Erfahrungen mit Missbrauch, Freude, Liebeskummer, Stärke, Schwäche, Liebe und der Sehnsucht nach Liebe. *For Colored Girls* tauchte als künstlerisches Phänomen in den folgenden vier Jahrzehnten immer mal wieder auf den Bühnen und im Fernsehen als «schwarze feministische Bibel» auf, um Salamishah Tillet von der University of Pennsylvania zu zitieren. Jedes Mal musste sich Shange den naiven Einwänden in den Debatten zur Darstellung der Schwarzen stellen. Manche befürchteten, dass das Theaterstück die rassistischen Einstellungen gegenüber schwarzen Frauen stärken könnte oder umgekehrt die rassistischen Einstellungen gegenüber schwarzen Männern.[21]

Die Debatte um *For Colored Girls* zog sich bis zum Ende des Jahrzehnts. 1982 setzte sie wieder ein, wie eine Platte, die hängengeblieben war, doch dieses Mal viel lauter, als Alice Walker ihren Roman *The Color Purple (Die Farbe Lila)* veröffentlichte (und noch einmal 1985, als Steven Spielbergs Spielfilmadaption in die Kinos kam und ein Erfolg wurde, und erneut 1995 mit dem Film *Waiting to Exhale (Waiting to Exhale – Warten auf Mr. Right)*, ein Film über vier schwarze Frauen und ihre Beziehungen zu Männern). Walkers Roman *The Color Purple*, der im ländlichen Georgia spielt, handelt von einer schwarzen Frau, die sich ihren Weg zwischen schwarzen Patriarchen, Armut in den Südstaaten und weißen Rassisten suchen muss (und schließlich Missbrauch und Unterdrückung überwindet). Das Buch wurde ein Bestseller, doch unter den Tausenden Lesern fanden sich auch einige (und wahrscheinlich noch mehr Nicht-Leser), die sich über die Darstellung der schwarzen Männer aufregten. Doch wenn die Zuschauer von Shanges Theaterstück, die Leser von Walkers Roman (oder die Kinogänger von Spielbergs Film) nach dem Theater- oder Kinobesuch oder nach der Lektüre des Buches schwarze Männer generell als missbräuchliche Unterdrücker sahen, dann lag der Fehler nicht beim Stück oder beim Roman, sondern bei ihnen. Die Trennlinie zwischen der rassistischen Darstellung schwarzer Mangelhaftigkeit und der antirassistischen Darstellung mangelhafter schwarzer Menschlichkeit war schon immer hauchdünn. Wenn die Rezipienten stereotype schwarze Darstellungen als repräsentativ für das Verhalten Schwarzer erachten, anstatt darin nur das Verhalten einer individuellen Person zu sehen, dann ist der Rezipient, der diese Verallgemeinerung vornimmt, das Problem (und der Rassist), nicht der rassistische oder antirassistische Porträtierende. Doch diese komplexe Unterscheidung oder die Tatsache, dass eine positive Darstellung Schwarzer kaum den Rassismus aufweicht, konnte die sinnlosen Debatten über die Darstellung in den Medien nie beenden. Mit dem Aufkommen der Hip-Hop-Videos in den 1980er- und 1990er-Jahren flammte sie erneut wieder auf, ebenso mit den schwarzen Reality-Shows im 21. Jahrhundert.[22]

«Wenn man sich eine Aufführung von ‹Colored Girls› ansieht, erlebt man eine kollektive Gier nach männlichem schwarzem Blut», schrieb der Soziologe Robert Staples 1979 in «The Myth of Black Macho: A Response to Angry

Black Feminists». Eine besonders wütende schwarze Feministin jener Zeit war die 27-jährige Michele Wallace. Die Zeitschrift *Ms.* präsentierte Wallace auf dem Titel der Januarausgabe von 1979 und lobte ihr Buch *The Black Macho and the Myth of the Superwoman,* mit dem sie damals Furore machte, als «das Buch, das die Achtzigerjahre prägen wird». Die Debatte über schwarze Geschlechterrollen wurde definitiv davon geprägt. Wallace wurde dafür gehasst, aber auch geliebt, dass sie Sexismus als größeres Problem darstellte als den Rassismus, außerdem entlarvte sie den rassistischen «Mythos von der Kastration des schwarzen Mannes» und den rassistischen Mythos von der schwarzen Frau als «Frau von außergewöhnlicher Stärke». Dabei gestand Wallace: «Selbst mir fällt es immer noch schwer [von der schwarzen Superfrau] loszulassen.»[23]

Doch damit hörte ihr Antirassismus auch schon auf. Rassistische Attacken gegen schwarze Frauen wie Männer gewannen in ihrem Buch die Oberhand. Nachdem Wallace die Darstellung der schwarzen Superfrau verworfen hat, zeichnet sie für ihre Leser ein entgegengesetztes Bild, das Bild einer Frau, die sich in den 1960er-Jahren «selbst dazu zwang, unterwürfig und passiv zu sein» – eine Äußerung, die die Dichterin June Jordan in der *New York Times* als «unbegründet, selbsterniedrigend» und «ahistorisch» verurteilte. Angela Davis stellte die Dinge wieder richtig, als sie in ihrem Buch *Freedomways* den sinnvollen und aggressiven Aktivismus schwarzer Frauen und Männer in den 1960er-Jahren porträtierte. Davis nahm auch Männer mit auf, obwohl oder gerade weil Wallace erklärt hatte: «Der schwarze [männliche] Revolutionär der Sechzigerjahre erinnert stark an ein Kind, das nur aus dem Grund handelt, weil es ein schlichtes Vergnügen aus der Reaktion zieht, dem Schmerz, den es dadurch bei seinem Vater verursacht» – «dem weißen Mann». Im Vorwort zu einer Neuauflage, die elf Jahre später erschien, räumte Wallace mutig einige Fehler ein und zog ihre These zurück, der schwarze Machismo sei *der* «entscheidende Faktor für die Zerstörung der Black-Power-Bewegung» gewesen. Man muss Wallace zugestehen, dass sie die Aufmerksamkeit auf die patriarchale schwarze Männlichkeit gelenkt hatte, die *ein* entscheidender Faktor von mehreren für den Niedergang der Black-Power-Bewegung war.[24]

Nur eine andere Frau gab in den schwarzen Gemeinschaften von 1979 Anlass zu heftigeren Debatten als Michele Wallace – noch dazu eine weiße Frau, die viele Assimilationisten als schönste Frau der Welt betrachteten. In dem Film *10 (Zehn – Die Traumfrau)* trägt Bo Derek ihre Haare in Cornrows mit eingeflochtenen Perlen, was weiße Elitefrauen wie verrückt in die Friseursalons strömen ließ, um sich «Bo-Zöpfchen» machen zu lassen. Afroamerikaner ärgerten sich über die Berichterstattung der Medien über diesen Boom. Die Cornrows hätten es «geschafft», verkündeten die Medien, als ob nur die weiße Kultur zählen würde. Etwa zur gleichen Zeit wurde Renee Rogers, die am Ticketschalter von American Airlines arbeitete, entlassen, weil sie ihre Haare zu Cornrows geflochten hatte. Das rassistische Amerika betrachtete Afro-Frisuren, Braids, Dreadlocks und andere «natürliche» Frisuren als für den Arbeitsplatz ungeeignet. Als Rogers gegen ihre Entlassung aufgrund von Diskriminierung klagte, verwies der Richter auf die «Bo-Zöpfchen», um ihre Aussage zu widerlegen, dass ihre Frisur ihr kulturelles Erbe widerspiegle.[25]

Die Empörung über die Bo-Zöpfchen fiel vermutlich auch deshalb so leidenschaftlich aus, weil viele das Gefühl hatten, dass Bo Derek und ihre Nachahmerinnen sich am reichhaltigen Schatz der afroamerikanischen Kultur bedienten, ein Gefühl, das von der verstaubten rassistischen Vorstellung herrührte, die europäische Kultur sei den afrikanischen Kulturen überlegen. Besonders erstaunlich an diesem Aufschrei – und an ähnlichen Aufregern im Zusammenhang mit Eminem (Rap) und Kim Kardashian (Körperlichkeit) Jahrzehnte später, denen ebenfalls vorgeworfen wurde, sich an der afroamerikanischen Kultur zu bedienen – war die Scheinheiligkeit mancher Afroamerikaner. Schwarze, die sich Dauerwellen machen ließen – eine Aneignung europäischer Kultur –, machten sich nun über Bo Derek und andere weiße Frauen lustig, weil sie sich Zöpfchen flechten ließen und sich die afrikanische Kultur aneigneten. Anfang der Achtzigerjahre schienen Bo Derek und ihre zöpfchentragenden Doppelgängerinnen allgegenwärtig – sehr zum Ärger der Schwarzen. Doch der Modetrend hatte bei Weitem keinen so anhaltenden Einfluss wie die neueste Ikone der herrschenden weißen Männlichkeit. Wenn *Planet of Apes* 1968 das Unterlegenheitsgefühl der Rassisten symbolisierte, dann stand der kommerziell erfolgreichste Film des Jahres 1976, der noch dazu einen Oscar in der Kategorie bester Film erhielt, für ihren Kampfgeist. *Rocky* handelt von einem armen, freundlichen, langsam sprechenden, langsam boxenden, bescheidenen, hart arbeitenden, italienischen Amateurboxer aus Philadelphia mit kantigem Kinn, der gegen den unfreundlichen, schnell sprechenden, schnell zuschlagenden, großspurigen afroamerikanischen Schwergewichtsweltmeister antritt. Apollo Creed, Rockys Gegner, symbolisierte mit seiner erstaunlichen Schlagzahl die Empowerment-Bewegung, die aufstrebende schwarze Mittelschicht und den echten Schwergewichtsweltmeister von 1976, den Stolz der schwarzen Männlichkeit, Muhammad Ali. Rocky Balboa – gespielt von Sylvester Stallone – symbolisierte den Stolz der weißen Männlichkeit, die von ihrer Überlegenheit überzeugt war und sich weigerte, sich von Bürgerrechtlern, Black-Power-Protesten und Reformen k. o. schlagen zu lassen.[26]

Doch Wochen bevor die Amerikaner ins Kino strömten, um *Rocky* zu sehen, stürmten sie die Buchhandlungen, um Alex Haleys Buch *Roots: The Saga of an American Family (Wurzeln)* zu kaufen. Und wer sich nicht durch den 704-seitigen Wälzer quälen wollte, der auf Platz eins der Bestsellerliste der *New York Times* stand, sah sich die noch populärere Fernsehadaption an, die ABC ab Januar 1977 ausstrahlte und die zur am meisten gesehenen Serie in der Geschichte des amerikanischen Fernsehens wurde. *Roots* erzählt die spannende, tragische und mitreißende Geschichte von Kunta Kinte, von seiner Verschleppung durch Sklavenhändler aus Gambia bis zu seiner brutalen Verstümmelung, die seinen unzähligen Fluchtversuchen in Virginia ein Ende setzt. Haley, der behauptete, Kinte sei sein echter Vorfahr, folgt dessen Leben und dem seiner Nachkommen durch die US-Geschichte bis zu sich selbst. Für Afroamerikaner unter dem Einfluss der Black-Power-Bewegung und antirassistischer panafrikanischer Ideen, die sich nach Informationen über ihr Leben vor und während der Sklaverei sehnten, war *Roots* ein Megahit, eins der einflussreichsten Bücher des 20. Jahrhunderts. *Roots* förderte unzählige rassistische Vorstellungen zutage: von einem rückständigen Afrika, der Zivilisationskraft der amerikanischen Sklaverei, vom zufriedenen Sklaven, von dummen, brutalen Sklaven, unmoralischen versklavten Frauen und von den afroamerikanischen Wurzeln in der Sklaverei. Das Plantagen-Genre mit fröhlichen Mammys und Sambos war für immer vom Winde verweht.[27]

Doch das neue Plantagen-Genre mit faulen schwarzen Randalierern, die das Leben der Weißen ruinierten – die Armen durch Sozialhilfe, die Aufstrebenden durch positive Diskriminierung, durch die sich Weiße im Nachteil sahen –, blieb Ende der 1970er-Jahre bestehen. Und so wie die antirassistischen schwarzen Amerikaner ihre Wurzeln liebten, so liebten die rassistischen weißen Amerikaner – auf der Leinwand und im Leben – ihren Rocky mit seinem unbeugsamen Kampf für Recht und Ordnung, wie es der Rassismus garantierte. Und dann kandidierte ihr «Rocky» 1976 für die Präsidentschaft.

Kapitel 33

Reagans Drogen

Ironischerweise war es ein ehemaliger Hollywoodstar, der den Rocky der Filmleinwand im wahren Leben verkörperte und damit gleichzeitig die rassistische Gegenreaktion auf die Black-Power-Bewegung in der Politik. Dieser real existierende Rocky beschloss 1976, dem amtierenden Präsidenten Gerald Ford die Präsidentschaftskandidatur bei den Republikanern streitig zu machen. Reagan kämpfte alle Empowerment-Bewegungen nieder, die sich in seinem Heimatstaat Kalifornien und im ganzen Land formiert hatten. Kaum ein anderer Politiker bei den Republikanern konnte mit Reagans Law-and-Order-Referenzen mithalten, und kaum ein anderer Politiker der Republikaner wurde von den Antirassisten mehr verachtet. Als Reagan 1966 zum ersten Mal als Gouverneur von Kalifornien kandidiert hatte, hatte er gelobt, die «Sozialhilfeschmarotzer zurück an die Arbeit zu schicken». 1976 hatte er das fiktive Sozialhilfeproblem ausreichend aufgebauscht, um Nixons heimliche Rassisten für seine Kandidatur zu gewinnen. Er sicherte sich ihre Unterstützung, indem er die Sozialhilfe kürzte, die sie unterstützte. Beim Wahlkampf um die Präsidentschaft erzählte Reagan die Geschichte von Linda Taylor aus Chicago, einer Schwarzen, die wegen Sozialhilfebetrugs angeklagt war. «Ihr steuerfreies Einkommen in bar beläuft sich auf über 150 000 Dollar», behauptete Reagan gern. Tatsächlich lautete der Vorwurf gegen Taylor, dass sie den Staat um 8000 Dollar betrogen hatte, allerdings auch das eine außergewöhnliche Summe bei einem Delikt, das zum Glück nur selten vorkam. Aber die Wahrheit spielte in Reagans Wahlkampf keine Rolle, wenn es darum ging, die weiße Gegenreaktion auf die Black-Power-Bewegung anzuheizen.[1]

Gerald Ford nutzte jede Möglichkeit als amtierender Präsident, um seinen Herausforderer Ronald Reagan beim Parteitag der Republikaner 1976 noch einmal in die Schranken zu weisen. Doch der Mann, der Nixon begnadigt hatte und dessen Regierung die schlechte Wirtschaftslage nur verwaltete, verlor die Wahl gegen den «unverdorbenen» und unbekannten ehemaligen demokratischen Gouverneur von Georgia, Jimmy Carter. Die Hoffnungen der Schwarzen waren groß, bis die sparsame Regierung Carter zur Ankurbelung der Wirtschaft bei der Sozialhilfe, im Gesundheitswesen und bei Bildungsprogrammen Kürzungen in noch nie dagewesener Höhe vornahm und gleichzeitig die Militärausgaben erhöhte. Das Jahrzehnt, das 1974 die niedrigste Armutsrate bei Schwarzen in der US-Geschichte vorweisen konnte, endete mit Rekordarbeitslosenzahlen, einer hohen Inflation, sinkenden Löhnen und steigenden Armutsraten bei den Schwarzen und einer wachsenden Ungleichheit. Auf lokaler Ebene gaben die sich mühenden Aktivisten und Bürger den unternehmerfreundlichen schwarzen Politikern teilweise oder ganz die Schuld an der wachsenden Armut. Irgendwie schien mit *schwarzen* Politikern etwas nicht zu stimmen. Natürlich wurden nie irgendwelche Beweise vorgelegt, die diesen politischen Rassismus gegen schwarze Politiker belegt hätten. Schwarze Politiker und die schwarzen Eliten, denen sie in erster Linie dienten, unterschieden sich kaum von den Politikern und Eliten anderer Ethnien, wie alle verkauften sie sich an den Höchstbietenden oder folgten ihren antirassistischen und/oder rassistischen Prinzipien.[2]

Während rassistische Schwarze den schwarzen Politikern – und zunehmend auch den schwarzen Kapitalisten – die Schuld an ihren sozioökonomischen Problemen gaben, suchten rassistische Weiße die Schuld für die Probleme in den 1970er-Jahren bei den Schwarzen und in der positiven Diskriminierung. Aufgrund ihrer rassistischen Ideen verloren all diese Amerikaner den Kontakt zur Realität – genau wie ein weißer Luftfahrtingenieur, der unbedingt Arzt werden wollte. Allan Bakke war dreiunddreißig, als ihn die medizinische Fakultät der University of California, Davis 1973 ein zweites Mal ablehnte, unter Verweis auf sein «derzeitiges Alter» und seine mittelmäßigen Resultate bei der Aufnahmeprüfung. Zu dem Zeitpunkt hatten ihn bereits über ein Dutzend andere medizinische Fakultäten abgelehnt, meist aufgrund seines Alters. Im Juni 1974 verklagte Bakke den Verwaltungsrat der University of California – dieselbe Einrichtung, die Angela Davis vier Jahre zuvor entlassen hatte. Er klagte nicht gegen Diskriminierung aufgrund seines Alters. Er behauptete, seine Bewerbung sei «aufgrund seiner Rasse» abgelehnt worden, weil die Universität 16 von 100 Studienplätzen für «benachteiligte» Nichtweiße reserviert hatte. Die Gerichte in Kalifornien folgten dieser Argumentation, erklärten die Quote für unzulässig und ordneten seine Zulassung zum Studium an.

Das Oberste Gericht der USA entschied, sich des Falls *Regents versus Bakke* anzunehmen. Bakkes Anwälte argumentierten, das Quotensystem habe seine Aussichten auf Zulassung verringert, denn er habe mit anderen Studenten um 84 Studienplätze anstelle von 100 konkurrieren müssen. Die Anwälte der Universität argumentierten, der Bundesstaat habe ein «schlüssiges … Interesse», den geringen Anteil nichtweißer Ärzte in Kalifornien zu erhöhen. Da Nichtweiße im Allgemeinen eine schlechtere Schulbildung erhielten, seien ihre Notendurchschnitte am College und ihre Testergebnisse oft schlechter als die der Weißen, daher sei es nötig, 16 Studienplätze für sie zu reservieren. Und trotz ihrer niedrigeren Testergebnisse seien diese nichtweißen Studenten eindeutig qualifiziert, erklärten die Anwälte der Universität. 90 Prozent von ihnen würden ihren Abschluss machen und eine Zulassung als Arzt erhalten. Damit würden sie nur knapp unter dem Durchschnitt der weißen Studenten liegen.

Die größte Ironie und Tragödie im Fall *Regents versus Bakke* – und in den anderen Klagen wegen positiver Diskriminierung – war nicht Allan Bakkes Weigerung, in den Spiegel zu sehen und sein Alter und sein mittelmäßiges Abschneiden bei den Aufnahmeprüfungen zu erkennen. Viel schlimmer war, dass niemand die verwendeten Zugangskriterien infrage stellte: die standardisierten Tests und das Punktesystem der Noten, die diese ethnischen Ungleichheiten bei der Universitätszulassung überhaupt erst geschaffen und verstärkt hatten. Die Tatsache, dass die nichtweißen Medizinstudenten an der UC Davis viel niedrigere Ergebnisse beim Medical College Admission Test (MCAT) und einen schlechteren Durchschnitt bei den College-Noten hatten als ihre weißen Kommilitonen, beim Abschluss und bei der Zulassung als Arzt aber fast gleichauf lagen, machte die Sinnlosigkeit der Aufnahmekriterien an den Universitäten deutlich. Seit die standardisierten Tests (von MCAT über SAT bis zu Intelligenztests) Anfang des 20. Jahrhunderts von Segregationisten entwickelt worden waren, hatten sie es wieder und wieder versäumt, ihrer Aufgabe gerecht zu werden und einen Erfolg am College oder im Beruf vorherzusagen oder auch nur die Intelligenz wirklich zu messen. Ihre ursprüngliche Aufgabe hatten die standardisierten Tests allerdings erfüllt: eine «objektive» Methode, um Nichtweiße (und Frauen und Arme) als intellektuell minderwertig darzustellen und ihre Diskriminierung bei Zulassungsprozessen zu rechtfertigen. Diese «Objektivität» war so stark, dass die Nichtweißen, Frauen und Armen ihre Absagen akzeptierten und die Aufnahmekriterien nicht infrage stellten. Wenn überhaupt, dann geben standardisierte Tests Aufschluss über die sozioökonomische Herkunft von Studierenden und vielleicht über den Erfolg im ersten Jahr am College oder in der Ausbildung – was bedeutet, dass die Tests für Studierende *nach* der Zulassung hilfreich sein können, weil sie aufzeigen, wer im ersten Jahr zusätzliche Unterstützung benötigt. Und so saß am 12. Oktober 1977 ein weißer Mann im Gerichtssaal des Obersten Gerichts und verlangte Veränderungen beim Aufnahmeverfahren der UC Davis, damit weitere 16 Plätze für ihn zur Verfügung standen – und nicht etwa eine arme Schwarze, die verlangte, standardisierte Teste als Aufnahmekriterium abzuschaffen, damit weitere 84 Plätze für sie zur Verfügung standen. Wieder einmal ein Fall von Rassisten gegen Rassisten, bei dem Antirassisten keine Chance hatten.[3]

Da sich vier Richter für die Universität und vier für Bakke aussprachen, lag die Entscheidung beim Obersten Richter, einem ehemaligen Firmenanwalt aus Virginia, der die Segregationisten in Virginia im Fall *Brown* verteidigt hatte. Am 28. Juni 1978 stellte sich Richter Lewis F. Powell auf die Seite der vier Richter, die die Reservierung von Studienplätzen für bestimmte Gruppen an der University of California, Davis als «Diskriminierung gegen Mitglieder der weißen ‹Mehrheit›» betrachteten. Bakke sollte zugelassen werden. Powell stellte sich aber auch auf die Seite der vier anderen Richter, indem er Universitäten erlaubte, bei der Auswahl der Studenten «die Rasse zu berücksichtigen», solange dies für die Entscheidung nicht «ausschlaggebend» sei. Bezeichnenderweise sah Powell in der positiven Diskriminierung eine «rassenbewusste» Maßnahme, in den standardisierten Testergebnissen jedoch nicht, obwohl allgemein bekannt war, dass die Ergebnisse aufgrund der Herkunft der Testabsolventen, ihrer Ethnie und weiterer Faktoren verzerrt waren.[4]

Die Befürworter der «rassenbewussten» Maßnahmen, mit deren Hilfe Ende der 1950er-Jahre der Status quo der Ungleichheit gewahrt werden sollte, traten nun in einem neuen Gewand auf: Aus den Befürwortern der Diskriminierung waren Ende der 1970er Gegner der (positiven) Diskriminierung geworden, um den Status quo der Ungleichheit zu bewahren: «Was immer erforderlich ist», um die Diskriminierung zu verteidigen, so lautete schon immer das Credo der Vertreter rassistischer Ideen. Allan Bakke, seine Anwälte, die Organisationen, die ihn unterstützten, die Richter, die sich auf seine Seite stellten, und die Millionen Amerikaner, die hinter ihm standen, sie alle wollten beweisen, dass die Erde eine Scheibe war und die USA 1978 den Rassismus hinter sich gelassen hatten. Diese Rassisten lasen begeistert den bekanntesten und sehr gelobten soziologischen Text des Jahres über das Verhältnis der Rassen, William Julius Wilsons *The Declining Significance of Race*, und verbreiteten seine Argumente zur Stützung seiner These weiter, dass Rasse keine Rolle mehr spiele. Der Soziologe von der University of Chicago versuchte das Rassenparadox der späten 1970er-Jahre zu lösen: den Aufstieg der schwarzen Mittelschicht und den Abstieg der schwarzen Armen. Die Zeit nach dem Zweiten Weltkrieg beschrieb Wilson als «Phase des progressiven Wandels von Ungleichheiten der Rasse zu Ungleichheiten der Klasse». Die «alten Hindernisse» der Rassendiskriminierung, die die «gesamte schwarze Bevölkerung» eingeschränkt hätten, hätten sich in «neue Hindernissen» verwandelt, die nun die arme schwarze Bevölkerung einschränken würden. «Klasse spielt heute eine größere Rolle als die Rasse, wenn es um den Zugang der Schwarzen zu Privilegien und zur Macht geht», schrieb Wilson.

Dass es Fortschritt für einige Schwarze gab, der Rassismus jedoch allgemein vorangeschritten war, räumte Wilson nicht ein. Wie Wilsons antirassistische Kritiker aufzeigten, vernachlässigte er die Fakten, die eine wachsende Diskriminierung der aufsteigenden schwarzen Mittelschicht belegten – worauf Michael Harrington in *The Other America* bereits 1962 hingewiesen hatte. Wilson richtete seinen akademischen Fokus auf die wirtschaftliche Dynamik, die eine schwarze «Unterschicht» in den Städten entstehen ließ, eine Klasse, deren Verhalten von ihrer massiven Armut geprägt werde.[5]

Assimilationistische Akademiker beschäftigten sich Ende der 1970er-Jahre und Anfang der 1980er-Jahre mit der sogenannten «Getto-Ethnografie», bei der Anthropologen die vermeintlich unzulängliche kulturelle Welt der nicht der Elite angehörenden Schwarzen in den Städten rekonstruierten. «Ich glaube, diese Anthropologie ist nur eine andere Art, mich ‹Nigger› zu nennen», beklagte sich ein Fabrikarbeiter in der Einführung zur klassischen antirassistischen Ethnografie jener Zeit, *Drylongso* (1980). Darin erlaubte es der blinde Anthropologe John Langston Gwaltney von der University of Syracuse den von ihm befragten Schwarzen, ihre *eigene* kulturelle Welt zu konstruieren. Entsprechend bezeichnete die *New York Times Drylongso* als die «umfassendste und realistischste Darstellung gegenwärtiger Einstellungen der breiten schwarzen Bevölkerung, die bislang veröffentlicht wurde».[6]

Als sich die Veröffentlichung von *The Declining Significance of Race* zum 33. Mal jährte und die Wissenschaft wieder einmal Klasse gegen Rasse ausspielte, um ethnische Ungleichheit zu erklären, tat Wilson etwas, wozu nur die besten Akademiker den Mut aufbringen: Er räumte Unzulänglichkeiten in seinem Buch ein und gestand, er hätte Lösungen nennen sollen, die «sowohl auf der Rasse als auch der Klasse basieren, um Chancen für Menschen anderer Hautfarbe anzusprechen».[7]

Diese auf Rasse und Klasse basierenden Lösungen hatte Thurgood Marshall, Richter am Obersten Gerichtshof, in seiner Stellungnahme zu *Regents versus Bakke* herbeizuargumentieren versucht. Auch Richter Harry Blackmun, Verfasser der Mehrheitsmeinung in der Sache *Roe versus Wade,* hatte einen eigenen Standpunkt im Fall Bakke vertreten. Blackmun erteilte Amerika eine zeitlose Lektion: «Um den Rassismus zu überwinden, müssen wir zuerst die Rasse in Betracht ziehen. Es gibt keine andere Möglichkeit. Und um manche Menschen gleich zu behandeln, müssen wir sie anders behandeln. Wir können nicht zulassen – und wagen es nicht –, dass der 14. Zusatzartikel zur Verfassung die Überlegenheit einer bestimmten Rasse aufrecht erhält.» Aber genau das hatten einige Rassisten im Sinn. Unterstützer der positiven Diskriminierung seien «eingefleischte Rassisten [und Vertreter] einer umgekehrten Diskriminierung», argumentierte Robert Bork, Juraprofessor in Yale und ehemaliger leitender Staatsanwalt. Bork spottete im *Wall Street Journal* über die Entscheidung des Obersten Gerichts, an der positiven Diskriminierung in begrenzter Form festzuhalten. Er und andere nutzten den 14. Verfassungszusatz in den kommenden Jahrzehnten, um antirassistische Initiativen anzugreifen, und hinterließen so einen Trümmerhaufen der wachsenden Ungleichheit zwischen Schwarz und Weiß. Vier Jahre nach der Entscheidung *Regents versus Bakke* war die Wahrscheinlichkeit, von einem College oder einer Universität mit strengen Auswahlkriterien aufgenommen zu werden, bei weißen Studenten zweieinhalbmal höher als bei schwarzen Studenten. 2004 hatte sich diese Ungleichheit verdoppelt.[8]

Als sich die Gewinne aus den 1960er-Jahren verflüchtigten und sich Ende der 1970er-Jahre die Armut weiter ausbreitete, entfremdete sich eine steigende Zahl von Schwarzen mehr und mehr dem politischen System der USA. Und mit dem zunehmenden Gefühl der Entfremdung bei den Schwarzen nahmen auch die rassistischen Vorstellungen über Schwarze wieder zu. Schwarze Wähler blickten auf schwarze Nichtwähler herab. Die Nichtwähler, so glaubten sie, missachteten das Blut, das für das Wahlrecht der Schwarzen vergossen worden war, und verzichteten leichtfertig auf die Möglichkeit der politischen Einflussnahme, ein unmoralisches und gleichgültiges Verhalten. Schwarze Nichtwähler – oder schwarze Wähler wie Angela Davis, die eine andere Partei als die Demokraten oder Republikaner wählten – ließen sich eindeutig nicht aus Angst vor einem Wahlsieg der Republikaner an die Urne treiben. Sie schienen nur bereit, *für* Politiker zu stimmen, wie Angela Davis allmählich erkannte.[9]

Am 19. November 1979 gab die Kommunistische Partei ihren Präsidentschaftskandidaten für die Wahl im nächsten Jahr bekannt. Der 69-jährige Gus Hall, langjähriger Generalsekretär der KPUSA, wollte wieder einmal im Kampf um die Präsidentschaft antreten. Seine neue Kandidatin für die Vizepräsidentschaft hatte am 26. Januar das von der Verfassung vorgeschriebene Alter von 35 Jahren erreicht. Außerdem war sie gerade Mitglied des Lehrkörpers auf jenem historischen Campus geworden, wo die Black Studies 30 Jahre zuvor das Licht der Welt erblickt hatten, an der San Francisco State University. Angela Davis hatte sich bereit erklärt, zum ersten Mal für ein öffentliches Amt zu kandidieren. Was jedoch nicht bedeutete, dass Davis und andere nichtweiße Mitglieder völlig zufrieden mit der KPUSA waren. Der Mangel an Vielfalt in der Führung blieb in den Achtzigerjahren eine Quelle des Konflikts.[10]

Davis war auch nicht glücklich über den Rückgang des antirassistischen Aktivismus, der inmitten – oder vielmehr aufgrund – der Entstehung und zunehmenden Verbreitung neuer rassistischer Ideen Ende der 1970er-Jahre einsetzte. «In einer rassistischen Gesellschaft genügt es nicht, kein Rassist zu sein, man muss ein Antirassist sein», rief Angela Davis im September 1979 im Oakland Auditorium.

Sie schloss sich den Politikern und Aktivisten in der San Francisco Bay Area an, um gegen eine anstehende Nazi-Versammlung zu demonstrieren. Seit fast einem Jahrzehnt stellte sich Davis' National Alliance Against Racist and Political Repression den wachsenden Gruppen des Ku-Klux-Klans und der Nazis in den Weg. Der Klan konnte seine landesweite Mitgliederzahl zwischen 1971 und 1980 fast verdreifachen; in über 100 Städten terrorisierten seine bewaffneten Mitglieder die Einwohner, um die Zugeständnisse der Sechzigerjahre rückgängig zu machen. Es kam immer noch zu Lynchmorden – 1980 wurden in Mississippi mindestens zwölf Lynchmorde verübt, 28 schwarze Jugendliche wurden in Atlanta zwischen 1979 und 1982 getötet, und in Buffalo kam es 1980 zu willkürlichen Hinrichtungen. Doch die Gewalttaten des Ku-Klux-Klans und die von Privatleuten verübten Lynchmorde verblassten im Vergleich zu dem Terror, den die Polizei landesweit ausübte, von Leibesvisitationen und sexuellem Missbrauch schwarzer Frauen bis zu Misshandlungen schwarzer Männer, denen mit der Pistole eins übergezogen wurde. Eine Studie Anfang der Achtzigerjahre zeigte, dass auf jede weiße Person, deren Tod die Polizei zu verantworten hatte, 22 Schwarze kamen, die von der Polizei getötet wurden.[11]

«Wir können den Teufelskreis aus Rassismus, Sexismus, Arbeitslosigkeit und Inflation, geschaffen von denjenigen, die den Profit immer über die Menschen stellen, durchbrechen», verkündete Davis auf Plakaten, die ihre Wahlkampfauftritte 1980 ankündigten. Die Politiker der Kommunisten mussten Werbung für ihre Auftritte machen, weil die Partei deutlich weniger Aufmerksamkeit in den Medien erhielt als Präsident Jimmy Carter, der für seine Wiederwahl warb, und Ronald Reagan, der sich endlich die Nominierung durch die Republikaner gesichert hatte. Anfang August führte Angela Davis ihre Kampagne «Menschen vor Profit» zurück an den Ort, wo ihr Leben in der Öffentlichkeit seinen Anfang genommen hatte: die University of California, Los Angeles. Bei einer Pressekonferenz klagte sie über die geringe Berichterstattung der Medien: «Das ist Teil einer Verschwörung, die verhindern soll, dass wir unsere Botschaft an die Leute bringen», sagte sie, während sich vor ihr auf dem Tisch unverteiltes Pressematerial stapelte. «Wenn Ronald Reagan eine Pressekonferenz abhalten würde, könnte man gar nichts sehen, weil sich so viele Presseleute hier drängen würden.»[12]

Tatsächlich war die Presse in voller Zahl erschienen, als der ehemalige Gouverneur von Kalifornien wenige Tage zuvor, am 3. August 1980, seinen Wahlkampf bei der Neshoba County Fair mehr oder weniger eröffnet hatte. Der Jahrmarkt fand nur wenige Kilometer entfernt von der Stadt Philadelphia in Mississippi statt, wo 1964 drei Aktivisten der Bürgerrechtsbewegung ermordet worden waren. Eine clevere Strategie, die Nixons gewiefte Taktik noch verbesserte. Reagan erwähnte nie das Wort Rasse, wenn er auf die Nachkommen von Sklavenhaltern und Segregationisten blickte, Menschen, die die «Rechte des Bundesstaates» vorschoben, um die weiße Herrschaft über fast zwei Jahrhunderte nach jenen heißen Tagen im anderen Philadelphia zu sichern, als die amerikanische Verfassung entstanden war. Reagan versprach, «den Bundesstaaten und lokalen Regierungen die Macht zurückzugeben, die ihnen zusteht». Carters Rassismus-Vorwürfen wich er aus. Reagan gewann die Wahlen mit großem Vorsprung, den er unter anderem der Unterstützung aus dem Süden zu verdanken hatte.[13]

Der neue Präsident vergeudete keine Zeit und machte schon bald die staatlich-finanzielle Förderung zunichte, die Bürger mit mittlerem und niedrigem Einkommen in den vergangenen vier Jahrzehnten erfahren hatten. So schnell und umfassend es der Kongress erlaubte und die schlechte Wirtschaftslage zuließ, senkte Reagan die Steuern für die Reichen und strich Sozialprogramme für Familien mit mittlerem und niedrigem Einkommen. Gleichzeitig erhöhte er den Militärhaushalt.

Man hätte meinen können, dass Reagan das tat, was Sylvester Stallone auf der Leinwand getan hatte. Zuerst prügelte er auf die schwarze Elite ein, wie Rocky auf seinen Gegner Apollo Creed in *Rocky II* (1979). Und dann freundete sich Reagan erstaunlicherweise mit den «Creeds» an – den rassistischen oder elitären Schwarzen, die er in vorherigen Kämpfen geschlagen hatte – und nutzte sie, um die bedrohlichen Schwarzen mit niedrigem Einkommen auszuschalten, die in *Rocky III* (1982) von Rockys Gegner Clubber Lang verkörpert wurden, gespielt von Mr. T.[14]

Während Reagans erstem Amtsjahr ging das durchschnittliche Einkommen schwarzer Familien um 5,2 Prozent zurück und die Zahl aller armen Amerikaner erhöhte sich um 2,2 Millionen. Innerhalb eines Jahres, so berichtete die *New York Times*, «ist ein Großteil der Fortschritte, die in den 1960er- und 1970er-Jahren gegen die Armut erzielt wurden, ausgelöscht worden».[15]

Als Ende der Siebziger- und Anfang der Achtzigerjahre die wirtschaftliche und ethnische Ungleichheit wuchs, schienen sich die alten Tummelplätze der Segregationisten – etwa die Evolutionspsychologie, die eine genetische intellektuelle Hierarchie predigte, oder die biologische Anthropologie, die biologische Rassenunterschiede vertrat – und neue Fächer wie die Soziobiologie wachsender Beliebtheit zu erfreuen. Schließlich wurden neue rassistische Ideen benötigt, um die neu wachsenden Ungleichheiten zu begründen. Der Harvard-Biologe Edward Osborne Wilson, der sich mit der Theorie der dualen Vererbung befasst hatte, veröffentlichte 1975 sein Buch *Sociobiology: The New Synthesis.* Darin forderte Wilson die amerikanischen Wissenschaftler mehr oder weniger auf, «die biologische Grundlage aller Formen sozialen Verhaltens in allen Arten von Organismen [zu finden], den Menschen eingeschlossen». Obwohl die meisten Soziobiologen die Soziobiologie nicht direkt auf Rassen anwandten, erlaubte es diese der Soziobiologie zugrunde liegende unbewiesene Theorie ihren Anhängern, die Prinzipien des Fachs auf «rassische» Ungleichheiten anzuwenden und daraus rassistische Ideen abzuleiten, die dem Sozialverhalten der Schwarzen die Schuld an ihrer Situation gaben. Die Vertreter dieser ersten großen akademischen Theorie seit den Sechzigerjahren vermieden möglichst die Bezeichnung «rassistisch». Intellektuelle und Politiker produzierten Theorien – etwa dass Sozialhilfeempfänger faul seien oder Gefangene gefährlich oder arme Menschen unwissend oder alleinerziehende Mütter unmoralisch –, die es den Amerikanern ermöglichten, Schwarze als faul, gefährlich und unmoralisch zu bezeichnen, ohne je das Wort «Schwarze» in den Mund zu nehmen, wodurch sie den Vorwurf des Rassismus einfach abschmettern konnten.[16]

Assimilationisten und Antirassisten, die die Auswirkungen von *Sociobiology* erkannten, organisierten beherzt die Kritik an den Thesen und lösten damit Ende der Achtziger- und Anfang der Neunzigerjahre eine lebhafte und populäre Debatte über die Verdienste und die politische Bedeutung der Soziobiologie aus. Der Evolutionsbiologe Stephen Jay Gould aus Harvard, der 1981 *The Mismeasure of Man* (*Der falsch vermessene Mensch)* veröffentlichte, führte die Kritik an den segregationistischen Ideen an. Edward Osborne Wilson ließ sich davon jedoch nicht abschrecken und gab weiterhin den öffentlichen Intellektuellen. Zweifellos hatte er Freude daran, wenn Amerikaner unbewiesene Behauptungen von sich gaben, die zeigten, wie populär seine Theorien waren, etwa wenn jemand sagte, ein bestimmtes Verhalten liege «in seiner DNA». Ebenso hatte er sicher große Freude an den zwei Pulitzer-Preisen für seine Bücher und an der National Medal of Science, die ihm Präsident Carter verlieh. Wilsons Soziobiologie machte die Vorstellung populär, dass es Gene für Verhaltensweisen und Eigenschaften gebe, etwa für Bosheit, Aggression, Konformität, Homosexualität und sogar Xenophobie und Rassismus, obwohl er dafür nie Belege erbrachte.[17]

Angela Davis schloss sich den antirassistischen Intellektuellen an, die diesen segregationistischen Behauptungen innerhalb (und außerhalb) der akademischen Welt die Stirn boten. Ihr einflussreichster akademischer Text *Women, Race & Class* (*Rassismus und Sexismus: Schwarze Frauen und Klassenkampf in den USA*) erschien 1981. Eine revisionistische Darstellung der schwarzen Frauen als aktive Handelnde, trotz des anhaltenden Sexismus und der Ausbeutung, mit der sie zu kämpfen hatten, und trotz des Rassismus, der ihnen von weißen Feministinnen beim Kampf ums Wahlrecht oder in der aktuellen Auseinandersetzung um Abtreibung und in der Kampagne gegen Vergewaltigung entgegenschlug. Davis zeigte die Ironie in den meisten bekannten Stücken gegen Vergewaltigung der Siebzigerjahre auf – etwa in Susan Brownmillers *Against Our Will*, Jean MacKellers *Rape: The Bait and the Trap* und Diana Russells *Politics of Rape* –, die den «Mythos des schwarzen Vergewaltigers» wiederbelebten. Dieser Mythos, so Davis, verstärke «die offene Aufforderung des Rassismus an weiße Männer, sich am Körper schwarzer Frauen zu bedienen. Das fiktionale Bild des schwarzen Mannes als Vergewaltiger hat stets den untrennbar damit verbundenen Mythos gestärkt: die Vorstellung, dass schwarze Frauen chronisch promiskuitiv seien.» Davis' umfassende Schilderung schwarzer Aktivistinnen war eine starke Antwort auf das von Michele Wallace (und patriarchalen Historikern) vertretene rassistische Bild von der schwarzen Frau als «passivem» Geschöpf bei den Auseinandersetzungen um Rasse und die Stellung der Frau. Zusammen mit bell hooks *Ain't I a Woman: Black Women and Feminism*, das ebenfalls 1981 erschien, trug Davis' *Women, Race & Class* zur Entstehung einer neuen Methode in der amerikanischen Geschichtswissenschaft bei, einer integrativen Analyse von Rasse, Geschlecht und Klasse. Wie hooks so prägnant formulierte: «Rassismus wohnte schon immer die Kraft der Spaltung inne, die schwarze und weiße Männer trennte, der Sexismus dagegen ist eine Kraft, die beide Gruppen vereint.»[18]

Doch kein noch so großes antirassistisches feministisches Werk – und *Ain't I a Woman* und *Women, Race & Class* avancierten sofort zu Klassikern – konnte die Urheber rassistischer Ideen aufhalten, die Reagans Politik des Rassismus und Klassismus verteidigten. 1982 erließ Reagan eins der verheerendsten Präsidialdekrete des 20. Jahrhunderts. «Wir müssen all unsere Kräfte mobilisieren, um die Flut von Drogen aufzuhalten, die in dieses Land strömt» und «Drogen wie Marihuana als das brandmarken, was sie sind – gefährlich», erklärte Reagan bei der Ankündigung seines Krieges gegen Drogen. Nur wenige Kriminologen erkannten, dass bei diesem neuen Krieg unverhältnismäßig viele Afroamerikaner verhaftet und hinter Gitter landen würden. Viele von ihnen veröffentlichten sogar Märchen anstelle von Studien und behaupteten, im amerikanischen Justizsystem gebe es keine Rassendiskriminierung mehr.

«Wir können das Drogenproblem bekämpfen und wir können es besiegen», verkündete Reagan weiter. Damit setzte er einen überraschenden Schwerpunkt. Die Drogenkriminalität ging zurück. Nur 2 Prozent der Amerikaner betrachteten Drogen als das dringlichste Problem des Landes. Und nur wenige hielten Marihuana für eine besonders gefährliche Droge, vor allem im Vergleich zu Heroin mit seinem deutlich höheren Suchtpotenzial. Suchttherapeuten zeigten sich schockiert über Reagans haltlose Behauptung, mithilfe einer stärkeren und effektiveren Strafverfolgung könne Amerika «dem Drogenmissbrauch ein Ende machen».[19]

Geschockt von dieser Ankündigung ließ sich Angela Davis von der KPUSA 1984 erneut als Kandidatin für die Vizepräsidentschaft aufstellen. «Verhelft der Niederlage Ronald Reagans zum Sieg», dem «Feind der Arbeiterklasse und sexistischsten, … rassistischsten, kriegerischsten Präsidenten in der Geschichte des Landes», rief sie bei einer Konferenz schwarzer Frauen im August. Doch die eigentlich interessante schwarze Geschichte der Wahlen

1984 waren die erstaunlichen Erfolge von Jesse Jackson bei den Vorwahlen der Demokraten. Der Pastor und frühere Beraters von Martin Luther King war ein fesselnder Redner und Anführer der Bürgerrechtsbewegung. Doch weder Jackson noch Davis erhielten genügend Stimmen. Zu viele Amerikaner fielen auf den Mythos von der «Morgendämmerung in Amerika» herein, die ihnen Reagan in Hinblick auf eine Erholung der Wirtschaft versprach.[20]

In einigen reichen und weißen Vierteln, die im Laufe der Jahre immer mehr Wohlstand angesammelt hatten, gab es vielleicht tatsächlich so etwas wie eine Morgendämmerung. Doch nicht in den Gebieten der USA, wo die von der CIA unterstützen Contras aus Nicaragua 1985 mit dem Schmuggel von Kokain begannen. Und auch nicht für die schwarzen Jugendlichen. Unter ihnen war die Arbeitslosigkeit 1985 viermal höher als 1954, obwohl die Beschäftigungsquote bei weißen Jugendlichen leicht gestiegen war. Und man konnte auch nicht von einer Morgendämmerung für Amerika sprechen, als diese arbeitslosen Jugendlichen anfingen, aus dem teuren Kokain billiges Crack herzustellen und das dann auf der Straße verkauften, um ihren Lebensunterhalt zu verdienen. Die Regierung Reagan sorgte dafür, dass in den schwarzen Stadtvierteln jeder zu spüren bekam, dass es kein guter Morgen für Amerika war und dass daran die Drogen – vor allem Crack – und die Drogendealer und Konsumenten schuld waren.

Im Oktober 1985 beauftragte die amerikanische Drogenvollzugsbehörde ihren Mitarbeiter Robert Stutman, der die Niederlassung in New York City leitete, die Aufmerksamkeit der Medien auf die zunehmende Verbreitung von Crack zu lenken (und auf die Gewalt der Dealer, die versuchten, den Drogenmarkt zu kontrollieren und zu stabilisieren). Stutman sorgte für so viel Aufmerksamkeit, dass Reagans Krieg gegen Drogen, der sich bis dahin eher dahingeschleppt hatte, ein intensives Hoch erlebte. 1986 dominierten Tausende sensationsheischende rassistische Geschichten die Zeitungen, Radio- und Fernsehsendungen. Crackdealer wurden als «Raubtiere» beschrieben, die unheilbar süchtige «Crackheads» und «Crack-Huren» (die im finsteren Betondschungel der Städte biologisch minderwertige «Crackbabys» zur Welt brachten) mit der «dämonischen Droge» versorgten. Nicht viele Berichte handelten von armen *weißen* Crack-Verkäufern und -Konsumenten. Im August 1986 bezeichnete das Magazin *Time* Crack als «Thema des Jahres». Doch in Wirklichkeit war Crack die Droge, die die Amerikaner abhängig von rassistischen Ideen machte.[21]

Wenn Reagans Krieg gegen Drogen das rassistische Thema des Jahres war, über das zu viel berichtet wurde, dann war die Apartheid in Südafrika – und

Reagans finanzpolitische und militärische Unterstützung – das antirassistische Thema des Jahres, über das zu wenig berichtet wurde. Das Free South Africa Movement (FSAM) brachte den seit Langem bestehenden ethnischen Rassismus zwischen Afroamerikanern und afrikanischen Einwanderern ans Licht, den auch Eddie Murphy in seinem Kinohit von 1988 aufgriff, einem Film, der zu einer der beliebtesten schwarzen Komödien aller Zeiten avancierte. *Coming to America (Der Prinz aus Zamunda)*, eine Liebesgeschichte über einen reichen afrikanischen Prinzen, den es auf der Suche nach einer Ehefrau ins amerikanische Queens verschlägt, macht sich höchst unterhaltsam über die lächerlich unwahren rassistischen Vorstellungen der Afroamerikaner lustig, die sich Afrikaner als animalisch, unzivilisiert, korrupt und kriegerisch vorstellen; rassistische Ideen, die *Roots* nicht hatte tilgen können.

Einige Wochen nach der Verabschiedung des antirassistischsten Gesetzes des Jahrzehnts – des Comprehensive Anti-Apartheid Act mit seinen strikten wirtschaftlichen Sanktionen gegen Südafrika, die der Kongress gegen Reagans Veto durchsetzte – erließ der Kongress das rassistischste Gesetz des Jahrzehnts. Am 27. Oktober 1986 unterzeichnete Reagan «mit großer Freude» den Anti-Drug Abuse Act, der von Republikanern und Demokraten unterstützt worden war. «Das amerikanische Volk will eine Regierung, die hart durchgreift und in die Offensive geht», lautete Reagans Kommentar. Mit der Unterzeichnung des Gesetzes erhielten die «Just say no«-Kampagne und die «harten Gesetze», die angeblich den Drogenkonsum verhindern sollten, das präsidiale Siegel. Während der Anti-Drug Abuse Act für einen Dealer oder Konsumenten, der mit fünf Gramm Crack erwischt wurde (der typischen Menge bei Schwarzen oder Armen), eine Haftstrafe von mindestens fünf Jahren vorschrieb, mussten die überwiegend weißen und reichen Kokainkonsumenten und -dealer, die in Vierteln tätig waren, in denen die Polizei weniger aktiv war, 500 Gramm bei sich haben, damit ihnen die gleiche Haftstrafe in Höhe von fünf Jahren drohte. Zur Verteidigung dieser rassistischen und elitären Politik wurden rassistische Vorstellungen angeführt.[22]

Das von Republikanern wie Demokraten getragene Gesetz führte zu einer Masseninhaftierung. Zwischen 1980 und 2000 vervierfachte sich die Zahl der Insassen in den amerikanischen Gefängnissen, was nicht an einem Anstieg der Verbrechen, sondern an den strengeren Gesetzen mit höheren Haftstrafen lag. In den Jahren 1985 bis 2000 waren Drogenvergehen für zwei Drittel des Anstiegs der Häftlingszahlen verantwortlich. Im Jahr 2000 stellten Schwarze 62,7 Prozent und Weiße 36,7 Prozent der Drogentäter in bundesstaatlichen Gefängnissen – was jedoch nicht daran lag, dass sie mehr

Drogen verkauften oder konsumierten. Die National Household Survey on Drug Abuse, eine statistische Erhebung zum Drogenmissbrauch, ergab für dasselbe Jahr, dass 6,4 Prozent der Weißen und 6,4 Prozent der Schwarzen illegale Drogen konsumierten. Untersuchungen zur Ethnie von Drogendealern kamen auf ähnliche Verhältniszahlen. Eine Analyse aus dem Jahr 2012, die National Survey on Drug Use and Health, besagte, dass die Wahrscheinlichkeit, Drogen zu verkaufen, bei weißen Jugendlichen (6,6 Prozent) um 32 Prozent *höher* lag als bei schwarzen Jugendlichen (5 Prozent). Doch bei schwarzen Jugendlichen war die Wahrscheinlichkeit deutlich höher, dafür verhaftet zu werden.[23]

Während des Crack-Wahns Ende der 1980er- und Anfang der 1990er-Jahre verhielt es sich ähnlich. Weiße und Schwarze verkauften und konsumierten illegale Drogen in ähnlichem Maße, aber die schwarzen Konsumenten und Dealer wurden viel häufiger verhaftet und verurteilt. 1996, als zwei Drittel der Crack-Konsumenten Weiße oder Latinos waren, waren 84,5 Prozent der wegen Crack-Besitzes Angeklagten schwarz. Selbst ohne den entscheidenden Faktor des «Racial Profiling», bei dem die Polizei Schwarze als potenzielle Drogendealer und -konsumenten betrachtet, war eine allgemeine Regel erkennbar, die auch heute noch gilt: Wo mehr Polizisten im Einsatz sind, gibt es mehr Verhaftungen, und wo es mehr Verhaftungen gibt, glauben die Bürger, es gebe mehr Verbrechen, was wiederum mehr Polizei und mehr Verhaftungen und die Annahme nach sich zieht, dass es noch mehr Verbrechen gibt.[24]

Da Schwarzen in den Innenstädten mit hohem Polizeiaufgebot – wo es häufiger Morde gab – in den Neunzigerjahren viel häufiger eine Verhaftung und Verurteilung drohte, nahmen Rassisten an, dass Schwarze tatsächlich mehr Drogen nahmen, mehr Drogen verkauften und mehr Verbrechen aller Art begingen als Weiße. Diese falsche Annahme festigte in der Vorstellung der Amerikaner das Bild von den gefährlichen schwarzen Vierteln in den Innenstädten und im Gegensatz dazu von den sicheren weißen Vorortvierteln, eine rassistische Vorstellung, die die Entscheidungen vieler Amerikaner in einem Ausmaß beeinflusste, von der Wahl des Wohnorts über die Drogenbekämpfung bis zur Politik, das sie sich gar nicht alle benennen lassen. Die Vorstellung vom «gefährlichen *schwarzen* Viertel» basiert auf rassistischen Ideen, nicht auf der Realität. Allerdings gibt es tatsächlich so etwas wie ein gefährliches «Viertel mit hoher Arbeitslosigkeit». Eine Studie, die auf den Daten der National Longitudinal Youth Survey basiert, die zwischen 1976 und 1989 erhoben wurden, stellte fest, dass bei männlichen schwarzen Jugendlichen eine deutlich höhere Wahrscheinlichkeit bestand, gewalttätige Verbrechen zu begehen, als bei männlichen weißen Jugendlichen. Doch als die Wissenschaftler nur männliche Jugendliche verglichen, die eine Arbeit hatten, verschwanden die ethnischen Unterschiede beim gewalttätigen Verhalten. Die Raten bei *bestimmten* Gewaltverbrechen waren in schwarzen Vierteln aus dem einfachen Grund höher, dass in den schwarzen Vierteln besonders viele Arbeitslose lebten.[25]

Doch Reagans Republikaner mit ihrem harten Durchgreifen gegen Kriminalität hatten nicht die Absicht, politischen Selbstmord zu begehen und ihre Spender zu verschrecken, indem sie die Schuld an den Gewaltverbrechen nicht den Gesetzesbrechern gaben, sondern ihrer eigenen Wirtschaftspolitik, den Reaganomics. Und erst recht nicht wollten sie riskieren, ihre Abgeordnetensitze zu verlieren, indem sie versuchten, Millionen neuer Arbeitsplätze in einem «Krieg gegen die Arbeitslosigkeit» zu schaffen, wodurch die Zahl der Gewaltverbrechen sicher reduziert worden wäre. Stattdessen bereicherte die Kampagne für Law and Order, die zum Krieg gegen Drogen geworden war, in den folgenden zwei Jahrzehnten das Leben vieler Politiker. Millionen verarmter Nichtweißer, nichtgewalttätiger Drogenkonsumenten und Dealer landeten im Gefängnis, wo sie nicht wählen konnten. Später wurden sie vielleicht begnadigt, erhielten aber nicht ihr Wahlrecht zurück. Eine erhebliche Zahl von Wahlen mit knappen Ergebnissen wäre vermutlich anders ausgegangen, wenn Straffälligen nicht das Wahlrecht entzogen worden wäre, darunter mindestens sieben Senatswahlen zwischen 1980 und 2000 sowie die Präsidentschaftswahlen im Jahr 2000. Was für eine raffiniert grausame Methode, seinen politischen Gegnern heimlich, still und leise die politische Macht zu entziehen![26]

Selbst die Statistiken, die besagten, dass in schwarzen städtischen Vierteln mehr Gewaltverbrechen – vor allem gegen unschuldige Opfer – verübt wurden, basierten eher auf einer rassistischen statistischen Methode als auf der Realität. Betrunkene Autofahrer, durch die regelmäßig mehr Menschen zu Tode kommen als durch gewalttätige Schwarze in den Städten, wurden in solchen Untersuchungen nicht als gewalttätige Kriminelle eingestuft. 1990 handelte es sich bei 78 Prozent der verhafteten betrunkenen Autofahrer um weiße Männer. 1986 kamen 1092 Personen «im Zusammenhang mit Kokain» ums Leben, außerdem gab es 20 610 Tötungsdelikte. Das ergibt eine absolute Zahl von 21 702, die insgesamt immer noch niedriger ist als die der 23 990 Verkehrstoten im Zusammenhang mit Alkohol im selben Jahr (ganz zu schweigen von der Zahl der schweren Verletzungen, die durch betrunkene Fahrer verursacht wurden, aber nicht zum Tod führten). Drogendealer und Gangster töten sich in erster Linie gegenseitig in den Innenstädten, während die Opfer betrunkener Autofahrer oft unschuldige andere Verkehrsteilnehmer sind. Daher blieb 1986 und danach die Frage, ob ein Amerikaner auf den Straßen einer Innenstadt oder auf den Straßen der Vororte stärker gefährdet war, zu Tode zu kommen. Dennoch fürchteten sich die weißen Amerikaner eher vor den Schwarzen, die sie meist nur in Form von Fahndungsfotos auf ihrem Fernsehbildschirm kannten, als vor den betrunkenen Fahrern in ihrer eigenen weißen Nachbarschaft, obwohl sie durch diese viel häufiger gefährdet waren.[27]

Da Reagan nie einen Krieg gegen Trunkenheit am Steuer ausgerufen hatte, war eine Graswurzelbewegung erforderlich, die in den Achtzigerjahren den langen und zähen Kampf gegen den Alkohol aufnahm, angetrieben von der Organisation Mothers Against Drunk Driving (MADD) und zahllosen furchtbaren Unfällen – etwa dem, bei dem 1988 27 Passagiere eines Schulbusses durch einen betrunkenen Fahrer ihr Leben verloren. Diese Basisbewegung zwang die zögerliche Politik schließlich, höhere Strafen gegen Trunkenheit am Steuer zu verhängen. Doch auch die neuen Strafen gegen Trunkenheit im Verkehr oder gegen das Fahren unter dem Einfluss psychoaktiver Substanzen verblassten im Vergleich mit der automatisch verhängten fünfjährigen Haftstrafe, wenn man zum ersten Mal mit fünf Gramm Crack erwischt wurde.

Die Aufmerksamkeit der Medien lag 1986 also nicht bei alkoholisierten Fahrern, sondern konzentrierte sich auf sensationelle Verbrechen im Zusammenhang mit Crack und ihre Auswirkungen auf schwarze Familien. In einer Sondersendung von CBS über den schwindenden Einfluss der Familie («The Vanishing Family: Crisis in Black America«) wurden Bilder aus einem Wohnblock in Newark gezeigt, von jungen Müttern auf Sozialhilfe und Vätern, die sich nicht um ihre Kinder kümmerten, stereotype Beschreibungen unmoralischer schwarzer Frauen, schwarzer fauler Männer und verantwortungsloser schwarzer Eltern – die pathologische schwarze Familie. Angela Davis ärgerte sich über diese Art der Berichterstattung so sehr, dass sie im Frühjahr 1986 einen Essay über die schwarze Familie schrieb. Der Prozentsatz alleinerziehender schwarzer Frauen sei von 21 Prozent im Jahr 1960 auf 55 Prozent im Jahr 1986 gestiegen, konstatierte Davis. Die Geburtenrate bei schwarzen Teenagern könne diesen Anstieg bei den alleinerziehenden schwarzen Müttern nicht erklären (die Zahl der schwangeren Teenager war zwischen 1920 und 1990 *praktisch unverändert geblieben).* Davis erklärte, «die unverhältnismäßig hohe Zahl der Geburten bei unverheirateten Teenagern» sei darauf zurückzuführen, dass ältere, verheiratete schwarze Frauen in den Sechziger- und Siebzigerjahren angefangen hätten, weniger Kinder zu bekommen. Daher sei der Anteil der Babys junger und alleinstehender schwarzer Mütter im Verhältnis zum Anteil der Babys verheirateter schwarzer Mütter gestiegen, nicht jedoch die Gesamtzahl der Babys alleinstehender schwarzer Mütter.[28]

Doch für Reagans Propagandisten war die Sozialhilfe der Grund für den nicht vorhandenen Anstieg der Zahl alleinstehender schwarzer Mütter, und der nicht vorhandene Anstieg hatte dafür gesorgt, dass die schwarze Familie verschwand. «Es gibt keine statistischen Belege für diese Annahmen [dass Sozialhilfe ein Anreiz sei, Kinder zu bekommen]», räumte Reagans wichtigster innenpolitischer Berater Gary Bauer in *The Family: Preserving America's Future* 1986 ein, einem Bericht der Arbeitsgruppe des Weißen Hauses zum Thema Familie. «Und doch erkennt selbst ein beiläufiger Betrachter der sozialstaatlichen Programme, dass es tatsächlich eine Beziehung zwischen der Verfügbarkeit von Sozialhilfe und der Neigung vieler junger Frauen gibt, ein vaterloses Kind zu bekommen.» Beweise waren auch kaum nötig, um die Amerikaner davon zu überzeugen, dass mit den schwarzen Müttern und Sozialhilfeempfängerinnen – und damit mit der schwarzen Familie – etwas nicht stimmte.[29]

Selbst die viel bewunderte Bürgerrechtsanwältin Eleanor Holmes Norton fühlte sich 1985 veranlasst, auf die Wiederherstellung der «traditionellen schwarzen Familie» zu dringen. «Das lässt sich nicht so einfach mit der Bereitstellung des Lebensnotwendigen und dem Angebot von Chancen beheben», erklärte Norton in der *New York Times.* «Damit die Familie zu ihrer alten, historischen Stärke zurückfindet, muss die komplizierte Getto-Subkultur mit ihrer Raubtiermentalität beseitigt werden.» Norton lieferte keine Belege zur Untermauerung ihres klassenspezifischen Rassismus, den «Getto-Schwarzen» mangle es an Werten wie «Fleiß, Bildung, Respekt für die schwarze Familie und … dem Bemühen, ein besseres Leben für ihre Kinder anzustreben», verglichen mit schwarzen Eliten oder den Angehörigen anderer ethnischer Gruppen.»[30]

Die rassistische Droge, dass sich die schwarze Familie im Niedergang befinde, machte die Konsumenten aller Ethnien so abhängig wie Crack – und so abhängig wie die gefährlichen schwarzen Viertel. Doch viele schwarze

Konsumenten erkannten gar nicht, dass sie unter Drogen gesetzt wurden. Und sie erkannten nicht, dass die neue Fernsehserie, die sie so gut fanden, weil sie glaubten, sie würde geschmacklosen Vorurteilen gegen Schwarze entgegentreten, nur eine weitere rassistische Droge war.

Kapitel 34

Die Neuen Demokraten

Wer unerschütterlich an die Verbesserung durch Selbstverbesserung und die Überzeugungsarbeit in den Medien glaubte, blickte voller Erwartung auf *The Cosby Show (Die Bill Cosby Show / Bill Cosbys Familienbande)*, die am 20. September 1984 auf NBC Premiere hatte. Die neue Fernsehserie sollte die schwarze Familie in den Augen der Weißen rehabilitieren. Während eine große Zahl von Zuschauern die brillanten Gags von Bill Cosby und die Handlung genossen und sich viele Schwarze einfach daran erfreuten, dass eine Serie mit schwarzer Besetzung zur besten Sendezeit acht Staffeln lang ausgestrahlt wurde, war es doch in erster Linie Cosbys Vision vom Leben der Schwarzen in den USA, die seine Sendung *The Cosby Show* von 1985 bis 1989 zur Nummer eins in Amerika machte (und zu einer der beliebtesten in Südafrika unter dem Apartheidsregime). Cosby präsentierte die ultimative Show zur Verbesserung durch Selbstverbesserung, eine Familie, die sämtliche Stereotypen widerlegte und aufgrund ihrer eigenen Strebsamkeit und Kraft die Beschränkungen, denen sie aufgrund ihrer Hautfarbe unterlag, hinter sich gelassen hatte. Er glaubte, er würde Afroamerikanern zeigen, was möglich war, wenn sie hart genug arbeiteten und ihren antirassistischen Aktivismus einstellten. Cosby und seine Millionen treuer Zuschauer dachten wirklich, dass die *Cosby Show* und ihre Serienableger etwas gegen die rassistischen Ideen der Millionen von weißen Zuschauern ausrichten könnten. Bei einigen funktionierte es tatsächlich. Für andere Weiße waren Cosbys fiktionale Huxtables außergewöhnliche Neger, und die Serie festigte nur ihre Überzeugung – und auch die Überzeugung Ronald Reagans sowie die Überzeugung rassistischer Schwarzer –, dass Rassismus nur noch in Geschichtsbüchern zu finden sei. Einige Kommentatoren erkannten das schon damals. *The Cosby Show* «suggeriert, dass Schwarze allein für ihre sozialen Verhältnisse verantwortlich sind, ohne die stark eingeschränkten Möglichkeiten einzugestehen, mit denen die meisten Schwarzen zu kämpfen haben», kritisierte der Literaturwissenschaftler Henry Louis Gates Jr. in der *New York Times* auf dem Höhepunkt der Beliebtheit der Serie 1989.[1]

Wie alle Versuche der Verbesserung durch Selbstverbesserung bewirkte auch *The Cosby Show* nichts gegen Reagans rassistischen Drogenkrieg. Eine besonders sensationsheischende rassistische Crack-Geschichte jener Zeit stammte von Charles Krauthammer, einem Kolumnisten der *Washington Post*, Pulitzer-Preisträger und Absolvent der Harvard Medical School: «Die innerstädtische Seuche der Crack-Sucht hat nun einen neuen Schrecken hervorgebracht, eine biologische Unterschicht, eine Generation körperlich geschädigter Kokain-Babys», schrieb er am 30. Juli 1989. Diese Babys seien eine abartige «Rasse (unter)menschlicher Drohnen», deren «biologische Minderwertigkeit schon von Geburt an festgelegt ist» und «von Dauer» sei. «Die Babys, die tot zur Welt kommen, haben vermutlich Glück gehabt.»[2]

Die Kolumne war der Auftakt zu einer neuen Runde von Crack-Horrorgeschichten. Die *New York Times* berichtete: «In den Geburtsstationen im ganzen Land ertönen die hohen ‹Katzenschreie› der neurologisch behinderten Crack-Babys.» Und eine Schlagzeile des *St. Louis Post-Dispatch* warnte: «Katastrophe im Anmarsch: Die Crack-Babys werden erwachsen.» Die medizinische Forschung bestätigte diese Berichte – und die rassistischen Ideen, die sie inspiriert hatten – zusammen mit Kinderärzten wie Judy Howard von der University of California, Los Angeles, die erklärte, Crack-Babys hätten nicht die Gehirnfunktionen, die «uns zu menschlichen Wesen machen». Hallam Hurt, Ärztin für Neugeborene am Children's Hospital of Philadelphia, verfolgte den Lebensweg von 224 «Crack-Babys», die zwischen 1989 und 1992 in Philadelphia geboren worden waren, und rechnete mit «einer Vielzahl von Problemen». 2013 schloss sie ihre Studie mit einer schlichten Erkenntnis ab: Armut war für Kinder schlimmer als Crack. Die medizinische Forschung musste schließlich zugeben, dass es sich mit den «Crack-Babys» ähnlich verhielt wie mit der Wissenschaftlichkeit rassistischer Ideen: Es hatte sie nie gegeben.[3]

Wissenschaftlich belegt oder nicht, die rassistischen Vorstellungen hielten sich weiter im Denken der Amerikaner, und Reagans Vizepräsident wusste sie zu nutzen, als er sich 1988 für die Präsidentschaft bewarb. George H. W. Bush lag in den Umfragen hinter dem demokratischen Kandidaten Michael Dukakis, dem Gouverneur von Massachusetts, bis er einen Fernsehwahlwerbespot über einen schwarzen Mörder und Vergewaltiger weißer Frauen, einen gewissen Willie Horton, herausbrachte. «Trotz seiner lebenslangen Freiheitsstrafe», tönte eine unheilverkündende Stimme aus dem Off, «erhielt Horton zehnmal Freigang übers Wochenende. Er floh, kidnappte ein junges Paar, erstach den Mann und vergewaltigte dessen Freundin mehrmals. Freigang am Wochenende, das ist Dukakis' Haltung zum Verbrechen.»[4]

Um sich von Dukakis' lascher Haltung abzuheben, gab Bush den Hardliner und sprach sich für die Todesstrafe mit all ihren Konsequenzen aus, einschließlich der ungleichen Behandlung von Schwarzen und Weißen. 1987 entschied das Oberste Gericht in der Klage *McCleskey versus Kemp*, dass die «rassisch unverhältnismäßige Anwendung» der Todesstrafe in Georgia – Schwarze wurden viermal häufiger zum Tode verurteilt als Weiße – nicht die Aufhebung der Todesstrafe für einen Schwarzen namens Warren McCleskey rechtfertige, es sei denn, man könne eine «rassisch diskriminierende Absicht» nachweisen. Wenn das Gericht zugunsten von McCleskey entschieden hätte, hätte es antirassistischen Klagen und einer Erneuerung des Justizsystems die Tür geöffnet, das von Rassismus strotzte. Aber stattdessen trennten die Richter rassische Ungleichheit vom Rassismus, erachteten rassisch bedingte Ungleichheiten als normalen Bestandteil des Justizsystems und gaben den schwarzen Kriminellen die Schuld an diesen Ungleichheiten. Wieder einmal wurden mit rassistischen Vorstellungen rassistische Maßnahmen gerechtfertigt. *McCleskey versus Kemp* wurde zur – wie es Anthony G. Amsterdam, Jurist an der New York University, formulierte – «*Dred Scott*-Entscheidung unserer Zeit». Das Oberste Gericht hatte das Racial Profiling, das den unmenschlichen Anstieg der Zahl der hingerichteten Schwarzen beförderte und die Häftlinge in den Gefängnissen versklavte, für verfassungsgemäß erklärt.[5]

Wie ihre Vorfahren widersetzten sich die jungen Schwarzen in den Städten dem Justizsystem, das sie zu einer modernen Form der Sklaverei verurteilte. Manchmal erfolgte dieser Widerstand in Form von Beats. Hip-Hop und Rap erlebten 1988 eine Blütezeit, nachdem sie aus dem Beton der South Bronx emporgewachsen waren. BET (Black Entertainment Television) und MTV begannen mit der Ausstrahlung ihrer populären Hip-Hop-Sendungen. In jenem Jahr kam auch *The Source* in die Regale der Zeitschriftenläden und wurde schließlich zur Rap-Zeitschrift mit der längsten Laufzeit. *The Source* berichtete über die wummernden Beats von Public Enemy – und über «Fuck tha Police», den Riesenerfolg von N. W. A. oder Niggaz Wit Attitudes, die direkt aus Compton kamen.[6]

Der Hip-Hop und die Black Studies erlebten 1988 beide eine Blüte. In jenem Jahr richtete Professor Molefi Kete Asante an der Temple University von Philadelphia den ersten Promotionsstudiengang im Fach African American Studies ein. Asante war der führende Afrozentrist und Verfechter einer profunden Theorie des kulturellen Antirassismus, die er den assimilationistischen Ideen entgegensetzte, die sich nach dem Niedergang der Black-Power-Bewegung weiter im Aufwind befanden. Zu viele Schwarze – und zu viele Gelehrte der Black Studies – würden auf sich selbst, auf die Welt und auf ihre schwarzen Forschungsobjekte von einem eurozentrischen Standpunkt aus blicken und europäische Standards anlegen, argumentierte Asante in *The Afrocentric Idea* (1987). Europäer würden ihren Standpunkt als die beste und manchmal einzige Perspektive darstellen. Doch für Asante gab es zahlreiche verschiedene Möglichkeiten, die Welt wahrzunehmen, in der Welt zu sein, über die Welt zu theoretisieren und sie zu studieren – nicht nur die eurozentrische Weltsicht, die eurozentrischen Kulturen, Theorien und Methoden. Er forderte einen «Afrozentrismus», eine kulturelle und philosophische Mitte für afrikanische Menschen, basierend auf «afrikanischen Ansprüchen, Visionen und Konzepten».[7]

1989 nahmen Public Enemy einen der populärsten Songs in der Geschichte des Hip-Hop auf, «Fight the Power». Der Song war Teil des Soundtracks zu Spike Lees *Do the Right Thing*, den von der Kritik hochgelobten Film über urbane Rebellion. «Fight the Power» bildete die Verbindung zwischen der gesellschaftskritischen Phase des Hip-Hop, schwarzen Filmemachern des New Black Cinema und Akademikern. *Do the Right Thing* war Lees dritter Spielfilm. Sein zweiter, *School Daze* von 1988, befasste sich mit assimilationistischen Vorstellungen im Zusammenhang mit Haut- und Augenfarbe (je heller, desto besser) und der Beschaffenheit der Haare (je glatter, desto besser), ein Thema, das sich stellte, nachdem die Afro-Frisuren der Black-Power-Bewegung zurechtgestutzt oder in Dauerwellen umgewandelt worden waren. Manche Schwarze ließen sogar ihre Haut bleichen. Der bekannteste Schwarze, der sich die Haut bleichen ließ oder bei dem man es zumindest vermutete, war Ende der Achtziger- und Anfang der Neunzigerjahre der wohl berühmteste Afroamerikaner des Landes, der Sänger Michael Jackson. Es ging das Gerücht, Jackson habe seine Haut bleichen und sich Nase und Lippen operieren lassen, um seiner Karriere auf die Sprünge zu helfen. Tatsächlich hatten Hellhäutige nach wie vor ein höheres Einkommen und wurden bei Adoptionen bevorzugt, während die Dunkelhäutigen im sozialen Wohnungsbau und in den Gefängnissen die Mehrheit stellten und eher dazu neigten, sich wegen Rassendiskriminierung zu beschweren. Rassisten gaben den Dunkelhäutigen die Schuld an diesen Unterschieden. Antirassisten gaben der Diskriminierung aufgrund der Hautfarbe die Schuld. «Je heller die Haut, desto geringer die Strafe», war ein beliebter antirassistischer Spruch.[8]

Am 8. Juli 1989, als «Fight the Power» von Public Enemy die Billboard Charts anführte, trafen sich namhafte Juristen zu einer Konferenz außerhalb von Madison im Bundesstaat Wisconsin. Sie waren zusammengekommen, um einen antirassistischen intellektuellen Ansatz zu formulieren, die sogenannte «Critical Race Theory». Die 30-jährige Kimberlé Williams Crenshaw, Juradozentin an der University of California in Los Angeles, hatte die Sommerkonferenz im selben Jahr organisiert, in dem sie den Essay «Demarginalizing the Intersection of Race and Sex» verfasst hatte. Darin forderte sie eine «Theorie der Intersektionalität», ein kritisches Bewusstsein von geschlechtsspezifischem Rassismus (und damit anderer Überschneidungen von Diskriminierungsformen, etwa LGBT-Rassismus, ethnischem Rassismus und klassenspezifischem Rassismus). «Obwohl sich Rassismus und Sexismus im Leben der Menschen häufig überschneiden, tun sie das selten in der feministischen und antirassistischen Praxis», schrieb Crenshaw drei Jahre später in einem weiteren wegweisenden Artikel in der *Stanford Law Review*. Derrick Bell, Alan Freeman und Richard Delgado, die schon früh die Critical Race Theory an juristischen Fakultäten formuliert hatten, waren bei der Coming-Out-Party der Critical Race Theory im Sommer 1989 ebenfalls mit von der Partie. Einer der größten Ableger der Critical Race Theory ist die Kritische Weißseinsforschung, die die Anatomie des Weißseins, rassistische Vorstellungen, weiße Privilegien und den Wandel von europäischen Einwanderern zu «Weißen» untersucht. Die Vertreter der Critical Race Theory arbeiteten zusammen mit den antirassistischen Vertretern der Black Studies an vorderster Front daran, das Fortschreiten des Rassismus in den 1990er-Jahren aufzuzeigen.[9]

Auch Angela Davis, mittlerweile Professorin an der San Francisco State University, stand in dieser antirassistischen intellektuellen Tradition und forderte, den Blick auf die Ausbreitung des Rassismus zu richten. «Afroamerikaner leiden heute unter der stärksten Unterdrückung seit den Zeiten der Sklaverei», verkündete Davis 1990 an der California State University von Northridge. Ihr Vortrag verärgerte all jene, die immer noch an einen Fortschritt im Verhältnis der Ethnien glaubten. So wurde beispielsweise erklärt, die Afroamerikaner besäßen doch mittlerweile ein Prozent des nationalen Vermögens, verglichen mit 0,5 Prozent im Jahr 1865, obwohl der Anteil der schwarzen Bevölkerung seit damals unverändert zwischen 10 und 14 Prozent liege. «In unserem Land gibt es heute viele Schwarze in prestigeträchtigen und mächtigen Positionen», das sei doch weit entfernt von der «schlimmsten Unterdrückung seit den Zeiten der Sklaverei», schrieb ein verschnupfter Leser in einem Brief an die *Los Angeles Times.* Es sei doch nicht die Gesellschaft, die für das «Schwängern unverheirateter Mädchen» verantwortlich sei und junge Schwarze zwinge, «die Schule abzubrechen und sich als Drogendealer zu verdingen, in Gangs ihr Unwesen zu treiben und andere zu töten». Niemand habe die Ugander veranlasst, «sich gegenseitig umzubringen und zu unterdrücken», oder Äthiopien, «die eigene Wirtschaft in ein derartiges Chaos zu verwandeln», dass die Bürger «für ihr Überleben abhängig von den Almosen der Kapitalisten» seien. Offensichtlich glaubten die Rassisten in den USA und in Afrika, dass die Ursachen für die Armut der Schwarzen weltweit, für politische Instabilität und die anhaltenden sozioökonomischen Ungleichheiten zwischen weißen und schwarzen Amerikanern und zwischen Europa und Afrika in den ethnischen Kriegen der Schwarzen, in der Korruption in Afrika und in der staatlichen Unterstützung zu suchen seien. Da klang Ronald Reagan schon viel freundlicher, obwohl auch bei ihm die im Leserbrief beschriebene afrikanische Inkompetenz durchdrang, als er im Dezember 1991 nach der Auflösung der Sowjetunion in England eine Rede hielt. Das Ende des Kalten Krieges habe dem Westen «einen Großteil seines gemeinsamen hehren Ziels» genommen, verkündete Reagan. Die Amerikaner und ihre Verbündeten sollten gemeinsam dafür sorgen, der übrigen Welt «zivilisierte Standards menschlichen Anstands» nahezubringen.[10]

In den USA glaubten Rassisten aller Rassen, dass man vor allem schwarzen armen jungen Frauen diese zivilisierten Standards menschlichen Anstands beibringen müsse. Schöpfer und Anhänger rassistischer Ideen behaupteten, ihr unmoralisches sexuelles Verhalten – und nicht die abnehmende Zahl der Kinder bei verheirateten schwarzen Paaren – verursache den Anstieg beim *Prozentsatz* von Kindern alleinstehender schwarzer Mütter. Assimilationisten argumentierten, die jungen schwarzen Frauen könnten eines Tages lernen, sich sexuell zu disziplinieren (wie weiße Frauen). Segregationisten argumentierten, sie könnten es nicht, und forderten Sterilisierungsmaßnahmen oder Langzeit-Verhütungsmittel. Im Dezember 1990 genehmigte die US

Food and Drug Administration trotz der erschreckenden Nebenwirkungen das langfristig wirkende Verhütungsmittel Norplant, ein Hormonimplantat. Der *Philadelphia Inquirer* brachte dazu einen Leitartikel mit dem Titel «Poverty and Norplant: Can Contraception Reduce the Underclass?» Die Zeitung hielt Norplant – und nicht etwa ein Gesetz zur Schaffung von Arbeitsplätzen in den Innenstädten – für ein geeignetes Mittel zur Bekämpfung der Armut bei schwarzen Kindern.

Während Antirassisten voller Empörung auf den Artikel reagierten, war Angela Davis eine der wenigen, die kritisierten, dass man die Wirkung der sexuellen Aktivitäten junger schwarzer Frauen verleugne. Doch schwarze wie weiße Rassisten stellten sich auf die Seite des *Inquirer.* David Duke, Abgeordneter des Repräsentantenhauses von Louisiana und ehemaliger Grand Wizard (höchste hierarchische Position) des Ku-Klux-Klans, machte daraus sogar ein Thema für seinen Wahlkampf. Er kandidierte 1991 für den Gouverneursposten von Louisiana mit dem Versprechen, die Zahl der schwarzen Sozialhilfeempfänger zu reduzieren, indem der Staat die Norplant-Implantate finanziere. Ein raffinierter Plan. Obwohl die meisten Schwarzen, die Anspruch auf Sozialhilfe hatten, sie gar nicht beantragten, glaubten laut einer Studie 78 Prozent der weißen Amerikaner, dass Schwarze am liebsten von Sozialhilfe lebten. Duke verlor die Wahl, obwohl die Mehrheit der Weißen in Louisiana für ihn gestimmt hatte. Am nächsten Tag brachte die *New York Times* das Foto einer weißen Sozialhilfeempfängerin, die Duke gewählt hatte, weil Schwarze, wie sie sagte, «einfach Kinder bekommen und dann von Sozialhilfe leben». Das Bild symbolisierte die Macht rassistischer Ideen. Weiße mit niedrigem Einkommen konnten dazu manipuliert werden, Politiker zu wählen, die ihre Unterstützung kürzen wollten, genauso wie Weiße aus der Mittelschicht manipuliert wurden, für Politiker zu stimmen, deren Politik die sozioökonomische Kluft zwischen der Mittelschicht und Oberschicht vergrößerte.[11]

Inspiriert vom 1990 erschienenen Buch *Black Feminist Thought* der Soziologin Patricia Hill Collins führten schwarze Feministinnen die Kampagne für ein Verbot von Norplant an. Die negative Darstellung junger schwarzer Frauen in der Debatte um Norplant versetzte sie immer wieder in Empörung. Über die sexistische Darstellung von Frauen im Hip-Hop regten sich schwarze Feministinnen weniger auf, sie betrachteten Sexismus im Rap als «notwendiges Übel» oder als Spiegelbild des Sexismus in der amerikanischen

Gesellschaft, wie Michele Wallace in einem Artikel in der *New York Times* vom 29. Juli 1990 schrieb. Wallace berichtete auch über das aktuelle Aufkommen weiblicher Rapstars, etwa Salt-n-Pepa, MC Lyte und der «politisch versierten» Queen Latifah.[12]

Den Rapperinnen ging es besser als ihren Schauspielkolleginnen in Hollywood, immerhin fand ihre Kunstform massenhaft Verbreitung. Denn abgesehen von Julie Dashs bahnbrechendem Film *Daughters of the Dust* wurden die wichtigen schwarzen Filme 1991 von schwarzen Männern produziert. Dazu gehörten so bekannte Werke wie Mario Van Peebles' *New Jack City*, John Singletons Debüt, die antirassistische Tragödie *Boyz n the Hood*, und Spike Lees hochgelobter Film *Jungle Fever*. *Jungle Fever* löste Diskussionen über schwarze Männer aus, die schwarze Frauen mit weißen Frauen betrogen, über die Frage, ob Beziehungen zwischen Schwarz und Weiß keine Liebe, sondern eben «Jungle Fever» seien, über die Diskriminierung von Paaren unterschiedlicher Hautfarbe, über die Frage, ob etwas mit schwarzen Frauen nicht stimme (was schwarze Männer veranlasse, mit weißen Frauen auszugehen), und über die Aussage «Es gibt einfach keine guten schwarzen Männer da draußen», weil alle schwarzen Männer «drogenabhängig, schwul oder ‹Hunde›» seien, um eine Figur aus dem Film zu zitieren. Manche Kinogänger verteidigten die antirassistische Wahrheit: Mit schwarzen Frauen und schwarzen Männern war alles in Ordnung. Andere nahmen Spike Lees Satire für bare Münze, vermutlich erkannten sie nicht, dass die Gleichung «keine guten schwarzen Frauen plus keine guten schwarzen Männer ergibt keine guten Schwarzen» eine weitere rassistische Idee war.[13]

1991 produzierten schwarze Männer mehr Filme als in den ganzen Achtzigerjahren. Doch den einflussreichsten Film des Jahres über das Verhältnis von Schwarzen und Weißen drehte ein Weißer. George Holliday filmte am 3. März vom Balkon seiner Wohnung in Los Angeles 90 entsetzliche Sekunden lang, wie vier Polizisten des Los Angeles Police Department wie wild auf den schwarzen Taxifahrer Rodney King einprügelten. Holliday schickte das Bildmaterial verschiedenen Fernsehsendern, die es im ganzen Land ausstrahlten, von den Städten, die seit Jahren unter der Knute aggressiver Polizisten litten, bis zu den Vorstädten und ländlichen Gemeinden, die das aggressive Vorgehen der Polizei in den Innenstädten schon immer beklatschten. Die vier Polizisten wurden wegen des Angriffs mit einer tödlichen Waffe und wegen des Einsatzes übermäßiger Gewalt angeklagt. In dieser emotional aufgeladenen Atmosphäre wurde «Fuck tha Police» von N. W. A. wieder aktuell und dröhnte mit neuer sozialer Wucht aus den Lautsprechern der

Autos und der Fernseher. Präsident Bush verurteilte die Attacke, wich jedoch nicht von seinem Mantra, man müsse hart gegen Verbrecher durchgreifen, ab, das er ins Weiße Haus gebracht hatte. Es war ein politisches Mandat, das die Polizei von Los Angeles mit dem Verprügeln verdächtiger und inhaftierter Schwarzer so effizient wie jede andere Polizei des Landes umgesetzt hatte. Die Politiker schufen ihr Law-and-Order-Amerika, aber die Polizisten waren die Figuren im Schachspiel, die dieses Vorhaben umsetzen mussten.[14]

Bushs politischer Eiertanz nach der Attacke auf Rodney King verärgerte die Antirassisten auch noch im Frühsommer. Am 1. Juli 1991 goss er zusätzlich Öl ins Feuer, als er einen schwarzen Juristen, Clarence Thomas, als Richter am Obersten Gericht nominierte, der die Ikone der Bürgerrechtsbewegung Thurgood Marshall ersetzen sollte. Thomas war fest davon überzeugt, aus eigenen Kräften so weit gekommen zu sein, obwohl er vom antirassistischen Aktivismus und von antirassistischen Maßnahmen profitiert hatte, um am Holy Cross College und an der Yale Law School zu studieren, und er 1981 nur aufgrund seiner Hautfarbe und rassistischen Einstellung in die Regierung Reagan gekommen war, um als Abteilungsleiter für Bürgerrechte im Bildungsministerium anzufangen. Er hatte während seiner gesamten Karriere von antirassistischen wie von rassistischen Kräften profitiert. Und nun berief ihn Bush als Richter ans Oberste Gericht mit der Erklärung, er sei «der derzeit am besten Qualifizierte», eine Formulierung, die so lächerlich klang wie die Rechtfertigungen der Polizisten, die auf Rodney King eingeprügelt hatten. Der «derzeit am besten qualifizierte» 43-jährige Thomas hatte in seiner bisherigen Laufbahn nur insgesamt 15 Monate als Richter gearbeitet.[15]

Während der Anhörungen im Senat zur offiziellen Ernennung von Thomas sagte im Herbst 1991 auch Anita Hill aus, die im Bildungsministerium und bei der Equal Employment Opportunity Commission (EEOC, Regierungskommission für Gleichberechtigung im Arbeitsleben) als seine Assistentin gearbeitet hatte. Sie warf Thomas sexuelle Belästigung und geschlechtsspezifische Diskriminierung während ihrer gemeinsamen Tätigkeit vor. Thomas stritt die Vorwürfe ab und bezeichnete sie als «Hightech-Lynchmord an aufmüpfigen Schwarzen, die sich herausnehmen, selbstständig zu denken und selbstständig zu handeln». Die anschließenden heftigen Debatten im Senatsausschuss griffen auf ganz Amerika über und ließen die Diskussionen im Zusammenhang mit *Jungle Fever* relativ harmlos wirken. Wieder und wieder meldeten sich die Verteidiger Anita Hills zu Wort und erklärten, dass die Diffamierung schwarzer Frauen und das mangelnde Bewusstsein für sexuelle Belästigung die Amerikaner daran hindern würden, ihrer Aussage Glauben zu schenken. Diejenigen, die sich hinter Thomas stellten, argumentierten, dies sei wieder einmal ein typisches Beispiel dafür, dass man einen Schwarzen in die Schranken weisen wolle. Geschlechtsspezifische Rassisten nutzten die Debatte um Thomas und Hill, um ihre allgemeinen Ansichten darüber zum Besten zu geben, was mit schwarzen Männern und schwarzen Frauen nicht stimme. Am Ende wurde Thomas am 15. Oktober 1991 knapp vom Senat bestätigt. Doch sowohl die Verteidiger Hills als auch die der schwarzen Frauen wollten die Sache nicht auf sich beruhen lassen. «Wir können nicht zulassen, dass die Erfahrung einer schwarzen Frau einfach so abgetan wird», hieß es einen Monat später in einer Protestannonce in der *New York Times*, die von mehreren Hundert schwarzen Frauen unterzeichnet worden war.[16]

Clarence Thomas wurde Richter an einem Obersten Gericht, das den Civil Rights Act von 1964 beschnitten hatte, was wiederum den Kongress veranlasst hatte, den Civil Rights Restoration Act gegen das Veto von Reagan und den Civil Rights Act von 1990 gegen das Veto von Bush durchzusetzen. Die Gesetze griffen vor allem bei einer nachweisbaren «absichtlichen Diskriminierung» und berührten kaum die Krakenarme der Diskriminierung im privaten Bereich, die in den vergangenen drei Jahrzehnten immer mehr zugenommen hatte und auf dem gesamten Arbeitsmarkt für massive Ungleichheiten gesorgt hatte, etwa wenn Schwarze weniger Geld verdienten als ihre weißen Kollegen oder wenn schwarze Arbeiter in die Sackgasse des Dienstleistungssektors gezwungen wurden. Weiße Arbeitnehmer waren häufig der Ansicht, dass sie anderen Weißen auf dem Arbeitsmarkt heimlich helfen müssten, weil sie fälschlicherweise glaubten, dass Schwarze deutlich mehr von staatlichen Maßnahmen profitierten als Weiße. Diskriminierende Weiße hatten die alte Begründung, Schwarze seien minderwertig und müssten daher ausgeschlossen werden, durch die etwas raffiniertere Begründung ersetzt, Schwarze würden durch positive Diskriminierung bevorzugt und müssten daher ausgeschlossen werden. Eine neue rassistische Theorie, um die alte Diskriminierung am Arbeitsplatz zu rechtfertigen. Und was die Unterschiede bei der Arbeitslosigkeit schwarzer und weißer Arbeitnehmer anging, so lautete die neueste rassistische These, «die Weigerung der Afroamerikaner, ihre Ansprüche zurückzuschrauben, trägt dazu bei, dass sie weiter arbeitslos bleiben», wie es der Politikwissenschaftler Lawrence Mead von der New York University behauptete. Der Frage, ob arbeitslose Weiße denn eher bereit seien, ihre Ansprüche zurückzustellen, gingen Rassisten schlauerweise aus dem Weg. Stattdessen verbreiteten sie weiter ihren ethnischen Rassismus, der besagte, Afroamerikaner seien weniger fleißig, stärker sozialhilfeabhängig und weniger bereit, ihre Ansprüche an eine Arbeit zurückzuschrauben, als nichtweiße Einwanderer.[17]

In der Unterhaltungsbranche verdienten Afroamerikaner Millionen. Aber auch dort war nicht alles Gold, was glänzte. Am 7. November 1991 trennte sich der HIV-positive Basketballstar Ervin «Magic» Johnson von den Los Angeles Lakers und erklärte seine Karriere für beendet. Mit seiner Entscheidung, «der tödlichen Krankheit den Kampf anzusagen», wurde er über Nacht zum heterosexuellen Träger einer Krankheit, von der man angenommen hatte, dass sie hauptsächlich weiße Schwule treffe. Nach einem langen, qualvollen und repressiven Jahrzehnt in den Achtzigerjahren hatte man Anfang der Neunziger Jahre endlich begonnen, HIV-positive Männer und Frauen als unschuldige Opfer der Krankheit zu sehen. Doch durch Johnsons öffentliche Erklärung, seine Person und sein Eingeständnis, dass er zahlreiche Sexualpartnerinnen gehabt habe, änderte sich die Wahrnehmung von HIV und Aids. Aus der «weißen Schwulenkrankheit», die unschuldige Opfer traf – und daher die Unterstützung der Politik erforderte –, wurde eine «schwarze Krankheit», die ignorante, hypersexuelle, gefühllose Marodeure traf, weshalb die Politik strafend eingreifen musste, um sie zu kontrollieren.[18]

Für Angela Davis begann das Jahr 1991 mit der Empörung über die Prügelattacke gegen Rodney King und endete mit der Empörung über die verbale Attacke gegen Anita Hill. Das Jahr endete für Davis aber auch in einer ungewohnten Position. Sie hatte eine Professur an der University of California in Santa Cruz angenommen und war aus der Kommunistischen Partei ausgetreten, nachdem sie 23 Jahre lang die bekannteste Kommunistin im Kernland des globalen Kapitalismus gewesen war. Am Vorabend des 25. Parteitags der CPUSA in Cleveland im Dezember 1991 hatte Davis zusammen mit 800 anderen Mitgliedern ein Schreiben verfasst und unterzeichnet, in dem der Partei Rassismus, Elitedenken und Sexismus vorgeworfen wurde. Zur Strafe wurde niemand von den Unterzeichnenden in ein Amt gewählt. Daraufhin verließen sie die CPUSA.[19]

Obwohl Angela Davis nun auf der Suche nach einer neuen politischen Heimat war, trat sie nicht den Demokraten oder genauer gesagt der neuen Kraft in der amerikanischen Politik bei, den New Democrats. Die «Neuen Demokraten» befürworteten eine liberale Finanzpolitik, aber auch ein hartes Durchgreifen bei der Sozialhilfe und Kriminalität im Stil der Republikaner.

Ein einnehmender Gouverneur aus Arkansas, der sich gut ausdrücken, aber auch gut verkaufen konnte, präsentierte sich als der ultimative neue Demokrat. Am 24. Januar 1992, mehrere Wochen vor Beginn der demokratischen Vorwahlen, reiste Bill Clinton zurück nach Arkansas. Der Bundesstaat hatte Nixons Law-and-Order-Politik, Reagans Hetze gegen schwarze Sozialhilfeempfängerinnen und Bushs Wahlkampfspot gegen Billie Horton erlebt – und nun machte Clinton die Hinrichtung eines geistig behinderten Schwarzen, Ricky Ray Rector, zu einem Wahlkampfspektakel, um sich die Stimmen der Rassisten zu sichern. «Man kann mir viel nachsagen», erklärte Clinton danach gegenüber Reportern, «aber niemand kann behaupten, dass ich nicht hart durchgreife, wenn es um Verbrechen geht.»[20]

Als das rein weiße Geschworenengericht die vier Polizisten, die Rodney King zusammengeschlagen hatten, am 29. April 1992 freisprach, lag Clinton im Vergleich zu den anderen demokratischen Präsidentschaftskandidaten weit vorn. Den Millionen Amerikanern, die die Attacke der Polizei im Fernsehen gesehen hatten, wurde gesagt, die Polizisten hätten nichts Falsches getan. Da ihnen vor Gericht Gerechtigkeit verweigert wurde, gingen die schwarzen und farbigen Einwohner von Los Angeles auf die Straße, um dort mit Gewalt ihr Recht zu fordern. Sie hatten ihr eigenes Urteil getroffen: Das Justizsystem, lokale Unternehmer und Geschäftsinhaber und die Wirtschaftspolitik unter Reagan und Bush waren schuld, sie beraubten die Armen ihrer Lebensgrundlage und gingen mit der tödlichen Waffe des Rassismus auf sie los. Am 30. April 1992 bat Bill Cosby die Aufrührer, die Gewalt zu beenden und sich die letzte Folge von *The Cosby Show* anzusehen. Selbst Rodney flehte am nächsten Tag unter Tränen: «Können wir nicht alle friedlich miteinander auskommen?» Doch erst 20 000 Mann der Nationalgarde und der Armee konnten den sechstägigen Aufstand niederschlagen und die Ordnung in Los Angeles, also eine Ordnung des Rassismus und der Armut, wiederherstellen.[21]

Aufgeschlossene Amerikaner, die versuchten, die rassistischen Ursachen für die Unruhen und die Ausbreitung des Rassismus zu verstehen, lasen 1992 Andrew Hackers *New York Times*-Bestseller *Two Nations: Black & White, Separate, Hostile, Unequal* und Derrick Bells *Faces at the Bottom of the Well: The Permanence of Racism* – oder zwei Jahre später *Race Matters* von Cornel West. Oder sie gingen ins Kino und sahen sich Spike Lees besten Film überhaupt an, den Roger Ebert als Film des Jahres 1992 bewertete. In der Anfangsszene von *Malcolm X* zeigt Lee die Attacke auf Rodney King und eine in Brand gesteckte amerikanische Flagge.[22]

«Wenn man von einem Aufstand spricht, klingt das, als wäre es nur ein Haufen Verrückter, die ohne Grund losgezogen sind, um Randale zu machen», erklärte Maxine Waters, die neue antirassistische Kongressabgeordnete für South Central und ein Energiebündel auf zwei Beinen. Die Unruhen, so Waters, seien eine «in gewisser Weise verständliche, wenn auch nicht akzeptable … spontane Reaktion auf sehr viel Ungerechtigkeit». Für Vizepräsident Dan Quayle protestierten die Rebellen jedoch nicht aus wirtschaftlicher Armut, sondern aus einer «Armut an Werten». Bill Clinton als Neuer Demokrat gab beiden Parteien die Schuld, das urbane Amerika im Stich gelassen zu haben, ging dann aber scharf mit dem «wilden Gebaren» «gesetzloser Vandalen» ins Gericht, die «nicht unsere Werte teilen» und deren «Kinder in einer Kultur aufwachsen, die unserer Kultur fremd ist, ohne Familie, ohne Nachbarschaft, ohne Kirche, ohne gegenseitige Unterstützung». Aufgrund von Clintons rassistischen Bemerkungen begannen Forscher an der Columbia University eine fünfjährige Studie, bei der *ausschließlich* Jungen aus schwarzen und Latino-Familien in New York untersucht wurden, um eine Verbindung zwischen Genetik, fehlender Erziehung und Gewalt zu suchen. (Sie fanden keine.)[23]

Etwa einen Monat nach den Unruhen in Los Angeles machte Bill Clinton im Wahlkampf bei einer Veranstaltung von Jesse Jacksons Rainbow Coalition Station. Obwohl Jackson bei den rassistischen Weißen, die Clinton für die Neuen Demokraten gewinnen wollte, sehr unpopulär war, sah Clintons Team in seinem Auftritt eine politische Gelegenheit, weil Jackson auch die Hip-Hop-Künstlerin Sister Souljah eingeladen hatte, bei der Konferenz zu sprechen. Die Achtundzwanzigjährige, die ursprünglich aus der Bronx stammte, hatte gerade *360 Degrees of Power* veröffentlicht, ein antirassistisches Album, das so provokativ war, dass Spike Lees Filme und Ice Cubes Alben im Vergleich dazu harmlos wirkten. Viele weiße Amerikaner waren immer noch empört über Sister Souljahs Verteidigung der Unruhen in Los Angeles in der *Washington Post:* «Ich meine, wenn Schwarze jeden Tag andere Schwarze umbringen, warum nicht mal eine Woche Pause einlegen und Weiße umbringen?» Das Zitat war gekürzt, fand aber trotzdem weite Verbreitung. Kaum ein rassistischer Amerikaner hörte oder verstand (oder wollte verstehen), was sie eigentlich sagen wollte: Sie kritisierte die rassistische Vorstellung, dass der Mord an einem Weißen durch einen Schwarzen eine politisch viel größere Bedeutung hatte, als wenn Schwarze jeden Tag andere Schwarze umbrachten.[24]

Am 13. Juni 1992 trat Clinton vor der Rainbow Coalition ans Rednerpult.

«Wenn man die Wörter ‹weiß› und ‹schwarz› nehmen und vertauschen würde, könnte man meinen, die Äußerung würde von David Duke kommen», stichelte Clinton über den Kommentar von Sister Souljah nach den Unruhen. Dieses assimilationistische Manöver, bei dem Clinton Antirassisten mit Segregationisten gleichsetzte, ein kalkulierter politischer Schachzug, begeisterte die rassistischen Wähler mindestens genauso wie Clintons Wahlkampfversprechen, «die Sozialhilfe, wie wir sie kennen, zu beenden». Clinton errang in den Umfragen einen Vorsprung, den er nicht wieder verlor.[25]

Um die Weihnachtszeit 1993 hagelte es von allen Seiten des rassistischen Spektrums Kritik an Hip-Hop-Künstlern, nicht nur vonseiten Bill Clintons. Die 66 Jahre alte Bürgerrechtsveteranin C. Delores Tucker und ihr National Political Congress of Black Women hoben mit ihrer Kampagne für ein Verbot des «Gangsta Rap» die Debatte auf ein neues rassistisches Niveau. Der Hip-Hop lasse Schwarze in den Augen der Weißen schlecht dastehen und verstärke rassistische Ansichten, erklärte Tucker. Darüber hinaus würden die Texte und Musikvideos den Schwarzen auch direkt schaden, sie würden dadurch gewalttätiger, sexorientierter, sexistischer, krimineller und materialistischer (hier traf sie einen Nerv, der Jahre später in der Diskussion um schwarze Fernseh-Reality-Shows wieder anklang). Kurz gesagt machte der Hip-Hop seine urbanen schwarzen Hörer minderwertig (die viel größere Zahl der weißen Hörer in den Vororten wurde natürlich nicht erwähnt). Die gut gemeinte Kampagne kam zu einem seltsamen Zeitpunkt, und das nicht nur, weil Queen Latifah gerade ihren Hit U. N. I. T. Y. herausgebracht hatte. Mit ihrer feministischen Hymne, die ihr einen Grammy einbrachte, nahm sie die Männer in den Schwitzkasten und rief ihnen zu: «Who you callin' a bitch?!» Der Politikwissenschaftler Charles Murray war gerade dabei, für die anstehenden Halbzeitwahlen 1994 rassistische Vorstellungen zu reproduzieren und verknüpfte wieder einmal «das Sozialhilfesystem» mit einem Anstieg «unehelicher Kinder», deren Anteil, wie er in einem Artikel im *Wall Street Journal* vom 29. Oktober schrieb, «mittlerweile 68 Prozent bei den Geburten durch [alleinstehende] schwarze Frauen ausmacht». In den letzten Wochen des Jahres 1993 wiederholte er seine Behauptung in mehreren Fernsehsendungen.[26]

C. Delores Tucker hätte lieber eine Kampagne gegen Murrays Hetze gegen Sozialhilfeempfängerinnen starten sollen, denn seine Äußerungen waren für arme Schwarze – vor allem Frauen – materiell wie sozial viel verheerender als Hip-Hop-Texte. Doch stattdessen machte sie sich zur Zielscheibe der Hip-Hop-Künstler, vor allem von Tupac Shakur, dem 22-jährigen neuen

König des Gangsta Rap und Sohn der Black Panther. 1993 ermutigte Tupac seine Fans «Keep Ya Head Up» und sprach ihnen mit Rhymes wie «I'm tryin' to make a dollar out of fifteen cents / It's hard to be legit and still pay tha rent» («Ich versuche, aus 15 Cent einen Dollar zu machen / Es ist schwer, sauber zu bleiben und trotzdem die Miete zu zahlen») aus der Seele.[27]

Während sich Tucker weiter auf den Hip-Hop als Geißel der Schwarzen konzentrierte, mobilisierte Evelyn Hammonds, Historikern am Massachusetts Institute of Technology, den Widerstand gegen die Diffamierung schwarzer Frauen. Am 13. Januar 1994 versammelten sich über 2000 schwarze feministische Akademikerinnen aus dem ganzen Land auf dem Campus des MIT zur Konferenz «Black Women in the Academy: Defending Our Name». Es war die erste nationale Konferenz schwarzer Akademikerinnen, die in ihrem akademischen Leben und Wirken alle regelmäßig Erfahrungen mit sexistischem Rassismus gemacht hatten. In der Kälte des Bostoner Winterklimas äußerten sie ihre flammende Kritik an der öffentlichen Diffamierung schwarzer Sozialhilfeempfängerinnen, der Diffamierung von Anita Hill, Sister Souljah und drei von Clinton für ein Amt vorgeschlagenen, abgelehnten Kandidatinnen (Johnetta Cole, Lani Guinier und Jocelyn Elders), kurz: der Diffamierung der schwarzen Frau. Einige Teilnehmerinnen hatten bereits die Annonce in der *New York Times* zur Verteidigung von Anita Hill im November 1991 unterzeichnet.

Angela Davis wurde die Ehre zuteil, die abschließende Grundsatzrede zu halten. Sie war natürlich die bekannteste afroamerikanische Akademikerin des Landes. Aber vor allem hatte sie im Laufe ihrer Karriere beständig, unbeirrt und unmissverständlich schwarze Frauen verteidigt, darunter selbst diejenigen, die einige schwarze Frauen nicht unbedingt verteidigt sehen wollten. Sie war die unerschütterliche antirassistische Stimme Amerikas der vergangenen zwei Jahrzehnte, die bei ihrer Suche nach antirassistischen Erklärungen standhaft geblieben war, wenn andere es sich leicht gemacht und in rassistischer Manier einfach den Schwarzen die Schuld gegeben hatten. Davis hatte während ihrer Haft 1970 in New York die Erfahrungen junger schwarzer und farbiger Frauen aus erster Hand kennengelernt, hatte ihnen direkt in die Augen und Herzen geblickt und hatte nie aufgehört, sich mit deren Leben zu beschäftigen und sie zu verteidigen. Ihre Laufbahn stand für den Titel der Konferenz, wie die Laufbahn vieler arrivierter Akademikerinnen, die an jenem Tag ihre Rede hörten.

Davis begann ihren Vortrag mit einem Rückgriff auf die Ursprünge des Titels «Defending Our Name». Sie führte ihre Zuhörerinnen zurück zur moralischen Gängelung schwarzer Frauen in den 1890er-Jahren, als man wie bei den Kampagnen «gegen Schwangerschaften bei Teenagern» jungen schwarzen Frauen, die sich engagierten, «die sexuelle Autonomie verweigern» wollte. Davis kritisierte den «aktuellen Law-and-Order-Diskurs», der von beiden politischen Parteien und allen Rassen «legitimiert» werde. Schwarze Politiker würden eine «schädliche Gesetzesvorlage zur Verbrechensbekämpfung» unterstützen und die schwarzen Wähler würden «zunehmend mehr Polizei und mehr Gefängnisse fordern», weil ihnen nicht bewusst sei, dass Afroamerikaner 12 Prozent der Drogenkonsumenten stellten, aber über 36 Prozent der Verhafteten im Zusammenhang mit Drogen. Davis rief ihre Schwestern auf, sich einen «neuen Abolitionismus» vorzustellen und «andere Einrichtungen als Gefängnisse, um die sozialen Probleme zu bekämpfen, die zur Inhaftierung führen».[28]

Zehn Tage später forderte Präsident Clinton in seiner ersten Rede zur Lage der Nation das genaue Gegenteil dieses «neuen Abolitionismus». Der Kongress, erklärte er, müsse die Differenzen zwischen den Parteien überwinden und ein «starkes, kluges und hartes Gesetz zur Verbrechensbekämpfung» verabschieden. Clinton sprach sich für eine «Three-Strikes-Regelung» auf Bundesebene aus, nach der bei der dritten Verurteilung wegen einer Straftat automatisch eine besonders schwere Strafe verhängt werden sollte, was ihm begeisterten Applaus von Demokraten wie Republikanern einbrachte. Seine Aufforderung wurde umgesetzt, im August 1994 sandten ihm die Republikaner und Demokraten im Kongress einen Gesetzesentwurf zur Verbrechensbekämpfung zur Unterschrift und stellten für die Umsetzung 30 Milliarden Dollar zur Verfügung. Die Neuen Demokraten verbuchten das Gesetz als Sieg, denn damit habe man «das Thema Verbrechen den Republikanern entwinden und es zum eigenen Thema machen» können. Der Violent Crime Control and Law Enforcement Act, das umfangreichste Gesetz zur Verbrechensbekämpfung in der Geschichte der USA, schuf Dutzende neue Kapitaldelikte auf Bundesebene, führte bei bestimmten Delikten lebenslange Haftstrafen für dreimalige Straftäter ein und stellte Milliarden Dollar für den Ausbau der Polizeikräfte und Gefängnisse bereit – was den höchsten Anstieg bei der Zahl der Häftlinge in der Geschichte der USA zur Folge hatte, wobei die meisten wegen nicht gewalttätiger Drogendelikte inhaftiert wurden. Clinton erfüllte sein Wahlkampfversprechen, dass kein Republikaner härter gegen Verbrechen vorgehen werde als er – und Verbrechen war in Amerika schwarz. Wie Tupac Shakur in «Changes» reimte: «Instead of a war on poverty, they got a war on drugs so the police can bother me» («Anstatt einen Krieg gegen die Armut zu führen, führen sie einen Krieg gegen Drogen, damit die Polizei mich belästigen kann»). (Etwa zwei Jahrzehnte später distanzierte sich Hillary Clinton – beim Kampf ums Weiße Haus – vom Gesetz ihres Ehemannes und forderte «das Ende einer Ära der Masseninhaftierung».[29])

So wie in der Debatte über das übertriebene Sozialhilfeproblem in erster Linie schwarze Frauen diffamiert wurden, so wurden in der Debatte über das angebliche Kriminalitätsproblem 1994 überwiegend schwarze Männer diffamiert. Der Medienkritiker Earl Ofari Hutchinson wies die Verleumder in seinem Buch *The Assassination of the Black Male Image*, mit dem er 1994 einen Sensationshit landete, scharf zurecht. Der in Queens geborene Rapper Nas veröffentlichte «One Love», eine Zusammenstellung von Briefen seiner inhaftierten Freunde. Sein Debütalbum *Illmatic*, auf dem der Song enthalten ist, avancierte sofort zum Klassiker und wurde in jenem Jahr – und auch später – ähnlich verehrt wie «Juicy», die Debütsingle des in Brooklyn geborenen Biggie Smalls, besser bekannt als The Notorious B. I. G. Im Musikvideo sieht man bei den Zeilen «Considered a fool 'cause I dropped out of high school / Stereotypes of a black male misunderstood / And it's still all good» einen Schwarzen hinter Gittern.[30]

Biggie Smalls ahnte nicht, dass er seine Debütsingle am Vorabend der lebhaftesten akademischen Debatte der jüngeren Zeit veröffentlichte, die sich um die Frage drehte, ob Schwarze von Natur aus dumm seien oder ob sie dazu gemacht würden. Eine akademische Debatte, die ernsthafte politische Auswirkungen auf Clintons Neue Demokraten und ihre harte Haltung gegen Kriminalität hatte, aber auch auf die neueste Kraft in der amerikanischen Politik, die versprach, noch viel härter durchzugreifen.

Kapitel 35

Die Neuen Republikaner

Als «Juicy» von Biggie Smalls 1994 veröffentlicht wurde, hatte eine wachsende Zahl Akademiker akzeptiert, dass «Intelligenz» so wenig greifbar, so vielfältig und so relativ ist, dass niemand sie genau messen kann, ohne in irgendeiner Form oder Art voreingenommen zu sein. Und diese Erkenntnis bedrohte das ureigene Fundament rassistischer Ideen in der Bildung (ebenso wie die sexistischen und elitären Vorstellungen). Sie gefährdete die rassistische Vorstellung, dass die historisch weißen Schulen und Hochschulen die intelligentesten Lernumfelder seien, den angeblichen Leistungsunterschied (und den tatsächlichen Unterschied bei der Finanzierung), die privilegierten Kanäle für Weiße zu den bestfinanzierten Schulen und Hochschulen, zu Arbeitsplätzen mit überdurchschnittlicher Bezahlung und zu einer komfortablen Lebensgrundlage, weil sie die standardisierten Tests infrage stellte, durch die diese Kanäle überwiegend Weißen vorbehalten waren. Richard Herrnstein, Professor für experimentelle Psychologie an der Harvard University, und der Politikwissenschaftler Charles Murray beobachteten die Verbreitung dieser in ihren Augen gefährlichen Ideen in den Achtzigerjahren und Anfang der Neunzigerjahre mit Sorge. Als Reaktion darauf verfassten sie *The Bell Curve: Intelligence and Class Structure in American Life,* ein einflussreiches Buch, das standardisierten Tests – und den ihnen zugrunde liegenden rassistischen Vorstellungen – neuen Auftrieb verlieh.

Gleich im ersten Satz nahmen Herrnstein und Murray die wachsende Gewissheit aufs Korn, dass es keine allgemeine Intelligenz gibt und diese daher auch nicht bei verschiedenen Menschen in einer Form variiert, die sich mit einem einfachen einzelnen Maßstab messen lässt – also etwa mit einem standardisierten Test. «Dass der Begriff *Intelligenz* etwas Reales beschreibt und dass Intelligenz von einem Menschen zum anderen variiert, ist so universal und altbekannt wie das Verständnis der Conditio humana», schreiben

Herrnstein und Murray zu Beginn ihrer Einleitung. Anschließend bezeichnen sie Antirassisten, die Ergebnisse standardisierter Tests als Indikatoren für Intelligenz ablehnen und damit die Existenz eines Leistungsunterschieds zwischen den «Rassen» verneinen, als «radikal» und «naiv». Für Herrnstein und Murray gibt es nur zwei einleuchtende «Alternativen»: «1. Der kognitive Unterschied zwischen Schwarzen und Weißen ist genetisch bedingt» (wie Segregationisten argumentieren), oder «2. Der kognitive Unterschied zwischen Schwarzen und Weißen ist umweltbedingt» (wie Assimilationisten argumentieren). Herrnstein und Murray schreiben nun: «Es erscheint uns sehr wahrscheinlich, dass sowohl die Gene als auch die Umwelt etwas mit rassischen Unterschieden zu tun haben.» Sie behaupten, «kognitive Fähigkeiten sind in erheblichem Maße erblich, offensichtlich zu nicht weniger als 40 Prozent und zu nicht mehr als 80 Prozent.»

Die wachsende genetisch minderwertige «Unterschicht» habe die meisten Kinder, und da sie die meisten Kinder habe, würde die weiße und vermögende «kognitive Elite» allmählich aussterben. «Ungleichheiten bei der Begabung einschließlich der Intelligenz sind eine Realität», schlussfolgern Herrnstein und Murray. «Der Versuch, die Ungleichheiten künstlich auszugleichen, führt in die Katastrophe.»[1]

Tatsächlich war es der Widerstand gegen ausgleichende Maßnahmen, den die mächtigen Nutznießer der Ungleichheit und die Produzenten rassistischer Ideen wie Herrnstein und Murray vertraten, der in die Katastrophe geführt hatte. Das Buch wurde gut beworben und die ersten Rezensionen fielen relativ positiv aus. Es kam kurz vor den Kongresswahlen 1994 auf den Markt, etwa zu der Zeit, als die «Neuen Republikaner» ihren extrem harten «Vertrag mit Amerika» vorlegten, um Clintons Neuen Demokraten die Themen Sozialhilfe und Verbrechensbekämpfung wieder streitig zu machen. Charles Murray begann den Wahlkampf, indem er die Wähler wieder einmal gegen den «Anstieg unehelicher Kinder» aufhetzte, und die Republikaner führten ihn fort mit ihren Begründungen für den «Vertrag mit Amerika», vor allem für den Gesetzentwurf «Taking Back Our Streets Act», der ein hartes Vorgehen gegen die Kriminalität versprach, und den «Personal Responsibility Act», mit dem die Sozialhilfe beschnitten werden sollte.»[2]

Der Begriff «persönliche Verantwortung» hatte zuvor nur eine geringe Rolle gespielt. 1994 machten Newt Gingrich, Abgeordneter für Georgia, und Richard Armey, Abgeordneter für Texas, die beiden Hauptautoren des «Vertrags mit Amerika», den Begriff, der sich nicht nur gegen schwarze Sozialhilfeempfänger richtete, wieder zum Thema – wodurch er Eingang in den

Wortschatz von Millionen amerikanischer Rassisten fand. Die Aufgabe schien ganz einfach: Schwarze, vor allem arme Schwarze, mussten «persönliche Verantwortung» für ihre sozioökonomische Situation und für rassistisch bedingte Ungleichheiten übernehmen und aufhören, der Diskriminierung die Schuld an ihren Problemen zu geben, in der Erwartung, dass der Staat sich um sie kümmern werde. Die rassistische Botschaft der «persönlichen Verantwortung» überzeugte eine neue Generation von Amerikanern, dass nicht die Diskriminierung, sondern unverantwortliche Schwarze die nach wie vor bestehenden Unterschiede verursachen würden – womit eine neue Generation rassistische Amerikaner überzeugt wurde, gegen diese unverantwortlichen Schwarzen zu kämpfen. Es war durchaus sinnvoll, einen Schwarzen als *Individuum* (oder auch einen Nichtschwarzen) zu ermuntern, mehr Verantwortung für sein Leben zu übernehmen. Und aus der Sicht der Rassisten war es erst recht sinnvoll, Schwarzen als *Gruppe* zu sagen, mehr persönliche Verantwortung für ihr Leben oder die ungleiche Situation im Land zu übernehmen, weil das unverantwortliche Handeln einzelner schwarzer Individuen von Rassisten immer verallgemeinert wurde. Nach dieser rassistischen Logik konnte man den Schwarzen und ihrer Verantwortungslosigkeit die Schuld an ihrer höheren Armuts- und Arbeitslosenquote und Unterbeschäftigung geben, als ob es mehr abhängige und faule schwarze Individuen gäbe als abhängige und faule weiße Individuen. Die rassistische Theorie der Sklavenhalter, dass Afroamerikaner abhängig seien, war entstaubt und für die 1990er-Jahre aufpoliert worden, wodurch Rassisten weiterhin bei der dumpfen Denkweise bleiben konnten, Afroamerikaner würden nicht genügend Verantwortung übernehmen, weshalb so viele von staatlicher Unterstützung abhängig seien, so wie sie früher angeblich auf die Unterstützung der Sklavenhalter angewiesen waren.

Eine populäre rassistische Idee – selbst unter Schwarzen, die das Verhalten eines Einzelnen aus ihrem Umfeld verallgemeinerten. Bei den Halbzeitwahlen 1994 verhalfen die Wähler den Republikanern und ihrer Forderung nach «persönlicher Verantwortung» zur Mehrheit im Kongress. Nachdem sich die Neuen Demokraten härter als die Republikaner gezeigt und das schärfste Gesetz zur Verbrechensbekämpfung in der amerikanischen Geschichte erlassen hatten, versprachen nun die Neuen Republikaner, noch härter durchzugreifen. Beide Parteien bemühten sich, eine der ältesten Interessensgruppen für sich zu gewinnen – die Rassisten –, deren Zusammensetzung vermutlich noch nie so multiethnisch gewesen war wie 1994.

Zum Jahresbeginn 1995 wurde weiterhin heftig über *The Bell Curve* diskutiert. Kaum ein anderes Buch löste eine derart intensive akademische Auseinandersetzung aus, was vermutlich daran lag, dass alle Beteiligten, also die Segregationisten in ihren Thinktanks, die Assimilationisten an den Universitäten und in akademischen Verbänden und die Antirassisten an den Black-Studies-Fakultäten und bei den Vertretern der Critical Race Theory, sehr viel Macht hatten. In der überarbeiteten und erweiterten Neuauflage von *The Mismeasure of Man* erklärte Stephen Jay Gould 1996, es sei keine Überraschung, dass die Veröffentlichung von *The Bell Curve* «exakt … mit einem neuen Zeitalter der sozialen Rücksichtslosigkeit zusammenfällt». *The Bell Curve,* schrieb Gould, «protokolliert den Ausschwung des politischen Pendels hin zu einer traurigen Position, die eine Begründung für die Behauptung benötigt, soziale Ungleichheit sei ein Diktat der Biologie». Gould kritisierte die Vertreter dieser neuen Rücksichtslosigkeit für ihre Forderungen, «jedes Sozialhilfeprogramm für Menschen in echter Not abzuschaffen … aber um Himmels willen ja keinen Cent beim Militär einzusparen … und weiter Steuererleichterungen für die Reichen zu gewähren». Der britische Psychologe Richard Lynn verteidigte die soziale Rücksichtslosigkeit und *The Bell Curve* und fragte im Titel eines Artikels: «Is Man Breeding Himself Back to the Age of Apes?» («Züchtet sich der Mensch zurück ins Zeitalter der Affen?») Die «Unterschicht» sei nur «gut» darin, «Kinder zu produzieren», und weiter: «Diese Kinder neigen dazu, die niedrige Intelligenz ihrer Eltern zu erben und deren antisoziale Lebensweise zu übernehmen, wodurch sich der Kreislauf des Mangels fortsetzt.» Die American Psychological Association (APA) – die Vertretung derjenigen, die standardisierte Intelligenztests entwickelt und populär gemacht hatten – berief als Reaktion auf *The Bell Curce* eine Taskforce zum Thema Intelligenz ein. «Der Unterschied zwischen den durchschnittlichen Testergebnissen von Schwarzen und Weißen basiert nicht auf einer offensichtlichen Voreingenommenheit beim Aufbau oder bei der Anwendung der Tests, ebenso wenig spiegeln die Ergebnisse einfach Unterschiede beim sozioökonomischen Status wider», hieß es im assimilationistischen Bericht der APA zur Verteidigung der Tests. «Erklärungen, die auf Faktoren wie gesellschaftlicher Stellung und Kultur basieren, sind vielleicht angebracht, doch bislang gibt es dafür kaum empirische Belege. Sicher gibt es auch keine derartigen Belege für eine genetische Interpretation. Derzeit ist schlicht nicht bekannt, welche Faktoren für die Unterschiede verantwortlich sind.» Was nicht existiert, kann man natürlich auch nicht belegen.[3]

Während republikanische Politiker Herrnstein und Murray für *The Bell Curve* beklatschten und unterstützten, versuchten sie gleichzeitig, Angela

Davis zu entthronen, nachdem man ihr im Januar 1995 an der University of California in Santa Cruz den prestigeträchtigen President's Chair übertragen hatte. «Ich bin empört», erklärte Bill Leonard, der im Senat von Kalifornien saß. «Die Integrität des gesamten Systems steht auf dem Spiel, wenn jemand wie Ms. Davis, die für Rassismus, Gewalt und Kommunismus steht, ernannt wird.» Davis, so Leonard, versuche einen Bürgerkrieg zwischen Weißen und Schwarzen anzuzetteln. In den 1950er-Jahren hatten Segregationisten aus dem Süden behauptet, die Integrationisten im Norden würden versuchen, einen Bürgerkrieg zwischen den Rassen auszurufen. Und im 19. Jahrhundert hatten Sklavenhalter behauptet, die Abolitionisten würden zu einem Bürgerkrieg zwischen den Rassen anstacheln. Doch die Segregationisten im Norden wie im Süden hatten auch die Jim-Crow-Gesetze nach dem Bürgerkrieg und die Sklaverei im 19. Jahrhundert für gut befunden und behauptet, die Diskriminierung sei vorbei oder habe nie existiert. So sehr sich die segregationistische Theorie im Laufe der Zeit verändert hatte, blieb sie im Grunde doch dieselbe. Seit den 1960er-Jahren bemühten sich segregationistische Theoretiker wie schon ihre Vorgänger, die Amerikaner davon zu überzeugen, dass Rassismus nicht existiere, in dem Wissen, dass Antirassisten dann aufhören würden, sich gegen den Rassismus zu stemmen. Der Rassismus wäre dann gesichert, wenn die Amerikaner überzeugt wären, dass das Zeitalter des Rassismus vorüber wäre.[4]

Nachdem Herrnstein und Murray verkündet hatten, dass die Benachteiligung der Afroamerikaner nicht auf die Diskriminierung, sondern die Genetik zurückzuführen sei, rief ein Kollege von Murray am American Enterprise Institute 1995 fast wie aufs Stichwort «das Ende des Rassismus» in seinem provokanten Buch mit dem gleichnamigen Titel aus. «Warum sollten Gruppen, die eine andere Hautfarbe, Kopfform und andere sichtbare Unterschiede zeigen, beim logischen Denken oder der Fähigkeit zum Aufbau einer fortgeschrittenen Kultur keine Unterschiede aufweisen?», fragte Dinesh D'Souza, ein ehemaliger Berater von Ronald Reagan. «Wenn Schwarze bestimmte ererbte Fähigkeiten haben, etwa Improvisationstalent, würde das erklären, warum sie in Bereichen wie dem Jazz, Rap und Basketball dominieren, in anderen Bereichen wie klassischer Musik, Schach und Astronomie jedoch nicht.» Für D'Souza waren diese rassistischen Vorstellungen nicht rassistisch. Gleich auf der ersten Seite wies er auf seine indische Herkunft hin und erklärte, seine «Neigungen» seien «stark antirassistisch und mit Minderheiten sympathisierend». Der selbsternannte Antirassist D'Souza lehnte jedoch die antirassistische These ab, Rassismus sei «das Haupthindernis, das sich Afroamerikanern heute in den Weg stellt, und die wichtigste Erklärung für ihre Probleme». Stattdessen betrachtete er den «liberalen Antirassismus» als größtes Hindernis für Afroamerikaner, weil er «dem weißen Rassismus die Schuld an afroamerikanischen Krankheiten gibt und sich gegen alle Maßnahmen wendet, die Zivilisationsstandards auferlegen».[5]

Mit seinem unglaublichen Schreib-, Rede- und Vermarktungstalent – und dank mächtiger Unterstützer – brachte D'Souza viele Amerikaner dazu, über die Themen nachzudenken, die er in *The End of Racism* angesprochen hatte. Doch die Diskriminierung war 1995 für jeden zu erkennen, der sich die Mühe machte, die Augen zu öffnen und die Politik, die Ungleichbehandlung und Rhetorik genauer unter die Lupe zu nehmen. Wie konnte man das Ende des Rassismus ausgerechnet in einer Zeit ausrufen, die davon förmlich aufgeladen war und in der rassistische Ideen hin und her flogen wie Ping-Pong-Bälle? All das kam in der Berichterstattung der Medien über den Prozess des Jahrhunderts zum Ausdruck, im Verfahren des wegen Mordes an seiner Ehefrau und deren Freund angeklagten Football-Stars O. J. Simpson. Von den Eröffnungsplädoyers am 24. Januar bis zur live übertragenen Urteilsverkündung am 3. Oktober 1995 waren der Prozess und Simpsons Freispruch für empörte rassistische Amerikaner ein Beispiel für das lasche Vorgehen der Justiz.[6]

Der Fall von O. J. Simpson war nicht der einzige Beleg für einen Anstieg des Rassismus, auf den D'Souza in seinem Buch klugerweise nicht einging. Don Black in Florida gründete 1995 eine der ersten Websites zur «White Supremacy», Stormfront.org. Die Informationen für diese neue Kultur der «Cyberrassisten», wie der Journalist Jessie Daniels sie nannte, lieferten Segregationisten wie der kanadische Psychologe J. Phillippe Ruston, der argumentierte, aufgrund der Evolution hätten Gehirn und Genitalien von Schwarzen eine andere Größe als die von Weißen. «Das ist ein Kompromiss; mehr Hirn oder mehr Penis. Man kann nicht alles haben», erklärte Ruston den Lesern des *Rolling Stone* im Januar 1995. Im März spielte Halle Berry die Hauptrolle in dem Spielfilm *Losing Isaiah (Die andere Mutter)*, mit dem die sich zuspitzende Debatte über Adoptionen von Kindern anderer Hautfarbe die Kinos erreichte. Der Film handelte von einer schwarzen drogenabhängigen Mutter, deren Kind von einer weißen Frau adoptiert wird. Und während die Idee, dass schwarze Eltern ein weißes Kind adoptieren, die Vorstellungskraft der Rassisten überstieg, ermutigten Assimilationisten weiße Eltern nicht nur, als «Retter» schwarze Kinder zu adoptieren, sondern behaupteten auch noch, dass es ein schwarzes Kind in einem weißen Zuhause besser habe als in einem schwarzen Zuhause.[7]

Als die Teilnehmer einer Umfrage 1995 aufgefordert wurden, «kurz die Augen zu schließen, sich einen Drogenabhängigen vorzustellen und diese Person zu beschreiben», beschrieben 95 Prozent der Teilnehmer ein schwarzes Gesicht, obwohl Schwarze gerade einmal 15 Prozent der Drogenkonsumenten in jenem Jahr stellten. Doch die rassistischen Amerikaner verschlossen die Augen vor diesen Fakten oder richteten den Blick lieber auf Artikel wie «The Coming of the Super Predators» im *Weekly Standard* vom 27. November 1995.

Darin enthüllte der Politikwissenschaftler John J. Dilulio von der Princeton University – Mitarbeiter am Manhattan Institute, einem politischen Thinktank, wo Charles Murray in den 1980er-Jahren aktiv gewesen war –, dass die Zahl der Morde, die von schwarzen Vierzehn- bis Siebzehnjährigen verübt worden waren, in den Jahren 1985 bis 1992 um 300 Prozent gestiegen war, eine Steigerung, die sechsmal höher war als die bei den Weißen. Allerdings versäumte er es, den Anstieg der Gewalt mit dem gleichzeitigen Anstieg der Arbeitslosigkeit bei jungen männlichen Schwarzen in Verbindung zu bringen. Ebenso wenig erklärte Dilulio den Anstieg der Gewalt damit, dass Drogenfahnder unverhältnismäßig hart bei jungen schwarzen Dealern durchgriffen und diese verhafteten, obwohl die Drogenfahnder wussten, dass die Zerschlagung eines Drogenrings einen gewalttätigen Kampf um die Kontrolle des Marktes nach sich zog, der zuvor stabil gewesen war. Dilulio erklärte den Anstieg stattdessen mit der «moralischen Armut» der Jugendlichen, die in einer «von Missbrauch und Gewalt geprägten, gewalttätigen, vaterlosen, gottlosen Umgebung ohne Arbeit» aufgewachsen seien. Entsprechend sah er «am Horizont» «Zehntausende moralisch völlig verarmte jugendliche Superraubtiere», die «das tun, was in ihrer Natur liegt: Mord, Vergewaltigung, Raub, Körperverletzung, Überfälle, Handel mit tödlichen Drogen und der eigene Rausch». Und wie wollte Dilulio diesen «Superraubtieren» beikommen? «Mit Religion.»[8]

Für Dilulio und Millionen Menschen aller Ethnien musste sich ein junger Schwarzer in Baggypants, der im schwarzen Slang vor sich hinfluchte, Hip-Hop hörte und «Fuck tha Police» rief, an Halloween gar nicht erst verkleiden. Er war schon furchteinflößend genug – eine «Bedrohung für die Gesellschaft» – wie ein Filmtitel von 1993 lautete *(Menace II Society)*. Und seine junge Mutter war eine Bedrohung, weil sie ihn geboren hatte. Die eigentliche Beute des Raubtier-Rassismus wurde wirkungsvoll als «Superraubtier» abgestempelt. Oder wie ein antirassistischer junger Lehrer in *Menace II Society* zu jungen Schwarzen sagt: «Die Jagd hat begonnen und ihr seid die Beute!»[9]

Inmitten der Proklamationen zum Ende des Rassismus mobilisierten sich die Afroamerikaner 1995 zur größten politischen Demonstration in ihrer Geschichte, dem mutigen Million Man March nach Washington D. C. Auf die Idee dazu war Louis Farrakhan gekommen, nachdem sich der Rauch nach den Kongresswahlen 1994 gelegt hatte. Schon bald wurden die schwarzen Amerikaner vom Marschfieber gepackt. Antirassistische Feministinnen, darunter auch Angela Davis, machten sich über den geschlechtsspezifischen Rassismus des inoffiziellen Organisationsprinzips des Marsches lustig: Die schwarzen Männer müssten sich aus dem Zustand der Schwäche (aufgrund ihrer Kastration) befreien und zu Familienoberhäuptern und Anführern ihrer Gemeinschaft werden und so ihre Leute voranbringen. «Der Gerechtigkeit kann nicht genüge getan werden, indem man einer verzerrten rassistischen Sicht von schwarzer Männlichkeit eine beschränkte sexistische Vision von Männern entgegenstellt, die ‹eine Stufe über den Frauen stehen›», erklärte Davis bei einer Pressekonferenz in Manhattan am Tag vor dem Marsch in Anspielung auf Farrakhan und den Koran. Doch die Kritik trieb auch seltsame Blüten. Neben den schwarzen Feministinnen, die die Organisatoren des Marsches fälschlicherweise als sexistisch bezeichneten, weil nur schwarze *Männer* daran teilnehmen sollten, gab es weiße Assimilationisten, die die Organisatoren des Marsches ebenso fälschlicherweise als rassistisch bezeichneten, weil nur *schwarze* Männer daran teilnehmen sollten.[10]

Einige Aktivisten, die sich wegen des Million Man March zerstritten hatten, kamen im Sommer 1995 wieder zusammen, weil sie um das Leben des bekanntesten schwarzen männlichen politischen Gefangenen kämpfen wollten, um Mumia Abu-Jamal, der im Zusammenhang mit dem Mord an einem weißen Polizisten 1982 in Philadelphia verurteilt worden war. «Das sind die Insassen des Todestrakts in Amerika: Männer und Frauen, die auf Messers Schneide zwischen einem halblebigen Leben und dem sicheren Tod stehen», sagte Mumia in *Live from Death Row (… aus der Todeszelle),* einer Sammlung seiner Kommentare. «In der Todeszelle findet man eine schwärzere Welt als sonst irgendwo. Afroamerikaner, die gerade einmal 11 Prozent der Bevölkerung des Landes ausmachen, stellen etwa 40 Prozent der Insassen der Todeszellen. Und dort finden Sie auch den Schreiber dieser Zeilen.»[11]

Wenige Wochen nach dem Erscheinen von *Live from Death Row,* das im Mai 1995 eifrig besprochen wurde, und wenige Tage, bevor Mumias Anwalt einen Antrag auf eine Wiederaufnahme des Verfahrens stellte, unterzeichnete der Gouverneur von Pennsylvania, Thomas Ridge, ein Republikaner und Vertreter der «Law and Order«-Politik, Mumia Abu-Jamals Todesurteil.

Seine Hinrichtung wurde auf den 17. August 1995 festgelegt. Weltweit erhoben sich in jenem Sommer Proteste; Mumias Leben sollte verschont und die Todesstrafe allgemein abgeschafft werden. Unter den Unterstützern Mumias fanden sich ergraute Aktivisten, von denen einige Jahrzehnte zuvor «Freiheit für Angela» skandiert hatten, und jüngere, die bei der Organisation des Million Man March geholfen hatten. Doch noch vor einem landesweiten Protesttag, der für den 12. August angesetzt war, wurde die Vollstreckung des Todesurteils auf unbestimmte Zeit verschoben.[12]

Am Ende jenes unruhigen Sommers stand die breite Mehrheit der Afroamerikaner dem Million Man March positiv gegenüber und war sich sowohl seiner rassistischen wie antirassistischen Hintergründe bewusst. Der größte gemeinsame Nenner war wohl die persönliche Verantwortung, also die Aufforderung an schwarze Männer, mehr Verantwortung für ihr Leben, ihre Familien, ihre Wohnviertel und ihre schwarze Nation zu übernehmen. Viele unter den etwa eine Million zählenden Teilnehmern, die am 16. Oktober 1995 über die National Mall zogen, waren gekommen, weil sie der rassistischen Idee Glauben schenkten, dass etwas mit schwarzen Männern, schwarzen Jugendlichen, schwarzen Jungen, schwarzen Vätern und schwarzen Ehemännern nicht stimmte. Doch viele der Demonstranten, die den 50 Rednern zuhörten, glaubten auch an die antirassistische Idee, dass etwas mit der zunehmenden Diskriminierung nicht stimmte. Oder wie Louis Farrakhan auf dem Höhepunkt seiner zweieinhalbstündigen Rede den Demonstranten entgegendonnerte: «Das wahre Übel in Amerika ist nicht das weiße Fleisch oder das schwarze Fleisch. Das wahre Übel in Amerika ist die Idee, die die Grundlage der gesamten westlichen Welt bildet, und diese Idee heißt White Supremacy.»[13]

Bill Clinton begrüßte die Demonstranten nicht und hörte an jenem 16. Oktober auch nicht ihre Reden über das Fortbestehen des Rassismus. Stattdessen hielt er an der University of Texas selbst eine Rede über Rassismus, mit der er im Zentrum des bibeltreuen Amerika für eine Versöhnung der Rassen eintrat und damit den christlich-fundamentalen Kreuzzug für eine Aussöhnung der Rassen in den Jahren 1996 und 1997 in Gang brachte. Fundamentale Christen predigten nun, dass das sogenannte Problem des gegenseitigen Rassenhasses durch Gott gelöst werden könne, der gegenseitige Liebe bringe. Zumindest Clinton erkannte bei seiner Rede in Texas: «Wir müssen das Haus des weißen Amerika vom Rassismus säubern.» Doch diese Aussage, die zu den antirassistischsten Äußerungen seiner Präsidentschaft zählte, wurde eingerahmt von den zwei rassistischsten Äußerungen seiner Amtszeit. Anstatt

Statistiken anzuführen, dass Weiße normalerweise durch andere Weiße Gewalt erlitten, legitimierte Clinton die «Wurzeln weißer Angst in Amerika» mit der Aussage: «Gewalt hat für … Weiße zu oft ein schwarzes Gesicht.» Und dann ging er in die Defensive: «Es ist nicht rassistisch, wenn Weiße sagen, dass die Kultur der Abhängigkeit von staatlicher Unterstützung, unehelicher Schwangerschaften und mangelnder Vaterfiguren nur mit Sozialprogrammen aufgebrochen werden kann, wenn zuvor etwas mehr persönliche Verantwortung übernommen wird.»[14]

Offiziell erklärte sich Clinton zu einem Anhänger der rassistischen Idee der persönlichen Verantwortung, als er am 22. August 1996 den Personal Responsibility and Work Opportunity Act unterzeichnete und damit zum Gesetz machte – zu einem Zeitpunkt, an dem sich bereits die nächste Präsidentschaftswahl abzeichnete. Das Gesetz war ein Kompromiss zwischen Newt Gingrichs Neuen Republikanern und Bill Clintons Neuen Demokraten. Es schränkte die Kontrolle Washingtons über Sozialhilfeprogramme ein, verlangte Arbeit im Gegenzug für Unterstützung und begrenzte die Dauer der Unterstützung. Obwohl Sozialhilfeprogramme nur 23 Prozent des zivilen Haushalts ausmachten und im sozialen Bereich in den vergangenen zwei Jahren ohnehin bereits 50 Prozent der Einsparungen vorgenommen worden waren, blieb die Reform der Sozialhilfe für die Mehrheit der weißen Amerikaner das dominierende innenpolitische Thema. Von Barry Goldwaters «animalischer Kreatur» bis zu Reagans «Sozialhilfekönigin», die Schöpfer rassistischer Ideen hatte bei den nichtschwarzen Amerikanern ganze Arbeit geleistet. Der republikanische Kongressabgeordnete John L. Mica aus Florida hielt während der Kongressdebatte über den Gesetzesentwurf ein Schild hoch, das alles sagte: «Die Alligatoren bitte nicht füttern. Unnatürliches Futter und künstliche Unterstützung schaffen Abhängigkeit.»[15]

Die Schöpfer rassistischer Ideen hatten aber auch bei den schwarzen Amerikanern ganze Arbeit geleistet: Sie hatten einen Marsch gegen die Reform der Sozialhilfe verhindert und einige Afroamerikaner veranlasst, unverantwortliche, abhängige, gewalttätige «Nigger» so sehr zu hassen, wie rassistische Nichtschwarze es taten. «Ich liebe Schwarze, aber ich hasse Nigger», scherzte ein relativ unbekannter schwarzer Comedian namens Chris Rock in der Sendung «Bring the Pain» am 1. Juni 1996 auf HBO. Der unvergessliche Auftritt begann mit antirassistischen Sticheleien gegen Schwarze und Weiße und ihre Reaktionen auf das Urteil für O. J. Simpson und katapultierte Chris Rock am Ende in den Pantheon der amerikanischen Comedy. Es war der Beginn einer Revolution in der schwarzen Comedy, mit der die drei wichtigsten Themen für eine neue Generation eingeführt wurden: Beziehungen, der Rassismus der Weißen und das, was an den Schwarzen nicht stimmte. Mit «Bring the Pain» entwickelte sich die schwarze Comedy zu einem der dynamischsten Schauplätze antirassistischer und rassistischer Ideen, bei denen die Zuhörer über oder mit den Komödianten lachten.[16]

In der Wahlnacht 1996 erlebten die Antirassisten eine vernichtende Niederlage in Kalifornien. Die kalifornischen Wähler konnten gleichzeitig über eine Vorlage zur positiven Diskriminierung abstimmen und sprachen sich gegen eine «bevorzugte Behandlung», wie es offiziell hieß, im öffentlichen Dienst, bei öffentlichen Auftragsvergaben und in der Bildung aus. Weder wurde die Verteilung der Mittel für öffentliche Colleges und Schulen verändert, noch wurden die standardisierten Tests abgeschafft, obwohl bei beiden weiße, reiche und männliche Schüler und Studenten bevorzugt wurden. In der Folge begann der Anteil afroamerikanischer Studenten an den Fakultäten der University of California zu sinken.

Die Kampagne für die Wählerinitiative 209 in Kalifornien zeigte die ganze Tragweite der sich ausbreitenden rassistischen Ideen: Die Gegner der positiven Diskriminierung brandmarkten die antirassistische gezielte Förderung als diskriminierend, bezeichneten die Kampagne und die Wählerinitiative als «Bürgerrechtsinitivative», erinnerten in ihren Spots an den «Traum» von Martin Luther King Jr. und verpassten der Kampagne ein schwarzes Gesicht in Form von Ward Connerly, Mitglied im Verwaltungsrat der University of California. Connerly folgte diesem Muster auch in anderen Bundesstaaten, um für die Abschaffung positiver Diskriminierung einzutreten. Doch zuvor erhielt er noch eine öffentliche Rüge von der 69-jährigen Coretta Scott King: «Tatsächlich hat Martin Luther King das Konzept der positiven Diskriminierung unterstützt», erklärte sie. «Wer andeutet, er habe die positive Diskriminierung nicht unterstützt, stellt seine Ansichten und sein Lebenswerk falsch dar.»[17]

Am 6. November 1996, am Tag nach der Annahme des Referendums zur Abschaffung der positiven Diskriminierung und der Wiederwahl von Clinton und einem republikanischen Kongress, kam der wohl raffinierteste, umfassend antirassistische Thriller des Jahrzehnts in die Kinos. Unter der Regie des 27-jährigen F. Gary Gray, der bereits mit der Komödie *Friday* (1995) überzeugt hatte, zeigte *Set It Off* (mit Jada Pinkett, Queen Latifah, Vivica A. Fox und Kimberley Elise in den Hauptrollen und einem Drehbuch von Kate

Lanier und Takashi Bufford), wie und warum vier schwarze Frauen in Los Angeles durch die Diskriminierung bei der Arbeit und in der Ehe, durch klassenspezifische und sexuelle Ausbeutung sowie durch rassistische Polizeigewalt dazu gebracht wurden, ein Gewaltverbrechen zu begehen – in ihrem Fall gut geplante bewaffnete Banküberfälle – um ein besseres Leben zu führen und sich an denen zu rächen, die versuchten, sie kaputtzumachen. *Set It Off* tat das, was der Rassismus mit seinen Forderungen nach Law and Order und einem harten Durchgreifen gegen Kriminalität nicht tun wollte: Der Filme zeigte die Schwarzen in den Innenstädten, die gegen das Gesetz verstießen, als Menschen und zwang die Zuschauer, darüber nachzudenken, wer die eigentlichen Kriminellen in Amerika waren. Während Pinkett eine gebildete, unabhängige, sexuell selbstbestimmte Heterosexuelle in all ihrer Normalität zwischen männlichen Liebhabern und Männern spielt, die sie missbrauchen wollen, verkörpert Latifah eine starke, burschikos wirkende Lesbe in all ihrer Normalität zwischen armen Schwarzen. Am Ende sterben drei Frauen, doch die gewitzte Pinkett kann entkommen und flieht mit dem gestohlenen Geld in den Sonnenuntergang, weit weg vom amerikanischen Rassismus.

Kritiker und Zuschauer waren begeistert von der Tragödie und vom Triumph von *Set It Off.* Selbst der Filmkritiker Roger Ebert «staunte, wie sehr ich anfing, mit den Figuren mitzufiebern». Wenn doch nur die Anhänger von Law and Order angesichts des strukturellen Rassismus begonnen hätten, sich Gedanken über die echten Menschen zu machen. Doch die Produzenten rassistischer Ideen schienen fest entschlossen, dafür zu sorgen, dass so etwas niemals passierte.[18]

Bei der Wurzel der Ursache für das «Problem der Rasse» täuschte sich Bill Clinton leider, als er sich am 14. Juni 1997 in einer verblüffenden Ansprache zum Thema äußerte. In seiner Rede vor Universitätsabsolventen an der Alma Mater von Angela Davis, der University of California in San Diego, versprach Clinton, «das amerikanische Volk in einen großen, beispiellosen Dialog über Rasse zu führen». Reformer applaudierten Clinton für seine Bereitschaft, Vorurteile und Diskriminierung zu verurteilen, und «die erste wahrhaft multiethnische Demokratie der Welt aufzubauen».[19]

Über eine Million schwarze Frauen wollten dafür sorgen, dass auch ihre Vorstellungen in diesen Dialog einflossen, weshalb sie sich am 25. Oktober 1997 in Philadelphia versammelten. Bei diesem Million Woman March traten die Kongressabgeordnete Maxine Waters, Sister Souljah, Winnie Mandela, Attallah und Ilyasah Shabazz (die Töchter von Malcolm X) sowie Dorothy Height als Rednerinnen auf. An einer Stelle flog ein Hubschrauber tief über die Menge, sodass die Reden nicht mehr zu verstehen waren. Tausende rissen die Arme nach oben, als ob sie den Hubschrauber wie eine Fliege verscheuchen wollten. Es funktionierte. «Seht ihr, was wir erreichen können, wenn wir zusammenarbeiten», rief daraufhin die leidenschaftliche Zeremonienmeisterin Brenda Burgess aus Michigan.

Die Aufrufe zur Einheit der Schwarzen hallten durch Philadelphia, wie sie zwei Jahre zuvor auch schon beim Million Man March in Washington D. C. erklungen waren – als ob Schwarze ein Problem mit der Geschlossenheit hätten, als ob ihre Uneinigkeit zu ihrer Misere beitragen würde und als ob andere Ethnien keine Verräter in ihren Reihen hätten, die ihnen in den Rücken fielen. Die am stärksten geeinte ethnische Gruppe des Landes, die hinter einer einzigen politischen Partei stand, war politisch noch nie sonderlich gespalten. Aber rassistische Ideen mussten ja noch nie einen Realitätsnachweis erbringen.[20]

«Der Rassismus wird nicht verschwinden, indem man sich auf die Rasse konzentriert», hatte Newt Gingrich, Sprecher des Repräsentantenhauses, nach Clintons Aufruf zu einem nationalen Dialog über Rasse verkündet. Aus dieser Reaktion auf Clintons Dialogvorschlag entstand ein neues Schlagwort: farbenblind. Die Rhetorik der «Farbenblindheit» – die Idee, dass man Probleme zwischen Ethnien lösen könnte, indem man sie ignorierte – wirkte auf unlogisch denkende Menschen logisch. «Farbenblinde» Segregationisten verurteilten öffentliche Diskussionen über Rassismus und traten damit in die Fußstapfen der Anhänger der Jim-Crow-Gesetze und Sklavenhalter. Allerdings waren diese angeblich farbenblinden Segregationisten viel raffinierter als ihre rassistischen Vorgänger, denn sie erklärten, dass jeder, der sich an Clintons nationaler Diskussion in antirassistischer Form beteilige, in Wirklichkeit ein Rassist sei. In seinem 1997 veröffentlichten Buch *Liberal Racism* argumentierte der Journalist Jim Sleeper, jeder, der nicht farbenblind sei – also «transethnisch» –, sei ein Rassist. In ihrem erfolgreichen Buch *America in Black & White,* das im selben Jahr erschien, erklärten die Politikwissenschaftlerin Abigail Thernstrom vom Manhattan Institute und der Historiker Stephan Thernstrom aus Harvard, eine «rassenbewusste Politik sorgt für viel mehr Rassenbewusstsein; sie wirft die amerikanische Gesellschaft zurück». Die wenigsten Weißen seien heutzutage Rassisten, schrieben die Thernstroms, das Verhältnis zwischen den Rassen werde von «schwarzer Wut» und «weißer Kapitulation» dominiert. Diese Haltung fand sich auch in den Essays von *The Race Card*, einer einflussreichen Anthologie, die von Peter Collier und David Horowitz herausgegeben wurde. Wer sich auf rassische Diskriminierung berufe, spiele die «Rassenkarte» aus und gewinne damit, weil liberale Weiße ständig Schuldgefühle hätten.[21]

Die Rhetorik der Farbenblindheit hatte offenbar den gewünschten Effekt. Fast ein Jahrhundert, nachdem sich das Oberste Gericht der USA für den Grundsatz «getrennt, aber gleich» ausgesprochen hatte, bevorzugte die öffentliche Meinung nun die farbenblinde Option. Die Jahrtausendwende rückte näher, doch die Menschen waren immer noch blind für die Gleichheit der Menschen nach Farben.

Kapitel 36

Zu 99,9 Prozent gleich

Das Ideal der Farbenblindheit wurde durch das Aufkommen des amerikanischen Multikulturalismus noch verstärkt. «Mehr als je zuvor verstehen wir die Vorteile unserer rassischen, sprachlichen und kulturellen Vielfalt», hatte Clinton in seiner Rede an der UC San Diego gesagt. Das alte assimilationistische Ideal, dass alle Amerikaner unabhängig von ihrem kulturellen Erbe die euro-amerikanische Kultur übernehmen, hatte tatsächlich gelitten. An den Schulen und vor allem Hochschulen wurde Vielfalt gelehrt, es gab neue Fächer wie die Ethnic Studies, die Zahl nichtweißer Einwanderer stieg und die Amerikaner beschäftigten sich mit ihren Wurzeln und Vorfahren unter den Ureinwohnern und Einwanderern. Nathan Glazer, Coautor eines Buches, das sich 1963 mit dem amerikanischen Schmelztiegel befasst hatte, jenem assimilationistischen Standard der damaligen Zeit, und entsprechend den Titel *Beyond the Melting Pot* trug, gestand nun bedrückt, dass sich die Dinge geändert hätten. Der Titel seines Buches von 1997 lautete *We Are All Multiculturalists Now*. Daran arbeiteten sich nun die Assimilationisten ab, die das Jahrzehnt damit verbracht hatten, auf die immer beliebteren Black-Studies-Studiengänge und -Abteilungen zu schimpfen.[1]

Aber Glazer lag mit seiner Einschätzung der Kultur wieder einmal falsch. Eine wirklich multikulturelle Nation unter Führung von Multikulturalisten hätte nicht das Christentum als inoffizielle Staatsreligion. In einem solchen Land wären Anzüge nicht die Standardkleidung eines Geschäftsmanns. Englisch wäre nicht die Standardsprache und würde auch nicht in standardisierten Tests bewertet werden. Das Fach Ethnic Studies würde nicht als überflüssig gelten. Afrozentrische Gelehrte und Vertreter des Multikulturalismus, die verschiedene kulturelle Perspektiven einbeziehen, würden nicht als kontrovers betrachtet werden. Keine kulturelle Gruppe würde direkt oder indirekt aufgefordert, die kulturellen Normen einer anderen Gruppe zu kennen und sich ihnen in der Öffentlichkeit anzupassen, um voranzukommen. Eine Nation unterschiedlich aussehender Menschen ist nicht automatisch multikulturell oder vielfältig, wenn die meisten die gleiche Kultur praktizieren oder lernen, sie auszuüben. Die Vereinigten Staaten waren 1997 vielleicht in den Häusern und Wohnungen, hinter verschlossenen Türen, eine multikulturelle Nation, aber sicher nicht in der Öffentlichkeit. Die Rassisten in den USA akzeptierten Vielfalt und Multikulturalismus ohnehin nur dem Namen nach. In der Praxis zwangen sie anderen ihre kulturellen Standards auf.

Diese Erhaltung des Status quo zeigte sich unter anderem in der Kritik an Angela Davis' wegweisendem neuen Buch *Blues Legacies and Black Feminism,* das 1998 erschien. Davis hatte vier Jahre gebraucht, um die verfügbaren Blues-Aufnahmen von Ma Rainey und Bessie Smith durchzuarbeiten, die die Grundlage ihrer Analyse bildeten. Wieder einmal bezog sie in ihre Betrachtungen Geschlecht, Rasse und Klasse ein (wofür Davis ja bekannt war) und erweiterte sie noch um die Faktoren Sexualität und Kultur. Sie untersuchte Songtexte in Hinblick auf lesbische Liebe und Bisexualität und betrachtete das Vermächtnis der afrikanischen Kultur im Blues. In den fünf Hauptkategorien der Analyse – Geschlecht, Rasse, Klasse, Sexualität und Kultur – hatten sich nicht gerade viele Amerikaner mit einer antirassistischen Haltung hervorgetan. Daher hagelte es Kritik von allen fünf Seiten, vor allem vonseiten der Kultur. Der Rezensent der *New York Times* kritisierte Davis' kulturellen Antirassismus als «tiefsitzenden kulturellen Nationalismus», während die *Washington Post* über ihren «geschwollenen akademischen Ton und ihre starre Ideologie» spottete. Offensichtlich waren Akademiker wie Angela Davis, die sich nicht nur oberflächlich mit kulturellen Unterschieden beschäftigten, sondern sie aufdeckten, untersuchten und aussprachen, Ideologen und Kulturnationalisten.[2]

Davis setzte ihre innovativen umfassenden Untersuchungen über schwarze Frauen fort und konzentrierte sich weiterhin auf die Abolitionismusbewegung, die zu Beginn des neuen Jahrtausends wieder auflebte. «Am 15. Februar 2000 geriet der zweimillionste Häftling ins amerikanische Justizsystem, die Hälfte dieser Häftlinge ist schwarz», erklärte sie Anfang des Jahres 2000 bei einem Vortrag an der University of Colorado. Davis wusste, dass die meisten Häftlinge wegen Drogendelikten verurteilt worden waren. Sie wusste auch, dass Weiße häufiger Drogen verkauften als Schwarze, wie Human Rights Watch berichtete. Daher reiste Davis durchs Land und lenkte die Aufmerksamkeit der Amerikaner auf das ungerechte Justiz- und Strafvollzugssystem, das sie als neue Form der Sklaverei betrachtete. Die natürliche abolitionistische Lösung bot sie 2003, als sie mit ihrem neuen Buch *Are Prisons Obsolete?* die antirassistische Frage stellte, ob man Gefängnisse abschaffen könne. In ihrem 115 Seiten umfassenden Manifest für die Abschaffung der Haftanstalten stellte sie sich eine «Welt ohne Gefängnisse» vor. «Aufgrund der anhaltenden Macht des Rassismus sind ‹Kriminelle› und ‹Bösewichte› in der kollektiven Vorstellung Farbige», schrieb Davis. Das Gefängnis befreie Amerika «von der Verantwortung, über die wahren Probleme dieser Gemeinschaften nachzudenken, aus denen die Häftlinge in so unverhältnismäßig hoher Zahl stammen».[3]

Ein bekannter schwarzer Sprachwissenschaftler an der University of California, Berkeley teilte Davis' Einschätzung nicht. Der Anteil der Schwarzen an der Häftlingszahl «spiegelt genau die Rate wider, mit der sie Verbrechen begehen», behauptete John McWhorter – ohne Belege anzuführen – in *Losing the Race: Self-Sabotage in Black America.* Sein Bestseller aus dem Jahr 2000 beförderte ihn abrupt ins Rampenlicht und machte ihn zu Amerikas bekanntestem schwarzen konservativen Intellektuellen. Als Sprachwissenschaftler musste McWhorter natürlich ein Kapitel auf die Debatte um Ebonics verwenden, das afroamerikanische Englisch, die vier Jahre zuvor ihren Anfang genommen hatte, als bekannt wurde, dass der Schulbezirk von Oakland Ebonics als eigenständige Sprache mit westafrikanischen Wurzeln anerkannt hatte. Abgesehen von der Aussage, dass Afroamerikaner eine genetische Neigung zu Ebonics hätten (die in einer späteren Version gestrichen wurde), war die Begründung des Beschlusses der Schulbehörde von Oakland von 1996 erstaunlich antirassistisch und empathisch. Ebonics wurde darin mit akzeptierten englischen Sprachen gleichgesetzt. Die Schulbehörde erkannte an, dass manche Schüler fließend Ebonics sprachen, und wollte die «Legitimation und den Reichtum einer solchen Sprache» erhalten sowie «den Erwerb und die Beherrschung der englischen Sprache erleichtern». Sie wollte sicherstellen, dass die Schüler bilingual aufwuchsen.»[4]

Der Sozialpsychologe Robert Williams hatte den Begriff «Ebonics» 1973 geprägt, um rassistische Bezeichnungen wie «Nonstandard Negro English» zu ersetzen. «Wir wissen, dass Ebony [Ebenholz] für schwarz steht und Phonics [Phonetik] für sprachliche Laute oder die Wissenschaft von den Tönen», erklärte er damals. «Somit sprechen wir eigentlich über die Wissenschaft schwarzer Sprachlaute oder von der Sprache der Schwarzen.» «Ebonics» blieb ein wenig bekannter linguistischer Begriff, bis die Schulbehörde von Oakland mit ihrem Beschluss Ende der 1990er-Jahre einen Sturm assimilationistischer Empörung und antirassistischer Verteidigungen auslöste. McWhorter machte sich einen Namen damit, dass er einer der wenigen schwarzen Linguisten war, die sich gegen die Entscheidung der Schulbehörde wandten.[5]

In der Sendung *Meet The Press* auf NBC erklärte Jesse Jackson einige Tage nach dem Beschluss: «Ich verstehe, dass man diese Kinder erreichen will, aber das ist eine inakzeptable Kapitulation, ja fast schon eine Schande. Damit senkt man das Niveau des Unterrichts.» Die Linguistic Society of America dagegen äußerte sich 1997 zustimmend über die Entscheidung der Schulbehörde: «Ebonics als ‹Slang›, ‹Mutation›, ‹faul›, ‹fehlerhaft›, ‹ungrammatisch› oder als ‹gebrochenes Englisch› zu bezeichnen, ist unkorrekt und herabwürdigend», hieß es in einer Erklärung. Es gebe Belege dafür, dass «das Erlernen der Standardvariante durch pädagogische Ansätze unterstützt werden kann, die die Legitimation anderer Varianten einer Sprache anerkennen. Aus dieser Perspektive ist die Entscheidung der Schulbehörde von Oakland, die Sprache afroamerikanischer Schüler bei der Vermittlung des Standardenglischen anzuerkennen, linguistisch und pädagogisch fundiert.» Als Jesse Jackson hörte, dass Oakland plante, Ebonics zu nutzen, «Standardenglisch» (wie er es nannte) zu unterrichten, nahm er Abstand von seiner ursprünglichen Ablehnung. Doch diese anfängliche Ablehnung – ganz zu schweigen vom Widerstand zahlreicher Amerikaner aller Ethnien, die sich weiter gegen die Akzeptanz von Ebonics wehrten – zeigte, dass viele Amerikaner trotz aller Lippenbekenntnisse den Multikulturalismus ablehnten.[6]

Assimilationisten, die sich überwanden, das Unterrichten von «Standardenglisch» mittels Ebonics zu befürworten, konnten sich oft nicht dazu überwinden, die rassistische Hierarchie aufzugeben, die das «Standard-» oder «richtige» Englisch über Ebonics stellte. Und diese linguistische Hierarchie existierte in der gesamten westlichen Welt. All die neuen Sprachen, die versklavte Afrikaner in den spanischen, französischen, niederländischen, portugiesischen und britischen Kolonien entwickelt hatten, wurden in rassistischer Form gleichermaßen als gebrochene «Dialekte» oder minderwertige Varianten der europäischen Standardsprache verunglimpft, die in den USA das «Standardenglisch» war. Ebonics hatte sich aus den afrikanischen Sprachen und dem modernen Englisch entwickelt, genauso wie sich das moderne Englisch aus den lateinischen und germanischen Sprachen entwickelt hatte. Ebonics war genauso wenig «gebrochen» oder entsprach genauso wenig nicht dem «Standard», wie Englisch nicht «gebrochen» war oder nicht dem Standard der lateinischen oder germanischen Sprachen entsprach.[7]

Für John McWhorter waren diejenigen, die die Entscheidung der Schulbehörde von Oakland verteidigten, ebonics-sprachigen Kindern einen bilingualen Unterricht zu bieten, ein weiteres typisches Beispiel für die Selbstsabotage der schwarzen Amerikaner. In seinem Buch *Losing the Race: Self-Sabotage in Black America* argumentierte er, dass Weiße besser seien und besser lebten als Schwarze, weil sie nicht so viel Selbstsabotage betreiben würden. Da der «weiße Rassismus … völlig überholt» sei, seien die Schwarzen selbst das Haupthindernis für Schwarze: Als Beispiele nannte er ihre «Viktimologie» (oder die «Rassenkarte», die sie immer wieder ausspielen würden), ihren Separatismus (oder ihre antiassimilationistischen Vorstellungen) und ihren «schwarzen Anti-Intellektualismus», wie er sich etwa in der «Ebonics-Bewegung» äußere und in der Herabsetzung derjenigen in der Schule, die sich «wie Weiße» benähmen, worüber sich schwarze Eliten so aufregen würden. McWhorter lieferte einige Anekdoten, ähnlich wie viele andere ihre Geschichten erzählten, doch er führte keine Belege dafür an, dass die schwarzen Kinder, die andere schwarze Kinder hänselten, weil sie sich wie Weiße benahmen, Intellektualität *immer* mit «Weißsein» verknüpften. Womöglich blickten einige Schüler mit Bestnoten, die für ihr «weißes Benehmen» von den anderen zurechtgewiesen wurden, tatsächlich auf ihre Klassenkameraden mit schlechteren Noten *herab,* was aus politischer Sicht einem «weißen Benehmen» entsprechen würde (*falls* «weißes Benehmen» bedeutet, dass man auf Schwarze herabsieht). Und manche Schüler benahmen sich vielleicht tatsächlich «weiß», weil sie gar nicht anders konnten, als das umzusetzen, was ihnen ihre Eltern immer wieder einschärften: Dass sie nicht wie die *anderen* schwarzen Kinder waren. Und wiederum andere Schüler benahmen sich vielleicht «weiß», weil ihnen schwarze Kulturformen nicht geläufig waren (*falls* «schwarzes» Benehmen aus kultureller Sicht bedeutet, schwarze kulturelle Formen zu beherrschen).[8]

Drei Jahre nach dem Erscheinen von *Losing the Race* veröffentlichte John McWhorter 2003 seine *Essays for the Black Silent Majority.* Laut McWhorter glaubte die schweigende schwarze Mehrheit, dass die eigenen «kulturinternen Ideologien» die Afroamerikaner daran hinderten, «die Wege zum Erfolg zu nutzen». McWhorters *Essays for the Black Silent Majority* basierten auf dem einen Teil der Wahrheit, dass das Verhältnis der Ethnien Fortschritte gemacht hatte, sie ignorierten dabei jedoch den anderen Teil der Wahrheit, dass der Rassismus ebenfalls Fortschritte gemacht hatte. «Schwarze Erfolgsgeschichten», schrieb er, «basieren heute auf den guten alten Tugenden Fleiß, Einfallsreichtum und innerer Stärke». Überreste von Rassismus seien «ein kleineres Ärgernis, das sie [die erfolgreichen Schwarzen] überwanden, indem sie den Blick fest auf das Ziel gerichtet hielten».[9]

McWhorters «schweigende schwarze Mehrheit» war weder schweigend noch eine Mehrheit. Doch er mobilisierte eine lautstarke schwarze Minderheit, deren von einem kultur- und klassenspezifischen Rassismus geprägte Äußerungen und Aufforderungen, dass sozial schwache Schwarze persönliche Verantwortung übernehmen und einfach härter arbeiten müssten, vermutlich stark persönlich waren. Einige Schwarze wollten nicht zugeben, dass sie Vorteile aus besonderen Chancen zogen, die ihnen aufgrund ihrer Zugehörigkeit zu einer Elite oder ihrer bescheidenen Herkunft gewährt wurden – und dass es extrem schwer arbeitende arme Menschen gab, die nie solche Chancen gehabt hatten. Wie rassistische Weiße glaubten rassistische Schwarze, ihr «Erfolg» sei ihren außergewöhnlichen Fähigkeiten zu verdanken und/oder ihrer außergewöhnlichen Arbeitsethik; wenn sie «es geschafft hatten», dann konnte das jeder Schwarze, er musste nur hart genug dafür arbeiten. Bei vielen schwarzen Rassisten waren ihre Äußerungen wahrscheinlich zutiefst politisch: Vielleicht gaben sie clever rassistische Argumente wieder, um einen finanziellen oder beruflichen Vorteil daraus zu ziehen, egal, ob sie diese rassistischen Vorstellungen selbst glaubten oder nicht. In politischen Ämtern, in Thinktanks und in den Medien boten sich im 21. Jahrhundert zahlreiche Möglichkeiten für schwarze Rassisten, auf Afroamerikaner herabzusehen. 2003 verließ McWhorter die Universität und nahm eine Stelle als Senior Fellow beim Manhattan Institute an. Doch wenn Wissenschaft mehr zählte als Eigennutz, dann hatte das Manhattan Institute als Lieferant rassistischer Ideen bereits drei Jahre vor McWhorters Eintreffen seine bedeutende Stellung verloren.

Unter dem Beifall der Reporter kam Clinton am 26. Juni 2000 in den East Room des Weißen Hauses. Er hatte die Antwort auf eine der ältesten Fragen der modernen Welt in Händen: Gab es einen angeborenen biologischen Unterschied zwischen menschlichen «Rassen»? Auf beiden Seiten des Rednerpults standen zwei große Bildschirme, auf denen stand: «Das Buch des Lebens entschlüsselt» und «Ein Meilenstein für die Menschheit».

«Wir sind heute hier, um die erste vollständige Sequenzierung des menschlichen Genoms zu verkünden», jubelte Clinton vor Journalisten und laufenden Kameras. «Das ist ohne Zweifel die wichtigste, wundersamste Kartierung, die die Menschheit je vorgenommen hat.» Eine Karte, die die Medizin «revolutionieren» sollte, weil sie Informationen über die «genetischen Wurzeln» von Krankheiten liefern könne. Sie werde auch die Anthropologie revolutionieren, verkündete Clinton. Die Genkartierung zeige, «dass aus genetischer Sicht alle Menschen, unabhängig von der Rasse, zu über 99,9 Prozent gleich sind».

Einer der Wissenschaftler, der an der Sequenzierung des Humangenoms beteiligt war, Craig Venter, äußerte sich gegenüber Reportern sogar noch deutlicher: «Das Konzept der Rasse hat keine genetische oder wissenschaftliche Grundlage», sagte Venter. Sein Forschungsteam bei seiner Firma Celera Genomics habe den «genetischen Code» von fünf Personen bestimmt, die als «hispanic, asiatisch, nordisch oder afroamerikanisch» galten, doch die Wissenschaftler konnten deren Gencodes nicht voneinander unterscheiden.[10]

Als die Journalisten ihre Berichte nach dieser Pressekonferenz an die Sender und Zeitungen übermittelten, hätte der alte rassistische Spruch, dass ein menschliches Buch nach seinem Umschlag beurteilt werden könne, nicht mehr gelten sollen. Auch die Litanei von «weißem Blut» und «schwarzem Blut» hätte verstummen müssen, ebenso wie der segregationistische Chor, der seit fünf Jahrhunderten immer wieder verkündete, die Menschen seien nun einmal nicht gleich geschaffen. Doch diese Aussprüche hatten noch nie auf wissenschaftlichen Erkenntnissen gegründet, daher konnte die Wissenschaft sie auch nicht stoppen. Die Segregationisten hatten zu viel zu verbergen, Ungleichheiten zu rechtfertigen, wissenschaftliche und politische Karrieren zu schützen und Geld zu verdienen. Der Fortschritt, der mit Clintons Verkündung einer 99,9-prozentigen Übereinstimmung erreicht worden war, öffnete nur die Tür zur nächsten segregationistischen Theorie: Der genetische Unterschied von 0,1 Prozent zwischen den Menschen müsse also auf die Rasse zurückzuführen sein. Zuerst die Theorie, dass Schwarze mit einem Fluch belegt seien, dann die Theorie vom natürlichen Sklaven, dann die vom polygenetischen Ursprung, daraufhin der Sozialdarwinismus und jetzt die Gene – Segregationisten hatten stets neue Ideen hervorgebracht, um jederzeit die ungleiche Behandlung zu rechtfertigen. «Wissenschaftler, die die nächste Phase des Humangenomprojekts planen, müssen sich mit einem heiklen Thema auseinandersetzen: den genetischen Unterschieden zwischen den Rassen», berichtete der Wissenschaftsjournalist Nicholas Wade in der *New York Times* nur wenige Wochen nach Clintons Pressekonferenz.[11]

Segregationistische Genetiker stürzten sich auf ihr aussichtsloses Unterfangen und versuchten, etwas zu durchschauen, was gar nicht existierte: den vermeintlichen genetischen Unterschied zwischen den Rassen. 2005 stellte Bruce Lahn, Genetiker an der University of Chicago, die These auf, dass es zwei superintelligente Gene gebe, deren Auftreten bei Schwarzafrikanern am unwahrscheinlichsten sei. Als die Wissenschaft Nachweise verlangte, hatte Lahn Probleme, sie zu liefern. Nicht einmal eine Verbindung zwischen Genen und Intelligenz war bislang nachgewiesen worden, ganz zu schweigen von einer Verbindung zwischen Genen und Rasse. «So etwas wie bestimmte Gene, die ausschließlich einer bestimmten Gruppe zuzuordnen sind und nicht einer anderen, das gibt es nicht», erklärte Dorothy Roberts, zu der Zeit an der University of Pennsylvania Dozentin für Bioethik, in ihrem 2011 erschienenen Buch *Fatal Invention,* in dem sie die unwissenschaftliche Grundlage eines biologischen «Rasse«-Begriffs, rassespezifischer Gene und rassespezifischer Medikamente für rassespezifische Krankheiten widerlegte. «Rasse ist keine biologische Kategorie, die politisch aufgeladen ist», fügte sie hinzu. «Es ist eine politische Kategorie, die als biologische getarnt ist.» Doch die biologische Vorstellung lebte weiter. 2014 hatte sich Nicholas Wade von der *New York Times* verabschiedet und seine eigene Verteidigung des biologischen Rassismus veröffentlicht: *A Troublesome Inheritance: Genes, Race and Human History.* «Die hier vorgestellte These geht davon aus … dass das menschliche Sozialverhalten eine genetische Komponente hat», schrieb er und verwies auf die angebliche genetische Überlegenheit der Europäer. Craig Venter, der Genetiker, der an der Entschlüsselung des Genoms beteiligt war, schrieb 2014, dass die «Resultate der Genomsequenzen der vergangenen 13 Jahre meinen Standpunkt nur noch deutlicher beweisen«: Dass es «größere genetische Unterschiede zwischen Individuen derselben ‹rassischen› Gruppe als zwischen Individuen verschiedener Gruppen gibt».[12]

Einige Monate, nachdem Clinton seine zeitlose Formulierung – «zu 99,9 Prozent gleich» – verkündet hatte, informierten die USA den UN-Ausschuss für die Beseitigung der Rassendiskriminierung über den aktuellen Stand in den Vereinigten Staaten: Es habe «beträchtliche Erfolge» gegeben, es blieben aber «erhebliche Hindernisse». Das war im September 2000, und George W. Bush, Gouverneur von Texas, versprach im Präsidentschaftswahlkampf, die «Ehre und Würde» des Weißen Hauses wiederherzustellen, während der amtierende Vizepräsident Al Gore versuchte, sich von Bill Clinton und dem Skandal um Monica Lewinsky zu distanzieren. Die Erkenntnisse des Berichts zu Diskriminierung und Ungleichheit überall in den USA waren im Wahlkampf kein Thema, sie warfen ja auch kein gutes Licht auf die Regierung Clinton und das farbenblinde Amerika der Republikaner.

«Das amerikanische Recht garantiert die gleichberechtigte Teilnahme an

Wahlen», hatte das amerikanische Außenministerium gegenüber den Vereinten Nationen versichert. Doch am 7. November 2000 wurden Zehntausende schwarze Wähler in Florida, wo Bushs Bruder Jeb Bush Gouverneur war, an der Wahl gehindert oder ihre Stimmen wurden vernichtet, wodurch George W. Bush den Bundesstaat mit weniger als 500 Stimmen Vorsprung gewinnen konnte und damit knapp die Wahlmänner hinter sich hatte. Das wirkte ironischerweise normal. Nachdem die USA den Vereinten Nationen triumphierend ihre Verpflichtung zur Beseitigung des Rassismus verkündet hatten, war es genau dieser Rassismus, ausgeübt von lokalen Beamten, bundesstaatlichen Bediensteten, dem Obersten Gericht und dem US-Senat, der für den Sieg bei der Präsidentschaftswahl sorgte. «Die Taktik hat sich verändert, aber das Ziel bleibt deprimierenderweise dasselbe», schlussfolgerte Bob Herbert, Kolumnist der *New York Times.* «Lasst sie nicht wählen! Wenn ihr einen Weg finden könnt, sie aufzuhalten, dann haltet sie auf.»[13]

Indem er fundamentalistische Christen, die für eine christliche Aussöhnung zwischen den Rassen eintraten, und Vertreter der These von der persönlichen Verantwortung förderte, versuchte Präsident Bush, sobald er im Amt war, die antirassistische Bewegung der späten 1990er-Jahre zu verlangsamen, was ihm jedoch nicht gelang. Randall Robinson, Geschäftsführer der Interessensvertretung TransAfrica, verlieh dieser Bewegung noch zusätzlichen Schwung mit seinem Manifest für Reparationen, das im Jahr 2000 erschien und ein Bestseller wurde: *The Debt: What America Owes to Blacks.* Robinsons Forderung nach Reparationen kam kurz nachdem afrikanische Staaten von Europa einen Schuldenerlass und Reparationen gefordert hatten. In der Zwischenzeit rüstete sich die antirassistische Welt zu einer der größten und wichtigsten Zusammenkünfte in der Geschichte, bei der die Zusammenarbeit im Vordergrund stand. Fast 12 000 Frauen und Männer kamen vom 31. August bis 7. September 2001 im schönen südafrikanischen Durban zur Weltkonferenz gegen Rassismus, rassistische Diskriminierung, Fremdenfeindlichkeit und die damit zusammenhängende Intoleranz zusammen, veranstaltet von den Vereinten Nationen. Unter den Delegierten kursierte auch ein Bericht über den «industriellen Gefängniskomplex» in den USA und die Haftsituation farbiger Frauen, den Angela Davis mitverfasst hatte. Bei der Konferenz wurde auf das Internet als neuesten Mechanismus zur Verbreitung rassistischer Ideen hingewiesen, auf die ungefähr 60 000 Websites, die die «White Supremacy» propagierten, und auf die rassistischen Äußerungen, die so oft in den Kommentaren zu Online-Berichten über Schwarze auftauchten. Die USA stellten die größte Delegation, und die amerikanischen

Delegierten konnten fruchtbare Beziehungen zu Aktivisten aus der ganzen Welt aufbauen, von denen viele dafür sorgen wollten, dass die Konferenz zum Ausgangspunkt einer globalen antirassistischen Bewegung wurde. Als die Teilnehmer nach dem 7. September in den Senegal und in die USA, nach Japan, Brasilien und Frankreich zurückreisten, trugen sie den antirassistischen Schwung der Konferenz in die ganze Welt hinaus.[14]

Doch der antirassistische Schwung prallte nach den Anschlägen vom 11. September 2001 gegen eine Wand. Nachdem über 3000 Amerikaner bei den Anschlägen auf das World Trade Center und das Pentagon auf so traurige Weise ihr Leben verloren hatten, verurteilte Präsident Bush die «Übeltäter» und die wahnsinnigen «Terroristen» und förderte damit die anti-islamische und anti-arabische Stimmung. «Farbenblinde» Rassisten nutzten die Situation nach dem 11. September, in der die Nerven blank lagen, und propagierten ein geeintes, patriotisches Amerika, in dem die nationale Verteidigung die Trennlinien zwischen den Ethnien überwunden hatte und Antirassisten und Kriegsgegner eine Bedrohung der nationalen Sicherheit darstellten. Doch diese Gefühle ließen sich nicht lange ausbeuten. Nur 44 Prozent der Afroamerikaner unterstützten 2003 den Einmarsch im Irak, was deutlich weniger war als 73 Prozent bei den Weißen und 66 Prozent bei den Latinos.[15]

Zu der Zeit hatten die Antirassisten ihren Halt wiedergefunden, unter anderem inspiriert von der dreiteiligen Dokumentation *Race: The Power of an Illusion* der gemeinnützigen Organisation California Newsreel, die im April 2003 erschien. Monate zuvor feierte ein Comedian, der 1998 durch den Film *Half Baked (Half Baked – Völlig high und durchgeknallt)* bekannt geworden war, das Debüt seiner Comedy-Sendung auf Comedy Central. Dave Chappelle führte einen urkomischen Sketch über einen blinden Rassisten auf, der sich für weiß hält und ein Vorurteil über Schwarze nach dem anderen wie Tabaksaft ausspuckt. Am Schluss erfährt er zu seinem Entsetzen – und zum Vergnügen der Zuschauer –, dass er selbst schwarz ist. Unter all den bemerkenswerten antirassistischen Sketchen von Chappelle ist dieser wohl der cleverste, der sich zudem am stärksten eingeprägt hat. Seit der ursprünglichen Ausstrahlung am 22. Januar 2003 wurde er noch lange danach Millionen Mal auf YouTube angeklickt. Die ungemein populäre *Chappelle's Show,* die bis 2006 in drei Staffeln produziert wurde, nahm regelmäßig die Absurditäten im farbenblinden Amerika der Neuen Republikaner aufs Korn.[16]

Angesichts des angeblichen «Endes des Rassismus» gingen viele Amerikaner von einem baldigen Ende der positiven Diskriminierung aus. Doch zu ihrem großen Schock veröffentlichte Sandra Day O'Connor, Richterin am

Obersten Gerichtshof, am 23. Juni 2003 ein Mehrheitsurteil, das die Maßnahmen zur positiven Diskriminierung an der University of Michigan stützte. O'Connor führte ein «zwingendes Interesse» an, «die Bildungsvorteile zu bewahren, die sich aus einer heterogenen Studentenschaft ergeben». Die Unterstützer der positiven Diskriminierung waren in gewisser Weise erfreut, leiteten jedoch aus der Urteilsbegründung ab, dass das Oberste Gericht an der positiven Diskriminierung festhielt, weil es den Interessen der weißen Studenten in einer zunehmend multiethnischen Nation und globalisierten Welt diente, wenn sie einige schwarze Studenten in ihrem Umfeld hatten. O'Connor legte eine zeitliche Begrenzung fest, denn sie schrieb: «Das Gericht erwartet, dass die Bevorzugung bestimmter Rassen in 25 Jahren nicht mehr erforderlich sein wird, um das heute bestätigte Interesse zu befördern.» Nach Einschätzung der Organisation United for a Fair Economy lag O'Connor mit dieser Einschätzung falsch. Bei der bestehenden Geschwindigkeit war der Zeitpunkt, an dem eine Gleichstellung der Ethnien erreicht wäre, nicht 25 Jahre entfernt, sondern 500 Jahre, in einigen Fällen war man 2003 sogar noch Tausende Jahre von einer Gleichbehandlung entfernt. Dennoch waren die Anhänger der positiven Diskriminierung erleichtert, dass O'Connor sie vorerst erhalten hatte.[17]

Dabei könnte man die Fortschritte bei der Gleichstellung beschleunigen, wenn man die Bevorzugung bestimmter Gruppen bei den standardisierten Tests abschaffen würde. Doch der Einsatz solcher Tests ab der Grundschule stieg sogar noch massiv an, nachdem der No Child Left Behind Act, ein Gesetz der Regierung Bush zur Förderung der Qualität an öffentlichen Schulen, das die Unterstützung beider Parteien gefunden hatte, 2003 in Kraft getreten war. Damit verpflichtete die Regierung in Washington die Bundesstaaten, Schulen und Lehrer dazu, hohe Standards und Ziele zu setzen und regelmäßige Tests durchzuführen, um zu überprüfen, wie gut die Schüler sie umsetzten. Die Finanzierung aus Washington war an die Testergebnisse und die Fortschritte gebunden, um sicherzustellen, dass Schüler, Lehrer und Schulen den Standards und Zielen entsprachen. Angeblich verfolgte das Gesetz das Ziel, dafür zu sorgen, dass Kinder bei der Bildung nicht zurückblieben, doch gleichzeitig wurden Finanzierungsmechanismen eingeführt, die die Mittel für Schulen reduzierten, wenn die Schüler keine besseren Leistungen zeigten, wodurch die Schüler, die Hilfe am dringendsten benötigten, im Stich gelassen wurden. Der No Child Left Behind Act sollte auch gar keinen Sinn ergeben. Das Gesetz war nur ein neuer und umfassenderer Mechanismus, die Schuld an einer ungleichen Verteilung der Mittel auf schwarze Kinder,

Lehrer, Eltern und öffentliche Schulen abzuwälzen. Indem man den Opfern die Schuld gab, wurde der Aufstieg der schnell wachsenden Charter Schools befördert, die nach dem Motto «keine Ausreden» verfuhren. Von *Kindern* wurde verlangt, über ihr schwieriges Umfeld hinauszuwachsen, und diesen *Kindern* wurde auch die Schuld gegeben, wenn sie es nicht schafften. Sie mussten dann die Schule verlassen.[18]

Aus der Entwicklungspsychologie weiß man, dass Kinder, wenn sie krank oder verletzt sind, verwirrt oder wütend, ihre Gefühle unter anderem dadurch zum Ausdruck bringen, dass sie sich auffällig verhalten, weil sie Schwierigkeiten haben, komplexe Gefühle (aufgrund von Hunger, der Inhaftierung eines Elternteils oder der Schikanierung durch die Polizei) zu kommunizieren. Während weiße Kinder, die sich schlecht benehmen, Mitgefühl und Toleranz erfahren – wie es ja auch sein sollte –, hören schwarze Kinder eher «keine Ausrede!» und bekommen eine Null-Toleranz-Politik zu spüren und später Handschellen verpasst. Nach einer Statistik des amerikanischen Bildungsministeriums waren im Schuljahr 2009/2010 über 70 Prozent der in der Schule verhafteten Schüler Schwarze oder Latinos.[19]

Assimilationisten beurteilten das ausdrückliche Ziel des No Child Left Behind Act, die Kluft zwischen den Leistungen der Schüler verschiedener Ethnien zu schließen, positiv und übertönten die Segregationisten, die behaupteten, schwarze Kinder seien gar nicht in der Lage, zu den anderen Schülern aufzuschließen, und die Antirassisten, die nicht an einen Leistungsunterschied glaubten, da er mit standardisierten Tests nachgewiesen wurde, die in ihren Augen keine Gültigkeit hatten. Anfang der 1970er-Jahre hatten sich viele Amerikaner eine Welt ohne Gefängnisse ausgemalt. Anfang der 1980er-Jahre stellten sich viele Amerikaner eine Welt ohne standardisierte Tests vor. Doch seitdem war der Rassismus weiter vorangeschritten. Am 50. Jahrestag des Urteils im Fall *Brown versus Board of Education* schien vielen eine Welt ohne standardisierte Tests so unvorstellbar wie eine Welt ohne Gefängnisse, obwohl beide dafür sorgten, dass Millionen schwarze Kinder und Jugendliche hinter ihren Möglichkeiten zurückblieben oder gleich im Gefängnis landeten.

Mit dem Jahrestag der Urteilsverkündung in der Sache Brown und der Debatte über die Bildung der Schwarzen kamen unweigerlich auch wieder die rassistischen Vorstellungen ans Licht, dass mit schwarzen Eltern etwas nicht stimmen konnte. Niemand hielt sich für besser geeignet, seine Meinung zu äußern, als Bill Cosby, der zu Zeiten von *The Cosby Show* als schwarzer Vorzeigevater gegolten hatte. «Die ökonomisch Schwachen halten sich nicht an ihren Teil der Vereinbarung. Das sind keine richtigen Eltern», sagte Cosby in Washington, wo er im Mai 2004 bei einer Gala der NAACP geehrt wurde. «Sie kaufen ihren Kindern jede Menge Zeug. 500 Dollar für Turnschuhe, wozu? Aber für Hooked on Phonics [ein Leselernspiel] wollen sie keine 200 Dollar ausgeben. Ich rede von den Leuten, die dann weinen, wenn ihr Sohn in Gefängniskleidung vor ihnen steht.»

Bill Cosby verbreitete seine rassistischen Ideen auch nach der Gala weiter und löste damit zahlreiche Debatten zwischen Rassisten und Antirassisten aus. Der Soziologe Michael Eric Dyson schoss zurück und holte Cosby mit seinem viel gelobten, 2005 erschienenen Buch *Is Bill Cosby Right? Or Has the Black Middle Class Lost Its Mind?* von seinem hohen Ross herunter. «Alle Selbsthilfe der Welt wird die Armut nicht beseitigen oder genügend gute Jobs schaffen, um alle Afroamerikaner mit Arbeit zu versorgen», ergänzte der Historiker Robin D. G. Kelley.[20]

Während Cosby noch mit seiner «Die Armen sind schuld-Tour», wie sie Dyson nannte, durch die USA zog, untergrub der aufsteigende Stern der Demokratischen Partei Cosbys Botschaft in einer Rede beim Parteitag der Demokraten am 27. Juli 2004 in Boston. Seit März, als er einen überragenden Sieg bei einer Vorwahl der Demokraten in Illinois zur Kür eines Kandidaten für den Senat errungen hatte, war sein Stern im Aufsteigen. Doch erst seine Rede beim Parteitag vor 9 Millionen Zuschauern festigte seinen Status als Star. Hart arbeitende Menschen aller Art, in den «kleinen und großen Städten des Landes», würden bereits Verantwortung übernehmen, erklärte Barack Obama. «Man braucht nur in ein beliebiges Viertel einer Innenstadt zu gehen, überall werden einem die Leute sagen, dass die Regierung allein den Kindern nicht das Lernen beibringen kann. Sie wissen, dass die Eltern dafür Sorge tragen müssen, sie wissen, dass Kinder keine Leistung bringen können, wenn wir nicht ihre Erwartungen hochschrauben und den Fernseher ausschalten und gegen die Behauptung angehen, dass sich ein schwarzer Jugendlicher mit einem Buch wie ein Weißer benimmt. Das wissen sie.» Begeisterter Applaus brandete auf, als er diesen Seitenhieb gegen Cosby und seine Predigten landete. Gut kam auch an, als er bekräftigte, dass der No Child Left Behind Act hohe Erwartungen stellte, anstatt die finanziellen Mittel in entsprechender Höhe bereit zu stellen, und dass Obama die nie bewiesene «Sich wie ein Weißer benehmen«-Theorie ansprach, die angeblich Leistung verhinderte.

Barack Obama präsentierte sich als Verkörperung der Rassenversöhnung und amerikanischen Einzigartigkeit. Er hatte klein angefangen und dann einen steilen Aufstieg erlebt, in ihm verbanden sich einheimische und eingewanderte Vorfahren, schwarze und weiße Ahnen. «Ich stehe hier in dem Wissen, dass meine Geschichte Teil einer größeren amerikanischen Geschichte ist … und dass meine Geschichte in keinem anderen Land der Welt auch nur möglich ist», verkündete er. «Ihr in Amerika, wenn ihr heute Abend dieselbe Energie verspürt wie ich, wenn ihr dieselbe Dringlichkeit verspürt wie ich, wenn ihr dieselbe Leidenschaft verspürt wie ich, wenn ihr dieselbe Hoffnung verspürt wie ich, wenn wir das tun, was wir tun müssen, dann habe ich keinen Zweifel daran, dass die Menschen im ganzen Land … im November aufstehen werden und John Kerry als Präsident vereidigt werden wird.»[21]

Bushs Republikaner setzten alles daran, dies zu verhindern und wandten 2004 ihre Methode zur Unterdrückung der schwarzen Wählerstimmen anstatt in Florida in Ohio an. Natürlich verlor Kerry die Wahl, und Bush und seine Taktik schienen die Zukunft der Republikanischen Partei zu verkörpern. Doch Barack Obama verkörperte die Zukunft der Demokratischen Partei.

Kapitel 37

Der außergewöhnliche Neger

Zwei Wochen nach seiner mitreißenden Rede beim Parteitag der Demokraten wurde Barack Obamas Autobiografie *Dreams from My Father: A Story of Race and Inheritance (Ein amerikanischer Traum: Die Geschichte meiner Familie)* neu aufgelegt. Das Buch erklomm die Bestsellerlisten und erhielt in den letzten Monaten des Jahres 2004 begeisterte Rezensionen. Toni Morrison, die Königin der amerikanischen Literatur und Herausgeberin von Angela Davis' Autobiografie drei Jahrzehnte zuvor, bezeichnete *Dreams of My Father* als «ganz außergewöhnlich». Obama hatte seine Erinnerungen 1995 geschrieben, einem für die Beziehungen zwischen Schwarz und Weiß turbulenten Jahr, als er eine politische Karriere im Senat von Illinois angehen wollte. Im antirassistischsten Abschnitt des Buches sinnierte Obama über assimilierte hellhäutige Schwarze wie die «arme Joyce», eine Freundin am Occidental College. In Joyce und anderen schwarzen Studierenden «erkannte er immer wieder Teile von mir selbst», wie er schrieb. Leute «wie Joyce» sprachen von «ihrem reichen multikulturellem Erbe, und alles klang ganz wunderbar, bis man bemerkte, dass sie Schwarzen aus dem Weg gingen. Es war nicht unbedingt eine bewusste Entscheidung, eher eine Frage der Schwerkraft, so wie Integration immer funktioniert, in einer Richtung. Die Minderheit passt sich der Mehrheit an, nicht umgekehrt. Nur die weiße Kultur konnte neutral und objektiv sein. Nur die weiße Kultur konnte nichtrassisch sein … Nur die weiße Kultur hatte ‹Individuen›.»

Obamas antirassistische Rhetorik setzte sich in seiner kritischen Auseinandersetzung mit dem Komplex des «außergewöhnlichen Negers» fort. «Wir, die studierten Mischlinge, … wir sind empört, wenn ein Taxifahrer uns ignoriert oder die Frau im Aufzug ihre Handtasche an sich presst, und das nicht so sehr, weil es uns stört, dass weniger begünstigte Farbige solche Kränkungen tagtäglich erleben – obwohl wir genau das denken –, sondern weil [wir] … trotzdem als ordinäre Nigger angesehen werden. Weißt du denn nicht, wer ich bin? Ich bin ein *Mensch!*»[1]

Ironischerweise begannen rassistische Amerikaner aller Hautfarben im Jahr 2004, Barack Obama als außergewöhnlichen Neger zu bejubeln angesichts seiner Intelligenz, Moral, seines Redetalents und politischen Erfolges. Der Stempel «extraordinary Negro» hatte einen langen Weg zurückgelegt von Phillis Wheatley bis Barack Obama, der 2005 als einziger Afroamerikaner in den US-Senat gewählt wurde. Seit Wheatley hatten Segregationisten die lebenden Beweise für die Fähigkeiten der Schwarzen gehasst und alles getan, um diese «außergewöhnlichen Neger» zu Fall zu bringen. Doch Obama – oder vielmehr das Zeitalter, in dem Obama auftrat – war anders. Die Segregationisten wandten sich von ihren Vorgängern ab und bewunderten Obama als lebenden Beweis für das Ende des Rassismus. Sie wollten die Debatte über Diskriminierung ein für alle Mal beenden.

Doch zu ihrem Kummer wollte die Debatte nicht verstummen. Segregationisten hatten nichts gegen Filme über animalische schwarze Erlöser, in denen Schwarze mit übernatürlichen körperlichen Fähigkeiten Weiße retteten (*The Green Mile*, 1999), oder Filme über paternalistische weiße Erlöser, in denen moralisch übermenschliche Weiße Schwarze retteten (*The Blind Side – Die große Chance*, 2009), oder Filme, in denen erstaunliche Geschichten aus dem wahren Leben erzählt wurden, in denen persönliche Verantwortung alle Widrigkeiten überwindet (*The Pursuit of Happyness, Das Streben nach Glück*, 2006). Doch sie hatten etwas gegen Paul Haggis' Film *Crash (L. A. Crash)*, der 2005 einen Oscar als bester Film erhielt und die Erfahrungen miteinander verwob, die verschiedene Personen über einen Zeitraum von zwei Tagen mit Rassismus machten. Die Figuren, die verschiedensten Ethnien angehören (mit Ausnahme der amerikanischen Ureinwohner) werden mit all ihren Vorurteilen gezeigt, aber auch als Opfer von Vorurteilen anderer. Ihre vorurteilsbehafteten Ideen und Handlungen werden auf Ignoranz und Hass zurückgeführt. Während die Segregationisten im Laufe der Zeit die ausdrücklich rassistische Thematik von *Crash* kritisierten und Assimilationisten die meisterhafte Darstellung der durchdringenden, unlogischen und bedrückenden Auswirkungen der Borniertheit Einzelner lobten, befanden Antirassisten, dass der Film einiges zu wünschen übrig lasse. Sie beanstandeten vor allem die fehlende Komplexität bei den Beziehungen zwischen den Ethnien im Film und die fehlende Auseinandersetzung mit institutionellem Rassismus. In *The Atlantic* machte Ta-Nehisi Coates keinen Hehl aus seiner antirassistischen Einstellung und bezeichnete *Crash* als «den schlimmsten

Film des Jahrzehnts». Und für die farbenblinden Segregationisten nannte John McWhorter *Crash* ein «Melodram, aber keine Darstellung des wahren Amerika».[2]

Eine verheerende Naturkatastrophe, die ein ebenso verheerendes Bild der Beziehungen zwischen Schwarzen und Weißen ergab, löste dann in jenem Sommer eine angespannte Debatte über institutionellen und individuellen Rassismus aus. In den letzten Augusttagen des Jahres 2005 forderte der Hurrikan Katrina über 1800 Menschenleben, zwang Millionen Menschen zur Flucht, überflutete die schöne Golfküste und verursachte Sachschäden in Milliardenhöhe. Der Hurrikan fegte die Farbenblindheit hinweg und zwang alle hinzusehen – falls sie sich trauten – und die schrecklichen Folgen des zunehmenden Rassismus zu erkennen.

Jahrelang hatten Wissenschaftler und Journalisten gewarnt, wenn der Süden Louisianas «direkt von einem größeren Hurrikan getroffen» werde, könnten die Dämme brechen, die Region könnte überschwemmt und zerstört werden, wie etwa die *New Orleans Times-Picayune* 2002 berichtete. Doch die Warnungen wurden ignoriert, fast machte es den Eindruck, dass die Politiker auf einen zerstörerischen Hurrikan hofften, damit anschließend der «Katastrophen-Kapitalismus», wie Naomi Klein es formulierte, sein Unwesen treiben konnte. Denn dann wären Politiker mit der Vergabe millionenschwerer Bauaufträge in der Lage, ihre Wahlkampfkassen zu füllen, und die Schwarzen in New Orleans, die in Vierteln in bester Lage wohnten, könnten vertrieben werden, um Platz für die Gentrifizierung zu machen. Ob sie tatsächlich auf eine Katastrophe wie Katrina hofften, spielte keine große Rolle, denn am Ende schlugen Politiker und Katastrophenkapitalisten (darunter der Konzern Halliburton, als dessen Vorstandsvorsitzender Dick Cheney bis 2000 fungierte) Kapital aus der Zerstörung, die Katrina anrichtete. Selbst Mitglieder des Ku-Klux-Klans wurden mit falschen Spenden-Websites reich.[3]

Es ging sogar das Gerücht, dass Präsident Bush die Behörde für nationale Katastrophenhilfe (Federal Emergency Management Agency, FEMA) angewiesen habe, erst mit Verzögerung Hilfe zu leisten, um das Ausmaß der Zerstörung und damit den Profit für die Nutznießer zu erhöhen. Ob er das tatsächlich tat, ist nicht bekannt, doch auch das spielte kaum eine Rolle, denn die Hilfe der FEMA kam zu spät, worunter Millionen Menschen zu leiden hatten. Während Reporter aus allen Teilen des Landes sehr schnell in der Stadt waren und mit ihren Kameras Bilder von Tausenden Bewohnern zeigten, die auf den Dächern ihrer Häuser im überwiegend von Schwarzen bewohnten Viertel Ninth Ward und im Superdome festsaßen, versuchte die Bundesbehörde ihre Verspätung zu rechtfertigen. Es dauerte drei Tage, bis die Hilfsmannschaften in der Golfküstenregion eintrafen, deutlich länger als die Bundestruppen, die 1992 die Rodney-King-Unruhen niederschlugen. Die Verspätung war fatal. «Meiner Ansicht nach war das Rassismus», sagte ein Sanitäter, der die Todesspirale in New Orleans miterlebte.[4]

Doch das war noch nicht die ganze Geschichte von Hurrikan Katrina. Aus einer extremen Katastrophengeschichte des Rassismus wurde eine extrem rassistische Katastrophenberichterstattung. Associated Press verbreitete ein Foto von Weißen, die «Brot und Getränke aus einem lokalen Lebensmittelgeschäft tragen», und ein anderes Foto von einem Schwarzen, der «ein Lebensmittelgeschäft plündert». Während Säuglinge an Infektionen starben und Verletzte auf medizinische Versorgung warteten, brachten Reporter sensationsheischende Storys über «Babys im Konferenzzentrum, denen die Kehle durchgeschnitten wurde» in einer von Verbrechen geplagten Stadt, wo «bewaffnete Horden» Sanitätsfahrzeuge überfielen und «Flüchtlinge» Zuflucht suchten. Der für seine libertäre Einstellung bekannte Journalist Matt Welch nahm kein Blatt vor den Mund und hielt mit der Wahrheit nicht hinterm Berg, als er erklärte, die «tödliche Bigotterie» der Medien habe wahrscheinlich dazu beigetragen, «Opfer von Katrina umzubringen». Bundesbeamte und regionale Rettungskräfte nutzten die Berichte in den Medien, um ihre verspätete Hilfe zu rechtfertigen – sie verwiesen auf die Gefahr, Hilfsgüter und Helfer zu entsenden, wenn so viele Menschen «Waffenläden» plündern würden und «auf Polizei, Katastrophenhelfer und Helikopter» schießen würden. Rassistische Amerikaner erfanden diese entsetzlichen Lügen, verbreiteten sie weiter und glaubten tatsächlich, Schwarze in einem Katastrophengebiet würden ausgerechnet auf diejenigen schießen, die ihnen helfen wollten.

Niemand fasste den klassenbedingten Rassismus der Regierung und der Medienberichterstattung gegenüber den Opfern des Hurrikans Katrina besser zusammen als Lani Guinier von der Harvard Law School. «Arme Schwarze sind Wegwerf-Menschen. Wir pathologisieren sie, um unsere Missachtung zu rechtfertigen», erklärte sie. Und niemand fasste die verletzten Gefühle der antirassistischen Schwarzen besser zusammen, als der Rap-Superstar, der gerade sein zweites Studioalbum *Late Registration* herausgebracht hatte. «George Bush sind Schwarze egal», verkündete Kanye West mutig und wich dabei bei einem Konzert für die Hurrikanopfer am 2. September 2005 auf NBC vom Script ab. Mitte September wurden eifrig Umfragen durchgeführt, um zu erfahren, wie die Amerikaner tickten. In einer landesweiten Meinungsumfrage stimmten nur 12 Prozent der weißen Amerikaner – aber 60 Prozent der Afroamerikaner – der Aussage zu, «die verspätete Hilfe für die Opfer in New Orleans durch die Bundesregierung ist darauf zurückzuführen, dass die Betroffenen schwarz waren.» Demnach war das Denken von 88 Prozent der weißen Amerikaner und von 40 Prozent der schwarzen Amerikaner – falls die Umfrage repräsentativ war – von rassistischen Ideen geprägt.

Im Zeitalter des farbenblinden Rassismus stellten sich die Rassisten vor den Richter und plädierten auf «nicht schuldig», egal wie grauenhaft das Verbrechen war, egal wie viele Beweise gegen sie sprachen. Aber welcher Verbrecher gesteht denn, wenn er es nicht muss? Von den «Zivilisierern» bis zu den Entwicklern und Anwendern standardisierter Tests haben Rassisten selten ihren Rassismus eingestanden. Sklavenhalter und Jim-Crow-Segregationisten beteuerten quasi noch auf dem Totenbett ihre Unschuld. Bei George W. Bush wird es wahrscheinlich nicht anders sein. «Ich habe als Präsident viel Kritik einstecken müssen», sinnierte Bush in seinen Memoiren, die nach seiner Präsidentschaft erschienen. «Es hat mir nicht gefallen, dass die Leute behaupteten, ich hätte über die Massenvernichtungswaffen im Irak Lügen verbreitet oder die Steuern zum Vorteil der Reichen gesenkt. Aber die Behauptung, ich sei aufgrund der Reaktion auf Katrina rassistisch, war am schlimmsten.»[5]

Im Herbst und Winter 2005 begegnete man den antirassistischen Vorwürfen gegen den Rassismus in New Orleans mit den rassistischen Vorwürfen, hier werde in unverantwortlicher Weise die Rassenkarte ausgespielt, wie es der schwarze Radiomoderator Larry Elder formulierte. Auch 2006 argumentierten die Verbreiter rassistischer Ideen, die Vorwürfe, in New Orleans und in den USA gebe es eine Diskriminierung auf breiter Basis, seien erfunden oder übertrieben. Die Vereinigten Staaten waren farbenblind und den Schwarzen, die behaupteten, dass es Diskriminierung gab, wurde vorgeworfen, sie würden die Rassenkarte spielen.[6]

In der polarisierten Atmosphäre im Gefolge von Katrina gab es einen weiteren Vorfall, der die Gemüter erregte. Crystal Mangum trat bei einer Party für die weiße Lacrosse-Mannschaft der Duke University als Stripperin auf. Nach der Party, im März 2006, ging die schwarze alleinerziehende Mutter und Studentin zur Polizei von Durham. Mannschaftsmitglieder hätten rassistische Schimpfwörter benutzt und sie dann in ein Zimmer gedrängt, wo es zu einer Gruppenvergewaltigung gekommen sei, berichtete Mangum der Polizei. Die Ermittler fingen eine nach der Party verfasste E-Mail ab und veröffentlichten sie. «Ich wollte ein paar Stripperinnen haben», erzählte Ryan McFayden seinen Mannschaftskameraden. «Ich will die Nutten umbringen», ihnen «die Haut abziehen, während ich in meiner Spandex [Sporthose] komme». Mit der Erstattung der Strafanzeige wurde landesweit über den Vorfall berichtet. Im ganzen Land setzten sich Antirassisten, Antisexisten und Frauenrechtler für Crystal Mangum ein. «Unabhängig vom Ergebnis der Ermittlungen», erklärten 88 Dozenten der Duke University in einer ganzseitigen Anzeige im *Duke Chronicle* vom 6. April 2006, «zeigen sich nun jeden Tag der Ärger und die Angst vieler Studenten, die wissen, dass sie Opfer von Rassismus und Sexismus sind.»

2007 waren die Vorwürfe gegen die Lacrosse-Spieler in sich zusammengefallen. DNA- und andere Beweise entlasteten die Spieler, wohingegen Crystal Mangum aufgrund von Drogenkonsum, häufig wechselnden Sexualpartnern und psychischen Problemen in einem schlechten Licht dastand. Als bekannt wurde, dass sie die Vergewaltigung erfunden hatte, schien der ganze Fall auf den Kopf gestellt. Der Bezirksstaatsanwalt von Durham wurde entlassen und verlor seine Zulassung. Die Spieler verklagten die Stadt. Rassisten und Sexisten nutzten den Fall, um die nach Katrina aufgekommene Diskussion über Rassismus sowie die Diskussion um eine Vergewaltigungskultur, die nach Mangums Anschuldigungen aufgekommen war, zu ersticken. Es hieß, die Dozenten der Duke University mit ihrem Aktivismus gegen Rassismus, Sexismus und Armut hätten den Fall für ihre Propaganda genutzt. Dass Crystal Mangum gelogen hatte, wurde verallgemeinert, alle Schwarzen, alle Frauen und vor allem schwarze Frauen wurden als Lügner abgestempelt. Rassisten zogen nun ihrerseits die Rassenkarte und erklärten, Schwarze hätten das Ausmaß an Diskriminierung übertrieben oder komplett erfunden. Sexisten zogen die «Vergewaltigungskarte» und behaupteten, Frauen würden sexuelle Gewalt erfinden oder ständig übertreiben. Sexistische Rassisten kombinierten beide Karten und stellten die Integrität schwarzer Frauen infrage, die sagten, sie seien Opfer rassistischer sexueller Gewalt geworden. Man hätte meinen können, in Durham in North Carolina hätte nicht nur eine schwarze Frau ein Unrecht begangen, sondern *alle* schwarzen Frauen. Und dann fühlten sich auch noch die Reformer betrogen, die etwas gegen Rassendiskriminierung und Vergewaltigung bewirken wollten – vor allem die Männer. Sie warfen Crystal Mangum vor, sie habe den Kampf gegen Vergewaltigung und Rassismus zurückgeworfen, weil die Vergewaltiger und Rassisten nun ihrerseits Vorwürfe erheben konnten, sie würden zu Unrecht beschuldigt werden. Mangums Lügen würden es nun schwieriger machen, die Ideen der Rassisten und Vergewaltiger zu widerlegen, Weiße davon zu überzeugen, ihren Rassismus einzugestehen, und Männer davon, ihre Vergewaltigungskultur zuzugeben. Doch ironischerweise beförderten gerade die Reformer, die Mangum für ihre Torheit schalten, mit ihrer dummen Taktik, Täter mit Argumenten (anstatt Gewalt) von ihren Verbrechen abzubringen, die Kultur der Vergewaltigung und des Rassismus.[7]

Vor dem Marx Hotel in Syracuse im Bundesstaat New York demonstrierten Kriegsgegner gegen die amerikanische Besetzung im Irak. Der eisige Regen konnte sie nicht abhalten. «Ihr seid keine Schönwetter-Aktivisten!», hatte Angela Davis am 20. Oktober 2006 verkündet. Sie lud die Demonstranten ein, sich ihren Vortrag bei der Konferenz «Feminsm and War» der Syracuse University anzuhören. Viele folgten der Aufforderung. Davis sprach darüber, wie bestimmte Konzepte von der Regierung Bush «kolonialisiert» worden seien, deren Mitglieder beispielsweise «Demokratie» in ihren Reden benutzt und davon gesprochen hatten, sie seien verpflichtet, die Frauen im Irak und in Afghanistan zu «befreien». «Vielfalt» hingegen sei von Vertretern der Regierung, des Militärs und der Gefängnisse verwendet worden, um ihre Institutionen als «vielfältigste» Einrichtungen in der Geschichte darzustellen. Doch die Unterdrücker würden sich hinter der «Vielfalt» verstecken, während ihr institutioneller Rassismus intakt bleibe, erklärte Davis. Ein «Unterschied, der keinen Unterschied macht». Begriffe wie Demokratie und Vielfalt seien für die antirassistische Sache so gefährlich wie die «Rassenkarte» und das Schlagwort der «persönlichen Verantwortung».[8]

Die Bürgerrechtsaktivisten blieben weiter auf das «N-Wort» fixiert, vor allem nach einer mit dem Wort «Nigger» gespickten Schimpftirade, die der Schauspieler und Comedian Michael Richards (bekannt durch die Rolle des Cosmo Kramer in der Fernsehserie *Seinfeld)* auf schwarze Zuschauer bei einem Auftritt in der Laugh Factory in Hollywood am 17. November 2006 niedergehen ließ. Das entsprechende Handyvideo verbreitete sich in Windeseile, und die Empörung über Richards' «He's a nigger! He's a nigger! He's a nigger!» verband sich im Frühjahr 2006 mit der Empörung über den Radiomoderator Don Imus, der die dunkelhäutigen Spielerinnen der Basketballmannschaft der Rutgers University als «kraushaarige Huren» beschimpft hatte. Die Empörung richtete sich nicht nur gegen Richards und Imus. «Das sind wir selbst», schrieb Jason Whitlock, Sportjournalist beim Sender Fox in der *Pittsburgh Post-Gazette* am 16. April 2007. «Derzeit sind wir unsere schlimmsten Feinde. Wir haben erlaubt, dass unsere Jugend auf eine Kultur abfährt [gemeint war Hip-Hop], die gegen Schwarze und Bildung ist und für Drogendealen und Gewalt.»[9]

Bei der Jahrestagung des NAACP Anfang Juli 2007 wurde das «N-Wort» öffentlich zu Grabe getragen. Doch Begriffe und Formulierungen wie «Rassenkarte», «persönliche Verantwortung», «farbenblind», «keine Ausreden», «Leistungslücke», «Schwerverbrecher» und «es sind wir» durften alle weiter im Lexikon des Rassismus bleiben. «Das größte Kind, das der Rassismus je hervorbrachte», sagte Reverend Otis Moss III. in seiner Grabrede für das N-Wort. Nach all den Hurrikanopfern in New Orleans, die der Rassismus hervorgebracht hatte, sollte das N-Wort sein größtes Kind sein? Wenige Monate zuvor, am 25. November 2006, hatten New Yorker Polizisten den 23-jährigen Sean Bell am Abend vor seiner Hochzeit erschossen. Kurz darauf wurden sechs schwarze Schüler der High School in Jena, Louisiana, angeklagt, weil sie einen weißen Klassenkameraden verprügelt hatten, der eine Henkersschlinge aufgehängt und sie auf üble rassistische Weise beschimpft hatte. Wenige Tage vor der Beisetzung des N-Worts hatte Richter John Roberts am Obersten Gerichtshof die Bemühungen von drei Bezirken vereitelt, die Segregation an ihren Schulen aufzuheben, mit der Begründung, «der Weg hin zu einem Ende der Diskriminierung auf Grundlage der Rasse besteht darin, die Diskriminierung auf Grundlage der Rasse zu beenden». Und dann war das N-Wort das größte Kind des Rassismus? «Stirb, N-Wort», befahl Kwmae Kilpatrick, der Bürgermeister von Detroit, bei der Beisetzung. Über die anderen, weitaus monströseren Kinder des Rassismus wurde dagegen kein Wort verloren.[10]

«Er ist der erste Afroamerikaner aus dem Mainstream, der redegewandt, klug und sauber ist und gut aussieht.» Joe Biden, Senator aus Delaware, der sich damals noch als Präsidentschaftskandidat Hoffnung auf das Amt machte, hätte Barack Obama auch gleich als außergewöhnlichen Neger bezeichnen können. Bidens Einschätzung seiner Konkurrenten bei den demokratischen Präsidentschaftskandidaten erschienen im *New York Observer*, nur wenige Tage bevor Obama am 10. Februar 2007 vor dem Old State Capitol in Springfield im Bundesstaat Illinois stand und offiziell seine Präsidentschaftskandidatur verkündete. Obama stand an der Stelle, wo Abraham Lincoln 1858 seine historische Rede über das «geteilte Haus» der USA gehalten hatte. Obamas Rede strotzte von Begriffen wie Einheit, Hoffnung und Wandel.

Doch Joe Bidens Kommentar – den er später «zutiefst» bedauerte – war ein Vorbote der kommenden Entwicklung. Im Verlauf des Wahlkampfes trat die Dreistigkeit der Rassisten immer deutlicher hervor – von Präsident Bush über Radio-Superstar Rush Limbaugh bis zu Obamas demokratischen Mitbewerbern –, die Obama alle als außergewöhnlichen Neger betrachteten. Im Februar 2007 spekulierte das Magazin *Time*, dass Afroamerikaner eher die New Yorker Senatorin Hillary Clinton unterstützen würden, weil sie sich fragen müssten, ob Obama «schwarz genug» sei. Nicht, weil sie Obama als Außenseiter im Rennen betrachteten, es musste daran liegen, dass sie Obama nicht als gewöhnlichen Schwarzen aus ihren Reihen sahen, denn gewöhnliche Schwarze waren ja eben nicht redegewandt und intelligent, sondern hässlich, ungepflegt und dumm.[11]

Experten bezeichneten Hillary Clinton als «unausweichliche» Kandidatin, bis Barack Obama sie am 3. Januar 2008 bei den Vorwahlen in Iowa besiegte. Am 5. Februar 2008, dem sogenannten Super Tuesday, bei dem in 21 Bundesstaaten Vorwahlen der Demokraten stattfanden, waren die Amerikaner schon von Obamas «Yes We Can«-Kampagne der Hoffnung und Veränderung mitgerissen, Themen, die er verkörperte und über die er so eloquent in seinen Wahlkampfreden sprechen konnte, dass die Leute nicht genug davon bekommen konnten. Mitte Februar erklärte seine scharfsinnige und brillante Frau Michelle Obama bei einer Wahlkampfveranstaltung in Milwaukee: «Zum ersten Mal in meinem erwachsenen Leben bin ich wirklich stolz auf mein Land, und das nicht nur, weil Barack so gut abschneidet, sondern weil ich den Eindruck habe, dass die Menschen wirklich einen Wandel herbeisehnen.» Daraufhin erntete sie Hohn und Spott von den Rassisten, die sie aufgrund ihrer «unpatriotischen» Äußerungen, ihrer Abstammung von Sklaven und ihrer braunen Hautfarbe verleumdeten und ihr das Etikett «wütende schwarze Frau» verpassten. Im weiteren Verlauf des Wahlkampfes brachte *The New Yorker* ein Titelbild von Michelle Obama, auf dem sie in Uniform und Kampfstiefeln mit einer AK-47 auf dem Rücken und einer üppigen Afro-Frisur gezeigt wurde – das stereotype Bild der starken schwarzen Frau. Sie stand neben ihrem Mann, der wie ein Muslim gekleidet war. Rassistische Kommentatoren waren förmlich besessen von Michelle Obamas Figur, ihrer Größe von 1,80 Meter, kantig und kurvig zugleich, halb-maskulin und hyperfeminin. Sie suchten nach Problemen in ihrer Ehe und Familie und erklärten sie für außergewöhnlich, als sie nichts fanden.[12]

Als sich bei den Obamas keine hässlichen Stellen auftaten, überprüften investigative Journalisten ihr Umfeld. Anfang März 2008 veröffentlichte ABC

News Ausschnitte aus den Predigten des wohl am meisten verehrten Vertreters der Befreiungstheologie im schwarzen Amerika. Jeremiah Wright, Pastor der großen Trinity United Church of Christ in Chicago, der kurz zuvor in den Ruhestand gegangen war, hatte die Obamas getraut und ihre beiden Töchter getauft. In dem von ABC News verbreiteten Ausschnitt sagte Wright in einer Predigt: «Die Regierung gibt ihnen die Drogen, baut größere Gefängnisse, verabschiedet ein Three-Strikes-Gesetz und will dann, dass wir ‹Gott segne Amerika› singen. Nein, nein, nein … Gott verdamme Amerika, weil es unsere Bürger nicht als Menschen behandelt.» Wright hatte die uralte rassistische Lektion verurteilt, die schon den Sklaven eingetrichtert worden war: Dass Afroamerikaner die USA lieben und als das beste Land der Welt betrachten sollten, egal, wie man sie dort behandelte. Zusätzlich zu seiner Ablehnung des amerikanischen Exzeptionalismus hatte Wright auch noch die Frechheit zu sagen, der amerikanische «Terrorismus» im Ausland habe zu den Anschlägen vom 11. September beigetragen. Die Amerikaner waren, gelinde gesagt, erzürnt.[13]

Als Obamas flapsige Darstellung von Wright als überlastetem «alten Onkel» die Amerikaner nicht beruhigen konnte, beschloss er, in einer Rede am 18. März 2008 direkt auf die Kontroverse einzugehen. Im National Constitution Center von Philadelphia hielt er eine Rede über das Verhältnis der Weißen und Schwarzen in Amerika mit dem Titel «A More Perfect Union». Obama hatte Verfassungsrecht gelehrt, hatte als Anwalt für Bürgerrechte gearbeitet und erfolgreiche politische Kampagnen geleitet (einschließlich seines eigenen aktuellen Wahlkampfs, den viele Analytiker bereits als meisterlich bezeichneten), daher konnte man ihn leicht für einen Experten in vielen Bereichen halten: für Verfassungsrecht, Bürgerrechte, Kommunalpolitik in Chicago, Politik in Illinois, für Wahlkampf und für das politische Verhältnis der Ethnien. Und genau wie Rassisten annahmen, dass alle schwarzen Individuen ihre Rasse repräsentieren, so nahmen sie auch an, dass redegewandte schwarze Individuen Experten für Schwarze allgemein seien. Sie nahmen also an, dass Obama aufgrund seiner Hautfarbe ein Experte für alle Schwarzen wäre. Die Medien präsentierten regelmäßig eloquente Schwarze, die über alle möglichen «schwarzen» Themen dozierten, für die sie keine Experten waren, weshalb sich die tatsächlichen Experten unabhängig von ihrer Ethnie oft krümmten vor Peinlichkeit, wenn sie solche Vorträge hörten.

Und so betrachteten viele Amerikaner Obama in Philadelphia nicht als bloßen Politiker, der sagte, was er sagen musste, um seine Wahlkampagne zu retten. Sie sahen in ihm – wie es seine Berater erhofft hatten – einen geachteten, kenntnisreichen und aufrichtigen Experten für die Beziehungen zwischen Schwarz und Weiß, jemanden, der bei diesem Thema glaubwürdiger war als der angeblich wütende und alte Jeremiah Wright. Obama nutzte geschickt die Plattform, die ihm rassistische Amerikaner gaben – und wer weiß, ob er wirklich seine eigenen Ansichten äußerte oder ob er sich ausgerechnet hatte, dass die politisch bequemste Position für ihn die bei den Assimilationisten war, bei der Gruppe also, die Robert M. Entman und Andrew Rojecki als die «ambivalente Mehrheit» bezeichneten. Diese Amerikaner glaubten, dass Schwarze durchaus Diskriminierungsvorwürfe anführen könnten, diese manchmal aber auch für ihre Zwecke nutzten. Dabei war den Weißen nicht bewusst, dass ihre Sichtweise nicht nur rassistisch war, sondern auch kaum einen Sinn ergab, denn genauso gut hätte man sagen können, das Spiel sei zwar manipuliert, aber Schwarze könnten trotzdem gewinnen. Wenn sie allerdings verloren und sich beschwerten, nutzten sie die Manipulation als Ausrede.[14]

Obama distanzierte sich von Jeremiah Wrights «zutiefst verzerrter Sichtweise», lehnte es aber mutig ab, Wright völlig zu «verstoßen». Und dann setzte er zu seinem allgemeinen Vortrag über Rasse an und erklärte, dass sozioökonomische Ungleichheiten in der Geschichte der Diskriminierung wurzelten. Nach dieser solide antirassistischen Eröffnung schwenkte er zur rassistischen Konsenstheorie der «umfassenden Leistungskluft» und weiter zur widerlegten rassistischen Theorie von der «Erosion schwarzer Familien», die «durch die Sozialpolitik … möglicherweise verschlimmert» worden sei, und zur nicht bewiesenen rassistischen Theorie, die Rassendiskriminierung habe den Schwarzen «ein Vermächtnis der Niederlagen» hinterlassen. Laut Obama erklärte dieses «Vermächtnis der Niederlagen», warum «junge Männer und in zunehmendem Maße auch junge Frauen an Straßenecken herumlungern oder im Gefängnis landen». Er ignorierte die Tatsache, dass diese Bevölkerungsgruppe die höchste Arbeitslosenquote des Landes aufwies und am stärksten von der Polizei kontrolliert wurde. Obama fügte seine Theorie vom «Vermächtnis der Niederlage» den vielen rassistischen volkstümlichen Theorien über Sklaverei und Diskriminierung (und vor allem über das damit verbundene Trauma) hinzu, die in Klassenzimmern, am Küchentisch und in Friseursalons die Runde machten – wodurch Schwarze als biologisch, psychologisch, kulturell oder moralisch minderwertig dargestellt wurden. Im Laufe der Zeit hatte man sich aufgrund dieser Theorien – die Bezeichnungen trugen wie «posttraumatisches Sklavensyndrom» oder «Sklaverei-Hypertonie-Hypothese» oder «Hood Disease» – von der kompletten Wahrheit entfernt, dass Diskriminierung die Ursache für weniger Chancen und ein geringeres Einkommen bei Schwarzen war, und nicht ihre Zugehörigkeit zu einer angeblich minderwertigen ethnischen Gruppe.[15]

Antirassisten wie Jeremiah Wright sagte Obama: «Wut ist nicht immer produktiv», und fuhr fort: «tatsächlich lenkt sie allzu oft davon ab, echte Probleme zu lösen; sie hält uns davon ab, unsere eigene Beteiligung, die der afroamerikanischen Gemeinschaft, an unserem Zustand zu erkennen.» Eine klassische assimilationistische Erwiderung: Antirassisten werden als «zornig» bezeichnet, weil sie wirklich an die Gleichstellung glauben, weil sie an Schwarzen nichts Falsches sehen, weil sie die Diskriminierung für die Wurzel allen Übels halten, wenn sie sich mit der Situation der Afroamerikaner befassen. Wie W. E. B. Du Bois und Martin Luther King Jr. warf Obama diese «zornigen» Antirassisten mit zornigen anti-weißen Zynikern in einen Topf, um sie zu diskreditieren und sich selbst von ihnen abzuheben. Allerdings mussten Du Bois und King später, als sie schließlich einen ausschließlich antirassistischen Standpunkt vertraten, die gleichen Vorwürfe, sie seien «zornig» und gegen Weiße, abwehren, die sie mit in die Welt gesetzt hatten. Jetzt tat Obama dasselbe, ohne zu ahnen, dass er damit ein Etikett schuf, das seine Gegner ihm nach seiner Rede umhängen würden, wann immer und wo immer er eine antirassistische Äußerung machte.

Denn in seiner Rede machte Obama einige antirassistische Aussagen – etwa in seiner Analyse, wie «mindestens eine Generation» von Politikern «Ressentiments», Ängste und Wut über Sozialleistungen, positive Diskriminierung und Verbrechen dazu genutzt hätte, weiße Wähler «von den wahren Schuldigen an der Notlage der Mittelschicht» abzulenken, nämlich einer «Wirtschaftspolitik, die einige wenige gegenüber den vielen begünstigt». Doch dann, ganz Politiker, weigerte er sich, die «Ressentiments» der Weißen als «fehlgeleitet oder gar rassistisch» einzustufen, er sah sie erstaunlicherweise sogar in «legitimen Sorgen» begründet. Am Ende trat Obama also in die rassistischen Fußstapfen jedes Präsidenten seit Richard Nixon: Rassistische Ressentiments wurden legitimiert, man erklärte, sie seien gar nicht rassistisch, und lenkte sie in Richtung der politischen Gegner.

Auch in Obamas Brust schlugen also zwei Seelen. Er ermutigte die Afroamerikaner, gegen Diskriminierung zu kämpfen, persönliche Verantwortung zu übernehmen, bessere Eltern zu sein und das «Vermächtnis der Niederlage» zu beenden. Den psychologisch vermeintlich überlegenen weißen Amerikanern, die auch bessere Eltern sein sollten, gab Obama keine Tipps zur Kindererziehung oder Psychologie. Er forderte sie nur auf, sich ihm auf dem «langen Marsch» gegen Diskriminierung anzuschließen – «nicht nur mit Worten, sondern mit Taten» – in einem antirassistischen Schlussplädoyer. Er endete seine Rede in Philadelphia vom 18. März 2008, wie er sie begonnen hatte, indem er auf den halbwahren Fortschritt beim Zusammenleben von Schwarzen und Weißen verwies. «Diese Union mag vielleicht niemals perfekt sein, doch eine Generation nach der anderen hat gezeigt, dass sie immer weiter perfektioniert werden kann.»[16]

Die Stimmen segregationistischer wie antirassistischer Kritik gingen unter in der allgemeinen Begeisterung. Obama wurde quer durch alle Ideologien umschmeichelt. Die politische Analytikerin Michelle Bernard vom Nachrichtensender MSNBC bezeichnete seine Ansprache als «die beste und wichtigste Rede zum Verhältnis der Rassen, die wir als Nation seit Martin Luther Kings ‹Ich habe einen Traum›-Rede gehört haben.» Und nicht nur die Demokraten waren begeistert. Auch prominente Republikaner – von den Präsidentschaftskandidaten Mike Huckabee und John McCain bis zu Mitgliedern der Regierung Bush wie Condoleezza Rice und Colin Powell und Clintons altem Feind Newt Gingrich – lobten die Rede. Charles Murray, Autor von *The Bell Curve*, nannte sie «rundherum brillant – rhetorisch, aber auch darin, wie sie zahlreiche Nuancen über das Verhältnis der Rassen in Amerika einfängt».[17]

Falls Barack Obama gehofft hatte, die Berichterstattung von ABC News, die ihn bisher eher behindert hatte, in ein Sprungbrett für sich zu verwandeln, dann hatte er Erfolg. Im April und Mai dominierte er die Berichte; über Jeremiah Wright und auch Hillary Clinton wurde kaum noch gesprochen. Anfang Juni wurde er als Präsidentschaftskandidat der Demokraten nominiert. Die republikanischen Fabrikateure rassistischer Ideen gingen derweil wieder zum Tagesgeschäft über und verlangten Obamas Geburtsurkunde, weil sie anzweifelten, dass Barack *Hussein* Obama wirklich ein Amerikaner war, womit sie andeuteten, dass nur echte Amerikaner, die weiß wie McCain waren, im Weißen Haus der Vereinigten Staaten leben konnten. Bei keinem anderen Präsidentschaftskandidaten der großen Parteien in den USA war je die Herkunft so peinlich genau überprüft worden. Andererseits waren die bisherigen Präsidentschaftskandidaten der großen Parteien auch immer weiße Männer gewesen. Obamas Wahlkampfteam veröffentlichte eine eingescannte Kopie seiner Geburtsurkunde, doch die Gerüchte, dass Obama in Kenia oder gar in einem islamischen, antiamerikanischen Land geboren sei, ließen sich nicht so einfach beseitigen. Sie waren nicht aufgrund von Unwissenheit entstanden, warum sollten sie also durch Wissen verschwinden?

Doch der Sohn einer alleinerziehenden Mutter wandte sich anderen Dingen zu, wie man in seiner Rede vom Vatertag am 15. Juni 2008 hören konnte. «Wenn wir ehrlich mit uns selbst sind, müssen wir zugeben, dass zu viele Väter fehlen – sie fehlen in zu vielen Leben und in zu vielen Familien», sagte Obama zum tosenden Applaus schwarzer Zuhörer in einer Kirche im Stadtviertel Southside in Chicago. «Sie benehmen sich wie Jungen und nicht wie Männer. Und die Fundamente unserer Familien sind dadurch geschwächt.» Der Soziologe Michael Eric Dyson hätte am nächsten Tag im Magazin *Time* ein für alle Mal der rassistischen Übertreibung ein Ende machen sollen, die Obama – und viele andere Amerikaner – beim Thema fehlende *schwarze Väter* ständig wiederholten. Dyson zitierte eine Studie von Rebekah Levine Coley vom Boston College, die zu dem Schluss kam, dass schwarze Väter, die nicht mehr bei der Familie lebten, häufiger als Väter aus anderen ethnischen Gruppen den Kontakt zu ihren Kindern hielten. «Obama sprach vielleicht zu schwarzen Zuhörern, doch seine Worte waren an die Weißen gerichtet, die noch unentschlossen sind, wen sie ins Weiße Haus schicken sollen», kritisierte Dyson.[18]

Die Legende vom «fehlenden schwarzen Vater» war mittlerweile so populär wie die Legende, dass es «keine guten schwarzen Männer» gebe. Im Mai 2008 hatte Tyra Banks dem Thema eine Folge ihrer beliebten Fernsehtalkshow gewidmet und gefragt: «Wo sind all die guten schwarzen Männer hin?» Die fast eine Million zählenden schwarzen Männer im Gefängnis und die Lebenserwartung schwarzer Männer, die sechs Jahre unter der von weißen Männern lag, waren jedoch nicht Teil der Diskussion. Tyra Banks spekulierte im Einklang mit der Litanei rassistischer schwarzer Frauen, dass schwarze Frauen Probleme hätten, *gute* schwarze Männer zu finden, weil so viele «Hunde» seien oder mit nichtschwarzen Frauen oder mit Männern ausgehen würden. Doch die rassistischen schwarzen Männer drehten den Spieß einfach um. Auf der R&B-Single, die 2010 am längsten auf Platz eins war, «I'm Ready» von Alicia Keys, war auch die Hip-Hop-Sensation Drake zu hören, der rappte: «Good women are rare too, none of them have come close.» Allerdings war man damit wieder bei der alten Gleichung angelangt: Wenige gute schwarze Männer plus wenige gute schwarze Frauen ergibt wenige gute schwarze Menschen, ergibt rassistische Ideen.[19]

Am 4. November 2008 wählte eine 64-jährige, vor Kurzem in den Ruhestand gegangene Professorin zum ersten Mal in ihrem Leben eine der beiden großen politischen Parteien in den USA. Sie hatte sich aus der akademischen

Welt zurückgezogen, aber nicht von ihrem sehr öffentlichen, seit vier Jahrzehnten aktiven politischen Leben. Sie reiste immer noch durchs Land und versuchte, eine Bewegung zur Abschaffung der Gefängnisse auf die Beine zu stellen. Als Angela Davis für den Demokraten Barack Obama stimmte, schloss sie sich damit etwa 69,5 Millionen Amerikanern an. Aber mehr als für den Politiker stimmte Davis für die Bemühungen an der Basis seiner Kampagne, für die Millionen von Menschen, die einen Wandel forderten. Als die Sender anfingen bekanntzugeben, dass Obama zum 44. Präsidenten der Vereinigten Staaten gewählt worden war, brandete Freude von Küste zu Küste auf, die sich von den USA in der gesamten antirassistischen Welt ausbreitete. Davis war im Freudentaumel von Oakland mit dabei. Wildfremde Menschen kamen auf sie zu und umarmten sie auf der Straße. Sie sah Menschen, die zum Himmel sangen, und Menschen, die auf der Straße tanzten. Tatsächlich tanzten weltweit Menschen auf der Straße. Die Begeisterung der Menschen, die Angela Davis sah, und all der anderen, die auf der ganzen Welt feierten, rührte nicht daher, dass ein bestimmter Mensch gewählt worden war; sie waren außer sich vor Stolz über den Sieg der Schwarzen, stolz auf den Erfolg der Millionen Organisatoren an der Basis und darauf, dass sie es all den Zweiflern gezeigt hatten, die gesagt hatten, die Wahl eines schwarzen Präsidenten sei unmöglich. Doch vor allem waren sie begeistert vom antirassistischen Potenzial eines schwarzen Präsidenten.[20]

Doch nach der überschäumenden Freude an jenem Abend im November und in den folgenden wenigen Wochen explodierte schon bald die Wut in Form von Hassattacken gegen Schwarze. Die Produzenten rassistischer Ideen machten Überstunden, um mit ihrer farbenblinden Rhetorik zurückzurudern, mit der sie ihre Abnehmer über ein Jahrzehnt lang dazu gebracht hatten, vor der Diskriminierung die Augen zu verschließen. Sie arbeiteten an etwas Besserem: an einem Porträt Amerikas, das vermittelte, dass Bürgerrechtsgesetze und Regeln zum speziellen Schutz oder zur Förderung bestimmter Gruppen nicht mehr nötig waren – man musste nicht einmal mehr über «Rasse» reden. «Leben wir jetzt in einem Amerika, das den Rassenbegriff überwunden hat? Ist der Rassismus gegen Schwarze in Amerika Vergangenheit?», fragte John McWhorter Wochen nach der Wahl im Magazin *Forbes.* «Ich würde sagen, die Antwort lautet ja.»[21]

Epilog

Einige weiße Amerikaner, die 2008 Barack Obama wählten, vertraten eine postethnische oder antirassistische Haltung. Andere sahen in Obama vermutlich den «außergewöhnlichen Neger» oder schoben ihren Rassismus beiseite. Wenn antirassistische Schwarze in den vergangenen Jahrzehnten rassistische Demokraten als «das geringere Übel» wählen konnten, dann konnten auch rassistische Weiße den republikanischen Kandidaten betrachten und sich für Obama als «das geringere Übel» entscheiden. Zu behaupten, ein weißer Obama-Wähler könne kein Rassist sein, wäre so naiv (oder manipulativ) wie die Annahme, dass ein Weißer mit schwarzen Freunden nicht rassistisch sein könnte oder dass jemand mit dunklem Teint sich nicht irgendwie minderwertig fühlen könnte. Allerdings waren es nicht die weißen Wähler, die die Wahl für Obama entschieden, auch wenn manche Schlagzeilen das andeuteten oder verkündeten. Die weißen Wähler wählten Obama mit einem ähnlichen Stimmenanteil (43 Prozent), wie sie seine demokratischen Vorgänger seit Lyndon B. Johnson gewählt hatten. Die Steigerung von 10 Prozent bei den nichtweißen Wählern im Vergleich zu John Kerry 2004 und die Rekordwahlbeteiligung junger Wähler verhalfen Obama zum Sieg.[1]

Doch er hätte die Wahl auch leicht aufgrund rassistischer Ideen verlieren können. Was wäre gewesen, wenn Obama von amerikanischen Sklaven abstammen würde? Was, wenn er keine weißen Vorfahren hätte? Was, wenn Obamas Frau Michelle mehr wie seine Mutter aussehen würde? Was, wenn er nicht angefangen hätte, in seinen Reden über die persönliche Verantwortung der Schwarzen zu sprechen? Was, wenn Sarah Palin die Demokraten nicht mit ihren Ku-Klux-Klan-ähnlichen Veranstaltungen gegen sich aufgebracht hätte, bei denen die Zuschauer «Bringt ihn um!» brüllten? Was, wenn die Republikaner unter Bush nicht mit die schlechtesten Umfragewerte gehabt hätten, die sie je hatten? Was, wenn Obama nicht den, wie es heißt, besten Wahlkampf in der Geschichte der USA geführt hätte? Was, wenn die Wirtschaftskrise die Wähler nicht wenige Wochen vor der Wahl in Panik versetzt hätte? Die Anhänger der Theorie, dass sich die USA in einem postethnischen Zeitalter befinden würden, kümmerten sich wenig um all die anderen Faktoren, die zusammenkamen, damit der erste schwarze Präsident der USA gewählt wurde. Aber wann hatten sich die Schöpfer rassistischer Vorstellungen je um die Realität gekümmert?[2]

Die Vorstellung von einer postethnischen Gesellschaft in den USA wurde schnell zur neuen Trennlinie zwischen Rassisten und Antirassisten, als Obama im Januar 2009 sein Amt antrat. Der Politikwissenschaftler Michael Dawson von der University of Chicago, der für die Antirassisten sprach, erklärte, das Land sei bei der Überwindung der Rassenschranken noch nicht so weit, um sich auch nur annährend als «postethnisch» zu bezeichnen. Die Belege dafür waren überall. Die Wirtschaftskrise reduzierte das durchschnittliche Einkommen eines schwarzen Haushalts um 11 Prozent, verglichen mit 5 Prozent bei den Weißen. Am 1. Januar 2009 tötete ein Bahnpolizist in Oakland den 22 Jahre alten Oscar Grant, während er mit dem Gesicht nach unten und mit auf dem Rücken gefesselten Händen auf dem Boden lag. All die Genetiker, Ku-Klux-Klan-Mitglieder, anonymen Internet-Rassisten und natürlich die Mitglieder der Tea Party – die am 19. Februar 2009 gegründet wurde – sowie andere Segregationisten organisierten sich nach der Wahl Obamas, als ob es kein Morgen gäbe. Zwischen dem 11. September 2001 und jenem schicksalshaften Junitag 2015, an dem Dylann Roof neun Schwarze während einer Bibelstunde in Charleston in der ältesten Kirche der African Methodist Episcopal Church im Süden erschoss, hatten weiße amerikanische Terroristen, die man durchaus mit Nazis vergleichen kann, 48 Amerikaner ermordet – fast doppelt so viele, wie von antiamerikanischen islamistischen Terroristen getötet worden waren. Die Strafverfolgungsbehörden stuften diese weißen amerikanischen Terroristen als gefährlicher für das Leben der Amerikaner ein als antiamerikanische islamistische Terroristen. Doch diese weißen Terroristen sind nicht auf dem Radar der «Falken», die sich nur auf den Krieg gegen den Terror konzentrieren. Die Amerikaner diskutierten allenfalls darüber, ob man die Konföderiertenfahne hissen durfte.[3]

Barack Obama muss dieser Anstieg des Segregationismus während seiner Präsidentschaft schon früh aufgefallen sein, Jahre bevor er den Namen Dylann Roof hörte. Oder vielleicht auch nicht. Oder vielleicht doch, aber womöglich dachte er, wenn er darauf hinweisen würde, könnte er das Land spalten, wie im Fall von Jeremiah Wright. «Wahrscheinlich hat es in den

USA noch nie weniger Diskriminierung gegeben als heute», sagte Obama am 16. Juli 2009 vor der NAACP. «Aber das darf uns nicht täuschen: Die Diskriminierung in Amerika ist immer noch schmerzlich zu spüren.» Am selben Tag rief ein Anwohner in Cambridge, Massachusetts, die Polizei, weil er gesehen hatte, wie der Harvard-Professor Henry Louis Gates Jr. versuchte, die klemmende Tür an seinem Haus zu öffnen. Als Obama erklärte, der herbeigerufene weiße Polizist habe dumm gehandelt, «als er jemanden verhaftete, obwohl es Belege dafür gab, dass er sich in seinem eigenen Haus befand», als er einräumte, dass das Racial Profiling eine «lange Geschichte» habe, griffen die Anhänger der Theorie einer postethnischen Gesellschaft ein, um Obamas Antirassismus zu stoppen, bevor er außer Kontrolle geriet. Obamas Äußerung zu Jeremiah Wright und dessen «Zorn» fiel nun auf ihn zurück, so wie ähnliche Äußerungen auf Martin Luther King Jr. und W.E.B. Du Bois zurückgefallen waren. Obama habe sich «wieder und wieder» als Typ erwiesen, «der tiefsitzenden Hass gegen Weiße oder die weiße Kultur empfindet», sagte Glenn Beck, Liebling der Tea Party, seinem aufmerksamen Publikum von Fox News. «Ich sage nicht, dass er keine Weißen mag. Ich sage nur, dass er ein Problem hat. Dieser Typ ist meiner Meinung nach ein Rassist.»[4]

Eine bemerkenswerte Interpretation. In seiner Rede vor der NAACP sprach Obama darüber, dass Afroamerikaner ein «neues Denken» bräuchten, «neue Einstellungen», um sich von ihrem «internalisierten Gefühl der Einschränkung» zu befreien, und ermahnte schwarze Eltern, ihre erzieherische Aufgabe nicht anderen zu überlassen. Zu dieser Schelte für Millionen Schwarze äußerten Glenn Beck und die postethnischen Theoretiker kein einziges kritisches Wort. Offensichtlich war es völlig in Ordnung, wenn Obama Millionen Schwarze herabwürdigte. Doch sobald er sich kritisch über einen einzelnen diskriminierenden Weißen äußerte, setzte die postethnische Gegenreaktion ein.

Einige Monate nach Obamas Amtsantritt legten die Anhänger der postethnischen Theorie ihre neuen Grundregeln für das Verhältnis zwischen Schwarzen und Weißen fest: Kritik an Millionen Schwarzen ist stets möglich, so oft man will. Das ist kein Rassendenken oder Rassismus oder Hass. Man redet nicht einmal von Rasse. Aber sobald man einen einzelnen Weißen als diskriminierend bezeichnet und kritisiert, verfällt man in rassische Kategorien, verbreitet Hassreden, ist ein Rassist. Wenn rassistische Vorstellungen schon immer den Zweck gehabt hätten, antirassistische Widerständler zum Schweigen zu bringen, damit sie nicht länger auf Rassendiskriminierung hinweisen, dann ist die postethnische Taktik vermutlich die bislang raffinierteste und effektivste.

Die Anhänger der Theorie der postethnischen Gesellschaft hatten kein Problem, die nach wie vor bestehenden Ungleichheiten zu erklären oder die anhaltende sozioökonomische Misere der Schwarzen, man gab ihnen einfach wieder einmal selbst die Schuld – bei Fox News, im *Wall Street Journal*, in *The Rush Limbaugh Show*, am Obersten Gerichtshof und in den Reihen der republikanischen Abgeordneten. Rassistische Politik verteidigen, indem man Schwarze herabsetzt: Das war seit fast sechs Jahrhunderten die Aufgabe derjenigen, die rassistische Ideen in die Welt setzen, angefangen mit Gomes Eanes de Azurara, der den Handel mit afrikanischen Sklaven von Heinrich dem Seefahrer rechtfertigte. Die postethnischen Attacken lösten Gegenangriffe der Antirassisten aus, die auf Rassendiskriminierung hinwiesen, von Twitter bis Facebook, vom Hip-Hop bis zu Stipendien im Fach Black Studies, von Sendungen des Nachrichtensenders MSNBC bis zum Satellitenradio SiriusXM Progress, von Zeitschriften wie *The Nation* bis *The Root*, was dann wieder zu Gegenattacken der postethnischen Vertreter führte, die die Antirassisten als spalterisch und rassistisch bezeichneten. Die Assimilationisten standen dazwischen und betrachteten sich als die gemäßigten Stimmen der Vernunft. Sie trommelten weiter für die falsch verstandene Vorstellung, wie weit die Nation doch schon gekommen sei und wie weit sie es noch bringen werde. Die tatsächliche aktuelle Entwicklung der Fortschritte beim Verhältnis zwischen Schwarzen und Weißen, aber auch der Fortschritte beim Rassismus passte immer noch nicht zu ihrer Ideologie.

Unterdessen schafften es weder die Anhänger des Postethnizismus noch des Assimilationismus, all die Antirassisten zum Schweigen zu bringen, die lautstark auf Rassendiskriminierung hinwiesen. Antirassisten schlossen sich der Occupy-Bewegung an, die 2011 im Namen der «99 Prozent» Protestlager errichteten. Sie verlangten weiterhin Reparationen für die Sklaverei, ein besonders bemerkenswertes Beispiel dafür ist der Artikel von Ta-Nehisi Coates in *The Atlantic* vom Juni 2014. Sie kämpften gegen das weitere Voranschreiten des Rassismus etwa in Form der «Stop and Frisk«-Maßnahmen der Polizei (das willkürliche Anhalten und Durchsuchen von Personen auf der Straße) oder in Form der von den Republikanern vorangetriebenen Maßnahmen, Straftätern das Wahlrecht zu entziehen. Antirassisten unterstützten auch den unermüdlichen Kampf der LGBT-Bewegung für Gleichberechtigung. Inmitten der Auseinandersetzung veröffentlichte die schwarze Transgender-Aktivistin Janet Mock ihre Autobiografie *Redefining Realness*. Von bell hooks und Melissa Harris-Perry und zahlreichen anderen antirassistischen Stars gelobt, schaffte es *Redefining Realness* am 1. Februar 2014 auf die Bestsellerliste der *New York Times.* Mocks spannende und nachdenkliche Suche nach Weiblichkeit, Identität und Liebe ermöglichte den Lesern einen Einblick in das Leben, die Auseinandersetzungen und Triumphe von Transgender-Amerikanern, vor allem von schwarzen Transgender-Frauen. «Irgendwann war ich es müde, mich nach einem möglichen Selbst zu strecken, das immer knapp außer Reichweite blieb. Also ließ ich die Arme sinken und umarmte mich selbst. Meine innere Heilung begann, indem ich mich in der Dunkelheit umarmt hielt, bis mir die Sonne ins Gesicht schien», schrieb Mock am Ende des Buches. «Schließlich tauchte ich wieder auf und ergab mich dem hellen Schein und entdeckte die Wahrheit, Schönheit und den Frieden, die schon immer zu mir gehört hatten.»[5]

Die Antirassisten schienen überall zu demonstrieren, vor allem vor Gefängnissen, wo sie gegen das kämpften, wogegen Angela Davis vier Jahrzehnte lang gekämpft hatte: gegen das rassistische Justizsystem (und den industriellen Gefängniskomplex). 2010 brachte Michelle Alexander, Juraprofessorin an der Ohio State University, ihr Buch *The New Jim Crow: Mass Incarceration in the Age of Colorblindness* (*The new Jim Crow. Masseninhaftierung und Rassismus in den USA*) heraus, das sofort ein Erfolg wurde. Darin legte sie die Rassendiskriminierung offen, die überall im amerikanischen Justizsystem zu finden war, von der Gesetzgebung bis zur Arbeit der Polizei, von den Fragen, wer verdächtigt wird, wer verhaftet, angeklagt und verurteilt wird, bis zur Frage, wer ins Gefängnis kommt. Und wenn die Schwarzen wieder aus den Gefängnissen entlassen werden, die überfüllt sind mit Schwarzen und Farbigen, endet diese Form der Sklaverei nur, um neuen Formen legaler Diskriminierung Platz zu machen. «Ein Vorstrafenregister erlaubt heute genau die Formen der Diskriminierung, die wir angeblich hinter uns gelassen haben – Diskriminierung auf dem Arbeitsmarkt, bei der Wohnungssuche, in der Bildung, bei staatlichen Leistungen und bei der Arbeit der Geschworenen», schreibt Alexander. «Wer als kriminell bezeichnet wird, dem kann das Wahlrecht entzogen werden.»[6]

Michelle Alexander deckte in ihrem Buch die Lüge auf, der man im postethnischen Amerika anhing. Doch nichts förderte diese Lüge deutlicher zutage als ein Vorfall, der sich am 26. Februar 2012 ereignete. George Zimmerman, Mitglied einer Nachbarschaftswache in Sanford, Florida, sah an jenem Abend einen schwarzen Teenager, Trayvon Martin, der auf ihn den Eindruck machte, er hätte etwas gestohlen. Der unbewaffnete Teenager bekam es mit der Angst zu tun und rannte weg. Zimmerman setzte sich über die Anweisungen der von ihm informierten Polizei hinweg, nahm die Verfolgung auf und erschoss den Siebzehnjährigen. Danach überschlugen sich die Ereignisse – Zimmerman schützte Notwehr vor, es gab Proteste, Zimmerman wurde verhaftet und wegen Mordes angeklagt, die Verteidigung stellte Trayvon Martin als angsteinflößenden Schläger dar, Zimmerman wurde entlastet und die Geschworenen brachten ihre rassistischen Begründungen für den Freispruch vor, während Segregationisten das Urteil bejubelten. Antirassisten waren empört, die Assimilationisten waren hin und her gerissen. Mit jedem Mord an einem Schwarzen durch die Polizei schienen die Emotionen höher zu schlagen, etwa nach dem Tod der psychisch kranken Shereese Francis in New York, der 22 Jahre alten Rekia Boyd in Chicago und der 23 Jahre alten Shantel Davis in Brooklyn – sie alle starben nur wenige Monate nach dem Mord an Trayvon Martin. Am 9. März 2013 schossen zwei Polizisten in New York siebenmal auf den 16-jährigen Kimani Gray. Die gewalttätigen Proteste, die auf Kimanis Tod – und andere Todesfälle – folgten, lösten weitere Debatten zwischen postethnischen Segregationisten aus, die die gewalttätigen «Schläger» verurteilten, den Antirassisten, die auf die rassistische Ursache der Gewalt hinwiesen, und den Assimilationisten, die ebenfalls die gewalttätigen «Schläger» verurteilten und die Diskriminierung als Ursache für ihr Fehlverhalten nannten.

Viele Antirassisten hatten den Eindruck, dass der Begriff «thug» (Schläger) «heute zum akzeptierten Ersatz geworden ist, um das N-Wort zu vermeiden». So erklärte es Richard Sherman, Cornerback bei den Seattle Seahawks, nachdem man ihn so bezeichnet hatte. Wenn Sherman, der in Stanford studiert hatte, sich vor laufender Kamera erregt äußerte, sahen rassistische Amerikaner nicht den Sportler, der wenige Minuten nach einem perfekten Spielzug, mit dem er seiner Mannschaft den Gewinn der National Football Conference Championship sicherte, voller Adrenalin war. Sie sahen einen «Schläger», wie die unbewaffneten «Schlägertypen», die von der Polizei getötet wurden, oder die 2013 gegen den Mord an Kimani Gray demonstrierten, 2014 gegen den Mord an Eric Garner aus Staten Island und Michael Brown aus Ferguson sowie 2015 gegen den Mord an Freddie Gray aus Baltimore. «Thug» war eine der vielen neuen akzeptierten Möglichkeiten, Schwarze als minderwertig zu bezeichnen. Andere weit verbreitete rassistische Bezeichnungen und Formulierungen waren «Getto», «Minderheit», «persönliche Verantwortung», «Leistungslücke», «Rassenkarte», «umgekehrte Diskriminierung», «good hair» («gute» Haare), «kein guter Schwarzer …» und «sehen Sie, das ist es, was mit den Schwarzen nicht stimmt …»[7]

Für Alicia Garza war der Freispruch für George Zimmerman 2013 wie ein Schlag in die Magengrube. Zur Ablenkung griff sie nach ihrem Mobiltelefon. Doch sie regte sich nur noch mehr auf, als sie die rassistischen Nachrichten auf ihrem Facebook-Newsfeed las, die «uns Schwarzen die Schuld an unserem Zustand gaben». Garza, die sich in der National Domestic Workers Alliance eigentlich für die Rechte von Hausangestellten einsetzte, verfasste eine Liebeserklärung an alle Schwarzen und bat sie, sich dafür starkzumachen, dass «schwarze Leben zählen». Eine Freundin in Los Angeles, Patrisse Cullors, die sich gegen Polizeigewalt engagierte, las Garzas leidenschaftliche Erklärung auf Facebook und ergänzte sie um einen Hashtag. Opal Tometi, eine IT-kundige Aktivistin für die Rechte von Einwanderern, stieß dazu und baute die Online-Plattform. #BlackLivesMatter war geboren. Entstanden aus dem Denken und aus den Herzen dieser drei Frauen, von denen zwei LGBT sind, signalisierte diese Erklärung intuitiv, dass man sich, wenn man wirklich antirassistisch sein will, auch gegen alle Formen von Sexismus, Homophobie, Vorurteilen aufgrund der Hautfarbe, Ethnozentrismus, Nativismus, kulturellen Vorurteilen und Klassendenken wenden muss, denn all diese Haltungen verbinden sich mit dem Rassismus und richten im Leben von so vielen großen Schaden an. Diese starke antirassistische Erklärung griff von den sozialen Medien bald auf die reale Welt über und kam 2014 auf Schildern und in Sprechchören bei antirassistischen Demonstrationen im ganzen Land zum Ausdruck. Die Demonstranten lehnten die rassistische Aussage aus sechs Jahrhunderten ab: Dass schwarze Leben nicht zählten. #BlackLivesMatter entwickelte sich von einer antirassistischen Liebeserklärung schnell zu einer antirassistischen Bewegung mit jungen Leuten, die sich im ganzen Land in lokalen Gruppen engagierten, oft geführt von jungen schwarzen Frauen. Gemeinsam gingen die Aktivisten gegen Diskriminierung in jeglicher Form vor, in allen Bereichen der Gesellschaft und aus einer Vielzahl von Blickwinkeln. Und als Reaktion darauf, dass für manche das Leben *männlicher* Schwarzer am meisten zählte, verlangten antirassistische Feministinnen mutig von Amerika, «*ihren* Namen zu nennen» (#SayHerName): die Namen der schwarzen Frauen, die getötet wurden, Opfer wie Sandra Bland. «Wir wollen in dieser neuen Form der schwarzen Freiheitsbewegung für eine möglichst breite Beteiligung sorgen», erklärte Garza 2015 in *USA Today*. «Wir haben so viele verschiedene reiche und komplexe Erfahrungen. Wir müssen all diese Erfahrungen zusammenbringen, um die Lösungen zu erreichen, die wir anstreben.»[8]

Wann wird der Tag kommen, an dem das Leben von Schwarzen für Amerikaner zählt? Das hängt stark von den Aktionen der Antirassisten ab – und von den Strategien, die sie einsetzen, um gegen rassistische Ideen vorzugehen.

Aus der Geschichte der rassistischen Ideen wissen wir, welche Strategien Antirassisten nicht anwenden sollten. Mein Buch zeichnet nicht nur die Entwicklung rassistischer Ideen nach, sondern auch das anhaltende Scheitern der drei ältesten und populärsten Strategien, mit denen die Amerikaner versuchen, sie auszumerzen: Selbstaufopferung, Verbesserung durch Selbstverbesserung und Überzeugung durch Aufklärung.

Reformer haben immer wieder gebeten oder verlangt, dass die Amerikaner, vor allem weiße Amerikaner, ihre eigenen Privilegien opfern sollten, damit es den Schwarzen besser gehe. Dabei gründet diese Strategie auf einem der ältesten Mythen der Moderne, einem Mythos, der von Rassisten wie Antirassisten kontinuierlich produziert und reproduziert wird: Dass die Mehrheit der Weißen materiell vom Rassismus profitiert, dass die Weißen beim Aufbau eines antirassistischen Amerika auf der Verliererseite anstatt der Gewinnerseite stehen würden. Es stimmt natürlich, dass Weiße *allgemein* auf Kosten der Schwarzen *allgemein* (und anderer) von rassistischen Maßnahmen profitiert haben. Damit fasst man die Geschichte des Rassismus in aller Kürze zusammen, es ist eine Geschichte ungleicher Chancen. Aber es stimmt auch, dass in einer Gesellschaft mit gleichen Chancen, in der nicht das oberste eine Prozent der Bevölkerung das gesamte Vermögen hortet und die Macht hat, auch die große Mehrheit der Weißen profitieren würde, sogar deutlich mehr als in einer rassistischen Gesellschaft. Es ist kein Zufall, dass zur Zeit der Sklaverei auch der Großteil der weißen Bevölkerung in den Südstaaten arm war. Es ist kein Zufall, dass es vielen weißen Amerikanern in den Zeiten der egalitären Bewegungen von den 1930er- bis zu den frühen 1970er-Jahren so gut ging wie nie zuvor oder seitdem in der Geschichte der USA. Es ist kein Zufall, dass mit den anti-egalitären Bewegungen, die im späten 20. Jahrhundert auf diese Phase folgten, eine Stagnation oder eine Verminderung des Einkommens der weißen Mittelklasse und unteren Schichten einherging und gleichzeitig die Lebenshaltungskosten enorm stiegen.

Antirassisten sollten aufhören, Rassismus mit Selbstsucht und Antirassismus mit Selbstlosigkeit in Verbindung zu bringen. Altruismus ist erwünscht, aber nicht erforderlich. Antirassisten müssen nicht selbstlos sein. Antirassisten müssen nur ein vernünftiges Eigeninteresse haben und aufhören, die rassistischen Ideen zu konsumieren, die im Laufe der Jahre ein so großes, unintelligentes Eigeninteresse erzeugt haben. Es liegt im vernünftigen Eigeninteresse der Schwarzen mit mittlerem und höherem Einkommen, sich gegen den Rassismus zu wenden, der Schwarze mit niedrigem Einkommen trifft, denn sie werden den Rassismus, der sich auf ihren sozioökonomischen Aufstieg auswirkt, nur los, wenn auch Schwarze mit niedrigem Einkommen den Rassismus los werden. Es liegt im vernünftigen Eigeninteresse der Asiaten, amerikanischen Ureinwohner und Latinos, den gegen Schwarze gerichteten Rassismus infrage zu stellen, denn sie werden den Rassismus nicht los, solange die Schwarzen den Rassismus nicht loswerden. Es liegt im vernünftigen Eigeninteresse der weißen Amerikaner, gegen den Rassismus anzugehen, denn sie werden den Sexismus, das Klassendenken, die Homophobie und den Ethnozentrismus erst los, wenn die Schwarzen den Rassismus loswerden. Die Geschichte der rassistischen Ideen, die sich gegen Asiaten, amerikanische Ureinwohner und Latinos richten, weist ebenso wie die Geschichte der sexistischen, elitären, homophoben und ethnozentrischen Ideen eine gespenstische Ähnlichkeit mit dieser Geschichte der rassistischen Ideen auf. Zum Teil stehen dahinter auch die gleichen bigotten Verfechter und Anhänger. Diese vorherrschenden bigotten Ideen zu unterstützen, liegt nur im Interesse einer kleinen Gruppe reicher, protestantischer, heterosexueller weißer angelsächsischer Männer. Sie sind die Einzigen, die altruistisch sein müssen, um auch antirassistisch zu sein. Der Rest von uns muss sich einfach nur für die intelligente Lösung entscheiden.

Historisch betrachtet hatten sich Schwarze für die Verbesserung durch Selbstverbesserung entschieden, weil sie diese Strategie für die klügste hielten – die jedoch so undurchführbar war wie die Selbstaufopferung bei den Weißen unrealistisch. Etwa seit den 1790er-Jahren drängten Abolitionisten die steigende Zahl freier Schwarzer, vor Weißen ein besonders vorbildliches Verhalten an den Tag zu legen, weil sie glaubten, man könnte dadurch die rassistischen Vorstellungen untergraben, die der Sklaverei zugrunde lagen. Schwarze würden «die Achtung, das Vertrauen und die Gunst der Weißen im Verhältnis zur Vervollkommnung ihrer Kenntnisse und ihrer Moral erlangen», wie William Lloyd Garrison in den 1830er-Jahren freien Schwarzen predigte.[9]

Die Geschichte der rassistischen Vorstellungen zeigt nicht nur, dass die Verbesserung durch Selbstverbesserung gescheitert ist, sondern dass das Gegenteil des beabsichtigten Effekts eingetreten ist. Rassistische Amerikaner zeigten immer wieder gegenüber jenen schwarzen Amerikanern besondere Verachtung, die es weit gebracht hatten, weil sie den rassistischen Gesetzen und Theorien trotzten, mit denen sie kleingehalten werden sollten. Aufstrebende Afroamerikaner konnten rassistische Ideen oder Maßnahmen nicht durch ihr gutes Beispiel oder Argumente beseitigen. Im Gegenteil. Die Verbesserung ihrer Situation führte zum Fortschreiten des Rassismus – zur Entstehung neuer rassistischer Maßnahmen und Ideen, nachdem die Schwarzen die alten überwunden hatten.

Wer die historische Präsidentschaft von Barack Obama miterlebt hat – und den historischen Widerstand gegen ihn –, weiß nur allzu gut, dass Schwarze, je weiter sie kommen, mit einer umso heftigeren rassistischen Gegenreaktion rechnen müssen. Verbesserung durch Selbstverbesserung ist als Strategie für eine Verbesserung der Situation der Schwarzen allgemein gescheitert. Schwarze müssen als Einzelpersonen auf diese Strategie verzichten und aufhören, sich Gedanken darüber zu machen, was andere über sie denken könnten, über ihr Verhalten, über ihre Art zu sprechen, ihr Aussehen, ihren Kleidungsstil, ihre Darstellung in den Medien, ihre Art zu denken, zu lieben und zu lachen. Einzelne Personen sind nicht repräsentativ für ihre Rasse. Sie sind nicht für die Amerikaner verantwortlich, die rassistische Vorstellungen haben. Schwarze müssen in Gegenwart von Weißen, untereinander und mit anderen ihr unvollkommenes Selbst sein. Schwarz ist schön *und* hässlich, intelligent *und* unintelligent, Schwarze befolgen Gesetze *und* verstoßen dagegen, sind fleißig *und* faul – diese Unvollkommenheit ist menschlich und bei allen Menschen anzutreffen.

Neben der Selbstaufopferung und Verbesserung durch Selbstverbesserung gab es noch eine weitere Strategie, die von Reformern angewandt wurde, die Verbesserung durch Bildung und Aufklärung. 1894 glaubte der junge W. E. B. Du Bois: «Die Welt hatte eine falsche Vorstellung von Rasse, weil sie es nicht besser wusste. Dummheit war das grundlegende Übel. Das Heilmittel war Wissen auf Grundlage wissenschaftlicher Untersuchungen.» Genau 50 Jahre später wiederholte der schwedische Ökonom Gunnar Myrdal Du Bois' Strategie der Bildung in seinem für die aufkommende Bürgerrechtsbewegung wegweisenden Manifest. Doch anstatt die weißen Amerikaner mithilfe der Wissenschaft aufzuklären, wollte Myrdal sie über die Medien erreichen: «Nach Ansicht des Verfassers besteht kein Zweifel daran, dass die große Mehrheit der weißen Amerikaner bereit wäre, den Negern ein erheblich besseres Abkommen anzubieten, wenn sie die Fakten kennen würden.»[10]

Du Bois und Myrdal glaubten – wie die Abolitionisten vor ihnen und die Reformer von heute –, dass man dem Rassismus mit Fakten begegnen und die Menschen so davon abbringen könnte. Die Überzeugungsarbeit erfolgte in vielfältiger Weise. Lehrer konnten die Fakten vermitteln. Wissenschaftler konnten die Fakten entdecken. Anwälte konnten die Fakten in Prozessen für ihre schwarzen Mandanten vorbringen. Fernsehserien, Filme und Romane konnten die Fakten über aufrechte Schwarze vermitteln. Bei Demonstrationen und Versammlungen konnten Schwarze die Fakten ihrer Misere vor Zuschauern, Zuhörern oder Lesern schildern. Fernsehsender, Dokumentationen, Journalisten und Wissenschaftler konnten Einblicke in das Leben der Schwarzen, die unter brutaler Diskriminierung zu leiden hatten, in ihrer eigenen Umgebung bieten.

Die vielen Formen der Überzeugungsarbeit gründeten wie die Strategie der Verbesserung durch Selbstverbesserung auf einem falschen Konstrukt: der Vorstellung, dass Unwissenheit und Hass zu rassistischen Vorstellungen führen, die wiederum rassistische Maßnahmen nach sich ziehen. Dabei führt Eigeninteresse zu rassistischen Maßnahmen, die wiederum rassistische Vorstellungen nach sich ziehen, die zu Unwissenheit und Hass führen. Rassistische Maßnahmen entstanden aus Eigeninteresse. Daher wurden sie normalerweise auch aus Eigeninteresse wieder freiwillig zurückgenommen. Die populäre und glorreiche Version der Geschichte, die besagt, dass Abolitionisten und Bürgerrechtsaktivisten durch ihre Argumente und Aufklärung nach und nach rassistische Vorstellungen abbauen und die Abschaffung rassistischer Vorschriften bewirken konnten, klingt großartig. Aber das war nie die ganze Geschichte, es war noch nicht einmal der wesentliche Teil. Die Gesetze zum Wahlrecht und zu den Bürgerrechten in den 1860er- und 1960er-Jahren wurden von der Politik in erster Linie aus politischem und wirtschaftlichem Eigeninteresse verabschiedet – nicht aufgrund von Argumenten und Fakten oder moralischer Erkenntnis. Zudem bedeuteten diese Gesetze nicht das Ende der rassistischen Politik. Die rassistische Politik entwickelte sich einfach weiter. Es gab eine alles andere als glorreiche Weiterentwicklung des Rassismus, die durch Argumente und Aufklärung nicht aufgehalten werden konnte und die von den Amerikanern gar nicht erkannt wurde.

Ironischerweise gab W. E. B. Du Bois die Überzeugungsarbeit durch Bildung auf, bevor Gunnar Myrdal dafür eintrat. Mitten in der Weltwirtschaftskrise blickte Du Bois auf die USA von einem gigantischen Berg aus Fakten, der zum Teil auch aus seinen eigenen Büchern, Aufsätzen, Petitionen, Reden und Artikeln bestand, die er im Lauf von vier Jahrzehnten verfasst hatte. Die «Anführer der Neger» dachten, «die weißen Amerikaner wüssten von der anhaltenden Misere der Neger nichts oder würden sie nicht erkennen», schrieb er 1935 in einem Aufsatz. «Entsprechend haben wir uns in den vergangenen beiden Jahrzehnten mit Büchern und Zeitschriften, Reden und Appellen, mit verschiedenen dramatischen Methoden der Agitation bemüht, den Amerikanern die wesentlichen Fakten darzulegen. Heute kann kein Zweifel mehr daran bestehen, dass die Amerikaner die Fakten kennen; und doch bleiben sie größtenteils gleichgültig und ungerührt.»[11]

In den acht Jahrzehnten, die vergangen sind, seit Du Bois seinen Aufsatz schrieb, haben sich antirassistische Amerikaner weiter mit ähnlichen Methoden bemüht, den Amerikanern die grundlegenden Fakten nahezubringen. Zweifellos kennen diejenigen, die eine rassistische Politik ersinnen, verfechten und ignorieren, die Fakten. Und doch bleiben die meisten gleichgültig und ungerührt: Gleichgültig gegenüber der Notwendigkeit, Gesetze zu erlassen, die das Justizsystem, das die Schwarzen versklavt, gründlich überholen; ungerührt, um sich für Initiativen einzusetzen, mit denen man etwa die Kriminalität mit mehr Arbeitsplätzen und besseren Jobs bekämpfen könnte; gleichgültig gegenüber den Aufforderungen, Drogen zu entkriminalisieren und Alternativen zu Gefängnissen zu finden; ungerührt, um Kommunen die Macht zu geben, die Polizisten, die dort für Sicherheit sorgen, selbst einzustellen und zu entlassen. Sie sind größtenteils nicht bereit, auf umfassende Gesetze zu dringen, die das Verhältnis zwischen den Ethnien in Amerika neu regeln, indem sie von der Annahme ausgehen, dass Diskriminierung die Ursache für ethnische Ungleichheiten ist (anstatt den Fehler bei den Schwarzen zu suchen), und eine Behörde einzurichten, die aktiv die Ungleichheiten untersucht und absichtliche und unabsichtliche Diskriminierung bestraft. Diese Behörde müsste auch auf eine gleichmäßigere Verteilung von Vermögen und Macht in schwarzen und weißen Vierteln und deren Einrichtungen achten und den klaren Auftrag haben, der durch Diskriminierung entstandenen Ungleichheit entgegenzuwirken.

Gesetzgeber haben heute die Möglichkeiten, Rassendiskriminierung auszumerzen und ethnische «Gleichheit als Tatsache» zu schaffen, um Lyndon B. Johnson zu zitieren, wenn der Wille dazu vorhanden ist. Sie haben die Möglichkeit, die alten Rufe nach sofortiger Emanzipation, die auch die heutigen Antirassisten vertreten, aufzugreifen und sich von der assimilationistischen Sache der schrittweisen Gleichstellung und der segregationistischen Sache dauerhafter Ungleichheit zu verabschieden. Doch die regionalen und staatlichen Gesetzgeber fürchten die Auswirkungen auf Wahlkampfspenden und Wähler. Sie wissen, dass die Vertreter des Postethnizismus jede umfassende antirassistische Gesetzesänderung als diskriminierend gegenüber Weißen verurteilen würden, so wie früher die Sklavenhalter und Segregationisten derartige Gesetze verurteilten, selbst wenn von einem solchen Gesetz fast alle Amerikaner einschließlich der Weißen profitieren würden. Wenn der Rassismus beseitigt wäre, fürchten viele Weiße in wirtschaftlichen und politischen Spitzenpositionen, dass damit auch eins der effektivsten Werkzeuge beseitigt wäre, das ihnen zur Kontrolle und Ausbeutung der Nichtweißen, aber auch der Weißen mit niedrigem oder mittlerem Einkommen zur Verfügung steht.

Die Amerikaner, die die Macht haben, den Rassismus, wie wir ihn heute kennen, zu beseitigen, hart dagegen vorzugehen und eine Gesellschaft jenseits des Rassismus aufzubauen (eine Gesellschaft, die die Vertreter der These, wir würden bereits in einer postrassistischen Gesellschaft leben, gar nicht wahrhaben wollen), diese Menschen kennen die Fakten seit den hier geschilderten Zeiten von Angela Davis. Amerikaner mit Einfluss kannten die Fakten auch schon zu Lebzeiten von Cotton Mather, Thomas Jefferson, William Lloyd Garrison und W. E. B. Du Bois. Es ist die wichtigste Aufgabe der Mächtigen, über die Fakten in Amerika Bescheid zu wissen. Menschen aufzuklären, die bereits Bescheid wissen, hat daher keinen großen Sinn. Der Versuch, diejenigen zu informieren, die den amerikanischen Rassismus in die Welt setzen, ihn vertreten oder ignorieren, und sie über seine nachteiligen Auswirkungen aufzuklären, wäre ähnlich wie eine Gruppe Geschäftsleute darüber aufzuklären, wie schädlich ihre Produkte sind. Sie wissen es bereits, aber es kümmert sie nicht genug, um dem Schaden ein Ende zu machen.

Die Geschichte ist eindeutig. Opferbereitschaft, gesellschaftlicher Aufstieg und Überzeugungsarbeit haben rassistische Vorstellungen nicht beseitigt, sie tun es jetzt nicht und werden es nie tun, und gegen eine rassistische Politik können sie erst recht nichts ausrichten. Die Mächtigen werden nie ihre eigenen Interessen opfern. Die Mächtigen lassen sich nicht davon überzeugen, auf ihre eigenen Interessen zu verzichten. Die Mächtigen lassen sich auch durch Bildung und Aufklärung nicht dazu bringen, auf ihre eigenen Interessen zu verzichten. Wer die Macht hat, die Rassendiskriminierung abzuschaffen, hat das bislang noch nicht getan und wird sich auch nie davon überzeugen lassen, weder durch Argumente noch durch Bildung, solange er in irgendeiner Weise vom Rassismus profitiert.

Ich will damit natürlich *nicht* sagen, dass es keine Amerikaner in Machtpositionen gibt, die sich nicht selbst geopfert oder durch Bildung oder Argumente oder die Biografien erfolgreicher Schwarzer überzeugen ließen, rassische Ungleichheiten in ihrem Einflussbereich zu beenden. Doch diese mutigen Antirassisten in Machtpositionen sind eher die Ausnahme als die Regel. Ich will natürlich auch *nicht* sagen, dass Generationen, die rassistischen Ideen anhingen, sich nicht durch Argumente oder Bildung davon abbringen ließen. Doch wenn die alten rassistischen Ideen verworfen wurden, tauchten immer wieder neue auf. Deshalb gleichen die Bemühungen, rassistischen Ideen in Amerika durch Argumente oder Fakten beizukommen, einer unendlichen Geschichte. Deshalb wird die Überzeugungsarbeit mithilfe von Bildung nie zu einem antirassistischen Amerika führen.

Der Ansatz, durch ein gutes Beispiel, durch Überzeugung und Bildung den Rassismus zu beseitigen, ist also gescheitert. Doch die Geschichte zeigt auch eindeutig, was funktioniert und was eines Tages den rassistischen Vorstellungen ein Ende setzen wird. Rassistische Ideen waren stets Aufgabe der PR-Abteilung einer Firma, die Rassendiskriminierung und ihre Produkte hervorgebracht hat: rassebedingte Ungleichheiten. Man muss also nur die Firma schließen, dann ist auch die PR-Abteilung am Ende, der Rassendiskriminierung ein Ende machen, dann sterben auch die rassistischen Ideen.

Um die Rassendiskriminierung abzuschaffen, müssen sich die Amerikaner auf diejenigen konzentrieren, die die Macht haben, die Rassendiskriminierung zu beseitigen. Proteste sind genauso eine Zeitverschwendung wie der Versuch, die Mächtigen mit Fakten oder Argumenten zu überzeugen. Die Geschichte hat gezeigt, dass die Amerikaner, die die Macht hatten, weit verbreitete Formen der Rassendiskriminierung abzuschaffen, dies selten getan haben. Sie haben es jedoch getan, wenn sie selbst erkannten, dass die Abschaffung mancher Formen der Diskriminierung in ihrem eigenen Interesse lag, so wie Abraham Lincoln entschied, die Sklaverei abzuschaffen, um die Union zu retten. Sie ließen sich auch auf antirassistische Veränderungen ein, weil diese eine bessere Alternative darstellten als die zerstörerischen, chaotischen, politisch schädlichen und/oder unrentablen Zustände, die die antirassistischen Proteste verursachten.

Antirassistische Aktivisten lehnen die rassistischen Vorstellungen ab, dass etwas mit Schwarzen nicht stimme, die zur Erklärung der Misere in überwiegend schwarzen Vierteln und für die geringeren Einkommen der Schwarzen in mehrheitlich weißen Gebieten herangezogen werden. Die effektivsten Proteste waren lokal; Proteste, die damit begannen, dass sich Antirassisten auf ihre unmittelbare Umgebung konzentrierten: ihre Straße, ihr Viertel, ihre Schulen, Universitäten, ihren Arbeitsplatz und ihre Berufe. Aus diesen lokalen Protesten entwickelten sich dann Proteste im dazugehörigen Bundesstaat und dann im ganzen Land, und aus den nationalen Protesten wurden internationale Proteste. Aber alles beginnt immer mit einem einzelnen Menschen oder mit zweien, oder mit einer kleinen Gruppe in einem kleinen Umfeld, die sich für die Bildung und Aufklärung derer engagiert, die *keine* Macht haben, damit diese erkennen, dass ihre missliche Lage nicht selbst verschuldet ist; mit der energischen Mobilisierung der Antirassisten in Organisationen und einer generalstabsmäßigen Planung bei Streiks, Besetzungen, Aufständen, Kampagnen, steuerlichen Boykotten, Blockadeaktionen und einer Vielzahl anderer Taktiken, um die Mächtigen zur Abschaffung rassistischer Maßnahmen zu zwingen. Antirassistische Aktivisten haben sich eigene Machtpositionen geschaffen, indem sie klare Forderungen erhoben und deutlich machten, dass sie nicht aufhören würden – und die Polizei sie nicht stoppen könne –, bis ihre Forderungen erfüllt seien.

Doch Proteste gegen rassistische Strategien sind natürlich keine langfristige Lösung zur Beseitigung der Rassendiskriminierung – und damit der rassistischen Vorstellungen – in Amerika. So wie eine Generation von Amerikanern überzeugt oder durch Proteste dazu gebracht werden kann, die Rassendiskriminierung zu beenden, so könnte eine andere Generation die Rassendiskriminierung wieder fördern, wenn sich die Verhältnisse und Bedingungen ändern. Deshalb sind Proteste gegen Rassismus in Amerika eine unendliche Geschichte.

Selbst wenn Proteste gegen die Macht des Rassismus Erfolg haben, darf man daraus nicht schließen, dass man die Macht hat. Eine effektive Lösung zur Beseitigung des Rassismus in Amerika muss Amerikaner miteinbeziehen, die sich antirassistischen Maßnahmen verschrieben haben, die nach der Macht greifen und sie halten – in Institutionen, Stadtvierteln, Kommunen, Bundesstaaten, Ländern, auf der ganzen Welt. Es hat keinen Sinn, sich zurückzulehnen und die Zukunft Menschen zu überlassen, die sich einer rassistischen Politik verschrieben haben oder die nur in ihrem eigenen Interesse handeln und ihr Mäntelchen nach dem Wind hängen, heute für Rassismus, morgen dagegen. Ein antirassistisches Amerika ist nur garantiert, wenn Antirassisten mit Prinzipien an der Macht sind, eine antirassistische Politik zum allgemeinen Gesetzesgrundsatz wird und antirassistische Vorstellungen damit zum festen Bestandteil des Alltagsdenkens werden und die Bürger ihre antirassistischen Politiker und Staatslenker an diesem antirassistischen «Common Sense» messen.

Dieser Tag wird sicher einmal kommen. Keine Macht hält sich ewig. Die Zeit wird kommen, in der die Amerikaner erkennen werden, dass das Einzige, was an Schwarzen nicht stimmt, der Gedanke ist, dass etwas mit ihnen nicht stimmt. Es wird eine Zeit kommen, in der rassistische Vorstellungen uns nicht länger daran hindern, die völlige Abnormität rassischer Ungleichheit zu erkennen. Es wird eine Zeit kommen, in der wir die Menschheit lieben, in der wir den Mut finden werden, für diese geliebte Menschheit um eine gleiche und gerechte Gesellschaft zu kämpfen, in dem Wissen, dass wir für uns selbst kämpfen, wenn wir für die Menschheit kämpfen. Die Zeit wird kommen. Vielleicht, nur vielleicht, ist sie jetzt da.

Dank

Ich möchte all den Menschen danken, die ich kenne und nicht kenne, die mir dabei halfen und mich unterstützten, diese Geschichte des Rassismus zu schreiben, von den stets liebevollen Mitgliedern meiner Familie über meine Freunde und meine hilfsbereiten Kollegen an der State University of New York und jetzt an der University of Florida bis zu den unzähligen Denkern, tot und lebendig, innerhalb und außerhalb der akademischen Welt, deren Arbeiten über Rasse und Ethnie mein Denken und dieses Buch prägten. Zweifellos ist dieses Buch genauso ihr Werk wie meines. Vielen Dank.

Ursprünglich hatte ich gar nicht geplant, dieses Buch zu schreiben. Ich wollte eine Geschichte über die Entstehung der Black Studies an den Hochschulen und Universitäten Ende der 1960er-Jahre verfassen. Das erste Kapitel sollte von der Geschichte des wissenschaftlichen Rassismus handeln, um zu zeigen, wogegen die Gründer der Black Studies kämpfen mussten. Als ich fertig war, hatte ich ein Kapitel von 90 Seiten und jede Menge neuer Gedanken über die Geschichte rassistischer Vorstellungen. Da kam mir der Gedanke, dass daraus ein ganzes Buch werden könnte. Ich werde nie vergessen, wie ich all das mit meinem Schwiegervater durchsprach. Ich weiß nicht, ob er sich noch an unser Gespräch erinnert, ich aber auf jeden Fall! Denn danach beschloss ich, das Buch zu schreiben, das Sie jetzt in Händen halten. Daher möchte ich B. T. Edmonds danken.

Ich wollte ein wissenschaftliches Buch schreiben, das – ohne den komplexen Sachverhalt zu verkürzen – für jedermann verständlich ist, weil sich rassistische Ideen und ihre Geschichte auf uns alle auswirken. Während die Geschichtswissenschaftler in den letzten Jahrzehnten mehr und mehr Historiker akzeptieren, die *über* die breite amerikanische Bevölkerung schreiben, zeigen sie sich nicht ganz so bereitwillig, diejenigen zu akzeptieren, die *für* die breite Bevölkerung schreiben. Das wird sich hoffentlich ändern.

Ich möchte meiner Agentin Ayesha Pande danken, die sich von Anfang an für dieses Buch einsetzte. Ayesha, ich halte es nicht für selbstverständlich, dass Sie an meine Fähigkeit glaubten, dieses umfassende Werk zu verfassen. Und ich möchte Nation Books danken, weil der Verlag das Potenzial meines Buches erkannte, selbst wenn ich es nicht immer sah. Auch meinen Lektoren bin ich zu Dank verpflichtet, die mich zusammen mit Ayesha drängten, aus einem schmalen Band über wissenschaftlichen Rassismus eine umfassende Geschichte der rassistischen Ideen zu machen. Vor allem möchte ich Clive Priddle danken, Carl Bromley, Alessandra Bastagli und Daniel LoPreto. Katy O'Donnell bei Nation Books: Danke, dass Sie mich immer wieder motivierten, damit ich meine Vorstellungen für dieses Buch umsetzte und es bis über die Ziellinie schaffte. Auch allen, die an der Herstellung und am Marketing beteiligt waren, kann ich nicht genug danken.

Ich muss gestehen, dass ich dieses Buch in einer der schwierigsten Phasen meines Lebens schrieb. Diese Schwierigkeiten rührten nicht nur daher, dass fast jede Woche in den Nachrichten über einen weiteren tragischen Todesfall berichtet wurde, bei dem ein unbewaffneter Amerikaner durch die Polizei ums Leben kam. Ich musste auch meine Trauer hinunterschlucken, um zwei geliebte Menschen zu trösten und zu unterstützen, die gegen die gleiche kräftezehrende Krankheit ankämpften und dabei viele persönliche Höhen und Tiefen durchlebten. Ich möchte all den Familienmitgliedern, Freunden und medizinischen Betreuern danken, die diesen geliebten Menschen halfen, ihnen immer wieder ein Lächeln ins Gesicht zauberten und ein Gefühl des Friedens für Körper und Seele vermittelten. Wer den Betroffenen einen Moment des inneren Friedens und Glücks bescherte, brachte auch mir Frieden und Glück, und ermöglichte es mir damit, selbst in diesen schwierigen Zeiten weiter an meinem Buch zu arbeiten.

Ganz besonders möchte ich meinen Eltern danken, Reverend Carol und Larry Rogers, meiner zweiten Mutter Nyota Tucker und meinen Brüdern Akil und Macharia. Lieben ist wirklich etwas, was man tut. Und in diesem Sinne danke ich euch für eure Liebe.

Einen letzten lieben Menschen habe ich bis zuletzt ausgespart, obwohl sie bereits scherzt, eigentlich müsse man sie als Coautorin nennen: meine Frau Sadiqa. Ich kann gar nicht sagen, wie oft ich an meinem Schreibtisch in unserem gemeinsamen Büro saß und an meinem Buch schrieb, während sie an ihrem Schreibtisch arbeitete, und ich sie unterbrach und fragte: «Sadiqa, hast du mal kurz eine Minute?» Natürlich dauerte es länger als eine Minute, ihr einen Abschnitt vorzulesen und ihre Einschätzung zu hören. Ich kann ihr gar nicht genug dafür danken, dass sie mir immer zuhört und ihre kritische Liebe schenkt. Ich kann ihr auch nicht genug dafür danken, dass sie mich an all den langen, ermüdenden Tagen ermutigt hat, an denen ich recherchierte und vom frühen Morgen, bevor es hell war, bis zum späten Abend, wenn es schon wieder dunkel war, schrieb. Vielen Dank Sadiqa und vielen Dank an alle für alles.

Anmerkungen

Prolog

1 Ryan Gabrielson, Ryann Grochowski und Eric Sagara, «Deadly Force, in Black and White», *ProPublica*, 10.10.2014; Rakesh Kochhar und Richard Fry, «Wealth Inequality Has Widened Along Racial, Ethnical Lines Since End of Great Recession», 12.12.2014, Pew Research Center, www.pewresearch.org/fact-tank/2014/12/12/racial-wealth-gaps-great-recession; Sabrina Tavernise, «Racial Disparities in Life Spans Narrow, but Persist», *New York Times*, 18.7.2013, www.nytimes.com/2013/07/18/health/racial-disparities--in-life-spans-narrow-but-persist.html.

2 Leah Sakala, «Breaking Down Mass Incarceration in the 2010 Census: State-by-State Incarceration Rates by Race/Ethnicity», in: *Prison Policy Initiative*, 28.5.2014, www.prisonpolicy.org/reports/rates.html; Matt Bruenig, «The Racial Wealth Gap», in: *American Prospect*, 6.11.2013, http://prospect.org/article/racial-wealth-gap.

3 Senator Jefferson Davis, 12.4.1860, 1. Sitzung des 37. Kongresses, in *Congressional Globe* 106, 1862.

4 Gunnar Myrdal, *An American Dilemma*, Bd. 2., *The Negro Problem and Modern Democracy*, New Brunswick, NJ, 1996, S. 928, 929.

5 Audre Lorde, «Age, Race, Class, and Sex: Women Redefining Difference», in: *Sister Outsider: Essays & Speeches*, New York 2007, S. 115.

6 Die Anthropologin und Assimilationistin Ruth Benedict, die als Professorin an der Columbia University tätig war, prägte entscheidend die Definition des Rassismus. Vgl. Ruth Benedict, *Race, Science and Politics*, New York 1940; dies., *Race and Racism*, London 1942.

7 Kimberlé Crenshaw, «Demarginalizing the Intersection of Race and Sex: A Black Feminist Critique of Antidiscrimination Doctrine, Feminist Theory, and Antiracist Politics», in: *University of Chicago Legal Forum* 140 (1989), S. 139–167.

TEIL I COTTON MATHER

Kapitel 1: Menschliche Rangordnung

1 Richard Mather, *Journal of Richard Mather, 1635; His Life and Death, 1670*, Boston 1850, S. 27–28; «Great New England Hurricane of 1635 Even Worse Than Thought», Associated Press, 21.11.2006.

2 Kenneth Silverman, *The Life and Times of Cotton Mather*, New York 1984, S. 3–4.

3 Samuel Eliot Morison, *The Founding of Harvard College*, Cambridge, MA, 1935, S. 242 f.; Richard Mather et al., *The Whole Booke of Psalmes Faithfully Translated into English Metre*, Cambridge, MA, 1640; John Cotton, *Spiritual Milk for Boston Babes in Either England*, Boston 1656; Christopher J. Lucas, *American Higher Education: A History*, 2nd ed., New York 2006, S. 109–110; Frederick Rudolph, *Curriculum: A History of the American Undergraduate Course of Study Since 1636*, San Francisco 1977, S. 29–30.

4 Francisco Bethencourt, *Racisms: From the Crusades to the Twentieth Century*, Princeton, NJ, 2013, S. 3, S. 13–15; David Goldenberg, «Racism, Color Symbolism, and Color Prejudice», in: *The Origins of Racism in the West*, hg. von Miriam Eliav-Feldon, Benjamin Isaac und Joseph Ziegler, Cambridge 2009, S. 88–92; Ernest Barker (Hg.), *The Politics of Aristotle*, Oxford 1946, S. 91253b; Peter Garnsey, *Ideas of Slavery from Aristotle to Augustine*, New York 1996, S. 114.

5 Hugh Thomas, *The Slave Trade: The Story of the Atlantic Slave Trade, 1440–1870*, New York 1995, S. 157.

6 Joseph R. Washington, *Anti-Blackness in English Religion*, 1500–1800, New York 1984, S. 232–235; Alden T. Vaughan, *Roots of American Racism*, Oxford 1995, S. 157, 179; Lorenzo J. Greene, *The Negro in Colonial New England*, 1620–1776, New York 1942, S. 15–17; Craig Steven Wilder, *Ebony & Ivy: Race, Slavery, and the Troubled History of America's Universities*, New York 2013, S. 29.

7 John G. Jackson, *Introduction to African Civilizations*, Secaucus, NJ, 1970, S. 196–231; Curtis A. Keim, *Mistaking Africa: Curiosities and Inventions of the American Mind*, 3rd ed., Boulder 2014, S. 38; Adrian Cole und Stephen Ortega, *The Thinking Past: Questions and Problems in World History to 1750*, Instructor's ed., New York 2015, S. 370–371.

8 Ross E. Dunn, The *Adventures of Ibn Battuta, a Muslim Traveler of the Fourteenth Century*, Berkeley 1986, S. 315–316; Ibn Khaldūn, *Die Muqaddima*, übers. von Alma Giese, München 2011, S. 117, 120.

9 Ibn Khaldūn, Muqaddima, a. a. O., S. 119, 121; Gary Taylor, *Buying Whiteness: Race, Culture, and Identity from Columbus to Hip Hop*, New York 2005, S. 222–223.

10 Thomas, *Slave Trade*, a. a. O., S. 38–39.

Kapitel 2: Ursprünge rassistischer Ideen

1 P. E. Russell, *Prince Henry «the Navigator»: A Life*, New Haven, CT, 2000, S. 6.

2 Ebd., S. 249; Gomes Eanes de Zurara, Charles Raymond Beazley, and Edgar Prestage, *Chronicle of the Discovery and Conquest of Guinea*, London 1896, S. 1, 6, 7, 29.

3 William McKee Evans, *Open Wound. The Long View of Race in America*, Urbana-Champaign 2009, S. 17–18.

4 Thomas, *Slave Trade*, a. a. O., S. 22–23.

5 Zurara et al., *Chronicle*, a. a. O., S. 81–85; Russell, *Prince Henry*, a. a. O., S. 240–247; S. 253, 257–259.

6 Thomas, *Slave Trade*, a. a. O., S. 74; Zurara et al., *Chronicle*, a. a. O., xx-xl; Russell, *Prince Henry*, a. a. O., S. 246.

7 Zurara et al., *Chronicle*, a. a. O., lv-lviii; Bethencourt, *Racisms*, a. a. O., S. 187.

8 Thomas, *Slave Trade*, a. a. O., S. 71, 87.

9 Lawrence Clayton, «Bartolomé de Las Casas and the African Slave Trade», in *History Compass 7, Nr. 6* (2009), S. 1527.

10 Thomas, *Slave Trade*, a. a. O., S. 50, S. 104, 123; Bethencourt, *Racisms*, a. a. O., S. 177–178; David M. Traboulay, *Columbus and Las Casas: The Conquest and Christianization of America 1492–1566*, Lanham, MD, 1994, S. 58–59.
11 Lawrence A. Clayton, *Bartolomé de las Casas: A Biography*, Cambridge 2012, S. 349–353; Bethencourt, *Racisms*, a. a. O., S. 233; Peter N. Stearns, *Sexuality in World History*, New York 2009, S. 108.
12 Leo Africanus, John Pory und Robert Brown, *The History and Description of Africa*, London 1896, S. 130, 187–190.
13 Washington, *Anti-Blackness*, a. a. O., S. 105–111; Thomas, *Slave Trade*, a. a. O., S. 153–159.

Kapitel 3: Ankunft in Amerika

1 Charles de Miramon, «Noble Dogs, Noble Bood: The Invention of the Concept of Race in the Late Middle Ages», in: *The Origins of Racism in the West*, hg. von Miriam Eliav-Feldon, Benjamin H. Isaac und Joseph Ziegler, Cambridge 2009, S. 200–203; Stearns, *Sexuality*, a. a. O., S. 108; Winthrop D. Jordan, *White over Black: American Attitudes Toward the Negro, 1550–1812*, Chapel Hill 1968, S. 28–32.
2 Taylor, Whiteness, a. a. O., S. 222–223; Washington, *Anti-Blackness*, a. a. O., S. 113–114.
3 Edmund S. Morgan, *American Slavery, American Freedom: The Ordeal of Colonial Virginia*, New York 1975, S. 14–17; Washington, *Anti-Blackness*, a. a. O., S. 146–154.
4 Everett H. Emerson, *John Cotton*, New York 1965, S. 18, 20, 37, 88, 98, 100, 108–109, 111, 131; Washington, *Anti-Blackness*, a. a. O., S. 174–182.
5 Washington, *Anti-Blackness*, a. a. O., S. 196–200.
6 Taylor, *Buying Whiteness*, a. a. O., S. 224.
7 Anthony Gerard Barthelemy, *Black Face, Maligned Race: The Representation of Blacks in English Drama from Shakespeare to Southerne*, Baton Rouge 1987, S. 72–73, 91–93; Bethencourt, *Racisms*, a. a. O., S. 98–99.
8 Jordan, *White over Black*, a. a. O., S. 37–40.
9 Thim Hashaw, *The Birth of Black America: The First African Americans and the Pursuit of Freedom at Jamestown*, New York 2007, S. 3–11.
10 Paul Lewis, *The Great Rogue: A Biography of Captain John Smith*, New York 1966, S. 57–150; Wilder, *Ebony & Ivy*, a. a. O., S. 33.
11 Ronald T. Takaki, *A Different Mirror: A History of Multicultural America*, Boston 1993, S. 26–29.
12 Lewis, *Great Rogue*, a. a. O., S. 2, 244–257; Vaughan, *Roots*, a. a. O., S. 304–305.
13 Jordan, *White over Black*, a. a. O., S. 33; Tommy Lee Lott, *The Invention of Race: Black Culture and the Politics of Representation*, Malden, MA, 1999, S. 9; Takaki, *Different Mirror*, a. a. O., S. 51–53; Washington, *Anti-Blackness*, a. a. O., S. 15, 154–157; Vaughan, *Roots*, a. a. O., S. 164; Taylor, *Buying Whiteness*, a. a. O., S. 221–229.
14 Jackson, *Introduction*, a. a. O., S. 217–218.
15 Hashaw, *Black America*, a. a. O., S. xv–xvi.
16 Jon Meacham, *Thomas Jefferson: The Art of Power*, New York 2012, S. 5.
17 Vaughan, *Roots*, a. a. O., S. 130–134; Paula Giddings, *When and Where I Enter: The Impact of Black Women on Race and Sex in America*, New York 1984, S. 35.
18 Cedric B. Cowing, *The Saving Remnant: Religion and the Settling of New England*, Ur-

bana 1995, S. 18–19; Washington, *Anti-Blackness*, S. 191–196, 240–241; Francis D. Adams und Barry Sanders, *Alienable Rights: The Exclusion of African Americans in a White Man's Land, 1619–2000*, New York 2003, S. 8–9.

19 Morgan, *American Slavery*, a. a. O., S. 225, 319.

20 Taunya Lovell Banks, «Dangerous Woman: Elizabeth Key's Freedom Suit – Subjecthood and Racialized Identity in Seventeenth Century Colonial Virginia», in: *Akron Law Review 41*, Nr. 3 (2008), S. 799–837; Warren M. Billings, «The Cases of Fernando and Elizabeth Key: A Note on the Status of Blacks in Seventeenth Century Virginia», in: *William and Mary Quarterly 30*, Nr. 3 (1973), S. 467–474; Anthony S. Parent, *Foul Means: The Formation of a Slave Society in Virginia, 1660–1740*, Chapel Hill 2003, S. 110–111.

21 Thomas, *Slave Trade*, a. a. O.; Thomas C. Holt, *Children of Fire: A History of African Americans*, New York 2010, S. 60–61.

22 Warren M. Billings (Hg.), *The Old Dominion in the Seventeenth Century: A Documentary History of Virginia, 1606–1689*, Chapel Hill 1975, S. 172; Morgan, *American Slavery*, a. a. O., S. 311; Parent, *Foul Means*, a. a. O., S. 123.

23 Morgan, *American Slavery*, a. a. O., S. 334–336.

24 Derek Hughes, *Versions of Blackness: Key Texts on Slavery from the Seventeenth Century*, Cambridge 2007, S. vii-xi, 5–17.

25 Sharon Block, «Rape and Race in Colonial Newspapers, 1728–1776», in: *Journalism History 27*, Nr. 4 (2001–2002), S. 146, 149–152.

26 Greene, *The Negro in Colonial New England*, a. a. O., S. 165; Stephan Talty, *Mulatto America: At the Crossroads of Black and White Culture: A Social History*, New York 2003, S. 52–53.

27 Richard Ligon und Karen Ordahl Kuppermann, *A True and Exact History of the Island of Barbados*, Indianapolis 2011, S. vi; Cotton Mather, Samuel Mather und Edmund Calamy, *Memoirs of the Life of the Late Reverend Increase Mather*, London 1725, S. 66; Taylor, *Whiteness*, a. a. O., S. 270–273.

28 Taylor, *Buying Whiteness*, a. a. O., S. 271–294.

29 Isaac Newton, «Neue Theorie über Licht und Farben», in: *Newtons Theorie der Prismenfarben*, hg. von J. A. Lohne und Bernhard Sticker, München 1969, S. 22–29.

Kapitel 4: Seelen retten, nicht Körper

1 Washington, *Anti-Blackness*, a. a. O., S. 455–456; Greene, *The Negro in Colonial New England*, a. a. O., S. 275; Jeffrey Robert Young, «Introduction», in: *Proslavery and Sectional Thought in the Early South, 1740–1829: An Anthology*, hg. von Jeffrey Robert Young, Columbia 2006, S. 19–21; Brycchan Carey, *From Peace to Freedom: Quaker Rhetoric and the Birth of American Antislavery, 1657–1761*, New Haven, CT, 2012, S. 7–8.

2 Richard Baxter, *A Christian Directory*, London 1825, S. 216–220.

3 Morgan, *American Slavery*, a. a. O., S. 311–312; Adams und Sanders, *Alienable Rights*, a. a. O., S. 10; Billings, *Old Dominion*, a. a. O., S. 172–173.

4 Aphra Behn, *Oroonoko oder der königliche Sklave*, dt. von Susanne Althoetmar-Smarczyk, München 1995, S. 15, 16, 29; Ann Talbot, *«The Great Ocean of Knowledge»: The Influence of Travel Literature on the Work of John Locke*, Leiden 2010, S. 3–4; Taylor, *Buying Whiteness*, a. a. O., S. 334.

5 R. S. Woolhouse, *Locke: A Biography*, Cambridge 2007, S. 98, S. 276; Young, «Introduction», a. a. O., S. 18; John Locke, *Zwei Abhandlungen über Regierung*, dt. von Hilmar Wilmanns (1906), www.welcker-online.de/Texte/Locke_2pdf.

6 Charles F. Irons, *The Origins of Proslavery Christianity: White and Black Evangelicals in Colonial and Antebellum Virginia*, Chapel Hill 2008, S. 28–29; David R. Roediger, *How Race Survived U.S. History: From Settlement and Slavery to the Obama Phenomenon*, London 2008, S. 10; Taylor, *Whiteness*, a. a. O., S. 313–323; Hughes, *Versions of Blackness*, a. a. O., S. 344–348; Parent, *Foul Means*, a. a. O., S. 240–241.

7 Washington, *Anti-Blackness*, a. a. O., S. 460–461; Hildegard Binder-Johnson, «The Germantown Protest of 1688 Against Negro Slavery», in: *Pennsylvania Magazine of History and Biography* 65 (1941), S. 151; Katharine Gerbner, «We Are Against the Traffik of Men-Body: The Germantown Quaker Protest of 1688 and the Origins of American Abolitionism», in: *Pennsylvania History: A Journal of Mid-Atlantic Studies* 74, Nr. 2 (2007), S. 159–166; Thomas, *Slave Trade*, a. a. O., S. 458; «William Edmundson», in: *The Friend: A Religious and Literary Journal* 7, Nr. 1 (1833), S. 5–6.

8 Wilder, *Ebony & Ivy*, a. a. O., S. 40.

9 Takaki, *Different Mirror*, a. a. O., S. 63–68; Parent, *Foul Means*, a. a. O., S. 126–127, 143–146; Roediger, *How Race Survived*, a. a. O., S. 19–20; Morgan, *American Slavery*, a. a. O., S. 252–270, 328–329.

10 Silverman, *Life and Times of Cotton Mather*, a. a. O.; Tony Williams, *The Pox and the Covenant: Mather, Franklin and the Epidemic That Changed America's Destiny*, Naperville, IL, 2010, S. 34.

11 Robert Middlekauff, *The Mathers: Three Generations of Puritan Intellectuals, 1595–1728*, New York 1971, S. 198–199; Ralph Philip Boas und Louise Schutz Boas, *Cotton Mather: Keeper of the Puritan Conscience*, Hamden, CT, 1964, S. 27–31.

12 Greene, *The Negro in Colonial New England*, a. a. O., S. 237; Silverman, *Life and Times of Cotton Mather*, a. a. O., S. 31, 36–37, 159–160.

13 Silverman, *Life and Times of Cotton Mather*, a. a. O., S. 15–17.

14 Morgan, *American Slavery*, a. a. O., S. 314; Taylor, *Buying Whiteness*, a. a. O., S. 269.

15 Silverman, *Life and Times of Cotton Mather*, a. a. O., S. 41.

16 Slep Stuurman, «François Bernier and the Invention of Racial Classification», in: *History Workshop Journal* 50 (2000), S. 1–2; François Bernier, «A New Division of the Earth», in: *History Workshop Journal* 51 (2001), S. 247–250.

Kapitel 5: Jagd auf Schwarze

1 Silverman, *Life and Times of Cotton Mather*, a. a. O., S. 55–72.

2 Ebd., S. 53–79.

3 Washington, *Anti-Blackness*, a. a. O., S. 273; Silverman, *Life and Times of Cotton Mather*, a. a. O., S. 84–85.

4 Taylor, *Buying Whiteness*, a. a. O., S. 306–307; Thomas, *Slave Trade*, a. a. O., S. 454; Hughes, *Versions of Blackness*, a. a. O., S. xi-xii; Jordan, *White over Black*, a. a. O., S. 9, 27–28; Washington, *Anti-Blackness*, a. a. O., S. 228–229.

5 Philip Jenkins, *Intimate Enemies: Moral Panics in Contemporary Great Britain*, New York 1992, S. 3–5; Silverman, Life and Times of Cotton Mather, a. a. O., S. 84–85.

6 Edward J. Blum und Paul Harvey, *The Color of Christ: The Son of God & the Saga of Race in America*, Chapel Hill 2012, S. 20–21, 27, 40–41; Silverman, *Life and Times of Cotton Mather*, a. a. O., S. 88–89.
7 Charles Wentworth Upham, *Salem Witchcraft, with an Account of Salem Village, a History of Opinions on Witchcraft and Kindred Subjects*, Bd. 1, Boston 1867, S. 411–412; Blum und Harvey, *The Color of Christ*, a. a. O., S. 27–28; Boas und Boas, *Cotton Mather*, a. a. O., S. 109–110.
8 Silverman, *Life and Times of Cotton Mather*, a. a. O., S. 94; Williams, *The Pox and the Covenant*, a. a. O., S. 38; Boas und Boas, *Cotton Mather*, a. a. O., S. 89.
9 Boas und Boas, *Cotton Mather*, a. a. O., S. 119.
10 *Silverman, Life and Times of Cotton Mather*, a. a. O., S. 83–120; Thomas N. Ingersoll, «‹Riches and Honour Were Rejected by Them as Loathsome Vomit›: The Fear of Leveling in New England», in: *Inequality in Early America*, hg. von Carla Gardina Pestana und Sharon Vineberg Salinger, Hanover, NH, 1999, S. 46–54.
11 Washington, *Anti-Blackness*, a. a. O., S. 185–186, 257, 280–281; Daniel K. Richter, «‹It Is God Who Had Caused Them to Be Servants›: Cotton Mather and Afro-American Slavery in New England», in: *Bulletin of the Congregational Library 30*, Nr. 3 (1979), S. 10–11; Greene, *The Negro in Colonial New England*, a. a. O., S. 265–267.
12 Washington, *Anti-Blackness*, a. a. O., S. 184–185, 273–277.
13 Cotton Mather, *Diary of Cotton Mather, 1681–1724*, Bd. 1, Boston 1911, S. 226–229; Silverman, *Life and Times of Cotton Mather*, a. a. O., S. 262–263; Parent, *Foul Means*, a. a. O., S. 86–89.
14 Samuel Clyde McCulloch, «Dr. Thomas Bray's Trip to Maryland: A Study in Militant Anglican Humanitarianism», in: *William and Mary Quarterly* 2, Nr. 1 (1945), S. 15; C. E. Pierre, «The Work of the Society for the Propagation of the Gospel in Foreign Parts Among the Negroes in the Colonies», in: *Journal of Negro History 1*, Nr. 4 (1916), S. 350–351, 353, 357; Wilder, *Ebony & Ivy*, a. a. O., S. 42.
15 Morgan, *American Slavery*, a. a. O., S. 348–351; Parke Rouse, *James Blair of Virginia*, Chapel Hill 1971, S. 16–22, 25–26, 30, 37–38, 40, 43, 71–73, 145, 147–148; Albert J. Raboteau, *Slave Religion: The «Invisible Institution» in the Antebellum South*, New York 1978, S. 100.
16 Silverman, *Life and Times of Cotton Mather*, a. a. O., S. 241–242.

Kapitel 6: Die große Erweckung

1 Samuel Sewall und Sidney Kaplan, *The Selling of Joseph: A Memorial*, Northhampton, MA, 1968.
2 Greene, *The Negro in Colonial New England*, a. a. O., S. 22.
3 Albert J. Von Frank, «John Saffin: Slavery and Racism in Colonial Massachusetts», in: *Early American Literature 29*, Nr. 3 (1994), S. 254.
4 Greene, *The Negro in Colonial New England*, a. a. O., S. 259–260, 296–297; Lawrence W. Towner, «The Sewall-Saffin Dialogue on Slavery», in: *William and Mary Quartery 21*, Nr. 1 (1964), S. 40–52.
5 Parent, *Foul Means*, a. a. O., S. 120–123; Morgan, *American Slavery*, a. a. O., S. 330–344; Greene, *The Negro in Colonial New England*, a. a. O., S. 171.
6 Adams und Sanders, *Alienable Rights*, a. a. O., S. 39–40.

7 Cotton Mather, *The Negro Christianized*, Boston 1706, S. 1–2, 14–16.
8 Silverman, *Life and Times of Cotton Mather*, a. a. O., S. 264–265; Wilder, *Ebony & Ivy*, a. a. O., S. 85.
9 Towner, «The Sewall-Saffin Dialogue», a. a. O., S. 51–52; Juan González und Joseph Torres, *News for All the People: The Epic Story of Race and the American Media*, London 2011, S. 20, 24; Greene, *The Negro in Colonial New England*, a. a. O., S. 33.
10 A. Judd Northrup, *Slavery in New York: A Historical Sketch*, Albany 1900, S. 267–272; Pierre, «Work of the Society», a. a. O., S. 356–358; Herbert Aptheker, *American Negro Slave Revolts*, New York 1963, S. 172–173.
11 Greene, *The Negro in Colonial New England*, a. a. O., S. 23–30, 73.
12 Williams, *The Pox and the Covenant*, a. a. O., S. 2–4, 25, 29, 33–34.
13 Arthur Allen, *Vaccine: The Controversial Story of Medicine's Greatest Lifesaver*, New York 2007, S. 36–37.
14 Silverman, *Life and Times of Cotton Mather*, a. a. O., S. 197, 254; Cotton Mather, *Diary*, a. a. O., S. 620–621; Williams, *The Pox and the Covenant*, a. a. O., S. 42–43.
15 Williams, *The Pox and the Covenant*, a. a. O., S. 74–74, 81–82, 117–118.
16 David Waldstreicher, *Runaway America: Benjamin Franklin, Slavery, and the American Revolution*, New York 2004, S. 40–43; John B. Blake, *Public Health in the Town of Boston, 1630–1822*, Cambridge, MA, 1959, S. 53–61; Williams, *The Pox and the Covenant*, a. a. O., S. 102.
17 Adams und Sanders, *Alienable Rights*, a. a. O., S. 25; Williams, *The Pox and the Covenant*, a. a. O., S. 190–191.
18 Irons, *Origins of Proslavery Christianity*, a. a. O., S. 30; Greene, *The Negro in Colonial New England*, a. a. O., S. 260–261; Thomas, *Slave Trade*, a. a. O., S. 474.
19 Parent, *Foul Means*, a. a. O., S. 159–162, 236–237, 249–250; Wilder, *Ebony & Ivy*, a. a. O., S. 43; Irons, *Origins of Proslavery Christianity*, a. a. O., S. 31–32; Rouse, *James Blair of Virginia*, a. a. O., S. 32–36.
20 Greene, *The Negro in Colonial New England*, a. a. O., S. 275–276; Jon Sensbach, «Slaves to Intolerance: African American Christianity and Religious Freedom in Early America», in: *The First Prejudice: Religious Tolerance and Intolerance in Early America*, hg. von Chris Beneke und Christopher S. Grenda, Philadelphia 2011, S. 208–209; Kenneth P. Minkema, «Jonathan Edwards's Defense of Slavery», in *Massachusetts Historical Review* 4 (2002), S. 23, 24, 40; Adams und Sanders, *Alienable Rights*, a. a. O., S. 40–41.
21 Silverman, *Life and Time of Cotton Mather*, a. a. O., S. 372–419.
22 Samuel Mather, *The Life of the Very Reverend and Learned Cotton Mather*, Boston 2009, S. 108.

TEIL II THOMAS JEFFERSON

Kapitel 7: Aufklärung

1 Parent, *Foul Means*, a. a. O., S. 169–170.
2 Benjamin Franklin, «A Proposal for Promoting Useful Knowledge Among the British Plantations in America», in: *Transactions of the Literary and Philosophical Society of New York* 1, Nr. 1 (1815), S. 89–90.
3 Benjamin Franklin, *Observations Concerning the Increase of Mankind, Peopling of Countries*, Tarrytown, NY, 1918, S. 10.

4 Thomas, *Slave Trade*, a. a. O., S. 319, 325–327.
5 Malachy Postlethwayt, *The African Trade, the Great Pillar*, London 1745, S. 4.
6 Dorothy E. Roberts, *Fatal Invention: How Science, Politics, and Big Business Re-Create Race in the Twenty-First Century*, New York 2011, S. 29–30; Bethencourt, *Racisms*, a. a. o., S. 252–253.
7 Harriet A. Washington, *Medical Apartheid: The Dark History of Medical Experimentation on Black Americans from Colonial Times to the Present*, New York 2006, S. 83; Thomas C. Holt, *Children of Fire: A History of African Americans*, New York 2010, S. 21.
8 Holt, *Children of Fire*, a. a. O., S. 19–21; Thomas, *Slave Trade*, a. a. O., S. 399–402.
9 Voltaire, *Additions to the Essay on General History*, in: The Works of M. De Voltaire, Bd. 22, London 1763, S. 227–228, 234.
10 Thomas, *Slave Trade*, a. a. O., S. 464–465
11 Bethencourt, *Racisms*, a. a. O., S. 165–166, S. 172–173, S. 178; Roberts, *Fatal Invention*, a. a. O., S. 31–32.
12 *Herrn von Buffons Naturgeschichte des Menschen*, Teil II, hg. von Friedrich Wilhelm Freiherr von Almenstein, Berlin 1807, S. 258, 286, 61; Johann Joachim Winckelmann, *Geschichte der Kunst des Alterthums*, hg. von Julius Lessing, Berlin 1870, S. 105.
13 Thomas Jefferson, «To John Adams», in: *The Writings of Thomas Jefferson*, hg. von H. A. Washington, Washington, D. C., 1854, S. 61.
14 Silvio A. Bedini, *Thomas Jefferson: Statesman of Science*, New York 1990, S. 12–13.
15 Thomas Jefferson, *Betrachtungen über den Staat Virginia*, hg. von Hartmut Wasser (Übersetzer nicht genannt), Zürich 1989, S. 338.
16 Samuel Davies, «The Duty of Christians to Propagate Their Religion Among the Heathens», in: *Proslavery and Sectional Thought in the Early South, 1740–1829: An Anthology*, hg. von Jeffrey Robert Young, Columbia 2006, S. 113; Peter Kalm, «Travels into North America», in: *A General Collection of the Best and Most Interesting Voyages and Travels in All Parts of the World*, hg. von John Pinkerton, London 1812, S. 503; Landon Carter, *The Diary of Colonel Landon Carter of Sabine Hall, 1753–1778*, Bd. 2, Charlottesville 1965, S. 1149.
17 Thomas P. Slaughter, *The Beautiful Soul of John Woolman, Apostle of Abolition*, New York 2008, S. 94–133.
18 John Woolman, *Some Considerations on the Keeping of Negroes*, Philadelphia 1754, S. 4.
19 Geoffrey Gilbert Plank, *John Woolman's Path to the Peaceable Kingdom: A Quaker in the British Empire*, Philadelphia 2012, S. 105–109.
20 Ebd., S. 110; Slaughter, *Beautiful Soul*, a. a. O., S. 194–196; John Woolman, «The Journal of John Woolman», in: *The Journal and Major Essays of John Woolman*, hg. von Phillip P. Moulton, New York 1971, S. 63.
21 Slaughter, *Beautiful Soul*, a. a. O., S. 231–236; Plank, *John Woolman's Path*, a. a. O., S. 175–177.
22 Slaughter, *Beautiful Soul*, a. a. O., S. 173; Plank, *John Woolman's Path*, a. a. O., S. 133, 149–153; Woolman, *Journal and Major Essays*, a. a. O., S. 53–57, 75–78.
23 Slaughter, *Beautiful Soul*, a. a. o., S. 173; Plank, *John Woolman's Path*, a. a. O., S. 133, 149–153; Woolman, *Journal and Major Essays*, a. a. O., S. 53–57, 75–78.
24 Jon Meacham, *Thomas Jefferson: The Art of Power*, New York 2012, S. 11–12.

25 Ebd., S. 39, 44–45; Bedini, *Thomas Jefferson*, a. a. o., S. 34, 39, 49.
26 Henry Wiencek, *Master of the Mountain: Thomas Jefferson and His Slaves*, New York 2012, S. 24–26; Meacham, *Thomas Jefferson*, a. a. o., S. 47–49.

Kapitel 8: Schwarze zum Vorzeigen

1 Henry Louis Gates, *The Trials of Phillis Wheatley: America's First Black Poet and Her Encounters with the Founding Fathers*, New York 2010, S. 14.
2 Vincent Carretta, *Phillis Wheatley: Biography of a Genius in Bondage*, Athens 2011, S. 4–5, 7–8, 12–14; Kathrynn Seidler Engberg, *The Right to Write: The Literary Politics of Anne Bradstreet and Phillis Wheatley*, Lanham, MD, 2010, S. 35–36.
3 Carretta, *Phillis Wheatley*, a. a. O., S. 1–17, 37–38.
4 Ebd., S. 58–59, 46–47, 66–67, 82–83. Das Gedicht lautet im Original: «*Some view our sable race with scornful eye,/‹Their coulour is a diabolical die›,/Remember, Christians, Negros, black as Cain,/May be refin'd, and join th' angelic train.*»
5 Gates, *Trials of Phillis Wheatley*, a. a. O., S. 27–29.
6 Edward Long, *The History of Jamaica*, Bd. 2, London 1774, S. 476, 483.
7 David Hume, «Of Natural Characters», in: *Essays and Treatises on Several Subjects*, London 1793, S. 206n, S. 512.
8 Silvia Sebastianai, *The Scottish Enlightenment: Race, Gender, and the Limits of Progress*, New York 2013, S. 103–104.
9 Adams und Sanders, *Alienable Rights*, a. a. O., S. 26–29.
10 Ignatius Ancho und Joseph Jekyll, *Letters of the Late Ignatius Sancho, an African*, London 1782.
11 Ukawsaw Gronniosaw, *A Narrative of the Most Remarkable Particulars in the Life of James Albert, Ukawsaw Gronniosaw*, Newport, RI, 1774; Olaudah Equiano, *The Interesting Narrative of the Life of Olaudah Equiano, or Gustavus Vassa, the African*, New York 1791.
12 Benjamin Rush, *An Address to the Inhabitants of the British Settlements in America, on the Slavery of Negroes in America*, Philadelphia 1773, S. 2, 3, 8, 15, 16, 26.
13 Carretta, *Phillis Wheatley*, a. a. O., S. 91, 95–98; Gates, *Trials of Phillis Wheatley*, a. a. O., S. 33–34; Phillis Wheatley, *Poems on Various Subjects, Religous and Moral*, London 1773.
14 Peter N. Stearns, *Sexuality in World History*, New York 2009, S. 108; Lester B. Scherer, «A New Look at Personal Slavery Established», in: *William and Mary Quarterly 30* (1973), S. 645–646; Richard Nisbet, *Slavery Not Forbidden by Scripture, or, a Defence of the West-India Planters*, Philadelphia 1773, S. 23.
15 Wiencek, *Master of the Mountain*, a. a. O., S. 26–27, 33–34; Meacham, *Thomas Jefferson*, a. a. O., S. 69–70, 90–91.
16 Holt, *Children of Fire*, a. a. O., S. 104; Vincent Harding, *There Is a River: The Black Struggle for Freedom in America*, New York 1981, S. 43.
17 Long, *History of Jamaica*, a. a. O., Bd. 2, S. 356, 371, 475–478.
18 Henry Home of Kames, *Sketches of the History of Man*, Bd. 1, Edinburgh 1807, S. 15.
19 Johann Friedrich Blumenbach, *Handbuch der Naturgeschichte*, Göttingen 1821, S. 27, 67–69.
20 Immanuel Kant, «Von den verschiedenen Racen der Menschen», in: *Vorkritische Schrif-*

ten II, 1757–1777, S. 427–431, https://korpora.zim.uni-duisburg-essen.de/kant/aa02/Inhalt2.html

21 Waldstreicher, *Runaway America*, a. a. O., S. 211–212; Meacham, *Thomas Jefferson*, a. a. O., S. 97; Samuel Johnson, *Taxation No Tyranny: An Answer to the Resolutions and Address of the American Congress*, London 1775, S. 89.

Kapitel 9: Gleich *geschaffen*

1 Meacham, *Thomas Jefferson*, a. a. O., S. 103.
2 https://usa.usembassy.de/etexts/gov/unabhaengigkeit.pdf.
3 Wiencek, *Master of the Mountain*, a. a. O., S. 27–29.
4 Jacqueline Jones, *A Dreadful Deceit: The Myth of Race from the Colonial Era to Obama's America*, New York 2013, S. 64.
5 Roediger, *How Race Survived U. S. History*, a. a. O., S. 31–32, 41–42.
6 Robert L. Hetzel, «The Relevance of Adam Smith», in: *Invisible Hand: The Wealth of Adam Smith*, hg. von Andres Marroquin, Honolulu 2002, S. 25–29; Adam Smith, *Der Wohlstand der Nationen. Eine Untersuchung seiner Natur und seiner Ursachen*, dt. Horst Claus Recktenwald, München 1974/1978, Bd. 1, S. 22; Bd. 4, S. 136.
7 Thomas Jefferson, «Jefferson's ‹Original Rough Craught› of the Declaration of Independence», in: *The Papers of Thomas Jefferson*, Bd. 1, 1760–1776, hg. von Julian P. Boyd, Princeton, NJ, 1950, S. 243–247.
8 Samuel Hopkins, *A Dialogue, Concerning the Slavery of the Africans*, Norwich, CT, 1776.
9 Joseph J. Ellis, *American Sphinx: The Character of Thomas Jefferson*, New York 1997, S. 27–71; Meacham, *Thomas Jefferson*, a. a. O., S. 106.
10 Jefferson, *Betrachtungen über den Staat Virginia*, a. a. O., S. 291–292.
11 Roediger, *How Race Survived U. S. History*, a. a. O., S. 46.
12 Jefferson, *Betrachtungen über den Staat Virginia*, a. a. O., S. 292, 293.
13 Ebd., S. 294, 294–295, 296.
14 Herbert Aptheker, *Anti-Racism in U. S. History: The First Two Hundred Years*, New York 1992, S. 47–48.
15 Thomas Jefferson, *Betrachtungen über den Staat Virginia*, a. a. O., S. 294, 293.
16 Thomas Jefferson, «To General Chastellux, June 7, 1785», in: *The Papers of Thomas Jefferson*, a. a. O., Bd. 8, S. 186; Thomas Jefferson, *Betrachtungen über den Staat Virginia*, a. a. O., S. 301–302.
17 Meacham, *Thomas Jefferson*, a. a. O., S. xxvi, 144, 146, 175, 180.
18 Adams und Sanders, *Alienable Rights*, a. a. O., S. 88–89; Meacham, *Thomas Jefferson*, a. a. O., S. 188–189; Thomas Jefferson, «To Brissot de Warville, February 11, 1788», in: *The Papers of Thomas Jefferson*, a. a. O., Bd. 12, S. 577–578.
19 Fawn McKay Brodie, *Thomas Jefferson: An Intimate History*, New York 2010, S. 287–288; Constantin-François Volney, *C. F. Volneys Reise nach Syrien und Aegypten in den Jahren 1783, 1784, 1785*, Bd. 1, (Übersetzer nicht genannt), Jena 1888, http://reader.digitale-sammlungen.de/de/fs1/object/display/bsb10468501_00005.html, S. 85–88.
20 Meacham, *Thomas Jefferson*, a. a. O., S. 208.
21 James Bowdoin, «A Philosophical Discourse Publickly Addressed to the American Academy of Arts and Sciences», in: *Memoirs of the American Academy of Arts and Sciences 1*

(1785), S. 8–9; John Morgan, «Some Account of a Motley Colored, or Pye Negro Girl and Mulatto Boy», in: *Transactions of the American Philosophical Society 2* (1784), S. 393.

22 Samuel Stanhope Smith, *An Essay on the Causes of the Variety of Complexion and Figure in the Human Species: To Which Are Added Strictures on Lord Kaim's Discourse, on the Original Diversity of Mankind*, Philadelphia 1787, S. 17, 32, 58, 72, 111.

23 Ayana D. Byrd und Lori L. Tharps, *Hair Story: Untangling the Roots of Black Hair in America*, New York 2001, S. 19–21.

24 Bruce R. Dain, *A Hideous Monster of the Mind: American Race Theory in the Early Republic*, Cambridge, MA, 2002, S. 43; Samuel Stanhope Smith, *Strictures on Lord Kaim's Discourse, on the Original Diversity of Mankind*, Philadelphia 1787, S. 2, 20.

25 David O. Stewart, *The Summer of 1787: The Men Who Invented the Constitution*, New York 2007, S. 68–81.

26 Präambel der Verfassung der Vereinigten Staaten von Amerika (17.9.1787), zit. nach http://www.verfassungen.net/us/verf87-i.htm; Roediger, *How Race Survived U. S. History*, a. a. O., S. 47; Adams und Sanders, *Alienable Rights*, a. a. O., S. 50–66, 78, 80–81.

27 Meacham, *Thomas Jefferson*, a. a. O., S. xxvi, 144, 146, 175, 180, 209–210.

28 Ebd., S. 216–217.

29 Admas und Sanders, *Alienable Rights*, S. 90–93.

30 Meacham, *Thomas Jefferson*, a. a. O., S. 216–223.

31 Ebd., S. 231–235, 239, 241, 249, 254.

Kapitel 10: Verbesserung durch Selbstverbesserung

1 Aptheker, Anti-Racism in U. S. History, a. a. O., S. 15–16; Henry E. Baker, «Benjamin Banneker, the Negro Mathematician and Astronomer», in: *Journal of Negro History 3* (1918), S. 104.

2 Joanne Pope Melish, «The ‹Condition› Debate and Racial Discourse in the Antebellum North», in: *Journal of the Early Republic 19* (1999), S. 654–655, S. 661; Stewart, *Summer of 1787*, a. a. O., S. 25–27.

3 Roediger, *How Race Survived U. S. History*, a. a. O., S. 56–57, 142–143; Adams und Sanders, *Alienable Rights*, a. a. O., S. 28–29.

4 Jordan, *White over Black*, a. a. O., S. 447–449, S. 531.

5 Benjamin Banneker, «To Thomas Jefferson, August 19 1791», in: *The Papers of Thomas Jefferson*, a. a. O., Bd. 22, S. 49–54.

6 Thomas Jefferson, «To Benjamin Banneker, August 30, 1791», in: ebd., S. 97–98; Thomas Jefferson, «To Condorcet, August 31, 1791», in: ebd., S. 98–99.

7 C. L. R. James, *Die schwarzen Jakobiner. Toussaint L'Ouverture und die Unabhängigkeitsrevolution in Haiti*, Köln/Berlin 1984, dt. von Günter Löffler, S. 105.

8 Thomas Jefferson, «St. Domingue (Haiti)», in: Thomas Jefferson Encyclopedia, Monticello, www.monticello.org/site/research-and-collections/st-domingue-haiti.

9 Leon F. Litwack, *North of Slavery: the Negro in the Free States, 1790–1860*, Chicago 1961, S. 18–19; Melish, «‹Condition› Debate», a. a. O., S. 651–657.

10 Melish, «‹Condition› Debate», a. a. O., S. 660–661; Jones, *Dreadful Deceit*, a. a. O., S. 131.

11 Gary B. Nash, *Forging Freedom: The Formation of Philadelphia's Black Community, 1720–1840*, Cambridge, MA, 1988, S. 127–132.

12 Bedini, *Thomas Jefferson*, a. a. O., S. 247–248; Meacham, *Thomas Jefferson*, a. a. O., S. 262–263, 275.
13 Peter Kolchin, *American Slavery, 1619–1877*, rev. Ausg., New York 2003, S. 94–96; Holt, *Children of Fire*, a. a. O., S. 125.
14 Charles D. Martin, *The White African American Body: A Cultural and Literary Exploration*, New Brunswick, NJ, 2002, S. 37; Jordan, *White over Black*, a. a. O., S. 533–534; Joanne Pope Melish, *Disowning Slavery: Gradual Emancipation and «Race» in: New England, 1780–1860*, Ithaca, NY, 1998, S. 145.
15 Bethencourt, *Racisms*, a. a. O., S. 167; Benjamin Rush, *The Autobiography of Benjamin Rush*, Princeton, NJ, 1948, S. 307; Martin, *The White African American Body*, a. a. O., S. 19–24; Thomas Jefferson, *Betrachtungen über den Staat Virginia*, a. a. O., S. 177.
16 Benjamin Rush, «To Thomas Jefferson, February 4, 1797», in *The Papers of Thomas Jefferson*, Bd. 29, S. 284.
17 Benjamin Rush, «Observations Intended to Favour a Supposition that the Black Color (as It Is Called) of the Negroes Is Derived from the Leprosy», in: *Transactions of the American Philosophical Society* 4 (1799), S. 289–297.
18 Jordan, *White over Black*, a. a. O., S. 502–503; Meacham, *Thomas Jefferson*, a. a. O., S. 299.
19 *Richmond Recorder*, 1. September 1802.
20 Meacham, *Thomas Jefferson*, a. a. O., S. 378–380, 418–419, 454.
21 Kimberly Wallace-Sanders (Hg.), *Skin Deep, Spirit Strong: The Black Female Body in American Culture*, Ann Arbor 2002, S. 15–16.
22 Larry E. Tise, *Proslavery: A History of the Defense of Slavery in America, 1701–1840*, Athens, GA, 1978, S. 36–37; Meacham, *Thomas Jefferson*, a. a. O., S. 348–350.
23 Jordan, *White over Black*, a. a. O., S. 349, 368, 375, 379, 385, 401, 403, 410, 425.
24 Meacham, *Thomas Jefferson*, a. a. O., S. 386–387, 392.
25 Jordan, *White over Black*, a. a. O., S. 531; Dain, *Hideous Monster*, a. a. O., S. 58–60.
26 Wilder, *Ebony & Ivy*, a. a. O., S. 209; Charles White, *An Account of the Regular Gradation in Man, and in Different Animals and Vegetables; and from the Former to the Latter*, London 1799, S. iii, 11–40, 61.
27 Jordan, *White over Black*, a. a. o., S. 505–506, 531.
28 Samuel Stanhope Smith, *An Essay on the Causes of the Variety of Complexion and Figure in the Human Species*, 2. Ausg., New Brunswick, NJ, 1810, S. 33, 48, 93–95, 252–255, 265–269, 287–296, 302–305.

Kapitel 11: Dicke Hintern

1 Thomas Jefferson, «To Pierre Samuel Du Pont de Nemours, March 2, 1809», in: *Founders Online*, National Archives, http://founders.archives.gov/documents/Jefferson/99-01-02-9936; Meacham, *Thomas Jefferson*, a. a. O., S. 428–432; Bedini, *Thomas Jefferson*, a. a. o., S. 396–397.
2 Jordan, *White over Black*, a. a. O., S. 442; Clement Clarke Moore, *Observations upon Certain Passages in Mr. Jefferson's Notes on Virginia*, New York 1804, S. 19–32; Bedini, Thomas Jefferson, a. a. O., S. 379–380, 416, 429–430.
3 Henri Grégoire, *An Enquiry Concerning the Intellectual and Moral Faculties and Litera-*

ture of Negroes. Followed with an Account of the Life and Works of Fifteen Negroes and Mulattoes Distingushed in Science, Literature, and the Arts, College Park, MD, 1967, S. 128, 131, 134, 155–157.

4 Angela Y. Davis, *Women, Race & Class*, New York 1983, S. 7; Thomas, *Slave Trade*, a. a. O., S. 551–552, 568–572; Kolchin, *American Slavery*, a. a. O., S. 93–95; Thomas Jefferson, «To John W. Eppes, June 30, 1820», in: *Thomas Jefferson's Farm Book: With Commentary and Relevant Extracts from Other Writings*, hg. von Edwin Morris Betts, Princeton, NJ, 1953, S. 46.

5 Holt, *Children of Fire*, a. a. O., S. 105; Jedidiah Morse, *A Discourse, Delivered at the African Meeting-House*, Boston 1808, S. 18.

6 Thomas Jefferson, «To Henri Grégoire, February 25, 1809», in: *Founders Online*, National Archives, http://founders.archives.gov/documents/Jefferson/99-01-02-9893.

7 Beverly Guy-Sheftall, «The Body Politic: Black Female Sexuality and the Nineteenth-Century Euro-American Imagination», in: Wallace-Sanders (Hg.), *Skin Deep, Spirit Strong*, a. a. O., S. 18.

8 Clifton C. Crais und Pamela Scully, *Sara Baartman and the Hottentot Venus: A Ghost Story and a Biography*, Princeton, NJ, 2009, S. 8–10, 24, 25, 37, 40, 50–57, 64, 66, 70, 71, 74, 78–81, 100, 101, 105, 111–113, 124, 126–141.

9 Barbara Krauthamer, *Black Slaves, Indian Masters: Slavery, Emancipation, and Citizenship in the Native American South*, Chapel Hill 2013, S. 17–23, 26, 32, 34–35.

10 Herbert Aptheker, *American Negro Slave Revolts*, a. a. O., S. 249–251; Daniel Rasmussen, *American Uprising: The Untold Story of America's Largest Slave Revolt*, New York 2011, S. 1–3.

11 James Kirke Paulding, *Letters from the South by a Northern Man*, Neuausg., Bd. 1, New York 1835, S. 96–98; Kolchin, *American Slavery*, a. a. O., S. 93–95.

12 Tise, *Proslavery*, a. a. O., S. 42–52, 142–143; 384; Robert Walsh, *Appeal from the Judgements of Great Britain Respecting the United States of America*, 2. Ausg., Philadelphia 1819, S. 397, S. 409–411.

13 Meacham, *Thomas Jefferson*, a. a. O., S. xix.

14 Randall, *Thomas Jefferson*, a. a. O., S. 585; Bedini, *Thomas Jefferson*, a. a. O., S. 396; Meacham, *Thomas Jefferson*, a. a. O., S. 446–448.

15 Bedini, *Thomas Jefferson*, a. a. O., S. 379–380, 420, 403, 416, 429–432, 437.

16 Adams und Sanders, *Alienable Rights*, a. a. O., S. 107–108.

Kapitel 12: Kolonisation

1 Aptheker, *American Negro Slave Revolts*, a. a. O., S. 222–223.

2 Tise, *Proslavery*, a. a. O., S. 58.

3 Philip Slaughter, *The Virginian History of African Colonization*, Richmond 1855, S. 1–8; Eric Burin, *Slavery and the Peculiar Solution: A History of the American Colonization Society*, Gainesville, 2005, S. 10–11.

4 Charles Fenton Mercer, *An Exposition of the Weakness and Inefficiency of the Government of the United States of North America*, o. O. 1845, S. 173, 284.

5 Douglas R. Egerton, «‹Its Origin Is Not a Little Curious›: New Look at the American Colonization Society», in: *Journal of the Early Republic* 4 (1985), S. 468–472.

6 Robert Finley, «Thoughts on the Colonization of Free Blacks», in: *African Repository and Colonial Journal 9* (1834), S. 332–334.
7 Scott L. Malcomson, *One Drop of Blood: The American Misadventure of Race*, New York 2000, S. 191; Finley, «Thoughts on the Colonization of Free Blacks», a. a. O., S. 332–334.
8 Tibebu Teshale, *Hegel and the Third World: The Making of Eurocentrism in World History*, Syracuse, NY, 2011, S. 74–76, 79, 80, 83, 87, 89, 171, 174, 178–179; Georg Wilhelm Friedrich Hegel, *Vorlesungen über die Philosophie der Geschichte, Kap. 2, Geographische Grundlage der Weltgeschichte*, Leipzig 1924, http://gutenberg.spiegel.de/buch/-1657/2.
9 Egerton, «‹Its Origin is Not a Little Curious›», a. a. O., S. 476, 480.
10 Burin, Slavery and the Peculiar Solution, a. a. O., S. 15–16; Douglas R. Egerton, «Averting a Crisis: The Proslavery Critique of the American Colonization Society», in: *Civil War History 42* (1997), S. 143–144.
11 Litwack, *North of Slavery*, a. a. O., S. 34–39.
12 Myron O. Stachiw, «‹For the Sake of Commerce›: Slavery, Antislavery, and Northern Industry», in: *The Meaning of Slavery in the North*, hg. von David Roediger und Martin H. Blatt, New York 1998, S. 35.
13 David Robertson, *Denmark Vesey*, New York 1999, S. 4–5, 41–42, 47–48, 98, 123; Aptheker, *American Negro Slave Revolts*, a. a. O., S. 81, 115, 268–275; Adams und Sanders, *Alienable Rights*, a. a. O., S. 142–143; Tise, *Proslavery*, a. a. O., S. 58–61.
14 Burin, *Slavery and the Peculiar Solution*, a. a. O., S. 15–16.
15 Ellis, *American Sphinx*, a. a. O., S. 314–326; Meacham, *Thomas Jefferson*, a. a. O., S. 475, 77.
16 Thomas Jefferson, *Autobiography of Thomas Jefferson, 1743–1790*, New York 1914, S. 77.
17 Edward J. Blum und Paul Harvey, *The Color of Christ: the Son of God & the Saga of Race in America*, Chapel Hill 2012, S. 78–83, 93–100; Meacham, *Thomas Jefferson*, a. a. O., S. 473.
18 Tise, *Proslavery*, a. a. O., S. 52–54, 302–303; James Brewer Stewart, «The Emergence of Racial Modernity and the Rise of the White North, 1790–1840», in: *Journal of the Early Republic 18*, Nr. 2 (1998), S. 193–195; Adams und Sanders, *Alienable Rights*, a. a. O., S. 112–113.
19 Melish, «‹Condition› Debate», a. a. O., S. 667–668.
20 Hosea Easton, «An Address», in: *To Heal the Scourge of Prejudice: The Life and Writings of Hosea Easton*, hg. von Goerge R. Price und James Brewer Stewart, Amherst, MA, 1999, S. 62.
21 *Freedom's Journal*, 16. März 1827.
22 Frederick Cooper, «Elevating the Race: The Social Thought of Black Leaders, 1827–50», in: *American Quarterly 24*, Nr. 5 (1972), S. 606–608.
23 González und Torres, *News for All the People*, a. a. O., S. 109–113; Stewart, «The Emergence of Racial Modernity», a. a. O., S. 193–195.
24 Albert Ebenezer Gurley, Charles Rogers und Henry Porter Andrews, *The History and Genealogy of the Gurley Family*, Hartford, CT, 1897, S. 72; Melish, «‹Condition› Debate», a. a. O., S. 658.
25 Thomas Jefferson an Jared Sparks, Monticello, 4. Februar 1824, vgl. The Letters of Thomas Jefferson, 1743–1826, American History, www.let.rug.nl/usa/presidents/thomas-jefferson/letters-of-thomas-jefferson/jefl276.php.

26 «American Colonization Society», in: *African Repository and Colonial Journal* 1 (1825), S. 1, 5; T. R., «Observations of the Early History of the Negro Race», ebd., S. 7–12.
27 Zit. nach *Columbus. Amerikanische Miscellen, Band* 2, Hg. Carl Nicolaus Röding, Hamburg 1826, S. 251.
28 Bedini, *Thomas Jefferson*, a. a. O., S. 478–480; Meacham, *Thomas Jefferson*, a. a. O., S. 48, 492–496.

TEIL III WILLIAM LLOYD GARRISON

Kapitel 13: Schrittweise Gleichstellung

1 Ellis, *American Sphinx*, a. a. O., S. 298.
2 Wilder, *Ebony & Ivy*, a. a. O., S. 255, 256, 259, 265–266.
3 Henry Mayer, *All on Fire: William Lloyd Garrison and the Abolition of Slavery*, New York 1998, S. 3–13; John L. Thomas, *The Liberator: William Lloyd Garrison, a Biography*, Boston 1963, S. 7–20, 27–42.
4 Mayer, *All on Fire*, a. a. O., S. 51–55.
5 Ebd., S. 62–68.
6 Ebd., S. 68–70.
7 William Lloyd Garrison, «To the Public», in: *Genius of Universal Emancipation*, 2. Sept. 1829.
8 David Walker, *David Walker's Appeal*, Baltimore 1993, S. 36, 37, 38–42, 70, 91, 95.
9 Mayer, *All on Fire*, a. a. O., S. 77–78, 83–88, 91–94; Litwack, *North of Slavery*, a. a. O., S. 233–235.
10 Alexis de Tocqueville, *Über die Demokratie in Amerika*, Bd. 1, hg. von J. P. Mayer, dt. von Hans Zbinden und J. P. Mayer, Stuttgart 1985, S. 200, 201, 203.
11 William Lloyd Garrison, «To the Public», in: The Liberator, 1. Jan. 1831.
12 William Lloyd Garrison, *An Address, Delivered Before the Free People of Color, in Philadelphia*, 2. Ausg., Boston 1831, S. 5–6; Thomas, *The Liberator*, a. a. O., S. 152.
13 *Minutes and Proceedings of the Second Annual Convention for the Improvement of the Free People of Color in these United States*, Philadelphia 1832, S. 34.
14 Alexander Saxton, «Problems of Class and Race in the Origins of the Mass Circulation Press», in: *American Quarterly* 36, Nr. 2 (1984), S. 212, 213, 217, 231; Litwack, *North of Slavery*, a. a. O., S. 113, 119, 126, 131, 168–170; Tise, *Proslavery*, a. a. O., S. 294–302; Mayer, *All on Fire*, a. a. O., S. 117–118, 169; González und Torres, *News for All the People*, a. a. O., S. 50–51.
15 Bruce A. Glasrud und Alan M. Smith, *Race Relations in British North America, 1607–1783*, Chicago 1982; Litwack, *North of Slavery*, a. a. O., S. 162–164.
16 Washington, *Medical Apartheid*, a. a. O., S. 86–90, 94–98; David R. Roediger, *The Wages of Whiteness: Race and the Making of the American Working Class*, rev. Ausg., London 207, S. 115–116.
17 Leonard Cassuto, *The Inhuman Race: The Racial Grotesque in American Literature and Culture*, New York 1997, S. 139–143; Paula T. Connolly, *Slavery in American Children's Literature, 1790–2010*, Iowa City 2013, S. 53, 56–57; David Kenneth Wiggins, *Glory Bound: Black Athletes in a White America*, Syracuse, NY, 1997, S. 14–15; John Pendleton Kennedy, *Swallow Barn, or, a Sojourn in the Old Dominion*, Philadelphia 1832.
18 Aptheker, *American Negro Slave Revolts*, a. a. O., S. 293–295, 300–307; Blum und Harvey,

The Color of Christ, a. a. O., S. 123; Nat Turner und Thomas R. Gray, *The Confessions of Nat Turner*, Richmond 1832, S. 9–10.

19 Mayer, *All on Fire*, a. a. O., S. 117, 120–123, 129–131; Thomas, *The Liberator*, a. a. O., S. 131–132, 136–137; Aptheker, *American Negro Slave Revolts*, a. a. O., S. 313.

20 Mayer, *All on Fire*, a. a. O., S. 131–134.

21 William Lloyd Garrison, *Thoughts on African Colonization*, New York 1968, S. xix, 151; Mayer, *All on Fire*, a. a. O., S. 134–139, 140.

22 Garrison, *Thoughts on African Colonization*, a. a. O., S. ix–xi; Thomas R. Dew, *Review of the Debate in the Virginia Legislature of 1831 and 1832*, Bedbord, MA, 2008, S. 5, 93.

23 Litwack, *North of Slavery*, a. a. O., S. 153–158.

24 Chancellor Harper, *Memoir on Slavery*, Charleston 1838, S. 55; Ralph Gurley, «Garrisons Thoughts on African Colonization», in: *African Repository and Colonial Journal 8*, Nr. 8 (1832), S. 277; González und Torres, *News for All the People*, a. a. O., S. 42–44; Tise, *Proslavery*, a. a. O., S. 64–74, 267–268; Mayer, *All on Fire*, a. a. O., S. 139–145, 148, 157, 166–167.

25 Aptheker, *Anti-Racism in U. S. History*, a. a. O., S. 129; Mayer, *All on Fire*, a. a. O., S. 170–176.

26 Mayer, *All on Fire*, a. a. O., S. 195; Russel B. Nye, *William Lloyd Garrison and the Humanitarian Reformers*, Boston 1955, S. 81–82.

Kapitel 14: Tierhaft oder zivilisiert

1 George M. Fredrickson, *The Black Image in the White Mind: The Debate on Afro-American Character and Destiny, 1817–1914*, Middletown, CT, 1987, S. 103–104; Connolly, *Slavery in American Children's Literature*, a. a. O., S. 26–30.

2 Ronald Bailey, «‹Those Valuable People, the Africans›: The Economic Impact of the Slave(ry) Trade on Textile Industrialization in New England», in: *The Meaning of Slavery in the North*, hg. von David Roediger und Martin H. Blatt, New York 1998, S. 13; Christine Stansell, *City of Women: Sex and Class in New York, 1789–1860*, Urbana, IL, 1987, S. 83–100; Jones, *Dreadful Deceit*, a. a. O., S. 107; Bertram Wyatt-Brown, «The Abolitionists' Postal Campaign of 1835», in: *Journal of Negro History 50*, Nr. 4 (1965), S. 227–238; González und Torres, *News for All the People*, a. a. O., S. 39–40, 46–47; Mayer, *All on Fire*, a. a. O., S. 196–199; Adams und Sanders, *Alienable Rights*, a. a. O., S. 146–147, 149; Tise, *Proslavery*, a. a. O., S. 279, 308–310.

3 John C. Calhoun, «Speech on Slavery», in: *Congressional Globe*, 24th Cong., 2nd sess., 6. Feb. 1837, S. 157–159.

4 Mayer, *All on Fire*, a. a. O., S. 218.

5 *Colored American*, 1. Juni 1839.

6 Calvin Colton, *Abolition a Sedition*, Philadelphia 1839, S. 126; William Ragan Stanton, *The Leopard's Spots: Scientific Attitudes toward Race in America, 1815–59*, Chicago 1960, S. 24–25.

7 Samuel George Morton, *Crania Americana*, Philadelphia 1839, S. 1–7.

8 Ann Fabian, *The Skull Collectors: Race, Science, and America's Unburied Dead*, Chicago 2010, S. 24, 81–82, 90; «Crania Americana», in: *Boston Medical and Surgical Journal 21*, Nr. 22 (1840), S. 357; «Review», in: *American Journal of Science and Arts 38*, Nr. 2 (1840),

S. 341; Sven Lindqvist, *The Skull Measurer's Mistake: And Other Portraits of Men and Women Who Spoke Out Against Racism*, New York 1997, S. 44–47.

9 Edward Jarvis, «Statistics of Insanity in the United States», in: *Boston Medical and Surgical Journal 27*, Nr. 7 (1842), S. 116–121.

10 «Vital Statistics of Negroes and Mulattoes», in: *Boston Medical and Surgical Journal 27*, Nr. 10 (1842); Stanton, *The Leopard's Spots*, a. a. O., S. 65–68.

11 Edward Jarvis, «Insanity Among the Coloured Population of the Free States», in: *American Journal of Medical Sciences 6*, Nr. 13 (1844), S. 71–83.

12 Mayer, *All on Fire*, a. a. O., S. 326; Nye, *William Lloyd Garrison*, a. a. O., S. 148–149.

13 Stanton, *The Leopard's Spots*, a. a. O., S. 45–53, 60–65; Fredrickson, *The Black Image in the White Mind*, a. a. O., S. 74–75, H. Shelton Smith, *In His Image: But … Racism in Southern Religion, 1780–1910*, Durham, NC, 1972, S. 144; Litwack, *North of Slavery*, a. a. O., S. 46.

14 Fergus M. Bordewich, *Bound for Canaan: The Underground Railroad and the War for the Soul of America*, New York 2005, S. 224–226.

15 Frederick Douglass, *Narrative of the Life of Frederick Douglass, an American Slave*, New Haven, CT, 2001, S. 3, 4, 6, 8, 9; Mayer, *All on Fire*, a. a. O., S. 350–352.

16 Connolly, *Slavery in American Children's Literature*, a. a. O., S. 35, 38; Stanton, *The Leopard's Spots*, a. a. O., S. 68–72, 97–99; Josiah Clark Nott, *Two Lectures on the Natural History of the Caucasian and Negro Races*, Mobile 1844, S. 38; E. G. Squier, «American Ethnology», in: *American Review 9* (1849), S. 385–398.

17 Michael T. Bernath, *Confederate Minds: The Struggle for Intellectual Independence in the Civil War South*, Chapel Hill 2010, S. 83–84; González und Torres, *News for All the People*, a. a. O., S. 138.

18 Samuel A. Cartwright, «Report on the Diseases and Physical Peculiarities of the Negro Race», in: *DeBow's Review 8* (1851), S. 692–696.

19 Washington, *Medical Apartheid*, a. a. O., S. 55, 57, 61–68.

20 González und Torres, *News for All the People*, a. a. O., S. 118–119.

21 Litwack, *North of Slavery*, a. a. O., S. 47–48; James D. Bilotta, *Race and the Rise of the Republican Party, 1848–1865*, New York 1992, S. 83–99.

22 Patricia A. Schechter, «Free and Slave Labor in the Old South: The Tredegar Ironworkers' Strike of 1847», in: *Labor History 35*, Nr. 2 (1994), S. 165–186.

23 William Lloyd Garrison, «Complexional Prejudice», in: *Selections from the Writings and Speeches of William Lloyd Garrison*, New York 1968, S. 286–288.

24 Mayer, *All on Fire*, a. a. O., S. 393.

25 John Bachman, *The Doctrine of the Unity of the Human Race Examined on the Principles of Science*, Charleston, SC, 1850, S. 212, 91.

26 Peter A. Browne, *The Classification of Mankind, by the Hair and Wool of Their Heads*, Philadelphia 1850, S. 1, 8, 20; M. H. Freeman, «The Educational Wants of the free Colored People», in: *Anglo-African Magazine*, April 1859.

27 Henry Clay, «Remark in Senate», in: *The Papers of Henry Clay: Candidate, Compromiser, Elder Statesman, January 1, 1844–June 29, 1852*, hg. von Melba Porter Hay, Lexington 2015, Bd. 10, S. 815.

28 Ebd., S. 815.

Kapitel 15: Seele

1 Joan D. Hedrick, *Harriet Beecher Stowe: A Life,* New York 1994, S. 202–205.
2 Giddings, *When and Where I Enter,* a. a. O., S. 54–55, 132–133.
3 Hedrick, *Harriet Beecher Stowe,* a. a. O., S. 206–207.
4 Harriet Beecher Stowe, *Uncle Tom's Cabin,* London 1889, S. iii, 193.
5 Harriet Beecher-Stowe, *Onkel Toms Hütte,* bearbeitet und dt. von Susanne Althoetmar-Smarczyk, München 1994, S. 349, 218, 250.
6 *A Key to Uncle Tom's Cabin: Presenting the Original Facts and Documents Upon Which the Story Is Founded,* London 1853, S. 52.
7 Harriet Beecher-Stowe, *Onkel Toms Hütte,* a. a. O., S. 512; Millard Fillmore, «Mr. Fillmore's Views Relating to Slavery», in: *Millard Fillmore Papers,* Bd. 1, hg. von Frank H. Severance, Buffalo 1907, S. 320–324.
8 William Lloyd Garrison, «Review of Uncle Tom's Cabin, or, Life Among the Lowly», in: *The Liberator,* 26. März 1852.
9 Frederick Douglass, *The Life and Times of Frederick Douglass: From 1817–1882,* London 1882, S. 250.
10 Martin Robison Delany, *The Condition, Elevation, Emigration, and Destiny of the Colored People of the United States,* Politically Considered, Philadelphia 1852, S. 10, 24–27.
11 Giddings, *When and Where I Enter,* a. a. O., S. 60–61; Christian G. Samito, *Changes in Law and Society During the Civil War and Reconstruction: A Legal History Documentary Reader,* Carbondale 2009, S. 17.
12 Connolly, *Slavery in American Children's Literature,* a. a. O., S. 69–76; «Southern Slavery and Its Assailants: The Key to Uncle Tom's Cabin», in: *DeBow's Review,* Nov. 1853.
13 Franklin Pierce, «Address by Franklin Pierce, 1853», in: *Joint Congressional Committee on Inaugural Ceremonies,* www.inaugural.senate.gov/swearing-in/address/address-by-franklin-pierce-1853; Mayer, *All on Fire,* a. a. O., S. 425–427.
14 Josiah Clark Nott und George R. Gliddon, *Types of Mankind,* 7. Ausg., Philadelphia 1855, S. v, 60.
15 John H. Van Evrie, *Negroes and Negro «Slavery»: The First an Inferior Race: The Latter Its Normal Condition,* 3. Ausg., New York 1963, S. 221; Thomas F. Gossett, *Race: The History of an Idea in America,* Neuausg., New York 1997, S. 342–346; Stanton, *The Leopard's Spots,* a. a. O., S. 174–175.
16 Carolyn L. Karcher, «Melville's ‹the Gees›: A Forgotten Satire on Scientific Racism», in: *American Quarterly 27,* Nr. 4 (1975), S. 425, 430–431.
17 Waldo E. Martin, *The Mind of Frederick Douglass,* Chapel Hill 1984, S. 229.
18 James McCune Smith, «On the Fourteenth Query of Thomas Jefferson's Notes on Virginia», in: *The Anglo-African Magazine,* August 1859.
19 Frederick Douglass, *The Claims of the Negro, Ethnologically Considered,* Rochester, NY, 1854; Wilson Jeremiah Moses, *Afrotopia: The Roots of African American Popular History,* Cambridge 1998, S. 111–113.
20 William Lloyd Garrison, «Types of Mankind», in: *The Liberator,* 13. Okt. 1854.
21 «Frederick Douglass and His Paper», in: *The Liberator,* 23. Sept. 1853.
22 Mayer, *All on Fire,* a. a. O., S. 431–434.

Kapitel 16: Die drohende Krise

1 Eric Foner, *The Fiery Trial: Abraham Lincoln and American Slavery*, New York 2010, S. 65–67.
2 Mayer, *All on Fire*, a. a. O., S. 424–425.
3 Foner, *Fiery Trial*, a. a. O., S. 5, 11, 12, 31, 60–62.
4 James Buchanan, «Inaugural Address», 4. März 1857, in: Gerhard Peters und John T. Woolley, *The American Presidency Project*, www.presidenc-ucsb.edu/ws/?pid=25817.
5 Fred Scott v. John F. A. Sanford, 6. März 1857, Case Files 1792–1995, Record Group 267, in: *Records of the Supreme Court of the United States*, National Archives.
6 Harding, *There Is a River*, a. a. O., S. 195, 202–204.
7 Abraham Lincoln und Stephen A. Douglas, *Political Debates Between Hon. Abraham Lincoln and Hon. Stephen A. Douglas, in the Celebrated Campaign of 1858, in Illinois*, Columbus, OH, 1860, S. 71, 154, 232, 241.
8 Foner, *Fiery Trial*, a. a. O., S. 101–111.
9 Mayer, *All on Fire*, a. a. O., S. 373–477.
10 Hinton Rowan Helper, *The Impending Crisis of the South: How to Meet It*, New York 1857, S. 184.
11 Fredrickson, *The Black Image in the White Mind*, a. a. O., S. 113–115.
12 Adams und Sanders, *Alienable Rights*, a. a. O., S. 178; Mayer, *All on Fire*, a. a. O., S. 494–507.
13 William C. Davis, *Jefferson Davis: The Man and His Hour*, Baton Rouge 1996, S. 277–279.
14 Charles Darwin, *Über die Entstehung der Arten durch natürliche Zuchtwahl oder die Erhaltung der begünstigten Rassen im Kampfe um's Dasein*, dt. von H. G. Bronn und J. Victor Carus, Stuttgart 1872, http://reader.digitale-sammlungen.de/de/fs1/object/display/bsb11347223_00003.html, S. 17, 90.
15 Richard Hofstadter, *Social Darwinism in American Thought*, Boston 1992, S. 5, 13, 22, 29, 31–41.
16 Francis Galton, *Hereditary Genius: An Inquiry into Its Laws and Consequences*, New York 1891, S. 338; Gossett, *Race*, a. a. O., S. 155–158.
17 Carl N. Degler, *In Search of Human Nature: The Decline and Revival of Darwinism in American Social Thought*, New York 1991, S. 59–61.
18 Charles Darwin, *Die Abstammung des Menschen und die geschlechtliche Zuchtwahl*, dt. von J. Victor Carus, 6. Aufl., Stuttgart 1919, S. 195, 199, 174.
19 «Free Negro Rule», in *DeBow's Review* 3, Nr. 4 (1860), S. 440.
20 «Review 2», in *DeBow's Review* 3, Nr. 4 (1860), S. 367.
21 Mayer, *All on Fire*, a. a. O., S. 508–509; Foner, *Fiery Trial*, a. a. O., S. 139–142.
22 Mayer, *All on Fire*, a. a. O., S. 513–514; Litwack, *North of Slavery*, a. a. O., S. 269–276.
23 Abraham Lincoln, «To John A. Gilmer», in: *Collected Works of Abraham Lincoln*, Bd. 4, Ann Arbor 2001, S. 152; Aptheker, *American Negro Slave Revolts*, a. a. O., S. 357–358; Bernard E. Powers Jr., «‹The Worst of All Barbarism›: Racial Anxiety and the Approach of Secession in the Palmetto State», in: *South Carolina Historical Magazine* 112, Nr. 3–4 (2011), S. 152–156.

Kapitel 17: Der Große Befreier

1 «Declaration of the Immediate Causes Which Induce and Justify Secession of South Carolina from the Federal Union», in: *The Avalon Project: Documents in Law, History and Diplomacy*, http://avalon.law-yale.edu/19th_century/csa_scarsec-asp; Roediger, *How Race Survived U. S. History*, a. a. O., S. 70–71; Eric Foner, Reconstruction: *America's Unfinished Revolution, 1863–1877*, New York 2002, S. 25; Foner, *Fiery Trial*, a. a. O., S. 146–147; Myron O. Stachiw, «‹For the Sake of Commerce›: Slavery, Antislavery, and Northern Industry», in: *The Meaning of Slavery in the North*, hg. von David Roediger und Martin H. Blatt, a. a. O., S. 33–35.

2 Abraham Lincoln, «First Inaugural Address», 4. März 1861, in: *The Avalon Project*, a. a. O.; Alexander H. Stephens, «‹Corner Stone› Speech», in *Teaching American History*, http://teachingamericanhistory.org/library/document/cornerstone-speech.

3 Connolly, *Slavery in American Children's Literature*, a. a. O., S. 76, 77, 80, 81, 83, 84; Bernath, *Confederate Minds*, a. a. O., S. 13; William C. Davis, *Look Away: A History of the Confederate States of America*, New York 2002, S. 142–143.

4 Mayer, *All on Fire*, a. a. O., S. 525–526.

5 Vgl. *Weekly Anglo-African*, 27. April 1861.

6 Davis, *Look Away*, a. a. O., S. 142–143.

7 Andrew Johnson, «Proclamation on the End of the Confederate Insurrection», 2. April 1866, http://millercenter.org/president/johnson/speeches/proclamation-on-the-end-of-the-confederate-insurrection; Washington, *Medical Apartheid*, a. a. O., S. 149–150.

8 «The President's Proclamation», in: *New York Times*, 26. Sept. 1862; Abraham Lincoln, «First Annual Message», 3. Dez. 1861, in: *The American Presidency Project*, a. a. O.; William Lloyd Garrison, «To Oliver Johnson», 6. Dez. 1861, in: *The Letters of William Lloyd Garrison: Let the Oppressed Go Free, 1861–1867*, hg. von Walter M. Merrill, Cambridge, MA, 1979, S. 47.

9 Aptheker, *American Negro Slave Revolts*, a. a. O., S. 359–367; Foner, *Reconstruction*, a. a. O., S. 15–17.

10 Foner, *Fiery Trial*, a. a. O., S. 215–220.

11 Ebd., S. 221 227; William Lloyd Garrison, «The President on African Colonization», in: *The Liberator*, 22. Aug. 1862; Mayer, *All on Fire*, a. a. o., S. 531–539; Paul D. Escott, *«What Shall We Do with the Negro?» Lincoln, White Racism, and Civil War America*, Charlottesville 2009, S. 53–55; Litwack, *North of Slavery*, a. a. O., S. 277–278.

12 Horace Greeley, «The Prayer of Twenty Millions», in: *New York Tribune*, 20. Aug. 1862.

13 Abraham Lincoln, «A Letter from the President», in: *National Intelligencer*, 23. Aug. 1862.

14 Abraham Lincoln, «Preliminary Emancipation Proclamation», 22. Sept. 1862, in: *National Archives and Records Administration*, www.archives.gov/exhibits/american_originals_iv/sections/transcript_preliminary_emancipation.html.

15 Foner, Fiery Trial, a. a. o., S. 227–232; Peter S. Field, «The Strange Career of Emerson and Race», in: *American Nineteenth Century History* 2, Nr. 1 (2001), S. 22–24; Mayer, All on Fire, a. a. O.,S. 537–543.

16 Abraham Lincoln, «Second Annual Message», 1. Dez. 1862, in: *The American Presidency Project*, a. a. O.

17 Foner, *Fiery Trial*, a. a. O., S. 238–247; Escott, «*What Shall We Do with the Negro*», a. a. O., S. 62–63.
18 Mayer, *All on Fire*, a. a. O., S. 544–547; Thomas, *The Liberator*, a. a. O., S. 419–420.
19 Escott, «*What Shall We Do with the Negro*», a. a. O., S. 62–64.

Kapitel 18: Bereit für die Freiheit?

1 Henry Villard, *Memoirs of Henry Villard, Journalist and Financier, 1863–1900*, Bd. 2, Boston 1904, S. 14–24, 52–55.
2 Escott, «*What Shall We Do with the Negro*», a. a. O., S. 42–50; Fredrickson, *The Black Image in the White Mind*, a. a. O., S. 233–235.
3 Foner, *Fiery Trial*, a. a. O., S. 52–53; James Brooks, *The Two Proclamations*, New York 1862, S. 6.
4 Forrest G. Wood, *Black Scare: The Racist Response to Emancipation and Reconstruction*, Berkeley 1968, S. 40–52.
5 Foner, *Fiery Trial*, a. a. O., S. 251.
6 Orestes Augustus Brownson, «Abolition and Negro Equality», in: *The Works of Orestes A. Brownson*, Bd. 17, hg. von Henry F. Brownson, Detroit 1885, S. 553.
7 Foner, *Fiery Trial*, a. a. O., S. 258–260.
8 Foner, *Reconstruction*, a. a. O., S. 35–37, 46–50, 63–64; Mayer, *All on Fire*, a. a. O., S. 562–563.
9 William Lloyd Garrison, «To Oliver Johnson», in: *The Letters of William Lloyd Garrison*, a. a. O., Bd. 10, S. 201.
10 Abraham Lincoln, «Address at Sanitary Fair, Baltimore, Maryland», in: *Collected Works of Abraham Lincoln*, a. a. O., Bd. 7, S. 302–303.
11 Foner, Fiery Trial, a. a. O., S. 257–277.
12 Samuel G. Howe, *The Refugees from Slavery in Canada West, Reports to the Freedmen's Inquiry Commission*, Boston 1864, S. 1, 33; Robert Dale Owen, *The Wrong of Slavery; The Right of Emancipation, and the Future of the African Race in the United States*, Philadelphia 1864, S. 219–222.
13 Escott, «*What Shall We Do with the Negro*», a. a. O., S. 73–93.
14 William Lloyd Garrison, «To Francis W. Newman», in: *The Letters of William Lloyd Garrison*, a. a. O., Bd. 10, S. 228–229.
15 Foner, *Fiery Trial*, a. a. O., S. 302–311.
16 «Account of a Meeting of Black Religious Leaders in Savannah, Georgia, with the Secretary of War and the Commander of the Military Division of the Mississippi», in: *Freedom: A Documentary History of Emancipation, 1861–1867*, hg. von Ira Berlin et al., New York 1982, Bd. 3, S. 334–335.
17 Nicholas Guyatt, «‹An Impossible Idea?› The Curious Career of Internal Colonization», in: *Journal of the Civil War Era 4*, Nr. 2 (2014), S. 241–244.
18 Foner, *Reconstruction*, a. a. O., S. 59; Guyatt, «‹An Impossible Idea?›», a. a. O., S. 241–244; Foner, *Fiery Trial*, a. a. O., S. 320–321; Horace Greeley, «Gen. Sherman and the Negroes», in: *New York Tribune*, 30. Jan. 1865.
19 Foner, *Fiery Trial*, a. a. O., S. 313, 317–320; Mayer, *All on Fire*, a. a. O., S. 572–576.
20 Samuel Thomas, «To General Carl Schurz», in: *Senate Executive Documents for the First*

Session of the Thirty-Ninth Congress of the United States of America, Washington, D. C., 1866, S. 81; General O. O. Howard, *Report of the Brevert Major General O. O. Howard, Commissioner Bureau of Refugees, Freedmen, and Abandoned Lands, to the Secretary of War*, Washington, D. C., 1869, S. 8; Josiah C. Nott, «The Problem of the Black Races», in *DeBow's Review*, new series, 1. Band (1866), S. 266–270.

21 Foner, *Reconstruction*, a. a. O., S. 73.

22 Ebd., S. 31, 67–68; Foner, *Fiery Trial*, a. a. o., S. 330–331.

23 Terry Alford, *Fortune's Fool: The Life of John Wilkes Booth*, New York 2015, S. 257.

24 Blum und Harvey, *The Color of Christ*, a. a. O., S. 131.

25 Foner, *Reconstruction*, a. a. O., S. 67; Adams und Sanders, *Alienable Rights*, a. a. O., S. 196–197; Hans L. Trefousse, *Andrew Johnson: A Biography*, New York 1989, S. 183; Clifton R. Hall, *Andrew Johnson: Military Governor of Tennessee*, Princeton, NJ, 1916, S. 102.

Kapitel 19: Die Rekonstruktion der Sklaverei

1 Foner, *Reconstruction*, a. a. O., S. 103–106, 110, 132–133, 138, 198–205, 209–210, 215.

2 Ebd., S. 235–237; «The Negro's Claim to Office», in: *The Nation*, 1. Aug. 1867.

3 James D. Anderson, *The Education of Blacks in the South, 1860–1935*, Chapel Hill 1988, S. 6–7, 11–12.

4 William Lloyd Garrison, «Official Proclamation», in: *The Liberator*, 22. Dez. 1865; William Lloyd Garrison, «Valedictory: The Last Number of the Liberator», in: *The Liberator*, 29. Dez. 1865.

5 Mayer, *All on Fire*, a. a. O., S. 594–603; Foner, *Reconstruction*, a. a. o., S. 180–181.

6 Matt Wray und Annalee Newitz, *White Trash: Race and Class in America*, New York 1997, S. 2–3.

7 Adam I. P. Smith, *No Party Now: Politics in the Civil War North*, New York 2006, S. 54–55; Andrew Johnson, «Veto of the Freedmen's Bureau Bill», 19. Feb. 1866, http://techangamericanhistory.org/library/document/veto-of-the-freedmens-bureau-bill/.

8 «Andrew Johnson's Veto of the Civil Rights Bill, March 27, 1866», in: *America's Reconstruction: People and Politics After the Civil War*, www.digitalhistory.uh.edu/exhibits/reconstruction/section4/section4_10veto2.html.

9 Foner, *Reconstruction*, a. a. O., S. 241–251, C. Vann Woodward, *American Counterpoint: Slavery and Racism in the North-South Dialogue*, Boston 1971, S. 168–171; Roediger, *How Race Survived U. S. History*, a. a. O., S. 130.

10 Howard N. Rabinowitz, *Race Relations in the Urban South, 1865–1890*, Athens, GA, 1996, S. 24–182; Foner, *Reconstruction*, a. a. O., S. 261–264.

11 Wood, *Black Scare*, a. a. O., S. 120–123, 141–143.

12 Text des Fourteenth Amendment bei https://www.law.cornell.edu/constitution/amendmentxiv.

13 Foner, *Reconstruction*, a. a. O., S. 255, 261.

14 Elizabeth Cady Stanton, Susan B. Anthony und Matilda Joslyn Gage (Hg.), *History of Woman Suffrage, 1861–1876*, Rochester, NY, 1887, Bd. 2, S. 188. 214; Frances Ellen Watkins Harper, «We Are All Bound Up Together», in: *Proceedings of the Eleventh Women's Rights Convention*, New York 1866; Giddings, *When and Where I Enter*, a. a. O., S. 65–67; Davis, *Women, Race & Class*, a. a. O., S. 64–65, 70–75, 80–81.

15 Gerda Lerne (Hg.), *Black Women in White America: A Documentary History*, New York 1972, S. 569–570.
16 Foner, Reconstruction, a. a. O., S. 253–271, 288–291, 308–311.
17 Paul D. Moreno, *Black Americans and Organized Labor: A New History*, Baton Rouge 2006, S. 24–26.
18 Ibram H. Rogers, *The Black Campus Movement: Black Students and the Racial Reconstitution of Higher Education, 1965–1972*, New York 2012, S. 13–15; *National Freedman's Relief Association of New York Annual Report of 1865/66*, New York 1866, S. 22; Anderson, *Education of Blacks in the South*, a. a. O., S. 28–63.
19 Kathy Russell-Cole, Midge Wilson und Ronald E. Hall, *The Color Complex: The Politics of Skin Color Among African Americans*, New York 1992, S. 26–29.
20 Woodward, American Counterpoint, a. a. O., S. 172–176; Andrew Johnson, «Third Annual Message», 3. Dez. 1867, in: *The American Presidency Project*, a. a. O.
21 Foner, *Reconstruction*, a. a. O., S. 340–345; Adams und Sanders, *Alienable Rights*, a. a. O., S. 211; Wood, *Black Scare*, a. a. O., S. 116–117, 120, 123–129.
22 Foner, *Reconstruction*, a. a. O., S. 446–447; Fredrickson, *The Black Image in the White Mind*, a. a. O., S. 185–186; Woodward, *American Counterpoint*, a. a. O., S. 177–179.
23 Louise Michele Newman, *White Women's Rights: The Racial Origins of Feminism in the United States*, New York 1999, S. 65.
24 Giddings, *When and Where I Enter*, a. a. O., S. 68–70; Moreno, *Black Americans and Organized Labor*, a. a. O., S. 27–32; Roediger, *How Race Survived U. S. History*, a. a. O., S. 103–104.
25 Davis, *Women, Race & Class*, a. a. O., S. 82–86; Giddings, *When and Where I Enter*, a. a. O., S. 67–71.
26 Wood, *Black Scare*, a. a. O., S. 102.

Kapitel 20: Die Rekonstruktion der Schande

1 Mayer, *All on Fire*, a. a. O., S. 613–614; Foner, *Reconstruction*, a. a. O., S. 448–449.
2 William A. Sinclair, *The Aftermath of Slavery: A Study of the Condition and Environment of the American Negro*, Boston 1905, S. 104.
3 Wood, *Black Scare*, a. a. O., S. 143–153.
4 Adams und Sanders, *Alienable Rights*, a. a. O., S. 212, 215; Woodward, *American Counterpoint*, a. a. O., S. 179–182.
5 Foner, *Reconstruction*, a. a. O., S. 316–331, 346–365, 379–390.
6 Fionnghuala Sweeny, *Frederick Douglass and the Atlantic World*, Liverpool 2007, S. 175.
7 Adams und Sanders, *Alienable Rights*, a. a. O., S. 215–217.
8 Henry Ward Beecher, *The Life of Jesus, the Christ*, New York 1871, S. 134–137.
9 Stetson Kennedy, *After Appomattox: How the South Won the War*, Gainesville 1995, S. 220–221; Jack B. Scroggs, «Southern Reconstructions: A Radical View», in: *Reconstruction: An Anthology of Revisionist Writings*, hg. von Kenneth M. Stampp und Leon F. Litwack, Baton Rouge 1969, S. 422–423; Foner, *Reconstruction*, a. a. O., S. 499–504.
10 LeeAnna Keith, *The Colfax Massacre: The Untold Story of Black Power, White Terror, and the Death of Reconstruction*, New York 2008; Peter H. Irons, *A People's History of the Supreme Court*, New York 1999, S. 202–205.

11 Ebd., S. 197–201; *Slaughterhouse Cases*, 83 US36, vgl. http://www.law.cornell.edu/supremecourt/text/83/36.

12 Foner, *Reconstruction*, a. a. O., S. 512–517, 525, 531–532, 537–539; Adams und Sanders, *Alienable Rights*, a. a. O., S. 219.

13 Foner, *Reconstruction*, a. a. O., S. 393–411; 536–538.

14 Rabinowitz, *Race Relations in the Urban South*, a. a. O., S. 237–238, 243–248.

15 Mayer, *All on Fire*, a. a. O., S. 616; James S. Pike, *The Prostrate State: South Carolina Under Negro Government*, New York 1874, S. 12.

16 Adams und Sanders, *Alienable Rights*, a. a. O., S. 219–220; Foner, *Reconstruction*, a. a. O., S. 525–527, 554; González und Torres, *News for All the People*, a. a. O., S. 151–153; Mayer, *All on Fire*, a. a. O., S. 615–616.

17 Irons, *A People's History of the Supreme Court*, a. a. O., S. 206–207; Foner, *Reconstruction*, a. a. O., S. 532–534, 563, 590.

18 Ebd., S. 565; Mayer, *All on Fire*, a. a. O., S. 617.

19 Foner, *Reconstruction*, a. a. O., S. 571–573; Adams und Sanders, *Alienable Rights*, a. a. O., S. 223–224.

20 Mary Gibson, *Born to Crime: Cesare Lombroso and the Origins of Biological Criminology*, Westport, CT, 2002, S. 43–44, 249–250; Degler, *In Search of Human Nature*, a. a. O., S. 35–36; Giddings, *When and Where I Enter*, a. a. O., S. 79; Washington, *Medical Apartheid*, a. a. O., S. 247; Cesare Lombroso und William Ferrero, *The Female Offender*, New York 1895, S. 111–113.

21 Moreno, *Black Americans and Organized Labor*, a. a. O., S. 45–67.

22 Adams und Sanders, *Alienable Rights*, a. a. O., S. 222–227; Irons, *A People's History of the Supreme Court*, a. a. O., S. 206–209; Foner, *Reconstruction*, a. a. O., S. 575–596.

23 George B. Tindall, *South Carolina Negroes, 1877–1900*, Columbia 1952, S. 12; Wade Hampton, «Ought the Negro to Be Defranchised? Ought He to Have Been Enfranchised?», in: *North American Review 168* (1879), S. 241–243.

24 Isabel Wilkerson, *The Warmth of Other Suns: The Epic Story of America's Great Migration*, New York 2010, S. 39.

25 Adams und Sanders, *Alienable Rights*, a. a. O., S. 228; Foner, *Reconstruction*, a. a. o., S. 598–602; Mayer, *All on Fire*, a. a. O., S. 624–626.

TEIL IV W. E. B. DU BOIS

Kapitel 21: Den Süden erneuern

1 W. E. B. Du Bois, *Black Reconstruction in America: An Essay Towards a History of the Part Which Black Folk Played in the Attempt to Reconstruct Democracy in America, 1860–1880*, New York 1971, S. 30.

2 David Levering Lewis, *W. E. B. Du Bois: Biography of a Race, 1868–1919*, New York 1993, S. 11–37.

3 Washington, *Medical Apartheid*, a. a. O., S. 152–153.

4 Lewis, *W. E. B. Du Bois, 1868–1919*, a. a. O., S. 31–40.

5 Irons, *A People's History of the Supreme Court*, a. a. O., S. 209–215.

6 Henry W. Grady, *The New South*, New York 1890, S. 146, 152; Atticus G. Haygood, *Pleas for Progress*, Cincinnati 1889, S. 28; *Our Brother in Black: His Freedom and His Future*, New York 1881.

7 Thomas U. Dudley, «How Shall We Help the Negro?», in *Century Magazine* 30 (1885), S. 273–280; George Washington Cable, *The Silent South, Together with the Freedman's Case in Equity and the Convict Lease System,* New York 1885; Henry W. Grady, «In Plan Black and White: A Reply to Mr. Cable», in: *Century Magazine* 29 (1885), S. 911.
8 «Two Colored Graduates», in: *Philadelphia Daily News*, 22. Februar 1888.
9 Robert L. Dabney, *A Defense of Virginia,* New York 1867; Thomas Nelson Page, *In Ole Virginia; or, Marse Chan and Other Stories,* New York 1887; Philip Alexander Bruce, *The Plantation Negro as a Freeman: Observations on His Character, Condition, and Prospects in Virginia,* New York 1889, S. 53–57.
10 Lewis, *W. E. B. Du Bois, 1868–1919,* a. a. O., S. 51–76.
11 «Review of History of the Negro Race in America from 1619 to 1880, by George W. Williams», in *Magazine of American History* 9, Nr. 4 (1883), S. 299–300.
12 George W. Williams, *History of the Negro Race in America from 1619 to 1880,* New York 1885, Bd. 1, S. 60, Bd. 2, S. 451, 548.
13 Lewis, *W. E. B. Du Bois, 1868–1919,* a. a. O., S. 76–78; W. E. B. Du Bois, *The Autobiography of W. E. B. Du Bois: A Soliloquy on Viewing My Life from the Last Decade of Its First Century,* New York 1968, S. 142 (*Mein Weg, meine Welt:* Memoiren, Berlin Ost 1965).
14 Benjamin Harrison, «First Annual Message», 3. Dezember 1889, in: Gerhard Peters und John T. Woolley, The American Presidency Project, www.presidency.ucsb.edu/ws/?pid=29530.

Kapitel 22: Schrecken des Südens

1 Fredrickson, *The Black Image in the White Mind,* a. a. O., S. 262–268.
2 Edward Wilmot Blyden, «The African Problem, and the Method of Its Solution», in *African Repository* 66, Nr. 3 (1890), S. 69; Henry M. Stanley, *Through the Dark Continent,* New York 1878 (*Durch den dunkeln Welttheil oder die Quellen des Nils, Reisen um die grossen Seen des aequatorialen Afrika und den Livingstone-Fluss abwärts nach dem atlantischen Ocean,* Leipzig 1878); Joseph Conrad, *Heart of Darkness,* New York 2007, S. 41 (*Herz der Finsternis,* Berlin 1926).
3 Thomas Adams Upchurch, *Legislating Racism: The Billion Dollar Congress and the Birth of Jim Crow,* Lexington 2004, S. 23–45; Keim, *Mistaking Africa,* a. a. O., S. 47–53.
4 Mary Frances Berry, *My Face Is Black Is True: Callie House and the Struggle for Ex-Slave Reparations,* New York 2005, S. 33–49, 75–80.
5 Lewis, *W. E. B. Du Bois, 1868–1919,* a. a. O., S. 100–102.
6 Albert Bushnell Hart, *The Southern South,* New York 1910, S. 99–105, 134; Lewis, *W. E. B. Du Bois, 1868–1919,* a. a. O., S. 111–113.
7 Lewis, *W. E. B. Du Bois, 1868–1919,* a. a. O., S. 116.
8 Upchurch, *Legislating Racism,* a. a. O., S. 85–128.
9 August Meier, *Negro Thought in America, 1880–1915,* Ann Arbor 1963, S. 192.
10 Giddings, *When and Where I Enter,* a. a. O., S. 123–125; Moreno, *Black Americans and Organized Labor,* a. a. O., S. 68–81, 93–96, 99–100.
11 Giddings, *When and Where I Enter,* a. a. O., S. 18; Ida B. Wells, *Southern Horrors: Lynch Law in All Its Phases,* New York 1892, www.gutenberg.org/files/14975/14975-h/14975-h.htm; Adams and Sanders, *Alienable Rights,* a. a. O., S. 231–232.

12 Giddings, *When and Where I Enter*, a. a. O., S. 81–83; Anna Julia Cooper, *A Voice from the South,* Xenia, OH, 1892, S. 34, 134.
13 Wells, *Southern Horrors*, a. a. O.
14 Deborah Gray White, *Too Heavy a Load: Black Women in Defense of Themselves, 1894–1994*, New York 1999, S. 22–27, 71, 78, 109.
15 Geoffrey C. Ward, *Before the Trumpet: Young Roosevelt*, New York 1985, S. 215–216.
16 Lewis, *W. E. B. Du Bois, 1868–1919*, a. a. O., S. 144–149.
17 W. E. B. Du Bois, «My Evolving Program for Negro Freedom», in: *What the Negro Wants*, hg. von Rayford W. Logan, New York 1969, S. 70.
18 Zu Washingtons privatem Engagement für die Bürgerrechte siehe David H. Jackson, *Booker T. Washington and the Struggle Against White Supremacy: The Southern Educational Tours, 1908–1912*, New York 2008; David H. Jackson, *A Chief Lieutenant of the Tuskegee Machine: Charles Banks of Mississippi*, Gainesville 2002.
19 Booker T. Washington, «Atlanta Compromise Speech», 1895, http://historymatters.gmu.edu/d/39/.
20 Lewis, *W. E. B. Du Bois, 1868–1919*, a. a. O., S. 174–175.
21 Paula Giddings, *Ida: A Sword Among Lions: Ida B. Wells and the Campaign Against Lynching*, New York 2009, a. a. O., S. 366–367.
22 Irons, *A People's History of the Supreme Court*, a. a. O., S. 219–232; Woodward, *American Counterpoint*, a. a. O., S. 230–232.
23 Siehe Robert H. Wiebe, *The Search for Order, 1877–1920*, New York 1967.

Kapitel 23: Schwarze Verräter

1 Havelock Ellis, *Studies in the Psychology of Sex*, Bd. 1, London 1897, S. X.
2 Siobhan Somerville, «Scientific Racism and the Emergence of the Homosexual Body», in: *Journal of the History of Sexuality* 5, Nr. 2 (1994), S. 244–259.
3 Frederick L. Hoffman, *Race Traits and Tendencies of the American Negro*, New York 1896, S. 311–312.
4 W. E. B Du Bois, «Review of Race Traits and Tendencies, by Frederick L. Hoffman», in: *Annals of the American Academy of Political and Social Science* 9 (1897), S. 130–132; Khalil Gibran Muhammad, *The Condemnation of Blackness: Race, Crime, and the Making of Modern Urban America*, Cambridge, MA, 2010, S. 61–65, 78.
5 W. E. B. Du Bois, «The Conservation of Races», in *W. E. B. Du Bois: A Reader*, hg. von David Levering Lewis, New York 1995, S. 20–27.
6 W. E. B. Du Bois, *The Philadelphia Negro: A Social Study*, Philadelphia 1899, S. 68, 387–389; «Review of *The Philadelphia Negro*, by W. E. B. Du Bois», in: *American Historical Review* 6, Nr. 1 (1900), S. 162–164.
7 Lewis, *W. E. B. Du Bois, 1868–1919*, a. a. O., S. 238–239.
8 González und Torres, *News for All the People*, a. a. O., S. 157–160; W. Fitzhugh Brundage, «The Darien ‹Insurrection› of 1899: Black Protest During the Nadir of Race Relations», in: *Georgia Historical Quarterly* 74, Nr. 2 (1990), S. 234–253; W. E. B. Du Bois, *Dusk of Dawn*, New York 2007, S. 34; Du Bois, «My Evolving Program», a. a. O., S. 70.
9 W. E. B. Du Bois, «To the Nation of the World», in: *W. E. B. Du Bois: A Reader*, a. a. O., S. 639–641.

10 Rudyard Kipling, «The White Man's Burden», in: *McClure's Magazine*, Februar 1899, deutsche Übersetzung in: Rudyard Kipling, *Die Ballade von Ost und West: Selected Poems, Ausgewählte Gedichte*, übers. von Gisbert Haefs, Zürich 1992.
11 Fredrickson, *The Black Image in the White Mind*, a. a. O., S. 305–310; González und Torres, *News for All the People*, a. a. O., S. 178–179.
12 Roediger, *How Race Survived U.S. History*, a. a. O., S. 141–142, 156–158, 160; Douglas S. Massey und Nancy A. Denton, *American Apartheid: Segregation and the Making of the Underclass*, Cambridge, MA, 1993, S. 29.
13 George H. White, «Farewell Speech», in: Benjamin R. Justesen, *George Henry White: An Even Chance in the Race of Life*, Baton Rouge 2001, S. 441.
14 Howard K. Beale, «On Rewriting Reconstruction History», in: *American Historical Review* 45, Nr. 4 (1940), S. 807; William Archibald Dunning, *Reconstruction, Political and Economic, 1865–1877*, New York 1907, S. 212.
15 Ulrich Bonnell Phillips, *American Negro Slavery*, New York 1929, S. 8; John David Smith, *Slavery, Race, and American History: Historical Conflict, Trends, and Method, 1866–1953*, Armonk, NY, S. XXII, 28, 29.
16 Joseph Moreau, *Schoolbook Nation: Conflicts over American History Textbooks from the Civil War to the Present*, Ann Arbor 2003, S. 163–174; Will Kaufman, *The Civil War in American Culture*, Edinburgh 2006, S. 28–29.
17 Booker T. Washington, *Up from Slavery: An Autobiography*, New York 1901 (*Vom Sklaven empor*, Berlin 1902).
18 Lewis, *W. E. B. Du Bois, 1868–1919*, a. a. O., S. 262–264.
19 William Hannibal Thomas, *The American Negro: What He Was, What He Is, and What He May Become*, New York 1901, S. 129, 195, 296, 410; John David Smith, *Black Judas: William Hannibal Thomas and the American Negro*, Athens 2000, S. 161–164, 177–178, 185–189.
20 Addie Hunton, «Negro Womanhood Defended», in: *Voice* 1, Nr. 7 (1904), S. 280; Smith, *Black Judas*, XXVI, S. 206–209; Muhammad, *Condemnation of Blackness*, a. a. O., S. 79–81.
21 Clarence Lusane, *The Black History of the White House*, Open Media Series, San Francisco 2011, S. 225–233; Seth M. Scheiner, «President Theodore Roosevelt and the Negro, 1901–1908», in: *Journal of Negro History* 47, Nr. 3 (1962), S. 171–172; Stephen Kantrowitz, *Ben Tillman and the Reconstruction of White Supremacy*, Chapel Hill 2000, S. 259; Charles Carroll, *The Negro a Beast; Or, In the Image of God*, Miami 1969.
22 Aptheker, *Anti-Racism in U.S. History*, a. a. O., S. 25; James Weldon Johnson, *Along This Way: The Autobiography of James Weldon Johnson*, Boston 2000, S. 203; W. E. B. Du Bois, *The Souls of Black Folk: Essays and Sketches*, Chicago 1903, S. 11–12 (*Die Seelen der Schwarzen*, übers. von Jürgen und Barbara Meyer-Wendt, Freiburg 2003, S. 42–43).
23 Ebd., S. 3–4, 11 (deutsch S. 35–36, 43).
24 Ebd., S. 53 (deutsch S. 80).
25 W. E. B. Du Bois, «The Talented Tenth», in: *The Negro Problem: A Series of Articles by Representative American Negroes of Today*, New York 1903, S. 43–45.
26 Lewis, *W. E. B. Du Bois, 1868–1919*, a. a. O., S. 291–294; Carl Kelsey, «Review of *The Souls of Black Folk*, by W. E. B. Du Bois», in: *Annals of the American Academy of Political and Social Science* 22 (1903), S. 230–232.

Kapitel 24: Große weiße Hoffnungen

1 Sander Gilman, *Jewish Frontiers: Essays on Bodies, Histories, and Identities*, New York 2003, S. 89.
2 W. E. B. Du Bois (Hg.), *The Health and Physique of the American Negro*, Atlanta 1906.
3 Michael Yudell, *Race Unmasked: Biology and Race in the Twentieth Century*, New York 2014, S. 48–49; W. E. B. Du Bois, *Black Folk Then and Now: An Essay in the History and Sociology of the Negro Race*, New York 1939, S. VII.
4 Lewis, *W. E. B. Du Bois, 1868–1919*, a. a. O., S. 331–333; Theodore Roosevelt, «Sixth Annual Message», 3. Dezember 1906, unter: Gerhard Peters und John T. Woolley, American Presidency Project, www.presidency.ucsb.edu/ws/?pid=29547.
5 Lester Frank Ward, *Pure Sociology: A Treatise on the Origin and Spontaneous Development of Society*, New York 1921, S. 359; James Elbert Cutler, *Lynch Law: An Investigation into the History of Lynching in the United States*, New York 1905, S. 269; W. E. B. Du Bois, «Some Notes on Negro Crime», Atlanta University Publications, Atlanta 1904, S. 56.
6 Lewis, *W. E. B. Du Bois, 1868–1919*, a. a. O., S. 332.
7 Geoffrey C. Ward, *Unforgivable Blackness: The Rise and Fall of Jack Johnson*, New York 2004, S. 98–100, 130–133, 137–139, 144–145, 422–424.
8 John Gilbert, *Knuckles and Gloves*, London 1922, S. 45; González und Torres, *News for All the People*, a. a. O., S. 209–211; Ward, *Unforgivable Blackness*, a. a. O., S. 115–116.
9 Keim, *Mistaking Africa*, a. a. O., S. 48; Emily S. Rosenberg, *Financial Missionaries to the World: The Politics and Culture of Dollar Diplomacy, 1900–1930*, Durham, NC, 2003, S. 201–203.
10 Du Bois, *Autobiography*, a. a. O., S. 227–229.
11 Lewis, *W. E. B. Du Bois, 1868–1919*, a. a. O., S. 386–402.
12 Charles Benedict Davenport, *Heredity in Relation to Eugenics*, New York 1911, S. 1; Yudell, *Race Unmasked*, a. a. O., S. 31–40; Dorothy E. Roberts, *Killing the Black Body: Race, Reproduction, and the Meaning of Liberty*, New York 1997, S. 61–62, 66–68.
13 Lewis, *W. E. B. Du Bois, 1868–1919*, a. a. O., S. 413–414.
14 Franz Boas, *The Mind of Primitive Man*, New York 1921, S. 127–128, 272–273; Lee D. Baker, *Anthropology and the Racial Politics of Culture*, Durham, NC, 2010, S. 24.
15 Giddings, *Ida*, a. a. O., S. 479–480.
16 *The Crisis*, Juni 1911.
17 W. E. B. Du Bois, «Hail Columbia!» in: *W. E. B. Du Bois: A Reader*, a. a. O., S. 295–296.
18 Nannie H. Burroughs, «Not Color But Character», in: *Voice of the Negro* 1 (1904), S. 277–278.
19 Giddings, *When and Where I Enter*, a. a. O., S. 122–123; N. H. Burroughs, «Black Women and Reform», in: *The Crisis*, August 1915.
20 Lewis, *W. E. B. Du Bois, 1868–1919*, a. a. O., S. 419–424; Woodrow Wilson, *Division and Reunion, 1829–1909*, New York 1910.
21 Blum und Harvey, *The Color of Christ*, a. a. O., S. 141–142.
22 Louis R. Harlan, *Booker T. Washington: The Wizard of Tuskegee, 1901–1915*, New York 1983, S. 431–435; Lewis, *W. E. B. Du Bois, 1868–1919*, a. a. O., S. 460–463, 501–509; Ed Guerrero, *Framing Blackness: The African American Image in Film*, Philadelphia 1993, S. 10–17; W. E. B. Du Bois, *The Negro*, New York 2010, S. 82.

Kapitel 25: Die Geburt einer Nation

1 W. E. B. Du Bois, «‹Refinement and Love›», in: *The Crisis*, Dezember 1916.

2 Wilkerson, *The Warmth of Other Suns*, a. a. O., S. 8–15, 36–46, 160–168, 177–179, 217–221, 237–241, 249–251, 348–350; Carter G. Woodson, *A Century of Negro Migration*, Washington, D. C., 1918, S. 180.

3 David Levering Lewis, *W. E. B. Du Bois: The Fight for Equality and the American Century, 1919–1963*, New York 1993, S. 50–55.

4 Edward Byron Reuter, *The Mulatto in the United States*, Boston 1918, S. 58.

5 Somerville, «Scientific Racism and the Emergence of the Homosexual Body», a. a. O., S. 256–263.

6 Madison Grant, *The Passing of the Great Race: Or, The Racial Basis of European History*, New York 1918, S. 16, 193, 226 (*Der Untergang der großen Rasse. Die Rassen als Grundlage der Geschichte Europas*, München 1925).

7 Jonathan Peter Spiro, *Defending the Master Race: Conservation, Eugenics, and the Legacy of Madison Grant*, Lebanon, NH, 2009, S. 356–357.

8 Lewis M. Terman, *The Measure of Intelligence: An Explanation of and a Complete Guide for the Use of the Standard Revision and Extension of the Binet-Simon Intelligence Scale*, New York 1916, S. 92.

9 Gossett, *Race*, a. a. O., S. 374–377..

10 W. E. B. Du Bois, «Reconstruction and Africa», in: *The Crisis*, Februar 1919; Du Bois, *Dusk of Dawn*, a. a. O., S. 137.

11 Ira Katznelson, *When Affirmative Action Was White: An Untold History of Racial Inequality in Twentieth-Century America*, New York 2005, S. 84–86.

12 Cameron McWhirter, *Red Summer: The Summer of 1919 and the Awakening of Black America*, New York 2011, S. 10, 12–17, 56–59; Claude McKay, «If We Must Die», Poetry Foundation, www.poetryfoundation.org/poem/173960.

13 Giddings, *When and Where I Enter*, a. a. O., S. 184.

14 Davis, *Women, Race & Class*, New York 1983, S. 123–125 (*Rassismus und Sexismus: Schwarze Frauen und Klassenkampf in den USA*, Berlin 1982); Moreno, *Black Americans and Organized Labor*, a. a. O., S. 107–111; Timothy Johnson, «‹Death for Negro Lynching!›: The Community Party, USA's Position on the African American Question», in: *American Communist History* 7, Nr. 2 (2008), S. 243–247.

15 Earl Ofari Hutchinson, *Blacks and Reds: Race and Class in Conflict, 1919–1990*, East Lansing 1995.

16 W. E. B. Du Bois, *Darkwater: Voices from Within the Veil*, New York 1920, S. 39, 73.

17 Ebd., S. 166, 168, 185–186.

18 White, *Too Heavy a Load*, a. a. O., S. 125–128.

19 Lewis, *W. E. B. Du Bois, 1919–1963*, a. a .O., S. 20–23.

20 Ebd., S. 62–67; Edmund David Cronon, *Black Moses: The Story of Marcus Garvey and the Universal Negro Improvement Association*, Madison 1969, S. 64–67.

21 Russell-Cole et al., *The Color Complex*, a. a. O., S. 26, 30–32; Giddings, *When and Where I Enter*, a. a. O., S. 178; Lewis, *W. E. B. Du Bois, 1919–1963*, a. a. O., S. 66–71.

22 Lewis, *W. E. B. Du Bois, 1919–1963*, a. a. O., S. 70–76.

23 Ebd., S. 77–84, 118–128, 148–152.

24 I. A. Newby, *Jim Crow's Defense: Anti-Negro Thought in America, 1900–1930,* Baton Rouge 1965, S. 55; Gossett, *Race*, a. a. O., S. 407.
25 Robert E. Park, «The Conflict and Fusion of Cultures with Special Reference to the Negro», in: *Journal of Negro History* 4, Nr. 2 (1919), S. 129–130; W. E. B. Du Bois, *The Gift of Black Folk: The Negro in the Making of America,* Millwood, NY, 1975, S. IV, 287, 320, 339.

Kapitel 26: Überzeugung durch die Medien

1 Lewis, *W. E. B. Dubois, 1919–1963,* a. a. O., S. 153–159, 161–166; Alain Locke, «The New Negro», in: *The New Negro: Voices of the Harlem Renaissance,* hg. von Alain Locke New York 1992, S. 15.
2 Rogers, *The Black Campus Movement*, a. a. O., S. 19, 23, 35–47.
3 Valerie Boyd, *Wrapped in Rainbows: The Life of Zora Neale Hurston,* New York 1997, S. 116–119; Wallace Thurman, *The Blacker the Berry,* New York 1996.
4 Langston Hughes, «The Negro Artist and the Racial Mountain», in: *The Nation*, Juni 1926.
5 David L. Lewis, *When Harlem Was in Vogue,* New York 1997, S. 180–189; W. E. B. Du Bois, «On Carl Van Vechten's Nigger Heaven», in *W. E. B. Du Bois: A Reader*, a. a. O., S. 516; Carl Van Vechten, *Nigger Heaven,* Urbana 2000, S. 50 (*Nigger Heaven,* übers. von Egbert Hörmann, Berlin und Zürich 2012, S. 49).
6 Van Vechten, *Nigger Heaven*, S. 89, 90 (dt. S. 85).
7 John Martin, *John Martini Book of the Dance,* New York 1963, S. 177–189.
8 Wiggins, *Glory Bound*, a. a. O., S. 183–184.
9 Angela Davis, *Blues Legacies and Black Feminism: Gertrude «Ma» Rainey, Bessie Smith, and Billie Holiday,* New York 1998; Giles Oakley, *The Devil's Music: A History of the Blues,* New York 1976.
10 Lewis, *W. E. B. Du Bois, 1919–1963*, a. a. O., S. 214–220.
11 Donald Young, «Foreword», *Annals of the American Academy of Political and Social Science* 140 (1928), S. VII–VIII.
12 Thorsten Sellin, «The Negro Criminal: A Statistical Note», in: ebd., S. 52–64.
13 Walter White, «The Color Line in Europe», in: ebd., S. 331.
14 Moreno, *Black Americans and Organized Labor*, a. a. O., S. 141–143; Johnson, «‹Death for Negro Lynching›», a. a. O., S. 247–254; Hutchinson, *Blacks and Reds*, a. a. O., S. 29–40.
15 Claude G. Bowers, *The Tragic Era: The Revolution After Lincoln,* Cambridge, MA, 1929, S. VI.
16 Lewis, *W. E. B. Du Bois, 1919–1963*, a. a. O., S. 320–324; W. E. B. Du Bois, *Black Reconstruction*, a. a. O., S. 700, 725; Roediger, *Wages of Whiteness*, a. a. O.
17 Lewis, *W. E. B. Du Bois, 1919–1963*, a. a. O., S. 349–378.
18 Ebd., S. 284–285; Vanessa H. May, *Unprotected Labor: Household Works, Politics, and Middle-Class Reform in New York, 1870–1940,* Chapel Hill 2011, S. 123.
19 Washington, *Medical Apartheid*, a. a. O., S. 194–202; Degler, *In Search of Human Nature*, a. a. O., S. 148–151, 202; Roberts, *Killing the Black Body*, a. a. O., S. 72–86.
20 Earnest Albert Hooton, *Up from the Ape*, New York 1931, S. 593–594.
21 Roberts, *Fatal Invention*, a. a. O., S. 85–87; Elazar Barkan, *The Retreat of Scientific Racism: Changing Concepts of Race in Britain and the United States Between the World Wars,* Cambridge 1992, S. 100–108.

22 Lott, *The Invention of Race*, a. a. O., S. 10–13; «Monster Ape Pack Thrills in New Talkie», in: *Chicago Tribune*, 23. April 1933; Blum und Harvey, *The Color of Christ*, a. a. O., S. 186–188.
23 González und Torres, *News for All the People*, a. a. O., S. 250–254; Melissa V. Harris-Perry, *Sister Citizen: Shame, Stereotypes, and Black Women in America*, New Haven, CT, 2011, S. 88.

Kapitel 27: Der Old Deal

1 Lewis, *W. E. B. Du Bois, 1919–1963*, a. a. O., S. 256–265, 299–301, 306–311.
2 Ebd., S. 310–311; Davis, *Women, Race & Class*, a. a. O., S. 69; W. E. B. Du Bois, «Marxism and the Negro Problem», in: *The Crisis*, Mai 1933; Du Bois, *Dusk of Dawn*, a. a. O., S. 103.
3 Lewis, *W. E. B. Du Bois, 1919–1963*, a. a. O., S. 295–297, 300–314; Anderson, *The Education of Blacks in the South*, a. a. O., S. 276–277; Carter G. Woodson, *The Miseducation of the Negro*, Mineola, NY, 2005, S. 55.
4 Robin D. G. Kelley, *Hammer and Hoe: Alabama Communists During the Great Depression*, Chapel Hill 1990, S. 107–109, 116.
5 Jacqueline Jones, *American Work: Four Centuries of Black and White Labor*, New York 1998, S. 344.
6 Katznelson, *When Affirmative Action Was White*, a. a. O., S. 36–61.
7 Degler, *In Search of Human Nature*, a. a. O., S. 167.
8 W. E. B. Du Bois, «On Being Ashamed», in: *The Crisis*, September 1933; W. E. B. Du Bois, «Pan-Africa and New Racial Philosophy», in: *The Crisis*, November 1933; W. E. B. Du Bois, «Segregation», in: *The Crisis*, Januar 1934.
9 W. E. B. Du Bois, «A Free Forum», in: *The Crisis*, Februar 1934.
10 W. E. B. Du Bois, «Segregation in the North», in: *The Crisis*, April 1934; Lewis, *W. E. B. Du Bois, 1919–1963*, a. a. O., S. 330–331, 335–349.
11 Lewis, *W. E. B. Du Bois, 1919–1963*, a. a. O., S. 395–396.
12 Chris Mead, *Joe Louis: Black Champion in White America*, Mineola, NY, 1985, S. 68.
13 «Adolf Hitler, Jesse Owens, and the Olympics Myth of 1936», unter History News Network, 8. Juli 2002, http://historynewsnetwork.org/article/571; M. Dyreson, «American Ideas About Race and Olympic Races in the Era of Jesse Owens: Shattering Myths of Reinforcing Scientific Racism?», in: *International Journal of the History of Sport* 25, Nr. 2 (2008), S. 251–253.
14 Dean Cromwell and Al Wesson, *Championship Techniques in Track and Field*, New York 1941, S. 6; W. Montague Cobb, «Race and Runners», in: *Journal of Health and Physical Education* 7 (1936), S. 3–7, 52–56; Patrick B. Miller, «The Anatomy of Scientific Racism: Racialist Responses to Black Athletic Achievement», in: *Journal of Sport History* 25, Nr. 1 (1998), S. 126–135.
15 Lewis, *W. E. B. Du Bois, 1919–1963*, a. a. O., S. 422–423; Robert L. Fleeger, «Theodore G. Bilbo and the Decline of Public Racism, 1938–1947», in: *Journal of Mississippi History* 68, Nr. 1 (2006), S. 8–11; Degler, *In Search of Human Nature*, a. a. O., S. 203–204.
16 Ruth Benedict, *Race: Science and Politics*, New York 1940, S. V–VI (*Die Rassenfrage in Wissenschaft und Politik*, Bergen, Bayern, 1947).
17 W. E. B. Du Bois, (Hg.), *The Negro American Family*, Atlanta 1908, S. 41; E. Franklin Frazier, *The Negro Family in the United States*, Chicago 1939), S. XIX.

18 Frazier, *Negro Family*, a. a. O., S. 41, 331, 355, 487–488.
19 Russell-Cole et al., *The Color Complex*, a. a. O., S. 51–54, 66; Byrd und Tharps, *Hair Story*, a. a. O., S. 44–47; Malcolm X und Alex Haley, *The Autobiography of Malcolm X*, New York 1999, S. 55–57 (*Malcolm X: Die Autobiographie*, übers. von Dieter Brünn, Berlin 1992, S. 70).
20 Guerrero, *Framing Blackness*, a. a. O., S. 17–31.
21 Harris-Perry, *Sister Citizen*, a. a. O., S. 76–77; Patricia Morton, *Disfigured Images: The Historical Assault on Afro-American Women*, Westport, CT, 1991, S. 6–7.
22 Lewis, *W. E. B. Du Bois, 1919–1963*, a. a. O., S. 471–472; Richard Wright, *Black Boy*, New York 1998, S. 37 (*Ich Negerjunge. Die Geschichte einer Kindheit und Jugend*, Frankfurt am Main 1964).
23 Richard H. King, *Race, Culture, and the Intellectuals: 1940–1970*, Baltimore 2004, S. 139; Melville J. Herskovits, *The Myth of the Negro Past*, Boston 1990, S. 1, 298.
24 Zora Neale Hurston, *Mules and Men*, New York 2008.
25 Zora Neale Hurston, *Their Eyes Were Watching God: A Novel*, New York 1990, S. 14, 144–145, 98–99 (*Und ihre Augen schauten Gott*, übers. von Barbara Henninges, Zürich 1993, S. 27, 206–207).
26 Mary Helen Washington, «Foreword», in: ebd., S. IX–XVII; Ralph Thompson, «Books of the Times», in: *New York Times*, 6. Oktober 1937; Sheila Hibben, «Book Review», in: *New York Herald Tribune*, 26. September 1937.
27 Zora Neale Hurston, «How It Feels to Be Colored Me», in: *World Tomorrow*, Mai 1928.
28 Washington, «Foreword», a. a. O., S. IX–XVII.
29 King, *Race, Culture, and the Intellectuals*, a. a. O., S. 138–144.
30 Boyd, *Wrapped in Rainbows*, a. a. O., S. 345; James Baldwin, «Everybody's Protest Novel», in: *Partisan Review* 16 (1949), S. 578–585.

Kapitel 28: Freiheit als Marke

1 Jerry Gershenhorn, *Melville J. Herskovits and the Racial Politics of Knowledge*, Lincoln 2004, S. 142–152; Lewis, *W. E. B. Du Bois, 1919–1963*, a. a. O., S. 435–436.
2 Ebd., S. 448–449.
3 Gunnar Myrdal, *An American Dilemma: The Negro Problem and Modern Democracy*, Bd. 1, New York 1944, S. 48.
4 Lewis, *W. E. B. Du Bois, 1919–1963*, a. a. O., S. 451–452; King, *Race, Culture, and the Intellectuals*, a. a. O., S. 132–133.
5 Gunnar Myrdal, *An American Dilemma*, Bd. 2, New York 1944, S. 751–752, 928–929.
6 Lewis, *W. E. B. Du Bois, 1919–1963*, a. a. O., S. 510–515.
7 Fleeger, «Theodore G. Bilbo and the Decline of Public Racism», a. a. O., S. 2–3.
8 Ebd., S. 1–4, 8, 13–27; Theodore G. Bilbo, *Take Your Choice: Separation or Mongrelization*, Poplarville, MS, 1947, S. 7–8.
9 Morton, *Disfigured Images*, a. a. O., S. 90–91.
10 M. F. Ashley Montagu, *Man's Most Dangerous Myth: The Fallacy of Race*, New York 1945, S. 150–151; Degler, *In Search of Human Nature*, a. a. O., S. 80, 216–218; Zoe Burkholder, *Color in the Classroom: How American Schools Taught Race, 1900–1954*, New York 2011, S. 4–11, 39–95; Yudell, *Race Unmasked*, a. a. O., S. 132–137.

11 Theodosius Dobzhansky und Ashley Montagu, «Natural Selection and the Mental Capacities of Mankind», in: *Science* 105, Nr. 2736 (1947), S. 587–590; Hamilton Cravens, «What's New in Science and Race Since the 1930s? Anthropologists and Racial Essentialism», *The Historian* 72, Nr. 2 (2010), S. 315–318; Yudell, *Race Unmasked*, a. a. O., S. 111–132, 201–202.

12 UNESCO, *Four Statements on the Race Question, UNESCO and Its Programme*, Paris 1969, S 30–43; Yudell, *Race Unmasked*, a. a. O., S. 148–167; Roberts, *Fatal Invention*, a. a. O., S. 43–45.

13 Harry S. Truman, «Address Before a Joint Session of Congress», 12. März 1947, The Avalon Project: Documents in Law, History and Diplomacy, Lillian Goldman Law Library, Yale Law School, http://avalon.law.yale.edu/20th_century/trudoc.asp; Mary L. Dudziak, *Cold War Civil Rights: Race and the Image of American Democracy*, Princeton, NJ, 2000, S. 26–46.

14 President's Committee on Civil Rights, *To Secure These Rights*, 1947, S. 139, 147, Harry S. Truman Library and Museum, www.trumanlibrary.org/civilrights/srights1.htm#contents; Lewis, *W. E. B. Du Bois, 1919–1963*, a. a. O., S. 529.

15 Harry S. Truman, «Special Message to the Congress on Civil Rights», 2. Februar 1948, unter: Gerhard Peters and John T. Woolley, The American Presidency Project, www.presidency.ucsb.edu/ws/?pid=13006; Robert A. Caro, *Means of Ascent: The Years of Lyndon Johnson*, Bd. 2, New York 1990, S. 125; Francis Njubi Nesbitt, *Race for Sanctions: African Americans Against Apartheid, 1946–1994*, Bloomington 2004, S. 9–10.

16 Lewis, *W. E. B. Du Bois, 1919–1963*, a. a. O., S. 522–524, 528–534; Hutchinson, *Betrayed*, a. a. O., S. 62–70; Dudziak, *Cold War Civil Rights*, a. a. O., S. 43–46, 79–86.

17 Dudziak, *Cold War Civil Rights*, a. a. O., S. 91–102.

18 Thomas J. Sugrue, *The Origins of the Urban Crisis: Race and Inequality in Postwar Detroit*, Princeton Studies in American Politics, Princeton, NJ, 1996, S. 181–258; Massey und Denton, *American Apartheid*, a. a. O., S. 49–51.

19 Denton, *American Apartheid*, a. a. O., S. 44–49; Katznelson, *When Affirmative Action Was White*, a. a. O., S. 113–141.

20 Karen Brodkin, *How Jews Became White Folks and What That Says About Race in America*, New Brunswick, NJ, 1998, S. 35–36; Burkholder, *Color in the Classroom*, a. a. O., S. 137–170; Nell Irvin Painter, *The History of White People*, New York 2010, S. 366–372.

21 Lewis, *W. E. B. Du Bois, 1919–1963*, a. a. O., S. 545–554; Dudziak, *Cold War Civil Rights*, a. a. O., S. 6, 11–15, 28–29, 88–90.

22 Dudziak, *Cold War Civil Rights*, a. a. O., S. 63–66.

23 Ebd., S. 47–77.

24 Ebd., S. 77–78.

25 Ebd., S. 79, 90–91; Hutchinson, *Betrayed*, a. a. O., S. 75–76.

26 Abrahm Kardiner und Lionel Ovesey, *The Mark of Oppression*, New York 1951.

27 *Brown v. Board of Education of Topeka*, 347 US 483 (1954), https://supreme.justia.com/cases/federal/us/347/483/case.html#T10.

28 Zora Neale Hurston, «Court Order Can't Make Races Mix», *Orlando Sentinel*, 11. August 1955; Boyd, *Wrapped in Rainbows*, a. a. O., S. 423–425.

29 Dudziak, *Cold War Civil Rights*, a. a. O., S. 102–114; Lewis, *W. E. B. Du Bois, 1919–1963*, a. a. O., S. 557; Giddings, *When and Where I Enter*, a. a. O., S. 261.

Kapitel 29: Massiver Widerstand

1 Lewis, *W. E. B. Du Bois, 1919–1963*, a. a. O., S. 557; Lewis V. Baldwin, *There Is a Balm in Gilead: The Cultural Roots of Martin Luther King, Jr.*, Minneapolis 1991, S. 45.

2 E. Franklin Frazier, *Black Bourgeoisie*, New York 1962, S. 4, 221; E. Franklin Frazier, «The Failure of the Negro Intellectual», in: *On Race Relations: Selected Writings of E. Franklin Frazier*, hg. von G. Franklin Edwards, Chicago 1968, S. 270, 277; Stanley M. Elkins, *Slavery: A Problem in American Institutional and Intellectual Life*, Chicago 1959.

3 Malcolm X. «The Root of Civilization», Audioclip, http://shemsubireda.tumblr.com/post/55982230511/africa-is-a-jungleaint-that-what-they-say.

4 Evelyn Brooks Higginbotham, *Righteous Discontent: The Women's Movement in the Black Baptist Church, 1880–1920*, Cambridge, MA, 1994; Frazier, *Black Bourgeoisie*, a. a. O., S. 25.

5 Hutchinson, *Betrayed*, a. a. O., S. 84–87, 93; Dudziak, *Cold War Civil Rights*, a. a. O., S. 115–151; Adams und Sanders, *Alienable Rights*, a. a. O., S. 277–278.

6 Lewis, *W. E. B. Du Bois, 1919–1963*, a. a. O., S. 558–566.

7 Ebd., S. 557–558; Blum und Harvey, *The Color of Christ*, a. a. O., S. 205–213.

8 Lewis, *W. E. B. Du Bois, 1919–1963*, a. a. O., S. 566.

9 Isaac Saney, «The Case Against to Kill a Mockingbird», in *Race & Class* 45, Nr. 1 (2003), S. 99–110.

10 Michael Harrington, *The Other America*, New York 1997, S. 72, 76 (*Das Andere Amerika: Die Armut in den Vereinigten Staaten*, München 1964).

11 Lewis, *W. E. B. Du Bois, 1919–1963*, a. a. O., S. 565–570.

12 Adams und Sanders, *Alienable Rights*, a. a. O., S. 281–283; Dudziak, *Cold War Civil Rights*, a. a. O., S. 155–166.

13 Dan T. Carter, *The Politics of Rage: George Wallace, the Origins of the New Conservatism, and the Transformation of American Politics*, Baton Rouge 2000, S. 96.

14 «The Inaugural Address of Governor George C. Wallace», 14. Januar 1963, http://media.al.com/spotnews/other/George%20Wallace%201963%20Inauguration%20Speech.pdf.

15 Oscar Handlin, «All Colors, All Creeds, All Nationalities, All New Yorkers», in: *New York Times*, 22. September 1963.

16 Nathan Glazer und Daniel P. Moynihan, *Beyond the Melting Pot: The Negroes, Puerto Ricans, Jews, Italians, and Irish of New York City*, Cambridge, MA, 1963, S. 11, 35, 50–53, 84–85.

17 Martin Luther King Jr., «Letter from a Birmingham Jail», 16. April 1963, https://www.africa.upenn.edu/Articles_Gen/Letter_Birmingham.html («Brief aus dem Gefängnis von Birmingham», in: Klaus-Dieter Härtel, *Martin Luther King: Vorkämpfer für Frieden und Menschenwürde*, Gießen 1968).

18 Dudziak, *Cold War Civil Rights*, a. a. O., S. 169–187.

19 Ebd., S. 187–200, 216–219; Du Bois, *W. E. B. Du Bois, 1868–1919*, a. a. O., S. 2.

TEIL V ANGELA DAVIS

Kapitel 30: Bürgerrechte

1 Angela Y. Davis, *Angela Davis: An Autobiography*, New York 1974/1988, S. 128–131 (*Mein Herz wollte Freiheit*, München 1975/1982).

2 Ebd., S. 77–99.

3 Ebd., S. 101–112.

4 James Baldwin, *The Fire Next Time,* New York 1963 (*Hundert Jahre Freiheit ohne Gleichberechtigung*, Reinbek bei Hamburg 1964).

5 Davis, *Autobiography*, a. a. O., S. 117–127.

6 Ebd., S. 128–131.

7 John F. Kennedy, «Statement by the President on the Sunday Bombing in Birmingham», 16. September 1963, unter: Gerhard Peters und John T. Woolley, The American Presidency Project, www.presidency.ucsb.edu/ws/?pid=9410.

8 Lyndon B. Johnson, «Address to a Joint Session of Congress», 27. November 1963, *Public Papers of the Presidents of the United States: Lyndon B. Johnson, 1963–64*, Bd. 1, Eintrag 11 (Washington, D. C.: US Government Printing Office, 1965), S. 8–10.

9 Ossie Davis, «Eulogy for Malcolm X», in: *Say It Loud: Great Speeches on Civil Rights and African American Identity*, hg. von Catherine Ellis und Stephen Smith, New York 2010.

10 Malcolm X und Alex Haley, *The Autobiography of Malcolm X,* New York 1999, S. 369 (*Malcolm X. Die Autobiographie,* Berlin 1993).

11 Adams und Sanders, *Alienable Rights*, a. a. O., S. 290.

12 Moreno, *Black Americans and Organized Labor*, a. a. O., S. 252–258.

13 Michael K. Brown et al, *Whitewashing Race: The Myth of a Color-Blind Society,* Berkeley 2003, S. 168–174.

14 Dudziak, *Cold War Civil Rights*, a. a. O., S. 208–214, 219–231; Malcolm X, «Appeal to African Heads of State», in: *Malcolm X Speaks: Selected Speeches and Statements*, hg. von George Breitman, New York 1965, S. 76.

15 Carter, *The Politics of Rage*, a. a. O., S. 344.

16 Adams und Sanders, *Alienable Rights*, a. a. O., S. 287–291; Barry M. Goldwater, *The Conscience of a Conservative,* Washington, D. C., 1994, S. 67 (*Das Gewissen eines Konservativen*, Göttingen 1964).

17 Chana Kai Lee, *For Freedom's Sake: The Life of Fannie Lou Hamer, Women in American History*, Urbana, S. 89, 99; Cleveland Sellers und Robert L. Terrell, *The River of No Return: The Autobiography of a Black Militant and the Life and Death of SNCC,* Jackson 1990, S. 111.

18 «Baldwin Blames White Supremacy», *New York Post*, 22. Februar 1965; Telegramm von Martin Luther King Jr. an Betty al-Shabazz, 26. Februar 1965, The Martin Luther King Jr. Research and Education Institute, Stanford University, http://kingencyclopedia.stanford.edu/encyclopedia/documentsentry/telegram_from_martin_luther_king_jr_to_betty_al_shabazz/.

19 Ossie Davis, «Eulogy for Malcolm X», in: *Say It Loud*, a. a. O., S. 29.

20 Eliot Fremont-Smith, «An Eloquent Testament», in: *New York Times*, 5. November 1965; Malcolm X und Haley, *Autobiography (Malcolm X: Die Autobiographie)*.

21 Lyndon B. Johnson, «Commencement Address at Howard University: ‹To Fulfill These Rights›», *Public Papers of the Presidents of the United States: Lyndon B. Johnson, 1965*, Bd. 2, Eintrag 301, S. 635–640, Washington, D. C.: US Government Printing Office, 1966.

22 Daniel Patrick Moynihan, *The Negro Family: The Case for National Action,* Washington, D. C.: Office of Policy Planning and Research, US Department of Labor, 1965, S. 29–30, http://web.stanford.edu/~mrosenfe/Moynihan's%20The%20Negro%20Family.pdf.

23 US House of Representatives, «Voting Rights Act of 1965», House Report 439, 89. Kongress, 1. Sitzung, Washington, D. C.: US Government Printing Office, 1965, S. 3.

Kapitel 31: Black Power

1 «New Crisis: The Negro Family», in: *Newsweek*, 9. August 1965; James T. Patterson, *Freedom Is Not Enough: The Moynihan Report and America's Struggle over Black Family Life. From Lbj to Obama*, New York 2010, S. 65–70.
2 Davis, *Autobiography*, a. a. O., S. 133–139; Russell-Cole, Wilson, und Hall, *The Color Complex*, a. a. O., S. 59–61.
3 Massey und Denton, *American Apartheid*, a. a. O., S. 3, 18–19, 167; Kenneth Clark, *Dark Ghetto: Dilemmas of Social Power*, New York 1965.
4 «Success Story, Japanese-American Style», in: *New York Times Magazine*, 9. Januar 1966; «Success Story of One Minority Group in the U. S.», in: *US News and World Report*, 26. Dezember 1966; Daryl J. Maeda, *Chains of Babylon: The Rise of Asian America*, Minneapolis 2009.
5 Byrd und Tharps, *Hair Story*, a. a. O.
6 Peniel E. Joseph, *Waiting 'Til the Midnight Hour: A Narrative History of Black Power in America*, New York 2006, S. 141–142.
7 «Dr. King Is Felled by Rock: 30 Injured as He Leads Protesters: Many Arrested in Race Clash», in: *Chicago Tribune*, 6. August 1966.
8 Joseph, *Waiting 'Til the Midnight Hour*, a. a. O., S. 146.
9 Roy Wilkins, «Whither ‹Black Power›?», in: *The Crisis*, August-September 1966, S. 354; «Humphrey Backs N. A. A. C. P. in Fight on Black Racism», in: *New York Times*, 7. Juli 1966.
10 Joshua Bloom und Waldo E. Martin, *Black Against Empire: The History and Politics of the Black Panther Party*, Berkeley 2013, S. 70–73.
11 Malcolm McLaughlin, *The Long, Hot Summer of 1967: Urban Rebellion in America*, New York 2014, S. 6–9, 12; Jonathan M. Metzl, *The Protest Psychosis: How Schizophrenia Became a Black Disease*, Boston 2010; Marvin E. Wolfgang and Franco Ferracuti, *The Subculture of Violence: Toward an Integrated Theory in Criminology*, London 1967.
12 Premilla Nadasen, *Welfare Warriors: The Welfare Rights Movement in the United States*, New York 2005, S. 135–138.
13 Davis, *Autobiography*, a. a. O., S. 149–151.
14 «New Black Consciousness Takes Over College Campus», in: *Chicago Defender*, 4. Dezember 1967.
15 Davis, *Autobiography*, a. a. O., S. 156–161.
16 Martin Luther King Jr., «Where Do We Go From Here?» in *Say It Loud*, a. a. O., S. 41.
17 Joseph, *Waiting 'Til the Midnight Hour*, a. a. O., S. 197–201.
18 Lyndon B. Johnson, «Annual Message to the Congress on the State of the Union, 17. Januar 1968», in: *Public Papers of the Presidents of the United States: Lyndon B. Johnson, 1968–1969*, Washington, D. C.: US Government Printing Office, 1970, S. 30.
19 Eldridge Cleaver, *Soul on Ice*, New York 1968, S. 101–111, 134, 159–163, 181, 187–188, 205–206 (*Seele auf Eis*, übers. von Céline und Heiner Bastian, München 1969, S. 183–184, 215–216, 237–244).

20 Frantz Fanon, *Black Skin, White Masks,* New York 2008, S. 45 (*Schwarze Haut, weiße Masken,* übers. von Eva Moldenhauer, Frankfurt am Main 1980, S. 44); William H. Grier und Price M. Cobbs, *Black Rage,* New York 1968.
21 Andrew Billingsley, *Black Families in White America,* New York 1968, S. 33, 37.
22 *Report of the National Advisory Commission on Civil Disorders,* New York 1968, S. 1–2, 389.
23 *Report of the Select Committee on Assassinations of the US House of Representatives, Findings in the Assassination of Dr. Martin Luther King Jr.,* S. 277, National Archives, www.archives.gov/research/jfk/select-committee-report/part-2-king-findings.html; Adams und Sanders, *Alienable Rights,* a. a. O., S. 299–300; Hutchinson, *Betrayed,* a. a. O., S. 136–137, 144–145; González und Torres, *News for All the People,* a. a. O., S. 303–304.
24 Martin Luther King Jr., «Mountaintop Speech», 3. April 1968, Video im Internet unter https://vimeo.com/3816635.
25 Davis, *Autobiography,* a. a. O., S. 160–178; Spiro T. Agnew, «Opening Statement of Conference with Civil Rights and Community Leaders», 11. April 1968, http://msa.maryland.gov/megafile/msa/speccol/sc2200/sc2221/000012/000041/pdf/speech.pdf.
26 Rogers, *The Black Campus Movement,* a. a. O., S. 114; Hillel Black, *The American Schoolbook,* New York, S. 106; Moreau, *Schoolbook Nation,* a. a. O.
27 Pablo Guzman, «Before People Called Me a Spic, They Called Me a Nigger», in: *The Afro-Latin@ Reader: History and Culture in the United States,* hg. von Miriam Jimenez Roman und Juan Flores, Durham, NC, S. 235–243; Hutchinson, *Blacks and Reds,* a. a. O., S. 257–258.
28 Frances Beale, «Double Jeopardy: To Be Black and Female», in: *The Black Woman: An Anthology,* hg. von Toni Cade Bambara, New York 2005, S. 109–122.
29 Davis, *Autobiography,* a. a. O., S. 180–191.

Kapitel 32: Law and Order

1 Dan T. Carter, *From George Wallace to Newt Gingrich: Race in the Conservative Counterrevolution,* Baton Rouge 1996, S. 27; John Ehrlichman, *Witness to Power: The Nixon Years,* New York 1982, S. 223.
2 Carter, *From George Wallace to Newt Gingrich,* a. a. O., S. 27; Ehrlichman, *Witness to Power,* a. a. O., S.223.
3 Davis, *Autobiography,* a. a. O., S.216–223; Hutchinson, *Betrayed,* a. a. O., S.145–149.
4 Davis, *Autobiography,* a. a. O., S. 250–255, 263–266.
5 «Academic Freedom and Tenure: The University of California at Los Angeles», *AAUP Bulletin* 57, Nr. 3 (1971), S. 413–414; Arthur R. Jensen, «How Much Can We Boost IQ and Scholastic Achievement», in *Harvard Educational Review* 39, Nr. 1 (1969), S. 82.
6 Davis, *Autobiography,* a. a. O., S.270–273.
7 Ebd., S. 3–12, 277–279.
8 Byrd und Tharps, *Hair Story,* a. a. O., S.60–63.
9 Guerrero, *Framing Blackness,* a. a. O., S.69–111.
10 Cheryll Y. Greene und Marie D. Brown, «Women Talk», in: *Essence,* Mai 1990; «President Nixon Said It Was ‹Necessary› to Abort Mixed-Race Babies, Tapes Reveal», in: *Daily Telegraph,* 24. Juni 2009.

11 Giddings, *When and Where I Enter*, a. a. O., S.304–311; Toni Morrison, «What the Black Woman Thinks of Women's Lib», in: *New York Times Magazine*, August 1971; Toni Morrison, *The Bluest Eye*, New York 1970 (*Sehr blaue Augen*, Reinbek bei Hamburg 1979); Maya Angelou, *I Know Why the Caged Bird Sings*, New York 1969 (*Ich weiß, warum der gefangene Vogel singt*, Frankfurt am Main 1980).
12 Joseph, *Waiting 'Til the Midnight Hour*, a. a. O., S. 273–275.
13 Brown et al., *Whitewashing Race*, a. a. O., S.164–192.
14 Massey und Denton, *American Apartheid*, a. a. O., S.60–62.
15 Joseph, *Waiting 'Til the Midnight Hour*, a. a. O., S.283–293.
16 Davis, *Autobiography*, a. a. O., S.359.
17 Michelle Alexander, *The New Jim Crow: Mass Incarceration in the Age of Colorblindness*, New York 2010, S. 8 (*The new Jim Crow: Masseninhaftierung und Rassismus in den USA*, München 2016); *National Advisory Commission on Criminal Justice Standards and Goals, Task Force Report on Corrections*, Washington, D. C.: US Government Printing Office, 1973), S. 358.
18 «15 000 at NY Angela Davis Rally», in: *The Militant*, 14. Juli 1972.
19 Charles Herbert Stember, *Sexual Racism: The Emotional Barrier to an Integrated Society*, New York 1976.
20 Audre Lorde, «Age, Race, Class, and Sex: Women Redefining Difference», in: *Sister Outsider: Essays and Speeches*, hg. von Audre Lorde, Berkeley, CA, 2007, S. 115.
21 Salamishah Tillet, «Black Feminism, Tyler Perry Style», in *The Root*, 11. November 2010, www.theroot.com/articles/culture/2010/11/a_feminist_analysis_of_tyler_perrys_for_colored_girls.html.
22 Alice Walker, *The Color Purple: A Novel*, New York 1982 (*Die Farbe Lila*, Reinbek bei Hamburg 1988).
23 Robert Staples, «The Myth of Black Macho: A Response to Angry Black Feminists», in: *The Black Scholar* 10, Nr. 6/7 (März/April 1979), S. 24–33; Michele Wallace, *Black Macho and the Myth of Superwoman*, New York 1990, S. 23, 107.
24 June Jordan, «To Be Black and Female», in: *New York Times*, 18. März 1979; Angela Y. Davis, «Black Writers' Views of America», in: *Freedomways* 19, Nr. 3 (1979), S. 158–160; Wallace, *Black Macho and the Myth of Superwoman*, a. a. O., S. XXI, 75.
25 Byrd und Tharps, *Hair Story*, S. 100–107.
26 Guerrero, *Framing Blackness*, a. a. O., S. 113–138.
27 Alex Haley, *Roots: The Saga of an American Family*, Garden City, NY, 1976 (*Wurzeln «Roots»*, Frankfurt am Main 1977).

Kapitel 33: Reagans Drogen

1 «‹Welfare Queen› Becomes Issue in Reagan Campaign», in: *New York Times*, 15. Februar 1976; «The Welfare Queen», in: *Slate*, 19. Dezember 2013, www.slate.com/articles/news_and_politics/history/2013/12/linda_taylor_welfare_queen_ronald_reagan_made_her_a_notorious_american_villain.html.
2 Massey und Denton, *American Apartheid*, a. a. O., S. 61, 83–114; Manning Marable, *Race, Reform, and Rebellion: The Second Reconstruction and Beyond in Black America, 1945–2006*, Jackson 2007, S. 151–154.

3 Brown et al., *Whitewashing Race*, a. a. O., S. 164–192.
4 *Regents of Univ. of California v. Bakke*, 438 US 265 (1978).
5 Phyllis Ann Wallace, Linda Datcher-Loury und Julianne Malveaux, *Black Women in the Labor Force*, Cambridge, MA, 1980, S. 67; William J. Wilson, *The Declining Significance of Race: Blacks and Changing American Institutions*, 2. Aufl. Chicago 1980, S. 2–3; Michael Harrington, *The Other America: Poverty in the United States*, New York 1997, S. 76 (*Das Andere Amerika: Die Armut in den Vereinigten Staaten*, München 1964).
6 John Langston Gwaltney, *Drylongso: A Self-Portrait of Black America*, New York 1980, S. XIX; Mel Watkins, «Books of the Times: Blacks Less ‹Hateful› Enlightened Interviews», in: *New York Times*, 2. September 1980.
7 William Julius Wilson, «The Declining Significance of Race: Revisited & Revised», in: *Daedalus* 140, Nr. 2 (2011), S. 67.
8 *Regents of Univ. of California v. Bakke*, 438 US 265 (1978); Robert Bork, «The Unpersuasive Bakke Decision», in: *Wall Street Journal*, 21. Juli 1978; Sean F. Reardon, Rachel Baker und Daniel Klasik, *Race, Income, and Enrollment Patterns in Highly Selective Colleges, 1982–2004*, Stanford, CA: Center for Education Policy Analysis 2012, https://cepa.stanford.edu/sites/default/files/race%20income%20%26%20selective%20college%20enrollment%20august%203%202012.pdf.
9 Marable, *Race, Reform, and Rebellion*, a. a. O., S. 165–171.
10 «Gus Hall and Angela Davis Lead Communist Party's Ticket for '80», in: *New York Times*, 20. November 1979; Hutchinson, *Blacks and Reds*, a. a. O., S. 297–298.
11 Marable, *Race, Reform, and Rebellion*, a. a. O., S. 171–175; «Angela Davis Says Get Tough with E. Bay Nazis», in: *Sun Reporter*, 20. September 1979.
12 «Angela Davis Brings Vice Presidential Campaign to UCLA – Where It All Began», in: *Los Angeles Times*, 7. August 1980; Plakat «People Before Profits: A Campaign Rally Featuring Angela Davis», 1980, Oakland Museum of California Collection, http://collections.museumca.org/?q=collection-item/201054471.
13 «Transcript of Ronald Reagan's 1980 Neshoba County Fair Speech», in: *Neshoba Democrat*, 15. November 2007, http://web.archive.org/web/20110714165011/http://neshobademocrat.com/main.asp?SectionID=2&SubSectionID=297&ArticleID=15599&TM=60417.67.
14 Guerrero, *Framing Blackness*, a. a. O., S. 113–138.
15 Adams und Sanders, *Alienable Rights*, a. a. O., S. 311–312; Moreno, *Black Americans and Organized Labor*, a. a. O., S. 276–279; Marable, *Race, Reform, and Rebellion*, a. a. O., S. 179–181.
16 Edward O. Wilson, «What Is Sociobiology?», in: *Society*, September/Oktober 1978, S. 10; Edward O. Wilson, *Sociobiology: The New Synthesis*, Cambridge, MA, 1975.
17 Yudell, *Race Unmasked*, a. a. O., S. 179–200.
18 Davis, *Women, Race & Class*, New York 1983, S. 14, 18–19, 23, 31, 178–182 (*Rassismus und Sexismus: Schwarze Frauen und Klassenkampf in den USA*, Berlin 1982); bell hooks, *Ain't I a Woman: Black Women and Feminism*, 2. Aufl. New York 2014, S. 99.
19 Brown et al., *Whitewashing Race*, a. a. O., S. 136–137; Alexander, *The New Jim Crow*, a. a. O., S. 5–7, 49; Julian Roberts, «Public Opinion, Crime and Criminal Justice», in: *Crime and Justice: A Review of Research*, Bd. 16, hg. von Michael Tonry, Chicago 1992; Ronald Reagan, «Remarks on Signing Executive Order 12368, Concerning Federal Drug

Abuse Policy Functions», 24. Juni 1982, unter: Gerhard Peters und John T. Woolley, The American Presidency Project, www.presidency.ucsb.edu/ws/?pid=42671.

20 «Davis Addresses Women's Confab», in: *Washington Informer*, 22. August 1984.

21 Alexander, *The New Jim Crow*, a. a. O., S. 5–7, 51–53, 86–87, 206.

22 «Reagan Signs Anti-Drug Measure; Hopes for ‹Drug-Free Generation›», in: *New York Times*, 28. Oktober 1968, www.nytimes.com/1986/10/28/us/reagan-signs-anti-drug-measure-hopes-for-drug-gree-generation.html.

23 Marc Mauer, *Race to Incarcerate*, 2. überarb. Aufl. New York 2006, S. 30–36; Human Rights Watch, *Punishment and Prejudice: Racial Disparities in the War on Drugs*, Bd. 12, HRW Reports, New York 2000; Christopher Ingraham, «White People Are More Likely to Deal Drugs, But Black People Are More Likely to Get Arrested for It», in: *Washington Post*, 30. September 2014, www.washingtonpost.com/news/wonkblog/wp/2014/09/30/white-people-are-more-likely-to-deal-drugs-but-black-people-are-more-likely-to-get-arrested-for-it/.

24 The Sentencing Project, «Crack Cocaine Sentencing Policy: Unjustified and Unreasonable», April 1997.

25 William Julius Wilson, *When Work Disappears: The World of the New Urban Poor*, New York 1997, S. 22.

26 Gail Russell Chaddock, «U. S. Notches World's Highest Incarceration Rate», in: *Christian Science Monitor*, 18. August 2003; Christopher Uggen und Jeff Manza, «Democratic Contradiction? Political Consequences of Felon Disenfranchisement in the United States», in: *American Sociological Review* 67 (2002), S. 777.

27 Craig Reinarman, «The Crack Attack: America's Latest Drug Scare, 1986–1992», in: *Images of Issues: Typifying Contemporary Social Problems*, New York 1995, S. 162; Marc Maeur, *Race to Incarcerate*, a. a. O., S. 150–151; National Institute on Drug Use, *Data from the Drug Abuse Warning Network: Annual Data 1985*, Statistical Series I, Nr. 5, Washington, D. C.: National Institute on Drug Abuse, 1986; US Census Bureau, «Table 308: Homicide Trends», https://www.census.gov/compendia/statab/11s0308.xls; «Deaths from Drunken Driving Increase», in: *New York Times*, 29. Oktober 1987, www.nytimes.com/1987/10/29/us/deaths-from-drunken-driving-increase.html; Alexander, *The New Jim Crow*, a. a. O., S. 200–201.

28 CBS News, «The Vanishing Family: Crisis in Black America», Erstausstrahlung im Januar 1986, https://www.youtube.com/watch?v=6VHMHmhUdHs; Angela Y. Davis, *Women, Culture & Politics*, New York 1990, S. 75–85.

29 Gary Bauer, *The Family: Preserving America's Future*, Washington D. C.: US Department of Education, 1986, S. 35.

30 Eleanor Holmes Norton, «Restoring the Traditional Black Family», in: *New York Times*, 2. Juni 1985.

Kapitel 34: Die Neuen Demokraten

1 Henry Louis Gates Jr., «TV's Black World Turns – But Stays Unreal», in: *New York Times*, 12. November 1989.

2 Charles Krauthammer, «Children of Cocaine», in: *Washington Post*, 30. Juli 1989.

3 Washington, *Medical Apartheid*, a. a. O., S. 212–215; «‹Crack Baby› Study Ends with Un-

expected but Clear Result», in *Philadelphia Inquirer*, 22. Juli 2013, http://articles.philly.com/2013-07-22/news/40709969_1_hallam-hurt-so-called-crack-babies-funded-study.

4 Marable, *Race, Reform, and Rebellion*, a. a. O., S. 212–213; Hutchinson, *Betrayed*, a. a. O., S. 189–190.

5 *McCleskey v. Kemp*, 481 US 279, 1981; «New Look at Death Sentences and Race», in: *New York Times*, 29. April 2008, www.nytimes.com/2008/04/29/us/29bar.html.

6 Jeffrey O. G. Ogbar, *Hip-Hop Revolution: The Culture and Politics of Rap*, Lawrence 2007, S. 105–109, 146–155.

7 Molefi Kete Asante, *Afrocentricity*, neue überarb. Aufl., Trenton, NJ, 1988, S. 1, 104–105.

8 Russell-Cole et al., *The Color Complex*, a. a. O., S. 37–39, 51–54, 90–101, 107–109, 166; Byrd und Tharps, *Hair Story*, a. a. O., S. 112; J. Randy Taraborrelli, *Michael Jackson: The Magic, the Madness, the Whole Story, 1958–2009*, New York 2009, S. 351.

9 Crenshaw, «Demarginalizing the Intersection of Race and Sex», a. a. O.; Kimberlé Crenshaw, «Mapping the Margins: Intersectionality, Identity Politics, and Violence Against Women of Color», in: *Stanford Law Review* 43, Nr. 6 (1991), S. 1242; Mari J. Matsuda, *Where Is Your Body?: And Other Essays on Race, Gender, and the Law*, Boston 1996), S. 47; Richard Delgado und Jean Stefancic, *Critical Race Theory: An Introduction*, 2. Aufl., New York 2012, S. 7–10.

10 Dalton Conley, *Being Black, Living in the Red: Race, Wealth, and Social Policy in America*, Berkeley 1999, S. 25; Robert S. Ellyn, «Angela Davis' Views», in: *Los Angeles Times*, 10. März 1990; *Sunday Times*, 6. Dezember 1992.

11 «Poverty and Norplant: Can Contraception Reduce the Underclass?», in: *Philadelphia Inquirer*, 12. Dezember 1990; Roberts, *Killing the Black Body*, a. a. O., S. 17–18, 106–110, 116, 122, 244–245; Washington, *Medical Apartheid*, a. a. O., S. 206–212; Angela Davis, «Black Women and the Academy», in *Callaloo* 17, Nr. 2 (1994), S. 425–426.

12 Patricia Hill Collins, *Black Feminist Thought: Knowledge, Consciousness, and the Politics of Empowerment*, Boston 1990; Michele Wallace, «When Black Feminism Faces the Music, and the Music Is Rap», in *New York Times*, 29. Juli 1990.

13 Guerrero, *Framing Blackness*, a. a. O., S. 157–167.

14 Hutchinson, *Betrayed*, a. a. O., S. 192–198.

15 Jeffrey Toobin, «The Burden of Clarence Thomas», in: *New Yorker*, 27. September 1993; Nancy Langston, «Clarence Thomas: A Method in His Message?», in: *Holy Cross Journal of Law and Public Policy* 1 (1996), S. 10–11; Clarence Thomas, *My Grandfather's Son: A Memoir*, New York 2007.

16 Marable, *Race, Reform, and Rebellion*, a. a. O., S. 216–217; Earl Ofari Hutchinson, *The Assassination of the Black Male Image*, New York 1996, S. 63–70; Duchess Harris, *Black Feminist Politics from Kennedy to Clinton*, Contemporary Black History, New York 2009, S. 90–98; White, *Too Heavy a Load*, a. a. O., S. 15–16.

17 Adams und Sanders, *Alienable Rights*, a. a. O., S. 314; Brown et al., *Whitewashing Race*, a. a. O., S. 184–185; Lawrence M. Mead, *The New Politics of Poverty: The Nonworking Poor in America*, New York 1992, S. 142.

18 Washington, *Medical Apartheid*, a. a. O., S. 330–332, 337–346.

19 Joy James, «Introduction», in: *The Angela Y. Davis Reader*, hg. von Joy James, Malden, MA, 1998, S. 9–10.

20 Michelle Alexander, *The New Jim Crow: Mass Incarceration in the Age of Colorblindness*,

New York 2010, S. 55 (*The new Jim Crow: Masseninhaftierung und Rassismus in den USA*, München 2016); Adams und Sanders, *Alienable Rights*, a. a. O., S. 316–317.

21 Marable, *Race, Reform, and Rebellion*, a. a. O., S. 223; «‹Cosby› Finale: Not All Drama Was in the Streets», in: *Los Angeles Times*, 2. Mai 1992.

22 Andrew Hacker, *Two Nations: Black and White, Separate, Hostile, Unequal*, New York 1992; Hutchinson, *Assassination*, a. a. O., S. 55–60; Guerrero, *Framing Blackness*, a. a. O., S. 197–208; Derrick Bell, *Faces at the Bottom of the Well: The Permanence of Racism*, New York 1992; Cornel West, *Race Matters*, Boston 1993.

23 «Was It a ‹Riot›, a ‹Disturbance›, or a ‹Rebellion›?», in: *Los Angeles Times*, 29. April 2007; Aldore Collier, «Maxine Waters: Telling It Like It Is in LA», in *Ebony*, Oktober 1992; «Excerpts from Bush's Speech on the Los Angeles Riots: ‹Need to Restore Order›», in: *New York Times*, 2. Mai 1992; David M. Newman und Elizabeth Grauerholz, *Sociology of Families*, 2. Aufl., Thousand Oaks, CA, 2002, S. 18; «Clinton: Parties Fail to Attack Race Divisions», in: *Los Angeles Times*, 3. Mai 1992; Washington, *Medical Apartheid*, a. a. O., S. 271–277.

24 «Sister Souljah's Call to Arms», in: *Washington Post*, 13. Mai 1992.

25 Marable, *Race, Reform, and Rebellion*, a. a. O., S. 217.

26 Ebd., S. 226–227; Charles Murray, «The Coming White Underclass», in: *Wall Street Journal*, 29. Oktober 1993.

27 Tupac Shakur, «Keep Ya Head Up», 1994, www.songlyrics.com/tupac/keep-ya-head-up-lyrics/.

28 Angela Y. Davis, «Black Women and the Academy», in: *The Angela Y. Davis Reader*, hg. von Joy James, Malden, MA, 1998, S. 222–231.

29 Alexander, *The New Jim Crow*, a. a. O., S. 55–59; Marable, *Race, Reform, and Rebellion*, a. a. O., S. 218–219; Bill Clinton, «1994 State of the Union Address», 25. Januar 1994, www.washingtonpost.com/wp-srv/politics/special/states/docs/sou94.htm; Ben Schreckinger und Annie Karni, «Hillary's Criminal Justice Plan: Reverse Bill's Policies», in: *Politico*, 30. April 2014, www.politico.com/story/2015/04/hillary-clintons-criminal-justice-plan-reverse-bills-policies-117488.html.

30 Hutchinson, *Assassination*, a. a. O.; The Notorious B. I. G., «Juicy», 1994, www.songlyrics.com/the-notorious-b-i-g/juicy-clean-lyrics/.

Kapitel 35: Die Neuen Republikaner

1 Richard J. Herrnstein und Charles A. Murray, *The Bell Curve: Intelligence and Class Structure in American Life*, New York 1994, S. XXV, 1–24, 311–312, 551; Roberts, *Killing the Black Body*, a. a. O., S. 270.

2 «Republican Contract with America», 1994, siehe http://web.archive.org/web/19990427174200/http://www.house.gov/house/Contract/CONTRACT.html.

3 Richard Lynn, «Is Man Breeding Himself Back to the Age of the Apes?», in: *The Bell Curve Debate: History, Documents, Opinions*, hg. von Russell Jacoby und Naomi Glauberman, New York 1995, S. 356; Ulrich Neisser, Gwyneth Boodoo, Thomas J. Bouchard Jr., A. Wade Boykin, Nathan Brody, Stephen J. Ceci, Diane F. Halpern, John C. Loehlin, Robert Perloff, Robert J. Sternberg und Susana Urbina, «Intelligence: Knowns and Unknowns», in *American Psychologist* 51 (1996), S. 77–101.

4 Marina Budhos, «Angela Davis Appointed to Major Chair», in: *Journal of Blacks in Higher Education* 7 (1995), S. 44–45; Manning Marable, «Along the Color Line: In Defense of Angela Davis», in: *Michigan Citizen*, 22. April 1995.
5 Dinesh D'Souza, *The End of Racism: Principles for a Multiracial Society*, New York 1995, S. VII–VIII, 22–24, 441.
6 Hutchinson, *Assassination*, a. a. O., S. 152–161.
7 «Professors of Hate: Academia's Dirty Secret», in: *Rolling Stone*, 20. Oktober, 1994; Jessie Daniels, *Cyber Racism: White Supremacy Online and the New Attack on Civil Rights, Perspectives on a Multiracial America*, Lanham, MD, 2009, S. 41–53, 61–63, 96, 159–167, 174–182.
8 B. W. Burston, D. Jones und P. Roberson-Saunders, «Drug Use and African Americans: Myth Versus Reality», in: *Journal of Alcohol and Drug Education* 40 (1995), S. 19–39; Alexander, *The New Jim Crow*, a. a. O., S. 122–125; John J. Dilulio Jr., «The Coming of the Super Predators», in *Weekly Standard*, 27. November 1995.
9 Allen Hughes und Albert Hughes, *Menace II Society*, 26. Mai 1993.
10 «Black Women Are Split over All-Male March on Washington», in: *New York Times*, 14. Oktober 1995.
11 Mumia Abu-Jamal, *Live from Death Row*, New York 1996, S. 4–5 (*… aus der Todeszelle*, Bremen 1995).
12 «August 12 ‹Day of Protest› Continues Despite Mumia's Stay of Execution», in: *Sun Reporter*, 10. August 1995; Kathleen Cleaver, «Mobilizing for Mumia Abu-Jamal in Paris», in: *Liberation, Imagination, and the Black Panther Party: A New Look at the Panthers and Their Legacy*, hg. von Kathleen Cleaver und George N. Katsiaficas, New York 2001, S. 51–68.
13 Marable, *Race, Reform, and Rebellion*, a. a. O., S. 228–231.
14 Michael O. Emerson und Christian Smith, *Divided by Faith: Evangelical Religion and the Problem of Race in America*, Oxford 2000, S. 63–133; Bill Clinton, «Remarks at the University of Texas at Austin, October 16, 1995», in: *Public Papers of the Presidents of the United States: William J. Clinton, 1995*, Buch 2 (Washington, D. C.: National Archives and Records Administration, 1996), S. 1600–1604.
15 John Mica und Barbara Cubin, «Alligators and Wolves», in: *Welfare : A Documentary History of U. S. Policy and Politics*, hg. von Gwendolyn Mink und Rickie Solinger, New York 2003, S. 622.
16 Randall Kennedy, *Nigger: The Strange Career of a Troublesome Word*, New York 2002, S. 41–43.
17 Marable, *Race, Reform, and Rebellion*, a. a. O., S. 220–221; «Prop. 209 Backer Defends Use of King in Ad», in: *Los Angeles Times*, 24. Oktober 1996.
18 Roger Ebert, «Set It Off», 8. November 1996, www.rogerebert.com/reviews/set-it-off-1996.
19 William J. Clinton, «Commencement Address at the University of California San Diego in La Jolla, California», 14. Juni 1997, unter: Gerhard Peters and John T. Woolley, The American Presidency Project, www.presidency.ucsb.edu/ws/?pid=54268.
20 «At Million Woman March, Focus Is on Family», in: *New York Times*, 26. Oktober 1997.
21 Jim Sleeper, *Liberal Racism*, New York 1997; Brown et al., *Whitewashing Race*, a. a. O., S. 5–17, 21, 153–160; Peter Collier and David Horowitz, *The Race Card: White Guilt, Black*

Resentment, and the Assault on Truth and Justice, Rocklin, CA, 1997; Stephan Thernstrom und Abigail M. Thernstrom, *America in Black and White: One Nation, Indivisible*, New York 1999, S. 494, 500, 539.

Kapitel 36: Zu 99,9 Prozent gleich

1 Nathan Glazer, *We Are All Multiculturalists Now*, Cambridge, MA, 1997.

2 Angela Y. Davis, *Blues Legacies and Black Feminism: Gertrude «Ma» Rainey, Bessie Smith, and Billie Holiday*, New York 1998; David Nicholson, «Feminism and the Blues», in: *Washington Post*, 12. Februar 1998; Francis Davis, «Ladies Sing the Blues», in: *New York Times*, 8. März 1998.

3 «Angela Davis, Still Carrying the Torch in 2000», in: *Lesbian News*, April 2000; Angela Y. Davis, *Are Prisons Obsolete?*, New York 2003, S. 7–8, 15–16.

4 John H. McWhorter, *Losing the Race: Self-Sabotage in Black America*, New York 2000, S. 13; «Original Oakland Resolution on Ebonics», 18. Dezember 1996, http://linguistlist.org/topics/ebonics/ebonics-res1.html.

5 Robert Williams, «Ebonics as a Bridge to Standard English», in: *St. Louis Post-Dispatch*, 28. Januar 1997.

6 «Black English Is Not a Second Language, Jackson Says», in: *New York Times*, 23. Dezember 1996, www.nytimes.com/1996/12/23/us/black-english-is-not-asecond-language-jackson-says.html; «LSA Resolution on the Oakland ‹Ebonics› Issue», 1997, Linguistic Society of America, www.linguisticsociety.org/resource/lsa-resolution-oakland-ebonics-issue.

7 Albert C. Baugh und Thomas Cable, *A History of the English Language*, 5. Aufl., Upper Saddle River, NJ, 2002.

8 McWhorter, *Losing the Race*, a. a. O., S. X, 124–125, 195.

9 John H. McWhorter, *Authentically Black: Essays for the Black Silent Majority*, New York 2003, S. XII–XIII, 33–35, 262–264.

10 «Remarks Made by the President, Prime Minister Tony Blair of England (via satellite), Dr. Francis Collins, Director of the National Human Genome Research Institute, and Dr. Craig Venter, President and Chief Scientific Officer, Celera Genomics Corporation, on the Completion of the First Survey of the Entire Human Genome Project», 26. Juni 2000, https://www.genome.gov/10001356.

11 Nicholas Wade, «For Genome Mappers, the Tricky Terrain of Race Requires Some Careful Navigating», in: *New York Times*, 20. Juli 2001.

12 Reanne Frank, «Forbidden or Forsaken? The (Mis)Use of a Forbidden Knowledge Argument in Research on Race, DNA, and Disease», in: *Genetics and the Unsettled Past: The Collison of DNA, Race, and History*, hg. von Alondra Nelson, Keith Wailoo und Catherine Lee, New Brunswick, NJ, 2012, S. 315–316; Roberts, *Fatal Invention*, a. a. O., S. 4, 50–54; Nicholas Wade, *A Troublesome Inheritance: Genes, Race, and Human History*, New York 2014; Yudell, *Race Unmasked*, a. a. O., S. IX–XI.

13 United States, *Initial Report to the Committee on the Elimination of Racial Discrimination*, September 2000, www1.umn.edu/humanrts/usdocs/cerdinitial.html; Bob Herbert, «In America; Keep Them Out!», in: *New York Times*, 7. Dezember 2000, www.nytimes.com/2000/12/07/opinion/in-america-keep-them-out.html; Marable, *Race, Reform, and Rebellion*, a. a. O., S. 236–237.

14 Ebd., S. 249–250; Randall Robinson, *The Debt: What America Owes to Blacks*, New York 2000.
15 Marable, *Race, Reform, and Rebellion*, a. a. O., S. 240–243.
16 Dave Chappelle, «Black White Supremacist», Comedy Central, https://www.youtube.com/watch?v=rQtysS7fB4k.
17 Roediger, *How Race Survived U. S. History*, a. a. O., S. 215; Marable, *Race, Reform, and Rebellion*, a. a. O., S. 243–246.
18 Marable, *Race, Reform, and Rebellion*, a. a. O., S. 247.
19 Donna Lieberman, «School to Courthouse», in: *New York Times*, 8. Dezember 2012, www.nytimes.com/2012/12/09/opinion/sunday/take-police-officers-off-the-school-discipline-beat.html?_r=0; P. L. Thomas, *Ignoring Poverty in the U. S.: The Corporate Takeover of Public Education*, Charlotte, NC, 2012, S. 186–187.
20 Marable, *Race, Reform, and Rebellion*, a. a. O., S. 247–248; Michael Eric Dyson, *Is Bill Cosby Right? Or Has the Black Middle Class Lost Its Mind?*, New York 2005; Michael E. Dyson, «The Injustice Bill Cosby Won't See», in: *Washington Post*, 21. Juli 2006.
21 «Transcript: Illinois Senate Candidate Barack Obama», in *Washington Post*, 27. Juli 2004.

Kapitel 37: Der außergewöhnliche Neger

1 Barack Obama, *Dreams from My Father: A Story of Race and Inheritance*, New York 2004, S. 98–100 (*Ein amerikanischer Traum: Die Geschichte meiner Familie*, übers. von Matthias Fienbork, München 2008, S. 114–115).
2 Ta-Nehisi Coates, «Worst Movie of the Decade», in: *The Atlantic*, 30. Dezember 2009, www.theatlantic.com/entertainment/archive/2009/12/worst-movie-of-the-decade/32759/; John McWhorter, «Racism in America Is Over», in: *Forbes*, 30. Dezember 2008, www.forbes.com/2008/12/30/end-of-racism-oped-cx_jm_1230mcwhorter.html.
3 «Washing Away», in: *New Orleans Times-Picayune*, 23 – 27. Juni 2002; Daniels, *Cyber Racism*, a. a. O., S. 117–155; Naomi Klein, *The Shock Doctrine: The Rise of Disaster Capitalism*, New York 2007.
4 «‹Racist› Police Blocked Bridge and Forced Evacuees Back at Gunpoint», in: *Independent* (London), 11. September 2005.
5 George W. Bush, *Decision Points*, New York 2010, S. 325–326; Marable, *Race, Reform, and Rebellion*, a. a. O., S. 251–256.
6 Larry Elder, «Katrina, The Race Card, and the Welfare State», *WND*, 8. September 2005, www.wnd.com/2005/09/32236/.
7 Harris-Perry, *Sister Citizen*, a. a. O., S. 157–179.
8 Angela Locke, «Angela Davis: Not Just a Fair-Weather Activist», in: *Off Our Backs* 37, Nr. 1 (2007), S. 66–68.
9 «Imus Isn't the Real Bad Guy», in: *Kansas City Star*, 11. April 2007.
10 «NAACP Symbolically Buries N-Word», in: *Washington Post*, 9. Juli 2007.
11 «Biden's Description of Obama Draws Scrutiny», CNN, 9. Februar 2007, www.cnn.com/2007/POLITICS/01/31/biden.obama/; Roediger, *How Race Survived U. S. History*, a. a. O., S. 216; H. Samy Alim und Geneva Smitherman, *Articulate While Black: Barack Obama, Language, and Race in the U. S.*, Oxford 2012, S. 31–44.
12 Harris-Perry, *Sister Citizen*, a. a. O., S. 273–277; *The New Yorker*, 21. Juli 2008.

13 «Obama's Pastor: God Damn America, U.S. to Blame for 9/11», ABC News, 13. März 2008, http://abcnews.go.com/Blotter/DemocraticDebate/story?id=4443788.

14 Robert M. Entman und Andrew Rojecki, *The Black Image in the White Mind: Media and Race in America*, Chicago 2000, S. 33–60.

15 Joy DeGruy, *Post Traumatic Slave Syndrome: America's Legacy of Enduring Injury and Healing*, Portland 2005; Jay S. Kaufman und Susan A. Hall, «The Slavery Hypertension Hypothesis: Dissemination and Appeal of a Modern Race Theory», in: *Epidemiology* 14, Nr. 1 (2003), S. 111–118; «Doctors Claim ‹Hood Disease› Afflicts Inner-City Youth», NewsOne, 17. Mai 2014, http://newsone.com/3010041/doctors-claim-hood-disease-afflicts-inner-city-youth/.

16 Barack Obama, «Transcript: Barack Obama's Speech on Race», NPR, 18. März 2008, www.npr.org/templates/story/story.php?storyId=88478467.

17 «What Should Obama Do About Rev. Jeremiah Wright?», in *Salon*, 29. April 2008, www.salon.com/2008/04/29/obama_wright/; «Huckabee Defends Obama . . . and the Rev. Wright», ABC News, 20. März 2008, http://blogs.abcnews.com/politicalpunch/2008/03/huckabee-defend.html; Michelle Bernard, «Hardball with Chris Mathews», MSNBC, 21. März 2008; John McCain, «Hardball College Tour at Villanova University», MSNBC, 15. April 2008; Charles Murray, «Have I Missed the Competition?», National Review Online, 18. März 2008; Newt Gingrich, «The Obama Challenge: What Is the Right Change to Help All Americans Pursue Happiness and Create Prosperity», Rede beim American Enterprise Institute, Washington D. C., 27. März 2008, Transkript, https://web.archive.org/web/20080404112807/http://newt.org/tabid/102/articleType/ArticleView/articleId/3284/Default.aspx.

18 «Text of Obama's Fatherhood Speech», in: *Politico*, 15. Juni 2008, www.politico.com/story/2008/06/text-of-obamas-fatherhood-speech-011094; Michael Eric Dyson, «Obama's Rebuke of Absentee Black Fathers», in: *Time*, 19. Juni 2008.

19 «Life Expectancy Gap Narrows Between Blacks, Whites», in: *Los Angeles Times*, 5. Juni 2012, http://articles.latimes.com/2012/jun/05/science/la-sci-life-expectancy-gap-20120606; «Michelle Alexander: More Black Men Are in Prison Today Than Were Enslaved in 1850», in: *Huffington Post*, 12. Oktober 2011, www.huffingtonpost.com/2011/10/12/michelle-alexander-more-black-men-in-prison-slaves-1850_n_1007368.html; Alexander, *The New Jim Crow*, a. a. O., S. 174–176.

20 «On Revolution: A Conversation Between Grace Lee Boggs and Angela Davis», 2. März 2012, University of California, Berkeley, Video und Transkript, www.radioproject.org/2012/02/grace-lee-boggs-berkeley/.

21 John McWhorter, «Racism in America Is Over», in: *Forbes*, 30. Dezember 2008, www.forbes.com/2008/12/30/end-of-racism-oped-cx_jm_1230mcwhorter.html.

Epilog

1 «Dissecting the 2008 Electorate: Most Diverse in U. S. History», Pew Research Center, 30. April 2009, www.pewhispanic.org/2009/04/30/dissecting-the-2008-electorate-most-diverse-in-us-history/; «Youth Vote May Have Been Key in Obama's Win», NBC News, 5. November 2008, www.nbcnews.com/id/27525497/ns/politics-decision_08/t/youth-vote-may-have-been-key-obamas-win/#.VgyfvstVhBc.

2 «Obama Hatred at McCain-Palin Rallies: ‹Terrorist!› ‹Kill Him!›» in: *Huffington Post*, 6. November 2008, www.huffingtonpost.com/2008/10/06/mccain-does-nothing-as-cr_n_132366.html.

3 Michael C. Dawson, *Not in Our Lifetimes: The Future of Black Politics*, Chicago 2011, S. 91; Jones, *Dreadful Deceit*, a. a. O., S. 290–292; Jill Lepore, *The Whites of Their Eyes: The Tea Party's Revolution and the Battle over American History*, Public Square Book Series, Princeton, NJ, 2010, S. 3–4; Daniels, *Cyber Racism*, a. a. O., S. 3–5; «White Supremacists More Dangerous to America Than Foreign Terrorists», in: *Huffington Post*, 24. Juni 2015, www.huffingtonpost.com/2015/06/24/domestic-terrorism-charleston_n_7654720.html.

4 Barack Obama, «Remarks by the President to the NAACP Centennial Convention», 16. Juli 2009, https://www.whitehouse.gov/the-press-office/remarks-president-naacp-centennial-convention-07162009; «Obama: Police Who Arrested Professor ‹Acted Stupidly›», CNN, 23. Juli 2009, www.cnn.com/2009/US/07/22/harvard.gates.interview/; Glenn Beck, «Fox Host Glenn Beck: Obama Is a ‹Racist›», 28. Juli 2009, www.huffingtonpost.com/2009/07/28/fox-host-glenn-beck-obama_n_246310.html.

5 Ta-Nehisi Coates, «The Case for Reparations», in: *The Atlantic*, Juni 2014; Janet Mock, *Redefining Realness: My Path to Womanhood, Identity, Love & So Much More*, New York 2014, S. 258.

6 Alexander, *The New Jim Crow*, a. a. O., S. 6–7, 138, 214–222.

7 «Richard Sherman: Thug Is Now ‹The Accepted Way Calling Somebody the N-Word›», in: *Huffington Post*, 22. Januar 2014, www.huffingtonpost.com/2014/01/22/richard-sherman-thug-n-word-press-conference_n_4646871.html.

8 «Meet the Woman Who Coined #BlackLivesMatter», in: *USA Today*, 4. März 2015, www.usatoday.com/story/tech/2015/03/04/alicia-garza-black-lives-matter/24341593/.

9 Garrison, *An Address, Delivered Before the Free People of Color*, a. a. O., S. 5–6.

10 Du Bois, «My Evolving Program for Negro Freedom», a. a. O., S. 70; Myrdal, *An American Dilemma*, a. a. O., Bd. 1., S. 48.

11 W. E. B. Du Bois, «A Negro Nation Within the Nation», in: *Current History* 42 (1935), S. 265–270.

Personenregister